16	3	2	13
5	10	11	8
9	6	7	12
4	15	14	1

coleção TRANS

Gilles Deleuze
Félix Guattari

O ANTI-ÉDIPO
Capitalismo e esquizofrenia 1

Tradução
Luiz B. L. Orlandi

editora 34

EDITORA 34

Editora 34 Ltda.
Rua Hungria, 592 Jardim Europa CEP 01455-000
São Paulo - SP Brasil Tel/Fax (11) 3811-6777 www.editora34.com.br

Copyright © Editora 34 Ltda. (edição brasileira), 2010
L'Anti-Œdipe © Les Éditions de Minuit, Paris, 1972/1973

A FOTOCÓPIA DE QUALQUER FOLHA DESTE LIVRO É ILEGAL E CONFIGURA UMA
APROPRIAÇÃO INDEVIDA DOS DIREITOS INTELECTUAIS E PATRIMONIAIS DO AUTOR.

Cet ouvrage, publié dans le cadre du programme d'aide à la publication, bénéficie du soutien du Ministère français des Affaires Etrangères.
Este livro, publicado no âmbito do programa de auxílio à publicação, contou com o apoio do Ministério francês das Relações Exteriores.

Título original:
L'Anti-Œdipe: capitalisme et schizophrénie 1

Capa, projeto gráfico e editoração eletrônica:
Bracher & Malta Produção Gráfica

Revisão:
Annita Costa Malufe, Alberto Martins

1ª Edição - 2010, 2ª Edição - 2011 (5ª Reimpressão - 2024)

CIP - Brasil. Catalogação-na-Fonte
(Sindicato Nacional dos Editores de Livros, RJ, Brasil)

D390a
Deleuze, Gilles, 1925-1995
    O anti-Édipo: capitalismo e esquizofrenia 1 / Gilles Deleuze e Félix Guattari; tradução de Luiz B. L. Orlandi. — São Paulo: Editora 34, 2011 (2ª Edição).
    560 p. (Coleção TRANS)

ISBN 978-85-7326-446-3

Tradução de: L'Anti-Œdipe

1. Filosofia. I. Guattari, Félix, 1930-1992.
II. Título. III. Série.

CDD - 190

O ANTI-ÉDIPO

Sobre esta tradução 7

O ANTI-ÉDIPO

Capítulo I: As máquinas desejantes 11
   [I.1 A produção desejante] 11
   [I.2. O corpo sem órgãos] 21
   [I.3. O sujeito e o gozo] 30
   [I.4. Psiquiatria materialista] 38
   [I.5. As máquinas] 54
   [I.6. O todo e as partes] 61

Capítulo II: Psicanálise e familismo: a santa família 73
   [II.1. O imperialismo de Édipo] 73
   [II.2. Três textos de Freud] 80
   [II.3. A síntese conectiva de produção] 95
   [II.4. A síntese disjuntiva de registro] 104
   [II.5. A síntese conjuntiva de consumo] 116
   [II.6. Recapitulação das três sínteses] 145
   [II.7. Repressão e recalcamento] 154
   [II.8. Neurose e psicose] 166
   [II.9. O processo] 176

Capítulo III: Selvagens, bárbaros, civilizados 185
   [III.1. *Socius inscritor*] 185
   [III.2. A máquina territorial primitiva] 194
   [III.3. Problema de Édipo] 205
   [III.4. Psicanálise e etnologia] 221
   [III.5. A representação territorial] 243
   [III.6. A máquina despótica bárbara] 255
   [III.7. A representação bárbara ou imperial] 265
   [III.8. O *Urstaat*] 287
   [III.9. A máquina capitalista civilizada] 295
   [III.10. A representação capitalista] 318
   [III.11. Édipo, finalmente] 348

Capítulo IV: Introdução à esquizoanálise 361
    [IV.1. O campo social].. 361
    [IV.2. O inconsciente molecular] 373
    [IV.3. Psicanálise e capitalismo]................................ 390
    [IV.4. Primeira tarefa positiva da esquizoanálise] 426
    [IV.5. Segunda tarefa positiva da esquizoanálise]..... 451

Apêndice: Balanço-programa para máquinas desejantes..... 507

Índice onomástico 535
Índice das matérias.. 542

Bibliografia de Deleuze e Guattari 552
Sobre os autores 557
Sobre o tradutor 559

SOBRE ESTA TRADUÇÃO

Traduzir é inseparável de uma *solidão povoada de encontros*: implica muita coisa, além de visões, audições e escritas de muita gente. Sabe-se, por exemplo, que *O anti-Édipo* já foi objeto de duas traduções em língua portuguesa: a brasileira, de Georges Lamazière (Rio de Janeiro, Imago, 1976), e a portuguesa, de Joana M. Varela e Manuel M. Carrilho (Lisboa, Assírio & Alvim, s/d). Esclareço que esta terceira tradução procurou colher, a cada frase, as reconhecidas qualidades desses trabalhos anteriores, razão pela qual manifesto meu agradecimento a esses tradutores. Mas há um tipo de agradecimento muito especial, íntimo, que geralmente permanece oculto na mente do tradutor ou é exposto apenas formalmente nas letras menores das informações editoriais. Refiro-me à gratidão que me toma em face dos benefícios que esta tradução, durante meses a fio, recebeu das inúmeras e pertinentes sugestões de Annita Costa Malufe e de Alberto Martins. Por isso, torno público o que a eles eu repetia a cada troca de mensagens: aceitem meu agradecimento. Porém, as imperfeições que persistirem são de minha exclusiva responsabilidade.

As observações técnicas que anoto a seguir indicam o que tentei fazer não apenas para facilitar o confronto com o original francês, como também para tornar possível uma leitura consciente da imensa rede temática presente neste livro extraordinário. Extraordinário, repito, não só do ponto de vista do conjunto dos escritos de Gilles Deleuze (1925-1995) e de Félix Guattari (1930--1992) como também do ponto de vista do que há de decisivamente singular no pensamento contemporâneo.

— Para facilitar a pesquisa, os confrontos e as correções, são indicadas entre colchetes e em itálico, ao longo do texto, as páginas que correspondem à edição francesa.

— Além do sumário na abertura deste volume, o leitor encontrará nas páginas 542-51 um "Índice das matérias", mais detalhado, presente na edição francesa nas pp. *[489-94]*, porém aqui acrescido da indicação das páginas de todos os seus itens e subitens (mas atenção: as páginas indicadas são as do original francês).

— À diferença da edição francesa, todos estes itens e subitens, que no original aparecem apenas no "Índice das matérias", foram incorporados, nesta edição, ao miolo do livro, indicando as respectivas passagens em que são desenvolvidos.

— As notas dos autores, reiniciadas a cada capítulo, estão numeradas em algarismos arábicos. Foram completados, sempre que possível, os dados bibliográficos das obras citadas.

— As notas do tradutor (assumidamente auxiliares e não interpretativas) são indicadas por "NT" e expostas entre colchetes.

— Foi feito um "Índice onomástico" mais completo que o da edição francesa. Ele aparece no final do volume. Os números que acompanham os nomes remetem à paginação do original, preservada entre colchetes nesta edição.

Luiz B. L. Orlandi

O ANTI-ÉDIPO
Capitalismo e esquizofrenia 1

Capítulo I
AS MÁQUINAS DESEJANTES
[7]

[I.1. A PRODUÇÃO DESEJANTE]

Isso funciona em toda parte: às vezes sem parar, outras vezes descontinuamente. Isso respira, isso aquece, isso come. Isso caga, isso fode. Mas que erro ter dito *o* isso. Há tão somente máquinas em toda parte, e sem qualquer metáfora: máquinas de máquinas, com seus acoplamentos, suas conexões. Uma máquina-órgão é conectada a uma máquina-fonte: esta emite um fluxo que a outra corta. O seio é uma máquina que produz leite, e a boca, uma máquina acoplada a ela. A boca do anoréxico hesita entre uma máquina de comer, uma máquina anal, uma máquina de falar, uma máquina de respirar (crise de asma). É assim que todos somos *"bricoleurs"*;[NT] cada um com as suas pequenas máquinas. Uma máquina-órgão para uma máquina-energia, sempre fluxos e cortes. O presidente Schreber[NT] tem os raios do céu no cu. *Ânus solar.* E estejam certos de que isso funciona. O presidente Schreber sente algo, produz algo, e é capaz de fazer a teoria disso. Algo se produz: efeitos de máquina e não metáforas.

[NT] ["Todos somos *bricoleurs*", não apenas no sentido de podermos desviar múltiplas coisas deste ou daquele conjunto funcional para vários outros, mas também porque nossas próprias máquinas se engrenam multiplamente.]

[NT] [Daniel Paul Schreber (1842-1911), autor de *Denkwürdigkeiten eines Nervenkranken* (1903); edição brasileira: *Memórias de um doente dos nervos*, tradução de Marilene Carone, São Paulo, Paz e Terra, 1995.]

[I.1.1. Passeio do esquizo]

O passeio do esquizofrênico: eis um modelo melhor do que o neurótico deitado no divã. Um pouco de ar livre, uma relação com o fora. Por exemplo, o passeio de Lenz[NT] reconstituído por Büchner.[1] É diferente dos momentos em que Lenz se encontra na casa do seu bom pastor, que o força a se ajustar socialmente em relação ao Deus da religião, em relação ao pai, à mãe. No seu passeio, ao contrário, ele está nas montanhas, sob a neve, com outros deuses ou sem deus algum, sem família, sem pai nem mãe, com [8] a natureza. "O que deseja meu pai? Ele pode oferecer-me mais? Impossível! Deixem-me em paz". Tudo compõe máquina. Máquinas celestes, as estrelas ou o arco-íris, máquinas alpinas que se acoplam com as do seu corpo. Ruído ininterrupto de máquinas. Ele "achava que deveria ser uma sensação de infinita felicidade ser tocado assim pela vida primitiva de toda a espécie, ter sensibilidade para as rochas, os metais, para a água e as plantas, captar em si mesmo, como num sonho, toda criatura da natureza, da mesma maneira como as flores absorvem o ar com o crescer e o minguar da lua". Ser máquina clorofílica ou de fotossíntese ou, pelo menos, enlear seu corpo como peça em tais máquinas. Lenz se colocou aquém da distinção homem-natureza, aquém de todas as marcações que tal distinção condiciona. Ele não vive a natureza como natureza, mas como processo de produção. Já não há nem homem nem natureza, mas unicamente um processo que os produz um no outro e acopla as máquinas. Há em toda parte máquinas produtoras ou desejantes, as máquinas esquizofrênicas, toda a vida genérica: eu e não-eu, exterior e interior, nada mais querem dizer.

[NT] [O poeta Jakob Michael Reinhold Lenz (1751-1792), autor das peças *O preceptor* (1774) e *Os soldados* (1776).]

[1] Cf. o texto de Georg Büchner [1813-1837], *Lenz*, tradução francesa, Paris, Fontaine. [NT: Cf. *Lenz*, tradução brasileira de Irene Aron, São Paulo, Brasiliense, 1985, pp. 120-54. Cf. também Georg Büchner, *Oeuvres complètes: inédits et lettres*, Bernard Lortholary (org.), traduções de Jean-Louis Besson, Jean Jourdheuil e Jean-Pierre Lefebvre, Paris, Seuil, 1988. Agradeço a Alexandre Henz por essas informações.]

Continuação do passeio do esquizofrênico, quando os personagens de Samuel Beckett decidem sair. É preciso ver, primeiramente, como seu percurso variado é já uma máquina minuciosa. E depois, a bicicleta: que relação há entre a máquina bicicleta-buzina e a máquina mãe-ânus? "Que descanso falar de bicicletas e de buzinas. Infelizmente, não é disso que se trata, mas daquela que me deu à luz, pelo buraco do seu cu, se não me falha a memória." Acredita-se muitas vezes que Édipo é fácil, que é dado. Mas não é assim: Édipo supõe uma fantástica repressão das máquinas desejantes. E por quê, com que fim? Será verdadeiramente necessário ou desejável curvar-se a isso? E com o quê? O que se há de colocar no triângulo edipiano, com o que formá-lo? A buzina da bicicleta e o cu da minha mãe resolvem o caso? Não haverá questões mais importantes? Dado determinado efeito, qual é a máquina que poderá produzi-lo? E dada uma máquina, para que ela pode servir? Adivinhem qual é a utilidade de um faqueiro, por exemplo, a partir da sua descrição geométrica. Ou então, diante de uma máquina completa formada por seis pedras no [9] bolso direito do meu casaco (o bolso que debita), cinco no bolso direito da minha calça, cinco no bolso esquerdo da minha calça (bolsos de transmissão), o último bolso do meu casaco recebendo as pedras utilizadas à medida que as outras avançam, qual é o efeito deste circuito de distribuição no qual a própria boca se insere como máquina de chupar as pedras? Qual será aqui a produção de volúpia? No fim de *Malone morre*, a senhora Pédale leva os esquizofrênicos a dar um passeio, a andar de charabã, de barco, a fazer um piquenique na natureza: uma máquina infernal se prepara.

O corpo sob a pele é uma fábrica superaquecida,
e por fora,
o doente brilha,
reluz,
em todos os seus poros,
estourados.[2]

[2] Antonin Artaud [1896-1948], *Van Gogh, le suicidé de la société*, Paris, K Éditeur, 1947.

A produção desejante

[I.1.2. Natureza e indústria. O processo]
Não pretendemos fixar um polo naturalista da esquizofrenia. O que o esquizofrênico vive especificamente, genericamente, de modo algum é um polo específico da natureza, mas a natureza como processo de produção. Que quer dizer processo, aqui? Em um certo nível, é provável que a natureza se distinga da indústria: por um lado, a indústria se opõe à natureza, por outro, absorve os materiais dela; por outro, ainda, ela lhe restitui seus resíduos etc. Esta relação distintiva homem-natureza, indústria-natureza, sociedade-natureza, condiciona, na própria sociedade, a distinção de esferas relativamente autônomas que chamaremos de "produção", "distribuição", "consumo". Mas este nível de distinções gerais, considerado na sua estrutura formal desenvolvida, pressupõe (como Marx mostrou) não só o capital e a divisão do trabalho, mas também a falsa consciência que o ser capitalista tem necessariamente de si e dos elementos cristalizados do conjunto de um processo. É que, na verdade — na ruidosa e obscura verdade contida no delírio — não há esferas nem circuitos relativamente independentes: a produção é imediatamente consumo e registro, o registro e o consumo determinam *[10]* diretamente a produção, mas a determinam no seio da própria produção. De modo que tudo é produção: *produção de produções*, de ações e de paixões; *produções de registros*, de distribuições e de marcações; *produções de consumos*, de volúpias, de angústias e de dores. Tudo é de tal modo produção que os registros são imediatamente consumidos, consumados, e os consumos são diretamente reproduzidos.[3] Tal é o primeiro sentido de processo: inserir o registro e o consumo na própria produção, torná-los produções de um mesmo processo.

[3] Quando Georges Bataille [1897-1962] fala de despesas ou consumos suntuosos, não produtivos, em relação com a energia da natureza, trata-se de despesas ou consumos que não se inscrevem na esfera supostamente independente da produção humana enquanto determinada pelo "útil": trata-se, pois, daquilo que chamamos de produção de consumo (cf. *La Notion de dépense* e *La Part maudite* (1949), Paris, Minuit). [NT: Os dois textos encontram-se reunidos em Georges Bataille, *Oeuvres complètes*, Paris, Gallimard, vol. 1, 1970.]

Em segundo lugar, há menos ainda a distinção homem-natureza: a essência humana da natureza e a essência natural do homem se identificam na natureza como produção ou indústria, isto é, na vida genérica do homem, igualmente. Assim, a indústria não é mais considerada numa relação extrínseca de utilidade, mas em sua identidade fundamental com a natureza como produção do homem e pelo homem.[4] Não o homem como rei da criação, mas antes como aquele que é tocado pela vida profunda de todas as formas ou de todos os gêneros, que é o encarregado das estrelas e até dos animais, que não para de ligar uma máquina-órgão a uma máquina-energia, uma árvore no seu corpo, um seio na boca, o sol no cu: o eterno encarregado das máquinas do universo. Este é o segundo sentido de processo; homem e natureza não são como dois termos postos um em face do outro, mesmo se tomados numa relação de causação, de compreensão ou de expressão (causa-efeito, sujeito-objeto etc.), mas são uma só e mesma realidade essencial do produtor e do produto. A produção como processo excede todas as categorias ideais e forma um ciclo ao qual o desejo se relaciona como princípio *[11]* imanente. Eis porque a produção desejante é a categoria efetiva de uma psiquiatria materialista, que situa e trata o esquizo como *Homo natura*. Com uma condição, no entanto, que constitui o terceiro sentido de processo: que este não seja tomado como uma meta, um fim, nem confundido com sua própria continuação ao infinito. O fim do processo, ou sua continuação ao infinito, que é estritamente a mesma coisa que sua paralisação bruta e prematura, acaba causando o esquizofrênico artificial, tal como o vemos no hospital, farrapo autístico produzido como entidade. Lawrence diz do amor: "De um processo fizemos uma meta; o fim de todo processo não é sua própria continuação ao infinito, mas sua efetuação... O processo deve tender para sua efetuação, não para alguma horrível intensificação, para algum horrível extremo no qual corpo e alma chegam a pe-

---

[4] Sobre a identidade Natureza-Produção e a vida genérica, segundo Marx, conferir os comentários de Gérard Granel [1930-2000], "L'Ontologie marxiste de 1844 et la question de la coupure", em *L'Endurance de la pensée*, Paris, Plon, 1968, pp. 301-10.

recer".[5] Na esquizofrenia é como no amor: não há especificidade alguma e nem entidade esquizofrênica; a esquizofrenia é o universo das máquinas desejantes produtoras e reprodutoras, a universal produção primária como "realidade essencial do homem e da natureza".

[I.1.3. Máquina desejante, objetos parciais e fluxo: e... e...]
As máquinas desejantes são máquinas binárias, com regra binária ou regime associativo; sempre uma máquina acoplada a outra. A síntese produtiva, a produção de produção, tem uma forma conectiva: "e", "e depois"... É que há sempre uma máquina produtora de um fluxo, e uma outra que lhe está conectada, operando um corte, uma extração de fluxo (o seio — a boca). E como a primeira, por sua vez, está conectada a uma outra relativamente à qual se comporta como corte ou extração, a série binária é linear em todas as direções. O desejo não para de efetuar o acoplamento de fluxos contínuos e de objetos parciais essencialmente fragmentários e fragmentados. O desejo faz correr, flui e corta. "Amo tudo o que flui, mesmo o fluxo menstrual que arrasta os ovos não fecundados...", diz Miller no seu cântico do desejo.[6] *[12]* Bolsa de águas e cálculos do rim; fluxo de cabelo, fluxo de baba, fluxo de esperma, de merda ou de urina produzidos por objetos parciais, constantemente cortados por outros objetos parciais que, por sua vez, produzem outros fluxos também recortados por outros objetos parciais. Todo "objeto" supõe a continuidade de um fluxo, e todo fluxo supõe a fragmentação do objeto. Sem dúvida, cada máquina-órgão interpreta o mundo inteiro segundo seu próprio fluxo, segundo a energia que flui dela: o olho interpreta tudo em termos de ver — o falar, o ouvir, o cagar, o foder... Mas sempre uma conexão se estabelece com outra máquina, numa transversal em que

---

[5] D. H. Lawrence [1885-1930], *La Verge d'Aaron*, tradução francesa, Paris, Gallimard, p. 199. [NT: "Efetuação" traduz *accomplissement*, no sentido de levar algo à consecução de sua plenitude.]

[6] Henry Miller [1891-1980], *Tropique du Cancer* (1934), cap. XIII ("... e minhas entranhas se espalham num imenso fluxo esquizofrênico, evacuação que me deixa face a face com o absoluto...").

a primeira corta o fluxo da outra ou "vê" seu fluxo ser cortado pela outra.

[I.1.4. A primeira síntese: síntese conectiva ou produção de produção]

O acoplamento da síntese conectiva, objeto parcial-fluxo, tem, portanto, uma outra forma também: produto-produzir. O produzir está sempre inserido no produto, razão pela qual a produção desejante é produção de produção, assim como toda máquina é máquina de máquina. Não podemos nos contentar com a categoria idealista de expressão. Não podemos e nem deveríamos pensar em descrever o objeto esquizofrênico sem ligá-lo ao processo de produção. Os *Cahiers de L'Art Brut*[NT] são a demonstração viva do que acabamos de dizer (e negam, ao mesmo tempo, que haja uma entidade esquizofrênica). Demonstra-o também Henri Michaux, quando descreve uma mesa esquizofrênica em função de um processo de produção que é o do desejo: "Desde que a tivéssemos notado, ela continuava a ocupar o espírito. Continuava mesmo não sei bem o quê, sua própria ocupação, sem dúvida... O que impressionava é que, não sendo simples, também não era realmente complexa, improvisada ou intencionalmente complexa, nem tinha um plano complicado. Era, antes, dessimplificada à medida que era trabalhada... Tal como estava era uma mesa feita de pedaços, como foram feitos certos desenhos de esquizofrênicos, desenhos ditos entulhados, e se ela se apresentava acabada, era só na medida em que já não havia maneira de lhe acrescentar mais nada, mesa que se tinha tornado cada vez mais um amontoado e cada vez menos uma mesa... E não servia para nada do que se possa esperar de uma mesa. Pesada, embaraçante, só a custo podia ser transportada. Não se sabia como pegá-la (nem mental nem manualmente). O tampo, a parte útil da mesa, progressivamente reduzido, desaparecia, e era tão pouco relacionado *[13]* com o resto da incômoda armação que já não era possível pensar no conjunto

[NT] [Publicação que começou a circular em 1964, destinada a divulgar a produção de obras de "arte bruta", termo cunhado por Jean Dubuffet (1901-1985) em 1945.]

como sendo uma mesa, mas tão somente um móvel à parte, um instrumento desconhecido cuja utilidade era inapreensível. Mesa desumanizada, embaraçosa, que não era burguesa, nem rústica, nem do campo, nem de cozinha, nem de trabalho. Que para nada prestava, que se defendia, que se recusava ao serviço e à comunicação. Havia nela algo de aterrado, de petrificado. Podia levar a pensar num motor parado".[7] O esquizofrênico é o produtor universal. Neste caso, não se trata de distinguir o produzir e seu produto; ou, pelo menos, o objeto produzido leva o seu *aqui* para um novo produzir. A mesa insiste em sua "própria ocupação". O tampo é comido pela armação. O não-acabamento da mesa é um imperativo de produção. Quando Lévi-Strauss define a bricolagem, propõe um conjunto de características estritamente ligadas: a posse de um estoque ou de um código múltiplo, heteróclito, porém limitado; a capacidade de introduzir os fragmentos em fragmentações sempre novas; donde decorre uma indiferença do produzir e do produto, do conjunto instrumental e do conjunto a ser realizado.[8] A satisfação do *bricoleur*, quando liga alguma coisa à corrente elétrica, quando desvia um conduto de água, seria muito mal explicada por um jogo de "papai-mamãe" ou por um prazer da transgressão. A regra de produzir sempre o produzir, de inserir o produzir no produto, é a característica das máquinas desejantes ou da produção primária: produção de produção. Um quadro de Richard Lindner, *Boy With Machine* [Menino com máquina], mostra uma criança enorme e túrgida que, assim inserida, faz com que uma de suas pequenas máquinas desejantes funcione em uma enorme máquina social técnica (pois, como veremos, isso já é próprio da criança).

[I.1.5. Produção do corpo sem órgãos]
Um produzir, um produto, uma identidade produzir-produto... É essa identidade que forma um terceiro termo na série linear:

---

[7] Henri Michaux [1899-1984], *Les Grandes épreuves de l'esprit*, Paris, Gallimard, 1966, pp. 156-7.

[8] Claude Lévi-Strauss [1908-2009], *La Pensée sauvage*, Paris, Plon, 1962, pp. 26 ss.

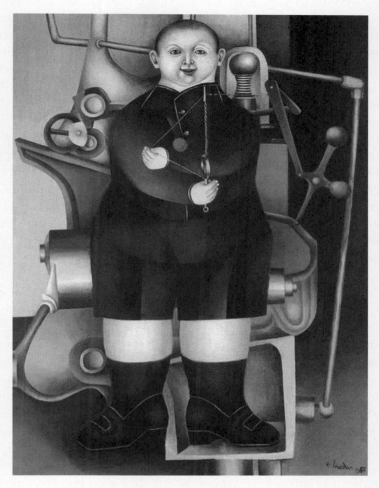

Richard Lindner, *Boy With Machine*, 1954, óleo sobre tela, 102 × 76 cm.

enorme objeto não diferenciado. Tudo para um momento, tudo se coagula (depois, tudo recomeçará). De certa maneira, seria melhor que nada andasse, que nada *[14]* funcionasse. Não ter nascido, sair da roda dos nascimentos, sem boca para mamar, sem ânus para cagar. Estarão as máquinas suficientemente desarranjadas, e suas peças suficientemente desligadas, para se entregarem e nos entregarem ao nada? Dir-se-ia que os fluxos de energia estão ainda muito ligados, que os objetos parciais são ainda orgânicos em demasia. Mas um puro fluido, em estado livre e sem cortes, está em vias de deslizar sobre um corpo pleno. As máquinas desejantes fazem de nós um organismo; mas, no seio dessa produção, em sua própria produção, o corpo sofre por estar assim organizado, por não ter outra organização ou organização nenhuma. "Uma parada incompreensível e certeira" no meio do processo, como terceiro tempo: "*Nem boca. Nem língua. Nem dentes. Nem laringe. Nem esôfago. Nem estômago. Nem ventre. Nem ânus.*" Os autômatos param e deixam sobressair a massa inorgânica que articulam. O corpo pleno sem órgãos é o improdutivo, o estéril, o inengendrado, o inconsumível. Antonin Artaud o descobriu, lá onde ele se encontrava, sem forma e sem figura. Instinto de morte é o seu nome, e a morte não fica sem modelo. Porque o desejo deseja *também* isso, a morte, pois o corpo pleno da morte é seu motor imóvel, assim como deseja a vida, pois os órgãos da vida são a *working machine* [o funcionamento maquínico]. Não perguntaremos como isso funciona em conjunto: essa questão é já produto de uma abstração. As máquinas desejantes só funcionam desarranjadas, desarranjando-se constantemente. O presidente Schreber "viveu durante muito tempo sem estômago, sem intestinos, quase sem pulmões, com o esôfago dilacerado, sem bexiga, com as costelas esmagadas; comeu, por vezes, partes da sua própria laringe, e assim por diante". O corpo sem órgãos é o improdutivo; no entanto, é produzido em seu lugar próprio, a seu tempo, na sua síntese conectiva, como a identidade do produzir e do produto (a mesa esquizofrênica é um corpo sem órgãos). O corpo sem órgãos não é o testemunho de um nada original, nem o resto de uma totalidade perdida. E, sobretudo, ele não é uma projeção: nada tem a ver com o corpo próprio ou com uma imagem do corpo. É o corpo sem imagem. Ele, o improdutivo, existe aí onde é produzido, no terceiro tempo da série binário-linear. Ele é perpetuamente re-injetado na produção. O corpo catatônico é produzido na água do banho. O corpo pleno sem órgãos é *[15]* antiprodução; mas é ainda uma característica da síntese conectiva ou produtiva acoplar a produção à antiprodução, a um elemento de antiprodução.

[I.2. O CORPO SEM ÓRGÃOS]

[I.2.1. A antiprodução. Repulsão e máquina paranoica]
Entre as máquinas desejantes e o corpo sem órgãos surge um conflito aparente. Cada conexão de máquinas, cada produção de máquina, cada ruído de máquina se tornou insuportável ao corpo sem órgãos. Sob os órgãos ele sente larvas e vermes repugnantes, e a ação de um Deus que o sabota ou estrangula ao organizá-lo. "O corpo é o corpo/ ele está só/ e não precisa de órgão/ o corpo nunca é um organismo/ os organismos são os inimigos do corpo".[9] Tantos pregos na sua carne, tantos suplícios. Às máquinas-órgãos, o corpo sem órgãos opõe sua superfície deslizante, opaca e tensa. Aos fluxos ligados, conectados e recortados, opõe seu fluido amorfo indiferenciado. Às palavras fonéticas, ele opõe sopros e gritos, que são outros tantos blocos inarticulados. Acreditamos ser este o sentido do recalcamento dito originário: não um "contrainvestimento", mas essa *repulsão* das máquinas desejantes pelo corpo sem órgãos. E é justamente isso que significa a máquina paranoica, a ação invasiva das máquinas desejantes sobre o corpo sem órgãos, e a reação repulsiva do corpo sem órgãos, que as sente globalmente como aparelho de perseguição. Assim, não podemos seguir Tausk quando ele vê na máquina paranoica uma simples projeção do "próprio corpo" e dos órgãos genitais.[10] A gênese da máquina [paranoica] ocorre precisamente aqui, na oposição entre

[9] Antonin Artaud, em *84*, n° 5-6, 1948.

[10] Victor Tausk [1879-1919], "De la genèse de l'appareil à influencer au cours de la schizophrénie", tradução francesa, *La Psychanalyse*, n° 4, 1919.

o processo de produção das máquinas desejantes e a parada improdutiva do corpo sem órgãos. Dão provas disso o caráter anônimo dessa máquina e a indiferenciação de sua superfície. A projeção só intervém secundariamente, assim como o contrainvestimento, na medida em que o corpo sem órgãos investe um contra-dentro ou um contra-fora, sob a forma de um órgão perseguidor ou de um agente exterior de perseguição. Mas, em si, a máquina paranoica é uma mutação *[16]* das máquinas desejantes: resulta da relação das máquinas desejantes com o corpo sem órgãos, na medida em que este já não pode suportá-las.

[I.2.2. Produção desejante e produção social: como a antiprodução se apropria das forças produtivas]

Mas se quisermos ter uma ideia das forças ulteriores do corpo sem órgãos no processo não interrompido, devemos passar por um paralelo entre a produção desejante e a produção social. Tal paralelo é apenas fenomenológico; não prejulga nem a natureza, nem a relação entre as duas produções, nem mesmo a questão de saber se há, efetivamente, *duas* produções. Simplesmente, as formas de produção social implicam também uma parada improdutiva inengendrada, um elemento de antiprodução acoplado ao processo, um corpo pleno determinado como *socius*, que pode ser o corpo da terra, ou o corpo despótico ou, então, o capital. É dele que Marx diz: não é o produto do trabalho, mas aparece como seu pressuposto natural ou divino. Ele não se contenta, com efeito, em se opor às forças produtivas em si mesmas. Ele se assenta[NT] sobre toda a produção, constitui uma superfície na qual se distribuem as forças e os agentes de produção, de modo que se apropria do sobreproduto e atribui a si próprio o conjunto e as partes do processo, que, então, parecem emanar dele como de uma quase-causa. Forças e agentes se tornam sua potência sob uma forma miraculosa, parecem *miraculados* por ele. Em suma, o *socius* como corpo pleno forma uma superfície na qual toda a produção se registra e parece emanar da superfície de registro. A sociedade constrói o seu

---

[NT] [Traduzo *rabattre* por "assentar", no duplo sentido, presente no texto, de "incidir sobre" e de "fazer-se inscrever".]

próprio delírio ao registrar o processo de produção; mas não é um delírio da consciência, ou melhor, a falsa consciência é consciência verdadeira de um falso movimento, percepção verdadeira de um movimento objetivo aparente, percepção verdadeira do movimento que se produz na superfície de registro. O capital é, sem dúvida, o corpo sem órgãos do capitalista, ou melhor, do ser capitalista. Mas, como tal, ele não é apenas substância fluida e petrificada do dinheiro: é que ele vai dar à esterilidade do dinheiro a forma sob a qual este produz dinheiro. Ele produz a mais-valia, como o corpo sem órgãos se reproduz a si próprio, floresce e se estende até aos confins do universo; encarrega a máquina de fabricar uma mais--valia relativa, ao mesmo tempo em que nela se encarna como capital fixo. E é no capital que se engancham as máquinas e os agentes, de modo que seu próprio funcionamento *[17]* é miraculado por ele. É objetivamente que tudo parece produzido pelo capital enquanto quase-causa. Como diz Marx, *no começo* os capitalistas têm necessariamente consciência da oposição do trabalho e do capital, e do uso do capital como meio de extorquir sobretrabalho. Mas depressa se instaura um mundo perverso enfeitiçado, ao mesmo tempo em que o capital tem o papel de superfície de registro que se assenta sobre toda a produção (fornecer mais-valia, ou realizá-la, eis o direito de registro). "À medida que a mais-valia relativa se desenvolve no sistema especificamente capitalista e que a produtividade social do trabalho cresce, as forças produtivas e as conexões sociais do trabalho parecem destacar-se do processo produtivo e passar do trabalho para o capital. Assim, o capital se torna um ser bastante misterioso, pois todas as forças produtivas parecem nascer no seio dele e lhe pertencer".[11] E, aqui, o que é especificamente capitalista é o papel do dinheiro e o uso do capital como corpo pleno para formar a superfície de inscrição ou de registro. Mas um corpo pleno qualquer — seja o corpo da terra ou o do déspota, seja uma superfície de registro, um movimento ob-

[11] Karl Marx [1818-1883], *Le Capital*, III, 7, cap. 25 (Paris, Pléiade, II, p. 1.435). Cf. Louis Althusser [1918-1990], *Lire Le Capital*, os comentários de Étienne Balibar [1942], tomo II, pp. 213 ss., e de Pierre Macherey [1938], tomo I, pp. 201 ss. (Paris, Maspero, 1965).

jetivo aparente, um mundo perverso enfeitiçado fetichista — sempre pertence a todos os tipos de sociedade como constante da reprodução social.

[I.2.3. Apropriação ou atração, e máquina miraculante]
O corpo sem órgãos se assenta sobre a produção desejante, e a atrai, apropria-se dela. As máquinas-órgãos engancham-se nele como num colete de esgrima ou como medalhas sobre o traje de um lutador que, ao andar, as faz balançar. Assim, uma máquina de atração sucede, pode suceder, à máquina repulsiva: uma máquina miraculante depois da máquina paranoica. Mas que quer dizer o "depois"? As duas coexistem, e o humor negro se encarrega não de resolver as contradições, mas de fazer com que elas não existam, que jamais tenham existido. O corpo sem órgãos, o improdutivo, o inconsumível, serve de superfície para o registro de todo o processo de produção do desejo, de modo que as máquinas desejantes parecem emanar dele no movimento objetivo aparente que as reporta a ele. Os órgãos são regenerados, *[18]* miraculados no corpo do presidente Schreber que atrai os raios de Deus. Sem dúvida, a antiga máquina paranoica subsiste sob a forma de vozes zombeteiras que procuram "desmiracular" os órgãos e, notadamente, o ânus do presidente. Mas o essencial é o estabelecimento de uma superfície encantada de inscrição, ou de registro, que atribui a si própria todas as forças produtivas e os órgãos de produção, e que opera como quase-causa, comunicando-lhes o movimento aparente (o fetiche). Isto é tão verdadeiro quanto dizer que o esquizofrênico faz economia política, e que a sexualidade é questão de economia.

[I.2.4. A segunda síntese: síntese disjuntiva ou produção de registro. Ou... ou...]
Acontece que não se registra a produção tal como ela se produz. Ou melhor, no movimento objetivo aparente, ela não se reproduz tal como ela se produzia no processo de constituição. É que, imperceptivelmente, passamos para um domínio da produção de registro, cuja lei não é a mesma que a da produção de produção. A lei desta era a síntese conectiva ou acoplamento. Mas quando

as *conexões* produtivas passam das máquinas ao corpo sem órgãos (como do trabalho ao capital), dir-se-ia que elas são submetidas a uma outra lei, a que exprime uma *distribuição* em relação ao elemento não produtivo enquanto "pressuposto natural ou divino" (as disjunções do capital). Sobre o corpo sem órgãos as máquinas se engancham como outros tantos pontos de disjunção entre os quais se tece toda uma rede de sínteses novas que quadriculam a superfície. O "ou... ou"[NT] esquizofrênico reveza com o "e depois": considerando dois órgãos quaisquer, a maneira como estão enganchados no corpo sem órgãos deve ser tal que todas as sínteses disjuntivas entre os dois venham a dar no mesmo sobre a superfície deslizante. Enquanto o "ou então" [como indicador de exclusão] pretende marcar escolhas decisivas entre termos não permutáveis (alternativa), o "ou" [inclusivo] designa um sistema de permutações possíveis entre diferenças que sempre retornam ao mesmo, deslocando-se, deslizando. Por exemplo, a boca que fala, os pés que andam: "Acontecia-lhe parar sem dizer nada. Ou porque, afinal, nada tinha para dizer. Ou porque, embora tivesse algo para dizer, ele afinal renunciasse a fazê-lo... Outros casos principais se apresentam ao espírito. Comunicação contínua imediata com recomeço imediato. A mesma *[19]* coisa com recomeço retardado. Comunicação contínua retardada com recomeço imediato. A mesma coisa com recomeço retardado. Comunicação descontínua imediata com recomeço imediato. A mesma coisa com recomeço retardado. Comunicação descontínua retardada com recomeço imediato. A mesma coisa com recomeço retardado".[12] É assim que o esquizofrênico, possuidor do mais pobre e mais comovente capital, como as propriedades de Malone, escreve sobre o seu corpo a litania das disjunções e constrói para si um mundo de encenações em que a mais minúscula permutação deve responder à nova situa-

---

[NT] [Em francês, a expressão *soit... soit* (quer... quer, seja... seja), aí empregada pelos autores, remete ao conectivo "ou" como indicador de exclusão ou inclusão.]

[12] Samuel Beckett [1906-1989], "Assez", em *Têtes-mortes*, Paris, Minuit, 1967, pp. 40-1.

ção ou ao interpelante indiscreto. A síntese disjuntiva de registro vem, portanto, recobrir as sínteses conectivas de produção. Como processo de produção, o processo se prolonga em procedimento como procedimento de inscrição. Ou melhor, se denominarmos *libido* o "trabalho" conectivo da produção desejante, devemos dizer que uma parte dessa energia se transforma em energia de inscrição disjuntiva (*Numen*).[NT] Transformação energética. Mas por que chamar divina, ou *Numen*, a nova forma de energia, apesar de todos os equívocos levantados por um problema do inconsciente que só é religioso em aparência? O corpo sem órgãos não é Deus, antes pelo contrário. Mas divina é a energia que o percorre, quando ele atrai para si toda a produção e lhe serve de superfície encantada miraculante, inscrevendo-a em todas as suas disjunções. Donde as estranhas relações que Schreber entretém com Deus. A quem pergunta: acredita em Deus? devemos responder de uma maneira estritamente kantiana ou schreberiana: certamente, mas só como senhor do silogismo disjuntivo, como princípio *a priori* deste silogismo (Deus define a *Omnitudo realitatis*, da qual todas as realidades derivadas saem por divisão).

[I.2.5. Genealogia esquizofrênica]
Divino, portanto, é tão somente o caráter de uma energia de disjunção. O divino de Schreber é inseparável das disjunções nas quais ele se divide a si mesmo: impérios anteriores, impérios posteriores; impérios posteriores de um Deus superior e de um Deus inferior. Freud realça fortemente a importância dessas sínteses disjuntivas no delírio de Schreber em particular, assim como no delírio em geral. "Tal divisão é bem característica das [20] psicoses paranoicas. Estas dividem, ao passo que a histeria condensa. *Ou*

[NT] [*Nuo* equivale a "fazer um sinal com a cabeça". *Numen, inis*, n., movimento da cabeça manifestando a vontade. 1. Vontade, injunção: *n. mentis*, "a vontade do espírito", em Lucrécio, *De Natura rerum*, 3, 144; "vontade divina, potência atuante da divindade", em Cícero, *Quir.* 18 (*Oratio post reditum ad Quirites*); *numen historiae*, "a potência divina da história", em Plínio, o Jovem, *Epistulae*, 9, 27, 1. Cf. Félix Gaffiot, *Dictionnaire Illustré Latin-Français*, Paris, Hachette, 1934.]

antes, é nos seus elementos que essas psicoses resolvem de novo as condensações e as identificações realizadas na imaginação inconsciente".[13] Mas por que Freud, refletindo melhor, acrescenta que a neurose histérica é primeira e que as disjunções são obtidas tão somente por projeção de um condensado primordial? Trata-se, sem dúvida, de uma maneira de manter os direitos de Édipo no Deus do delírio e no registro esquizo-paranoico. É por isso que, a esse respeito, devemos levantar a questão mais geral: o registro do desejo passaria pelos termos edipianos? As disjunções são a forma da genealogia desejante; mas seria edipiana essa genealogia, inscrever-se-ia na triangulação de Édipo? Ou não seria Édipo uma exigência ou uma consequência da reprodução social, enquanto esta pretende domesticar uma matéria e uma forma genealógicas que lhe escapam por todos os lados? Pois o esquizofrênico é certamente interpelado, nunca deixa de sê-lo. Precisamente porque sua relação com a natureza não é um polo específico, ele é interpelado nos termos do código social vigente: qual é seu nome, quem é seu pai, quem é sua mãe? Durante os seus exercícios de produção desejante, Molloy é interpelado por um policial: "Você se chama Molloy, diz o comissário. Sim, eu disse, me lembro agora. E sua mamãe? diz o comissário. Eu não atinava. Ela também se chama Molloy? diz o comissário. Ela se chama Molloy? digo eu. Sim, diz o comissário. Reflito. Você se chama Molloy, diz o comissário. Sim, digo. E sua mãe, diz o comissário, também se chama Molloy? Reflito". Não se pode dizer, a esse respeito, que a psicanálise seja muito inovadora: ela continua a colocar suas questões e a desenvolver suas interpretações com base no triângulo edipiano, justo no momento em que sente, todavia, o quanto os chamados fenômenos de psicose transbordam esse quadro de referência. O psicanalista diz que se *deve* descobrir o papai sob o Deus superior de Schreber e até mesmo o irmão mais velho sob o Deus inferior. Ora o esquizofrênico se impacienta e pede que o deixem tranquilo; ora ele entra no jogo, e até provoca variações, pronto para reintrodu-

---

[13] Sigmund Freud [1856-1939], *Cinq psychanalyses*, tradução francesa, Paris, PUF, 1954, p. 297.

zir seus próprios ajustes no modelo *[21]* que lhe propõem e que ele explode de dentro (sim, é minha mãe, mas a minha mãe é justamente a Virgem). Imaginamos o presidente Schreber respondendo a Freud: mas claro, sim, sim, os pássaros falantes são moças, e o Deus superior é papai, e o Deus inferior é meu irmão. Mas, de maneira discreta, reengravida as moças com todos os pássaros falantes, o pai com o Deus superior e o irmão com o Deus inferior, formas divinas que se complicam, ou melhor, que se "dessimplificam" à medida que subvertem os termos e funções demasiado simples do triângulo edipiano.

> *Não creio nem no pai*
> *nem na mãe*
> *Nada tenho*
> *com papai-mamãe*[NT]

A produção desejante forma um sistema linear-binário. O corpo pleno se introduz como terceiro termo na série, mas sem alterar o caráter desta: 2, 1, 2, 1... A série é totalmente rebelde a uma transcrição que a submetesse e a moldasse em conformidade com uma figura especificamente ternária e triangular, como a do Édipo. O corpo pleno sem órgãos é produzido como Antiprodução, isto é, ele só intervém como tal para recusar toda tentativa de triangulação que implique uma produção parental. Como pretender que ele seja produzido pelos pais se ele próprio dá testemunho da sua autoprodução, do seu engendramento a partir de si? E é precisamente sobre ele, aí onde ele está, que o *Numen* se distribui, que as disjunções se estabelecem independentemente de toda pro-

[NT] [*Psychoanalytische Bemerkungen über einen autobiographisch beschriebenen Fall von Paranoia (Dementia paranoides)*, de 1911. Tradução francesa: *Remarques psychanalytiques sur l'auto-biographie d'un cas de paranoïa (Dementia paranoides): Le Président Schreber)*, em *Cinq psychanalyses*, Paris, PUF, 1954, pp. 263-324. Eis o texto francês citado pelos autores: "*Je ne crois à ni père/ ni mère/ Ja na pas/ à papa-mama*". Há edição brasileira: *Observações psicanalíticas sobre um caso de paranoia relatado em autobiografia ("O caso Schreber")*, tradução de Paulo César de Souza, São Paulo, Companhia das Letras, 2010.]

jeção. *Sim, fui meu pai e fui meu filho*. "Eu, Antonin Artaud, sou meu filho, meu pai, minha mãe, e eu." O esquizo dispõe de modos de marcação que lhe são próprios, pois, primeiramente, dispõe de um código de registro particular que não coincide como o código social ou que só coincide com ele a fim de parodiá-lo. O código delirante, o código desejante apresenta uma fluidez extraordinária. Dir-se-ia que o esquizofrênico passa de um código a outro, que ele *embaralha todos os códigos*, num deslizamento rápido, conforme as questões que se lhe apresentam, jamais dando seguidamente a mesma explicação, não invocando a mesma genealogia, não registrando da mesma maneira o mesmo *[22]* acontecimento, e até aceitando o banal código edipiano, quando este lhe é imposto e ele não está irritado, mas sempre na iminência de voltar a entulhá-lo com todas as disjunções que esse código se destina a excluir. Os desenhos de Adolf Wölfli expõem relógios, turbinas, dínamos, máquinas-celestes, máquinas-casas etc. E sua produção se faz de maneira conectiva, indo da borda para o centro por camadas ou setores sucessivos. Mas as "explicações" que ele anexa, modificando-as conforme seu humor, recorrem a séries genealógicas que constituem o registro do desenho. E mais: o registro se assenta sobre o próprio desenho na forma de linhas de "catástrofe" ou de "queda", que são outras tantas disjunções rodeadas de espirais.[14] Embora sempre vacilante, o esquizo consegue sair-se bem, pela simples razão de que é a mesma coisa de todos os lados, em todas as disjunções. É que, por mais que as máquinas-órgãos se enganchem sobre o corpo sem órgãos, este permanece sem órgãos e nem volta a ser organismo no sentido usual da palavra. Ele guarda seu caráter fluido e deslizante. Do mesmo modo, os agentes de produção se colocam sobre o corpo de Schreber, dependuram-se nele, tal como os raios do céu que ele atrai e que contêm milhares de pequenos espermatozoides. Raios, pássaros, vozes, nervos entram em relações permutáveis de genealogia complexa com Deus e com as

[14] Walter Morgenthaler [1882-1930], "Adolf Wölfli", tradução francesa, *L'Art Brut*, n° 2. [NT: A respeito de *L'Art Brut*, e para imagens da obra de Adolf Wölfli (1864-1930), cf. www.artbrut.ch.]

formas divididas de Deus. Mas é sobre o corpo sem órgãos que tudo se passa e se registra, mesmo as cópulas dos agentes, as divisões de Deus, as genealogias esquadrinhadoras e as suas permutações. Tudo está sobre esse corpo incriado, como os piolhos na juba do leão.

[I.3. O sujeito e o gozo]

[I.3.1. A terceira síntese: síntese conjuntiva ou produção de consumo. — Então é...]
Conforme o sentido da palavra "processo", o registro se assenta sobre a produção, mas a produção de registro, ela mesma, é produzida pela produção de produção. Do mesmo modo, o consumo sucede ao registro, mas a produção de consumo é produzida pela e na produção de registro. É que, na superfície de inscrição, algo da ordem de um *sujeito* se deixa assinalar. *[23]* É um estranho sujeito, sem identidade fixa, errando sobre o corpo sem órgãos, sempre ao lado das máquinas desejantes, definido pela parte que toma do produto, recolhendo em toda parte o prêmio de um devir ou de um avatar, nascendo dos estados que ele consome e renascendo em cada estado. "Então sou eu, então é a mim..." Como diz Marx, até sofrer é fruir de si. Sem dúvida, toda produção desejante já é imediatamente consumo e consumação,^{NT} logo "volúpia". Contudo, ela não o é ainda para um sujeito, que só pode se situar através das disjunções de uma superfície de registro, nos restos de cada divisão. O presidente Schreber, sempre ele, tem disso a mais viva consciência: há uma taxa constante de gozo cósmico, de modo que Deus exige encontrar volúpia em Schreber, mesmo que ao preço de uma transformação de Schreber em mulher. Mas o presidente desfruta apenas de uma parte residual dessa volúpia, algo como um salário pelas suas dores ou o prêmio pelo seu devir-mulher. "É

---

^{NT} [Emprego "consumo" para traduzir *consommation*; emprego "consumação", no sentido de destruição, de aniquilamento, para traduzir *consumation*, que o francês liga a *consumer*, *détruire*, destruir.]

meu dever oferecer a Deus este gozo; e se, ao fazê-lo, me cabe um pouco de prazer sensual, sinto-me justificado em aceitá-lo como leve compensação pelo excesso de sofrimentos e de privações que me couberam durante tantos anos." Do mesmo modo que uma parte da libido, como energia de produção, se transformou em energia de registro (*Numen*), uma parte desta se transforma em energia de consumo (*Voluptas*).^NT É esta energia residual que anima a terceira síntese do inconsciente, a síntese conjuntiva do "então é...",^NT ou produção de consumo.

[I.3.2. Máquina celibatária. — Então era isso!]
Devemos considerar como esta síntese é formada, ou como o sujeito é produzido. Tínhamos partido da oposição entre as máquinas desejantes e o corpo sem órgãos. Sua repulsão, tal como aparecia na máquina paranoica do recalcamento originário, dava lugar a uma atração na máquina miraculante. Mas a oposição persiste entre a atração e a repulsão. Parece que a reconciliação efetiva só pode ocorrer no nível de uma nova máquina, que funcione como "retorno do recalcado". Tudo indica que uma tal reconciliação existe, ou pode existir. Sem mais precisões, dizem-nos de Robert Gie, o excelente desenhista de máquinas paranoicas elétricas: "Parece-nos que, não podendo libertar-se dessas correntes que *[24]* o atormentavam, ele acabou tomando com força o partido delas, entusiasmando-se ao figurá-las na sua vitória total, no seu triunfo".[15] Mais precisamente, Freud sublinha a importância da virada da doença de Schreber, quando este se reconcilia com seu devir-mulher e se empenha num processo de autocura que o reconduz à identidade Natureza = Produção (produção de uma humanidade nova). Com efeito, Schreber está fixado numa atitude e num aparelho de travesti no momento em que, praticamente curado,

---

^NT [*Volup*: de uma maneira conforme aos desejos, agradavelmente. *Voluptas, voluptatis*, a volúpia, o prazer. Cf. Félix Gaffiot, *Dictionnaire Illustré...*, op. cit.]

^NT [No original, "*c'est donc...*".]

[15] *L'Art Brut*, n° 3, p. 63. [NT: Robert Gie (1869-1922).]

recuperou todas as suas faculdades: "Encontro-me às vezes instalado frente a um espelho ou em outro lugar, com o tronco seminu, enfeitado como uma mulher, com fitas, com colares falsos etc.; mas isto só acontece quando estou só...". Empreguemos o nome de "máquina celibatária" para designar essa máquina que sucede à máquina paranoica e à máquina miraculante, formando uma nova aliança entre as máquinas desejantes e o corpo sem órgãos, em prol do nascimento de uma humanidade nova ou de um organismo glorioso. Isso equivale a dizer que o sujeito é produzido como um resto, ao lado das máquinas desejantes, ou que ele próprio se confunde com essa terceira máquina produtora e com a reconciliação residual que ela opera: síntese conjuntiva de consumo, sob a forma maravilhosa de um "Então era isso!".NT

Michel Carrouges isolou, sob o nome de "máquinas celibatárias", um certo número de máquinas fantásticas que descobria na literatura. Os exemplos que invoca são muito variados e, à primeira vista, parece que não cabem numa mesma categoria: *La Mariée mise à nu...* de Duchamp, a máquina de *Na colônia penal* de Kafka, as máquinas de Raymond Roussel, as de *O supermacho* de Jarry, certas máquinas de Edgar Allan Poe, *A Eva futura* de Villiers etc.[16] Porém, os traços que fundam sua unidade, de importância variável conforme o exemplo considerado, são os seguintes: em primeiro lugar, a máquina celibatária dá testemunho de uma antiga máquina paranoica, com seus suplícios, suas sombras, sua antiga Lei. Ela própria não é, contudo, uma máquina paranoica. As suas engrenagens, carrinhos, tesouras, agulhas, ímãs, raios, tudo isso a distingue da outra. Até nos suplícios e na morte que [25] provoca, ela manifesta algo novo, uma potência solar. Em segundo

---

NT ["*C'était donc ça!*"]

[16] Michel Carrouges, *Les Machines célibataires*, Paris, Arcanes, 1954. [NT: Os autores e obras citados nessa passagem são: Marcel Duchamp (1889--1968), a obra *La Mariée mise à nu par ses célibataires, même* (1912); Franz Kafka (1883-1924), *Na colônia penal* (1914); Raymond Roussel (1877-1933); Alfred Jarry (1873-1907), o romance *O supermacho* (1902); Villiers de l'Isle-Adam, Jean Marie Mathias Philippe Auguste de (1838-1889), o romance *A Eva futura* (1886).]

lugar, não se pode explicar essa transfiguração pelo caráter miraculante que a máquina deve à inscrição que contém, embora contenha efetivamente as mais altas inscrições (cf. o registro posto por Edison na Eva futura). Há um consumo atual da nova máquina, um prazer que podemos qualificar de autoerótico, ou antes, de automático, onde se celebram as núpcias de uma nova aliança, um novo nascimento, num êxtase deslumbrante, como se o erotismo maquinal libertasse outras potências ilimitadas.

[I.3.3. Matéria, ovo e intensidades: eu sinto]
A questão vem a ser esta: o que produz a máquina celibatária, o que se produz através dela? A resposta parece ser: quantidades intensivas. Há uma experiência esquizofrênica das quantidades intensivas em estado puro, a um ponto quase insuportável — uma miséria e uma glória celibatárias experimentadas no seu mais alto grau, como um clamor suspenso entre a vida e a morte, um intenso sentimento de passagem, estados de intensidade pura e crua despojados de sua figura e de sua forma. Fala-se frequentemente das alucinações e do delírio; mas o dado alucinatório (eu vejo, eu escuto) e o dado delirante (eu penso...) pressupõem um *Eu sinto*[NT] mais profundo, que dá às alucinações seu objeto e ao delírio do pensamento seu conteúdo. Um "sinto que devenho mulher", "que devenho deus" etc., que não é delirante nem alucinatório, mas que vai projetar a alucinação ou interiorizar o delírio. Delírio e alucinação são segundos em relação à emoção verdadeiramente primária que, de início, só experimenta intensidades, devires, passagens.[17] De onde vêm essas intensidades puras? Elas vêm das duas forças precedentes, repulsão e atração, e de sua oposição. Não que as próprias intensidades estejam em oposição umas às outras e se equilibrem em torno de um estado neutro. Ao contrário, todas elas

---

[NT] [No original, *Je sens*. Traduzirei *Je* ou *je* por "*Eu*" ou "*eu*" (em itálico), mantendo "Eu" ou "eu" para traduzir *Moi* ou *moi*.]

[17] Wilfred Ruprecht Bion [1897-1979] foi o primeiro a ter insistido na importância do *Eu sinto*; porém, ele o inscreve tão só na ordem do fantasma, e faz dele um paralelo afetivo do *Eu penso*. Cf. *Elements of Psycho-Analysis*, Londres, Heinemann, 1963, pp. 94 ss.

são positivas a partir da intensidade = 0 que designa o corpo pleno sem órgãos. E formam quedas ou altas relativas, conforme sua [26] relação complexa e a proporção de atração e de repulsão que entra na sua causa. Em suma, a oposição das forças de atração e de repulsão produz uma série aberta de elementos intensivos, todos positivos, que nunca exprimem o equilíbrio final de um sistema, mas um número ilimitado de estados estacionários metaestáveis pelos quais um sujeito passa. É profundamente esquizoide a teoria kantiana segundo a qual as quantidades intensivas preenchem *a matéria sem vazio* em graus diversos. Segundo a doutrina do presidente Schreber, a *atração* e a *repulsão* produzem intensos *estados de nervo* que preenchem o corpo sem órgãos em graus diversos, e pelos quais passa o sujeito-Schreber, devindo mulher e devindo muitas outras coisas ainda, num círculo de eterno retorno. Os seios no tronco nu do presidente não são nem delirantes nem alucinatórios, mas designam, em primeiro lugar, uma faixa de intensidade, uma zona de intensidade sobre seu corpo sem órgãos. O corpo sem órgãos é um ovo: é atravessado por eixos e limiares, por latitudes, longitudes e geodésicas, é atravessado por *gradientes* que marcam os devires e as passagens, as destinações daquele que aí se desenvolve. Nada é aqui representativo, tudo é vida e vivido: a emoção vivida dos seios não se assemelha aos seios, não os representa, assim como uma zona predestinada do ovo não se assemelha ao órgão que será induzido nela; apenas faixas de intensidade, potenciais, limiares e gradientes. Experiência dilacerante, demasiado emocionante, pela qual o esquizo é aquele que mais se aproxima da matéria, de um centro intenso e vivo da matéria: "emoção situada fora do ponto particular em que o espírito a busca... emoção que dá ao espírito o som sublevador da matéria, para onde toda a alma escorre e arde".[18]

Como foi possível figurar o esquizo como esse farrapo autista, separado do real e cortado da vida? Pior ainda: como pode a psiquiatria fazer dele, na prática, esse farrapo, reduzi-lo a esse estado de um corpo sem órgãos tornado morto? — ele, que se ins-

---

[18] Antonin Artaud, *Le Pèse-nerfs*, Paris, Gallimard, *Oeuvres complètes*, I, p. 112.

talava nesse ponto insuportável em que o espírito toca a matéria, e dela vive cada intensidade, consumindo-a? E não deveríamos relacionar essa questão *[27]* a uma outra, de aparência muito diferente: como consegue a psicanálise reduzir, desta vez o neurótico, a uma pobre criatura que consome eternamente papai-mamãe, e nada mais? Como foi possível reduzir a síntese conjuntiva do "Então era isso!", do "Então sou eu!",[NT] à eterna e melancólica descoberta do Édipo, "Então é meu pai, então é minha mãe..."? São questões que não podemos responder ainda. Vemos apenas a que ponto o consumo de intensidades puras é estranho às figuras familiares, e o quanto é estranho ao tecido edipiano o tecido conjuntivo do "Então é...". Como resumir todo esse movimento vital? Eis um primeiro caminho (via curta): sobre o corpo sem órgãos, os pontos de disjunção formam círculos de convergência em torno das máquinas desejantes; então o sujeito, produzido como resíduo ao lado da máquina, apêndice ou peça adjacente à máquina, passa por todos os estados do círculo e de um círculo ao outro. O próprio sujeito não está no centro, ocupado pela máquina, mas na borda, sem identidade fixa, sempre descentrado, *concluído* dos estados pelos quais passa. Tal como os anéis que o *Inominável*[NT] traça, "ora bruscos e breves, como que valsados, ora com amplitude de parábola", tendo por estados Murphy, Watt, Mercier etc., sem que a família esteja nisso concernida. Ou então outro caminho, mais complexo, mas que vem a dar no mesmo: através da máquina paranoica e da máquina miraculante, as proporções de repulsão e de atração sobre o corpo sem órgãos produzem na máquina celibatária uma série de estados a partir de 0; e o sujeito nasce de cada estado da série, renasce sempre do estado seguinte que o determina num momento, consumindo todos esses estados que o fazem nascer e renascer (o estado vivido é primeiro em relação ao sujeito que o vive).

[NT] [*"C'est donc moi!"*]

[NT] [Referência a *L'Innommable*, de Samuel Beckett, obra escrita em francês, publicada em 1953, e cuja tradução inglesa (*The Unnamable*), feita pelo próprio Beckett, foi publicada em 1958; edição brasileira: *O inominável*, tradução de Ana Helena Souza, São Paulo, Globo, 2009.]

[I.3.4. Os nomes da história]

Foi o que Klossowski mostrou admiravelmente no seu comentário de Nietzsche: a presença da *Stimmung* como emoção material, constitutiva do mais elevado pensamento e da mais aguda percepção.[19] "As forças centrífugas nunca fogem do centro, mas de novo se aproximam dele para, em seguida, se afastarem: são essas as veementes oscilações que abalam um indivíduo que se atém *[28]* à busca do seu próprio centro e não vê o círculo do qual ele mesmo faz parte; pois se as oscilações o abalam, é porque cada uma responde a um outro indivíduo que, do ponto de vista do centro inencontrável, ele não acredita ser ele próprio. Eis porque a identidade é essencialmente fortuita, de modo que cada uma deve percorrer uma série de individualidades para que a fortuitidade desta ou daquela torne todas necessárias."[NT] As forças de atração e de repulsão, de ascendência e de decadência, produzem uma série de estados intensivos a partir da intensidade = 0 que designa o corpo sem órgãos ("mas o que é aí singular é ainda a necessidade de um novo afluxo para tão somente significar essa ausência"). Não há o eu-Nietzsche, professor de filologia, que perde subitamente a razão, e que se identificaria com estranhas personagens;

---

[19] Pierre Klossowski [1905-2001], *Nietzsche et le cercle vicieux*, Paris, Mercure de France, 1969. [NT: No capítulo intitulado "A experiência do eterno retorno" — ao tratar a *Stimmung* como "uma certa tonalidade da alma", como uma "flutuação de intensidade", ao sabor da qual o pensamento do eterno retorno advém a Friedrich Nietzsche (1844-1900) como um "brusco despertar" —, Klossowski anota a frase de Nietzsche que Deleuze e Guattari empregam parcialmente como título deste parágrafo: "todos os nomes da história, no fundo, sou eu" (cf. Pierre Klossowski, *Nietzsche e o círculo vicioso*, tradução brasileira de Hortência S. Lencastre, prefácio de José Thomaz Brum, Rio de Janeiro, Pazulin, 2000, pp. 76, 77, 81). A mesma frase é anotada de outro modo no capítulo "A euforia de Turim", no qual Klossowski transcreve a carta de Nietzsche a Jacob Burckhardt (1818-1897), datada de 5 de janeiro de 1889: "no fundo, cada nome da história sou eu" (cf. *op. cit.*, p. 266).]

[NT] [Cf. Pierre Klossowski, *Nietzsche e o círculo vicioso*, tradução brasileira, pp. 239-40, no corpo do capítulo intitulado "A euforia de Turim".]

há o sujeito-nietzschiano que passa por uma série de estados e que identifica os nomes da história com esses estados: *todos os nomes da história sou eu...* O sujeito se estende sobre o contorno do círculo de cujo centro o eu desertou. No centro está a máquina do desejo, a máquina celibatária do eterno retorno. Como sujeito residual da máquina, o sujeito-nietzschiano obtém um prêmio que traz euforia (*Voluptas*) por tudo o que ela põe a girar e que o leitor supunha ser apenas a obra de Nietzsche em fragmentos: "Nietzsche crê dedicar-se doravante, não a um sistema, mas à aplicação de um programa (...) sob a forma dos resíduos do discurso nietzschiano, tornados de certo modo repertório do seu histrionismo".[NT] Não se identificar com pessoas, mas identificar os nomes da história com zonas de intensidade sobre o corpo sem órgãos; e a cada vez o sujeito grita "Sou eu, então sou eu!". Nunca se fez tanta história como o esquizo, nem da maneira como ele a faz. De uma só vez ele consome a história universal. Começamos por defini-lo como *Homo natura*, e ei-lo, afinal, *Homo historia*. De um ao outro, esse longo caminho que vai de Hölderlin a Nietzsche, e que se precipita ("A euforia [...] não poderia prolongar-se em Nietzsche tanto tempo quanto a alienação contemplativa de Hölderlin (...) A visão do mundo atribuída a Nietzsche não inaugura uma sucessão mais ou menos regular de paisagens ou de naturezas-mortas que se estende por cerca de quarenta anos; ela é a paródia rememorativa de um acontecimento: um só ator para desempenhá-la em um dia solene — porque *[29]* tudo se manifesta e torna a desaparecer em um só dia — mesmo que tenha durado de 31 de dezembro a 6 de janeiro — para além do calendário regular").[NT]

[NT] [Cf. Pierre Klossowski, *op. cit.*, tradução brasileira, p. 248 (até os pontos de reticência acrescentados pelos autores) e p. 259 (a partir desses pontos).]

[NT] [Cf. Pierre Klossowski, *op. cit.*, tradução brasileira, p. 276. As reticências entre colchetes após a palavra "euforia" são de responsabilidade deste tradutor, pois os autores deixaram de indicar a supressão do segmento: "por ser 'jubilosa dissolução'".]

[I.4. Psiquiatria materialista]

[I.4.1. O inconsciente e a categoria de produção. Teatro ou fábrica? O processo como processo de produção]

A célebre tese do psiquiatra Clérambault parece-nos bem fundamentada: o delírio, com seu caráter global sistemático, é segundo em relação a fenômenos de automatismo parcelados e locais. Com efeito, o delírio qualifica o registro que recolhe o processo de produção das máquinas desejantes; e, embora seja dotado de sínteses e afecções próprias, como acontece na paranoia e até nas formas paranoicas da esquizofrenia, ele não constitui uma esfera autônoma, mas é segundo em relação ao funcionamento e às falhas das máquinas desejantes. Todavia, Clérambault empregava o termo "automatismo (mental)" para designar apenas fenômenos atemáticos de eco, de sonorização, de explosão, de não-senso,[NT] nos quais ele via o efeito mecânico de infecções ou de intoxicações. Ele explicava uma boa parte do delírio, por sua vez, como um efeito do automatismo; e considerava a outra parte, a "pessoal", como sendo de natureza reacional, remetendo-a ao "caráter", cujas manifestações podiam, aliás, preceder o automatismo (por exemplo, o caráter paranoico).[20] Assim, no automatismo, Clérambault via tão somente um mecanismo neurológico no sentido mais geral da palavra, e não um processo de produção econômica que pusesse em jogo máquinas desejantes; e, quanto à história, contentava-se em invocar o caráter inato ou adquirido. Clérambault é o Feuerbach da psiquiatria, no sentido em que Marx diz: "Quando Feuerbach é materialista, não leva em conta a história, e quando leva em consideração a história, ele não é materialista".[NT] Uma psiquiatria verdadeiramente materialista define-se, ao contrário, por

[NT] [Embora disponhamos do termo "contrassenso", manteremos "não-senso" para traduzir *non-sens*.]

[20] Gaëtan Gatian de Clérambault [1872-1934], *Oeuvre psychiatrique*, Paris, PUF, 1942.

[NT] [Karl Marx, *A ideologia alemã*, MEGA: Marx-Engels Gesamtausgabe, vol. V da Seção I (1932), item II, 2, § 10. A referência é ao pensador alemão Ludwig Andréas Feuerbach (1804-1872).]

uma dupla operação: introduzir o desejo no mecanismo e introduzir a produção no desejo.

Não há diferença profunda entre o falso materialismo e as formas típicas do idealismo. A teoria da *[30]* esquizofrenia está marcada por três conceitos que constituem a sua fórmula trinitária: a dissociação (Kraepelin), o autismo (Bleuler), o espaço-tempo ou o ser no mundo (Binswanger).[NT] O primeiro é um conceito explicativo que pretende indicar a perturbação específica ou a deficiência primária. O segundo é um conceito compreensivo que indica a especificidade do efeito: o próprio delírio ou o corte, "o desligamento da realidade acompanhado por uma predominância relativa ou absoluta da vida interior". O terceiro é o conceito expressivo, que descobre ou redescobre o homem delirante no seu mundo específico. Os três conceitos têm em comum reportar o problema da esquizofrenia ao eu, por intermédio da "imagem do corpo" (último avatar da alma, em que se confundem as exigências do espiritualismo e do positivismo). No entanto, o eu é como papai-mamãe — e há muito que o esquizo já não acredita nisso. Ele está além, atrás, sob, alhures, mas não nesses problemas. E ali onde quer que esteja, há problemas, sofrimentos insuperáveis, misérias insuportáveis, mas por que querer reconduzi-lo àquilo de que já saiu, recolocá-lo nesses problemas que não são mais os seus, por que zombar da sua verdade, que se pensou homenagear suficientemente ao fazer-lhe uma saudação ideal? Dirão que o esquizo não pode mais dizer eu, e que é preciso devolver-lhe essa sagrada função de enunciação. É o que ele resume, ao dizer: me re-sabotam. "Não mais direi eu, nunca mais o direi, é uma asneira. A cada vez que ouvi-lo, porei no seu lugar a terceira pessoa, se pensar nela. Se isso os diverte. Isso nada mudará." E se torna a dizer eu, isso também não altera nada. Ele se acha tão fora desses problemas, tão para além deles. Nem mesmo Freud sai desse estreito ponto de vista do eu. E o que o impedia era sua própria fórmula trinitária — a edipiana, a neurótica: papai-mamãe-eu. Será preciso perguntar se o imperialismo analítico do complexo de Édipo não teria

[NT] [Emil Kraepelin (1856-1926); Eugen Bleuler (1857-1939); Ludwig Binswanger (1881-1966).]

Psiquiatria materialista

levado Freud a reencontrar, e a garantir com sua autoridade, o lamentável conceito de autismo aplicado à esquizofrenia. Porque, afinal, e não é preciso esconder isso, Freud não gosta dos esquizofrênicos, não gosta da sua resistência à edipianização, e tende sobretudo a tratá-los como bestas: diz que tomam as palavras por coisas, que são apáticos, narcísicos, desligados do real, incapazes de transferência, que eles se assemelham a filósofos, *[31]* "semelhança indesejável". Pergunta-se frequentemente sobre a maneira de conceber analiticamente a relação entre as pulsões e os sintomas, o símbolo e o simbolizado. Será uma relação *causal*, de *compreensão* ou de *expressão*? A questão tem sido levantada de maneira demasiado teórica. Porque, de fato, desde que nos colocam no Édipo, desde que nos comparam com Édipo, tudo se resolve, suprimindo-se a única relação autêntica que era a de produção. A grande descoberta da psicanálise foi a da produção desejante, a das produções do inconsciente. Mas, com o Édipo, essa descoberta foi logo ocultada por um novo idealismo: substituiu-se o inconsciente como fábrica por um teatro antigo; substituíram-se as unidades de produção inconsciente pela representação; substituiu-se o inconsciente produtivo por um inconsciente que podia tão somente exprimir-se (o mito, a tragédia, o sonho...).

Toda vez que se reconduz ao eu o problema do esquizofrênico, só resta "apreciar" uma suposta essência ou especificidade do esquizo, seja com amor e piedade, seja para cuspi-la com nojo. Uma vez como eu dissociado, outra vez como eu cindido, e outra ainda, a mais faceira, como eu que não deixara de ser, que se achava especificamente aí, mas no seu mundo, e que se deixa encontrar por um psiquiatra astuto, um sobre-observador compreensivo, em suma, por um fenomenólogo. E ainda aqui recordemos a advertência de Marx: não é pelo gosto do trigo que se adivinha quem o cultivou, nem é pelo produto que se adivinha o regime e as relações de produção. O produto aparece tanto mais específico, indizivelmente específico, quanto mais o reportamos a *formas ideais de causação, de compreensão ou de expressão,* mas não ao *processo de produção real do qual ele depende.* O esquizofrênico aparece tanto mais específico e personificado quanto mais se imobiliza o processo ou quando se faz dele um alvo, ou ainda quando o fazemos operar no vazio indefinidamente, de modo a provocar esse "horrível extremo em que corpo e alma chegam a perecer" (o Autista). O famoso estado terminal de Kraepelin... Ao contrário disso, desde que se consigne o processo material de produção, a especificidade do produto tende a dissipar-se, ao mesmo tempo em que aparece a possibilidade de uma outra "efetuação". Antes de ser a afecção do esquizofrênico artificializado, personificado no autismo, a esquizofrenia é o processo *[32]* da produção do desejo e das máquinas desejantes. Como se passa de uma coisa a outra? e será inevitável essa passagem? É essa a importante questão que permanece. A respeito deste e de outros pontos, Jaspers[NT] deu indicações as mais preciosas, porque seu "idealismo" era singularmente atípico. Opondo o conceito de processo aos de reação ou de desenvolvimento da personalidade, ele pensa o processo como ruptura, intrusão, fora de uma relação fictícia com o eu, substituindo-a por uma relação com o "demoníaco" na natureza. Falta-lhe somente conceber o processo como realidade material econômica, como processo de produção na identidade Natureza = Indústria, Natureza = História.

[I.4.2. Concepção idealista do desejo como falta (o fantasma)]

De certa maneira, a lógica do desejo não acerta seu objeto desde o primeiro passo, aquele da divisão platônica que nos faz escolher entre *produção* e *aquisição*. Assim que colocamos o desejo do lado da aquisição, fazemos dele uma concepção idealista (dialética, niilista) que o determina, em primeiro lugar, como falta, falta de objeto, falta do objeto real. É verdade que o outro lado, o lado "produção", não é ignorado. Coube mesmo a Kant operar uma revolução crítica na teoria do desejo ao defini-lo como "a faculdade de ser, pelas suas representações, causa da realidade dos objetos dessas representações". Mas não é por acaso que, para ilustrar essa definição, Kant invoca as crenças supersticiosas, as alucinações e os fantasmas: sabemos bem que o objeto real só pode

---

[NT] [Karl Theodor Jaspers (1883-1969).]

ser produzido por uma causalidade e mecanismos externos, mas esse saber não nos impede de acreditar na potência interior do desejo de engendrar seu objeto, mesmo que sob uma forma irreal, alucinatória ou fantasmática, e de representar essa causalidade no próprio desejo.[21] Se o objeto é produzido pelo desejo, sua realidade, portanto, é a *realidade psíquica*. Então, podemos dizer que, no essencial, a revolução crítica nada altera: essa maneira de conceber a produtividade não põe em questão a concepção clássica do desejo como falta, mas se apoia nela, escora-se nela, contentando-se em aprofundá-la. Com efeito, *[33]* se o desejo é falta do objeto real, sua própria realidade está numa "essência da falta" que produz o objeto fantasmático. Concebido assim como produção, mas produção de fantasmas, o desejo foi perfeitamente exposto pela psicanálise. No nível mais baixo da interpretação, isso significa que o objeto real que falta ao desejo remete, por sua vez, a uma produção natural ou social extrínseca, ao passo que o desejo produz intrinsecamente um imaginário que vem duplicar a realidade, como se houvesse "um objeto sonhado atrás de cada objeto real" ou uma produção mental atrás das produções reais. Certamente, a psicanálise não é obrigada a dedicar-se ao estudo dos *gadgets* e dos mercados, na sua forma mais miserável, a de uma psicanálise do objeto (psicanálise do pacote de macarrão fininho, do automóvel, do fulano). Porém, mesmo quando o fantasma é interpretado em toda a sua extensão, não mais como um objeto, mas como uma máquina específica que põe em cena o desejo, essa máquina é apenas teatral, e deixa subsistir a complementaridade do que ela separa: então, a necessidade é que é definida pela falta relativa e determinada do seu próprio objeto, ao passo que o desejo aparece como aquilo que produz o fantasma e produz a si próprio separando-se do objeto, mas também reduplicando a falta, levando-a ao absoluto, fazendo dela uma "incurável insuficiência de ser", "uma fal-

---

[21] Immanuel Kant [1724-1804], *Critique du jugement*, "Introdução", § 3. [NT: Sobre este ponto do § 3 da *Crítica da faculdade de julgar*, ver Deleuze, *La Philosophie critique de Kant*, Paris, PUF, 1963, p. 8; edição brasileira: *Para ler Kant*, tradução de Sônia Pinto Guimarães, Rio de Janeiro, Francisco Alves, 1976, p. 13.]

ta-de-ser que é a vida". Disso deriva a apresentação do desejo como *apoiado* nas necessidades, mantendo-se a produtividade do desejo sobre o fundo das necessidades e da sua relação de falta com o objeto (teoria do apoio). Em suma, quando se reduz a produção desejante a uma produção de fantasma, contentamo-nos em tirar todas as consequências do princípio idealista que define o desejo como uma falta, e não como produção, produção "industrial". Clément Rosset diz muito bem: sempre que se insiste numa falta que faltaria ao desejo para definir o seu objeto, "o mundo se vê duplicado por um outro mundo, seja qual for, segundo este itinerário: o objeto falta ao desejo; logo, o mundo não contém todos os objetos, falta-lhe pelo menos um, o do desejo; logo, existe um objeto, alhures, que contém a chave do desejo (um, que falta ao mundo)".[22] *[34]*

[I.4.3. O real e a produção desejante: sínteses passivas]

Se o desejo produz, ele produz real. Se o desejo é produtor, ele só pode sê-lo na realidade, e de realidade. O desejo é esse conjunto de *sínteses passivas* que maquinam os objetos parciais, os fluxos e os corpos, e que funcionam como unidades de produção. O real decorre disso, é o resultado das sínteses passivas do desejo como autoprodução do inconsciente. Nada falta ao desejo, não lhe falta o seu objeto. É o sujeito, sobretudo, que falta ao desejo, ou é ao desejo que falta sujeito fixo; só há sujeito fixo pela repressão. O desejo e o seu objeto constituem uma só e mesma coisa: a máquina, enquanto máquina de máquina. O desejo é máquina, o objeto do desejo é também máquina conectada, de modo que o produto é extraído do produzir e algo se destaca do produzir passando ao produto e dando um resto ao sujeito nômade e vagabundo. O ser objetivo do desejo é o Real em si mesmo.[23] Não há forma

---

[22] Clément Rosset [1939], *Logique du pire*, Paris, PUF, 1970, p. 37.

[23] Parece-nos que a admirável teoria do desejo, em Lacan, conta com dois polos: um em relação ao "objeto pequeno-*a*" como máquina desejante, que define o desejo em termos de uma produção real, ultrapassando qualquer ideia de necessidade ou de fantasma; e outro em relação ao "grande Outro" como significante, que reintroduz uma certa ideia de falta. Podemos ver bem

particular de existência que se poderia denominar realidade psíquica. Como diz Marx, não há falta, o que há é paixão como "ser objeto natural e sensível". Não é o desejo que se apoia nas necessidades; ao contrário, são as necessidades que derivam do desejo: elas são contraproduzidas no real que o desejo produz. A falta é um contraefeito do desejo, depositada, arrumada, vacuolizada no real natural e social. O desejo está sempre próximo das condições de existência objetiva, une-se a elas, segue-as, não lhes sobrevive, desloca-se com elas, razão pela qual ele é, tão facilmente, desejo de morrer, ao passo que a necessidade dá a medida do distanciamento de um sujeito que perdeu o desejo ao perder a síntese passiva dessas condições. A necessidade como prática do vazio tem unicamente este sentido: ir procurar, capturar, parasitar as sínteses passivas ali onde elas se encontram. Não adianta dizer: não somos ervas, perdemos há muito tempo a síntese clorofílica, é preciso comer... O desejo torna-se então esse medo abjeto da falta. Mas não são precisamente os pobres ou os espoliados *[35]* que dizem isso. Estes, ao contrário, sabem que estão próximos da erva, e que o desejo só tem "necessidade" de poucas coisas, *não dessas coisas que lhes são deixadas, mas das próprias coisas que lhes são incessantemente tiradas*, e que não constituem uma falta no coração do sujeito, mas sobretudo a objetividade do homem, o ser objetivo do homem para quem desejar é produzir, produzir na realidade. O real não é impossível; ao contrário, no real tudo é possível, tudo devém possível. Não é o desejo que exprime uma falta molar no sujeito; é a organização molar que destitui o desejo do seu ser objetivo. Os revolucionários, os artistas e os videntes se contentam em ser objetivos, tão somente objetivos: sabem que o desejo abraça a vida com uma potência produtora e a reproduz de uma maneira tanto mais intensa quanto menos necessidade ele tem. Pior para aqueles que acreditam que isso é fácil de dizer, ou que é uma ideia livresca. "Das poucas leituras que tinha feito, tirei a conclusão de que os homens que mais mergulhavam na vida, que se mol-

---

a oscilação entre esses dois polos no artigo de Serge Leclaire sobre "La Réalité du désir" (em *Sexualité humaine*, Paris, Aubier, 1970). [NT: Jacques Marie Émile Lacan (1901-1994); Serge Leclaire (1924-1994).]

davam a ela, que eram a própria vida, comiam pouco, dormiam pouco, possuíam poucos bens, se é que os tinham. Não mantinham ilusões em matéria de dever, de procriação voltada aos limitados fins da perpetuação da família ou da defesa do Estado... O mundo dos fantasmas é aquele que ainda não acabamos de conquistar. É um mundo do passado, não do futuro. Caminhar agarrado ao passado é arrastar consigo os grilhões do condenado".[24] O vivente vidente é Espinosa vestido com a roupa do revolucionário napolitano. Sabemos bem donde vem a falta — e o seu correlato subjetivo, o fantasma. A falta é arrumada, organizada, na produção social. É contraproduzida pela instância de antiprodução que se assenta sobre as forças produtivas e se apropria delas. Ela nunca é primeira: a produção nunca é organizada em função de uma falta anterior; a falta é que vem alojar-se, vacuolizar-se, propagar-se de acordo com a organização de uma produção prévia.[25] É arte [36] de uma classe dominante essa prática do vazio como economia de mercado: organizar a falta na abundância de produção, descarregar todo o desejo no grande medo de se ter falta, fazê-lo depender do objeto de uma produção real que se supõe exterior ao desejo (as exigências da racionalidade), enquanto a produção do desejo é vinculada ao fantasma (nada além do fantasma).

[I.4.4. Uma única e mesma produção, social e desejante]
Não há, de um lado, uma produção social de realidade, e, de outro, uma produção desejante de fantasma. Entre essas duas produções apenas se estabeleceriam liames secundários de introjeção

[24] Henry Miller, *Sexus*, tradução francesa, Paris, Buchet-Chastel, 1968, p. 277.

[25] Maurice Clavel [1920-1979] observa, a propósito de Jean-Paul Sartre [1905-1980], que uma filosofia marxista não pode permitir a si própria introduzir logo de início a noção de raridade: "Essa raridade anterior à exploração erige a lei da oferta e da procura em realidade para sempre independente, posto que situada em um nível primordial. Não se trata, portanto, de incluir ou deduzir essa lei no marxismo, visto que ela é imediatamente legível antes, em um plano de onde derivaria o marxismo. Marx, rigoroso, recusa-se a utilizar a noção de raridade, e tem de recusá-la, pois essa categoria o arruinaria" (*Qui est aliéné?*, Paris, Flammarion, 1970, p. 330).

e de projeção, como se as práticas sociais se duplicassem em práticas mentais interiorizadas, ou então como se as práticas mentais se projetassem nos sistemas sociais, sem que nunca chegassem a penetrar umas nas outras. Enquanto nos contentarmos em pôr o dinheiro, o ouro, o capital e o triângulo capitalista em paralelo com a libido, o ânus, o falo e o triângulo familiar, dedicamo-nos a um agradável passatempo, mas os mecanismos do dinheiro continuam totalmente indiferentes às projeções anais daqueles que o manejam. O paralelismo Marx-Freud permanece totalmente estéril e indiferente enquanto puser em cena termos que só se interiorizam e se projetam uns nos outros sem deixarem de ser mutuamente estranhos, como na famosa equação dinheiro = merda. Na verdade, a *produção social é unicamente a própria produção desejante em condições determinadas*. Dizemos que o campo social é imediatamente percorrido pelo desejo, que é o seu produto historicamente determinado, e que a libido não tem necessidade de mediação ou sublimação alguma, de operação psíquica alguma, e de transformação alguma, para investir as forças produtivas e as relações de produção. *Há tão somente o desejo e o social, e nada mais*. Mesmo as mais repressivas e mortíferas formas da reprodução social são produzidas pelo desejo, na organização que dele deriva sob tal ou qual condição que deveremos analisar. Eis porque o problema fundamental da filosofia política é ainda aquele que Espinosa soube levantar (e que Reich redescobriu): "Por que [37] os homens combatem *por* sua servidão como se se tratasse da sua salvação?".NT Como é possível que se chegue a gritar: mais impos-

NT [Cf. Espinosa (1632-1677), *Tratado teológico-político* (1670), Prefácio, § 3. A passagem que inspira Deleuze e é por ele retida em *Spinoza et le problème de l'expression* (Paris, Minuit, 1968, pp. 249-50) é esta: "O grande segredo do regime monárquico e seu interesse vital consistem em enganar os homens travestindo o medo sob o nome de religião, para mantê-los sob rédeas curtas; de maneira que eles lutam pela sua servidão como se fosse pela sua salvação". Pouco antes, salientando a tarefa espinosana "propriamente ética", qual seja, a de "ir ao extremo do que se pode", tarefa cujo modelo é o corpo, posto que "todo corpo estende sua potência tão longe quanto pode", Deleuze extrai dessa "concepção ética" o "aspecto crítico fundamental" que determina "a tarefa prática do filósofo" como luta contra "tudo o que nos mantém

tos! Menos pão! Como diz Reich, o que surpreende não é que uns roubem e outros façam greve, mas que os famintos não roubem sempre e que os explorados não façam greve sempre: por que os homens suportam a exploração há séculos, a humilhação, a escravidão, chegando ao ponto de *querer* isso não só para os outros, mas para si próprios? Nunca Reich mostra-se maior pensador do que quando recusa invocar o desconhecimento ou a ilusão das massas para explicar o fascismo, e exige uma explicação pelo desejo, em termos de desejo: não, as massas não foram enganadas, elas desejaram o fascismo num certo momento, em determinadas circunstâncias, e é isso que é necessário explicar, essa perversão do desejo gregário.[26] Todavia, Reich não chega a dar uma resposta suficiente, porque restaura o que pretendia demolir, ao distinguir a racionalidade tal como ela é ou deveria ser no processo da produção social, do irracional no desejo, situando apenas este como passível de psicanálise. Reserva então à psicanálise unicamente a explicação do "negativo", do "subjetivo" e do "inibido" no campo social. Ele retorna necessariamente a um dualismo entre o objeto real racionalmente produzido e a produção fantasmática irracional.[27] Renuncia, pois, a descobrir a *medida comum ou a coextensão do campo social e do desejo.* É que, para fundar verdadeiramente uma psiquiatria materialista, faltava-lhe a categoria de produção desejante, à qual o real fosse submetido tanto sob suas formas ditas racionais quanto irracionais.

separados de nossa potência de agir e a submete a uma constante diminuição" num angustiante "encadeamento de paixões tristes" (*idem*, pp. 248-9). Essa luta é inseparável dos combates contra toda forma de "servidão", pois esta equivale ao *"mais baixo grau da nossa potência de agir"* (*idem*, p. 204).]

[26] Wilhelm Reich [1897-1957], *Psicologie de masse du fascisme* (1933), tradução francesa, Paris, Payot, 1972.

[27] Nos culturalistas encontra-se uma distinção entre sistemas racionais e sistemas projetivos, aplicando-se a psicanálise apenas aos últimos (por exemplo, Abram Kardiner [1891-1981]). Apesar da sua hostilidade ao culturalismo, Reich, assim como Herbert Marcuse [1898-1979], reencontram algo dessa dualidade, embora determinem e considerem diferentemente o racional e o irracional.

[I.4.5. Realidade do fantasma de grupo]
A existência maciça de uma repressão social que incide sobre a produção desejante não afeta em nada nosso princípio: o desejo produz real, ou a produção desejante não é outra coisa senão a produção social. Não se trata de reservar ao desejo uma forma de existência particular, uma *[38]* realidade mental ou psíquica que se oporia à realidade material da produção social. As máquinas desejantes não são máquinas fantasmáticas ou oníricas que se distinguiriam das máquinas técnicas e sociais, e que viriam duplicá-las. Os fantasmas são antes expressões segundas que derivam da identidade de dois tipos de máquinas em um dado meio. Ademais, o fantasma nunca é individual; é *fantasma de grupo,* como soube mostrar a análise institucional. E se há dois tipos de fantasmas de grupo, é porque a identidade pode ser lida em dois sentidos, conforme as máquinas desejantes sejam apreendidas nas grandes massas gregárias que elas formam, ou conforme as máquinas sociais sejam relacionadas às forças elementares do desejo que as formam. No fantasma de grupo pode ocorrer, portanto, que a libido invista o campo social existente, inclusive nas suas formas mais repressivas; ou, ao contrário, que efetue um contrainvestimento que propague o desejo revolucionário no campo social existente (por exemplo, as grandes utopias socialistas do século XIX funcionam, não como modelos ideais, mas como fantasmas de grupo, isto é, como agentes da produtividade real do desejo que tornam possível um desinvestimento ou uma "desinstituição" do campo social atual, em proveito de uma instituição revolucionária do próprio desejo). Mas entre as duas, entre as máquinas desejantes e as máquinas sociais técnicas, nunca há diferença de natureza. Há certamente uma distinção, mas apenas uma distinção de regime, segundo *relações de grandeza*. São as mesmas máquinas, mas com regimes diferentes; e é isso que os fantasmas de grupo mostram.

[I.4.6. As diferenças de regime entre a produção desejante e a produção social]
Quando, anteriormente, esboçávamos um paralelo entre a produção social e a produção desejante, para mostrar nos dois casos a presença de uma instância de antiprodução pronta a as-

sentar-se sobre as formas produtivas[NT] e a apropriar-se delas, esse paralelismo não prejulgava em nada a relação entre as duas produções. Podíamos tão somente tornar precisos certos aspectos concernentes à distinção de regime. Em primeiro lugar, as máquinas técnicas só funcionam, evidentemente, com a condição de não estarem desarranjadas; seu limite próprio é o desgaste, não o desarranjo. Marx pôde basear-se nesse princípio simples para mostrar que o regime *[39]* das máquinas técnicas é o de uma sólida distinção entre meio de produção e produto, distinção graças à qual se pode dizer que a máquina transmite valor ao produto, mas somente o valor que ela perde ao desgastar-se. Ao contrário disso, as máquinas desejantes não param de se desarranjar enquanto funcionam, e só funcionam desarranjadas: o produzir se enxerta sempre no produto, e as peças da máquina são também o combustível. A arte utiliza frequentemente essa propriedade, criando verdadeiros fantasmas de grupo que curto-circuitam a produção social com uma produção desejante, e introduzem uma função de desarranjo na reprodução de máquinas técnicas, como os violinos queimados de Arman, os carros comprimidos de César. Ou ainda, o método de paranoia crítica de Dalí que faz explodir uma máquina desejante num objeto de produção social. Já Ravel[NT] preferia o desarranjo ao desgaste, e substituía o ralentar ou a extinção gradual por paradas bruscas, hesitações, trepidações, falhas, quebraduras.[28] O artista é o senhor dos objetos; integra na sua arte objetos partidos, queimados, estragados, para submetê-los ao regime das máquinas desejantes, nas quais o desarranjo faz parte do próprio funcionamento; ele apresenta máquinas paranoicas, miraculantes, celiba-

---

[NT] [A expressão *"formes productives"* aparece no original francês. Cabe ao leitor decidir se os autores estavam pensando em *"forces productives"*, forças produtivas.]

[NT] [As referências são aos artistas plásticos Arman (Armand Fernandez, 1828-2005), César (César Baldaccini, 1921-1998), Salvador Dalí (1904--1989), e ao compositor Maurice Ravel (1875-1937).]

[28] Vladimir Jankélévitch [1903-1985], *Ravel* (1939), Paris, Seuil, pp. 74-80 (2ª ed., 1956; 3ª ed., 1995).

tárias como outras tantas máquinas técnicas, pronto a minar as máquinas técnicas com máquinas desejantes. Mais ainda: a própria obra de arte é uma máquina desejante. O artista acumula o seu tesouro para uma explosão próxima, razão pela qual ele acha que as destruições, na verdade, não advêm com suficiente rapidez.

[I.4.7. O *socius* e o corpo sem órgãos]
Uma segunda diferença de regime deriva disso: é por si mesmas que as máquinas desejantes produzem antiprodução, ao passo que a antiprodução própria das máquinas técnicas só é produzida nas condições extrínsecas da reprodução do processo (embora essas condições não venham "depois"). Eis porque as máquinas técnicas não são uma categoria econômica, e remetem sempre a um *socius* ou máquina social que não se confunde com elas, e que condiciona essa reprodução. Portanto, uma máquina técnica não é causa, mas apenas índice de uma forma geral da produção social: assim, *[40]* as máquinas manuais e as sociedades primitivas, a máquina hidráulica e a forma asiática, a máquina industrial e o capitalismo. Quando estabelecíamos então o *socius* como análogo ao corpo pleno sem órgãos, nem por isso deixava de haver uma diferença importante entre eles. É que as máquinas desejantes são a categoria fundamental da economia do desejo, produzem por si mesmas um corpo sem órgãos, e não distinguem os agentes das suas próprias peças, nem as relações de produção das suas próprias relações, nem a socialidade da tecnicidade. As máquinas desejantes são simultaneamente técnicas e sociais. E é neste sentido que a produção desejante é o lugar de um recalcamento originário, enquanto que a produção social é o lugar da repressão, e que, desta àquela, se exerce algo que se assemelha ao recalcamento secundário "propriamente dito": tudo depende aqui da situação do corpo sem órgãos, ou do seu equivalente, conforme ele seja resultado interno ou condição extrínseca (o que muda, em especial, o papel do instinto de morte).

Contudo, são as mesmas máquinas, sob dois regimes diferentes — embora seja uma estranha aventura para o desejo, o desejar repressão. Só existe uma produção, que é a do real. Sem dúvida, podemos exprimir essa identidade de duas maneiras, mas essas duas maneiras constituem a autoprodução do inconsciente como ciclo. Podemos dizer que toda produção social decorre da produção desejante em condições determinadas: primeiro, o *Homo natura*. Mas devemos dizer também, e mais exatamente, que a produção desejante é primeiramente social, e só no final tende a libertar-se (primeiro, o *Homo historia*). É que o corpo sem órgãos não é dado por si mesmo numa origem, para ser depois projetado nos diferentes tipos de *socius*, como se um grande paranoico, chefe da horda primitiva, estivesse na base da organização social. A máquina social ou *socius* pode ser o corpo da Terra, o corpo do Déspota, o corpo do Dinheiro. Ela nunca é uma projeção do corpo sem órgãos. Sobretudo o corpo sem órgãos é que é o último resíduo de um *socius* desterritorializado. O problema do *socius* tem sido sempre este: codificar os fluxos do desejo, inscrevê-los, registrá-los, fazer com que nenhum fluxo corra sem ser tamponado, canalizado, regulado. Quando a *máquina territorial* primitiva deixou de ser suficiente, a *máquina despótica* instaurou uma [41] espécie de sobrecodificação. Mas a *máquina capitalista*,[NT] à medida que se estabelece sobre as ruínas mais ou menos longínquas de um Estado despótico, encontra-se numa situação totalmente nova: a descodificação e desterritorialização dos fluxos. Não é de fora que o capitalismo enfrenta essa situação, pois ele vive dela, nela encontra tanto a sua condição como a sua matéria, e a impõe com toda sua violência. É este o preço da sua produção e repressão soberanas. Com efeito, ele nasce do encontro de dois tipos de fluxos: os fluxos descodificados de produção sob a forma do capital-dinheiro e os fluxos descodificados do trabalho sob a forma do "trabalhador livre". Assim, ao contrário das máquinas sociais precedentes, a máquina capitalista é incapaz de fornecer um código que abranja o conjunto do campo social. No dinheiro, ela substituiu a própria ideia de código por uma axiomática das quantidades abstratas que vai sempre mais longe no movimento da desterritorialização do *socius*. O capitalismo tende a um limiar de descodificação que des-

---

[NT] [Para *máquina territorial*, *máquina despótica*, *máquina capitalista*: ver itens III.5; III.6 e III.9, respectivamente.]

faz o *socius* em proveito de um corpo sem órgãos e que libera, sobre este corpo, os fluxos do desejo num campo desterritorializado. Será correto dizer, neste sentido, que a esquizofrenia é o produto da máquina capitalista, como a mania depressiva e a paranoia são produtos da máquina despótica, ou como a histeria é o produto da máquina territorial?[29]

[I.4.8. O capitalismo, e a esquizofrenia como limite (a tendência contrariada)]

Assim, a descodificação dos fluxos e a desterritorialização do *socius* formam a tendência mais essencial do capitalismo. Ele não para de se aproximar do seu limite, que é um limite propriamente esquizofrênico. É com todas as suas forças que ele tende a produzir o esquizo como o sujeito dos fluxos descodificados sobre o corpo sem órgãos — mais capitalista do que o capitalista e mais proletário do que o proletário. Ir sempre mais longe na tendência, a ponto do capitalismo se lançar *[42]* na lua com todos os seus fluxos: nós, na verdade, ainda não vimos nada. Quando se diz que a esquizofrenia é a nossa doença, a doença do nosso tempo, não se está dizendo apenas que a vida moderna enlouquece. Não se trata de modo de vida, mas de processo de produção. Tampouco se trata de um simples paralelismo, embora este seja mais exato do ponto de vista da falência dos códigos como, por exemplo, o paralelismo entre os fenômenos de deslizamento de sentido nos esquizofrênicos e os mecanismos de discordância crescente em to-

---

[29] Sobre a histeria, a esquizofrenia e suas relações com as estruturas sociais, ver as análises de Georges Devereux [1908-1985], *Essais d'ethnopsychiatrie générale*, tradução francesa, Paris, Gallimard, pp. 67 ss., e as belas páginas de Karl Theodor Jaspers [1883-1969], *Strindberg et Van Gogh*, tradução francesa, Paris, Minuit, pp. 232-6 (Será que na nossa época a loucura é "uma condição de toda a sinceridade, em domínios nos quais, em tempos menos incoerentes, teríamos sido, sem ela, capazes de experiência e de expressão honestas?" — questão que Jaspers corrige, acrescentando: "Vimos que outrora havia seres que se esforçavam por atingir a histeria; do mesmo modo, diremos que hoje há muitos que se esforçam por atingir a loucura. Mas se a primeira tentativa é, numa certa medida, psicologicamente possível, a outra de modo algum o é e só pode levar à mentira").

dos os níveis da sociedade industrial. De fato, queremos dizer que o capitalismo, no seu processo de produção, produz uma formidável carga esquizofrênica sobre a qual ele faz incidir todo o peso da sua repressão, mas que não deixa de se reproduzir como limite do processo. Isto porque o capitalismo nunca para de contrariar, de inibir sua tendência, ao mesmo tempo em que nela se precipita; não para de afastar o seu limite, ao mesmo tempo em que tende a ele. O capitalismo instaura ou restaura todos os tipos de territorialidades residuais e factícias, imaginárias ou simbólicas, sobre as quais ele tenta, bem ou mal, recodificar, reter as pessoas derivadas das quantidades abstratas. Tudo repassa ou regressa, os Estados, as pátrias, as famílias. É isto que faz do capitalismo, na sua ideologia, "a pintura mesclada de tudo aquilo em que se acreditou". O real não é impossível, ele é cada vez mais artificial. Marx dava o nome de lei da tendência contrariada ao duplo movimento da baixa tendencial da taxa de lucro e do crescimento da massa absoluta de mais-valia. O corolário desta lei é o duplo movimento de descodificação ou da desterritorialização dos fluxos e da sua reterritorialização violenta e factícia. Quanto mais a máquina capitalista desterritorializa, descodificando e axiomatizando os fluxos para deles extrair a mais-valia, mais os seus aparelhos anexos, burocráticos e policiais reterritorializam à força, enquanto vão absorvendo uma parte crescente de mais-valia.

[I.4.9. Neurose, psicose e perversão]
Não é certamente em relação às pulsões que se pode dar definições atuais suficientes do neurótico, do perverso e do psicótico, mas em relação às territorialidades modernas, pois as pulsões são tão somente as próprias máquinas desejantes. O neurótico permanece instalado nas territorialidades residuais ou factícias da nossa sociedade e as assenta todas sobre Édipo como última territorialidade que se *[43]* reconstitui no consultório do analista, sobre o corpo pleno do psicanalista (claro, o patrão é o pai, o chefe do Estado também, e o senhor também, doutor...). O perverso é aquele que toma o artifício ao pé da letra: já que assim o querem, hão de ter territorialidades infinitamente mais artificiais do que as que a sociedade nos propõe, hão-de ter novas famílias infinitamente

artificiais, sociedades secretas e lunares. Quanto ao esquizo, com o seu passo vacilante, que não para de migrar, de errar, de escorregar, embrenha-se cada vez mais longe na desterritorialização sobre o seu próprio corpo sem órgãos, até o infinito da decomposição do *socius*, e talvez o passeio do esquizo seja o seu modo particular de reencontrar a terra. O esquizofrênico situa-se no limite do capitalismo: é a tendência desenvolvida deste, o sobreproduto, o proletário e o anjo exterminador. Ele mistura todos os códigos, é o portador dos fluxos descodificados do desejo. O real flui. Os dois aspectos do *processo* se juntam: o processo metafísico que nos põe em contato com o "demoníaco" na natureza ou no seio da terra, e o processo histórico da produção social que restitui às máquinas desejantes uma autonomia em relação à máquina social desterritorializada. A esquizofrenia é a produção desejante como limite da produção social. A produção desejante e sua diferença de regime em relação à produção social estão, pois, no fim e não no começo. De uma à outra há tão só um devir, que é o devir da realidade. E se a psiquiatria materialista se define pela introdução do conceito de produção no desejo, ela não tem como evitar estabelecer em termos escatológicos o problema da relação final entre a máquina analítica, a máquina revolucionária e as máquinas desejantes.

[I.5. As máquinas]

[I.5.1. As máquinas desejantes são máquinas, sem metáfora]
Em quê as máquinas desejantes são verdadeiramente máquinas, independentemente de toda metáfora? Uma máquina se define como um *sistema de cortes*. Não se trata de modo algum do corte considerado como separação da realidade; os cortes operam em dimensões variáveis segundo a característica considerada. Toda máquina está, em primeiro lugar, em relação com um fluxo material contínuo (*hylê*) que ela corta. Funciona como uma máquina de cortar *[44]* presunto: os cortes operam extrações sobre o fluxo associativo. Como o ânus e o fluxo de merda que ele corta; a boca e o fluxo de leite, mas também o fluxo de ar e o fluxo sonoro; o

pênis e o fluxo de urina, mas também o fluxo de esperma. Cada fluxo associativo deve ser considerado como ideal, fluxo infinito de um imenso pernil de porco. A *hylê* designa, com efeito, a continuidade pura que uma matéria possui em ideia. Quando Jaulin descreve as bolinhas e os pós de cheirar iniciáticos, ele mostra que são todos produzidos a cada ano como um conjunto de extrações sobre uma "sequência infinita que tem teoricamente apenas uma só origem", bolinha única que se estende aos confins do universo.[30] Longe de se opor à continuidade, o corte a condiciona, implica ou define aquilo que ele corta como continuidade ideal. É que, como vimos, toda máquina é máquina de máquina. A máquina só produz um corte de fluxo se estiver conectada a outra máquina que se supõe produzir o fluxo. Sem dúvida, esta outra máquina, por sua vez, é na realidade corte, mas ela só o é em relação a uma terceira máquina que produz idealmente, ou seja, relativamente, um fluxo contínuo infinito. Assim, a máquina-ânus e a máquina-intestino, a máquina-intestino e a máquina-estômago, a máquina-estômago e a máquina-boca, a máquina-boca e o fluxo do rebanho ("e depois, e depois, e depois..."). Em suma, toda máquina é corte de fluxo em relação àquela com que está conectada, mas ela própria é fluxo ou produção de fluxos em relação àquela que lhe é conectada. É esta a lei da produção de produção. Por isso, no limite das conexões transversais ou transfinitas, o objeto parcial e o fluxo contínuo, o corte e a conexão se confundem num só — em toda parte cortes-fluxos de onde o desejo irrompe, que são a sua produtividade e que sempre implantam o produzir no produto (é muito curioso que Melanie Klein, na sua profunda descoberta dos objetos parciais, tenha negligenciado, a esse respeito, o estudo dos fluxos e os declare sem importância: ela provoca, assim, um curto-circuito em todas as conexões).[31] *[45]*

[30] Robert Jaulin [1928-1996], *La Mort Sara*, Paris, Plon, 1967, p. 122.

[31] Melanie Klein [1882-1960], *La Psychanalyse des enfants*, tradução francesa, Paris, PUF, p. 226: "No seu aspecto positivo, a urina é um equivalente do leite materno, o inconsciente não faz distinção alguma entre as substâncias do corpo".

[I.5.2. Primeiro modo de corte: fluxo e extração]
Connecticut, Connect-I-cut, grita o pequeno Joey. Bettelheim descreve esta criança que só vive, só come, só defeca, só dorme, se estiver ligada a máquinas com motores, fios, lâmpadas, carburadores, hélices e volantes: máquina elétrica alimentar, máquina-automóvel para respirar, máquina luminosa anal. Há poucos exemplos que mostrem tão bem o regime da produção desejante e como a quebra faz parte do próprio funcionamento, ou como o corte faz parte das conexões maquínicas. Dir-se-á, sem dúvida, que esta vida mecânica, esquizofrênica, exprime mais a ausência e a destruição do desejo do que o próprio desejo, e que ela supõe certas atitudes familiares de negação extrema, às quais a criança reage fazendo-se máquina. Mas até Bettelheim, partidário de uma causalidade edipiana ou pré-edipiana, reconhece que esta apenas intervém em resposta a certos aspectos autônomos da produtividade ou da atividade da criança, mesmo quando, em seguida, determina uma estase improdutiva ou uma atitude de retraimento absoluto. Portanto, há inicialmente uma "reação autônoma à experiência total da vida de que a mãe é apenas uma parte".[32] Assim, não se trata de acreditar que as próprias máquinas é que dão testemunho da perda ou do recalcamento do desejo (o que Bettelheim traduz em termos de autismo). Reencontramos sempre o mesmo problema: como é que o processo de produção do desejo, como é que as máquinas desejantes da criança começaram a funcionar no vazio até o infinito, de modo a produzir a criança-máquina? Como é que o processo se transformou num fim? Ou então, como é que ele foi vítima de uma interrupção prematura ou de uma horrível exasperação? É somente em relação com o corpo sem órgãos (olhos fechados, nariz apertado, ouvidos tapados) que algo se produz, se contraproduz, desviando ou exasperando toda a produção da qual, entretanto, ele faz parte. Mas a máquina continua a ser desejo, posição de desejo que prossegue a sua história através do recalcamento originário e do retorno do recalcado, em toda a sucessão de máquinas paranoicas, máquinas miraculantes e máquinas celi-

---

[32] Bruno Bettelheim [1903-1990], *La Forteresse vide*, tradução francesa, Paris, Gallimard, 1967, p. 500.

batárias que Joey atravessa à medida que a terapêutica de Bettelheim progride. *[46]*

[I.5.3. Segundo modo: cadeia ou código, e desligamento]
Em segundo lugar, toda máquina comporta um tipo de código que se encontra maquinado, estocado nela. Esse código é inseparável não só de seu registro e de sua transmissão nas diferentes regiões do corpo, como também do registro de cada uma das regiões em suas relações com as outras. Um órgão pode estar associado a vários fluxos segundo conexões diferentes; pode hesitar entre vários regimes, e até tomar para si o regime de um outro órgão (a boca anoréxica). Todos os tipos de questões funcionais se colocam: que fluxo cortar? Onde cortar? Como e de que modo cortar? Que lugar dar a outros produtores ou antiprodutores (o lugar do irmão mais novo)? Será ou não preciso sufocar com o que se come, engolir o ar, cagar pela boca? Em toda parte, os registros, as informações e as transmissões formam todo um quadriculado de disjunções, de um tipo diferente do das conexões precedentes. Deve-se a Lacan a descoberta do rico domínio de um código do inconsciente envolvendo a ou as cadeias significantes; e de ter, assim, transformado a análise (o texto básico a este respeito é *La Lettre volée*.)[NT] Mas este é um estranho domínio em virtude da sua multiplicidade, a tal ponto que não se pode continuar falando de *uma* cadeia ou mesmo de *um* código desejante. Diz-se que as cadeias são significantes porque são feitas de signos, mas estes signos não são propriamente significantes. O código se parece menos

[NT] ["A carta roubada", de Edgar Allan Poe (1809-1849). Este e outros contos foram escritos em 1838, compondo o conjunto denominado *Tales of the Grotesque and Arabesque* (Contos do grotesco e do arabesco); cf. *Histórias extraordinárias*, tradução de Breno Silveira e outros, São Paulo, Abril Cultural, 1978, pp. 211-31. O comentário de Lacan sobre este conto joga com o duplo sentido do título em francês ("La Lettre volée" pode ser tanto "A carta roubada" como "A letra roubada"), e aparece no início de *Écrits* (Paris, Seuil, 1966). Deleuze o retoma num texto de 1972 ("Em que se pode reconhecer o estruturalismo?", tradução de Hilton F. Japiassú), republicado em *A ilha deserta e outros textos: textos e entrevistas (1953-1974)*, tradução coletiva organizada por Luiz B. L. Orlandi, São Paulo, Iluminuras, 2006.]

com uma linguagem do que com um jargão, formação aberta e plurívoca. Os seus signos são de uma natureza qualquer, são indiferentes ao seu suporte (ou não será o suporte que lhes é indiferente? O suporte é o corpo sem órgãos). Eles não têm um plano, trabalham em todos os níveis e em todas as conexões; cada um fala sua própria língua, e estabelece sínteses com outros, que são tanto mais diretas em transversal quanto mais indiretas elas são na dimensão dos elementos. As disjunções próprias a estas cadeias ainda não implicam exclusão alguma, sendo que as exclusões surgem devido apenas a um jogo de inibidores e de repressores que determinam o suporte e fixam o sujeito específico e pessoal.[33] Nenhuma [47] cadeia é homogênea, mas assemelha-se, antes, a um desfile de letras de alfabetos diferentes, e no qual surgiria subitamente um ideograma, um pictograma, a pequena imagem de um elefante que passa ou de um sol que se levanta. De repente, na cadeia que mistura (sem os compor) fonemas, morfemas etc., aparecem o bigode do pai, o braço erguido da mãe, uma fita, uma menina, um tira, um sapato. Cada cadeia captura fragmentos de outras cadeias das quais extrai uma mais-valia, como o código da orquídea "extrai" a figura de uma vespa: fenômeno de mais-valia de código. É todo um sistema de desvios e sorteios, que formam fenômenos aleatórios parcialmente dependentes, parecidos com uma cadeia de Markov.[NT] Os registros e as transmissões vindos de códigos internos, do meio exterior, de uma região do organismo para outra, se cruzam segundo vias perpetuamente ramificadas da grande síntese

[33] Lacan, "Remarque sur le rapport de Daniel Lagache", em *Écrits*, Paris, Seuil, p. 658: "... uma exclusão proveniente destes signos enquanto tais pode ocorrer apenas como condição de consistência numa cadeia a ser constituída; acrescentemos que a dimensão na qual se controla essa condição é unicamente a tradução da qual é capaz uma tal cadeia. Demoremo-nos ainda um instante neste jogo. Isto para considerar que é a inorganização real pela qual estes elementos são misturados, no ordinal, ao acaso, que na ocasião da sua saída nos faz tirar à sorte...".

[NT] [Andrei Andreievich Markov (1856-1922). O texto salienta a propriedade markoviana segundo a qual um evento presente depende apenas do estado presente e não de eventos passados. Ver também pp. *[343]* e *[344]*, e nota 11 desta última.]

disjuntiva. Se há uma escrita aí, é uma escrita *no próprio Real*, estranhamente plurívoca, nunca bi-univocizada, linearizada, uma escrita transcursiva e nunca discursiva: é todo o domínio da "inorganização real" das sínteses passivas, no qual em vão buscaríamos algo que se pudesse chamar o Significante, e que não para de compor e de decompor as cadeias em signos que não têm vocação alguma para serem significantes. Produzir desejo é a única vocação do signo, em todos os sentidos em que isto se maquina.

Incessantemente, essas cadeias são a sede de desligamentos em todas as direções; há por toda parte esquizas que valem por si mesmas, mas que não se deve, sobretudo, tentar suprir. É esta, portanto, a segunda característica da máquina: cortes-desligamentos que não se confundem com os cortes-extrações. Estes incidem sobre os fluxos contínuos e remetem aos objetos parciais. Aqueles dizem respeito às cadeias heterogêneas e procedem por segmentos destacáveis, estoques móveis, como blocos ou tijolos voadores. É preciso conceber cada tijolo como sendo emitido à distância e já composto por elementos heterogêneos: não só contendo uma inscrição feita *[48]* de signos de alfabetos diferentes, mas também figuras, uma ou várias miudezas, talvez mesmo um cadáver. A extração de fluxos implica o desligamento da cadeia; e os objetos parciais da produção supõem os estoques, ou os tijolos de registro, na coexistência e interação de todas as sínteses. Como haveria extração parcial de um fluxo, sem desligamento fragmentário num código que informará o fluxo? Dizíamos, há pouco, que o esquizo está no limite dos fluxos descodificados do desejo; seria preciso entender, também assim, os códigos sociais, já que, nestes, um Significante despótico esmaga todas as cadeias, as lineariza, as bi-univociza, e se serve dos tijolos como se fossem elementos imóveis para uma muralha da China imperial. Mas o esquizo os destaca sempre, desliga-os e os leva consigo em todos os sentidos para reencontrar uma nova plurivocidade, que é o código do desejo. Toda composição, assim como toda decomposição, se faz com tijolos móveis. *Diaskisis* e *diaspasis*,[NT] dizia Monakow: seja o caso

[NT] [De um ponto de vista meramente linguístico, os dois termos implicam, em grego, a ideia de "separar", "fender".]

de uma lesão que se estende ao longo das fibras que a ligam a outras regiões e aí provoca, *à distância*, fenômenos incompreensíveis do ponto de vista puramente mecanicista (mas não maquínico); seja o caso de uma perturbação da vida humoral que implica um desvio da energia nervosa e a instauração de direções quebradas, fragmentadas na esfera dos instintos. Os tijolos são as peças essenciais das máquinas desejantes do ponto de vista do procedimento de registro: são, ao mesmo tempo, partes componentes e produtos de decomposição que só em certos momentos se localizam espacialmente em relação à grande máquina cronógena que é o sistema nervoso (máquina melódica do tipo "caixa de música", com localização não espacial).[34] O que torna inigualável o livro de Monakow e Mourgue, e aquilo pelo que ele ultrapassa infinitamente todo jacksonismo[NT] em que se inspira, é a teoria dos tijolos, de seu desligamento e de sua fragmentação, mas, sobretudo, o que uma tal teoria supõe — a introdução do desejo na neurologia.

[I.5.4. Terceiro modo: sujeito e resíduo]

O terceiro corte da máquina desejante é o corte-resto ou resíduo, que produz um sujeito ao lado da máquina, peça adjacente à máquina. E se este sujeito não tem *[49]* identidade específica ou pessoal, se percorre o corpo sem órgãos sem lhe quebrar a indiferença, é por ser não apenas uma parte ao lado da máquina, mas uma parte já partilhada, à qual dizem respeito partes correspondentes aos desligamentos da cadeia e às extrações de fluxos operados pela máquina. Do mesmo modo, o sujeito consome os estados pelos quais passa, e nasce destes estados, sempre concluído destes estados como uma parte feita de partes, cada uma das quais ocupa, por um momento, o corpo sem órgãos. É isso que permite a Lacan desenvolver um jogo mais maquínico que etimológico — *parere*-procurar, *separare*-separar, *se parere*-engendrar a si próprio —,

---

[34] Constantin von Monakow [1853-1930] e Raoul Mourgue, *Introduction biologique à l'étude de la neurologie et de la psycho-pathologie*, Paris, Alcan, 1928.

[NT] [Referência a John Hughlings Jackson (1835-1911), que inovou a neurologia graças a uma teoria relativa à dissolução das funções nervosas.]

marcando o caráter intensivo deste jogo: a parte nada tem a ver com o todo, "desempenha sozinha sua parte. Aqui, é da sua partição que o sujeito procede à sua parturição... razão pela qual ele pode conseguir o que lhe concerne, um estado que qualificaríamos de civil. Nada na vida de alguém desencadeia tanto furor para ser alcançado. Sacrificaria uma grande parte dos seus interesses para ser *pars*"...³⁵ Tal como os outros cortes, o corte subjetivo não designa uma falta; ao contrário, designa uma parte que cabe ao sujeito enquanto parte, um rendimento que cabe ao sujeito enquanto resto (e nota-se, ainda aqui, o quanto o modelo edipiano da castração é um mau modelo!). É que os cortes não resultam de uma análise, pois eles próprios são sínteses. E as sínteses é que produzem as divisões. Consideremos o exemplo do retorno do leite no arroto da criança: ele é ao mesmo tempo restituição da extração no fluxo associativo, reprodução do desligamento na cadeia significante e resíduo que cabe ao sujeito como parte propriamente sua. A máquina desejante não é uma metáfora; ela é o que corta e é cortado segundo esses três modos. O primeiro modo remete à síntese conectiva, e mobiliza a libido como energia de extração. O segundo, à síntese disjuntiva, e mobiliza o *Numen* como energia de desligamento. O terceiro, à síntese conjuntiva, e a *Voluptas* como energia residual. É sob estes três aspectos que o processo de produção desejante é simultaneamente produção de produção, produção de registro, *[50]* produção de consumo. Extrair, desligar, "restar",^NT tudo isto é produzir, é efetuar as operações reais do desejo.

[I.6. O TODO E AS PARTES]

[I.6.1. Estatuto das multiplicidades]
Tudo funciona ao mesmo tempo nas máquinas desejantes, mas nos hiatos e rupturas, nas avarias e falhas, nas intermitências e curtos-circuitos, nas distâncias e fragmentações, numa soma que

---

³⁵ Lacan, "Position de l'inconscient", em *Écrits*, p. 843.

^NT ["Restar" traduz *rester*, no sentido de subsistir como resto.]

nunca reúne suas partes num todo. É que, nelas, os cortes são produtivos, e são, eles próprios, reuniões. As disjunções, enquanto disjunções, são inclusivas. Os próprios consumos são passagens, devires e revires. Foi Maurice Blanchot quem soube, a propósito de uma máquina literária, levantar o problema em todo o seu rigor: como produzir e pensar fragmentos que tenham entre si relações de diferença enquanto tal, que tenham como relações entre si sua própria diferença, sem referência a uma totalidade original ainda que perdida, nem a uma totalidade resultante ainda que por vir?[36] Só a categoria de *multiplicidade*, empregada como substantivo e superando tanto o múltiplo quanto o Uno, superando a relação predicativa do Uno e do múltiplo, é capaz de dar conta da produção desejante: a produção desejante é multiplicidade pura, isto é, afirmação irredutível à unidade. Estamos na idade dos objetos parciais, dos tijolos e dos restos. Já não acreditamos nesses falsos fragmentos que, como os pedaços de uma estátua antiga, esperam ser completados e reagrupados para comporem uma unidade que é, também, a unidade de origem. Já não acreditamos numa totalidade original nem sequer numa totalidade de destinação. Já não acreditamos na grisalha de uma insípida dialética evolutiva, que pretende pacificar os pedaços arredondando suas arestas. Só acreditamos em totalidades *ao lado*. E se encontramos uma totalidade ao lado das partes, ela é um todo *dessas* partes, mas que não as totaliza, uma unidade *de* todas essas partes, mas que não as unifica, e que se junta a elas como uma nova parte composta *[51]* à parte. "Ela surgiu, mas aplicando-se desta vez ao conjunto, como pedaço composto à parte, nascido de uma inspiração" — diz Proust acerca da unidade da obra de Balzac,[NT] mas também da sua própria obra. E é notável, na máquina literária de *Em busca do tempo perdido*, até que ponto todas as partes são produzidas como lados dissimétricos, direções quebradas, caixas fechadas, vasos não comunicantes, compartimentações, nas quais até mesmo as contiguidades são distâncias e as distâncias, afirmações, pedaços de quebra-

---

[36] Maurice Blanchot [1907-2003], *L'Entretien infini*, Paris, Gallimard, 1969, pp. 451-2.

[NT] [Marcel Proust (1871-1922); Honoré de Balzac (1799-1850).]

-cabeça que não são do mesmo, mas de diferentes quebra-cabeças, violentamente inseridos uns nos outros, sempre locais e nunca específicos, e com suas bordas discordantes, sempre forçadas, profanadas, imbricadas umas nas outras, e sempre com restos. É a obra esquizoide por excelência: dir-se-ia que a culpabilidade, que as confissões de culpabilidade aparecem nela tão somente para fazer rir. (Em termos kleinianos, diríamos que a posição depressiva serve apenas para encobrir uma posição esquizoide mais profunda). Isto porque os rigores da lei só aparentemente exprimem o protesto do Uno, e encontram, ao contrário, seu verdadeiro objeto na absolvição dos universos fragmentados, nos quais a lei nada reúne no Todo, mas, ao contrário, mede e distribui os desvios, as dispersões, as explosões daquilo que extrai da loucura sua inocência — e é por isso que, em Proust, o tema aparente da culpabilidade se entrelaça com um outro tema que o nega, o da ingenuidade vegetal na compartimentação dos sexos, tanto nos encontros de Charlus como nos sonos de Albertine, nos quais reinam as flores e se revela a inocência da loucura; loucura reconhecida de Charlus ou suposta loucura de Albertine.

Proust dizia, pois, que o todo é produzido, que é produzido como uma parte ao lado das partes, que ele não unifica nem totaliza, mas às quais se aplica instaurando comunicações aberrantes entre vasos não comunicantes, unidades transversais entre elementos que mantêm toda a sua diferença nas suas dimensões próprias. Assim, na viagem de trem, nunca existe totalidade daquilo que se vê, nem uma unidade dos pontos de vista, mas apenas a *transversal* que o viajante enlouquecido traça de uma janela a outra, "para reaproximar, para remendar os fragmentos intermitentes e opostos". Reaproximar, remendar, era o que Joyce denominava "*re-embody*" [reincorporar]. O corpo sem [52] órgãos é produzido como um todo, mas no seu próprio lugar, no processo de produção, ao lado das partes que ele não unifica nem totaliza. E quando se aplica a elas, se assenta sobre elas, ele induz comunicações transversais, somas transfinitas, inscrições plurívocas e transcursivas sobre a sua própria superfície, na qual os cortes funcionais dos objetos parciais são sempre recortados pelos cortes das cadeias significantes e os de um sujeito que aí se situa. O todo não só coexiste com as partes, como também é contíguo a elas, produzido à parte, e aplicando-se a elas: os geneticistas mostram isto à sua maneira, dizendo que "os aminoácidos são assimilados individualmente na célula, sendo depois arranjados na ordem conveniente por um mecanismo análogo a um molde, no qual a cadeia lateral característica de cada ácido se coloca na sua posição própria".[37] Em geral, o problema das relações partes-todo permanece também mal formulado pelo mecanicismo e pelo vitalismo clássicos, enquanto se considerar o todo quer como totalidade derivada das partes, quer como totalidade originária da qual emanam as partes, quer como totalização dialética. Tal como o vitalismo, o mecanicismo nunca apreendeu a natureza das máquinas desejantes, nem a dupla necessidade de introduzir tanto a produção no desejo como o desejo na mecânica.

[I.6.2. Os objetos parciais]
Não há uma evolução das pulsões que as faria progredir, com seus objetos, para um todo de integração, assim como não há totalidade primitiva da qual elas derivariam. Melanie Klein fez a maravilhosa descoberta dos objetos parciais, esse mundo de explosões, de rotações, de vibrações. Mas como explicar que ela não atina, entretanto, com a lógica desses objetos? É que, em primeiro lugar, ela os pensa como fantasmas, e os julga do ponto de vista do consumo, não de uma produção real. Indica mecanismos de causação (a introjeção e a projeção), de efetuação (gratificação e frustração), de expressão (o bom e o mau), que lhe impõem uma concepção idealista do objeto parcial. Ela não o liga a um verdadeiro processo de produção, que seria o das máquinas desejantes. Em segundo lugar, não se livra da ideia de que os objetos parciais esquizo-paranoicos remetem a um todo, seja este original numa fase *[53]* primitiva, seja por vir na posição depressiva ulterior (o Objeto completo). Os objetos parciais parecem-lhe, pois, extraídos de pessoas globais; não só entrarão nas totalidades de integração concernentes ao eu, ao objeto e às pulsões, mas constituem já o

---

[37] Joseph H. Rush [1868-1931], *L'Origine de la vie*, tradução francesa, Paris, Payot, p. 141.

primeiro tipo de relação objetal entre o eu, a mãe e o pai. Ora, afinal de contas, é bem aí que tudo se decide. É certo que os objetos parciais possuem, em si mesmos, uma carga suficiente para explodir Édipo, para destituí-lo da sua tola pretensão de representar o inconsciente, de triangular o inconsciente, de captar toda a produção desejante. A questão que aqui se levanta não é, de modo algum, a da importância relativa daquilo a que se pode chamar *pré-edipiano* em relação a Édipo (porque "pré-edipiano" é ainda uma referência evolutiva ou estrutural a Édipo). A questão é a do caráter absolutamente *anedipiano* da produção desejante. Mas como Melanie Klein conserva o ponto de vista do todo, das pessoas globais e dos objetos completos — e talvez também porque tenha tentado evitar o pior com a Associação Psicanalítica Internacional, que escrevera na própria porta "ninguém entra aqui se não for edipiano" —, ela não se serve dos objetos parciais para explodir os grilhões de Édipo; ao contrário, serve-se ou finge servir-se deles para diluir Édipo, miniaturizá-lo, multiplicá-lo, estendê-lo à infância.

[I.6.3. Crítica de Édipo, a mistificação edipiana]
E se escolhemos o exemplo da menos edipianizante dos psicanalistas, é para mostrar que esforço ela teve de fazer para adequar a produção desejante a Édipo, o que acontece principalmente com os psicanalistas vulgares, que nem sequer têm consciência do "movimento". Não se trata de sugestão, trata-se de terrorismo. Melanie Klein escreve: "Quando Dick veio à minha casa pela primeira vez, não manifestou emoção alguma quando a ama o confiou a mim. Quando lhe mostrei os brinquedos que tinha preparado, ele os olhou sem o menor interesse. Peguei um grande trem que pus ao lado de um trem menor e *os designei* com o nome de 'trem papai' e de 'trem Dick'. Então, ele pegou o trem que eu tinha chamado 'Dick', empurrou-o até à janela e disse 'Estação'. *Eu lhe expliquei* que a 'estação é a mamãe; Dick entra na mamãe'. Ele largou o trem, correu pondo-se entre a porta interior e a porta exterior da sala, fechou-se dizendo 'escuro', e logo saiu a correr. Repetiu várias *[54]* vezes esta manobra. *Eu lhe expliquei* que 'está escuro na mamãe; Dick está no escuro da mamãe'... *Quando sua*

análise progrediu... Dick descobriu também que o lavatório simbolizava o corpo materno e manifestou um extraordinário medo de se molhar com a água".[38] Diga que é Édipo, senão você leva um tapa. Eis que o psicanalista já nem mais pergunta: "Para você, o que são suas máquinas desejantes?", mas grita: "Responda papai-mamãe quando lhe falo!". Até Melanie Klein... Toda a produção desejante é então esmagada, assentada sobre as imagens dos pais, alinhada em estados pré-edipianos, totalizada no Édipo: a lógica dos objetos parciais é reduzida a nada. Édipo se torna, assim, a pedra de toque da lógica, pois, como pressentíamos de início, só aparentemente os objetos parciais são extraídos de pessoas globais; na realidade, eles são produzidos por extração num fluxo ou numa *hylé*[NT] não pessoal, com a qual comunicam ao se conectarem com outros objetos parciais. O inconsciente ignora as pessoas. Os objetos parciais não são representantes de personagens parentais, nem suportes de relações familiares; são peças nas máquinas desejantes, remetem a um processo e a relações de produção irredutíveis, e são primeiros em relação ao que se deixa registrar na figura de Édipo.

Quando se fala da ruptura Freud-Jung,[NT] esquece-se muitas vezes o modesto e prático ponto de partida: Jung notava que, na transferência, o psicanalista aparecia muitas vezes como um diabo, um deus, um feiticeiro, e que seus papéis iam singularmente além das imagens parentais. Depois, tudo começou a correr mal, mas o ponto de partida era bom. Ocorre o mesmo com as brincadeiras das crianças. Uma criança não brinca apenas de papai-mamãe. Ela brinca também de feiticeiro, de *cowboy*, de polícia e ladrão, de trem e automóveis. O trem não é forçosamente papai, nem a estação, mamãe. O problema não incide no caráter sexual das máquinas desejantes, mas no caráter familiar desta sexualidade. Admite-

---

[38] Melanie Klein, *Essais de psychanalise*, tradução francesa, Paris, Payot, pp. 269-71 (grifo dos autores).

[NT] [Termo grego, empregado no sentido geral de "matéria" ou "material".]

[NT] [Carl Gustav Jung (1875-1961).]

-se que, ao crescer, uma criança se acha envolvida em relações sociais que já não são familiares. Mas, como se pensa que essas relações [55] sobrevêm posteriormente, só há duas vias possíveis: ou se admite que a sexualidade se sublima ou se neutraliza nas relações sociais (*e* metafísicas), sob a forma de um "após" analítico, ou, então, admitimos que essas relações põem em jogo uma energia não sexual, que a sexualidade se contentava em simbolizar como um "além" anagógico. Foi aí que as coisas ficaram mal entre Freud e Jung. Eles têm em comum, pelo menos, o fato de acreditarem que a libido não pode, sem mediação, investir um campo social ou metafísico. E é isso que não ocorre. Consideremos uma criança que brinca ou que, a engatinhar, explora as peças da casa. Ela contempla uma tomada elétrica, maquina seu corpo, serve-se de uma perna como de um remo ou ramo, entra na cozinha, no escritório, manipula carrinhos. É evidente que a presença dos pais é constante e que a criança nada tem sem eles. Mas a questão não é essa. A questão é sabermos se tudo aquilo em que ela toca é vivido como representação dos pais. Desde o nascimento, o berço, o seio, a chupeta, os excrementos, são máquinas desejantes em conexão com as partes do seu corpo. Parece-nos contraditório dizer que a criança vive entre objetos parciais e, ao mesmo tempo, dizer que ela apreende nos objetos parciais pessoas parentais, mesmo que aos pedaços. Não é rigorosamente verdade que o seio seja um destaque do corpo da mãe, pois ele existe como peça de uma máquina desejante, em conexão com a boca, que dele extrai um fluxo de leite não-pessoal, ralo ou denso. Sendo parte de uma máquina desejante, um objeto parcial nada representa: ele não é representativo. Ele é suporte de relações e distribuidor de agentes; mas esses agentes não são pessoas, assim como essas relações não são intersubjetivas. São relações de produção como tais, agentes de produção e de antiprodução. Bradbury mostra bem isto quando descreve a *nursery* [berçário] como lugar de produção desejante e de fantasma de grupo, que combina apenas objetos parciais e agentes.[39] A criança está sempre em família; mas, em família e desde

[39] Ray Bradbury [1920], "La Brousse", em *L'Homme illustré*, tradução francesa, Paris, Denoël.

o início, ela se entretém imediatamente com uma enorme experiência não-familiar que a psicanálise deixa escapar. O quadro de Lindner.^NT *[56]*

Não se trata de negar a importância vital e amorosa dos pais. Trata-se de saber qual é o seu lugar e a sua função na produção desejante, em vez de fazermos o contrário e assentarmos todo o jogo das máquinas desejantes no restrito código de Édipo. Como se formam lugares e funções que os pais vão ocupar a título de agentes especiais em relação a outros agentes? Pois Édipo só existe, desde o início, aberto aos quatro cantos de um campo social, a um campo de produção diretamente investido pela libido. Parece evidente que os pais sobrevêm à superfície de registro da produção desejante. Mas o problema de Édipo é justamente este: sob a ação de quais forças se fecha a triangulação edipiana? Em que condições esta triangulação canaliza o desejo para uma superfície que não o comportava por si mesma? Como será que ela forma um tipo de inscrição para experiências e maquinações que a transbordam por toda parte? É neste sentido, e somente neste sentido, que a criança *reporta* o seio como objeto parcial à pessoa da mãe e não para de sondar o rosto materno. "Reportar" não designa aqui uma relação natural produtiva, mas um relato, uma inscrição na inscrição, no *Numen*. Desde sua mais tenra idade, a criança tem toda uma vida desejante, todo um conjunto de relações não-familiares com os objetos e com as máquinas do desejo, que não se relaciona com os pais do ponto de vista da produção imediata, mas que, com amor ou com ódio, é reportada a eles do ponto de vista do registro do processo, e em condições muito particulares desse registro, mesmo que estas reajam sobre o próprio processo (*feedback*).

[I.6.4. A criança já... O inconsciente-órfão]

É em meio aos objetos parciais e nas relações não-familiares da produção desejante que a criança experimenta sua vida e se pergunta sobre o que é viver, mesmo que a questão seja "reporta-

---

^NT [Richard Lindner (1901-1978). O quadro de Lindner está reproduzido na p. *[6]* do original francês, e na p. 19 desta edição.]

da" aos pais e só possa receber uma resposta provisória nas relações familiares. "Lembro-me de ter começado a perguntar a mim mesmo, desde os oito anos, ou talvez menos, quem era eu, o que era eu e por que viver; lembro-me de aos seis anos, numa casa da Avenida Blancarde em Marselha (precisamente no nº 59), ter me perguntado, quando lanchava pão com chocolate que uma certa mulher chamada mãe me dava, o que *[57]* era ser e viver, o que era ver-se respirar, e de ter querido me respirar para experimentar o fato de viver e ver se isso me convinha e para que é que me convinha".[40] Aí está o essencial: uma questão se impõe à criança, que será talvez "reportada" à mulher chamada mamãe, mas que não é produzida em função dela, e sim produzida no jogo das máquinas desejantes, por exemplo, no nível da máquina boca-ar ou da máquina de provar — que é viver? que é respirar? que sou eu? que é a máquina de respirar no meu corpo sem órgãos? A criança é um ser metafísico. Como no *cogito* cartesiano, os pais nada têm a ver com isso. E é um engano confundir o fato de a questão ser reportada aos pais (no sentido de relatada, expressa) com a ideia de relacionar-se com eles (no sentido de uma relação natural com eles). Enquadrando a vida da criança no Édipo, fazendo das relações familiares a mediação universal da infância, estamos condenados a desconhecer a produção do próprio inconsciente e os mecanismos coletivos que incidem diretamente no inconsciente, em especial todo o jogo do recalcamento originário, das máquinas desejantes e do corpo sem órgãos. *Porque o inconsciente é órfão*, e produz-se a si próprio no seio da identidade da natureza e do homem. A autoprodução do inconsciente surge no ponto preciso em que o sujeito do *cogito* cartesiano se descobria sem pais, ali também onde o pensador socialista descobria na produção a unidade do homem e da natureza, ali onde o ciclo descobre sua independência frente à regressão parental indefinida.

Nada tenho
com papai-mamãe

[40] Artaud, "Je n'ai jamais rien étudié...", em *84*, dezembro de 1950.

O todo e as partes

[I.6.5. O que vai mal na psicanálise?]

Vimos como os dois sentidos de "processo" se confundiam: o processo como produção metafísica do demoníaco na natureza, e o processo como produção social das máquinas desejantes na história. As relações sociais *e* as relações metafísicas não constituem um após ou um além. Essas relações devem ser reconhecidas em todas as instâncias psicopatológicas, *[58]* e sua importância será tanto maior quanto mais nos defrontarmos com síndromes psicóticas que se apresentam sob aspectos os mais embrutecidos e dessocializados. Ora, é já na vida da criança, desde os mais elementares comportamentos do lactente, que estas relações se tecem com os objetos parciais, os agentes de produção, os fatores de antiprodução, segundo as leis da produção desejante em seu conjunto. Sem notar, desde o início, qual é a natureza desta produção desejante, e como, em que condições, e sob que pressões, a triangulação edipiana intervém no registro do processo, ficaremos enredados na teia de um edipianismo difuso e generalizado que desfigura radicalmente a vida da criança e sua sequencia, os problemas neuróticos e psicóticos do adulto, e o conjunto da sexualidade. Lembremo-nos, não esqueçamos da reação de Lawrence à psicanálise. Nele, pelo menos, as reticências com que acolheu a psicanálise não provinham de um terror da descoberta da sexualidade. Mas ele tinha a impressão, pura impressão, de que a psicanálise estava em vias de encerrar a sexualidade numa bizarra caixa com ornamentos burgueses, num tipo de nauseante triângulo artificial, que asfixiava toda a sexualidade como produção de desejo, para refazer de uma nova maneira um "sujo segredinho", o pequeno segredo familiar, um teatro íntimo em vez da fantástica fábrica: Natureza e Produção. Ele tinha a impressão de que a sexualidade era dotada de mais força ou mais potencialidade. E talvez a psicanálise chegasse a "desinfetar o sujo segredinho", mas não seria melhor por isso — pobre e sujo segredo do moderno Édipo-tirano. Será possível que, assim, a psicanálise retome a velha tentativa de nos rebaixar, de nos aviltar e de nos tornar culpados? Michel Foucault pôde assinalar a que ponto a relação da loucura com a família se funda num desenvolvimento que afetou o conjunto da sociedade burguesa do século XIX, e que confiou à família funções através das quais eram avaliadas a responsabilidade dos seus membros e a sua eventual culpabilidade. Ora, na medida em que a psicanálise envolve a loucura num "complexo parental" e reencontra a confissão de culpabilidade nas figuras de autopunição que resultam do Édipo, ela não inova, *mas completa o que a psiquiatria do século XIX tinha começado*: erigir um discurso familiar e moralizado da patologia mental, [59] ligar a loucura "à dialética semirreal semi-imaginária da Família", e nela decifrar "o incessante atentado contra o pai", "a surda contraposição dos instintos à solidez da instituição familiar e aos seus símbolos mais arcaicos".[41] Assim, em vez de participar de um empreendimento de efetiva libertação, a psicanálise se inclui na obra mais geral da repressão burguesa, aquela que consistiu em manter a humanidade europeia sob o jugo do papai-mamãe, e *a não dar um fim a esse problema*.

---

[41] Michel Foucault [1926-1984], *Histoire de la folie à l'âge classique*, Paris, Plon, 1961, pp. 588-9.

Capítulo II
PSICANÁLISE E FAMILISMO: A SANTA FAMÍLIA
[60]

[II.1. O IMPERIALISMO DE ÉDIPO]

[II.1.1. Seus modos]
Em sentido restrito, Édipo é a figura do triângulo papai-mamãe-eu, a constelação familiar em pessoa. Mas, ao fazer dele o seu dogma, a psicanálise não desconhece a existência de relações ditas pré-edipianas na criança, exoedipianas no psicótico, paraedipianas em outros povos. Como dogma ou "complexo nuclear", a função de Édipo é inseparável de um *forcing* [esforço] pelo qual o teórico da psicanálise chega à concepção de um Édipo generalizado. De um lado, para cada sujeito de um ou outro sexo, ele leva em conta uma série intensiva de pulsões, afetos e relações que unem a forma normal e positiva do complexo à sua forma inversa ou negativa: é o Édipo de série, tal como Freud o apresenta em *O eu e o isso* [*Das Ich und das Es*, 1923], e que permite, em sendo necessário, ligar as fases pré-edipianas ao complexo negativo. Por outro lado, ele leva em conta a coexistência em extensão dos próprios sujeitos e de suas múltiplas interações: é o Édipo de grupo, que reúne colaterais, descendentes e ascendentes (é assim que a visível resistência do esquizofrênico à edipianização, a ausência evidente do liame edipiano, pode ser sufocada por uma constelação de avós, seja porque se julgue necessária uma acumulação de três gerações para o surgimento de um psicótico, seja porque se descubra um mecanismo ainda mais direto de intervenção dos avós na psicose, formando-se, assim, Édipos de Édipo ao quadrado: a neurose é papai-mamãe, mas a vovó é a psicose). Finalmente, a distinção entre imaginário e simbólico permite explicitar uma estrutura edipiana como sistema de lugares e de funções que não se confundem

com a figura variável daqueles que a ocuparão *[61]* numa determinada formação social ou patológica: é o Édipo de estrutura (3 + 1), que não se confunde com um triângulo, mas que opera todas as triangulações possíveis ao distribuir, num determinado domínio, o desejo, seu objeto e a lei.

[II.1.2. A reviravolta edipiana na psicanálise]

Sem dúvida, os dois modos precedentes de generalização encontram na interpretação estrutural seu verdadeiro alcance. É ela que faz de Édipo um tipo de símbolo católico universal, para além de todas as modalidades imaginárias. Ela faz de Édipo um eixo de referência tanto para as fases pré-edipianas como para as variedades paraedipianas e para os fenômenos exoedipianos: a noção de "forclusão",[NT] por exemplo, parece indicar uma lacuna propriamente estrutural, graças à qual o esquizofrênico é naturalmente recolocado no eixo edipiano, remetido à órbita edipiana, na perspectiva das três gerações, segundo a qual a mãe não pôde *firmar* seu desejo em relação ao próprio pai, nem o filho, então, em relação à mãe. Um discípulo de Lacan pôde escrever: consideraremos "os meios pelos quais a organização edipiana desempenha um papel nas psicoses; em seguida, perguntaremos pelas formas da pré-genitalidade psicótica e como podem manter a referência edipiana". Nossa crítica precedente a Édipo corre o risco, portanto, de ser julgada totalmente superficial e mesquinha, como se ela se aplicasse apenas a um Édipo imaginário e incidisse sobre o papel das figuras parentais, sem afetar em nada a estrutura e sua ordem de lugares e funções simbólicas. Para nós, todavia, o problema é saber se a diferença passa precisamente por aí. A verdadeira diferença não estaria, antes, entre um Édipo, estrutural ou imaginário, *e* ou-

[NT] ["Forclusão", *forclusion* em francês, é o termo que Lacan emprega para traduzir a palavra *Verwerfung*, utilizada por Freud. Conforme o *Vocabulaire de Psychanalyse*, de J. Laplanche e J. B. Pontalis, ela designa "o mecanismo específico que está na origem da psicose. Consistiria numa rejeição primordial de um 'significante' fundamental (por exemplo: o falo enquanto significante do complexo de castração) para fora do universo simbólico do sujeito". Esta nota foi extraída de nota correspondente da edição portuguesa de *O anti-Édipo*.]

tra coisa que todos os Édipos esmagam e recalcam, isto é: a produção desejante — as máquinas do desejo que não se deixam reduzir nem à estrutura nem às pessoas, e que constituem o Real em si mesmo, para além ou aquém tanto do simbólico como do imaginário? Não pretendemos de modo algum retomar uma tentativa como a de Malinowski,[NT] a de mostrar que as figuras variam de acordo com a forma social considerada. Nós até mesmo acreditamos no que nos dizem quando nos apresentam Édipo como um tipo de invariante. Mas a questão é totalmente outra: haveria adequação entre as produções do inconsciente e essa invariante (entre as máquinas desejantes e a estrutura edipiana)? Ou então *[62]* essa invariante não exprimiria tão somente a história de um longo erro através de todas as suas variações e modalidades, o esforço de uma interminável repressão? O que questionamos é a edipianização furiosa a que a psicanálise se entrega, seja prática ou teoricamente, com os recursos conjugados da imagem e da estrutura. E apesar dos belos livros escritos recentemente por certos discípulos de Lacan, perguntamos se o pensamento de Lacan se orienta precisamente nesse sentido. Será que se trata somente de edipianizar até mesmo o esquizo? Ou será que se trata de outra coisa, e mesmo o contrário disso?[1] Esquizofrenizar, esquizofrenizar o campo do inconsciente, e também o campo social histórico, de maneira a explodir o jugo de Édipo e a reencontrar em toda parte a força das produções desejantes, reatar no próprio Real o liame da máquina analítica, do desejo e da produção? Isto porque o próprio inconsciente não é estrutural e nem pessoal; ele não simboliza, assim

[NT] [Bronislaw Kasper Malinowski (1884-1942).]

[1] "Não é porque prego um retorno a Freud que não posso afirmar que *Totem e tabu* [*Totem und Tabu*, 1912] é uma obra distorcida. É até por isso que é preciso retornar a Freud. Ninguém me ajudou a descobrir o que são *as formações do inconsciente*... Não estou tentando dizer que Édipo não serve para coisa alguma, nem que não tem relação com o que fazemos. É verdade que isto de nada serve para os psicanalistas! Mas como os psicanalistas não são seguramente psicanalistas, isto nada prova... São coisas que já expus em seu devido tempo; o tempo em que eu falava às pessoas, aos psicanalistas, que era preciso cuidar atentamente disso. Foi nesse nível que falei da metáfora paterna, nunca falei de complexo de Édipo..." (Lacan, seminário de 1970).

O imperialismo de Édipo

como não imagina e nem figura: ele maquina, é maquínico. Nem imaginário nem simbólico, ele é o Real em si mesmo, o "real impossível" e sua produção.

Mas o que é essa longa história, se a consideramos apenas no período da psicanálise? Ela não transcorre sem suas dúvidas, desvios e arrependimentos. Laplanche e Pontalis notam que Freud "descobre" o complexo de Édipo em 1897 na sua autoanálise, mas que o formula teoricamente apenas em 1923, em *O eu e o isso*; e que, nesse entretempo, Édipo tem uma existência sobretudo marginal, "isolado, por exemplo, num capítulo à parte sobre a escolha de objeto na puberdade (*Três ensaios sobre a teoria da sexualidade*) [*Drei Abhandlungen zur Sexualtheorie*, 1905] ou sobre os sonhos típicos (*A interpretação dos sonhos*) [*Die Traumdeutung*, 1900]". É que um certo abandono por Freud da teoria do traumatismo e da sedução *[63]* não conduz, dizem eles, a uma determinação unívoca do Édipo, e nem à descrição de uma sexualidade infantil espontânea de caráter endógeno. Ora, tudo se passa como se "Freud não conseguisse articular mutuamente Édipo e sexualidade infantil", remetendo esta a uma realidade biológica do desenvolvimento e aquele a uma realidade psíquica do fantasma: Édipo é o que esteve a ponto de ser perdido "em proveito de um realismo biológico".[2]

[II.1.3. Produção desejante e representação]
Mas será exato apresentar as coisas assim? O imperialismo de Édipo exigia apenas a renúncia ao realismo biológico? Ou não terá sido sacrificada ao Édipo outra coisa, infinitamente mais potente? Pois o que Freud e os primeiros analistas descobriram foi o domínio das sínteses livres onde tudo é possível, as conexões sem fim, as disjunções sem exclusão, as conjunções sem especificidade, os objetos parciais e os fluxos. As máquinas desejantes grunhem, zumbem no fundo do inconsciente, a injeção de Irma, o tique-taque do Homem dos Lobos, a máquina de tossir de Anna, e também

---

[2] J. Laplanche e J. B. Pontalis, "Fantasme originaire, fantasmes des origines et origine du fantasme", *Temps Modernes*, nº 215, abril de 1964, pp. 1.844-6.

todos os aparelhos explicativos montados por Freud, todas essas máquinas neurobiológicas-desejantes. Essa descoberta do inconsciente produtivo tem dois correlatos: de um lado, a confrontação direta entre essa produção desejante e a produção social, entre as formações sintomatológicas e as formações coletivas, ao mesmo tempo sua identidade de natureza e sua diferença de regime; de outro lado, a repressão que a máquina social exerce sobre as máquinas desejantes, e a relação do recalcamento com essa repressão. Tudo isso é que será perdido ou que ficará, pelo menos, singularmente comprometido com a instauração do Édipo soberano. A associação livre, em vez de se abrir às conexões plurívocas, se fecha num impasse de univocidade. Todas as cadeias do inconsciente são bi-univocizadas, linearizadas, penduradas num significante despótico. Toda a *produção* desejante é esmagada, submetida às exigências da *representação*, aos jogos sombrios do representante e do representado na representação. Aí está o essencial: a reprodução do desejo é substituída por uma simples representação, *[64]* tanto no processo de cura quanto na teoria. O inconsciente produtivo é substituído por um inconsciente que sabe apenas exprimir-se — e exprimir-se no mito, na tragédia, no sonho. Mas quem nos diz que o sonho, a tragédia, o mito sejam adequados às formações do inconsciente, mesmo se levarmos em conta o trabalho de transformação? Groddeck,[NT] mais do que Freud, permanecia fiel a uma autoprodução do inconsciente na coextensão do homem e da Natureza. É como se Freud tivesse recuado frente a este mundo de produção selvagem e de desejo explosivo, e quisesse introduzir aí, a qualquer custo, um pouco de ordem, a ordem clássica do velho teatro grego. Que significa dizer: Freud descobriu Édipo na sua autoanálise? Foi na sua autoanálise ou na sua cultura clássica goethiana? Na sua autoanálise ele descobre algo do qual ele diz: veja só, isto se assemelha a Édipo! E começou por considerar esse algo como uma variante do "romance familiar", como o registro paranoico através do qual o desejo explode precisamente as determinações de família. Só pouco a pouco é que ele faz do romance familiar, ao contrário, uma dependência de Édipo, e neurotiza tudo

[NT] [Georg Walter Groddeck (1866-1934).]

no inconsciente, ao mesmo tempo em que edipianiza, em que encerra todo o inconsciente no triângulo familiar. E seu inimigo vem a ser o esquizo. A produção desejante é personalizada, ou melhor, personalogizada, imaginarizada, estruturalizada (já vimos que a verdadeira diferença ou fronteira não passa entre esses termos, que talvez sejam complementares). A produção vem a ser apenas produção de fantasmas, produção de expressão. O inconsciente deixa de ser o que é, fábrica, ateliê, para se tornar um teatro, cena e encenação. E nem sequer teatro de vanguarda, como já havia no tempo de Freud (Wedekind),[NT] mas um teatro clássico, uma ordem clássica de representação. O psicanalista torna-se o diretor de um teatro privado — em vez de ser o engenheiro ou o mecânico que monta unidades de produção, que luta com agentes coletivos de produção e de antiprodução.

[II.1.4. O abandono das máquinas desejantes]
Com a psicanálise passa-se o mesmo que com a Revolução Russa — nunca sabemos quando as coisas começaram a ir mal. Somos sempre obrigados a recuar um pouco mais. Com os americanos? Com a primeira Internacional? Com o Comitê secreto? Com as primeiras rupturas que marcam tanto a renúncia de Freud *[65]* como as traições dos que rompem com ele? Com o próprio Freud, desde a "descoberta" de Édipo? Édipo é a reviravolta idealista. No entanto, não podemos dizer que a psicanálise tenha optado por ignorar a produção desejante. As noções fundamentais de *economia* do desejo, trabalho e investimento conservam sua importância, mas subordinadas às formas de um inconsciente expressivo e não mais às formações do inconsciente produtivo. A natureza *anedipiana* da produção de desejo permanece, mas assentada sobre as coordenadas de Édipo que a traduzem em "pré-edipiana", em "paraedipiana", em "quase-edipiana" etc. As máquinas desejantes estão sempre aí, mas só funcionam atrás das paredes do consultório. Atrás do muro ou nos bastidores, é este o lugar que o fantasma originário concede às máquinas desejantes

[NT] [Frank Wedekind (1864-1918).]

quando ele tudo assenta sobre a cena edipiana.[3] Nem por isso elas deixam de fazer uma algazarra infernal, a tal ponto que o próprio psicanalista não pode ignorá-las, mas sua atitude é, sobretudo, de denegação: sim, tudo isso é verdade, mas, apesar disso, não deixa de ser papai-mamãe. Está escrito no frontão do consultório: deixa tuas máquinas desejantes à porta, abandona as tuas máquinas órfãs e celibatárias, teu gravador e teu pequeno velocípede, entra e deixa-te edipianizar. Tudo decorre disso, a começar pelo caráter inenarrável da cura, seu caráter interminável altamente contratual, fluxo de palavras em troca de fluxo de dinheiro. Basta, então, o que chamamos de um episódio psicótico: um clarão de esquizofrenia, trazemos um dia nosso gravador ao consultório do analista — *stop*, intrusão de uma máquina desejante, e tudo é subvertido, quebramos o contrato, não fomos fiéis ao grande princípio da exclusão do terceiro, introduzimos o terceiro, a máquina desejante em pessoa.[4] Porém, todo psicanalista deveria saber [66] que sob Édipo, através de Édipo e atrás de Édipo, é com as máquinas desejantes que ele há de se confrontar. No princípio, os psicanalistas

---

[3] Sobre a existência de uma pequena máquina no "fantasma originário", existência essa sempre dissimulada, ver Freud, *Un cas de paranoia qui contredisait la théorie psychanalytique de cette affection* (1915, tradução francesa, *Revue Française de Psychanalyse*, 1935) [*Mitteilung eines der psychoanalytischen Theorie widersprechenden Falles von Paranoia* (1915)].

[4] Jean-Jacques Abrahams, "L'Homme au magnétophone, dialogue psychanalytique", *Temps Modernes*, n° 274, abril de 1969: "A: Como vê, isso não é assim tão grave; não sou o seu pai e ainda posso gritar que não! Pronto, basta. — Dr. X: Está imitando seu pai neste momento? — A: De modo algum, mas o seu, sim! Aquele que vejo nos seus olhos. — Dr. X: Você está tentando fazer o papel de... — A: Você não tem o poder de curar as pessoas, você só pode impingir a elas os seus problemas de pai dos quais você não sai; e desse modo, de sessão em sessão, você vai arrastando as vítimas com o problema do pai... Mas o doente era eu e você é que era o médico; afinal, você chegou a revolver seu problema de infância, de ser a criança em relação ao pai... — Dr. X: Eu telefonava para o 609 a fim de que o levem daqui, para o 609, para a polícia, a fim de expulsá-lo daqui. — A: Para a polícia? O papai é isso! Seu papai é policial! E você ia telefonar ao seu papai para vir me buscar... Que história de louco! Você ficou nervoso, excitado só porque a gente tira um aparelhinho que vai nos permitir compreender o que se passa aqui".

não podiam não ter consciência do *forcing* [esforço] operado para introduzir Édipo, para injetá-lo em todo o inconsciente. Depois, Édipo se assentou sobre a produção desejante, apropriou-se dela como se todas as forças produtivas do desejo emanassem dele. O psicanalista tornou-se o cabide de Édipo, o grande agente da antiprodução no desejo. A mesma história que a do Capital, e seu mundo encantado, miraculado (no princípio também, dizia Marx, os primeiros capitalistas não podiam não ter consciência...).

[II.2. Três textos de Freud]

[II.2.1. A edipianização. Esmagamento do delírio do presidente Schreber]

Em primeiro lugar, vê-se facilmente que o problema é prático, que ele diz respeito, antes de tudo, à prática da cura. Com efeito, o processo de edipianização furiosa se delineia precisamente no momento em que Édipo não recebeu ainda sua plena formulação teórica como "complexo nuclear" e leva uma vida marginal. O fato da análise de Schreber não ocorrer *in vivo* em nada suprime seu valor exemplar do ponto de vista da prática. Ora, é nesse texto de 1911[NT] que Freud encontra a questão mais temível: como ousar reduzir ao tema paterno um delírio tão rico, tão diferenciado, tão "divino" como o do presidente — levando-se em conta que, em suas *Memórias*, Schreber só faz referências muito breves à memória que tem do pai? Por diversas vezes, nota-se no texto de Freud a que ponto este sentiu a dificuldade: primeiramente, parece difícil assinalar como causa da doença, ainda que ocasional, um "impulso de libido homossexual" dirigido à pessoa do médico Flechsig; *[67]* mas, quando substituímos o médico pelo pai, e encarregamos o pai de explicar o Deus do delírio, nós mesmos sentimos grande dificuldade em seguir essa ascensão, pois lançamos mão de direitos que só se podem justificar pelas vantagens que trazem do ponto de vista de nossa compreensão do delírio (296,

---

[NT] [Para o texto de Freud, ver NT à p. *[21]*; para Schreber, ver NT à p. *[7]*.]

298).^NT Todavia, quanto mais Freud enuncia seus escrúpulos, mais os repele, mais os varre com uma resposta segura. E essa resposta é dupla: não é minha culpa se a psicanálise dá testemunho de uma grande monotonia e reencontra o pai em toda parte, em Flechsig, em Deus, no sol; a culpa é da sexualidade e do seu simbolismo obstinado (301). Por outro lado, não é surpreendente que o pai retorne constantemente nos delírios atuais sob as formas menos reconhecíveis e mais ocultas, pois que ele sempre retorna em toda parte e de maneira mais visível nos mitos antigos e nas religiões, que exprimem as forças ou mecanismos que agem eternamente no inconsciente (298, 323). Devemos constatar que o presidente Schreber não conheceu apenas o destino de ter sido sodomizado enquanto vivo pelos raios do céu, mas também o destino de ser postumamente edipianizado por Freud. *Palavra alguma é retida* do enorme conteúdo político, social e histórico do delírio de Schreber, como se a libido nada tivesse a ver com essas coisas. São invocados apenas um argumento sexual, que consiste em soldar a sexualidade ao complexo familiar, e um argumento mitológico, que consiste em impor a adequação da potência produtiva do inconsciente e das "forças edificadoras dos mitos e das religiões".

[II.2.2. Em quê a psicanálise ainda é piedosa]

Este último argumento é muito importante, e não é por acaso que Freud declara estar de acordo com Jung a esse respeito. De certa maneira, esse acordo subsiste após a ruptura havida entre eles. Porque, se considerarmos que o inconsciente se exprime adequadamente nos mitos e nas religiões (levando sempre em conta, bem entendido, o trabalho de transformação), há duas maneiras de ler essa adequação, mas essas duas maneiras têm em comum o postulado segundo o qual o mito é a medida do inconsciente e que, desde o princípio, substituiu as formações produtivas por simples formas expressivas. A questão fundamental — *por que retornar ao mito? por que tomá-lo como modelo?* — é ignorada, afastada.

---

^NT [Os números entre parênteses, aqui e a seguir, constam do original e indicam as páginas da tradução francesa do texto de Freud, utilizada por Deleuze e Guattari; ver NT à p. *[21]*.]

Assim, a suposta adequação pode ser interpretada de maneira dita anagógica, em direção ao "alto"; ou então, inversamente, de maneira analítica, em direção ao "baixo", *[68]* reportando o mito às pulsões — mas, como as pulsões são decalcadas do mito, desfalcadas do mito, levando em conta as transformações... Queremos dizer que é a partir do mesmo postulado que Jung é levado a restaurar a mais difusa, a mais espiritualizada religiosidade, e que Freud se vê confirmado em seu mais rigoroso ateísmo. Para interpretar a adequação postulada por ambos, Freud tem tanta necessidade de negar a existência de Deus quanto Jung tem de afirmar a essência do divino. Mas tornar a religião inconsciente, ou tornar religioso o inconsciente, é sempre injetar religiosidade no inconsciente (e o que seria a análise freudiana sem os famosos sentimentos de culpabilidade atribuídos ao inconsciente?). E o que se passou na história da psicanálise? Freud se agarrava a seu ateísmo à maneira de um herói. Acontece que, em torno dele, cada vez mais, deixavam-no falar, deixavam respeitosamente que o velho falasse, mas, às suas costas, ia-se preparando a reconciliação das igrejas e da psicanálise, o momento em que a Igreja formaria seus próprios psicanalistas e no qual se poderia escrever na história do movimento: em que nós também, nós somos ainda piedosos! Lembremo-nos da grande declaração de Marx: aquele que nega Deus faz apenas uma "coisa secundária", porque nega Deus para estabelecer a existência do homem, para colocar o homem no lugar de Deus (levando em conta a transformação).[5] Mas aquele que sabe que o lugar do homem é alhures, na coextensividade do homem e da natureza, esse alguém nem mesmo deixa subsistir a *possibilidade de uma questão* "sobre um ser estranho, um ser situado acima da natureza e do homem": ele já não tem necessidade dessa mediação do mito, já não precisa passar por essa mediação, por essa negação da existência de Deus, pois atingiu essas regiões de uma autoprodução do inconsciente, em que o inconsciente é tão ateu quanto órfão, imediatamente órfão, imediatamente ateu. E o exame do

---

[5] Marx, *Economie et philosophie*, Paris, Pléiade, II, p. 98. E o excelente comentário de François Châtelet [1925-1985] sobre esse ponto, "La question de l'athéisme de Marx", *Études Philosophiques*, julho de 1966.

primeiro argumento nos conduziria, sem dúvida, a uma conclusão semelhante. Com efeito, ao soldar a sexualidade ao complexo familiar, ao fazer de Édipo o critério da sexualidade na *[69]* análise, a prova por excelência da ortodoxia, o próprio Freud situou o conjunto das relações sociais *e* metafísicas como um após ou um além, que o desejo era incapaz de investir imediatamente. Então, vem a ser bastante indiferente que esse além derive do complexo familiar por transformação analítica do desejo, ou que seja significado por ele numa simbolização anagógica.

Consideremos um outro texto de Freud, mais tardio, no qual Édipo já é designado como "complexo nuclear": *Un enfant est battu* (1919).^NT O leitor não consegue evitar uma impressão de inquietante estranheza. Nunca o tema paterno foi menos visível e, contudo, afirmado com tanta paixão e resolução: aqui, o imperialismo de Édipo se funda numa ausência. Porque, afinal, dos três tempos do fantasma supostos na menina, o primeiro é tal que o pai ainda não aparece nele, e no terceiro tempo o pai já não aparece mais: resta, então, o segundo tempo, no qual o pai brilha com todas as suas luzes, "nitidamente sem equívoco" — mas, justamente, "esta segunda fase nunca tem uma existência real; tendo permanecido inconsciente, nunca pode ser evocada pela lembrança, de modo que ela é uma reconstituição analítica tão somente, mas uma reconstituição necessária". Do que se trata, de fato, nesse fantasma? Meninos são espancados por alguém, por um professor, por exemplo, à vista de meninas. Assistimos, desde o início, a uma dupla redução freudiana, que de modo algum é imposta pelo fantasma, mas exigida por Freud à maneira de um pressuposto. Por um lado, Freud quer deliberadamente reduzir o caráter de *grupo* do fantasma a uma dimensão puramente individual: é preciso que as crianças espancadas sejam de certa maneira o eu ("substitutos do próprio sujeito") e que quem bata seja o pai ("substituto do pai"). Por outro lado, é preciso que as variações do fantasma se

---

NT [Freud, *Ein Kind wird geschlagen* (1919). A edição francesa publicada pela *Revue Française de Psychanalyse* (1933, t. 6, nº 3-4, pp. 274-97) aparece com o título "*On bat un enfant*". Em português, o título oscila entre "Bate-se numa criança" e "Uma criança é espancada".]

organizem em disjunções empregadas de maneira estritamente exclusiva: assim, haverá uma série-menina e uma série-menino, mas dissimétricas, tendo o fantasma feminino três tempos, dos quais o último é "meninos são espancados pelo professor", e tendo o fantasma masculino apenas dois tempos, dos quais o último é "minha mãe me bate". O único tempo comum (o segundo das meninas e o primeiro dos meninos) afirma sem equívoco a prevalência do pai nos dois casos, mas é o famoso tempo inexistente. E com Freud é sempre assim. É *[70]* preciso haver algo em comum aos dois sexos, mas para que esse algo falte tanto a um quanto ao outro, para distribuir a falta pelas duas séries não simétricas e fundar o uso exclusivo das disjunções: você é menina *ou* menino! É assim a respeito de Édipo e de sua "resolução", diferentes no caso do menino e no da menina. É assim a respeito da castração e da sua relação com Édipo. A castração é a porção comum, isto é, o Falo prevalente e transcendente, e, ao mesmo tempo, a distribuição exclusiva que se apresenta nas meninas como desejo do pênis e nos meninos como medo de perdê-lo ou recusa de atitude passiva. Esse algo em comum deve fundar o uso exclusivo das disjunções do inconsciente — e nos ensinar a resignação: resignação a Édipo, resignação à castração, renúncia ao desejo do pênis, no caso das meninas, e renúncia à demonstração máscula, no caso dos meninos, em suma, renúncia "a assumir o sexo".[6] Esse algo em comum, o grande Falo, a Falta com duas faces não sobreponíveis, é puramente mítico: é

[6] Freud, "Analyse terminée et analyse interminable" ["Die endliche und die unendliche Analyse", 1937] (tradução francesa *Revue Française de Psychanalyse*, 1938-39, n° 1, pp. 3-38): "Os dois temas que se correspondem são, no caso da mulher, a inveja do pênis, a aspiração positiva de possuir um órgão genital masculino; no caso do homem, a revolta contra a sua própria atitude passiva ou feminina em face de um outro homem... Nunca se tem tanto a impressão de pregar no deserto como quando se quer levar as mulheres a abandonarem, por ser irrealizável, o seu desejo do pênis, ou como quando se busca convencer os homens de que a sua atitude passiva em relação a um outro homem não equivale à castração e é inevitável em muitas relações humanas. Uma das mais fortes resistências à transferência emana da supercompensação obstinada do homem. Ele não quer se curvar diante de um substituto de seu pai, se recusa a lhe ficar agradecido e, por isso mesmo, a se ver curado pelo médico...".

como o Uno da teologia negativa, introduz a falta no desejo, e faz emanar as séries exclusivas às quais fixa um alvo, uma origem e um curso resignado.

[II.2.3. A ideologia da falta: a castração]
Seria preciso dizer o contrário: ao mesmo tempo nada há de comum aos dois sexos e eles não param de se comunicar um com o outro de um modo transversal, modo pelo qual cada sujeito possui os dois sexos, mas compartimentados, de sorte que, com cada um desses sexos, ele comunica com *um ou com o outro sexo de outro sujeito*. Esta é a lei dos objetos parciais. Nada falta, nada pode ser definido como uma falta; e as disjunções no inconsciente nunca são exclusivas, mas são o objeto de um uso propriamente inclusivo que teremos de analisar. Freud poderia ter dito isto, pois *[71]* dispunha de um conceito, o de bissexualidade; mas não é por acaso que nunca pôde, ou nunca quis, dar a posição e a extensão analíticas que esse conceito exigia. Alguns analistas, que nem sequer chegaram a esse ponto, envolveram-se numa viva controvérsia quando tentaram, em consonância com Melanie Klein, definir as forças inconscientes do órgão sexual feminino, fazendo-o por meio de características positivas em função dos objetos parciais e dos fluxos: esse leve desvio, que não suprimia a castração mítica, mas que a fazia depender secundariamente do órgão — em vez de supor o órgão como dependente dela — encontra em Freud uma grande oposição.[7] Freud reafirmava que o órgão, do ponto de vista do inconsciente, só poderia ser compreendido a partir de uma falta ou de uma privação primeira, e não o inverso. Tem-se aí um paralogismo propriamente analítico (que reencontraremos em alto grau na teoria do significante) e que consiste em passar do objeto parcial destacável à posição de um objeto completo destacado (falo). Tal passagem implica um sujeito determinado como um eu fixo sob este ou aquele sexo, sujeito que vive sua subordinação ao objeto completo tirânico necessariamente como uma falta. Certamente, isso já não é assim quando o objeto parcial é posto por si

---

[7] Sobre a importância dessa controvérsia, ver André Green, "Sur la Mère phallique", *Revue Française de Psychanalyse*, janeiro de 1968, pp. 8-9.

mesmo sobre o corpo sem órgãos, tendo como sujeito não um "eu", mas unicamente a pulsão que forma com ele a máquina desejante, e que entra em relações de conexão, de disjunção e de conjunção com outros objetos parciais no seio da multiplicidade correspondente, na qual cada elemento só pode definir-se *positivamente*. Da "castração", é preciso falar no mesmo sentido daquilo que foi dito da edipianização que ela coroa: ela designa a operação pela qual a psicanálise castra o inconsciente, injeta a castração no inconsciente. Como operação prática sobre o inconsciente, a castração é obtida quando os mil cortes-fluxos das máquinas desejantes, todos positivos, todos produtores, são projetados sobre um mesmo lugar mítico, isto é, o traço unitário do significante. Não acabamos de cantar a ladainha das ignorâncias do inconsciente: este ignora a castração tanto quanto o Édipo, assim como ignora os pais, os deuses, a lei, a falta... Os movimentos de libertação das mulheres têm razão em [72] dizer: "vão à merda, nós não somos castradas".[8] E longe de nos safarmos desta por meio da pobre astúcia que consistiria, para os homens, em dizer que isso é a prova acabada de que elas o são — ou mesmo, consolando-as, dizendo que eles também o são, regozijando-se, no entanto, por o serem na outra face, aquela que não é sobreponível — devemos reconhecer que os movimentos de libertação feminina são, de modo mais ou menos ambíguo, portadores daquilo que pertence a toda exigência de libertação: a força do próprio inconsciente, o investimento do campo social pelo desejo, o desinvestimento das estruturas repressivas. E também não se trata de dizer que a questão não é saber se as mulheres são ou não castradas, mas apenas saber se o próprio inconsciente "acredita nisso". Não se trata de dizer tal coisa, pois toda a ambiguidade encontra-se precisamente aí: que significa "crença" aplicada ao inconsciente? que é um inconsciente que nada mais faz do que "acreditar" em vez de produzir? quais são as operações, os artifícios que injetam "crenças"

---

[8] Ver, por exemplo, o protesto (moderado) de Betty Friedan contra a concepção freudiana e psicanalítica dos "problemas femininos", tanto sexuais quanto sociais: *La Femme mystifiée*, 1963, tradução francesa, Paris, Gonthier, tomo I, pp. 114 ss.

no inconsciente — crenças nem mesmo irracionais, mas, ao contrário, muito razoáveis e conformes à ordem estabelecida?

[II.2.4. Todos os fantasmas são fantasmas de grupo]
Voltemos ao fantasma "espanca-se uma criança, crianças são espancadas": trata-se, tipicamente, de um fantasma de grupo, no qual o desejo investe o campo social e suas próprias formas repressivas. Se há encenação nisso, é a encenação de uma máquina social-desejante cujos produtos não devem ser considerados abstratamente, separando o caso da menina e o do menino, como se cada um fosse um pequeno eu vivendo seu caso com seu papai e sua mamãe. Ao contrário, devemos considerar o conjunto e a complementaridade menina-menino, pais-agentes de produção e de antiprodução, tanto em cada indivíduo como no *socius* que preside à organização do fantasma de grupo. É ao mesmo tempo que os meninos se deixam espancar-iniciar pelo professor na cena erótica da menina (máquina para ver) e se deixam gozar de maneira masoquista na mãe (máquina anal). Assim, eles só podem ver ao devirem meninas, e as meninas só podem sentir o prazer da *[73]* punição ao devirem meninos. É todo um coro, toda uma montagem: ao regressarem à aldeia depois de uma expedição no Vietnã, os crápulas dos *Marines*, na presença das irmãs chorosas, se deixam espancar pelo professor, que tem a mamãe ao colo, e gozam por terem sido tão maus, por terem torturado tão bem. É tão mau, mas como é bom! Talvez isto faça lembrar uma cena do filme *Paralelo 17*:[NT] vê-se o coronel Patton, o filho do general, declarar que esses caras são formidáveis, que adoram o pai, a mãe e a pátria, que nos atos religiosos choram pelos camaradas mortos que eram bravos caras — depois, o rosto do coronel altera-se numa careta e revela um grande paranoico que acaba por gritar: e com tudo isto, são verdadeiros matadores... É evidente que, quando a psicanálise tradicional explica que o professor é o pai, e o coronel também, e que até a mãe é o pai, assenta todo o desejo numa determinação familiar que nada mais tem a ver com o campo social realmente investido pela libido. É claro

---

[NT] [Documentário filmado no Vietnã, durante a guerra, por Joris Ivens e Marceline Loridan, produção França/Vietnã, 1967.]

que há sempre algo do pai ou da mãe preso à cadeia significante, o bigode do pai, o braço erguido da mãe, mas só furtivamente, entre os agentes coletivos. Os termos de Édipo não formam um triângulo, porque existem explodidos em todos os cantos do campo social, a mãe no colo do professor, o pai ao lado do coronel. O fantasma de grupo está ligado, maquinado no *socius*. Ser enrabado pelo *socius*, desejar ser enrabado pelo *socius*, não deriva nem do pai nem da mãe, ainda que o pai e a mãe aí desempenhem um papel como agentes subalternos de transmissão ou de execução.

Quando a noção de fantasma de grupo foi elaborada na perspectiva da análise institucional (nos trabalhos da equipe de La Borde, reunida em torno de Jean Oury[NT]), a primeira tarefa foi marcar sua diferença de natureza em relação ao fantasma individual. Verificou-se que o fantasma de grupo era inseparável das articulações "simbólicas" que definem um campo social considerado real, ao passo que o fantasma individual assentava o conjunto desse campo sobre dados "imaginários". Se prolongarmos esta primeira distinção, veremos que até o próprio fantasma individual está inserido no campo social existente, mas que o apreende sob qualidades imaginárias *[74]* que lhe conferem uma espécie de transcendência ou de imortalidade ao abrigo das quais o indivíduo, o eu, representa seu pseudodestino: que me importa morrer, diz o general, se o Exército é imortal. A dimensão imaginária do fantasma individual tem uma importância decisiva na pulsão de morte, visto que a imortalidade conferida à ordem social existente provoca no eu todos os investimentos de repressão, todos os fenômenos de identificação, de "superegotização" e de castração, todas as resignações-desejos (devir general, devir pequena, média ou alta patente), compreendida aí mesmo a resignação de morrer a serviço dessa ordem, enquanto a pulsão é projetada para fora e dirigida contra os outros (morte ao estrangeiro, morte aos que não são daqui!). Ao contrário disso, o polo revolucionário do fantasma de grupo aparece na potência de viver as próprias instituições como mortais, de destruí-las ou de mudá-las consoante as articulações do desejo e do campo social, fazendo da pulsão de morte uma ver-

---

[NT] [Jean Oury (1924-).]

dadeira criatividade institucional. Porque é este o critério, pelo menos formal, para distinguir a instituição revolucionária da enorme inércia que a lei comunica às instituições numa dada ordem estabelecida. Como diz Nietzsche, igrejas, exércitos, Estados, qual de todos estes cães é aquele que quer morrer? Daí decorre uma terceira diferença entre o fantasma de grupo e o fantasma dito individual: é que este tem como sujeito o eu enquanto determinado pelas instituições legais e legalizadas, nas quais ele "se imagina", a tal ponto que, até mesmo em suas perversões, o eu se conforma com o uso exclusivo das disjunções impostas pela lei (homossexualidade edipiana, por exemplo). Mas o fantasma de grupo tem por sujeito as próprias pulsões e as máquinas desejantes que elas formam com a instituição revolucionária. O fantasma de grupo *inclui* as disjunções, no sentido de que cada um, destituído da sua identidade pessoal, mas não das suas singularidades, entra em relação com o outro ao modo da comunicação própria aos objetos parciais: sobre o corpo sem órgãos, cada um passa ao corpo do outro. A esse respeito, Klossowski mostrou bem a relação inversa que cinde o fantasma em duas direções, conforme a lei econômica estabeleça a perversão nas "trocas psíquicas", ou, ao contrário, as trocas psíquicas promovam uma subversão da *[75]* lei: "Conforme sua intensidade mais ou menos forte, o estado singular, anacrônico com relação ao nível institucional gregário, pode efetuar uma desatualização da própria instituição e denunciá-la como anacrônica por sua vez".[9] Os dois tipos de fantasma, ou melhor, os dois regimes, se distinguem, portanto, conforme a produção social dos "bens" imponha sua regra ao desejo por intermédio de um eu cuja unidade fictícia é garantida pelos próprios bens, ou conforme a produção desejante dos afetos imponha sua regra a instituições cujos elementos são tão somente pulsões. Se ainda for preciso falar de utopia neste último sentido, à Fourier, não será certamente co-

---

[9] Pierre Klossowski, *Nietzsche et le cercle vicieux*, p. 122. A meditação de Klossowski sobre a relação das pulsões e das instituições, sobre a presença das pulsões na própria infraestrutura econômica, é desenvolvida no seu artigo "Sade et Fourier" (*Topique*, n° 4-5) e, sobretudo, em *La Monnaie vivante* (Paris, Losfeld, 1970).

mo modelo ideal, mas como ação e paixão revolucionárias. E, nas suas obras mais recentes, Klossowski nos indica o único meio de ultrapassar o estéril paralelismo entre Marx e Freud em que nos debatemos: descobrindo a maneira pela qual a produção social e as relações de produção são uma instituição do desejo, e pela qual os afetos ou as pulsões fazem parte da própria infraestrutura. Pois *eles fazem parte dela, estão presentes nela de todas as maneiras*, criando nas formas econômicas tanto a sua própria repressão quanto os meios de romper essa repressão.

Finalmente, o desenvolvimento das distinções entre fantasma de grupo e fantasma individual mostra suficientemente que não há fantasma individual. Existem, sobretudo, dois tipos de grupos, os grupos-sujeitos e os grupos-sujeitados — Édipo e a castração formam a estrutura imaginária sob a qual os membros do grupo sujeitado são determinados a viver ou fantasmar individualmente sua pertença ao grupo. É preciso dizer ainda que os dois tipos de grupo estão em deslizamento perpétuo, de modo que um grupo-sujeito está sempre ameaçado de sujeição e um grupo sujeitado pode ser forçado em certos casos a assumir um papel revolucionário. É ainda mais inquietante ver o quanto a análise freudiana só retém do fantasma suas linhas de disjunção exclusiva, e o esmaga nas suas dimensões individuais ou *[76]* pseudoindividuais que, por natureza, o reportam a grupos sujeitados, no lugar de fazer a operação inversa e evidenciar no fantasma o elemento subjacente de uma potencialidade revolucionária de grupo. Quando nos fazem saber que o instrutor, que o professor é o papai, assim como o coronel e também a mãe, *quando todos os agentes da produção e da antiprodução sociais são assim assentados sobre as figuras da reprodução familiar*, compreendemos que a libido, enlouquecida, não mais se arrisque a sair do Édipo e o interiorize. Ela o interioriza sob a forma de uma dualidade castradora entre o sujeito do enunciado e o sujeito da enunciação, característica do fantasma pseudoindividual. ("Eu, como homem, o compreendo, mas como juiz, como patrão, como coronel ou general, *ou seja, como pai*, eu o condeno".) Mas essa dualidade é artificial, derivada, e supõe uma relação direta entre o enunciado e os agentes coletivos de enunciação no fantasma de grupo.

Entre o asilo repressivo, o hospital legalista, de um lado, e a psicanálise contratual, de outro, a análise institucional tenta traçar o seu difícil caminho. Desde o começo, a relação psicanalítica foi moldada pela relação contratual da mais tradicional medicina burguesa: a fingida exclusão do terceiro, o papel hipócrita do dinheiro — a que a psicanálise trouxe novas e burlescas justificações, a pretensa limitação no tempo que desmente a si própria ao reproduzir uma dívida tornada infinita, alimentando uma inesgotável transferência, alimentando sempre novos "conflitos". Espanta-nos ouvir dizer que uma análise terminada é, por isso mesmo, uma análise falhada, ainda que essa afirmação seja acompanhada por um fino sorriso do analista. Espanta-nos ouvir um experimentado analista mencionar, *en passant*, que um dos seus "doentes" ainda sonha ser convidado para lanchar ou tomar um aperitivo em sua casa, após vários anos de análise, como se isso não fosse o signo minúsculo de uma dependência abjeta à qual a análise reduz os pacientes. Como conjurar na cura esse abjeto desejo de ser amado, o desejo histérico e choramingão que nos faz ajoelhar, deitar no divã e ficar quietos? Consideremos um terceiro e último texto de Freud: *Analyse terminée et analyse interminable* (1937).^NT Não devemos seguir uma recente sugestão segundo a qual *[77]* seria melhor traduzir *Die endliche und die unendliche Analyse* por "Análise finita, análise infinita". Pois falar de finito-infinito é como ligar matemática ou lógica a um problema singularmente prático e concreto: será que essa história tem um fim? Será possível findar uma análise? Será possível terminar o processo de cura, sim ou não? Será possível completá-lo ou estará ele condenado a continuar infinitamente? Como indaga Freud, será possível esgotar um "conflito" atualmente dado, prevenir o doente contra conflitos ulteriores e despertar novos conflitos com finalidade preventiva? Uma grande beleza anima este texto de Freud: um não sei quê de desesperado, de desencantado, de cansado, mas que é ao mesmo tempo acompanhado por uma grande serenidade, pela certeza da obra completada. É o testamento de Freud. Ele sabe que vai morrer, sabe que alguma coisa não vai bem na psicanálise: a cura tende cada

^NT [Ver nota 6, p. *[70]*.]

vez mais a ser interminável! Ele sabe que dentro em pouco não estará mais aí para ver como isso se desenrolará. Faz, então, o recenseamento dos obstáculos à cura com a serenidade não só de quem sente o valor da sua obra, mas também os venenos que nela já se insinuam. Tudo iria bem se o problema econômico do desejo fosse apenas quantitativo: bastaria reforçar o eu contra as pulsões. O famoso eu forte e maduro, o "contrato", o "pacto" entre um eu apesar de tudo normal e o analista... Acontece que há *fatores qualitativos* na economia desejante que constituem obstáculo à cura e que Freud lamenta não ter levado suficientemente em conta.

[II.2.5. A libido como fluxo]
O primeiro desses fatores é o "rochedo" da castração; o rochedo com duas vertentes não simétricas, que introduz em nós uma cavidade incurável, na qual a análise vem se apoiar. O segundo é uma aptidão qualitativa ao conflito, que faz com que a quantidade de libido não se distribua por duas forças variáveis correspondentes à heterossexualidade e à homossexualidade, mas que cria, na maior parte das pessoas, oposições irredutíveis entre as duas forças. Finalmente, o terceiro fator — cuja importância econômica é tal que afasta as considerações dinâmicas e tópicas — diz respeito a um gênero de resistências não localizáveis: dir-se-ia que certos sujeitos têm uma libido tão *viscosa*, ou então, ao contrário, tão *líquida* que nada se consegue "agarrar" a eles. Seria errôneo ver neste apontamento de Freud uma observação de detalhe, uma anedota. *[78]* De fato, trata-se daquilo que é mais essencial no fenômeno do desejo, a saber, os fluxos qualitativos da libido. André Green retomou recentemente, em belas páginas, esta questão, estabelecendo o quadro de três tipos de "sessões", sendo que os dois primeiros tipos comportam contraindicação, de modo que apenas o terceiro tipo constitui a sessão ideal em análise.[10] Segundo o tipo I (viscosidade, resistência de feitio histérico): "a sessão é dominada por clima pesado, lento, pantanoso. Os silêncios são de chumbo, o discurso é dominado pela atualidade, ... é uniforme, é uma narrativa descritiva, na qual não divisa uma só remissão ao passado,

---

[10] André Green, *L'Affect*, Paris, PUF, 1970, pp. 154-68.

desenrola-se segundo um fio contínuo, que não se permite quebra alguma... Os sonhos são declarados, ... o enigma que é o sonho é aprisionado pela elaboração secundária que leva o sonho como narração e acontecimento a predominar sobre o sonho como trabalho sobre pensamentos... Transferência enviscada...". Segundo o tipo II (liquidez, resistência de feitio obsessivo): "a sessão é aqui dominada por uma extrema mobilidade de representações de toda espécie, ... falatório solto, rápido, quase torrencial, ... por onde passa tudo, ... o paciente poderia perfeitamente dizer o contrário do que diz, sem que a situação analítica se modificasse fundamentalmente... Nada disto tem grandes consequências, pois a análise desliza sobre o divã como a água nas penas de um pato. Não há penetração alguma no inconsciente, e nem a transferência é amarrada. Neste caso, a transferência é volátil...". Resta, então, apenas o tipo III, cujas características definem uma *boa* análise: o paciente "fala para constituir o processo de uma cadeia de significantes. A significação não está presa ao significado para o qual remete cada um dos significantes enunciados, mas é constituída pelo processo, pela sutura, pela concatenação dos elementos encadeados... Toda interpretação fornecida (pelo paciente) pode ser tomada como um já-significado que espera pela sua significação. Por isso, a interpretação é sempre retrospectiva, assim como a significação é percebida. *Então era isso que isto queria dizer...*".

[II.2.6. A rebelião dos fluxos]
O grave é que Freud nunca põe em causa o processo da cura. Não há dúvida de que é tarde demais para ele, mas e depois...? Ele interpreta essas coisas como *[79]* obstáculos à cura, e não como insuficiências da própria cura, ou como efeitos e contraefeitos do seu procedimento. É que a castração como estado analisável (ou inanalisável, como um rochedo último) é, sobretudo, o efeito da castração como ato psicanalítico. E a homossexualidade edipiana (a aptidão qualitativa para o conflito) é, sobretudo, o efeito da edipianização, que a cura não inventa, sem dúvida, mas que precipita e acentua nas condições artificiais do seu exercício (transferência). E, inversamente, quando fluxos de libido resistem à prática da cura, isto se deve menos a uma resistência do eu do que ao

imenso clamor de toda a produção desejante. Já sabíamos que o perverso não se deixa facilmente edipianizar: e por que o faria, se ele inventou outras territorialidades ainda mais artificiais e mais lunares que as de Édipo? Sabíamos que o esquizo não é edipianizável porque está fora de toda territorialidade, porque levou seus fluxos até o deserto. Mas o que sobra da teoria psicanalítica, quando aprendemos que "resistências" de feitio histérico ou obsessivo dão testemunho da qualidade anedipiana dos fluxos de desejo na própria terra de Édipo? E é o que a economia qualitativa mostra: fluxos gotejam, passam através do triângulo, separam-lhe os vértices. O selo edipiano não cola nesses fluxos, como não cola na geleia ou na água. Contra as paredes do triângulo, em direção ao fora, eles exercem a irresistível pressão da lava ou o invencível gotejamento da água. Pergunta-se: quais são as boas condições da cura? Um *fluxo* que se deixa carimbar por Édipo; *objetos parciais* que se deixam subsumir sob um objeto completo, ainda que ausente, falo da castração; *cortes-fluxos* que se deixam projetar em um lugar mítico; cadeias plurívocas que se deixam bi-univocizar, linearizar, pendurar num significante; um inconsciente que se deixa exprimir; sínteses conectivas que se deixam tomar por um uso global e específico; sínteses disjuntivas que se deixam apanhar num uso exclusivo, limitativo; sínteses conjuntivas que se deixam prender num uso pessoal e segregativo... Pois o que significa "*então* era *isso* que isto queria dizer"? Esmagamento do "então" por Édipo e pela castração. Suspiro de alívio: veja, o coronel, o instrutor, o professor, o patrão, tudo *isto* queria dizer *isso*, Édipo e a castração, "toda a história em uma nova [80] versão"... Não dizemos que Édipo e a castração nada sejam: somos edipianizados, castrados, e não foi a psicanálise que inventou essas operações às quais ela apenas fornece os novos recursos e processos do seu gênio. Mas será que isso é suficiente para fazer calar o clamor da produção desejante: somos todos esquizos! somos todos perversos! somos todos Libidos demasiado viscosas ou demasiado líquidas... não por gosto, mas porque somos levados pelos fluxos desterritorializados... Qual o neurótico um tanto grave que não se encontra apoiado no rochedo da esquizofrenia, nesse rochedo agora móvel, aerólito? Quem não frequenta as territorialidades perversas para além dos jardins de infância de Édipo? Quem não sente nos fluxos do seu desejo a lava e a água? Afinal, de que estamos doentes? Da própria esquizofrenia como processo? Ou da furiosa neurotização a que nos entregam, e para a qual a psicanálise inventou novos meios, o Édipo e a castração? Será que estamos doentes da esquizofrenia como processo — ou da continuação do processo ao infinito, no vazio, essa horrível exasperação (a produção do esquizofrênico-entidade), ou, ainda, da confusão do processo com uma meta (a produção do perverso-artifício) ou, ainda, da interrupção prematura do processo (a produção do neurótico-análise)? Forçam-nos ao confronto com Édipo e a castração, assentam-nos sobre eles: seja para nos medirem por essa cruz, seja para constatarem que não somos mensuráveis por ela. Mas de toda maneira o mal já está feito, a cura escolheu o caminho da edipianização, todo juncado de detritos, contra a esquizofrenização que deve nos curar da cura.

[II.3. A SÍNTESE CONECTIVA DE PRODUÇÃO]

[II.3.1. Seus dois usos: global e específico, parcial e não-específico. Família e casal, filiação e aliança: a triangulação]
Dadas as sínteses do inconsciente, o problema prático é o do seu uso, legítimo ou não, e das condições que definem um uso de síntese como legítimo ou ilegítimo. Tome-se o exemplo da homossexualidade (que é bem mais do que um exemplo). Notávamos como, em Proust, nas célebres páginas de *Sodoma e Gomorra*, se entrelaçavam dois temas abertamente contraditórios: um sobre a culpabilidade fundamental das "raças malditas"; o outro *[81]* sobre a inocência radical das flores. Foi rapidamente aplicado a Proust o diagnóstico de uma homossexualidade edipiana, por fixação na mãe, com dominância depressiva e culpabilidade sadomasoquista. De maneira mais geral, e depressa demais, fez-se nos fenômenos de leitura a descoberta de contradições, seja para declará-las irredutíveis, seja para resolvê-las ou mostrar que elas são apenas aparentes, conforme os gostos. Na verdade, nunca há contradições, aparentes ou reais, mas tão somente graus de humor. E, como a própria leitura tem seus graus de humor, desde o negro ao

branco, com os quais ela avalia os graus coexistentes daquilo que lê, o único problema é sempre o de uma repartição sobre uma escala de intensidades, que determina o lugar e o uso de cada coisa, de cada ser ou de cada cena: há isto e depois aquilo, e é com isso que temos de nos arranjar, agrade-nos ou não. A esse respeito, o aviso canalha de Charlus talvez seja profético: "Você está pouco ligando à sua velha avó, hein, pequeno crápula!". Com efeito, o que é que se passa em *Em busca do tempo perdido* — uma só e mesma história infinitamente variada? É claro que o narrador nada vê, nada ouve, é um corpo sem órgãos, ou melhor, é como uma aranha concentrada, fixada na sua teia: nada observa, mas responde aos menores signos, à mínima vibração, saltando sobre sua presa. Tudo começa por nebulosas, por conjuntos estatísticos de contornos vagos, por formações *molares* ou coletivas que comportam singularidades repartidas ao acaso (um salão, um grupo de moças, uma paisagem...). Depois, desenham-se "lados" nessas nebulosas ou coletivos, organizam-se séries, e *pessoas* são figuradas nessas séries sob estranhas leis de falta, de ausência, de assimetria, de exclusão, de não-comunicação, de vício e de culpabilidade. E, depois ainda, tudo se mistura novamente, se desfaz, mas desta vez numa multiplicidade pura e *molecular*, em que todos os objetos parciais, as "caixas", os "vasos", têm igualmente suas determinações positivas e entram em comunicação aberrante graças a uma transversal que percorre toda a obra, imenso fluxo que cada objeto parcial produz e recorta, reproduz e corta ao mesmo tempo. Mais do que o vício, diz Proust, o que inquieta é a loucura e sua inocência. Se a esquizofrenia é o universal, o grande artista é seguramente aquele que transpõe o muro esquizofrênico e atinge a pátria *[82]* desconhecida, lá onde ele não é de tempo algum, de meio algum, de escola alguma.

É o que ocorre numa passagem exemplar, a do primeiro beijo em Albertine. Inicialmente, o rosto de Albertine é uma nebulosa, mal se desligando do conjunto das moças. Depois, a pessoa de Albertine vai se destacando através de uma série de planos que são como que as suas personalidades distintas, e o rosto de Albertine salta de um plano a outro, à medida que os lábios do narrador se aproximam da sua face. Por fim, na exagerada proximidade, tudo se desfaz como uma visão no deserto, o rosto de Albertine se dispersa em objetos parciais moleculares, enquanto que os do rosto do narrador se reúnem ao corpo sem órgãos, olhos fechados, nariz apertado, boca túmida. Porém, mais ainda, todo amor conta a mesma história. Da nebulosa estatística, do conjunto molar dos amores homens-mulheres, destacam-se as duas séries malditas e culpadas que dão testemunho de uma mesma castração sob duas faces não sobreponíveis, a série Sodoma e a série Gomorra, que se excluem uma à outra. Entretanto, nem tudo foi dito, porque o tema vegetal, a inocência das flores, nos traz ainda uma outra mensagem e um outro código: cada um é bissexuado, cada um tem os dois sexos, mas compartimentados, incomunicantes: o homem é apenas aquele em que a parte masculina domina estatisticamente, e a mulher, aquela em que a parte feminina domina estatisticamente. E assim, no nível das combinações elementares, é preciso fazer intervir pelo menos dois homens e duas mulheres para constituir a multiplicidade na qual se estabelecem comunicações transversais, conexões de objetos parciais e de fluxos: a parte masculina de um homem pode comunicar com a parte feminina de uma mulher, mas também com a parte masculina de uma mulher, ou com a parte feminina de um outro homem, ou ainda com a parte masculina de outro homem etc. E aí cessa toda culpabilidade, porque ela não pode agarrar-se a essas flores. À alternativa das exclusões "ou/ou" opõe-se o "ou"[NT] das combinações e permutações nas quais as diferenças vêm a dar no mesmo sem deixarem de ser diferenças.

Somos heterossexuais estatisticamente ou molarmente, mas homossexuais pessoalmente, quer o saibamos ou não, e, por fim, transexuados elementarmente, molecularmente. Eis por que Proust, que foi o primeiro a desmentir toda [83] interpretação edipianizante de suas próprias interpretações, opõe dois tipos de homossexualidade, ou melhor, duas regiões, das quais apenas uma é edipiana, exclusiva e depressiva, ao passo que a outra é esquizoide, anedipiana, inclusa e inclusiva: "Alguns, os que tiveram sem dúvida *a mais tímida infância*, pouco se preocupam com o tipo material de

[NT] [Em francês: *ou bien... ou bien* (correspondente à ideia de "ou" exclusivo) em oposição à *soit... soit* (correspondente ao "ou" inclusivo).]

prazer que recebem, contanto que possam *reportá-lo a um rosto masculino*. Ao passo que outros, certamente por serem dotados de sentidos mais violentos, dão imperiosas *localizações* a seu prazer material. Estes, com suas confissões, talvez chocassem o *tipo mediano das pessoas*. Talvez vivam *menos exclusivamente* sob o signo de Saturno, já que, para eles, as mulheres não estão totalmente excluídas como para os primeiros... Buscam aquelas que amam as mulheres, que podem conseguir-lhes algum moço, aumentar-lhes o prazer que têm em estar com ele; *e bem mais*, podem, *da mesma maneira*, alcançar com elas o mesmo prazer que alcançariam com um homem... Porque, nas relações que mantêm com elas, eles desempenham, para a mulher que ama as mulheres, o papel de uma *outra mulher*, e a mulher lhes oferece, ao mesmo tempo, aquilo que, aproximativamente, eles encontram *no homem...*".[11]

O que se opõe aqui são dois usos da síntese conectiva: um uso global e específico; um uso parcial e não-específico. No primeiro uso, o desejo recebe, ao mesmo tempo, um sujeito fixo, o eu especificado sob tal ou qual sexo, e objetos completos determinados como pessoas globais. A complexidade e os fundamentos de uma tal operação aparecem melhor quando consideramos as reações mútuas entre as diferentes sínteses do inconsciente conforme este ou aquele uso. Com efeito, é a síntese de registro, primeiramente, que põe, sobre a sua superfície de inscrição nas condições de Édipo, um eu determinável ou diferenciável em relação a imagens parentais que servem de coordenadas (mãe, pai). Há aí uma triangulação que, em sua essência, implica uma proibição constituinte, e que condiciona a diferenciação das pessoas: proibição do incesto com a mãe e de tomar o lugar do pai. Mas, é graças a um estranho raciocínio que se conclui que, já que *isso é* proibido, *isso mesmo é que era* desejado. *[84]* Na verdade, as pessoas globais, a forma mesma das pessoas, não preexistem às proibições que pesam sobre elas e que

---

[11] Proust, *Sodome et Gomorrhe* (*Em busca do tempo perdido*), vol. 4, Paris, Pléiade, II, p. 622, sublinhado pelos autores. [NT: Cf.: Marcel Proust, *Sodoma e Gomorra*, tradução brasileira de Mario Quintana, Porto Alegre, Globo, 1954, pp. 19-20. Também foi consultada a tradução brasileira de Fernando Py, mesmo título, vol. 4, Rio de Janeiro, Ediouro, pp. 22-3.]

as constituem, nem à triangulação em que entram: o desejo recebe seus primeiros objetos completos e, ao mesmo tempo, os vê proibidos. Portanto, é bem a mesma operação edipiana que funda tanto a possibilidade de sua própria "solução", por meio da diferenciação das pessoas de acordo com a proibição, quanto a possibilidade de seu fracasso ou de sua estagnação por queda no indiferenciado como reverso das diferenciações que a proibição cria (incesto por identificação com o pai, homossexualidade por identificação com a mãe...). Tal como a forma das pessoas, a matéria pessoal da transgressão não preexiste à proibição. Vemos, pois, que a proibição tem a propriedade de deslocar a si própria, visto que, desde o início, ela desloca o desejo. Ela desloca a si própria, no sentido de que a inscrição edipiana não se impõe na síntese de registro sem reagir na síntese de produção e transformar profundamente as conexões desta síntese ao introduzir novas pessoas globais. Essas novas imagens de pessoas são a irmã e a esposa, depois do pai e da mãe. Com efeito, observou-se frequentemente que a proibição existia sob duas formas — uma, negativa, que atinge sobretudo a mãe e impõe a diferenciação; outra, positiva, que diz respeito à irmã e comanda a troca (obrigação de casar com outra mulher que não seja minha irmã, obrigação de reservar minha irmã para outro; deixar minha irmã para um cunhado, receber a minha mulher de um sogro).[12] E, embora novas estases ou quedas se produzam nesse nível, como novas figuras de incesto e de homossexualidade, é certo que o triângulo edipiano não teria meio algum de se transmitir e de se reproduzir sem este segundo grau: o primeiro grau elabora a forma do triângulo, mas apenas o segundo assegura a transmissão dessa forma. Caso-me com outra mulher que não seja minha irmã para constituir a base diferenciada de um novo triângulo, cujo vértice, de cabeça para baixo, será o meu filho — o que se denomina sair do Édipo, mas também reproduzi-lo, transmiti-lo antes do que morrer sozinho, incestuoso, homossexual e zumbi. *[85]*

É assim que o uso parental ou familiar da síntese de registro se prolonga num uso conjugal, ou de aliança, das sínteses conec-

---

[12] Luc de Heusch, *Essai sur le symbolisme de l'inceste royal en Afrique*, Bruxelas, Université Libre de Bruxelles, 1958, pp. 13-6.

tivas de produção: um regime de conjugação de pessoas substitui a conexão dos objetos parciais. No conjunto, as conexões de máquinas-órgãos próprias à produção desejante são substituídas por uma conjugação de pessoas sob as regras da reprodução familiar. Os objetos parciais parecem agora extraídos das pessoas e não de fluxos não-pessoais que passam de uns a outros. É que as pessoas são derivadas de quantidades abstratas, que estão no lugar dos fluxos. Os objetos parciais, em vez de ligados a uma apropriação conectiva, vêm a ser posses de uma pessoa e, se preciso for, a propriedade de uma outra. Kant, assim como tira a conclusão de séculos de meditação escolástica, ao definir Deus como princípio do silogismo disjuntivo, tira a conclusão de séculos de meditação jurídica romana quando define o casamento como o laço pelo qual uma pessoa se torna proprietária dos órgãos sexuais de outra pessoa.[13] Basta consultar um manual religioso de casuística sexual para ver sob que restrições as conexões dos órgãos-máquinas desejantes continuam a ser toleradas no regime da conjugação das pessoas, que fixa legalmente sua seleção sobre o corpo da esposa. Mas, melhor ainda, a diferença de regime aparece toda vez que uma sociedade deixa subsistir um estado infantil de promiscuidade sexual, no qual tudo é permitido até a idade em que o jovem, por sua vez, é submetido ao princípio de conjugação que regula a produção social de crianças. Sem dúvida, as conexões de produção desejante obedecem a uma regra binária; vimos também que um terceiro termo intervinha nessa binaridade, o corpo sem órgãos que reinjeta o produzir no produto, prolonga as conexões de máquinas e serve de superfície de registro. Porém, é neste nível, justamente, que não se produz operação bi-unívoca alguma, que assente a produção sobre representantes; neste nível, triangulação alguma aparece reportando os objetos do desejo a pessoas globais e nem o desejo a um sujeito específico. O único sujeito é o próprio desejo sobre o corpo sem órgãos, enquanto maquina objetos [86] parciais e fluxos, destacando e cortando uns com os outros, passan-

---

[13] Kant, *Métaphysique des moeurs*, I, 1797. [NT: *Metaphysik der Sitten: I. Metaphysische Anfangsgründe der Rechtslehre* (*Metafísica dos costumes: I. Doutrina do Direito*).]

do de um corpo a outro, segundo conexões e apropriações que a cada vez destroem a unidade factícia de um eu possuidor ou proprietário (sexualidade anedipiana).

[II.3.2. Causa da triangulação. Primeiro paralogismo da psicanálise: a extrapolação]

O triângulo se forma no uso parental e se reproduz no uso conjugal. Não sabemos ainda que forças determinam essa triangulação, que se imiscui no registro do desejo para transformar todas as conexões produtivas. Mas, pelo menos sumariamente, podemos seguir a maneira pela qual essas forças procedem. Dizem-nos que os objetos parciais são apreendidos numa precoce intuição de totalidade, assim como o eu aparece numa intuição de unidade que precede sua realização. (Até mesmo em Melanie Klein o objeto parcial esquizoide é reportado a um todo que prepara o advento do objeto completo na fase depressiva.) É claro que uma tal totalidade-unidade só pode ser posta como um tipo de ausência, como aquilo que "falta" aos objetos parciais e aos sujeitos do desejo. A partir daí, tudo está decidido: reencontra-se em toda parte a operação analítica que consiste em extrapolar algo de transcendente e comum, mas que só é um universal-comum para introduzir a falta no desejo, para fixar e especificar pessoas e um eu sob tal ou qual face da sua ausência, e impor um sentido exclusivo à disjunção dos sexos. É assim em Freud: a respeito de Édipo, da castração, do segundo tempo do fantasma *Uma criança é espancada*, ou ainda a respeito do famoso período de latência no qual culmina a mistificação analítica. Esse algo de comum, transcendente e ausente, será nomeado falo ou lei, para designar "o" significante que distribui no conjunto da cadeia os efeitos de significação e que nela introduz as exclusões (donde as interpretações edipianizantes do lacanismo). Ora, é ele que atua como causa formal da triangulação, ou seja, que torna possíveis tanto a forma do triângulo quanto a sua reprodução: assim, a fórmula do Édipo é 3 + 1, o Uno do falo transcendente sem o qual os termos considerados não formariam um triângulo.[14] Tudo se passa como se a cadeia dita significante

[14] Marie-Cécile Ortigues e Edmond Ortigues, *Œdipe africain*, Paris,

[87] — cadeia feita de elementos que em si mesmos não são significantes, de uma escrita plurívoca e de elementos destacáveis — fosse objeto de um tratamento especial, de um esmagamento que dela extraísse um objeto destacado, o significante despótico a cuja lei, a partir de então, toda a cadeia parece estar presa, com todos os elos triangulados. Emprega-se aí um curioso paralogismo que implica um uso transcendente das sínteses do inconsciente: *passa-se dos objetos parciais destacáveis ao objeto completo destacado, do qual derivam as pessoas globais por atribuição de falta*. Por exemplo, no código capitalista e sua fórmula trinitária, o dinheiro como cadeia destacável é convertido em capital como objeto destacado, que só existe sob o aspecto fetichista do estoque e da falta. E o código edipiano faz o mesmo: a libido como energia de extração e desligamento é convertida no falo como objeto destacado, sendo que este só existe sob a forma transcendente de estoque e de falta (algo de comum e ausente que falta tanto aos homens quanto às mulheres). É esta conversão que consegue empurrar toda a sexualidade para o quadro edipiano: esta projeção de todos os cortes-fluxos num mesmo lugar mítico, de todos os signos não significantes num significante maior. "A triangulação efetiva permite que o sexo especifique a sexualidade. Os objetos parciais não perderam nada da sua virulência e eficácia. No entanto, a referência ao pênis dá um sentido pleno à castração. Graças a ela é que são significadas todas as experiências externas ligadas à privação, à frustração, à *falta* dos objetos parciais. À luz da castração, toda a história anterior é refundida numa nova versão."[15]

[II.3.3. Uso transcendente e uso imanente]
É precisamente isso que nos inquieta, essa refundição da história e essa "falta" atribuída aos objetos parciais. E como é possível que os objetos parciais não tenham perdido sua virulência e

Plon, 1966, p. 83: "Para que sejam preenchidas as condições necessárias à existência de uma estrutura na instituição familiar ou no complexo de Édipo precisa-se pelo menos de quatro termos, ou seja, um termo a mais do que é habitualmente preciso".

[15] André Green, *L'Affect*, p. 167.

sua eficácia, dado que foram introduzidos num uso de síntese que permanece fundamentalmente ilegítima em relação a eles? Não negamos que haja uma sexualidade edipiana, uma heterossexualidade e uma homossexualidade edipianas, uma castração edipiana — e objetos completos, imagens globais, eus específicos. O que negamos é que sejam produções *[88]* do inconsciente. Mais ainda, a castração e a edipianização engendram uma ilusão fundamental que nos leva a acreditar que a produção desejante real é dependente das mais altas formações que a integram e que a submetem a leis transcendentes, obrigando-a a servir uma produção social e cultural superior: aparece então uma espécie de "descolamento" do campo social em relação à produção de desejo, em nome do qual todas as resignações estão antecipadamente justificadas. Ora, no nível concreto da cura, a psicanálise apoia com todas as suas forças esse movimento aparente. Ela própria assegura essa conversão do inconsciente. Naquilo a que chama pré-edipiano, ela vê um período que deve ser ultrapassado no sentido de uma integração evolutiva (em direção à posição depressiva, sob o império do objeto completo), ou organizado no sentido de uma integração estrutural (em direção à posição de um significante despótico, sob o reino do falo). A aptidão para o conflito de que Freud falava, a oposição qualitativa entre homossexualidade e heterossexualidade, é, de fato, uma consequência de Édipo: longe de ser um obstáculo à cura, obstáculo imposto de fora, essa aptidão é um produto da edipianização, é um contraefeito da cura que a reforça. O problema, na verdade, não é de maneira alguma o da existência de períodos pré-edipianos que já teriam Édipo como eixo, mas é relativo à existência e à natureza de uma sexualidade anedipiana, a uma heterossexualidade e uma homossexualidade anedipianas, a uma castração anedipiana: os cortes-fluxos da produção desejante não se deixam projetar num lugar mítico, os signos do desejo não se deixam extrapolar num significante, a transexualidade não deixa nascer oposição qualitativa alguma entre uma heterossexualidade e uma homossexualidade *locais* e *não-específicas*. Em toda parte, o que se tem com essa subversão é a inocência das flores, em vez da culpabilidade de conversão. Porém, em vez de assegurar, de tender a assegurar a subversão de todo o inconsciente tanto na

A síntese conectiva de produção

forma quanto no conteúdo anedipianos da produção desejante, a teoria e a prática analíticas não param de promover a conversão do inconsciente ao Édipo, em forma e conteúdo (veremos, com efeito, o que a psicanálise chama "resolver" o Édipo). A psicanálise promove essa conversão fazendo, primeiramente, um uso global e específico das sínteses conectivas. Esse uso pode ser definido como transcendente, e implica um primeiro paralogismo na operação psicanalítica. *[89]* É por uma simples razão que empregamos termos kantianos mais uma vez. Ao falar em revolução crítica, o propósito de Kant era descobrir critérios imanentes ao conhecimento para distinguir o uso legítimo e o uso ilegítimo das sínteses da consciência. Em nome de uma filosofia *transcendental* (imanência dos critérios), ele denunciava, pois, o uso transcendente das sínteses tal como aparecia na metafísica. Devemos também dizer que a psicanálise tem sua metafísica, a saber: Édipo. Assim sendo, uma revolução, agora materialista, tem de passar pela crítica do Édipo, denunciando o uso ilegítimo das sínteses do inconsciente tal como aparece na psicanálise edipiana, de modo a recobrar um inconsciente transcendental *definido* pela imanência dos seus critérios e uma prática correspondente como esquizoanálise.

[II.4. A síntese disjuntiva de registro][NT]

[II.4.1. Seus dois usos: exclusivo e limitativo; inclusivo e ilimitativo]

Quando Édipo se insinua nas sínteses disjuntivas do registro desejante, impõe-lhes o ideal de um certo uso, limitativo ou exclusivo, que se confunde com a forma da triangulação — ser papai, mamãe ou filho. É o reino do *Ou então* na função diferenciadora da proibição do incesto: aí é mamãe que começa, aí é papai, e aí é você. Fique no seu lugar. A infelicidade de Édipo é precisamente

---

[NT] [O que segue até a p. *[100]* é retomada e revisão do "primeiro texto coescrito" por Deleuze e Guattari, "La synthèse disjunctive", dedicado à obra de Pierre Klossowski e publicado em *L'Arc*, n° 43, 1970, pp. 54-62. Ver Anne Sauvagnargues, *Deleuze et l'art*, Paris, PUF, 2006, p. 16.]

não mais saber onde começa quem, nem quem é quem. E "ser pai ou filho" é também acompanhado por duas outras diferenciações sobre os lados do triângulo, "ser homem ou mulher", "estar morto ou vivo". Édipo já não deve saber se está vivo ou morto, se é homem ou mulher, pai ou filho. Incesto, serás zumbi e hermafrodita. É precisamente neste sentido que as grandes neuroses ditas familiares parecem corresponder a falhas edipianas da função diferenciadora ou da síntese disjuntiva: o fóbico já não é capaz de saber se é pai ou filho, o obsessivo, se está morto ou vivo, o histérico, se é homem ou mulher.[16] Em suma, a triangulação familiar representa *[90]* a condição mínima sob a qual um "eu" recebe as coordenadas que o diferenciam ao mesmo tempo quanto à geração, ao sexo e ao estado. E a triangulação religiosa confirma este resultado de um outro modo: na trindade, por exemplo, a supressão da imagem feminina em proveito de um símbolo fálico mostra como o triângulo se desloca em direção a sua própria causa e tenta integrá-la. Desta vez, trata-se do máximo de condições sob as quais as pessoas se diferenciam. Eis por que nos interessava a definição kantiana que coloca Deus como princípio *a priori* do silogismo disjuntivo, posto que tudo deriva dele por limitação de uma realidade maior (*omnitudo realitatis*): humor de Kant que faz de Deus o senhor de *um* silogismo.

É próprio do registro edipiano introduzir um uso exclusivo, limitativo, negativo, da síntese disjuntiva. Somos tão formados por Édipo que dificilmente imaginamos um outro uso; nem mesmo as três neuroses familiares se livram dele, embora já não possam aplicá-lo. Vimos como se exerce em Freud e em toda a psicanálise esse gosto pelas disjunções exclusivas. Parece-nos, no entanto, que a esquizofrenia nos dá uma singular lição extraedipiana, e nos revela uma desconhecida força da síntese disjuntiva, um uso imanente que não seria mais exclusivo nem limitativo, mas plenamente afirmativo, ilimitativo, inclusivo. Uma disjunção que permanece disjuntiva, e que afirma, todavia, os termos disjuntos, que os afir-

---

[16] Sobre a "questão" histérica (sou homem ou mulher?) e a "questão" obsessiva (estou morto ou vivo?), ver Serge Leclaire, "La Mort dans la vie de l'obsédé", *La Psychanalyse*, n° 2, pp. 129-30.

ma através de toda a sua distância, *sem limitar um pelo outro nem excluir um do outro*, talvez seja o maior paradoxo. "Ou... ou" em vez de "ou então". O esquizofrênico não é homem e mulher. Ele é homem ou mulher, mas está, precisamente, dos dois lados, homem do lado dos homens, mulher do lado das mulheres. Aimable Jayet (Albert Désiré, matrícula 54161001) litaniza as séries paralelas do masculino e do feminino, e se coloca de um lado e de outro: "Mat Albert 5416 *ricu-le* sultão romano vesino", "Mat Désiré 1001 *ricu-la* sultana romana vesina".[17] O esquizofrênico está morto *ou* vivo, não ao mesmo tempo, mas cada um dos dois ao termo de uma distância que ele sobrevoa, deslizando. Ele *[91]* é filho ou pai, não um e outro, mas um na extremidade do outro como as duas extremidades de um bastão num espaço indecomponível. É este o sentido das disjunções em que Beckett inscreve seus personagens e os acontecimentos que lhes sobrevêm: *tudo se divide, mas em si mesmo*. Mesmo as distâncias são positivas, ao mesmo tempo em que as disjunções são inclusas. Seria desconhecer inteiramente esta ordem de pensamento fazer como se o esquizofrênico substituísse as disjunções por vagas sínteses de identificação dos contraditórios, como o último dos filósofos hegelianos. Ele não substitui sínteses disjuntivas por sínteses dos contraditórios, mas substitui o uso exclusivo e limitativo da síntese disjuntiva por um uso afirmativo. Ele está e permanece na disjunção: não suprime a disjunção identificando os contraditórios por aprofundamento; ao contrário, ele afirma a disjunção por sobrevoo de uma distância indivisível. Não é simplesmente bissexuado, não está entre os dois sexos, nem é intersexuado, mas é transexuado. É trans-vivomorto, trans-paifilho. Não identifica dois contrários a um mesmo, mas afirma sua distância como aquilo que os relaciona um ao outro enquanto diferentes. Não se fecha sobre os contraditórios; ao contrário, ele se abre e, como um saco cheio de esporos, solta-os como a outras

---

[17] *Art Brut*, nº 3, p. 139 (Em sua apresentação, Jean Oury chama Jayet de "o não-delimitado", "em sobrevoo permanente"). [NT: Aimable Jayet (1883-1953) exerceu a profissão de açougueiro em Paris, antes de ser internado num hospital psiquiátrico em 1934; deixou uma produção singular em que desenho e escrita se mesclam de forma críptica.]

tantas singularidades que ele mantinha indevidamente encerradas, dentre as quais ele pretendia excluir umas, reter outras, mas que agora devêm pontos-signos, todos afirmados na sua nova distância. Sendo inclusiva, a disjunção não se fecha sobre seus termos; ao contrário, ela é ilimitativa. "Então, eu já não era esta caixa fechada à qual eu devia ter-me conservado tão bem, mas um tabique caía", o que liberou um espaço onde Molloy e Moran já não designam pessoas, mas singularidades vindas de todas as partes, agentes de produção evanescentes. É a disjunção livre; as posições diferenciais subsistem e até adquirem um valor livre, mas estão todas ocupadas por um sujeito sem rosto e trans-posicional. Schreber é homem e mulher, pai e filho, está morto e vivo: ou seja, está em toda parte em que há uma singularidade, em todas as séries e ramificações marcadas por um ponto singular, porque ele próprio é essa distância que o transforma em mulher, ao fim da qual já é mãe de uma humanidade nova e pode finalmente morrer. *[92]*

[II.4.2. As disjunções inclusivas: a genealogia]

É por isso que o Deus esquizofrênico tem tão pouco a ver com o Deus da religião, embora ambos se ocupem do mesmo silogismo. Ao Deus, tomado como senhor das exclusões e limitações na realidade que dele deriva, Klossowski, em *Le Baphomet*,[NT] opunha um anticristo, príncipe das modificações que, ao contrário, determina a passagem de um sujeito por todos os predicados possíveis. Sou Deus não sou Deus, sou Deus sou Homem: não se trata de uma síntese que, numa realidade originária do Homem-Deus, ultrapassaria as disjunções negativas da realidade derivada; trata-se de uma disjunção inclusiva que opera a síntese, fazendo-a derivar entre um termo e outro segundo a distância. Nada há de originário aí. É como o célebre: "É meia-noite. A chuva fustiga as vidraças. Não era meia-noite. Não chovia". Nijinsky escrevia: "Eu sou Deus eu não era Deus eu sou o palhaço de Deus"; "Sou Apis, sou um egípcio, um índio pele-vermelha, um negro, um chinês, um japonês, um estrangeiro, um desconhecido, sou o pássaro do mar que so-

---

[NT] [Pierre Klossowski, *Le Baphomet*, Paris, Mercure de France, 1965. Ver, a respeito, Deleuze, *Logique du sens*, Paris, Minuit, 1969, p. 344.]

brevoa a terra firme, sou a árvore de Tolstói com as suas raízes". "Sou o esposo e a esposa, amo a minha mulher, amo o meu marido...".[18] O que conta não são as denominações parentais, nem as denominações raciais ou as denominações divinas, mas tão somente o uso que se faz delas. O problema não é de sentido, mas apenas de uso. Nada de originário nem de derivado, mas uma deriva generalizada. Dir-se-ia que o esquizo liberta uma matéria genealógica bruta, ilimitativa, na qual ele pode colocar-se, inscrever-se e indicar-se em todas as ramificações ao mesmo tempo, de todos os lados. Ele explode a genealogia edipiana. Sob relações de próximo em próximo, ele perpassa distâncias indivisíveis em sobrevoos absolutos. O genealogista-louco traça uma rede disjuntiva sobre todo o corpo sem órgãos. E Deus, que é apenas o nome da energia de registro, pode assim tornar-se o maior inimigo na inscrição paranoica, e o maior amigo na inscrição miraculante. Seja como for, a questão nunca é a de um ser superior à natureza e ao homem. Tudo está sobre o corpo sem órgãos, tanto o inscrito quanto a energia que inscreve estão sobre o corpo sem órgãos. Sobre o corpo inengendrado, as distâncias indecomponíveis são necessariamente *[93]* sobrevoadas, ao mesmo tempo em que os termos disjuntos são afirmados. Sou a letra e a pena e o papel (era assim que Nijinsky mantinha seu diário) — sim, fui meu pai e fui meu filho.

[II.4.3. As diferenciações exclusivas e o indiferenciado]
A síntese disjuntiva de registro nos leva, portanto, ao mesmo resultado que a síntese conectiva: também ela é passível de dois usos, um imanente e outro transcendente. E por que ainda aqui a psicanálise apoia o uso transcendente, aquele que introduz em toda parte exclusões e limitações na rede disjuntiva e precipita o inconsciente em Édipo? E por que a edipianização é precisamente isso? É que a relação exclusiva introduzida por Édipo não opera somente entre as diversas disjunções concebidas como diferenciações, *mas também entre o conjunto dessas diferenciações que ela impõe e um indiferenciado que ela supõe.* Édipo nos diz: se não seguir as linhas de diferenciação, papai-mamãe-eu, e as exclusivas que as

---

[18] Vaslav Nijinsky (1890-1950), *Journal*, Paris, Gallimard.

demarcam, você cairá na escuridão do indiferenciado. Compreendamos que as disjunções exclusivas não são, de modo algum, as mesmas que as inclusivas: Deus não tem aí o mesmo uso, nem as denominações parentais. Estas já não designam estados intensivos pelos quais o sujeito passa sobre o corpo sem órgãos e no inconsciente que permanece órfão (sim, eu fui...), mas designam pessoas globais que não preexistem às proibições que as fundam e as diferenciam entre si e em relação ao eu. E assim a transgressão da proibição se torna, correlativamente, uma confusão de pessoas, uma identificação do eu com as pessoas, pela perda das regras diferenciadoras ou das funções diferenciais. Mas devemos ainda dizer que o próprio Édipo cria os dois, *tanto as diferenciações que ele ordena, quanto o indiferenciado com que ele nos ameaça*. É no mesmo movimento que o complexo de Édipo introduz o desejo na triangulação e proíbe o desejo de se satisfazer com os termos da triangulação. Ele força o desejo a tomar como objeto as pessoas parentais diferenciadas e, em nome das mesmas exigências de diferenciação, ele proíbe ao eu correlativo satisfazer seu desejo sobre essas pessoas, brandindo, então, as ameaças do indiferenciado. Mas esse indiferenciado *foi precisamente criado por ele como reverso das diferenciações que ele próprio criou*. Édipo nos diz: ou você interioriza as funções [94] diferenciais que comandam as disjunções exclusivas, e assim você "resolverá" Édipo — ou então você se precipitará na noite neurótica das identificações imaginárias. Ou você segue as linhas do triângulo que estruturam e diferenciam os três termos — ou então você recorrerá sempre a um termo a mais em relação aos dois outros e reproduzirá em todos os sentidos as relações duais de identificação no indiferenciado. Mas é sempre Édipo tanto de um lado como do outro. E todo mundo sabe o que a psicanálise chama de *resolver* o Édipo: interiorizá-lo para melhor reencontrá-lo fora, na autoridade social, e assim disseminá-lo, passá-lo aos menores. "A criança só se torna homem quando resolve o complexo de Édipo, e é essa resolução que o introduz na sociedade, que é onde ele encontra, na figura da Autoridade, a obrigação de reviver Édipo, mas tendo agora barradas todas as saídas. Situada entre o impossível retorno ao que precede o estado de cultura e o crescente mal-estar que este provoca, a criança também não está segura de que um ponto de equilíbrio possa ser encontrado".[19] Édipo é como o labirinto: dele não se sai a não ser entrando nele (ou fazendo com que alguém entre nele). Como problema *ou* como solução, Édipo é os dois extremos de um parafuso que estanca toda a produção desejante. Basta apertar um pouco mais as porcas para que se obtenha tão somente um rumor da produção. Esmagou-se, triangulou-se o inconsciente, foi-lhe imposta uma escolha que não era a sua. Obstruíram-se todas as saídas: não há mais uso possível das disjunções inclusivas, ilimitativas. Impuseram-se pais ao inconsciente!

[II.4.4. Segundo paralogismo da psicanálise: o *double bind* edipiano. Édipo ganha todos os lances]

Bateson denomina *double bind*[NT] a emissão simultânea de duas ordens de mensagens que se contradizem mutuamente (por exemplo, o pai que diz ao filho: vamos, critique-me; mas diz isso deixando vivamente subentendido que qualquer crítica efetiva, ou pelo menos um certo gênero de crítica, seria mal recebida). Bateson vê nisso uma situação particularmente esquizofrenizante,[20] que ele interpreta como um "não-senso" do ponto de vista da teoria dos tipos de Russell.[NT] Parece-nos que o *double bind*, o duplo impasse, é, sobretudo, uma situação corrente, *[95]* edipianizante por excelência. E, arriscando-nos a formalizá-la, pensamos que ela remete a este outro tipo de "não-senso" russelliano: uma alternativa, uma disjunção exclusiva, é determinada em relação a um princípio que,

---

[19] Alain Besançon [1932], "Vers une histoire psychanalytique", *Annales*, maio de 1969.

[NT] [Mais adiante Deleuze e Guattari traduzem *double bind* (duplo vínculo) como duplo impasse (*double impasse*). Mas convém também ver a nota 25, p. *[98]*, assim como as NT das pp. *[99]* e *[131]*, e também o que dizem nas pp. *[431]* e *[432]*.]

[20] Gregory Bateson [1904-1980] e colaboradores, "Towards a Theory of Schizophrenia", *Behavioral Science*, 1956, I (cf. os comentários de Pierre Fédida [1934-2002], "Psychose et parenté", *Critique*, outubro de 1968).

[NT] [A "teoria dos tipos" aparece em Bertrand Russell (1872-1970) e Alfred North Whitehead (1861-1947), *Principia Mathematica*, de 1910.]

todavia, não só constitui os seus dois termos ou subconjuntos, mas que, além disso, entra na própria alternativa (caso totalmente diferente daquilo que se passa quando a disjunção é inclusiva). Tem-se, nesse caso, o segundo paralogismo da psicanálise. Em suma, o *"double bind"* não é outra coisa senão o conjunto do Édipo. É neste sentido que Édipo deve ser apresentado como uma série, ou como oscilando entre dois polos: a identificação neurótica e a interiorização dita normativa. Tanto de um lado quanto de outro, trata-se de Édipo, o impasse duplo. E se um esquizo se produz aqui como entidade, é apenas como único meio de escapar a essa dupla via, na qual a normatividade é tão sem saída quanto a neurose, e na qual a solução é tão obstruída quanto o problema: redobra-se, então, sobre o corpo sem órgãos.

Parece que o próprio Freud teve uma viva consciência do quanto Édipo era inseparável de um duplo impasse, no qual ele precipitava o inconsciente. Com efeito, lê-se numa carta de 1936 dirigida a Romain Rolland:[NT] "Tudo se passa como se o principal no sucesso fosse ir mais longe que o pai, e como se fosse sempre proibido que o pai fosse ultrapassado". Isto é ainda mais visível quando Freud expõe toda a série histórico-mítica: num extremo, Édipo está ligado pela identificação assassina, no outro, ele está religado pela restauração e interiorização da autoridade do pai ("restabelecimento da ordem antiga num novo plano").[21] Entre os dois está a latência, essa famosa latência, que é sem dúvida a maior mistificação psicanalítica: essa sociedade dos "irmãos" que proíbem uns aos outros os frutos do crime, e que passam todo o tempo a interiorizar. Mas estamos prevenidos: a sociedade dos irmãos é sombria, instável e perigosa, e deve preparar o reencontro de um equivalente da autoridade paterna, fazer-nos passar para o outro polo. De acordo com uma sugestão de Freud, a sociedade americana, a sociedade industrial com anonimato da gestão e desapare-

[NT] [Romain Rolland (1866-1944).]

[21] Freud, *Psychologie collective et analyse du moi*, cap. 12, B. [NT: *Massenpychologie und Ich-Analyse* (1921). Cf. *Essais de psychanalyse*, Paris, Payot, 1951, pp. 76-162. Traduzido no Brasil como *Psicologia de grupo e análise do ego*].

cimento do poder pessoal etc., nos é apresentada como um ressurgimento da "sociedade sem pais". Cabe a ela, evidentemente, *[96]* encontrar modos originais para a restauração do equivalente (por exemplo, a surpreendente descoberta que Mitscherlich faz ao dizer que, afinal de contas, a família real inglesa não é uma coisa tão ruim...).[22] Fica claro, portanto, que só se deixa um polo de Édipo para passar a outro. Não se questiona sair desta alternativa: neurose ou normalidade. A sociedade dos irmãos nada reencontra da produção e das máquinas desejantes; ao contrário, ela estende o véu da latência. Quanto aos que não se deixam edipianizar sob uma forma ou outra, em um extremo ou no outro, o psicanalista lá está para pedir ajuda ao asilo ou à polícia. A polícia está conosco! Nunca a psicanálise mostrou tão bem seu gosto em apoiar o movimento da repressão social e dele participar com todas as suas forças. E não se pense que aludimos a aspectos folclóricos da psicanálise. Não é por haver da parte de Lacan uma outra concepção da psicanálise que se deve minimizar o tom reinante nas associações mais reconhecidas: vejam o Dr. Mendel, os Drs. Stéphane,[NT] o estado de raiva em que se encontram, sua invocação literalmente policial, assim que surge a ideia de que alguém pretende subtrair-se à ratoeira de Édipo. Édipo é como essas coisas que se tornam ainda mais perigosas quando já ninguém acredita nelas; então os tiras acorrem para substituir os padres. Neste sentido, o primeiro exemplo profundo de uma análise de *double bind* encontrar-se-ia na *Questão judaica* de Marx: entre a família e o Estado — o Édipo da autoridade familiar e o Édipo da autoridade social.

Édipo não serve estritamente para nada, a não ser para atar o inconsciente dos dois lados. Veremos em que sentido Édipo é estritamente "indecidível", segundo a linguagem dos matemáticos.

[22] Alexander Mitscherlich [1908-1982], *Vers la société sans pères*, tradução francesa, Paris, Gallimard, pp. 327-30.

[NT] [Gérard Mendel (1930-2004). André Stéphane é o pseudônimo com que Bela Grunberger e Janine Chasseguet-Smirgel assinaram o livro *L'Univers contestationnaire, ou les nouveaux chrétiens: étude psychanalytique* (Paris, Payot, 1969), em que procuravam psicanalisar os manifestantes de Maio de 1968. Agradeço a Paulo Malta por essa explicitação.]

Estamos profundamente cansados dessas histórias em que se está bem graças a Édipo, doente de Édipo, sofrendo diversas doenças sob Édipo. Não é raro que um analista se sinta farto desse mito, que é a impostura e o refúgio da psicanálise, e se disponha a retornar às fontes: "Freud, afinal, nunca chegou a sair do mundo do pai, nem da culpabilidade... Mas foi o primeiro que, ao criar a possibilidade de construir uma *[97] lógica* da relação com o pai, abriu o caminho para o homem se libertar do domínio do pai. A possibilidade de viver *para além* da lei do pai, para além de qualquer lei, talvez seja a possibilidade mais essencial trazida pela psicanálise freudiana. Mas, paradoxalmente, e talvez por causa de Freud pessoalmente, tudo leva a pensar que essa libertação permitida pela psicanálise se fará, já se faz, fora dela".[23] Todavia, não podemos compartilhar esse pessimismo e nem esse otimismo. Com efeito, é preciso muito otimismo para pensar que a psicanálise torna possível uma verdadeira solução de Édipo: Édipo é como Deus; o pai é como Deus; o problema será resolvido somente quando se suprimir *tanto o problema quanto a solução*. A esquizoanálise não se propõe a resolver Édipo, não pretende resolvê-lo melhor do que a psicanálise edipiana. Ela se propõe desedipianizar o inconsciente para chegar aos verdadeiros problemas. Ela se propõe atingir essas regiões do inconsciente órfão, precisamente "para além de toda lei", ali onde o problema nem mesmo pode ser levantado. Consequentemente, não compartilhamos o pessimismo que consiste em crer que essa mudança e essa libertação só possam ocorrer fora da psicanálise. Ao contrário, acreditamos na possibilidade de uma subversão interna que faça da máquina analítica uma peça indispensável do aparelho revolucionário. E mais: para tanto, as condições objetivas parecem atualmente dadas.

[II.4.5. Será que a fronteira passa entre o simbólico e o imaginário?]

Tudo se passa, pois, como se Édipo tivesse por si mesmo dois polos: um polo de figuras imaginárias identificatórias e um polo

---

[23] Marie-Claire Boons, "Le Meurtre du père chez Freud", *L'Inconscient*, n° 5, janeiro de 1968, p. 129.

de funções simbólicas diferenciadoras. Mas, de toda maneira, somos edipianizados: se não temos Édipo como crise, nós o temos como estrutura. Então transmitimos a crise a outros, e tudo recomeça. É esta a disjunção edipiana, o movimento de pêndulo, a razão inversa exclusiva. Eis por que, quando nos convidam a ultrapassar uma concepção simplista de Édipo, concepção fundada nas imagens parentais, tendo em vista definir funções simbólicas numa estrutura — substituindo-se, assim, o papai-mamãe tradicional *[98]* por uma função-mãe e uma função-pai — não vemos muito bem o que se ganha com isso, a não ser fundar a universalidade de Édipo para além da variabilidade das imagens, soldar ainda melhor o desejo à lei e à proibição, e levar ao máximo o processo de edipianização do inconsciente. Estes são os dois extremos de Édipo, *seu mínimo e seu máximo*, conforme o consideremos como tendente a um valor indiferenciado de suas imagens variáveis, ou à potência de diferenciação de suas funções simbólicas. "Quando nos aproximamos da imaginação material, a função diferencial diminui e tendemos às equivalências; quando nos aproximamos dos elementos formadores, a função diferencial aumenta e tendemos às valências distintivas."[24] Diante disso, não ficamos espantados quando dizem que Édipo como estrutura é a trindade cristã, ao passo que Édipo como crise é a trindade familiar insuficientemente estruturada pela fé; sempre os dois polos em razão inversa, Édipo para sempre, Édipo *for ever*![25] Quantas interpretações do lacanismo, aberta ou secretamente piedosas, invocaram

---

[24] Edmond Ortigues, *Le Discours et le symbole*, Paris, Aubier, 1962, p. 197.

[25] Cf. J. M. Poffier, "La Paternité de Dieu", *L'Inconscient*, nº 5 (encontra-se neste artigo uma perfeita formulação de Édipo como *double bind*: "A vida psíquica do homem desenrola-se numa espécie de tensão dialética entre duas maneiras de viver o complexo de Édipo: uma é a que consiste em vivê-lo, e a outra é a que consiste em viver segundo as estruturas que poderiam ser chamadas edipianas. E a experiência também mostra que essas estruturas não são estranhas à fase mais crítica desse complexo. Para Freud, o homem está definitivamente marcado por esse complexo: vem dele tanto sua grandeza quanto sua miséria" etc., pp. 57-8).

assim um Édipo estrutural para formar e fechar o duplo impasse, para nos reconduzirem à questão do pai, para edipianizar até mesmo o esquizo, e mostrar que um buraco no simbólico nos remetia ao imaginário e que, inversamente, as insuficiências ou confusões imaginárias nos remetiam à estrutura. Como um célebre precursor dizia aos seus animais: chega de lenga-lenga... Eis por que, da nossa parte, não podemos impor diferença alguma de natureza, fronteira alguma, limite algum entre o imaginário e o simbólico, entre Édipo-crise e Édipo-estrutura, ou entre o problema e a solução. Trata-se apenas de um duplo impasse correlativo, de um movimento de pêndulo encarregado de varrer todo o inconsciente, remetendo-o sem cessar de um *[99]* polo a outro. Uma dupla pinça que esmaga o inconsciente em sua disjunção exclusiva.^NT

A verdadeira diferença de natureza não está entre o simbólico e o imaginário, mas entre o elemento real do maquínico, que constitui a produção desejante, e o conjunto estrutural do imaginário e do simbólico, que forma somente um mito e suas variantes. A diferença não está entre dois usos de Édipo, mas entre o uso anedipiano das disjunções inclusivas, ilimitativas, e o uso edipiano das disjunções exclusivas, mesmo que este último uso recorra às vias do imaginário *ou* aos valores do simbólico. Portanto, seria preciso ouvir as advertências de Lacan sobre o mito freudiano do Édipo, que "não poderia permanecer indefinidamente em evidência nas formas de sociedade em que se perde cada vez mais o sentido da tragédia...: um mito não se preserva se ele não sustenta algum rito, e a psicanálise não é o rito do Édipo". E mesmo quando remontamos das imagens à estrutura, das figuras imaginárias às funções simbólicas, do pai à lei, da mãe ao grande Outro, estamos, na

---

NT [Traduzo *double pince* por "dupla pinça". Em *Mil platôs* (que é o segundo livro da série *Capitalismo e esquizofrenia*, da qual O *anti-Édipo* é o primeiro), Deleuze e Guattari empregam como mutuamente permutáveis os termos *double-pince* e *double bind*. Cf. *Mille plateaux*, Paris, Minuit, 1980, 3º platô, p. 54. Cf. a tradução brasileira deste platô, feita por Célia Pinto Costa e publicada em *Mil platôs*, vol. 1, São Paulo, Editora 34, p. 54. Cf. também as NT às páginas *[94]* e *[131]*, nesta edição. Ver também o "*double bind* primitivo" na p. *[187]*.]

verdade, *apenas adiando a questão*.²⁶ E considerando o tempo gasto nesse adiamento, Lacan diz ainda: o único fundamento da sociedade dos irmãos, da fraternidade, é a "segregação" (o que ele quer dizer?). Em todo caso, não convinha reapertar os parafusos que Lacan há pouco desapertara; edipianizar o esquizo, quando ele, ao contrário, acabara de esquizofrenizar até a própria neurose, fazendo passar um fluxo esquizofrênico capaz de subverter o campo da psicanálise. O objeto *a* irrompe no seio do equilíbrio estrutural à maneira de uma máquina infernal, a máquina desejante.^NT Aparece agora uma segunda geração de discípulos de Lacan cada vez menos sensíveis ao falso problema de Édipo. Mas se os da primeira geração foram tentados a reforçar o jugo de Édipo, não estará isso ligado ao fato de que Lacan parecia manter uma espécie de projeção das cadeias significantes num significante despótico, e deixar tudo pendente de um termo ausente, de um termo que falta a si próprio e que reintroduz a falta nas séries do desejo, às quais ele impunha um uso exclusivo? Seria possível denunciar Édipo como mito, e, todavia, defender que o complexo de castração *[100]* não é um mito, mas, ao contrário, algo de real? (Não é o caso de retomar o grito de Aristóteles: "é preciso parar em algum momento" com essa *Ananké* [necessidade] freudiana, com esse rochedo?).

[II.5. A SÍNTESE CONJUNTIVA DE CONSUMO]

[II.5.1. Seus dois usos, segregativo e bi-unívoco, nomádico e plurívoco. O corpo sem órgãos e as intensidades. Viagens, passagens: eu devenho]

Vimos como na terceira síntese, síntese conjuntiva de consumo, o corpo sem órgãos era verdadeiramente um ovo, atravessado por eixos, retesado em zonas, demarcado por áreas ou campos, medido por gradientes, percorrido por potenciais, marcado por

---

²⁶ Lacan, *Écrits*, p. 813.

^NT [Sobre essa referência à importância do "objeto *a*", cf. Gilles Deleuze, "Em que se pode reconhecer o estruturalismo?" (1972), republicado em *A ilha deserta e outros textos, op. cit.*]

limiares. Neste sentido, acreditamos na possibilidade de uma bioquímica da esquizofrenia (em ligação com a bioquímica das drogas), que será cada vez mais capaz de determinar a natureza desse ovo e a repartição campo-gradiente-limiar. Trata-se de relações de intensidades através das quais o sujeito passa sobre o corpo sem órgãos e opera devires, quedas e elevações, migrações e deslocamentos. É com toda razão que Laing define o processo esquizo como uma viagem iniciática, uma experiência transcendental da perda do *Ego*, que obriga um sujeito a dizer: "Eu tinha, de alguma maneira, chegado ao presente a partir da forma mais primitiva da vida" (o corpo sem órgãos), "eu olhava, não, ou melhor, eu *sentia* à minha frente uma viagem assustadora".[27] Não é uma metáfora o que aí se fala de uma viagem, assim como não é metáfora o que há pouco falamos do ovo, daquilo que nele e sobre ele se passa, movimentos morfogênicos, deslocamentos de grupos celulares, alongamentos, dobramentos, migrações, variações locais dos potenciais. E nem mesmo se deve opor uma viagem interior às viagens exteriores: o passeio de Lenz, o passeio de Nijinsky, os passeios das criaturas de Beckett são realidades efetivas, mas em que o real da matéria abandonou toda extensão, tal como a viagem interior abandonou toda forma e qualidade, deixando brilhar tão somente, dentro ou fora, intensidades puras acopladas, quase insuportáveis, pelas quais passa um sujeito nômade. Não é uma experiência alucinatória e nem um pensamento delirante, mas um sentimento, uma série *[101]* de emoções e de sentimentos como consumo de quantidades intensivas que formam o material das alucinações e delírios subsequentes. A emoção intensiva, o afeto, é ao mesmo tempo raiz comum e princípio de diferenciação dos delírios e alucinações. Dir-se-ia, assim, que tudo se mistura nesses devires, nessas passagens e migrações intensas, em toda essa deriva que sobe e desce no tempo: países, raças, famílias, denominações parentais, denominações divinas, históricas, geográficas e até pequenos fatos. (*Sinto que*) devenho Deus, devenho mulher, eu era Joana D'Arc e

---

[27] Ronald David Laing [1927-1989], *La politique de l'expérience: essai sur l'aliénation et l'oiseau de paradis* [*The Politics of Experience and the Bird of Paradise*, 1967)], tradução francesa, Paris, Stock, 1967, p. 106.

sou Heliogábalo,^NT e o Grande Mongol, um Chinês, um pele-vermelha, um Templário, que fui o meu pai e fui o meu filho. E todos os criminosos, toda a lista dos criminosos, os criminosos honestos e os desonestos: antes Szondi^NT do que Freud e seu Édipo. "Talvez querendo ser Worm, serei finalmente Mahood! E eu só queria ser Worm. E isso eu talvez consiga esforçando-me por ser Tartempion. Então terei de ser apenas Tartempion." Mas se tudo se mistura assim, é em intensidade; não há confusão dos espaços e das formas, posto que estes são precisamente desfeitos em proveito de uma nova ordem, a ordem intensa, intensiva.

[II.5.2. Todo delírio é social, histórico, político. As raças]
Qual é essa ordem? O que, primeiramente, se reparte sobre o corpo sem órgãos são as raças, as culturas e seus deuses. Não foi suficientemente assinalado a que ponto o esquizo faz história, alucina e delira a história universal, e dissemina as raças. Todo delírio é racial, e isto não quer dizer racista, necessariamente. Não que as regiões do corpo sem órgãos "representem" raças e culturas. O corpo pleno não representa absolutamente nada. Ao contrário, são as raças e as culturas que designam regiões sobre esse corpo, isto é, zonas de intensidades, campos de potenciais. No interior desses campos produzem-se fenômenos de individualização, de sexualização. Passa-se de um campo a outro atravessando limiares: não se para de migrar, muda-se de indivíduo como de sexo, e partir devém tão simples quanto nascer ou morrer. Pode acontecer que se lute contra outras raças, que se destruam civilizações, à maneira dos grandes migrantes que tudo arrasam à sua passagem — embora essas destruições, como veremos, possam ocorrer de duas maneiras muito diversas. Como a *[102]* ultrapassagem de um limiar não implicaria devastações alhures? O corpo sem órgãos se fecha nos lugares abandonados. Não podemos separar o teatro da crueldade da luta contra nossa cultura, do afrontamento das "ra-

---

^NT [Antonin Artaud, *Heliogabale, ou L'Anarchiste couronné*, Paris, Denoël et Steele, 1934; Gallimard, 1967; edição portuguesa: tradução de Mário Cesariny, Lisboa, Assírio & Alvim, 1991.]

^NT [Leopold ou Lipót Szondi (1893-1986).]

ças", e da grande migração de Artaud em direção ao México, às suas potências e religiões: as individuações só se produzem em campos de forças expressamente definidas por vibrações intensivas, que só animam personagens cruéis como órgãos induzidos, peças de máquinas desejantes (os manequins).[28] Como separar *Une saison en enfer* da denúncia das famílias da Europa, do apelo a destruições que não chegam com suficiente rapidez, da admiração pelo condenado, da intensa travessia dos limiares da história, dessa prodigiosa migração, desse devir-mulher, devir-escandinavo e mongol, desse "deslocamento de raças e continentes", desse sentimento de intensidade bruta que preside tanto ao delírio quanto à alucinação, e, sobretudo, dessa vontade deliberada, obstinada, material, de ser "de raça inferior desde toda a eternidade": "Conheci cada filho de família, ... nunca fui desse povo daqui, nunca fui cristão..., sim, tenho os olhos fechados à vossa luz. Sou um animal, um negro...".[NT]

[II.5.3. O que quer dizer identificar]
E poderíamos separar Zaratustra da "grande política" e da animação das raças que leva Nietzsche a dizer: não sou alemão, sou polonês? Também neste caso as individuações só ocorrem em complexos de forças que determinam as pessoas como outros tantos estados intensivos encarnados num "criminoso", sempre ultrapassando um limiar ao destruir a unidade factícia de uma família e de um eu: "Sou Prado, sou o pai de Prado, ouso dizer que sou Lesseps; aos meus parisienses, que amo, eu queria dar uma nova

---

[28] Sobre o jogo das raças e das intensidades no teatro da crueldade, cf. Artaud, *Oeuvres complètes*, tomos IV e V (por exemplo, o projeto de "La Conquête du Mexique", IV, p. 151; e o papel das vibrações e rotações intensivas em "Les Censi", V, pp. 46 ss.).

[NT] [Arthur Rimbaud (1854-1891), *Une saison en enfer*, Bruxelas, Alliance Typographique (M.-J. Poot et Compagnie), 1873. Com exceção do trecho "deslocamento de raças e continentes", que, na obra, aparece na parte intitulada "Delires II — Alchimie du verbe", e na qual o termo "deslocamento" está no plural, os demais trechos aparecem na parte intitulada "Mauvais sang".]

noção, a de um criminoso honesto... Sou Chambige, outro criminoso honesto... O que é desagradável e constrange minha modéstia é que, no fundo, *cada nome da história sou eu*".[29] Porém, nunca se trata de identificar-se *[103]* a personagens, como erroneamente se diz de um louco que ele se "tomava por...". Trata-se de algo totalmente distinto: trata-se de identificar as raças, as culturas e os deuses com campos de intensidade sobre o corpo sem órgãos, de identificar os personagens com estados que preenchem esses campos, com efeitos que fulguram e atravessam esses campos. Donde o papel desempenhado pelos nomes em sua magia própria: não existe um eu que se identifica com raças, povos, pessoas, numa cena da representação, mas nomes próprios que identificam raças, povos e pessoas com regiões, limiares ou efeitos numa produção de quantidades intensivas. A teoria dos nomes próprios não deve ser concebida em termos de representação, porque remete à classe dos "efeitos": estes não são uma simples dependência das causas, mas o preenchimento de um domínio, a efetuação de um sistema de signos. Vê-se bem isso em física, em que os nomes próprios designam tais efeitos destes em campos de potenciais (efeito Joule, efeito Seebeck, efeito Kelvin).[NT] E na história é como na física: há um efeito Joana D'Arc, um efeito Heliogábalo — todos os *nomes* da história e não o nome do pai...

Sobre o pouco de realidade, a perda de realidade, a falta de contato com a vida, o autismo e a atimia, já se disse tudo, os próprios esquizofrênicos já disseram tudo — prontos a serem vertidos no molde clínico esperado. Mundo negro, deserto crescente: uma máquina solitária ronca na praia, uma fábrica atômica instalada no deserto. Mas se o corpo sem órgãos é esse deserto, ele o é como distância indivisível, indecomponível, que o esquizo sobrevoa para estar em toda parte em que o real é produzido, em toda parte em

---

[29] Friedrich Nietzsche, carta a Burckhardt de 5 de janeiro de 1889. [Ver NT apensa à nota 19, p. *[27]*.]

NT [Efeito *Joule:* do nome do físico inglês James Prescott Joule (1818--1889); efeito *Seebeck*: do nome do médico estoniano, estudioso de física, Thomas Johann Seebeck (1770-1831); efeito *Kelvin*: do título Barão de Kelvin, recebido pelo físico britânico William Thomson (1824-1907).]

que o real foi e será produzido. É verdade que a realidade deixou de ser um princípio. De acordo com tal princípio, a realidade do real era estabelecida como quantidade abstrata divisível, ao passo que o real era repartido em unidades qualificadas, em formas qualitativas distintas. Agora, porém, o real é um produto que envolve as distâncias com quantidades intensivas. O indivisível está envolvido, o que significa que aquilo que o envolve não se divide sem mudar de natureza ou de forma. O esquizo não tem princípios: ele só é uma coisa sendo outra. Só é Mahood sendo Worm, e só é Worm sendo Tartempion. Só é uma menina sendo um velho que imita ou simula ser uma menina, ou melhor, sendo alguém que simula ser um velho *[104]* em vias de fingir que é uma menina. Ou melhor, fingindo ser alguém... etc. Os doze paranoicos de Suetônio eram já a arte bem oriental dos imperadores romanos. Num livro maravilhoso de Jacques Besse encontramos mais uma vez o duplo passeio do esquizo, a viagem exterior geográfica que segue por distâncias indecomponíveis e a viagem histórica interior que segue por intensidades envolventes: Cristóvão Colombo só consegue acalmar sua tripulação revoltada e volta a ser almirante quando simula ser um (falso) almirante que finge ser uma puta que dança.[30] Mas, assim como, há pouco, entendemo-nos a respeito da identificação, é também preciso entender a simulação. Ela exprime essas distâncias indecomponíveis sempre envolvidas pelas intensidades que se dividem umas nas outras mudando de forma. Se a identificação é uma nomeação, uma designação, a simulação é a escrita que lhe corresponde, escrita estranhamente plurívoca, diretamente no real. Ela leva o real para fora do seu princípio, ao ponto em que ele é efetivamente produzido pela máquina desejante. Ponto em que a cópia deixa de ser uma cópia para devir o Real *e seu artifício*. Apreender um real intensivo tal como é produzido na coextensão da natureza e da história, vasculhar o império romano, as cidades mexicanas, os deuses gregos e os continentes descober-

---

[30] Jacques Besse, "Le Danseur", in *La Grande Pâque*, Paris, Belfond, 1969 (toda a primeira parte deste livro descreve o passeio do esquizo na cidade; a segunda parte, "Legendes folles", procede à alucinação ou ao delírio de episódios históricos).

tos para deles extrair esse sempre-mais de realidade, e formar o tesouro das torturas paranoicas e das glórias celibatárias — sou todos os *pogroms* e também todos os triunfos da história, como se alguns acontecimentos simples unívocos se desprendessem dessa extrema plurivocidade: segundo a fórmula de Klossowski, é esse o "histrionismo" do esquizofrênico, o verdadeiro programa de um teatro da crueldade, a encenação de uma máquina produtora de real. Longe de ter perdido não se sabe qual contato com a vida, o esquizofrênico está mais próximo do palpitante coração da realidade, a tal ponto que se confunde com a produção do real. Reich diz: "O que caracteriza a esquizofrenia é a experiência desse elemento vital... quanto ao sentimento da vida, o neurótico e o perverso estão para o esquizofrênico como o negociante sórdido *[105]* está para o grande aventureiro".[31] A questão retorna: o que reduz o esquizofrênico à sua figura autista, hospitalizada, separada da realidade? Será o processo ou, ao contrário, a interrupção do processo, sua exasperação, sua continuação no vazio? O que força o esquizofrênico a redobrar-se num corpo sem órgãos tornado novamente surdo, cego e mudo?

Dizem: ele se toma por Luis XVII. Nada disso. No caso Luís XVII, ou antes, no caso mais bonito, o do pretendente Richemont, há no centro uma máquina desejante ou celibatária: o cavalo de patas curtas, articuladas, no qual teria sido posto o delfim para que pudesse escapar. E depois, à volta, há agentes de produção e de antiprodução, os organizadores da evasão, os cúmplices, os soberanos aliados, os inimigos revolucionários, os tios hostis e invejosos, que são, não pessoas, mas outros tantos altos e baixos pelos quais passa o pretendente. E mais, o golpe de gênio do pretendente Richemont não foi simplesmente "explicar" Luís XVII, nem explicar os outros pretendentes ao denunciá-los como falsos. Foi explicar outros pretendentes assumindo-os, autenticando-os, ou seja, caracterizando-os também a eles como envoltos em estados pelos quais ele próprio tinha passado: sou Luís XVII, mas também

---

[31] Wilhelm Reich, *La Fonction de l'orgasme* (1942), tradução francesa, Paris, L'Arche, 1971, p. 62. Sobre a crítica do autismo, ver Roger Gentis, *Les Murs de l'asile*, Paris, Maspero, 1970, pp. 41 ss.

sou Hervagault e Mathurin Bruneau que diziam ser Luís XVII.³² Richemont não se identifica com Luís XVII, mas exige o prêmio que é devido àquele que passa por todas as singularidades da série convergente que há em torno da máquina de raptar Luís XVII. Não há um eu no centro, assim como não há pessoas distribuídas no círculo. Há tão somente uma série de singularidades na rede disjuntiva, ou estados intensivos no tecido conjuntivo, e um sujeito transposicional por todo o círculo, passando por todos os estados, vencendo uns como se fossem inimigos, apreciando outros como seus aliados, recolhendo em toda parte o fraudulento prêmio das suas mutações. Objeto parcial: uma cicatriz local, aliás incerta, é uma prova melhor *[106]* do que todas as lembranças de infância que faltam ao pretendente. Assim, a síntese conjuntiva pode exprimir-se: então, sou eu o rei! Então, todo este reino pertence a mim! Mas esse eu é somente o sujeito residual que percorre o círculo e resulta das suas oscilações.

[II.5.4. Como a psicanálise suprime os conteúdos sociopolíticos]

Todo delírio tem um conteúdo histórico-mundial, político, racial; arrasta e mistura raças, culturas, continentes, reinos: o que se pergunta é se tão longa deriva seria tão somente um derivado de Édipo. A ordem familiar se arrebenta, as famílias são recusadas, o filho, o pai, a mãe, a irmã — "Ouço famílias como a minha defenderem a declaração dos direitos do homem!","Se busco meu mais profundo contrário, encontro sempre minha mãe e minha irmã; ver-me aparentado a essa gentalha alemã foi uma blasfêmia para com minha divindade... a mais profunda objeção contra o meu pensamento do eterno retorno!"[NT] Trata-se de saber se o his-

---

³² Maurice Garçon [1889-1967], *Louis XVII ou la fausse égnime*, Paris, Hachette, 1968, p. 177.

[NT] [Ver referência feita por Pierre Klossowski (*Nietzsche e o círculo vicioso, op. cit.,* p. 274) à carta de Nietzsche de 5/01/1889 a Jacob Christoph Burckardt (1818-1897): Friedrich Nietzsche, *Sämtliche Werke: Kritische Studienausgabe*, Colli e Montinari (orgs.), Berlim, Walter de Gruyter, 1980, vol. 14, p. 473.]

tórico-político, racial e cultural, pertence apenas a um conteúdo manifesto e depende formalmente de um trabalho de elaboração, ou se deve, ao contrário, ser seguido como o fio do conteúdo latente que a ordem das famílias nos oculta. A ruptura com as famílias deve ser entendida como um tipo de "romance familiar" que, precisamente, ainda nos reconduziria às famílias e nos remeteria a um acontecimento ou a uma determinação estrutural interior à própria família? Ou não será isso o signo de que o problema deve ser estabelecido de modo totalmente distinto, porque ele *se* põe em outro lugar para o próprio esquizo, fora da família? Será que "os nomes da história" são derivados do nome do pai, e que as raças, as culturas, os continentes são substitutos do papai-mamãe, dependências da genealogia edipiana? Será que a história tem o pai morto como significante? Consideremos uma vez mais o delírio do presidente Schreber. É certo que ele utiliza as raças, a mobilização ou a noção de história de uma maneira totalmente diferente da dos autores que invocamos anteriormente. Acontece que as *Memórias* de Schreber estão tomadas por uma teoria dos povos eleitos por Deus e dos perigos que corre o povo atualmente eleito, o alemão, ameaçado pelos judeus, pelos católicos, pelos eslavos. Nas suas metamorfoses e passagens intensas, Schreber devém aluno dos jesuítas, burgomestre de uma cidade onde os alemães se batem contra os eslavos, a moça que defende a Alsácia contra os franceses; por fim, *[107]* atravessa o gradiente ou o limiar ariano para devir um príncipe mongol. Que significa esse devir-aluno, burgomestre, moça, mongol? Não há delírio paranoico que não revolva tais massas históricas, geográficas e raciais. O erro seria concluir disso, por exemplo, que os fascistas são simples paranoicos; isto seria um erro, precisamente, porque no estado atual das coisas seria reconduzir o conteúdo histórico e político do delírio a uma determinação familiar interna. E o que nos parece ainda mais perturbador é que todo este enorme conteúdo desapareça completamente na análise feita por Freud: nela não subsiste traço algum de tudo isso; tudo é esmagado, moído, triangulado no Édipo, tudo é apoiado no pai, de maneira a revelar o mais cruamente a insuficiência de uma psicanálise edipiana.

Consideremos ainda outro delírio paranoico, relatado por

Maud Mannoni, particularmente rico em características políticas. Este exemplo nos parece ainda mais surpreendente porque temos uma grande admiração pela obra de Maud Mannoni e a maneira como ela sabe colocar os problemas institucionais e antipsiquiátricos. É o caso de um homem da Martinica que se situa no seu delírio em relação aos árabes e à guerra da Argélia, em relação aos brancos e aos acontecimentos de Maio etc.: "Foi por causa do problema argelino que fiquei doente. Tinha feito a mesma besteira que eles (prazer sexual). Adotaram-me como irmão de raça. Tenho o sangue mongol. Os argelinos me contradisseram em todas as realizações. Tive ideias racistas... Descendo da dinastia dos gauleses. Por isso tenho valor de nobreza... Determinem meu nome, que o determinem cientificamente, e em seguida poderei estabelecer um harém". Ora, embora reconhecendo o caráter de "revolta" e de "verdade para todos" implicado na psicose, Maud Mannoni pretende que o despedaçamento das relações familiares, em proveito de temas que o próprio sujeito declara serem racistas, políticos e metafísicos, tenha sua origem no interior da estrutura familiar, considerada como matriz. Esta origem é, pois, encontrada no vazio simbólico ou "na forclusão inicial do significante do pai". O nome a ser cientificamente determinado, o nome que ocupa a história, nada mais é do que o nome paterno. Tanto neste como noutros casos o emprego do conceito lacaniano de forclusão tende à edipianização forçada do rebelde: a ausência de Édipo é interpretada como uma *falta* do lado do pai, *[108]* como um buraco na estrutura; depois disso, e em nome dessa falta, somos remetidos ao outro polo edipiano, o das identificações imaginárias no indiferenciado materno. A lei do *double bind* funciona implacavelmente, relançando-nos de um polo a outro, no sentido de que o forcluído no simbólico deve reaparecer no real sob forma alucinatória. Mas assim *é todo o tema histórico-político que é interpretado como um conjunto de identificações imaginárias* sob a dependência de Édipo ou do que "falta" ao sujeito para se deixar edipianizar.[33] Certa-

[33] Maud Mannoni [1923-1998], *Le Psychiatre, son fou et la psychanalyse*, Paris, Seuil, 1970, pp. 104-7: "Os personagens edipianos estão no seu lugar, mas, no jogo de permutações que se efetua, há como que um lugar

mente, a questão não é saber se as determinações ou indeterminações familiares desempenham um papel. É evidente que sim. Contudo, será esse um papel inicial de organizador (ou de desorganizador) simbólico do qual derivariam os conteúdos flutuantes do delírio histórico como outros tantos estilhaços de um espelho imaginário? Será o vazio do pai e o desenvolvimento canceroso da mãe e da irmã que constituirão a fórmula trinitária do esquizo que o reconduz à força a Édipo? Porém, como já vimos, se há um problema que não se impõe na esquizofrenia, é o das identificações... E se curar é edipianizar, então compreendemos os sobressaltos do doente que "não quer se curar" e trata o analista como um aliado da família, e depois da polícia. O esquizofrênico estaria doente, apartado da realidade, porque lhe falta o Édipo, porque lhe "falta" qualquer coisa de Édipo — ou, ao contrário, por causa da edipianização que ele não pode suportar, quando tudo concorre para submetê-lo a ela (a repressão social antes da psicanálise)?

O ovo esquizofrênico é como o ovo biológico: eles têm uma história semelhante, e seu conhecimento esbarrou nas [109] mesmas dificuldades, nas mesmas ilusões. Acreditou-se inicialmente que, no desenvolvimento e diferenciação do ovo, o destino das partes do ovo era determinado por verdadeiros "organizadores". Mas percebeu-se que, por um lado, todos os tipos de substâncias variáveis tinham a mesma ação que o estímulo considerado, e que, por outro lado, as próprias partes tinham competências ou potencialidades específicas que escapavam ao estímulo (experiência dos enxertos). Donde a ideia de que os estímulos não são organizadores, mas simples indutores: e, no limite, indutores de qualquer natureza. Todos os tipos de substâncias, todos os tipos de materiais,

---

vazio... O que aparece como rejeitado é tudo o que diz respeito ao *phalus* e ao pai... Todas as vezes que Georges tenta apreender-se como desejante é remetido a uma forma de dissolução de identidades. Ele é um outro, cativado por uma imagem materna... Permanece capturado numa posição imaginária na qual é cativado pela imago maternal; é desse lugar que ele se situa no triângulo edipiano, o que implica um processo de identificação impossível, implicando sempre, à maneira de uma pura dialética imaginária, a destruição de um ou do outro parceiro".

mortos, fervidos, triturados, têm o mesmo efeito. O que permitiu a ilusão foi o *começo* do desenvolvimento: a simplicidade do começo, consistindo em divisões celulares, por exemplo, podia levar a crer que havia uma espécie de adequação entre o induzido e o indutor. Mas sabemos muito bem que uma coisa é sempre mal julgada com base em seus começos, porque, para aparecer, ela é forçada a imitar estados estruturais, a fluir por estados de forças que lhe sirvam de máscaras. E mais: podemos reconhecer que, *desde o começo*, ela faz disso um uso totalmente distinto e que, sob a máscara, através da máscara, ela já investe as formas terminais e os estados superiores específicos que ela assentará por eles mesmos ulteriormente. É esta a história de Édipo: as figuras parentais não são de modo algum organizadores, mas indutores ou estímulos de um valor qualquer que desencadeiam processos de uma natureza totalmente distinta, dotados de um tipo de indiferença ao estímulo. Sem dúvida, pode-se *crer* que, no começo (?), o estímulo, o indutor edipiano, é um verdadeiro organizador. Mas acreditar é uma operação da consciência ou do pré-consciente, é uma percepção extrínseca e não uma operação do inconsciente sobre si mesmo. E, desde o começo da vida da criança, já se trata de um empreendimento totalmente distinto que abre passagem através da máscara de Édipo, um outro fluxo que flui através de todas as suas fendas, uma outra aventura que é a da produção desejante. Ora, não se pode dizer que a psicanálise não tenha reconhecido isso de uma certa maneira. Na sua teoria do fantasma originário, dos traços de uma hereditariedade arcaica e das fontes endógenas do superego, Freud afirma constantemente que os fatores ativos não são os pais reais, nem mesmo os pais tal como a criança os imagina. *[110]* O mesmo acontece, e com mais forte razão, com os discípulos de Lacan, quando retomam a distinção entre o imaginário e o simbólico, quando opõem o nome do pai à imago, e opõem a forclusão, relativa ao significante, a uma ausência ou carência real do personagem paterno. É fácil reconhecer que as figuras parentais são indutores quaisquer, e que o verdadeiro organizador está alhures, do lado do induzido e não do indutor. Porém, é aí que começa a questão, a mesma que a do ovo biológico. Com efeito, nessas condições, haveria outra saída que a da restauração da ideia de um "terreno", seja sob a forma de um inatismo filogenético de pré-formação, seja sob a forma de um *a priori* simbólico cultural ligado à prematuração? O pior é que se torna evidente que, invocando um tal *a priori*, não se sai do familismo no sentido mais restrito, que sobrecarrega toda a psicanálise; ao contrário, afundamo-nos nele e o generalizamos. Os pais foram postos no seu devido lugar no inconsciente, que é o de indutores quaisquer, mas se continua a confiar o papel de organizador a elementos simbólicos ou estruturais que são ainda os da família e da sua matriz edipiana. E mais uma vez não se consegue sair disso: foi tão somente encontrado o meio de tornar a família transcendente.

[II.5.5. Um familismo impenitente]
Aí está o incurável familismo da psicanálise, enquadrando o inconsciente em Édipo, atando-o de um lado e de outro, esmagando a produção desejante, condicionando o paciente a responder papai-mamãe e a consumir sempre papai-mamãe. Foucault, portanto, tinha inteiramente razão quando dizia que a psicanálise, de uma certa maneira, cumpria aquilo a que se propusera, com Pinel e Tuke,[NT] a psiquiatria asilar do século XIX: soldar a loucura a um complexo parental, ligá-la "à dialética meio-real, meio-imaginária da família" — constituir um microcosmo no qual se simbolizam "as grandes estruturas maciças da sociedade burguesa e de seus valores", Família-Crianças, Falta-Castigo, Loucura-Desordem — fazer com que a desalienação passe pelo mesmo caminho que a alienação, Édipo nas duas extremidades, fundar assim a autoridade moral do médico como Pai e Juiz, Família e Lei — e chegar por fim ao seguinte paradoxo: "Enquanto o doente mental está inteiramente alienado na pessoa real do seu médico, o médico dissipa a realidade da doença mental no conceito crítico de *[111] loucura*".[34] Páginas luminosas. Acrescentemos que, ao *envolver* a

[NT] [Philippe Pinel (1745-1826) e William Tuke (1732-1822).]

[34] Michel Foucault, *Folie et déraison: Histoire de la folie à l'âge classique*, Paris, Plon, 1961, pp. 607 ss.: "É nessa medida que toda a psiquiatria do século XIX converge realmente para Freud, o primeiro a aceitar em sua seriedade a realidade do par médico-doente... Freud deslocou em direção ao

doença num complexo familiar interior ao paciente, e ao envolver, depois, esse próprio complexo familiar na transferência ou na relação paciente-médico, a psicanálise freudiana fazia da família um certo uso intensivo. É claro que esse uso desfigurava a natureza das quantidades intensivas no inconsciente. Mas, em parte, ele ainda respeitava o princípio geral de uma produção dessas quantidades. Ao contrário disso, quando a psicanálise foi novamente obrigada a se confrontar com a psicose, a família foi imediatamente redesdobrada em extensão e considerada em si mesma como gradiômetro das forças de alienação e de desalienação. Foi assim que o estudo das famílias de esquizofrênicos relançou Édipo, fazendo-o reinar na ordem extensiva de uma família desdobrada, na qual não só cada um combinava como podia o seu triângulo com o dos outros, como também o conjunto da família extensa oscilava entre os dois polos de uma "sadia" triangulação, estruturante e diferenciadora, e formas de triângulos pervertidos que operavam sua fusão no indiferenciado.

Jacques Hochmann analisa interessantes variedades de famílias psicóticas sob um mesmo "postulado fusional": a família propriamente fusional, em que a diferenciação só existe entre o dentro

médico todas as estruturas que Pinel e Tuke tinham ordenado no internamento. Ele de fato livrou o doente dessa existência asilar na qual o tinham alienado seus 'libertadores'; mas não o libertou daquilo que havia de essencial nessa *existência*; ele reagrupou os poderes dela, ampliou-os ao máximo, atrelando-os às mãos do médico; criou a situação psicanalítica, onde, por um curto-circuito genial, a alienação deveio desalienação, porque, no médico, ela devém sujeito. O médico, enquanto figura alienante, continua a ser a chave da psicanálise. É talvez por não ter suprimido essa estrutura última, na qual acumulou todas as outras, que a psicanálise não é e nunca será capaz de ouvir as vozes da desrazão, nem de decifrar em si mesmos os signos do insensato. A psicanálise pode ser capaz de deslindar algumas das formas da loucura; mas continua estranha ao trabalho soberano da desrazão". [NT: Cf. Michel Foucault, *Histoire de la folie à l'âge classique*, Paris, Gallimard, 1972, pp. 526-7 (para os segmentos incorporados ao corpo do texto) e 529-30 (para os presentes na nota). Cf. também M. Foucault, *História da loucura na idade clássica*, tradução brasileira de José Teixeira Coelho Neto, São Paulo, Perspectiva, pp. 500 e 503, respectivamente.]

A síntese conjuntiva de consumo

e o fora (aqueles que não são da família); a família cisional que instaura em si mesma blocos, clãs ou coalizões; a família tubular, em que o triângulo se multiplica indefinidamente, cada membro tendo o seu que se encaixa noutros sem que seja possível reconhecer os *[112]* limites de uma família nuclear; a família forcluinte, em que a diferenciação é incluída e ao mesmo tempo esconjurada num dos seus membros que é eliminado, anulado, forcluído.[35] Compreende-se que um conceito como o de forclusão funcione neste quadro extensivo de uma família em que várias gerações, três ao menos, constituem a condição de fabricação de um psicótico: por exemplo, as perturbações da mãe em face do seu próprio pai fazem com que seu filho, por sua vez, nem mesmo possa "situar seu desejo" em face da mãe. Donde a estranha ideia de que, se o psicótico escapa a Édipo, é apenas porque está nele inserido ao quadrado, num campo de extensão que abrange os avós. O problema da cura fica muito próximo de uma operação de cálculo diferencial, no qual se procede por despotencialização para reencontrar as primeiras funções e restaurar o triângulo característico ou nuclear — sempre uma santíssima trindade, o acesso a uma situação a três... É evidente que esse familismo em extensão, no qual a família recebe as potências próprias da alienação e da desalienação, implica um abandono das posições de base da psicanálise com respeito à sexualidade, apesar da conservação formal de um vocabulário analítico. Verdadeira regressão em proveito de uma taxonomia das famílias. É o que se vê com nitidez nas tentativas de psiquiatria comunitária ou de psicoterapia dita familiar, que quebram efetivamente a existência asilar, mas que conservam todos os seus pressupostos, reatando-se fundamentalmente com a psiquiatria do século XIX, segundo o *slogan* proposto por Hochmann: "da família à instituição hospitalar, da instituição hospitalar à instituição familiar... retorno terapêutico à família"!

Porém, mesmo nos setores progressistas ou revolucionários da análise institucional, de um lado e, de outro, na antipsiquiatria,

---

[35] Jacques Hochmann, *Pour une psychiatrie communautaire*, Paris, Seuil, 1971, cap. IV (e "Le Postulat fusionnel", *Information Psychiatrique*, setembro de 1969).

subsiste o perigo desse familismo em extensão, em conformidade com o duplo impasse de um Édipo extenso, tanto no diagnóstico de famílias patogênicas em si mesmas, quanto na constituição de quase-famílias terapêuticas. Uma vez dito que já não se trata de re-formar quadros de adaptação ou de integração familiar e social, *[113]* mas de instituir formas originais de grupos ativos, a questão que se impõe é a de saber até que ponto esses grupos de base se assemelham a famílias artificiais, até que ponto ainda se prestam à edipianização. Estas questões foram profundamente analisadas por Jean Oury. Elas mostram que, por mais que a psiquiatria revolucionária tente abandonar os ideais de adaptação comunitária, com tudo aquilo a que Maud Mannoni denomina polícia de adaptação, ela corre a todo o momento o risco de se encaixar no quadro de um Édipo estrutural, do qual se diagnostica a lacuna e se restaura a integridade, santíssima trindade que continua a estrangular a produção desejante e a abafar seus problemas. O conteúdo político e cultural, histórico-mundial e racial, continua a ser esmagado pelo torniquete edipiano. É que se persiste em tratar a família como uma matriz, ou melhor, como um microcosmo, como um meio *expressivo* que vale por si mesmo, e que, por mais capaz que seja de exprimir a ação das forças alienantes, as "mediatiza" ao suprimir, precisamente, nas máquinas desejantes, as verdadeiras categorias de *produção*. Parece-nos que esse ponto de vista continua presente mesmo em Cooper (nesse aspecto, Laing se livra melhor do familismo, graças aos recursos de um fluxo vindo do Oriente). "As famílias", escreve Cooper, "operam uma mediação entre a realidade social e as suas crianças. Se a realidade social em questão é rica em formas sociais alienadas, essa alienação será mediatizada para a criança e por ela experimentada como estranheza nas relações familiares... Uma pessoa pode dizer, por exemplo, que seu espírito é controlado por uma máquina elétrica ou por homens de outro planeta. No entanto, estas construções são em larga medida encarnações do processo familiar, processo que tem as aparências da realidade substancial, mas que é apenas a forma alienada da ação ou da práxis dos membros da família, práxis que domina literalmente o espírito do membro psicótico. *Esses homens metafóricos do cosmo* são literalmente a mãe, o pai e os irmãos que se sentam à mesa do café da manhã em companhia do suposto psicótico".[36] Mesmo a tese essencial *[114]* da antipsiquiatria, que estabelece em última análise uma identidade de natureza entre a alienação social e a alienação mental, deve ser compreendida em função de um familismo que ela mantém, e não da sua refutação. Porque é na medida em que exprime a alienação social, é que a família-microcosmo, a família-gradiômetro, é pensada como capaz de "organizar" a alienação mental no espírito dos seus membros ou do seu membro psicótico (e dentre os seus membros, "qual é o bom"?).

[II.5.6. Família e campo social]

A respeito da concepção geral das relações microcosmo-macrocosmo, Bergson introduziu uma revolução discreta à qual é preciso retornar. A assimilação do vivente a um microcosmo é lugar comum antigo. Mas se o vivente era semelhante ao mundo, isto ocorria, dizia-se, porque ele era ou tendia a ser um sistema isolado, naturalmente fechado: a comparação do microcosmo com o macrocosmo era, pois, a comparação de duas figuras fechadas, uma da quais exprimia a outra e nela se inscrevia. No início de *A evolução criadora*, Bergson muda inteiramente o alcance da comparação, abrindo os dois todos. Se o vivente é semelhante ao mundo, isto ocorre, ao contrário do que se pensava, porque ele se abre à abertura do mundo; se ele é um todo, é na medida em que o todo, o do mundo como o do vivente, está sempre em vias de se fazer, de se produzir ou de progredir, está em vias de se inscrever numa dimensão temporal irredutível e não-fechada. Acreditamos que o mesmo se passa na relação família-sociedade. Não existe triângulo edipiano: Édipo está sempre aberto num campo social aberto. Édipo aberto a todos os ventos, aos quatro cantos do campo social (nem mesmo 3 + 1, mas 4 + *n*). Triângulo mal fechado, triângulo poroso ou gotejante, triângulo explodido donde escapam os fluxos do desejo em direção a outros lugares. É curioso que tenha sido

---

[36] David G. Cooper [1931-1986], *Psychiatrie et antipsychiatrie*, tradução francesa, Paris, Seuil, 1967, p. 64.

preciso esperar pelos sonhos dos colonizados para que se percebesse que, nos vértices do pseudotriângulo, a mamãe dançava com o missionário, o papai se deixava enrabar pelo coletor de impostos e o eu, espancar por um Branco. É precisamente esse acasalamento das figuras parentais com agentes de uma outra natureza, seu abraço como lutadores, que impede o triângulo de se fechar, de valer por si mesmo e pretender exprimir ou representar essa outra natureza dos agentes que o próprio inconsciente põe em questão. Quando Fanon encontra um caso de psicose de perseguição ligado à morte da mãe, ele *[115]* começa perguntando se está "em presença de um complexo de culpabilidade inconsciente como o que é descrito por Freud em *Luto e melancolia*"; mas logo descobre que a mãe foi morta por um soldado francês, e que o mesmo sujeito assassinou a mulher de um colono, cujo fantasma estripado não para de trazer consigo e de retalhar a lembrança da mãe.[37] Pode-se sempre dizer que tais situações extremas de traumatismo de guerra, de estado de colonização, de extrema miséria social etc., pouco propiciam a construção de Édipo — e que é precisamente por isso que favorecem um desenvolvimento ou uma explosão psicóticos —, mas sentimos muito bem que o problema não é este. Com efeito, além de confessarem que é preciso um certo conforto da família burguesa para fornecer sujeitos edipianizados, adiam sempre a questão de saber o *que é realmente investido* nas confortáveis condições de um Édipo supostamente normal ou normativo.

De direito, o revolucionário é o primeiro a poder dizer: não conheço Édipo — porque os seus pedaços disjuntos permanecem colados a todos os cantos do campo social histórico, como campo de batalha e não como cena de teatro burguês. E tanto pior se os psicanalistas berrarem. Mas Fanon observa que os períodos conturbados têm efeitos inconscientes não apenas nos militantes ativos, como também nos neutros e naqueles que pretendiam ficar de fora do caso, que não querem meter-se em política. O mesmo pode ser dito dos períodos aparentemente calmos: é um erro grotesco

---

[37] Frantz Fanon [1925-1961], *Les Damnés de la terre*, Paris, Maspero, 1961, p. 199.

A síntese conjuntiva de consumo 133

acreditar que o inconsciente-criança só conhece papai-mamãe e que não sabe, "à sua maneira", que o pai tem um patrão que não é o pai do pai, ou ainda que ele próprio é um patrão que não é pai... De modo que é para todos os casos que estabelecemos a seguinte regra: o pai e a mãe só existem aos pedaços, e nunca se organizam numa figura ou numa estrutura ao mesmo tempo capazes de representar o inconsciente e de representar nele os diversos agentes da coletividade, mas explodem sempre em fragmentos que ladeiam esses agentes, confrontam-se, opõem-se ou se conciliam com eles como num corpo a corpo. O pai, a mãe e *[116]* o eu estão em combate e em contato direto com os elementos da situação histórica e política, com o soldado, o tira, o ocupante, o colaboracionista, o contestatário ou com o resistente, com o patrão, a mulher do patrão, que a cada instante quebram as triangulações e impedem que o conjunto da situação se assente sobre o complexo familiar e nele se interiorize. Em suma, a família nunca é um microcosmo no sentido de uma figura autônoma, ainda que inscrita num círculo maior que ela mediatizaria e exprimiria. Por natureza, a família é excentrada, descentrada. Falam-nos de família fusional, cisional, tubular, forcluinte. Mas de onde vêm os cortes e sua distribuição, que precisamente impedem a família de ser um "interior"? Há sempre um tio da América, um irmão que se deu mal, uma tia que fugiu com um militar, um primo desempregado, falido ou arruinado, um avô anarquista, uma avó louca ou extremamente alquebrada, internada num hospital. A família não engendra seus próprios cortes: as famílias são cortadas por cortes que não são familiares: a Comuna, o caso Dreyfus, a religião e o ateísmo, a guerra da Espanha, a escalada do fascismo, o stalinismo, a guerra do Vietnã, Maio de 68... tudo isso forma os complexos do inconsciente, muito mais eficazes do que o eterno Édipo. E é mesmo do inconsciente que se trata. Se há estruturas, elas não existem no espírito à sombra de um falo fantástico que distribuiria as suas lacunas, passagens e articulações. Elas existem no real imediato impossível. Como diz Gombrowicz, os estruturalistas "buscam suas estruturas na cultura, eu as busco na realidade imediata. Meu modo de ver estava em relação direta com os acontecimentos de então: hitlerismo, stalinismo, fascismo... Estava fascinado pelas formas grotescas e terrificantes que surgiam na esfera do inter-humano e destruíam tudo o que até então era venerável".[38]

[II.5.7. Produção desejante e investimento da produção social]

É com razão que os helenistas lembram que, mesmo no venerável Édipo, era já de "política" que se tratava. Eles simplesmente se enganam quando concluem que, sendo assim, a libido nada tem a ver com isso. É precisamente o contrário: o que a libido investe *[117]* através dos elementos disjuntos de Édipo, e justamente na medida em que esses elementos nunca formam uma estrutura mental autônoma expressiva, são os cortes extrafamiliares, subfamiliares, *essas formas da produção social que estão em relação com a produção desejante*. A esquizoanálise, portanto, não esconde ser uma psicanálise política e social, uma análise militante: não porque generalizaria Édipo na cultura, o que se tem feito atualmente de maneira tão ridícula, mas, ao contrário, porque ela se propõe mostrar a existência de um investimento libidinal inconsciente da produção social histórica, distinto dos investimentos conscientes que coexistem com ele. Proust não se engana ao dizer que, longe de fazer uma obra intimista, ele vai mais longe do que os defensores de uma arte populista ou proletária que se limitam a descrever o social e o político em obras "voluntariamente" expressivas. Seu interesse próprio é dirigido à maneira pela qual o caso Dreyfus e, em seguida, a guerra de 1914 recortam as famílias e nelas introduzem novos cortes e novas conexões que trazem consigo um remanejamento da libido heterossexual e homossexual (por exemplo, no meio em decomposição que é o dos Guermantes). É próprio da libido investir o campo social sob formas inconscientes e assim alucinar toda a história, delirar as civilizações, os continentes e as raças, e "sentir" intensamente um devir mundial. Não há cadeia significante sem um chinês, um árabe, um negro que passam pela cabeça e vêm perturbar a noite de um branco paranoico. A esquizoanálise procura desfazer o inconsciente expressivo edipiano, sempre artificial, repressivo e reprimido, mediatizado pela família,

[38] Witold Gombrowicz, *L'Herne*, n° 14, p. 230.

para atingir o inconsciente produtivo imediato. Sim, a família é um *estímulo* — mas um estímulo de valor qualquer, um indutor que não é organizador nem desorganizador. Quanto à *resposta*, ela vem sempre de outra parte. E se há uma linguagem, ela está do lado da resposta e não do estímulo. Mesmo a psicanálise edipiana reconheceu a indiferença das imagens parentais efetivas, a irredutibilidade da resposta à estimulação que elas operam. Mas ela se contentou em compreender a resposta a partir de um simbolismo expressivo ainda familiar, em vez de a interpretar num sistema inconsciente da produção enquanto tal (economia analítica). *[118]*

[II.5.8. Desde a infância]
O grande argumento do familismo é: "ao menos no começo...". Este argumento pode ser explicitamente formulado, mas ele também tem uma persistência implícita em teorias que, todavia, recusam o ponto de vista da gênese. *Ao menos no começo*, o inconsciente se exprimiria num estado de relações e constelações familiares onde estariam misturados o real, o imaginário e o simbólico. As relações sociais e metafísicas surgiriam *após*, como um além. E como o começo nunca vem só (e é mesmo esta a condição para não se sair dele), invoca-se um primeiro começo pré-edipiano, "a indiferenciação primitiva das etapas mais precoces da personalidade" na relação com a mãe, invoca-se depois um segundo começo que é o próprio Édipo com a lei do pai e as diferenciações exclusivas que ela prescreve no seio da família — e por fim invoca-se a latência, a famosa latência *após o que* começa o além. Mas como esse além consiste em levar outros a refazerem o mesmo caminho (as futuras crianças) e também porque o primeiro começo é dito "pré-edipiano" apenas para já marcar sua pertença a Édipo como eixo de referência, é evidente que já foram simplesmente fechadas as duas extremidades de Édipo e que o além ou o após serão sempre interpretados em função de Édipo, em relação a Édipo, no quadro de Édipo. Tudo será assentado nele, como o testemunham as discussões sobre o papel comparado dos fatores infantis e dos fatores atuais na neurose: e como poderia ser de outra maneira se o fator "atual" é concebido sob a forma do após? Mas, na verdade, sabemos que os fatores atuais aí estão desde a infância

e que determinam os investimentos libidinais em função de cortes e de conexões que eles introduzem na família. Por cima ou por baixo da cabeça dos familiares, a produção desejante e a produção social é que vivem na experiência infantil a sua identidade de natureza e a sua diferença de regime. Considerem-se três grandes livros ligados à infância: *L'Enfant*, de Jules Vallès, *Bas les coeurs*, de Darien, e *Mort à crédit*, de Céline.^NT Vê-se neles como o pão, o dinheiro, o *habitat*, a promoção social, os valores burgueses e os valores revolucionários, a riqueza e a pobreza, a opressão e a revolta, as classes sociais, os acontecimentos políticos, os problemas metafísicos e coletivos, o que é respirar? por que se é pobre? por que há ricos?, *[119]* são objeto de investimentos em que os pais desempenham tão somente um papel de agentes de produção ou de antiprodução particulares, sempre atracados a outros agentes que eles pouco exprimem, pois estão em luta com eles no céu e no inferno da criança. E a criança pergunta: por quê? O Homem dos Ratos não esperou por ser adulto para afeiçoar-se à mulher rica e à mulher pobre que constituem o fator atual da sua obsessão. É por razões inconfessáveis que se nega a existência de uma sexualidade infantil, mas é também por razões pouco confessáveis que se reduz essa sexualidade a um desejar a mãe e a um querer ocupar o lugar do pai. A chantagem freudiana consiste no seguinte: ou vocês reconhecem o caráter edipiano da sexualidade infantil, ou então vocês abandonam toda posição de sexualidade. Todavia, não é nem mesmo à sombra de um falo transcendente que os efeitos inconscientes de "significado" se colocam sobre o conjunto das determinações de um campo social; ao contrário, é o investimento libidinal dessas determinações que fixa seu uso particular na produção desejante, e o regime comparado desta produção e da produção social, donde decorrem o estado do desejo e a sua repressão, a distribuição dos agentes e o grau de edipianização da sexualida-

---

NT [Jules Vallès (1832-1885); Georges Darien (1862-1921); Louis-Ferdinand Céline (1894-1961). Do romance deste último, publicado originalmente em 1936, há edição brasileira: *Morte a crédito*, tradução de Vera de Azambuja Harvey e Maria Arminda Souza-Aguiar, Rio de Janeiro, Nova Fronteira, 1982.]

A síntese conjuntiva de consumo

de. Lacan tem razão em dizer que, em função das crises e dos cortes da ciência, há um drama do cientista que por vezes o leva à loucura, e que, "neste caso, ele não incluiria a si mesmo no Édipo sem o pôr em causa", consequentemente.[39] Neste sentido, cada criança é um pequeno cientista, um pequeno Cantor.[NT] E por muito que se recue no curso das idades, nunca se encontrará uma criança presa a uma ordem familiar autônoma, expressiva ou significante. Até o bebê nos seus jogos e suas comidas, nas suas cadeias e meditações, se encontra já preso a uma produção desejante atual, em que os pais desempenham o papel de objetos parciais, de testemunhas, de relatores e agentes no decorrer de um processo que os transborda por todos os lados e que põe o desejo numa relação imediata com uma realidade histórica e social. É verdade que nada é pré-edipiano *[120]* e que é preciso recuar Édipo à primeira idade, mas na ordem de uma repressão do inconsciente. E é também verdade que tudo é anedipiano na ordem da produção, assim como é verdade que há o não-edipiano, o anedipiano que começa tão cedo como o Édipo e se prolonga até tão tarde, mas num outro ritmo, sob outro regime, numa outra dimensão, com outros usos de sínteses que alimentam a autoprodução do inconsciente, o inconsciente-órfão, o inconsciente jogador, o inconsciente meditativo e social.

[II.5.9. Terceiro paralogismo da psicanálise: Édipo como "aplicação" bi-unívoca]

A operação Édipo consiste em estabelecer um conjunto de relações bi-unívocas entre, de um lado, os agentes de produção, de reprodução e de antiprodução sociais e, de outro lado, os agentes

---

[39] Lacan, *Écrits*, p. 870. (Sobre o papel específico da mulher rica e da mulher pobre em "L'Homme aux rats", ver as análises de Lacan em *Le Mythe individuel du névrosé*, Paris, Centre de Documentation Universitaire, 1953, não retomado nos *Écrits*.)

[NT] [Georg Cantor, ou Georg Ferdinand Ludwig Phillip Cantor (1845--1918), filho de pai dinamarquês e de mãe russa, foi professor de matemática na universidade alemã de Halle; sua importância intelectual está ligada à criação da teoria dos conjuntos.]

da reprodução familiar dita natural. Esta operação chama-se *aplicação*. Tudo se passa como se se dobrasse uma toalha e os seus 4 (+ *n*) cantos fossem assentados em 3 (3 + 1, para designar o fator transcendente que opera a dobragem). Sendo assim, os agentes são forçosamente interpretados como derivados ou substitutos de figuras parentais num sistema de equivalência que em toda parte reencontra o pai, a mãe e o eu. (E a dificuldade é tão somente adiada quando se considera o conjunto do sistema, tornando-o dependente então do termo transcendente, o falo.) Há um uso defeituoso da síntese conjuntiva que leva a dizer: "então era seu pai, então era sua mãe...". E nada tem de surpreendente que só depois se descubra que afinal tudo isso era o pai e a mãe, visto que era isso o que já se supunha desde o início, mas que, em seguida, teria sido esquecido-recalcado para, em seguida, vir a ser reencontrado. Donde a fórmula mágica que realça bem a bi-univocização, isto é, o esmagamento do real plurívoco em proveito de uma relação simbólica entre duas articulações: então era *isso* que *isto* queria dizer. Por meio de uma explicação, faz-se com que tudo parta de Édipo, e isto com tanto mais certeza, posto que tudo já fora trazido a ele por aplicação. É só aparentemente que Édipo é um começo, seja como origem histórica ou pré-histórica, seja como fundação estrutural. É um começo totalmente ideológico, para a ideologia. De fato, Édipo é sempre e apenas um conjunto de chegada para um conjunto de partida constituído por uma formação social. Tudo aí se aplica, dado que os agentes e relações da produção social, e os investimentos libidinais que *[121]* lhes correspondem, são assentados sobre as figuras da reprodução familiar. No conjunto de partida há a formação social, ou melhor, as formações sociais; as raças, as classes, os continentes, os povos, os reinados, as soberanias; Joana D'Arc e o Grande Mongol, Lutero[NT] e a Serpente asteca. No conjunto de chegada há somente papai, mamãe e eu. Portanto, *de Édipo como da produção desejante* é preciso dizer: está no fim, não no começo. Mas não da mesma maneira. Vimos que a produção desejante era o limite da produção social, limite sempre contrariado na formação capitalista: o corpo sem órgãos no limite do

[NT] [Joana D'Arc (1412-1431); Martinho Lutero (1483-1541).]

socius desterritorializado, o deserto às portas da cidade... Mas, justamente, é urgente, é essencial que o limite seja deslocado, que seja tornado inofensivo e que passe, ou aparente passar, para o interior da própria formação social. A esquizofrenia, ou a produção desejante, é o limite entre a organização molar e a multiplicidade molecular do desejo; é preciso que esse limite de desterritorialização passe agora para o interior da organização molar, que ele se aplique a uma territorialidade factícia e submetida. Pressente-se, então, o que Édipo significa: ele desloca o limite, interioriza-o. Mais vale um povo de neuróticos que um único esquizofrênico bem-sucedido, não autístico. Incomparável instrumento de gregarismo, Édipo é a última territorialidade submetida e privada do homem europeu. (E mais ainda: deslocado, conjurado, o limite passa para o interior de Édipo, entre seus dois polos.)

[II.5.10. Vergonha da psicanálise em história]
Uma palavra sobre a vergonha da psicanálise em história e em política. O procedimento é bem conhecido: são postos frente a frente o Grande Homem e a Massa. Pretende-se fazer a história com estas duas entidades, estes dois fantoches: o grande Crustáceo e a louca Invertebrada. Põe-se Édipo no começo. Tem-se, de um lado, o grande homem definido edipianamente: isto é, ele matou o pai, cometeu um assassinato que jamais finda, seja para aniquilá-lo e se identificar com a mãe, seja para interiorizá-lo, tomar o seu lugar ou se reconciliar (e, se formos aos detalhes, veremos inúmeras variantes que correspondem às soluções neuróticas, psicóticas, perversas ou "normais", isto é, sublimatórias...). De todo modo, o grande homem já é grande, porque bem ou mal encontrou uma certa solução original para o conflito edipiano. Hitler aniquila o pai, *[122]* e nele se desencadeiam as forças da mãe-cruel; Lutero interioriza o pai e estabelece um compromisso com o superego. Por outro lado, tem-se a massa, também definida edipianamente por meio de imagens parentais de segunda ordem, coletivas; então, pode ocorrer o encontro, por exemplo, entre Lutero e os cristãos do século XVI, entre Hitler e o povo alemão, sem que essas correspondências impliquem necessariamente a identidade. (Hitler desempenha o papel de pai por "transfusão homossexual"

e em relação à massa feminina; Lutero desempenha o papel de mulher em relação ao Deus dos cristãos.) Sem dúvida, para se precaver contra a justa cólera do historiador, o psicanalista esclarece que só se ocupa de uma certa ordem de causas, que também é preciso ter em conta as "outras" causas, mas que ele não pode fazer tudo. De resto, a maneira como se ocupa das outras é bastante elucidativa: leva em conta as instituições de uma época (a igreja romana do século XVI, o poder capitalista no século XX), mas para ver nelas... imagens parentais de uma outra ordem em que o pai e a mãe estão associados, imagens que serão dissociadas e reagrupadas de outra maneira pela ação do grande homem e da massa. Pouco importa que o tom destes livros seja freudiano ortodoxo, culturalista ou arquetípico. Tais livros só nos dão náusea. Não basta que os repudiemos dizendo que pertencem ao longínquo passado da psicanálise: são muitos os escritos ainda hoje. Também não se diga que se trata de um uso imprudente de Édipo: que outro uso quereriam fazer dele? E também não se trata de uma dimensão ambígua de "psicanálise aplicada"; pois o próprio Édipo já é uma aplicação, no estrito sentido da palavra. E quando os melhores psicanalistas evitam as aplicações histórico-jurídicas, não se pode dizer que as coisas estejam indo muito melhor, dado que eles se *reconcentram* no rochedo da castração, apresentando-o como o lugar de uma irredutível "verdade insustentável": fecham-se num falocentrismo que os determina a considerar que a atividade analítica está para sempre condenada a evoluir dentro dum microcosmo familiar, e tratam ainda os investimentos diretos do campo social pela libido como simples dependências imaginárias de Édipo, quando o que seria necessário era denunciar "um sonho fusional", "um fantasma de retorno à Unidade". A castração, dizem eles, é precisamente o que nos separa da política, *[123]* o que constitui nossa originalidade de analistas que não esquecem que própria sociedade é triangular e simbólica!

Se é verdade que Édipo é obtido por assentamento ou aplicação, então ele próprio pressupõe um certo tipo de investimento libidinal do campo social, da produção e da formação desse campo. Não há Édipo individual, assim como não há fantasma individual. Édipo é um meio de integração ao grupo, tanto sob a forma adaptativa da sua própria reprodução, que o faz passar de uma geração a outra, quanto nas suas estases neuróticas inadaptadas que bloqueiam o desejo com impasses preparados. Assim, Édipo floresce nos grupos sujeitados, onde a ordem estabelecida é investida nas suas próprias formas repressivas. E não são as formas do grupo sujeitado que dependem de projeções e identificações edipianas; mas, ao contrário, são as aplicações edipianas que dependem das determinações do grupo sujeitado, como conjunto de partida, e do seu investimento libidinal (trabalho desde os treze anos, subir na escala social, a promoção, fazer parte dos exploradores...). Portanto, há um *uso segregativo* das sínteses conjuntivas no inconsciente que não coincide com as divisões de classes, embora seja uma arma incomparável a serviço de uma classe dominante: é ela que provoca o sentimento de "ser um nos nossos", de fazer parte de uma raça superior ameaçada pelos inimigos de fora. É o caso do Pequeno-Branco filho de pioneiros, do Irlandês protestante que comemora a vitória dos seus antepassados, o fascista da raça dos senhores. Édipo é que depende de um tal sentimento nacionalista, religioso, racista, e não o inverso: não é o pai que se projeta no chefe, mas é o chefe que se aplica ao pai, seja para nos dizer "você não superará seu pai", seja para nos dizer "você o superará ao reencontrar nossos antepassados". Com profundidade, Lacan mostrou o liame que une Édipo à segregação. Não, porém, no sentido de que a segregação seria uma consequência de Édipo, subjacente à fraternidade dos irmãos a partir da morte do pai. Ao contrário, o uso segregativo é uma condição de Édipo na medida em que o campo social só se assenta sobre o liame familiar no caso de se pressupor um enorme arcaísmo, uma encarnação da raça em pessoa ou em espírito — sim, sou um de vocês... *[124]*

[II.5.11. Desejo e infraestrutura]
Não é uma questão de ideologia. Há um investimento libidinal inconsciente do campo social, que coexiste, embora não coincida necessariamente, com os investimentos pré-conscientes ou com aquilo que os investimentos pré-conscientes "deveriam ser". Por isso, quando sujeitos, indivíduos ou grupos vão manifestamente contra seus interesses de classe, quando aderem aos interesses e

ideais de uma classe que a sua própria situação objetiva deveria determiná-los a combater, não basta dizer: eles foram enganados, as massas foram enganadas. Não é um problema ideológico, de desconhecimento e ilusão, mas um problema de desejo, *e o desejo faz parte da infraestrutura*. Os investimentos pré-conscientes ocorrem ou deveriam ocorrer segundo os *interesses* de classes opostas. Mas os investimentos inconscientes ocorrem segundo posições de *desejo* e de usos de síntese, que são muito diferentes dos interesses do sujeito individual ou coletivo que deseja. Eles podem assegurar a submissão geral a uma classe dominante, porque fazem passar cortes e segregações num campo social investido precisamente pelo desejo e não pelos interesses. Uma forma de produção e de reprodução sociais, com seus mecanismos econômicos e financeiros, com suas formações políticas etc., pode ser desejada como tal, no todo ou em parte, independentemente do interesse do sujeito que deseja. Nada tem a ver com metáfora, nem mesmo com metáfora paternalista, a constatação de que Hitler suscitava tesão nos fascistas. Não é metaforicamente que uma operação bancária ou da bolsa, um título, um cupom, uma nota de crédito, dão tesão também a pessoas que não banqueiros. E o dinheiro germinador, o dinheiro que produz dinheiro? Há "complexos" econômico-sociais que também são verdadeiros complexos do inconsciente, e que comunicam uma volúpia de alto a baixo em toda sua hierarquia (o complexo militar industrial). E a ideologia, o Édipo e o falo nada têm o que fazer aqui, porque eles dependem disso, em vez de estarem no seu princípio. É que se trata de fluxos, de estoques, de cortes e de flutuações de fluxos; o desejo está em toda parte em que algo flui e corre, de modo que sujeitos interessados, mas também sujeitos embriagados ou adormecidos, são arrastados por ele para desfiladeiros mortais.

[II.5.12. Segregação e nomadismo]
O objetivo da esquizoanálise é, pois, o seguinte: analisar a natureza específica dos investimentos libidinais do econômico e *[125]* do político, e assim mostrar como o desejo pode ser determinado a desejar sua própria repressão no sujeito que deseja (daí o papel da pulsão de morte na junção do desejo e do social). Tudo

isto se passa não na ideologia, mas muito mais abaixo. Um investimento inconsciente de tipo fascista, ou reacionário, pode coexistir com um investimento consciente revolucionário. Inversamente, pode acontecer (raramente) que um investimento revolucionário, no nível do desejo, coexista com um investimento reacionário conforme a um interesse consciente. De qualquer maneira, mesmo quando coincidem e se sobrepõem, os investimentos conscientes e os inconscientes não são do mesmo tipo. Definimos o investimento inconsciente reacionário como sendo conforme ao interesse da classe dominante, mas, em termos de desejo, fazendo por sua própria conta um uso segregativo de sínteses conjuntivas, de que Édipo decorre: sou da raça superior. O investimento revolucionário inconsciente é tal que o desejo, ainda a seu próprio modo, recorta o interesse das classes dominadas, exploradas, e faz correr fluxos capazes de romper, ao mesmo tempo, todas as segregações e suas aplicações edipianas, capazes de alucinar a história, de delirar as raças, de inflamar os continentes. Não, não sou um de vocês, sou o fora e o desterritorializado, "sou de raça inferior desde toda a eternidade... sou um animal, um negro".[NT] Trata-se, ainda aí, de uma potência intensa de investir e de contrainvestir no inconsciente. Édipo explode, porque suas próprias condições explodiram. *O uso nomádico e plurívoco* das sínteses conjuntivas opõe-se ao *uso segregativo e bi-unívoco*. O delírio tem como que dois polos, racista e racial, paranoico-segregativo e esquizo-nomádico. E entre os dois, tantos deslizamentos sutis e incertos, nos quais o próprio inconsciente oscila entre suas cargas reacionárias e suas potencialidades revolucionárias. Até o próprio Schreber se torna Grande Mongol ao ultrapassar a segregação ariana. Daí a ambiguidade dos textos de grandes autores quando manejam o tema das raças, fértil em equívoco como o destino. A esquizoanálise deve aqui desemaranhar o fio. Porque ler um texto nunca é um exercício erudito à procura dos significados, e ainda menos um exercício altamente textual em busca de um significante, mas é um uso produtivo da máquina literária, uma montagem de *[126]* máquinas de-

---

[NT] [Ver NT referente à p. *[102]*, p. 119 desta edição.]

sejantes, um exercício esquizoide que extrai do texto sua potência revolucionária. O "Então é!" ou a meditação de *Igitur*[NT] sobre a raça, em relação essencial com a loucura.

[II.6. Recapitulação das três sínteses]

[II.6.1. A coleção de tolices sobre Édipo]
A coleção de tolices sobre Édipo é inesgotável e sempre atual. Dizem-nos que os pais foram morrendo "ao longo de milhares de anos" (vejam só...) e que a "interiorização" correspondente à imagem paterna se produziu durante o paleolítico até o início do neolítico, "há cerca de 8.000 anos".[40] Ou se faz história ou não se faz. Mas, francamente, quanto à notícia da morte do pai não se pode dizer que ela se espalhou depressa. Seria um erro envolver Nietzsche nessa história, pois ele não é alguém que rumine a morte do pai e passe todo o seu paleolítico a interiorizá-la. Ao contrário: Nietzsche estava profundamente farto de todas essas histórias feitas em torno da morte do pai, da morte de Deus, e queria findar com os intermináveis discursos a esse respeito, discursos que eram moda no seu tempo hegeliano. Lamentavelmente, ele se enganava, pois os discursos continuaram. Mas o que Nietzsche queria era que se passasse, enfim, às coisas sérias. Fez doze ou treze versões da morte de Deus para não se falar mais disso, para torná-la um acontecimento cômico. E ele explica que esse acontecimento não tem, estritamente, importância alguma, que só poderia ter interesse para o último dos papas: Deus morto ou não morto, o pai morto ou não morto é a mesma coisa, dado que a mesma repressão e o mesmo recalcamento prosseguem, aqui em nome de Deus ou de um pai vivo, acolá em nome do homem ou do pai morto interiorizado. Nietzsche diz que o importante não é a notícia de que Deus

---

[NT] [Referência ao conto de Stéphane Mallarmé (1842-1898) *Igitur, ou La Folie d'Elbehnon* (escrito entre 1867 e 1870).]

[40] Gérard Mendel, *La Révolte contre le père: une introduction à la sociopsychanalyse*, Paris, Payot, 1968, p. 422.

está morto, mas o tempo que ela gasta para dar seus frutos. Neste ponto, o psicanalista fica de orelha em pé, acredita que está nos seus domínios: é bem conhecido que o inconsciente leva tempo para digerir uma notícia, podendo-se até mesmo citar alguns textos de Freud sobre o inconsciente que ignora o tempo, e que conserva seus objetos como uma sepultura egípcia. Acontece que Nietzsche não quer dizer nada disso: ele não quer dizer que a morte *[127]* de Deus leva muito tempo para seguir seu curso no inconsciente; ele quer dizer que o que leva tanto tempo para chegar *à consciência* é a notícia de que a morte de Deus não tem importância alguma *para o inconsciente*. Os frutos da notícia não são as consequências da morte de Deus, mas esta outra notícia, a de que a morte de Deus não tem consequência alguma. Em outros termos, ele quer dizer que Deus e que o pai nunca existiram (ou então foi há tanto tempo, talvez no paleolítico...). Matou-se tão somente um já morto desde sempre. Os frutos da notícia da morte de Deus suprimem tanto a flor da morte como o broto da vida. Porque, vivo ou morto, é somente uma questão de crença, e desse elemento da crença não se sai. O anúncio do pai morto constitui uma última crença: "a crença na virtude da descrença", da qual Nietzsche diz: "Essa violência manifesta sempre a necessidade de uma crença, de um suporte, de uma *estrutura*...".[NT] Édipo-estrutura.

[II.6.2. Édipo e a "crença"]

Engels homenageou o gênio de Bachofen por este ter sabido reconhecer no mito as figuras do direito materno e do direito paterno, suas lutas e suas relações. Mas faz-lhe uma censura que muda tudo: dir-se-ia que Bachofen acredita mesmo nisso, nos mitos, nas Eríneas, em Apolo e em Atena.[41] A mesma censura cabe melhor

---

[NT] [Como os autores citarão *A gaia ciência* na próxima nota 42, talvez convenha apontar, a respeito da morte de Deus, os §§ 108, 125, 153 e 343, e, a respeito da relação entre necessidade e crença, os §§ 346, 347, 351 e 357. Cf. Nietzsche, *A gaia ciência* (1882; 1887), tradução brasileira de Paulo César de Souza, São Paulo, Companhia das Letras, 2001.]

[41] Friedrich Engels [1820-1895], *L'Origine de la famille*, Paris, Sociales, p. 19, prefácio. [NT: Johann Jakob Bachofen (1815-1887).]

ainda aos psicanalistas; dir-se-ia que acreditam mesmo nisso, no mito, em Édipo, na castração. Eles respondem: a questão não é saber se nós acreditamos nisso, mas se o próprio inconsciente acredita. Mas o que é isso, esse inconsciente reduzido ao estado de crença? Quem lhe injeta a crença? A psicanálise só se tornará uma disciplina rigorosa quando puser a crença entre parênteses, ou seja, quando fizer uma *redução materialista* de Édipo como forma ideológica. Não se trata de dizer que Édipo seja uma falsa crença, mas que a crença é necessariamente algo de falso, que desvia e sufoca a produção efetiva. Eis por que os videntes são os menos crentes. Quando reportamos o desejo a Édipo, condenamo-nos a ignorar o caráter produtor do desejo, nós o condenamos a vagos sonhos ou imaginações que são apenas *[128]* expressões conscientes dele, nós o reportamos a existências independentes, o pai, a mãe, os progenitores, que ainda não compreendem os seus elementos como elementos internos do desejo. A questão do pai é como a questão de Deus: nascida da abstração, ela supõe rompido o liame entre o homem e a natureza, entre o homem e o mundo, de modo que o homem deve ser produzido como homem por algo exterior à natureza e ao homem. Sobre isto, Nietzsche faz uma observação semelhante às de Marx ou de Engels: "Gargalhamos ao ver homem *e* mundo colocados um ao lado do outro, separados tão só pela sublime presunção da palavrinha *e*".[42] Totalmente distinta é a coextensividade, a coextensão do homem e da natureza; movimento circular pelo qual o inconsciente, permanecendo sempre sujeito, se produz a si próprio e se reproduz. O inconsciente não segue as vias de uma geração em progressão (ou em regressão) de um corpo a outro, teu pai, o pai do teu pai etc. O corpo organizado é o objeto, e não o sujeito, da reprodução por geração. O único sujeito da reprodução é o próprio inconsciente contido na forma circular da produção. A sexualidade não é um meio a serviço da geração; a geração dos corpos é que está a serviço da sexualidade como au-

---

[42] Nietzsche, *Le Gai savoir*, V, § 346 (e Marx, *Economie et philosophie*, Paris, Pléiade, II, pp. 88-90). [NT: Na tradução da frase de Nietzsche, usamos, em parte, a tradução que dela fez Paulo César de Souza em *A gaia ciência*, citada na NT à p. *[127]*.]

toprodução do inconsciente. A sexualidade não é um prêmio para o ego em troca da sua subordinação ao processo de geração; ao contrário, a geração é que é a consolação do ego, seu prolongamento, a passagem de um corpo a outro, através da qual o inconsciente apenas reproduz a si próprio em si mesmo. É precisamente neste sentido que é preciso dizer: o inconsciente foi sempre órfão, isto é, sempre engendrou-se a si próprio na identidade da natureza e do homem, do mundo e do homem. É a questão do pai, é a questão de Deus, que se tornou impossível, indiferente, de modo que dá no mesmo afirmar ou negar um tal ser, vivê-lo ou matá-lo: um só e mesmo contrassenso sobre a natureza do inconsciente.

Mas os psicanalistas insistem em continuar a produzir o homem abstratamente, isto é, ideologicamente, para a cultura. *[129]* É Édipo que produz o homem assim e que dá uma estrutura ao falso movimento da progressão ou da regressão infinitas: teu pai, e o pai do teu pai, a bola de neve de Édipo indo até ao pai da horda, Deus e o paleolítico. É Édipo que nos faz homens, seja para o melhor ou para o pior, diz o tolo. O tom pode variar, mas o fundo permanece o mesmo: não escaparás a Édipo, só tens escolha entre a "saída neurótica" e a "saída não neurótica". O tom pode ser o do psicanalista raivoso, o psicanalista-tira: os que não reconhecem o imperialismo de Édipo são perigosos desviantes, esquerdistas que devem ser entregues à repressão social e policial, falam demais e carecem de analidade (Dr. Mendel, Drs. Stéphane). A partir de que inquietante jogo de palavras o analista devém promotor de analidade? Ou então, o psicanalista-padre, o piedoso psicanalista que canta a incurável insuficiência de ser: não vês que Édipo nos salva de Édipo, que é nossa miséria mas também nossa grandeza, conforme seja ele vivido neuroticamente ou na estrutura, mãe da santa crença (J. M. Pohier). Ou ainda o tecno-psicanalista, o reformista obcecado pelo triângulo, e que envolve em Édipo as esplêndidas dádivas da civilização, a identidade, a mania depressiva e a liberdade, numa progressão infinita: "Em Édipo, o indivíduo aprende a viver a situação triangular, garantia da sua identidade, ao mesmo tempo em que descobre, às vezes de modo depressivo, outras em exaltação, a alienação fundamental, a sua irremediável solidão, preço da sua liberdade. A estrutura fundamental do Édipo não deve ser apenas generalizada no tempo a todas as experiências triangulares da criança com seus pais; deve também ser generalizada no espaço às relações triangulares distintas das relações pais-filhos".[43]

[II.6.3. O sentido é o uso]
O inconsciente não levanta problema algum de sentido, mas unicamente problemas de uso. A questão do desejo não é "o que isso quer dizer?", mas *como isso funciona*.[NT] Como funcionam as máquinas desejantes, as suas, as minhas, que falhas fazem parte do seu uso, como passam de um corpo a outro, *[130]* como se agarram ao corpo sem órgãos, como confrontam seu regime com o das máquinas sociais? Funcionam como dócil engrenagem bem lubrificada ou se preparam, ao contrário, como máquina infernal? Que conexões, que disjunções, que conjunções, que uso fazem das sínteses? Isso nada representa, mas produz; isso nada quer dizer, mas funciona. O desejo se impõe, justamente, na derrocada geral da pergunta "o que isso quer dizer?". Soube-se formular o problema da linguagem somente quando os linguistas e os lógicos evacuaram o sentido; e só se descobriu a mais elevada potência da linguagem quando se considerou a obra como uma máquina que produz certos efeitos e que é capaz de certo uso. Malcolm Lowry diz da sua obra: é tudo o que vocês quiserem, desde que isso funcione, "e ela funciona, estejam certos, pois fiz a experiência dela" — uma maquinaria.[44] Porém, que o sentido seja tão somente o uso, eis uma afirmação que só devém um princípio firme se dispusermos de *critérios imanentes*, critérios capazes de determinar os usos legítimos em oposição aos usos ilegítimos, dado que estes, contrariamente àqueles, remetem o uso a um sentido suposto e restauram,

---

[43] Jacques Hochmann, *Pour une psychiatrie communautaire*, p. 38.

[NT] [O termo "isso" traduz o termo francês "*ça*" em passagens que implicam ressonâncias, mesmo que críticas, com a ideia que Freud condensa no termo "*Es*", que os franceses geralmente traduzem por "*Ça*" e que corresponde ao "Id" ou "isso". Ver Luiz Alberto Hanns, *Dicionário comentado do alemão de Freud*, Rio de Janeiro, Imago, 1996, pp. 493 e 497.]

[44] Malcolm Lowry, *Choix de lettres*, tradução francesa, Denoël, pp. 86-7.

assim, um tipo de transcendência. A chamada análise transcendental é precisamente a determinação de tais critérios, imanentes ao campo do inconsciente, dado que *se opõem* aos exercícios transcendentes de um "o que isso quer dizer?". A esquizoanálise é ao mesmo tempo uma análise transcendental e materialista. Ela é crítica, no sentido de que leva à crítica de Édipo, ou leva Édipo ao ponto de sua própria autocrítica. Ela tem o propósito de explorar um inconsciente transcendental, em vez de metafísico; material, em vez de ideológico; esquizofrênico, em vez de edipiano; não figurativo, em vez de imaginário; real, em vez de simbólico; maquínico, em vez de estrutural; molecular, micropsíquico e micrológico, em vez de molar ou gregário; produtivo, em vez de expressivo. O que temos aqui são princípios práticos como direções da "cura".

[II.6.4. Critérios imanentes da produção desejante]
Vimos, anteriormente, como os critérios imanentes da produção desejante permitiam definir usos legítimos de sínteses, totalmente distintos dos *[131]* usos edipianos. E, relativamente a essa produção desejante, os usos ilegítimos edipianos pareciam-nos multiformes, mas girando sempre em torno do mesmo erro e envolvendo paralogismos teóricos e práticos. Em primeiro lugar, um uso parcial e não-específico das sínteses conectivas opunha-se ao uso edipiano, global e específico. Este uso global-específico tinha dois aspectos: o parental e o conjugal, aos quais correspondiam a forma triangular de Édipo e a reprodução dessa forma. Baseava-se num paralogismo de extrapolação que constituía, enfim, a causa formal de Édipo e cuja ilegitimidade incidia sobre o conjunto da operação: extrair da cadeia significante um objeto completo transcendente, como significante despótico de que toda a cadeia parecia desde então depender, estabelecendo uma falta a cada posição de desejo, soldando o desejo a uma lei, engendrando a ilusão de um descolamento. Em segundo lugar, um uso inclusivo ou ilimitativo das sínteses disjuntivas se opõe ao seu uso edipiano, exclusivo, limitativo. Este uso limitativo tem dois polos, o imaginário e o simbólico, visto que só deixa escolha entre diferenciações simbólicas exclusivas e o imaginário indiferenciado, correlativamente determinados por Édipo. Neste caso, o uso mostra como Édipo

procede: paralogismo do *double bind*, o duplo impasse (que talvez seja melhor traduzir, como sugere Henri Gobard, por "dupla pegada", como a chave dupla numa luta livre,[NT] para melhor mostrar o tratamento a que se sujeita o inconsciente quando é apertado nas duas extremidades, obrigando-o a responder Édipo, a recitar Édipo, tanto na doença quanto na saúde, tanto nas suas crises quanto em seu desenlace, tanto em seu problema quanto em sua solução; pois, seja como for, o *double bind* não é o processo esquizofrênico, mas, ao contrário, é Édipo, dado que este interrompe o processo ou o faz girar no vazio). Em terceiro lugar, um uso nômade e plurívoco das sínteses conjuntivas opõe-se ao uso segregativo e bi-unívoco. Também aí, este uso bi-unívoco, ilegítimo do ponto de vista do próprio inconsciente, tem como que dois momentos: o momento racista, nacionalista, religioso etc., que constitui, por segregação, um conjunto de partida sempre pressuposto por Édipo, mesmo que implicitamente; e depois, um momento familiar *[132]* que, por aplicação, constitui o conjunto de chegada. Donde o terceiro paralogismo, o da aplicação, que fixa a condição de Édipo ao instaurar um conjunto de relações bi-unívocas entre as determinações do campo social e as determinações familiares, o que torna possível e inevitável o assentamento dos investimentos libidinais sobre o eterno papai-mamãe. Mas não esgotamos ainda todos os paralogismos que orientam praticamente a cura no sentido de uma edipianização furiosa, de uma traição ao desejo, da colocação do inconsciente na creche, máquina narcísica para pe-

[NT] [Os autores empregam o termo inglês *catch*, que significa uma "modalidade de luta livre em que, teoricamente, todos os golpes são permitidos", conforme o dicionário Houaiss. A "dupla pegada" é um dos golpes nesse tipo de luta, razão pela qual o termo foi aqui empregado para traduzir *prise doublé*, que os autores encontram em obra do linguista Henri Gobard. A respeito de *double bind*, cf. NT na p. *[94]*, a nota 25 na p. *[98]* e a NT na p. *[99]*. E sobre a apreciação de Deleuze em face da inovação de Gobard em linguística, cf. "Avenir de la linguistique", prefácio a Henri Gobard, *L'Aliénation linguistique (analyse tétraglossique)*, Paris, Flammarion, 1976, pp. 9-14. Republicado em Gilles Deleuze, *Deux régimes de fous: textes et entretiens (1975-1995)*, edição preparada por David Lapoujade, Paris, Minuit, 2003, pp. 61-5.]

quenos eus tagarelas e arrogantes, perpétua absorção de mais-valia capitalista, fluxo de palavras em troca de fluxo de dinheiro, a interminável história, a psicanálise.

[II.6.5. O desejo ignora a lei, a falta e o significante]

Os três erros sobre o desejo denominam-se a falta, a lei e o significante. É um só e mesmo erro, idealismo que forma uma concepção piedosa do inconsciente. E de nada adianta interpretar estas noções nos termos de uma combinatória que faz da falta um lugar vazio e não mais uma privação, que faz da lei uma regra de jogo e não mais uma ordem, que faz do significante um distribuidor e não mais um sentido; nada disso adianta, porque isso não as impede de trazer consigo seu cortejo teológico, a insuficiência de ser, a culpabilidade, a significação. A interpretação estrutural recusa toda crença, eleva-se acima das imagens, retém do pai e da mãe somente funções, define *a proibição e a transgressão* como operações de estrutura — mas que água lavará esses conceitos da religiosidade que constitui seu plano de fundo, seus trasmundos?[NT] Como descrença, o conhecimento científico é verdadeiramente o último refúgio da crença e, como diz Nietzsche, houve apenas uma psicologia: a do padre. Assim que se reintroduz a falta no desejo, toda a produção desejante é esmagada, é reduzida a ser tão somente produção de fantasma; mas o signo não produz fantasmas, ele é produção de real e posição de desejo na realidade. Assim que se volta a soldar o desejo à lei, nada é acrescentado ao dizer que não há desejo sem lei, ao lembrar que se trata de algo conhecido há muito tempo, pois isso, com efeito, apenas recomeça a eterna operação da eterna repressão que fecha sobre o inconsciente o círculo da proibição e da transgressão, missa branca e missa negra; mas o signo do desejo nunca é um signo da lei, e sim um signo de potência — e quem *[133]* ousaria chamar de lei esse fato de que o desejo põe e desenvolve sua potência e de que, onde quer que se encontre, ele faz correr fluxos e cortar substâncias ("Evito falar em leis químicas, a palavra tem um ressaibo moral")? Desde que façamos

---

[NT] [O termo "trasmundos" traslada aqui *arrière-mondes*.]

o desejo depender do significante, sujeitamos o desejo ao jugo de um despotismo que tem por efeito a castração, aí onde se reconhece o traço do próprio significante; mas o signo do desejo nunca é significante, encontrando-se, isto sim, nos mil e um cortes-fluxos produtivos que não se deixam significar no traço unário da castração, sempre um ponto-signo de várias dimensões, a plurivocidade como base de uma semiologia pontual.

[II.6.6. "Você já nasceu Hamlet...?"]
Dizem que o inconsciente é negro. Reich e Marcuse são frequentemente censurados pelo seu "rousseaunianismo", pelo seu naturalismo: uma certa concepção demasiado idílica do inconsciente. Mas será que não se atribui ao inconsciente horrores que só podem ser, justamente, os da consciência, e de uma crença muito segura de si própria? Será exagerado dizer que no inconsciente há necessariamente menos crueldade e terror — e de outro tipo — do que na consciência de um herdeiro, de um militar ou de um chefe de Estado? O inconsciente tem os seus horrores, mas eles não são antropomórficos. Não é o sono da razão que engendra os monstros, mas a racionalidade vigilante e cheia de insônias. Por ser homem-natureza, o inconsciente é rousseauniano. E quanta malícia e astúcia não há em Rousseau! Transgressão, culpabilidade, castração: será que são determinações do inconsciente ou *a maneira como um padre vê as coisas*? Sem dúvida, além da psicanálise, há outras forças para edipianizar o inconsciente, para culpabilizá-lo, castrá-lo. Mas a psicanálise apoia o movimento, inventa um último padre. A análise edipiana impõe a todas as sínteses do inconsciente um uso transcendente que assegura sua *conversão*. Assim, o problema prático da esquizoanálise é, contrariamente, o da *reversão*: devolver as sínteses do inconsciente a seu uso imanente. Desedipianizar, desfazer a teia de aranha do pai-mãe, desfazer as crenças para chegar à produção das máquinas desejantes e aos investimentos econômicos e sociais onde atua a análise militante. Nada é feito enquanto não se toca nas máquinas. Na verdade, isto implica intervenções muito concretas: substituir a benevolente pseudoneutralidade *[134]* do analista edipiano, que só quer e só escuta pai e mãe, por uma atividade malevolente, abertamente ma-

levolente — cago pro seu Édipo, se você continuar a gente para a análise, ou então leva um choque elétrico, chega de dizer papai-mamãe — claro que "Hamlet vive em vocês, e também Werther", e também Édipo, e tudo o que vocês quiserem, *mas* "vocês fazem brotar braços e pernas uterinos, lábios uterinos, um bigode uterino; revivendo os mortos reminiscentes, seu eu devém um tipo de teorema mineral que demonstra constantemente a vacuidade da vida... *Você já nasceu Hamlet? Ou, antes, não terá feito Hamlet nascer em você? Por que voltar ao mito?*".[45] Ao renunciar ao mito, trata-se de repor um pouco de alegria, um pouco de descoberta na psicanálise, dado que ela foi se tornando muito morna, muito triste, muito interminável, com tudo feito de antemão. Dirão que também o esquizo não é alegre? Mas sua tristeza não virá de não mais poder suportar as forças de edipianização, de hamletização, que o encerram por todos os lados? Mais vale fugir sobre o corpo sem órgãos, fechar-se nele, cingir-se sobre si mesmo. A pequena alegria é a esquizofrenização como processo, não o esquizo como entidade clínica. "Do processo vocês fizeram um objetivo...". Se forçássemos um psicanalista a entrar nos domínios do inconsciente produtivo, ele — com seu teatro — se sentiria tão deslocado quanto uma atriz da Comédie-Française numa fábrica, ou um padre da Idade Média numa oficina de artesão. Montar unidades de produção, ligar máquinas desejantes: permanece ainda desconhecido o que se passa nessa fábrica, que processo é este, seus terrores e suas glórias, suas dores e suas alegrias.

[II.7. Repressão e recalcamento]

[II.7.1. A lei]
Tentamos analisar a forma, a reprodução, a causa (formal), o procedimento e a condição do triângulo edipiano. Mas adiamos a análise das forças reais, das causas reais de que a triangulação depende. A linha geral da resposta é simples, foi traçada por Reich:

[45] Henry Miller, *Hamlet*, tradução francesa, Paris, Éditions Corrêa, p. 156.

é a da repressão social *[135]*, a das forças de repressão social. Todavia esta resposta deixa subsistir dois problemas, e os torna ainda mais urgentes: um, é o da relação específica do recalcamento com a repressão; o outro, é o da situação particular de Édipo no sistema repressão/recalcamento. Os dois problemas estão evidentemente ligados, porque, *se o recalcamento incidisse* sobre desejos incestuosos, ele adquiriria por isso mesmo uma independência e um primado (como condição da constituição da troca ou de toda sociedade) em relação à repressão, que, assim, seria tão só concernente aos retornos do recalcado numa sociedade constituída. Portanto, devemos considerar inicialmente a segunda questão: será que o recalcamento incide sobre o complexo de Édipo tido como expressão adequada do inconsciente? Será mesmo preciso dizer, com Freud, que o complexo de Édipo, segundo seus dois polos, é, ou recalcado (não sem deixar traços nem haver retornos que vão contra as proibições), ou suprimido (mas não sem passar aos filhos, com quem a mesma história recomeça)?[46] O que se pergunta é se Édipo exprime efetivamente o desejo; se ele é desejado, então é de fato sobre ele que incide o recalcamento. Ora, o argumento freudiano obriga-nos a refletir: Freud retoma uma observação de Frazer,[NT] segundo a qual "a lei só proíbe o que os homens seriam capazes de fazer sob a pressão de alguns dos seus instintos; assim, da proibição legal do incesto, devemos concluir que existe um instinto natural que nos impele ao incesto".[47] Em outros termos, o que se diz é o seguinte: se algo é proibido, é porque é desejado (não haveria necessidade alguma de proibir o que não se deseja...). Uma vez mais, é essa confiança na lei, a ignorância das astúcias e dos procedimentos da lei, que nos obriga a refletir.

---

[46] Freud, "La Disparition du complexe d'Œdipe", tradução francesa, in *La Vie sexuelle*, Paris, PUF, s/d, p. 120. [NT: Cf. Freud, "Der Untergang des Ödipuskomplexes" (1924). "Le Déclin du complexe d'Œdipe", *Revue Française de Psychanalyse*, 1934, 7, nº 3, pp. 394-9.]

[NT] [James George Frazer (1854-1941).]

[47] Freud, *Totem et tabou* (1912), tradução francesa, Paris, Payot, p. 143.

[II.7.2. Quarto paralogismo da psicanálise: o deslocamento ou a desfiguração do recalcado]

O imortal pai de *Morte a crédito* grita: então você quer me levar a morrer, é isso que você quer, hein, diga? Não queríamos, porém, nada disso. Nem queríamos que o trem fosse o papai, nem que a estação fosse a mamãe. Queríamos apenas a inocência e a paz, que nos deixassem maquinar nossas pequenas máquinas, ó produção desejante. Certamente, *[136]* pedaços de corpos de mãe e de pai estão presos nas conexões, assim como surgem denominações parentais nas disjunções da cadeia, mas os pais aí estão como estímulos quaisquer que desencadeiam o devir de aventuras, de raças e de continentes. Mas como é estranha essa mania freudiana de reportar a Édipo o que o transborda por todos os lados, a começar pela alucinação dos livros e pelo delírio dos aprendizados (o professor-substituto do pai, o livro-romance familiar...). Freud não suportava uma simples brincadeira de Jung, quando este lhe dizia que Édipo não devia ter existência de fato real, visto que até mesmo o selvagem prefere uma mulher jovem e bonita à mãe ou à avó dele próprio. E se Jung traiu tudo, não foi por esta brincadeira, que pode apenas sugerir que a mãe funciona como uma linda jovem tanto quanto a linda jovem funciona como mãe; o que importa para o selvagem e para a criança é que possam formar e fazer funcionar suas máquinas desejantes, fazer passar seus fluxos, operar seus cortes. A lei nos diz: não desposarás tua mãe e não matarás teu pai. E nós, sujeitos dóceis, nos dizemos: *então é isso que eu queria!* Será que suspeitamos que a lei desonra, que ela tem interesse em desonrar e desfigurar aquele que ela supõe culpado, aquele que ela quer que seja culpado, aquele que ela quer que ele próprio se sinta culpado? Procede-se como se fosse possível concluir diretamente do recalcamento a natureza do recalcado, assim como da proibição a natureza do que é proibido. Isto é tipicamente um paralogismo — mais um — o quarto paralogismo, a que seria preciso denominar *deslocamento*. Porque pode acontecer que a lei proíba algo de perfeitamente fictício na ordem do desejo ou dos "instintos", para persuadir seus sujeitos de que eles tinham a intenção correspondente a essa ficção. É justamente esta a única maneira que a lei tem de pegar fundo a intenção e de culpabilizar o inconsciente. Em suma, não nos encontramos em face de um sistema de dois termos em que da proibição formal se poderia concluir o que é realmente proibido. Encontramo-nos, isto sim, num sistema de três termos que torna essa conclusão totalmente ilegítima. Devemos distinguir: a representação recalcante, que opera o recalcamento; o representante recalcado, sobre o qual o recalcamento incide realmente; o representado deslocado, que dá do recalcado uma imagem aparente, falsificada, à qual se supõe que o desejo se *[137]* deixa prender. E Édipo é isto, a imagem falsificada. Não é nele que o recalcamento opera, nem é sobre ele que o recalcamento incide. Nem sequer é um retorno do recalcado. É um produto factício do recalcamento. É apenas o representado enquanto induzido pelo recalcamento. Este não pode agir sem deslocar o desejo, sem soerguer um *desejo de consequência*, pronto para a punição, pondo-o no lugar do *desejo antecedente* sobre o qual ele incide em princípio ou na realidade ("ah, então era isso!"). Lawrence, que não luta contra Freud em nome de direitos do Ideal, mas que fala em virtude dos fluxos de sexualidade, das intensidades do inconsciente, e que se entristece e se espanta com o que Freud está em vias de fazer quando fecha a sexualidade num berçário edipiano, pressente essa operação de deslocamento e protesta vigorosamente: não, Édipo não é um estado do desejo e das pulsões, é uma *ideia*, é tão só uma ideia que o recalcamento nos inspira a respeito do desejo; ela nem sequer é um compromisso, mas uma ideia a serviço do recalcamento, da sua propaganda ou da sua propagação. "O móbil incestuoso é uma dedução lógica da razão humana que recorre a esse extremo para salvar a si própria... É, primeiramente e sobretudo, uma dedução lógica da razão, ainda que efetuada inconscientemente, e que é, em seguida, introduzida na esfera passional, na qual se torna um princípio de ação... Isto nada tem a ver com o inconsciente ativo que cintila, vibra, viaja... Nós compreendemos que o inconsciente nada contém de ideal, nada que tenha alguma coisa a ver com um conceito e, portanto, nada de pessoal, pois que a forma das pessoas, assim como o *ego*, pertence ao eu consciente ou mentalmente subjetivo. De modo que as primeiras análises são ou deviam ser impessoais, já que *as relações ditas humanas não estão em jogo*. O primeiro contato não é pessoal e nem biológico, fato que a psicanálise não conseguiu compreender."[48]

[II.7.3. O desejo é revolucionário]
Os desejos edipianos não são de maneira alguma recalcados, nem têm de sê-lo. Porém, estão numa relação íntima com o recalcamento, mas de outro modo. Eles são o engodo ou *[138]* a imagem desfigurada com que o recalcamento arma uma cilada ao desejo. Se o desejo é recalcado, não é por ser desejo da mãe e da morte do pai; ao contrário, ele só devém isso porque é recalcado e só aparece com essa máscara sob o recalcamento que a modela e nele a coloca. Aliás, pode-se duvidar que o incesto seja um verdadeiro obstáculo à instauração da sociedade, como dizem os partidários de uma concepção de sociedade baseada na *troca*. Vê-se cada coisa... O verdadeiro perigo não é este. Se o desejo é recalcado é porque toda posição de desejo, por menor que seja, pode pôr em questão a ordem estabelecida de uma sociedade: não que o desejo seja a-social, ao contrário. Mas ele é perturbador; não há posição de máquina desejante que não leve setores sociais inteiros a explodir. Apesar do que pensam certos revolucionários, o desejo é, na sua essência, revolucionário — o desejo, não a festa! — e nenhuma sociedade pode suportar uma posição de desejo verdadeiro sem que suas estruturas de exploração, de sujeição e de hierarquia sejam comprometidas. Se uma sociedade se confunde com essas estruturas (hipótese divertida), então, sim, o desejo a ameaça essencialmente. Portanto, é de importância vital para uma sociedade reprimir o desejo, e mesmo achar algo melhor do que a repressão, para que até a repressão, a hierarquia, a exploração e a sujeição sejam desejadas. É lastimável ter de dizer coisas tão rudimentares: o desejo não ameaça a sociedade por ser desejo de fazer sexo com a mãe, mas por ser revolucionário. E isto não quer dizer que o desejo seja distinto da sexualidade, mas que a sexualidade e o amor não dormem no quarto de Édipo; eles sonham, sobretudo, com outras amplidões e fazem passar estranhos fluxos que não se

---

[48] D. H. Lawrence, "Psychanalyse et inconscient" (1920), tradução francesa (modificada), in *Homme d'abord*, Paris, 10/18, 1968, pp. 219-56.

deixam estocar numa ordem estabelecida. O desejo não "quer" a revolução, ele é revolucionário por si mesmo, e como que involuntariamente, só por querer aquilo que quer. Desde o começo deste estudo, sustentamos, ao mesmo tempo, que a produção social e a produção desejante são uma só coisa, mas que diferem em regime, de modo que uma forma social de produção exerce uma repressão essencial sobre a produção desejante, e também que a produção desejante (um "verdadeiro" desejo) pode potencialmente explodir a forma social. Mas o que é um "verdadeiro" desejo, já que também a repressão *[139]* é desejada? Como distingui-los? — reclamamos o direito de fazer uma longa análise. Porque, não nos enganemos, mesmo em seus usos opostos *são as mesmas sínteses*.

Vê-se bem o que a psicanálise espera de um pretenso liame, em que Édipo seria o objeto do recalcamento, e até mesmo seu sujeito por intermédio do superego. Ela espera disso uma justificação cultural do recalcamento, que o faz passar para o primeiro plano, de modo a considerar o problema da repressão apenas como secundário do ponto de vista do inconsciente. Eis por que os críticos puderam assinalar uma reviravolta conservadora ou reacionária em Freud, a partir do momento em que ele dava ao recalcamento um valor autônomo como condição da cultura se exercendo contra as pulsões incestuosas: Reich diz mesmo que a grande reviravolta do freudismo, *o abandono da sexualidade*, se dá quando Freud aceita a ideia de uma angústia primeira que desencadearia o recalcamento de maneira endógena. Consideremos o artigo de 1908 sobre a "moral sexual civilizada": nele, Édipo não é ainda nomeado, o recalcamento é aí considerado em função da repressão, que suscita um *deslocamento* e se exerce sobre as pulsões parciais, enquanto estas representam, à sua maneira, uma espécie de produção desejante, antes de se exercerem contra as pulsões incestuosas ou outras que ameacem o casamento legítimo. Mas, em seguida, é evidente que, quanto mais o problema de Édipo e do incesto ganha em importância, mais o recalcamento e seus correlatos, a supressão e a sublimação, serão fundados em supostas exigências transcendentes da civilização, ao mesmo tempo em que a psicanálise se afundará cada vez mais numa visão familista e ideológica. Não temos de recomeçar o relato dos compromissos reacionários do freudismo nem da sua "capitulação teórica": esse trabalho foi profundamente feito por diversas vezes, de maneira rigorosa e nuançada.[49] Não vemos problema especial algum na coexistência, no seio de uma mesma doutrina *[140]* teórica e prática, de elementos revolucionários, reformistas e reacionários. Recusamos o golpe do "é pegar ou largar", golpe que invoca o pretexto de que a teoria justifica a prática, já que nasceu desta, ou que só se pode contestar o processo da "cura" a partir de elementos tirados dessa mesma cura. Como se toda grande doutrina não fosse uma *formação combinada*, feita de peças e de pedaços, de diversos códigos e fluxos misturados, de parciais e derivadas, que constituem sua própria vida ou seu devir. Como se fosse possível censurar alguém por ter uma relação ambígua com a psicanálise sem mencionar primeiramente que a psicanálise é teórica e praticamente feita de uma relação ambígua com aquilo que ela descobre e com as forças que ela maneja. Conquanto o estudo crítico da ideologia freudiana já foi feito, e bem, em troca a história do movimento nem sequer foi esboçada: a estrutura do grupo psicanalítico, sua política, suas tendências e seus focos, suas autoaplicações, seus suicídios e suas loucuras, o enorme superego de grupo, tudo o que se passou sobre o corpo pleno do mestre. E a obra de Jones,[NT] que se convencionou apelidar de monumental, codifica a censura, não a liquida. É surpreendente que tenham coexistido estes três elementos: o elemento explorador e pioneiro, revolucionário, que descobriu a produção desejante; o elemento cultural clássico que assenta tudo sobre uma cena de representação teatral edipiana (o retorno ao mito!); e, finalmente, o terceiro elemento, o mais inquietante, um tipo de extorsão sedenta de respeitabilidade, sempre

---

[49] Ver as duas exposições clássicas de Reich (*La Fonction de l'orgasme*, pp. 165-81) e de Marcuse (*Eros et civilisation*, tradução francesa, Paris, Minuit, os primeiros capítulos). A questão foi recentemente retomada em alguns excelentes artigos publicados em *Partisans*, nº 46, fevereiro de 1969: François Gantheret, "Freud et la question socio-politique"; Jean-Marie Brohm, "Psychanalyse et révolution" (p. 85 e p. 97).

[NT] [Alfred Ernest Jones (1879-1958), *The Life and Works of Sigmund Freud* (1953-57).]

com a pretensão de se fazer reconhecer e institucionalizar, um formidável empreendimento de absorção de mais-valia com sua codificação da cura interminável, com sua cínica justificação do papel do dinheiro e com todas as garantias que dá à ordem estabelecida. Havia tudo isso em Freud — fantástico Cristóvão Colombo, genial leitor burguês de Goethe, de Shakespeare, de Sófocles, Al Capone disfarçado.

[II.7.4. O agente delegado do recalcamento]

A força de Reich consiste em ter mostrado como o recalcamento depende da repressão. Isto não implica confusão alguma dos dois conceitos, pois a repressão tem necessidade do recalcamento precisamente para formar sujeitos dóceis e assegurar a reprodução da formação social, inclusive nas suas estruturas repressivas. Porém, em vez de achar que a repressão social deva ser compreendida a partir de um recalcamento familiar *[141]* coextensivo à civilização, este é que deve ser compreendido em função de uma repressão inerente a uma dada forma de produção social. É pelo recalcamento sexual que a repressão incide sobre o desejo, e não apenas sobre necessidades ou interesses. A família é certamente o agente delegado deste recalcamento por assegurar uma "reprodução psicológica de massa do sistema econômico de uma sociedade". Certamente, não se concluirá disso que o desejo seja edipiano. Ao contrário, é a repressão do desejo ou o recalcamento sexual, isto é, a *estase* da energia libidinal, que atualiza Édipo e situa o desejo neste impasse querido e organizado pela sociedade repressiva. Reich foi o primeiro a estabelecer o problema da relação do desejo com o campo social (indo mais longe que Marcuse, que o trata com leviandade). Ele é o verdadeiro fundador de uma psiquiatria materialista. Formulando o problema em termos de desejo, ele foi o primeiro a recusar as explicações de um marxismo sumário muito apressado em dizer que as massas foram enganadas, mistificadas... Mas, por não ter formado suficientemente o conceito de uma produção desejante, não chegou a determinar a inserção do desejo na própria infraestrutura econômica, a inserção das pulsões na produção social. Então, o investimento revolucionário lhe parecia tal que o desejo aí coincidia simplesmente com uma racionalidade econômica; quanto aos investimentos reacionários de massa, eles lhe pareciam remeter ainda à ideologia, de modo que o único papel da psicanálise seria explicar o subjetivo, o negativo, o inibido, sem participar diretamente como tal na positividade do movimento revolucionário ou na criatividade desejante (isto, de certa maneira, não seria reintroduzir o erro ou a ilusão?). Contudo, persiste o fato de que Reich, em nome do desejo, fez passar um canto de vida pela psicanálise. Na resignação final do freudismo, ele denunciava um medo da vida, um ressurgimento do ideal ascético, um caldo de cultura da má consciência. Mais valia partir à procura do Orgone, dizia ele, o elemento vital e cósmico do desejo, do que continuar a ser psicanalista naquelas condições. Ninguém o perdoou, enquanto que Freud obteve o grande perdão. Reich foi o primeiro a tentar fazer com que a máquina analítica e a máquina revolucionária funcionassem conjuntamente. No fim, ele tinha apenas suas máquinas desejantes, suas *[142]* caixas paranoicas, miraculosas, celibatárias, de paredes metálicas guarnecidas de lã e algodão.

O recalcamento distingue-se da repressão pelo caráter inconsciente da operação e do seu resultado ("mesmo a inibição da revolta se tornou inconsciente"), distinção que exprime bem a diferença de natureza, embora não se possa concluir dela uma independência real entre ambos. O recalcamento é tal que a repressão devém desejada, deixando de ser consciente; e ele induz um desejo de consequência, uma imagem falsificada daquilo sobre o que ele incide, o que lhe dá uma aparente independência. O recalcamento propriamente dito é um meio a serviço da repressão. E aquilo sobre o que ele incide, a produção desejante, é também objeto da repressão. Mas, justamente, o recalcamento implica uma dupla operação original: uma, pela qual a formação social repressiva delega o seu poder a uma instância recalcante; e outra, pela qual, correlativamente, o desejo reprimido é como que recoberto pela imagem deslocada e falsificada que o recalcamento suscita. Tem-se, ao mesmo tempo, uma delegação de recalcamento pela formação social e uma desfiguração, um deslocamento da formação desejante pelo recalcamento. O agente delegado do recalcamento, ou antes, delegado ao recalcamento, é a família; a imagem desfigurada do recalcado são as pulsões incestuosas. O complexo de Édipo, a edipianização, é, portanto, fruto desta dupla operação. *É num mesmo movimento que a produção social repressiva se faz substituir pela família recalcante, e que esta dá, da produção desejante, uma imagem deslocada que representa o recalcado como pulsões familiares incestuosas.* A relação entre as duas produções é assim substituída pela relação família — pulsões, e é neste diversionismo que a psicanálise se perde. E é bem visível o interesse de uma tal operação do ponto de vista da produção social, que de outro modo não poderia conjurar a potência de revolta e de revolução do desejo. Ao colocar à frente do desejo o espelho deformante do incesto (é isto que você queria, hein?), o que se faz é envergonhá-lo, estupidificá-lo, metê-lo numa situação sem qualquer saída; é persuadi-lo a facilmente renunciar a "si próprio" em nome dos interesses superiores da civilização (e se todo mundo fizesse o mesmo, se todos se casassem com a mãe ou guardassem a irmã para si?, não mais haveria diferenciação e nem trocas possíveis...). *[143]* É preciso agir depressa e já. O incesto: *um riacho pouco profundo caluniado*.

Mas considerando o interesse da operação do ponto de vista da produção social, já não se vê tão bem o que a torna possível do ponto de vista da própria produção desejante. Todavia, temos os elementos para dar uma resposta. Seria preciso que a produção social dispusesse, sobre a superfície de registro do *socius*, de uma instância também capaz de atingir, de se inscrever também na superfície de registro do desejo. Existe uma tal instância, a família. Como sistema da reprodução dos produtores, a família pertence essencialmente ao registro da produção social. E sem dúvida, no outro polo, o registro da produção desejante sobre o corpo sem órgãos se faz através de uma rede genealógica *que não é familiar*: os pais só intervêm aí como objetos parciais, fluxos, signos e agentes de um processo que os transborda por todos os lados. A criança, no máximo, "reporta" inocentemente aos pais um pouco da espantosa experiência produtiva que vai tendo com seu desejo; mas essa experiência não *se* relaciona com os pais enquanto tais. Ora, é justamente aí que surge a operação. Sob a ação precoce da repressão social, a família insinua-se, imiscui-se na rede genealógica desejante, aliena a seu proveito toda a genealogia, confisca o *Nu-*

men (Deus é papai...). Faz-se como se a experiência desejante "se" relacionasse com os pais e como se a família fosse a lei suprema. Os objetos parciais são submetidos à famosa lei da totalidade-unidade, que atua como "faltante". As disjunções são submetidas à alternativa do indiferenciado ou da exclusão. Portanto, a família se introduz na produção de desejo e vai operar, desde a mais tenra idade, um deslocamento, um recalcamento incrível. Ela é delegada ao recalcamento pela produção social. E se ela pode insinuar-se assim no registro do desejo, é porque o corpo sem órgãos, no qual se faz esse registro, já exerce por sua vez, como vimos, um *recalcamento originário* sobre a produção desejante. Cabe à família aproveitar-se disso e sobrepor a isso o *recalcamento secundário propriamente dito*, de que é delegada ou para o qual é delegada (a psicanálise mostrou bem qual é a diferença entre estes dois recalcamentos, mas não o alcance dessa diferença [144] ou a distinção de seu regime). É por isso que o recalcamento propriamente dito não se limita a recalcar a produção desejante real, mas dá do recalcado uma imagem aparente deslocada, substituindo o registro do desejo por um registro familiar. O conjunto da produção desejante só adquire a bem conhecida figura edipiana na tradução familiar do seu registro, tradução-traição.

[II.7.5. Não é a psicanálise que inventa Édipo]
Ora dizemos que Édipo é nada, quase nada (na ordem da produção desejante, mesmo na criança), ora dizemos que ele está em toda parte (na empreitada de domesticar o inconsciente, de representar o desejo e o inconsciente). Certamente, nunca nos passou pela cabeça dizer que a psicanálise inventou Édipo. Tudo mostra o contrário: os sujeitos já chegam edipianizados à psicanálise, eles pedem e tornam a pedir isso mesmo... Recorte da imprensa: Stravinsky declara antes de morrer: "Minha infelicidade, estou certo disso, veio do distanciamento de meu pai e do pouco afeto que minha mãe me deu. Então, decidi que um dia eu lhes mostraria...". Se até os artistas se metem nisso, seria insensato incomodarmo-nos com isso e ter os escrúpulos habituais de um psicanalista aplicado. Se um músico nos diz que a música testemunha, não forças ativas e conquistadoras, mas forças reativas, de reações a pai-mãe, só

nos resta recorrer a um paradoxo caro a Nietzsche, modificando-
-o apenas um pouco — Freud-músico. Não, os psicanalistas nada
inventam, se bem que eles tenham, de outra maneira, inventado
muito, legiferado muito, reforçado muito, injetado muito. O que
os psicanalistas fazem é somente apoiar o movimento, acrescentar
um último impulso ao deslocamento de todo o inconsciente. O que
eles fazem é apenas levar o inconsciente a falar conforme usos
transcendentes de síntese, usos que lhe são impostos por outras
forças — Pessoas Globais, Objeto Completo, Grande Falo, Terrível
Indiferenciado do Imaginário, Diferenciações Simbólicas, Segregação... O que os psicanalistas inventam é somente a transferência,
um Édipo de transferência, um Édipo de Édipo no consultório,
particularmente nocivo e virulento, mas onde o sujeito tem afinal
o que ele quer, sugar seu Édipo no corpo pleno do analista. E já é
muito. Mas Édipo se faz em família, não no consultório do analista, que só atua como última territorialidade. E Édipo *[145]* não
é feito pela família. Os usos edipianos de síntese, a edipianização,
a triangulação, a castração, tudo isto remete a forças um pouco
mais poderosas, um pouco mais subterrâneas que a psicanálise,
que a família e que a ideologia, mesmo reunidas. Trata-se de todas
as forças da produção, da reprodução e da repressão sociais. Na
verdade, são necessárias forças muito potentes para vencer as do
desejo, levá-las à resignação, e para substituir em toda parte aquilo
que é essencialmente ativo, agressivo, artístico, produtivo e conquistador no próprio inconsciente, por reações do tipo papai-mamãe. É neste sentido que Édipo, como vimos, é uma aplicação, e a
família um agente delegado. E, ainda que por aplicação, é muito duro, muito difícil para uma criança, ter de viver como um ângulo:

Esta criança,
não está aí,
é apenas um ângulo,
um ângulo por vir,
e não há ângulo...
Ora este mundo do pai-mãe é justamente o que deve sumir,
é este mundo duplicado-duplo,
em estado de desunião constante,

com vontade de unificação constante também...
em torno do qual gira todo o sistema deste mundo,
malignamente sustentado pela mais sombria organização.[50]

[II.8. Neurose e psicose]

[II.8.1. A realidade]
Freud, em 1924, propunha um critério de distinção simples entre neurose e psicose: na neurose o eu [*moi*] obedece às exigências da realidade sob o risco de recalcar as pulsões do isso [*ça*], ao passo que na psicose ele está sob o império do isso, arriscando-se a romper com a realidade. As ideias de Freud demoravam habitualmente um certo tempo para chegar à França. Mas não essa: ainda no mesmo ano, Capgras e Carrette apresentavam [146] um caso de esquizofrenia com ilusão de sósias, em que a doente manifestava um vivo ódio à mãe e um desejo incestuoso pelo pai, mas em condições de perda de realidade em que os pais eram vividos como pais falsos, como "sósias". Serviram-se deste caso para ilustrar a relação inversa: na neurose a função objetal da realidade é conservada, desde que o complexo causal seja recalcado; na psicose, o complexo invade a consciência e devém seu objeto à custa de um "recalcamento" que agora incide sobre a própria realidade ou a função do real. Sem dúvida, Freud insistia no caráter esquemático da distinção, pois há ruptura também na neurose com o retorno do recalcado (a amnésia histérica, a anulação obsessiva), e, na psicose, aparece um resíduo de realidade com a reconstrução delirante. Só que Freud nunca renunciou a essa distinção simples.[51] E parece importante que ele reencontre, por uma via original, uma

---

[50] Artaud, "Ainsi donc la question...", *Tel Quel*, 1967, n° 30.

[51] Os dois artigos de 1924 são: "Névrose et psychose" e "La Perte de réalité dans la névrose et la psychose". Ver também Capgras e Carrette, "Illusion des sosies et complexe d'Œdipe", *Annales médico-psychologiques*, maio de 1924. O artigo de Freud "le Fétichisme" (1927) não abandona a distinção, apesar do que dizem às vezes, mas confirma-a (cf. *La Vie sexuelle*, Paris, PUF, p. 137: "Posso assim manter minha suposição...").

ideia cara à psiquiatria tradicional: a ideia de que a loucura está fundamentalmente ligada a uma perda de realidade. Tem-se aí uma convergência com a elaboração psiquiátrica das noções de dissociação, de autismo. Talvez seja por isso que a exposição freudiana conheceu uma difusão tão rápida.

[II.8.2. A razão inversa]

Ora, o que nos interessa é o papel preciso desempenhado pelo complexo de Édipo nessa convergência. Porque, se é verdade que os temas familiares irrompem frequentemente na consciência psicótica, admiramo-nos muito que, como Lacan observa, Édipo tenha sido "descoberto" na neurose, na qual estaria latente, e não na psicose, na qual, ao contrário, estaria patente.[52] Mas não será porque, na psicose, o complexo familiar aparece precisamente como estímulo de valor qualquer, simples indutor desprovido de papel organizador, enquanto os investimentos intensivos de realidade incidem sobre algo totalmente distinto (o campo social, histórico e cultural)? É ao mesmo tempo que Édipo invade a consciência *[147]* e se dissolve em si próprio, dando testemunho da sua incapacidade de ser um "organizador". Portanto, basta medir a psicose por esta medida falsificada, remetendo-a a este falso critério, Édipo, para que se obtenha o efeito de perda de realidade. Não se trata de uma operação abstrata: impõe-se ao psicótico uma "organização" edipiana, mesmo que para assinalar sua *falta* nele, dentro dele. É um exercício em plena carne, em plena alma. Ele reage pelo autismo e pela perda de realidade. Será que a perda de realidade, em vez de ser efeito do processo esquizofrênico, não é efeito da sua edipianização forçada, isto é, da sua interrupção? Será preciso corrigir o que dissemos há pouco e supor que uns toleram melhor do que outros a edipianização? O esquizo não estaria doente de Édipo, de um Édipo que surgiria tanto mais na sua consciência alucinada quanto mais faltasse na organização simbólica do "seu" inconsciente. Com efeito, a doença do esquizo estaria na edipianização a que é submetido (a mais sombria organização), e que ele,

---

[52] Lacan, "La Famille", *Encyclopédie Française VIII*, 1938.

já não podendo suportar, parte para uma viagem ao longe, como se aquele que deriva pelos continentes e culturas fosse constantemente reconduzido a Bécon.^{NT} O esquizo não sofre de um eu dividido ou um Édipo despedaçado, mas, ao contrário, por ser reconduzido a tudo isso que deixou. Queda de intensidade até ao corpo sem órgãos = 0, autismo: ele não tem outro modo de reagir à barragem de todos os seus investimentos de realidade, barragem que o sistema edipiano repressão-recalcamento lhe opõe. Como diz Laing, sua viagem é interrompida. Eles perderam a realidade. Mas quando a perderam? Na viagem ou na interrupção da viagem?

Portanto, há outra formulação possível de uma relação inversa: haveria como que dois grupos, os psicóticos e os neuróticos, aqueles que não suportam a edipianização e aqueles que a suportam e mesmo se contentam com ela, evoluindo nela. Aqueles sobre quem a marca edipiana não pega, e aqueles sobre quem ela pega. "Creio que meus amigos avançaram em grupo no início da Nova Idade, como forças de explosão prática que os lançaram num desvio paternalista que me parece vicioso... *Um segundo grupo de isolados*, no qual estou, constituído sem dúvida por centros de clavículas, foi afastado de toda possibilidade de sucesso individual no momento em que os membros assumiam pesados estudos de ciência infusa. *[148]* No que me concerne, minha rebelião contra o *paternalismo do primeiro grupo* me colocou, desde o segundo ano, numa dificuldade social cada vez mais sufocante. Ei, *vocês creem que esses dois grupos sejam capazes de se juntar?* Quase nada tenho contra esses porcos do paternalismo viril, não sou vingativo... Em todo caso, se ganhei, não mais haverá luta entre o Pai e o Filho!... Falo das pessoas de Deus, naturalmente, e não dos próximos que se tomam por...".[53] Através desses dois grupos, o que se opõe

---

^{NT} [É possível que o humor crítico da frase se condense no termo *Bécon* enquanto partícipe do nome de uma estação do metrô parisiense (*Pont de Levallois-Bécon*) situada no terminal oeste da linha 3.]

[53] Jacques Besse, *La Grande Pâque*, p. 27, p. 61. [NT: Músico e poeta francês, Besse nasceu em 1921, levou uma vida desordenada, com vários episódios de alcoolismo e internações psiquiátricas; faleceu em 1999 na clínica La Borde.]

é o registro do desejo no corpo sem órgãos incriado e o registro familiar no *socius*, assim como a ciência infusa em psicose e as ciências neuróticas experimentais, como também o círculo excêntrico esquizoide e o triângulo neurótico, isto é, de um modo geral, dois tipos de uso de síntese: de um lado, as máquinas desejantes; de outro, a máquina edipiana-narcísica. Para compreender os detalhes dessa luta é preciso considerar que a família talha, não para de cortar à sua medida a produção desejante. Inscrevendo-se no registro do desejo, introduzindo furtivamente sua captura, a família opera uma vasta captação de forças produtivas, desloca e reorganiza à sua maneira o conjunto dos cortes que caracterizam as máquinas do desejo. Faz cair todos esses cortes no lugar da universal castração que condiciona a própria família (*"un cul de rat mort suspendu au plafond du ciel"*, diz Artaud),[NT] mas ela também os redistribui segundo suas leis próprias e as exigências da produção social. A família corta segundo seu triângulo, distinguindo o que é da família e o que não é. Ela também corta por dentro, segundo as linhas de diferenciação que formam as pessoas globais: lá está papai, ali está mamãe, aí está você e, ainda, sua irmã. Corte aqui o fluxo do leite, agora é a vez do seu irmão, não cague aqui, corte aí o fluxo de merda. A primeira função da família é a de retenção: trata-se de saber o que ela vai rejeitar da produção desejante, o que vai reter, o que vai ramificar pelos caminhos sem saída que levam ao seu próprio indiferenciado (cloaca), ou, ao contrário, o que vai conduzir pelas vias de uma diferenciação disseminável e reprodutível. É que a família cria ao mesmo tempo suas *[149]* vergonhas e suas glórias, a indiferenciação de sua neurose e a diferenciação do seu ideal que só aparentemente se distinguem. E durante esse tempo, que faz a produção desejante? Os elementos retidos não entram no novo uso de síntese (síntese que lhes impõe uma tão grande transformação) sem fazer com que o triângulo todo ressoe. As máquinas desejantes estão à porta e quando entram fazem tudo vibrar; e o que não entra talvez faça vibrar ainda mais. Elas reintroduzem ou tentam reintroduzir seus cortes aberrantes.

[NT] ["um cu de rato morto pendurado no teto do céu" ou "um rato morto pendurado pelo rabo no teto do céu".]

A criança ressente-se com a tarefa a que é convocada. Mas que colocar no triângulo, como selecionar? O nariz do pai e a orelha da mãe, será que isso basta, será que isso pode ser retido, isso faria um bom corte edipiano? E a buzina da bicicleta? O que faz parte da família? É próprio do triângulo vibrar, ressoar, sob a pressão do que ele retém e também do que ele repele. A ressonância (abafada ou pública, envergonhada ou gloriosa) é a segunda função da família. A família é, ao mesmo tempo, ânus que retém, voz que ressoa e boca que consome: são as suas três sínteses, pois se trata de ramificar o desejo pelos objetos já prontos da produção social. Comprem madalenas de Combray para ter ressonâncias!

[II.8.3. Édipo "indecidível": a ressonância]

Porém, não podemos nos ater à simples oposição de dois grupos, pela qual se definiria a neurose como uma perturbação intraedipiana e a psicose como uma fuga extraedipiana. Nem mesmo basta constatar que os dois grupos são "capazes de junção". O problema vem a ser, sobretudo, o da possibilidade de discerni-los diretamente. Como distinguir a pressão que a reprodução familiar exerce sobre a produção desejante e a pressão que a produção desejante exerce sobre a reprodução familiar? O triângulo edipiano vibra e treme; mas será que é em função da captura que ele está em vias de exercer sobre as máquinas do desejo, ou será em função dessas próprias máquinas que escapam à sua garra e o fazem largar a presa? Onde está o limite de ressonância? Um romance familiar exprime não só um esforço para salvar a genealogia edipiana, mas também um livre impulso de genealogia não edipiana. Os fantasmas nunca são formas pregnantes, mas fenômenos de orla, ou de fronteira, que podem vazar tanto para um lado como para o outro. Em suma, *Édipo [150] é estritamente indecidível*. E por ser ele indecidível é que podemos encontrá-lo em toda parte; neste sentido, é correto dizer que ele não serve estritamente para nada. Voltemos à bela história de Nerval:[NT] ele quer que Aurélie, a mulher amada, seja a mesma que Adrienne, a menina da sua infância; ele as "per-

---

[NT] [Referência ao conto "Sylvie", do livro *Les Filles du feu* (1854), de Gérard de Nerval (1808-1855).]

cebe" como idênticas. E Aurélie e Adrienne, ambas em uma, são a mãe. Será o caso de dizer que a identificação, como "identidade de percepção", é aqui signo de psicose? Reencontramos, então, o critério de realidade: o complexo só invade a consciência psicótica à custa de uma ruptura com o real, ao passo que na neurose a identidade continua sendo a de representações inconscientes e não compromete a percepção. Mas o que se ganhou inscrevendo tudo e até a própria psicose em Édipo? Um passo a mais e Aurélie, Adrienne *e* a mãe são a Virgem. Nerval busca o limite de vibração do triângulo. "Você procura um drama", diz Aurélie. Não se inscreve tudo em Édipo sem que tudo, no limite, fuja para fora de Édipo. As identificações não eram identificações de pessoas feitas do ponto de vista da percepção, mas identificações de nomes com regiões de intensidade que dão partida a outras regiões ainda mais intensas, estímulos quaisquer que desencadeiam uma viagem totalmente diferente, estases que preparam outras aberturas, outros movimentos não mais ao encontro da mãe, mas da Virgem e de Deus: *e eu três vezes vencedor atravessei o Aqueronte*. Assim, o esquizo aceitará que se reduza tudo à mãe, porque isso já não tem importância alguma: ele tem a certeza de que pode voltar a tirar tudo da mãe e dela retirar, para seu uso secreto, todas as Virgens que nela haviam posto.

[II.8.4. O que quer dizer fator atual]

Tudo se converte em neurose ou tudo se verte em psicose: porém, não é assim que a questão deve ser colocada. Seria inexato conservar uma interpretação edipiana para as neuroses e reservar uma explicação extraedipiana para as psicoses. Não há dois grupos, não há diferença de natureza entre neuroses e psicoses. *Porque, de qualquer maneira, a produção desejante é que é causa*, causa última, seja das subversões psicóticas, que quebram ou submergem Édipo, seja das ressonâncias neuróticas que o constituem. Tal princípio adquire todo o seu sentido se o relacionamos com o problema dos "fatores atuais". Um dos pontos mais importantes da psicanálise foi a avaliação do papel desses [151] fatores atuais, mesmo na neurose, enquanto distintivos dos fatores infantis familiares; todas as grandes dissensões estiveram ligadas a esta avaliação. E as dificuldades incidiram sobre diversos aspectos. Primeiramente, sobre a natureza destes fatores (somáticos, sociais, metafísicos? Os famosos "problemas da vida" por meio dos quais se reintroduzia na psicanálise um puro idealismo dessexualizado?). Em segundo lugar, sobre a modalidade destes fatores: agiam de maneira negativa, privativa, por simples frustração? Por fim, sobre o seu momento, o seu tempo: não era óbvio que o fator atual surgia *após*, e que significava "recente", por oposição ao infantil ou ao mais antigo que se explicava suficientemente pelo complexo familiar? Até um autor como Reich, tão preocupado em estabelecer uma relação entre o desejo e as formas da produção social e, portanto, em mostrar que não há psico-neurose que não seja também neurose atual, continua a apresentar os fatores atuais como se agissem por privação repressiva (a "estase sexual") e surgissem após. É isso que o obriga a conservar um tipo de edipianismo difuso, dado que a estase ou o fator atual privativo define tão somente a energia da neurose, mas não o conteúdo que, por sua vez, remete ao conflito infantil edipiano, a esse conflito antigo que se acha reativado pela estase atual.[54] Os edipianizantes não dizem outra coisa quando observam que uma privação ou frustração atuais só podem ser experimentadas no seio de um conflito qualitativo interno mais antigo, que tapa não só os caminhos proibidos pela realidade mas também os que ela deixa abertos, e que o eu, por seu turno, proíbe a si próprio (fórmula do duplo impasse): será que "encontraríamos exemplos" que ilustrem o esquema das neuroses atuais "entre os presos, os concentracionários ou os operários estafados pelo trabalho? Eles talvez não sejam numerosos... Nossa tendência sistemática é a de não aceitar sem inventário as evidentes iniquidades da realidade, sem tentar *[152]* desvendar em que a desordem do mundo advém da desordem subjetiva, mesmo se esta *com o tempo* se inscreve em estruturas mais ou menos irreversí-

---

[54] W. Reich, *La Fonction de l'orgasme*, p. 94: "Todas as fantasias neuróticas mergulham suas raízes na ligação sexual infantil com os pais. Mas o conflito criança-pai não conseguiria produzir uma perturbação duradoura do equilíbrio psíquico se não fosse continuamente alimentado pela estase atual criada na origem, por esse mesmo conflito...".

veis".[55] Compreendemos esta frase, mas não podermos deixar de ouví-la de maneira inquietante. Ela nos impõe a seguinte escolha: ou o fator atual é concebido de maneira totalmente privativa exterior (o que é impossível), ou ele é mergulhado num conflito qualitativo interno necessariamente relacionado com Édipo... (o Édipo — fonte na qual o psicanalista lava as mãos das iniquidades do mundo).

Considerando os desvios idealistas da psicanálise, encontramos outra via, totalmente distinta, e nela vemos uma tentativa interessante para dar aos fatores atuais um estatuto que não seja privativo e ulterior. Por exemplo, em Jung, duas preocupações acham-se ligadas num paradoxo aparente: a preocupação de abreviar a cura interminável atendo-se ao presente ou à atualidade da perturbação, e a preocupação de ir mais longe do que Édipo, e até mais longe do que o pré-edipiano, remontando mais além — como se o mais atual fosse também o mais original, e o mais curto fosse o mais longínquo.[56] Jung apresenta os arquétipos como fatores atuais que transbordam precisamente as imagens familiares na transferência e, ao mesmo tempo, como fatores arcaicos infinitamente mais antigos, antiguidade esta totalmente distinta daquela dos próprios fatores infantis. Mas com isso nada se ganha, pois, assim, o fator atual só deixa de ser privativo com a condição de gozar dos direitos do Ideal, e só deixa de ser um após com a condição de se tornar um além, um além que deve ser significado anagogicamente por Édipo em vez de depender dele analiticamente. Desta maneira, o após se reintroduz necessariamente na diferença

---

[55] Jean Laplanche, *La Réalité dans la névrose et la psychose* (conferência proferida na Société Française de Psychanalyse em 1961). Cf. também Laplanche e Pontalis, *Vocabulaire de psychanalyse*, os artigos "Frustration" e "Névrose actuelle".

[56] A mesma observação vale para Otto Rank [1884-1939]: o traumatismo do nascimento não implica somente um remontar-se além de Édipo e do pré-edipiano, mas deve ser também um meio de abreviar a cura. Freud assinala isso com amargura em *Analyse terminée, analyse interminable*: "Rank esperava curar todas as neuroses liquidando mais tarde, por meio de uma análise, esse traumatismo primitivo; assim, um pequeno fragmento de análise pouparia todo o resto do trabalho analítico...".

de temporalidade, como testemunha *[153]* a surpreendente repartição proposta por Jung: para os jovens, cujos problemas são de família e de amor, o método de Freud!, para os menos jovens, com problemas de adaptação social, o método de Adler!, e Jung para os adultos e velhos, cujos problemas são os do Ideal...[57] Vimos o que permanece comum entre Freud e Jung: o inconsciente é sempre medido por mitos (e não por unidades de produção), embora a medida se faça em dois sentidos opostos. Mas, afinal, que importância tem que a moral ou a religião encontrem em Édipo um sentido analítico e regressivo ou que Édipo encontre na moral ou na religião um sentido anagógico e prospectivo?

[II.8.5. Quinto paralogismo da psicanálise: o após]

Dizemos que a causa da perturbação, seja da neurose ou da psicose, está sempre na produção desejante, na sua relação com a produção social, na sua diferença ou conflito de regime em relação a esta, e nos modos de investimento que ela opera nesta. Enquanto presa a esta relação, a este conflito e a estas modalidades, a produção desejante *é o fator atual*. Assim sendo, este fator não é nem privativo nem ulterior. Constitutivo da vida plena do desejo, ele é contemporâneo da mais tenra infância, acompanhando-a passo a passo. Ele não sobrévem depois de Édipo, não supõe em nada uma organização edipiana ou uma pré-organização pré-edipiana. Ao contrário, *quem depende dele é Édipo, seja este tomado como estímulo de valor qualquer, simples indutor através do qual se faz desde a infância a organização anedipiana da produção desejante, seja como efeito do recalcamento-repressão que a reprodução social impõe à produção desejante através da família.* E não o chamamos atual por ser o mais recente ou porque ele se oporia ao antigo ou infantil, mas por diferença com "virtual". *E virtual é o complexo de Édipo, seja porque deve ser atualizado numa formação neurótica como efeito derivado do fator atual, seja por ser desmembrado e dissolvido numa formação psicótica como efeito direto desse mesmo fator.* É neste sentido que a ideia de um após

---

[57] C. G. Jung, *La Guérison psychologique*, Genebra, Librairie de l'Université/Georg et Cie., 1953, caps. 1-4.

nos parecia ser um último paralogismo da teoria e da prática psicanalíticas; desde o início, a produção desejante ativa *[154]* investe no seu próprio processo um conjunto de relações somáticas, sociais e metafísicas que não sucedem às relações psicológicas edipianas, mas que, ao contrário, *se aplicarão* ao subconjunto edipiano definido por reação, ou o excluirão do campo de investimento da sua atividade. Édipo é *indecidível, virtual, reativo ou reacional*. Não passa de uma formação reacional. Formação reacional à produção desejante: é um grande erro considerar esta formação por si mesma, abstratamente, independentemente do fator atual com que coexiste e ao qual reage.

[II.8.6. Atualidade da produção desejante]

Contudo, é o que faz a psicanálise ao se fechar em Édipo, ao determinar progressões e regressões em função de Édipo, ou mesmo em relação a ele: é o caso da ideia de regressão pré-edipiana com que se tenta por vezes caracterizar a psicose. É como um ludião; as regressões e as progressões só se dão no interior do vaso artificialmente fechado de Édipo e, na verdade, dependem de um estado cambiante de forças, mas sempre atual e contemporâneo da produção desejante *anedipiana*. A produção desejante tem sempre uma existência atual; progressões e regressões são apenas efetuações de uma virtualidade que se acha sempre efetuada tão perfeitamente quanto ela pode ser em virtude dos estados de desejo. Entre os raros psiquiatras e psicanalistas que souberam instaurar com os esquizofrênicos, adultos ou crianças, uma relação direta realmente inspirada, Gisela Pankow e Bruno Bettelheim traçam caminhos que são novos por sua força teórica e eficácia terapêutica. E não é por acaso que ambos põem em questão a noção de regressão. Tomando o exemplo dos cuidados corporais dados a um esquizofrênico — massagens, banhos, envolvimentos etc. — Gisela Pankow pergunta se é preciso atingir o doente no ponto da sua regressão para lhe dar satisfações simbólicas indiretas que lhe permitiriam reatar com uma progressão, retomar uma marcha progressiva. Ora, a questão não é, diz ela, "dar ao esquizofrênico os cuidados que não recebeu quando bebê. Trata-se, isto sim, de dar ao doente sensações corporais táteis e outras que o levem ao reconhecimento dos limites do seu corpo... Trata-se do *reconhecimento* de um desejo inconsciente, e não da *[155]* satisfação dele".[58] Reconhecer o desejo é precisamente recolocar em marcha a produção desejante sobre o corpo sem órgãos, aí mesmo onde o esquizo havia se redobrado para fazê-la calar e sufocar. Este reconhecimento do desejo, esta posição de desejo, *este Signo*, tudo isto remete a uma ordem de produtividade real e atual, que de modo algum se confunde com uma satisfação indireta ou simbólica, e que, nas suas paradas assim como nas retomadas de sua marcha, é tão distinta de uma regressão pré-edipiana quanto de uma restauração progressiva de Édipo.

[II.9. O processo]

[II.9.1. Partir]
Entre neurose e psicose não há diferença de natureza, de espécie, nem de grupo. Assim como a psicose, também a neurose não pode ser explicada edipianamente. Muito pelo contrário, a neurose é que explica Édipo. Então, como conceber a relação psicose-neurose? E essa relação não dependerá de outras relações? Tudo muda conforme denominemos psicose o próprio processo ou, ao contrário, uma interrupção do processo (e que gênero de interrupção?). A esquizofrenia como processo é a produção desejante, mas tal como ela é no fim, como limite da produção social determinada nas condições do capitalismo. Esta é a nossa "doença", a de homens modernos. O fim da história não tem outro sentido. Nele se reúnem os dois sentidos do processo: como movimento da produção social, que vai até o fim da sua desterritorialização, e como movimento da produção metafísica, que arrasta e reproduz o desejo numa nova Terra. "O deserto cresce... o signo está próxi-

---

[58] Gisela Pankow, *L'Homme et sa psychose*, Paris, Aubier, 1969, pp. 24-6 (salientamos a belíssima teoria do signo desenvolvida por Gisela Pankow em *Structuration dynamique dans la schizophrénie*, Berna, Hans Huber, 1956). Sobre a crítica da regressão feita por Bruno Bettelheim, cf. *La Forteresse vide*, pp. 369-74.

mo...". O esquizo leva consigo os fluxos descodificados e faz com que eles atravessem o deserto do corpo sem órgãos, onde instala suas máquinas desejantes e produz um perpétuo escoamento de forças ativas. Ele transpôs o limite, a esquiza que mantinha a produção de desejo sempre à margem da produção social, tangencial e sempre repelida. O *[156]* esquizo sabe partir: ele fez da partida algo tão simples quanto nascer e morrer. Mas, ao mesmo tempo, sua viagem ocorre estranhamente no mesmo lugar. Ele não fala de um outro mundo, ele não é de um outro mundo: mesmo deslocando-se no espaço, é uma viagem em intensidade, em torno da máquina desejante que se erige e permanece aqui. Porque aqui é que se acha o deserto propagado pelo nosso mundo, e também a nova terra e a máquina que ronca, em torno da qual os esquizos giram, planetas para um novo sol. Estes homens do desejo (ou talvez não existam ainda) são como Zaratustra: conhecem incríveis sofrimentos, vertigens e doenças. Têm seus espectros. Eles devem reinventar cada gesto. Mas um tal homem se produz como homem livre, irresponsável, solitário e alegre, capaz afinal de fazer e dizer algo de simples em seu próprio nome, sem pedir permissão, desejo a que nada falta, fluxo que atravessa as barragens e os códigos, nome que não mais designa eu algum. Ele simplesmente deixou de ter medo de devir louco. Ele vive sua vida como sublime doença que não mais o atingirá. O que vale, do que serviria aqui um psiquiatra? Em toda a psiquiatria, apenas Jaspers e, depois, Laing tiveram a ideia do que significava processo e sua efetuação (por isso eles souberam evadir-se do familismo, este leito comum à psicanálise e à psiquiatria). "Se a espécie humana sobreviver, imagino que os homens do futuro considerarão nossa esclarecida época como um verdadeiro século do obscurantismo. E serão sem dúvida capazes de apreciar a ironia desta situação com mais humor do que nós. Rirão de nós. Saberão que aquilo a que dávamos o nome de esquizofrenia era uma das formas sob as quais — e muitas vezes por intermédio de pessoas absolutamente comuns — a luz começou a aparecer através das fendas dos nossos espíritos fechados... A loucura não é necessariamente um desabamento (*breakdown*); pode ser também uma abertura de saídas (*breakthrough*)... O indivíduo que faz a experiência transcendental da perda do ego pode ou não perder de diversas maneiras o equilíbrio. Pode, então, ser considerado louco. Mas ser louco não é necessariamente ser doente, mesmo se em nosso mundo os dois termos se tornaram complementares... Partindo do ponto de vista da nossa pseudossaúde mental, tudo é equívoco. Esta saúde não é uma verdadeira saúde. A *[157]* loucura dos outros não é uma verdadeira loucura. A loucura dos nossos pacientes é um produto da destruição que nós lhes impomos e que eles se impõem a si próprios. E não se pense que podemos encontrar a verdadeira loucura, nem que somos verdadeiramente sãos de espírito. A loucura que encontramos em nossos doentes é um grosseiro disfarce, uma aparência enganadora, uma caricatura grotesca do que poderia ser a cura natural desta estranha integração. A verdadeira saúde mental implica de uma maneira ou de outra a dissolução do ego normal...".[59]

[II.9.2. O pintor Turner[NT]]

A visita a Londres é nossa visita à *Pythia*, à Pitonisa, à adivinha. Turner está lá. Olhando seus quadros, compreende-se o que quer dizer atravessar o muro, e entretanto ficar, fazer passar os fluxos sem sabermos mais se eles nos arrastam alhures ou se já retornam sobre nós. Os quadros se distribuem por três períodos. Se o psiquiatra tivesse o que dizer, poderia falar sobre os dois primeiros, embora, na verdade, sejam os mais racionais. As primeiras telas são catástrofes do fim do mundo, avalanche e tempestade. Turner começa por aí. As segundas são como que a reconstrução

---

[59] Ronald David Laing, *La Politique de l'expérience*, pp. 89, 93, 96, 100. Num sentido bem próximo a esse, Michel Foucault anunciava: "Talvez um dia já não se saiba muito bem o que terá sido a loucura... Artaud pertencerá ao solo da nossa linguagem e não ao da sua ruptura... Tudo o que hoje experimentamos como um limite, como algo de estranho ou insuportável, terá ganho a serenidade do positivo. E corremos o risco de um dia virmos a ser designados pelo que esse Exterior hoje designa... A loucura deixa de estar ligada à doença mental... loucura e doença mental desfazem sua pertença à mesma unidade antropológica" ("La Folie, l'absence d'oeuvre", *La Table Ronde*, maio de 1964).

[NT] [Joseph Mallord William Turner (1775-1851).]

delirante, mas na qual o delírio se oculta, ou melhor, acompanha a elevada técnica herdada de Poussin, de Lorrain ou da tradição holandesa: o mundo é reconstruído através de arcaísmos dotados de uma função moderna. Porém, algo de incomparável se passa no nível das telas do terceiro período, da série de quadros que Turner não mostra, que mantém em segredo. Nem mesmo podemos dizer que ele se encontra muito à frente do seu tempo: trata-se de algo que não é de época alguma, e que nos vem de um eterno futuro ou que foge para ele. A tela se afunda em si mesma, atravessada por um buraco, um lago, uma chama, um tufão, uma explosão. Temas de quadros anteriores podem reencontrar-se aqui, mas o seu sentido mudou. A tela é verdadeiramente [158] rompida, fendida por aquilo que a atravessa. Sobrenada apenas um fundo de névoa e de ouro intenso, intensivo, fendido em profundidade por aquilo que o atravessa em largura: a esquiza. Tudo se mistura, e é aí que se produz a abertura (não o desabamento).

[II.9.3. Literatura e as interrupções do processo: neurose, psicose e perversão]

Estranha literatura angloamericana: de Thomas Hardy, de D. H. Lawrence a Malcolm Lowry, de Henry Miller a Allen Ginsberg e Jack Kerouac,[NT] homens que sabem partir, misturar os códigos, fazer passar fluxos, atravessar o deserto do corpo sem órgãos. Transpõem um limite, arrombam um muro, a barra capitalista. Certamente, eles falham na efetuação do processo, não param de falhar nisso. Volta a se fechar o impasse neurótico — o papai-mamãe da edipianização, a América, o regresso ao país natal — ou então a perversão das territorialidades exóticas, e depois a droga e o álcool — ou, pior ainda, um velho sonho fascista. Nunca o delírio oscilou melhor de um a outro dos seus dois polos. Mas através dos impasses e triângulos corre um fluxo esquizofrênico, irresistível, esperma, rio, esgoto, blenorragia ou vaga de palavras que não se deixam codificar, libido demasiado fluida e demasiado vis-

---

[NT] [Thomas Hardy (1840-1928); David Herbert Lawrence (1885-1930); Malcolm Lowry (1909-1957); Henry Miller (1891-1980); Allen Ginsberg (1926-1997); Jack (ou Jean-Louis) Kerouac (1922-1969).]

cosa: uma violência à sintaxe, uma destruição concertada do significante, o não-senso erigido em fluxo, plurivocidade que volta a adentrar todas as relações. O problema da literatura é mal colocado quando pensado a partir da ideologia de que ela é portadora ou de sua recuperação por uma ordem social. As pessoas é que são recuperadas, não as obras, que sempre despertarão um jovem adormecido, obras que não param de levar seu fogo para mais longe. E a noção de ideologia é extremamente confusa, porque nos impede de apreender a relação da máquina literária com um campo de produção, e aquele momento em que o signo emitido atravessa esta "forma de conteúdo" que tentava mantê-la na ordem do significante. No entanto, desde há muito tempo Engels mostrou — a propósito de Balzac — que um autor é grande precisamente por não poder deixar de traçar e fazer correr fluxos que arrombam o significante católico e despótico de sua obra, e que alimentam necessariamente uma máquina revolucionária no horizonte. É isso o estilo, ou antes, a ausência de estilo, a assintaxia, a agramaticalidade: momento em que a linguagem já não mais se define pelo que ela diz, e ainda menos pelo que a torna significante, mas por aquilo que a faz correr, fluir, romper-se — o desejo. Porque a literatura [159] é exatamente como a esquizofrenia: um processo e não uma meta, uma produção e não uma expressão.

    Também neste caso, a edipianização é ainda um dos fatores mais importantes na redução da literatura a um objeto de consumo em conformidade com a ordem estabelecida, e objeto incapaz de fazer mal a quem quer que seja. Não se trata da edipianização pessoal do autor e dos seus leitores, mas da *forma edipiana* a que se tenta submeter a própria obra para fazer dela esta atividade menor expressiva que secreta a ideologia segundo os códigos sociais dominantes. É por isso que se julga a obra de arte como devendo inscrever-se entre os dois polos de Édipo, problema e solução, neurose e sublimação, desejo e verdade: um polo regressivo, sob o qual ela mistura e redistribui os conflitos não resolvidos da infância; e um polo prospectivo, pelo qual ela inventa as vias de uma nova solução concernente ao futuro do homem. Diz-se que uma conversão — interior à obra — é que a constitui como "objeto cultural". Deste ponto de vista, não se trata nem mesmo de aplicar a psicanálise à obra de arte, já que a própria obra de arte é que constitui uma psicanálise bem-sucedida, uma sublime "transferência" com virtualidades coletivas exemplares. Ressoa a hipócrita advertência: um pouco de neurose é bom para a obra de arte, é uma boa matéria, mas não a psicose, sobretudo não a psicose; e assim se distingue o aspecto neurótico, eventualmente criador, do aspecto psicótico, alienante e destruidor... Como se as grandes vozes que souberam operar uma abertura da gramática e da sintaxe, e fazer de toda a linguagem um desejo, não falassem do fundo da psicose e não nos mostrassem um ponto de fuga revolucionário eminentemente psicótico. É justo confrontar a literatura estabelecida com uma psicanálise edipiana: é que ela desdobra uma forma de superego que lhe é própria e ainda mais nociva do que o superego não escrito. Com efeito, Édipo é literário antes de ser psicanalítico. Haverá sempre um Breton contra Artaud, um Goethe contra Lenz, um Schiller contra Hölderlin, para superegonizar a literatura e nos dizer: atenção, não vá muito longe! Nada de "falta de tato"! Werther sim, Lenz não![NT] A forma edipiana da literatura é a sua forma mercantil. Não que pensemos que haja, afinal, menos desonestidade na psicanálise do que nessa literatura, pois o neurótico simplesmente *[160]* faz uma obra solitária, irresponsável, ilegível e não vendável, que, ao contrário, tem de pagar para ser não apenas lida, mas traduzida e reduzida. Ele, pelo menos, comete um erro econômico, uma falta de tato, e não difunde seus valores. Como bem dizia Artaud: toda escrita é porcaria — ou seja, toda literatura que se toma como um fim, que fixa fins para si, em vez de ser um processo que "escave a caca do ser e da sua linguagem", que carreie débeis, afásicos e iletrados. Dispensem-nos pelo menos da sublimação. Todo escritor é um vendido. A única literatura é aquela que faz do seu embrulho uma armadilha, fabricando uma falsa moeda, explodindo o superego de sua forma de expressão e o valor mercantil de sua forma de conteúdo. Mas uns res-

[NT] [André Breton (1896-1966); Johann Wolfgang von Goethe (1749-1832); Johann Christoph Friedrich von Schiller (1759-1805); Friedrich Hölderlin (1770-1843). Sobre Werther, cf. Goethe, *Os sofrimentos do jovem Werther*, de 1774; sobre Lenz, cf. NT e nota 1 à p. *[7]*.]

pondem: Artaud não pertence à literatura, está fora dela porque ele é um esquizofrênico. Outros dizem: ele não é um esquizofrênico porque pertence à literatura, e à maior delas, à textual. Uns e outros têm pelo menos em comum uma concepção pueril e reacionária da esquizofrenia e uma concepção neurótica e mercantil da literatura. Um crítico pernicioso escreveu: é preciso nada compreender do significante "para declarar peremptoriamente que a linguagem de Artaud é a de um esquizofrênico; o psicótico produz um discurso involuntário, entravado, submetido: absolutamente o contrário, em todos os pontos, da escrita textual". Mas que enorme arcaísmo textual é esse, o significante, que submete a literatura à marca da castração e santifica os dois aspectos de sua forma edipiana? E quem disse a esse pernicioso que o discurso do psicótico é "involuntário, entravado, submetido"? Ainda que, graças a deus, não seja também o contrário disso. Mas até estas oposições são singularmente pouco pertinentes. *Artaud é o despedaçamento da psiquiatria, precisamente porque ele é um esquizofrênico e não porque ele não o é.* Artaud é a efetuação da literatura precisamente porque ele é esquizofrênico e não porque não o é. Há muito tempo ele arrebentou o muro do significante: Artaud, o Esquizo. Do fundo do seu sofrimento e da sua glória, ele tem o direito de denunciar o que a sociedade faz do psicótico envolvido com a descodificação dos fluxos do desejo (*Van Gogh, o suicidado da sociedade*), e também o que ela faz da literatura, quando a opõe à psicose em nome de uma recodificação neurótica ou perversa (Lewis Carroll ou o medroso das letras).[NT] *[161]*

[II.9.4. Movimento da desterritorialização e territorialidades]
São bem poucos os que operam nesse muro ou nesse limite esquizofrênico aquilo que Laing denomina transpassagem:[NT] "gente comum", todavia... Em sua maioria, eles se aproximam do muro

---

[NT] [Vincent van Gogh (1853-1890); Lewis Carroll (Charles Lutwidge Dodgson, 1832-1898).]

[NT] [Emprego "transpassagem" para traduzir *la percée*.]

e recuam, horrorizados. Melhor recair sob a lei do significante, ser marcado pela castração, triangulado em Édipo. Com isso, portanto, eles deslocam o limite, fazem-no passar para o interior da formação social, entre a produção e a reprodução sociais, que eles investem, e a reprodução familiar sobre a qual eles assentam todos os investimentos. Fazem passar o limite para o interior do domínio assim descrito por Édipo, entre os dois polos de Édipo. Não param de involuir e de evoluir entre estes dois polos. Édipo como último rochedo, e a castração como alvéolo: mais vale uma última territorialidade, ainda que reduzida ao divã do analista, do que os fluxos descodificados do desejo que fogem, correm e nos arrastam sabe-se lá para onde? A neurose é isto, deslocamento do limite para guardar para si próprio uma pequena terra colonial. Mas outros querem terras virgens, realmente mais exóticas, famílias mais artificiais, sociedades mais secretas que eles desenham e instituem ao longo do muro, nos lugares de perversão. Outros, ainda, enojados da utilidade doméstica de Édipo, mas também dos gêneros vendáveis e do esteticismo perverso, atingem o muro e pulam sobre ele, às vezes com extrema violência. Então, eles se imobilizam, calam-se e se redobram sobre o corpo sem órgãos, ainda uma territorialidade, mas desta vez totalmente desértica, na qual toda a produção desejante para ou cristaliza, finge parar: é a psicose. Corpos catatônicos que caíram no rio como chumbo, imensos hipopótamos fixos que não mais voltarão à superfície. Confiaram com todas as suas forças no recalcamento originário para escapar ao sistema repressão-recalcamento que fabrica os neuróticos. Mas uma repressão ainda mais nua se abate sobre eles e os identifica ao esquizo de hospital, o grande autista, entidade clínica a quem "falta" o Édipo. Por que a mesma palavra, esquizo, para designar o processo que transpõe o limite e, ao mesmo tempo, o resultado do processo que se choca com o limite e aí se encrava para sempre? Seria para designar a eventual transpassagem e, ao mesmo tempo, o desmoronamento possível, assim como todas as transições e os emaranhados entre um e outro? É que, considerando as três aventuras precedentes, a da psicose é a que está em relação mais íntima com o processo, *[162]* no sentido em que Jaspers mostra que o "demoníaco", ordinariamente reprimido-recalcado, irrompe em prol de um tal estado ou suscita estados que o levam sem cessar ao risco de cair no desmoronamento ou na desagregação. Já não sabemos se é ao processo que devemos denominar loucura, sendo a doença tão somente seu disfarce ou caricatura, ou se é a doença a única loucura de que o processo nos deveria curar. Mas, em todo caso, a intimidade da relação aparece diretamente em razão inversa: o esquizo-entidade surge tanto mais como um produto específico quanto mais o processo de produção é desviado do seu curso, brutalmente interrompido. E é por isso que, em troca, não podemos estabelecer relação direta alguma entre neurose e psicose. As relações entre a neurose, a psicose e também a perversão, dependem da situação de cada uma relativamente ao processo, e da maneira como cada uma representa um modo de interrupção, uma terra residual à qual alguém ainda se agarra para não ser arrastado pelos fluxos desterritorializados do desejo. Territorialidade neurótica de Édipo, territorialidades perversas do artifício, territorialidade psicótica do corpo sem órgãos; ora o processo é apanhado na armadilha e volteia no triângulo, ora ele toma a si próprio como um fim, ora ele persegue a si próprio no vazio e substitui sua efetuação por uma horrível exasperação. Cada uma destas formas tem como fundo a esquizofrenia, a esquizofrenia como processo é o único universal. A esquizofrenia é, ao mesmo tempo, o muro, a abertura no muro e os fracassos desta abertura: "A meu ver, para atravessar esse muro, já que de nada adianta bater-lhe com força, é preciso miná-lo e limá-lo lentamente e com paciência".[60] E isto não diz respeito apenas à arte e à literatura. Com efeito, ou a máquina artística, a máquina analítica e a máquina revolucionária permanecerão nas relações extrínsecas que as fazem funcionar no quadro amortecido do sistema repressão-recalcamento, ou se tornarão peças e engrenagens umas das outras no fluxo que alimenta uma só e mesma máquina desejante, como outros tantos fogos locais pacientemente acesos para uma explosão generalizada — a esquiza e não o significante. *[163]*

---

[60] Van Gogh, carta de 8 de setembro de 1888.

Capítulo III
SELVAGENS, BÁRBAROS, CIVILIZADOS

[III.1. SOCIUS INSCRITOR]

[III.1.1. O registro. Em que sentido o capitalismo é universal]

Se o universal está no fim, corpo sem órgãos e produção desejante, nas condições determinadas pelo capitalismo aparentemente vencedor, como encontrar inocência suficiente para fazer história universal? A produção desejante também está desde o início: há produção desejante desde que haja produção e reprodução sociais. Mas é verdade que as máquinas sociais pré-capitalistas são inerentes ao desejo num sentido muito preciso: elas o codificam, codificam os fluxos do desejo. Codificar o desejo — e o medo, a angústia dos fluxos descodificados — é próprio do *socius*. Como veremos, o capitalismo é a única máquina social que se construiu como tal sobre fluxos descodificados, substituindo os códigos intrínsecos por uma axiomática das quantidades abstratas em forma de moeda. Portanto, o capitalismo liberta os fluxos do desejo, mas nas condições sociais que definem o seu limite e a possibilidade da sua própria dissolução; de modo que ele não para de contrariar com todas as suas forças exasperadas o movimento que o impele para este limite. No limite do capitalismo, o *socius* desterritorializado dá lugar ao corpo sem órgãos, e os fluxos descodificados se lançam na produção desejante. Portanto, é procedente compreender retrospectivamente toda a história à luz do capitalismo, mas sob a condição de se seguir exatamente as regras formuladas por Marx: primeiramente, a história universal é a das contingências, e não a da necessidade; é a dos cortes e dos limites, e não a da continuidade. Porque foram indispensáveis grandes acasos — espantosos encontros que poderiam ter-se produzido em outro lugar, num tempo anterior, ou nem sequer terem ocorrido — para que os fluxos escapassem à codificação e, em escapando, não deixassem de constituir uma nova máquina determinável como *socius* capitalista: por exemplo, *[164]* o encontro da propriedade privada com a produção mercantil, encontro que se deu, no entanto, entre duas formas muito diferentes de descodificação, uma por privatização, a outra por abstração. Ou então, do ponto de vista da própria propriedade privada, o encontro dos fluxos de riquezas conversíveis, possuídas por capitalistas, com um fluxo de trabalhadores que possuem apenas sua força de trabalho (e, ainda aqui, trata-se do encontro de duas formas bem distintas de desterritorialização). De certa maneira, o capitalismo assombrou todas as formas de sociedade, mas as assombra como seu pesadelo terrificante, o medo pânico que elas têm de um fluxo que se furtaria a seus códigos. Por outro lado, se é o capitalismo que determina as condições e a possibilidade de uma história universal, isto só é verdade na medida em que ele tem de se haver essencialmente com seu próprio limite, com sua própria destruição: como diz Marx, na medida em que ele é capaz de criticar a si próprio (pelo menos até certo ponto, o ponto em que o limite aparece, ainda que no movimento que contraria a tendência...).[1] Em suma, a história universal não é apenas retrospectiva, mas também contingente, singular, irônica e crítica.

---

[1] Karl Marx, *Introduction générale à la critique de l'économie politique* (1857) (Paris, Pléiade, I, pp. 260-1). Maurice Godelier [1934] comenta: "A linha de desenvolvimento ocidental, longe de ser universal por se encontrar em toda a parte, aparece como universal porque ela não se encontra em parte alguma... Portanto, ela é típica, porque, em seu singular desenvolvimento, ela obteve um resultado universal. Ela forneceu a base prática (a economia industrial) e a concepção teórica (o socialismo) para ela própria e todas as outras sociedades saírem das formas mais antigas ou mais recentes de exploração do homem pelo homem... A verdadeira universalidade da linha de desenvolvimento ocidental está, pois, na sua singularidade e não fora dela, na sua diferença e não na sua semelhança em relação às outras linhas de evolução" (*Sur le mode de production asiatique*, Paris, Sociales, 1969, pp. 92-6).

[III.1.2. A máquina social]
A unidade primitiva, selvagem, do desejo e da produção é a terra. Porque a terra não é apenas o objeto múltiplo e dividido do trabalho, mas também a entidade única indivisível, o corpo pleno que se assenta sobre as forças produtivas e delas se apropria como seu pressuposto natural ou divino. O solo pode ser o elemento produtivo e o resultado da apropriação, mas a Terra é a grande estase inengendrada, o elemento superior à produção que condiciona a apropriação e a utilização comuns do solo. Ela é a superfície sobre a qual se inscreve todo o processo da produção, sobre a qual são registrados os objetos, *[165]* os meios e as forças de trabalho, sobre a qual se distribuem os agentes e os produtos. Ela aparece aqui como quase-causa da produção e objeto do desejo (é nela que se cinge o liame do desejo com sua própria repressão). Portanto, a *máquina territorial* é a primeira forma de *socius*, a máquina de inscrição primitiva, "megamáquina" que cobre um campo social. Ela não se confunde com as máquinas técnicas. Sob suas formas mais simples, ditas manuais, a máquina técnica já implica um elemento não humano, atuante, transmissor ou mesmo motor, que prolonga a força do homem e lhe permite uma certa liberação. A máquina social, ao contrário, tem os homens como peças (ainda que os consideremos *com* suas máquinas) e os integra, interioriza-os num modelo institucional que abrange todos os níveis da ação, da transmissão e da motricidade. E ela também forma uma memória sem a qual não haveria sinergia entre o homem e suas máquinas (técnicas). Com efeito, estas não contêm as condições de reprodução do seu processo; elas remetem a máquinas sociais que as condicionam e as organizam, além de também limitarem ou inibirem seu desenvolvimento. Foi preciso chegar-se ao capitalismo para se ter um regime de produção técnica semiautônoma, que tende a se apropriar da memória e da reprodução, e modifica assim as formas de exploração do homem; mas este regime, precisamente, supõe um desmantelamento das grandes máquinas sociais precedentes. Uma mesma máquina pode ser técnica e social, mas não sob o mesmo aspecto: por exemplo, como máquina técnica, o relógio serve para medir o tempo uniforme e, como máquina social, ele serve para reproduzir as horas canônicas e as-

segurar a ordem na cidade. Lewis Mumford tem literalmente razão, portanto, quando cria a palavra "megamáquina" para designar a máquina social como entidade coletiva (embora reserve a sua aplicação à instituição despótica bárbara): "Se podemos considerar, mais ou menos de acordo com a definição clássica de Reuleaux, uma máquina como combinação de elementos sólidos, tendo cada um deles sua função especializada e funcionando sob controle humano para transmitir um movimento e executar um trabalho, então a máquina humana é certamente uma verdadeira máquina".[2] A máquina social é literalmente *[166]* uma máquina, independentemente de qualquer metáfora, uma vez que apresenta um motor imóvel e executa diversos tipos de cortes: extração de fluxo, separação de cadeia, repartição de partes. Codificar os fluxos implica todas estas operações. E é esta a mais elevada tarefa da máquina social, dado que as extrações de produção correspondem a separações de cadeias, resultando daí a parte residual de cada membro, num sistema global do desejo e do destino que organiza as produções de produção, as produções de registro, as produções de consumo. Fluxo de mulheres e de crianças, fluxo de rebanhos e sementes, fluxo de merda, de esperma e de menstruações, nada deve escapar. A máquina territorial primitiva, com o seu motor imóvel, a terra, já é máquina social ou megamáquina que codifica os fluxos de produção, os meios de produção, os produtores e consumidores: o corpo pleno da deusa Terra reúne sobre si as espécies cultiváveis, os instrumentos aratórios e os órgãos humanos.

[III.1.3. O problema do *socius*: codificar os fluxos. Não trocar, mas marcar, ser marcado]

Meyer Fortes faz circunstancialmente uma observação divertida e cheia de sentido: "O problema não é o da circulação de mulheres... Uma mulher circula por si mesma. Não se dispõe dela, mas os direitos jurídicos sobre a progenitura estão fixados em proveito de uma determinada pessoa".[3] Com efeito, não vemos razão

---

[2] Lewis Mumford [1895-1990], "La Première mégamachine", *Diogène*, julho de 1966. [NT: Franz Reuleaux (1829-1905).]

[3] Meyer Fortes [1906-1983], *Recherches voltaïques*, 1967, pp. 135-7.

alguma para aceitarmos o postulado subjacente às concepções da sociedade baseadas na troca; a sociedade não é, primeiramente, um meio de troca onde o essencial seria circular e fazer circular, mas um *socius* de inscrição onde o essencial é marcar e ser marcado. Só há circulação quando a inscrição a exige ou permite. Neste sentido, o procedimento da máquina territorial primitiva é o investimento coletivo dos órgãos; porque a codificação dos fluxos só se faz na medida em que os órgãos capazes, respectivamente, de produzi-los e cortá-los encontram-se cercados, instituídos como objetos parciais, distribuídos e fixados no *socius*. Uma máscara, portanto, é uma tal instituição de órgãos. Sociedades de iniciação compõem os pedaços de um corpo: ao mesmo tempo, órgãos dos sentidos, peças anatômicas e junturas. Proibições (não ver, não falar) *[167]* aplicam-se aos que, em tal estado ou em tal ocasião, não desfrutam de um órgão investido coletivamente. As mitologias cantam os órgãos-objetos parciais e sua relação com um corpo pleno que os repele ou atrai: vaginas pregadas no corpo das mulheres, pênis imenso partilhado entre os homens, ânus independente que se atribui a um corpo sem ânus. Há um conto gurmanchéu que começa assim: "Quando a boca morreu, as outras partes do corpo foram consultadas para se saber qual delas se encarregaria do enterro...". As unidades nunca estão nas pessoas, no sentido próprio ou "privado", mas nas *séries* que determinam as conexões, as disjunções e as conjunções de órgãos. É por isso que os fantasmas são fantasmas de grupo. É o investimento coletivo de órgãos que liga o desejo ao *socius* e reúne num todo, sobre a terra, a produção social e a produção desejante.

[III.1.4. Investimento e desinvestimento de órgãos]
As nossas sociedades modernas, ao contrário, procederam a uma vasta privatização dos órgãos, o que corresponde à descodificação dos fluxos tornados abstratos. O primeiro órgão a ser privatizado, colocado fora do campo social, foi o ânus. O ânus foi quem deu seu modelo à privatização, ao mesmo tempo em que o dinheiro exprimia o novo estado de abstração dos fluxos. Donde a verdade relativa das observações psicanalíticas sobre o caráter anal da economia monetária. Mas a ordem "lógica" é a seguinte:

os fluxos codificados foram substituídos pela quantidade abstrata; desinvestimento coletivo dos órgãos em conformidade com o modelo do ânus; constituição de pessoas privadas como centros individuais de órgãos e funções derivadas da quantidade abstrata. É preciso até dizer que, se o falo tomou nas nossas sociedades a posição de um objeto separado que distribui a falta às pessoas dos dois sexos e organiza o triângulo edipiano, é o ânus que o separa assim, é ele que suprime e sublima o pênis numa espécie de *Aufhebung*[NT] constitutiva do falo. A sublimação está profundamente ligada à analidade, mas não no sentido em que esta, por lhe faltar outro uso, forneceria uma matéria para sublimar. A analidade não representa o mais baixo que seria preciso converter num mais elevado. É o próprio ânus que passa para cima, o que ocorre nas condições de sua exclusão do campo, condições que teremos de analisar e que não pressupõem a sublimação, pois é esta que, ao contrário, deriva delas. Não é o anal que se propõe à sublimação; [168] a sublimação é que é inteiramente anal; assim, a crítica mais simples que podemos fazer à sublimação é dizer que ela não nos faz sair da merda (só o espírito é capaz de cagar). A analidade é tanto maior quanto mais desinvestido estiver o ânus. A essência do desejo é certamente a libido; mas quando a libido devém quantidade abstrata, o ânus, elevado e desinvestido, produz as pessoas globais e os eus específicos que servem de unidades de medida para esta mesma quantidade. Artaud diz bem: este "cu de rato morto suspenso no teto do céu", donde sai o triângulo papai-mamãe-eu, "o uterino mãe-pai de um anal furioso" de que a criança é apenas um ângulo, esta "espécie de revestimento eternamente pendente sobre uma coisa qualquer que é o eu". *Todo Édipo é anal*, e im-

---

[NT] [A frase francesa é esta: "*c'est lui qui emporte et sublime le pénis dans une sorte de Aufhebung constituant le phallus*". A tradução visa privilegiar os termos que Jean Wahl (1888-1974), que foi professor de Deleuze, emprega para traduzir como "supressão-sublimação" a *Aufhebung* hegeliana, termo este mais constantemente traduzido por superação ou por superação que conserva. Cf. Jean Wahl, "La Logique de Hegel comme phénoménologie", in *Les Cours de Sorbonne*, Paris-V, Centre de Documentation Universitaire, 1969, p. 57.]

plica um sobreinvestimento individual do órgão para compensar o desinvestimento coletivo. Eis por que os comentadores mais favoráveis à universalidade do Édipo reconhecem, no entanto, que se encontram nas sociedades primitivas os mecanismos ou atitudes que o efetuam na nossa sociedade. Nenhum superego, nenhuma culpabilidade. Nenhuma identificação de um eu específico com pessoas globais — mas identificações sempre parciais e de grupo, segundo a série compacta e aglutinada dos antepassados, segundo a série fragmentada dos camaradas ou dos primos. Nenhuma analidade — se bem que haja, porque há o ânus investido coletivamente. Então, o que resta para fazer Édipo?[4] A estrutura, isto é, uma virtualidade não efetuada? Será preciso acreditar que Édipo universal assombra todas as sociedades, mas exatamente como o capitalismo as assombra, *isto é*, como o pesadelo ou o angustiado pressentimento do que seria a descodificação dos fluxos e o desinvestimento coletivo de órgãos, o devir-abstrato dos fluxos de desejo e o devir-privado dos órgãos? *[169]*

[III.1.5. A crueldade: dar ao homem uma memória]
A máquina territorial primitiva codifica os fluxos, investe os órgãos, marca os corpos. Até que ponto circular, trocar, é uma atividade secundária em relação a esta tarefa que resume todas as outras: marcar os corpos, que são da terra. A essência do *socius* registrador, inscritor, enquanto atribui a si próprio as forças produtivas e distribui os agentes de produção, consiste nisto: tatuar, excisar, incisar, recortar, escarificar, mutilar, cercar, iniciar. Nietzsche definia "a moralidade dos costumes como o verdadeiro traba-

[4] Paul Parin [1916] e colaboradores, *Les Blancs pensent trop* (1963), tradução francesa, Paris, Payot, 1966: "As relações pré-objetais com as mães passam e se repartem nas relações identificatórias com o grupo de camaradas da mesma idade. O conflito com os pais é neutralizado nas relações identificatórias com o grupo dos irmãos mais velhos..." (pp. 428-6). Há uma análise com resultados semelhantes no livro de Marie-Cécile e Edmond Ortigues, *Œdipe africain* (pp. 302-5). Mas esses autores fazem uma estranha ginástica para manter a existência de um problema ou de um complexo de Édipo, apesar de todas as razões que têm para afirmar o contrário e apesar deste complexo não ser, dizem eles, "acessível à clínica".

lho do homem sobre si mesmo durante o mais longo período da espécie humana, todo seu trabalho pré-histórico":[NT] um sistema de avaliações que tem força de direito em relação ao diversos membros e partes do corpo. Não só o criminoso é privado de órgãos segundo uma ordem de investimentos coletivos, não só aquele que deve ser comido o é segundo regras sociais tão precisas quanto as que orientam o corte e repartição de um boi, mas também o homem que goza plenamente dos seus direitos e deveres tem todo seu corpo marcado sob um regime que reporta os seus órgãos e o seu exercício à coletividade (a privatização dos órgãos só começará com a "vergonha que o homem experimenta *à vista* do homem"). É que se trata de um ato de fundação, pelo qual o homem deixa de ser um organismo biológico e devém um corpo pleno, uma terra, sobre a qual seus órgãos se agarram, atraídos, repelidos, miraculados segundo as exigências de um *socius*. Que os órgãos sejam talhados no *socius*, e que os fluxos escorram sobre ele. Diz Nietzsche: trata-se de dar uma memória ao homem; e o homem, que se constituiu por uma faculdade ativa de esquecimento, por um recalcamento da memória biológica, deve arranjar uma *outra* memória, que seja coletiva, uma memória de palavras e já não de coisas, uma memória de signos e não mais de efeitos. Sistema da crueldade, terrível alfabeto, esta organização que traça signos no

---

[NT] ["O imenso trabalho daquilo que denominei 'moralidade do costume' — o autêntico trabalho do homem em si próprio, durante o período mais longo da sua existência, todo esse trabalho *pré-histórico* encontra nisto seu sentido, sua justificação, não obstante o que nele também haja de tirania, dureza, estupidez e idiotismo: com ajuda da moralidade do costume e da camisa de força social, o homem foi realmente *tornado* confiável". Friedrich Nietzsche, *Genealogia da moral: uma polêmica*, tradução brasileira de Paulo César de Souza, São Paulo, Companhia das Letras, 1999, Segunda Dissertação, § 2, pp. 48-9. A respeito da expressão "moralidade do costume" (*Sittlichkeit der Sitte*), o tradutor remete aos §§ 9, 14 e 16 da obra *Aurora*, também traduzida por ele (São Paulo, Companhia das Letras, 2004), assim como à nota de Rubens Rodrigues Torres Filho, no volume *Nietzsche*, da coleção Os Pensadores (São Paulo, Abril Cultural, 1978), p. 159, que justifica a tradução dessa expressão por "eticidade" ou "moralidade do costume", justamente porque tal expressão, diz Torres Filho, tem por base "*ethos* em grego, *mos* em latim".]

próprio corpo: "Talvez nada exista de mais terrível e inquietante na pré-história do homem do que a sua mnemotécnica... Isto nunca ocorria sem suplícios, sem martírios, sacrifícios sangrentos, quando o homem julgava ser necessário criar uma memória para si; os mais apavorantes holocaustos, os mais hediondos comprometimentos, as mutilações mais repugnantes, os mais cruéis rituais de todos os cultos religiosos... Isso nos leva a compreender o quão difícil é erigir na terra um povo *[170]* de pensadores!".[5] A crueldade nada tem a ver com uma violência qualquer ou com uma violência natural, com que se explicaria a história do homem; ela é o movimento da cultura que se opera nos corpos e neles se inscreve, cultivando-os. É isto que significa crueldade. Esta cultura não é o movimento da ideologia: ao contrário, é à força que ela põe a produção no desejo e, inversamente, é à força que ela insere o desejo na produção e reprodução sociais. Com efeito, até a morte, o castigo e os suplícios são desejados, e são produções (cf. a história do fatalismo). Faz dos homens e dos seus órgãos peças e engrenagens da máquina social. O signo é posição de desejo; mas os primeiros signos são signos territoriais que fincam suas bandeiras nos corpos. E se quisermos chamar "escrita" a esta inscrição em plena carne, então é preciso dizer, com efeito, que a palavra falada supõe a escrita, e que é este sistema cruel de signos inscritos que leva o homem a ser capaz de linguagem, e lhe dá uma memória de palavras.

[5] Nietzsche, *La Généalogie de la morale*, II, 2-7. [NT: Os três segmentos desta referência encontram-se no § 3 da Segunda Dissertação. Eis como aparecem na tradução brasileira já referida: "talvez nada exista de mais terrível e inquietante na pré-história do homem do que a sua *mnemotécnica*"; "jamais deixou de haver sangue, martírio e sacrifício, quando o homem sentiu a necessidade de criar em si uma memória; os mais horrendos sacrifícios e penhores (entre eles o sacrifício dos primogênitos), as mais repugnantes mutilações (as castrações, por exemplo), os mais cruéis rituais de todos os cultos religiosos (todas as religiões são, no seu nível mais profundo, sistemas de crueldades) — tudo isso tem origem naquele instinto que divisou na dor o mais poderoso auxiliar da mnemônica"; "mas basta lançar os olhos às nossas antigas legislações penais para compreender o quanto custa nesse mundo criar um 'povo de pensadores'".]

[III.2. A MÁQUINA TERRITORIAL PRIMITIVA]

[III.2.1. O corpo pleno da terra]

A noção de territorialidade só é ambígua aparentemente. Com efeito, se a entendemos como um princípio de residência ou de repartição geográfica, é evidente que a máquina social primitiva não é territorial. Só o será o aparelho de Estado que, segundo a fórmula de Engels, "subdivide não o povo, mas o território" e substitui a organização gentílica por uma organização geográfica. Porém, mesmo onde o parentesco parece ter importância maior do que a terra, não é difícil mostrar a importância dos laços locais. É que a máquina primitiva subdivide o povo, mas o faz sobre uma terra indivisível onde se inscrevem as relações conectivas, disjuntivas e conjuntivas de cada segmento com os outros (por exemplo, a coexistência ou a complementaridade que há entre o chefe de segmento e o protetor da terra). Quando a divisão incide sobre a própria terra devido a uma organização administrativa, fundiária e residencial, não se pode ver nisso uma promoção da territorialidade, mas, ao contrário, o efeito do primeiro *[171]* grande movimento de desterritorialização sobre as comunidades primitivas. A unidade imanente da terra como motor imóvel dá lugar a uma unidade transcendente de natureza totalmente distinta, que é a unidade de Estado; o corpo pleno já não é o da terra, mas o do Déspota, o Inengendrado, que se encarrega agora tanto da fertilidade do solo como da chuva do céu e da apropriação geral das forças produtivas. O *socius* primitivo selvagem era, portanto, a única máquina territorial em sentido estrito. E o funcionamento de uma tal máquina consiste no seguinte: *declinar aliança e filiação*, declinar as linhagens sobre o corpo da terra, antes que haja um Estado.[NT]

[NT] [Mantive "declinar" para traduzir *décliner* com a intenção de grifar, como significado desse verbo, a ideia de "enunciar todos os casos de...", como quando se diz "enunciar todos os casos de um substantivo" etc.]

[III.2.2. Filiação e aliança: sua irredutibilidade]
Se a máquina é de declinação, é porque é simplesmente impossível deduzir a aliança da filiação, as alianças das linhas filiativas. Seria um erro atribuir à aliança apenas um poder de individuação sobre as pessoas de uma linhagem; porque o que ela produz é, sobretudo, uma discernibilidade generalizada. Leach cita casos de regimes matrimoniais muito diversos sem que se possa inferir deles a existência de uma diferença na filiação dos grupos correspondentes. Muitas análises "acentuam os laços internos ao grupo solidário unilinear ou os laços entre diferentes grupos que têm uma filiação comum. Os laços estruturais que provêm do casamento entre membros de grupos diferentes foram amplamente ignorados, ou então assimilados ao conceito universal de filiação. Por exemplo, Fortes, embora reconheça que os laços de aliança têm uma importância comparável à dos laços de filiação, disfarça os primeiros sob a expressão *descendência complementar*. Este conceito, que lembra a distinção feita pelos romanos entre agnático e cognático, implica essencialmente que todo indivíduo esteja ligado aos pais do seu pai e mãe por ser descendente de um e outro, e não por eles serem casados... (Todavia) os laços perpendiculares que unem lateralmente as diferentes patrilinhagens não são concebidos pelos próprios indígenas como laços de filiação. A continuidade da estrutura vertical no tempo exprime-se adequadamente pela transmissão agnática de um nome de patrilinhagem. Mas a continuidade da estrutura lateral não se exprime dessa maneira. Ela é mantida, sobretudo, por uma cadeia de relações econômicas entre devedor e credor... É a existência destas dívidas abertas *[172]* que manifesta a continuidade da relação de aliança".[6] A filiação é administrativa e hierárquica, mas a aliança é política e econômica, e exprime o poder enquanto este não se confunde com a administração. Filiação e aliança são como que as duas formas de um capital primitivo, o capital fixo ou estoque filiativo e o capital circulante ou blocos móveis de dívidas. A essas duas formas correspondem

[6] Edmund Ronald Leach [1910-1989], *Critique de l'anthropologie* (1966), tradução francesa, Paris, PUF, 1968, pp. 206-7.

duas memórias, uma bio-filiativa e outra de alianças e palavras. Se a produção é registrada na rede das disjunções filiativas sobre o *socius*, ainda é preciso que as conexões do trabalho se destaquem do processo produtivo e passem para esse elemento do registro que, como quase-causa, se apropria delas. Mas ele só pode fazer isto retomando por sua conta um regime conectivo, retomada que ocorre sob a forma de um laço de aliança ou de uma conjugação de pessoas compatível com as disjunções de filiação. É neste sentido que a economia passa pela aliança. Na produção de crianças, a criança é inscrita em relação às linhagens disjuntivas do seu pai ou da sua mãe, ao passo que estes, inversamente, só a inscrevem por intermédio de uma conexão representada pelo casamento do pai e da mãe. Não há, portanto, nenhum momento em que a aliança derivaria da filiação; mas ambas compõem um ciclo essencialmente aberto em que o *socius* age sobre a produção, mas onde também a produção reage sobre o *socius*.

Os marxistas têm razão ao lembrar que, se o parentesco é dominante na sociedade primitiva, ele o é por ser determinado a isso pelos fatores econômicos e políticos. E se a filiação exprime o que é dominante, embora determinado, a aliança exprime o que é determinante, ou melhor, o retorno do determinante no sistema determinado de dominância. Eis por que é essencial considerar como as alianças se compõem concretamente com as filiações sobre uma dada superfície territorial. Leach tornou clara precisamente a instância das *linhagens locais* como distintas das linhagens de filiação e operando no nível de pequenos segmentos: são esses grupos de homens que residem num mesmo lugar ou em lugares vizinhos que, [173] muito mais do que os sistemas de filiação e as classes matrimoniais abstratas, maquinam os casamentos e formam a realidade concreta. Um sistema de parentesco não é uma estrutura, mas uma prática, uma práxis, um procedimento e até uma estratégia. Louis Berthe, analisando uma relação de aliança e de hierarquia, mostra muito bem que uma aldeia intervém como terceiro para permitir conexões matrimoniais entre elementos, conexões que, do estrito ponto de vista da estrutura, seriam proibidas pela disjunção das duas metades: "o terceiro termo deve ser interpretado mais como um procedimento do que como um verdadeiro elemento estrutural".[7] Toda vez que as relações de parentesco na comunidade primitiva são interpretadas em função de uma estrutura que se desenrolaria no espírito, tomba-se numa ideologia dos grandes segmentos que leva a aliança a depender das filiações maiores, mas que é desmentida pela *prática*. "É preciso perguntar se nos sistemas de aliança assimétrica existe uma tendência fundamental à troca generalizada, isto é, ao fechamento do ciclo. Nada pude encontrar de semelhante a isto entre os Mru... Cada um se comporta como se ignorasse a compensação que resultará do fechamento do ciclo, e acentua a relação de assimetria, insistindo no comportamento credor-devedor".[8] Um sistema de parentesco só aparece como fechado quando é separado das referências econômicas e políticas que o mantêm aberto, e que fazem da aliança algo totalmente distinto de um arranjo entre classes matrimoniais e linhagens filiativas.

[III.2.3. O perverso da aldeia e os grupos locais]
É o que acontece em todas as codificações de fluxos. Como assegurar a adaptação recíproca, o amplexo respectivo de uma cadeia significante e de um fluxo de produção? O grande caçador nômade segue os fluxos, esgota-os no local e se desloca com eles. Ele reproduz de maneira acelerada toda a sua filiação, ele a contrai num ponto que o mantém numa relação direta com o ancestral ou o deus. Pierre Clastres descreve o caçador *[174]* solitário unido à sua força e ao seu destino, e que lança o seu canto numa linguagem cada vez mais rápida e deformada: Eu, eu, eu, "sou uma natureza

---

[7] Louis Berthe, "Aînés et cadets, l'alliance et la hiérarchie chez les Baduj", *L'Homme*, julho de 1965. Cf. a fórmula de Luc de Heusch, in "Lévi-Strauss", *L'Arc*, nº 26: "Um sistema de parentesco é também e primeiramente uma práxis" (p. 11).

[8] Lorenz G. Löffler, "L'Alliance asymétrique chez les Mru", *L'Homme*, julho de 1966, pp. 78-9. Leach, in *Critique de l'anthropologie*, analisa a diferença entre a ideologia e a prática a propósito do casamento kachin (pp. 140-1); ele acentua a crítica das concepções do parentesco como sistema fechado (pp. 153-4).

potente, uma natureza irritada e agressiva!".[9] São estas as duas características do caçador, o grande paranoico do mato ou da floresta: deslocamento real com os fluxos, filiação direta com o deus. É que, no espaço nômade, o corpo pleno do *socius* é como que adjacente à produção, ainda não se assentou sobre ela. O espaço do acampamento permanece adjacente ao da floresta, é constantemente reproduzido no processo de produção, mas ainda não se apropriou deste processo. O movimento objetivo aparente da inscrição não suprimiu o movimento real do nomadismo. Mas não existe o puro nômade, há sempre e desde já um acampamento no qual se trata de estocar, por pouco que seja, de inscrever e de repartir, de se casar e de se alimentar (Clastres mostra bem como, entre os Guaiaquis, a *conexão* entre caçadores e animais vivos é sucedida no acampamento por uma *disjunção* entre os animais mortos e os caçadores, *disjunção* semelhante a uma proibição do incesto, pois o caçador não pode consumir suas próprias presas). Em suma, como veremos noutras ocasiões, há sempre um perverso que sucede ao paranoico ou que o acompanha — às vezes o mesmo homem em duas situações: o paranoico do mato e o perverso da aldeia. Porque, desde que o *socius* se fixa, se assenta sobre as forças produtivas e atribui a si próprio essas forças, o problema da codificação já não pode ser resolvido pela simultaneidade de um deslocamento relativo aos fluxos e de uma reprodução acelerada relativa à cadeia. É preciso que os fluxos sejam objeto de *extrações* que constituam um mínimo de estoque, e que a cadeia significante seja objeto de *desligamentos* que constituam um mínimo de mediações. Um fluxo é codificado quando desligamentos de cadeia e extrações de fluxo operam em correspondência, se estreitam e se esposam. E é já a atividade altamente perversa dos grupos locais que maquinam os casamentos na territorialidade primitiva; uma perversidade normal ou não patológica, como Henry Ey *[175]* dizia dos casos em que se manifesta "um trabalho psíquico de seleção, de refinamento e de cálculo". E é o que se passa desde o início, visto que não há um nômade puro que possa contentar-se

---

[9] Pierre Clastres, "L'Arc et le panier", *L'Homme*, abril de 1966, p. 20.

em cavalgar os fluxos e em cantar a filiação direta, mas há sempre um *socius* que espera assentar-se, e que já extrai e desliga.

[III.2.4. Estoque de filiação e blocos da dívida de aliança]

As extrações de fluxos constituem um estoque filiativo na cadeia significante; mas, inversamente, os desligamentos de cadeia constituem dívidas móveis de aliança, que orientam e dirigem os fluxos. Fazem-se circular as pedras de aliança ou cauris sobre o cobertor como estoque familiar. Há como que um vasto ciclo de fluxos de produção e de cadeias de inscrição, e um ciclo mais estreito entre os estoques de filiação que encadeiam ou encaixam os fluxos e os blocos de aliança que fazem fluir as cadeias. A descendência é ao mesmo tempo fluxo de produção e cadeia de inscrição, estoque de filiação e fluxo de aliança. Tudo se passa como se o estoque constituísse uma energia superficial de inscrição ou de registro, a energia potencial do movimento aparente; mas a dívida é a direção atual deste movimento, energia cinética determinada pelo caminho respectivo dos dons e contradons nesta superfície. No Kula, a circulação dos colares e braceletes para em certos lugares, em certas ocasiões, para voltar a formar um estoque. Não há conexões produtivas sem disjunções de filiação que se apropriem delas, nem disjunções de filiação que não reconstituam conexões laterais através das alianças e das conjugações de pessoas. Não só os fluxos e as cadeias, mas também os estoques fixos e os blocos móveis estão num estado de relatividade perpétua, dado que implicam, por sua vez, relações entre cadeias e fluxos nos dois sentidos: os seus elementos variam, mulheres, bens de consumo, objetos rituais, direitos, prestígios e estatutos. Se postularmos que deve haver em alguma parte um tipo de equilíbrio dos preços, somos forçados a ver no desequilíbrio evidente das relações uma consequência patológica, que explicamos dizendo que o sistema supostamente fechado se estende numa direção e se abre à medida que as prestações são mais largas e complexas. Mas tal concepção está em contradição com a "economia fria" primitiva, sem investimento nítido, sem moeda nem mercado, sem relação *[176]* mercantil de troca. A mola de tal economia consiste, ao contrário, numa verdadeira *mais-valia de código*: cada desligamento de cadeia produz, de um lado ou de outro nos fluxos de produção, fenômenos de excesso e de carência, de falta e de acumulação, que são compensados por elementos não cambiáveis de tipo prestígio adquirido ou consumo distribuído ("O chefe converteu os valores perecíveis num prestígio imperecível por meio de festividades espetaculares; desta maneira os consumidores de bens são no fim os produtores do início").[10] A mais-valia de código é a forma primitiva da mais-valia, tal como ela corresponde à célebre fórmula de Mauss: o espírito da coisa dada, ou a força das coisas, faz com que os dons devam ser retribuídos de maneira usurária, porque estes são signos territoriais de desejo e de poder, princípios de abundância e de frutificação dos bens. Longe de ser uma consequência patológica, o desequilíbrio é funcional e principal. Longe de ser a extensão de um sistema inicialmente fechado, a abertura é primeira, abertura fundada na heterogeneidade dos elementos que compõem as prestações e compensam o desequilíbrio, deslocando-o. Em suma, os desligamentos de cadeia significante, feitos segundo as relações de aliança, engendram mais-valia de código no nível dos fluxos, de onde derivam diferenças de estatuto para as linhas filiativas (por exemplo, o grau superior ou inferior dos doadores e tomadores de mulheres). A mais-valia de código efetua as diversas operações da máquina territorial primitiva: desligar segmentos de *[177]* cadeia, organizar as extrações de fluxos, distribuir as partes que cabem a cada um.

[10] Edmond Ronald Leach, *Critique de l'anthropologie*, p. 153. Cf. a crítica que Leach dirige a Lévi-Strauss: "Lévi-Strauss sustenta com razão que as implicações estruturais de um casamento só podem ser compreendidas se o considerarmos como um dos elementos de uma série global de transações entre grupos de parentesco. Até aqui estamos de acordo. Porém, em nenhum dos exemplos que fornece em seu livro, ele leva este princípio suficientemente longe... No fundo, ele não se interessa verdadeiramente pela natureza ou pela significação das contraprestações que servem como equivalente das mulheres nos sistemas por ele tratados... Não é a partir de princípios primeiros que podemos prever como o equilíbrio será atingido, porque não podemos saber como as diferentes categorias de prestações serão avaliadas numa dada sociedade particular... É essencial distinguir os bens consumíveis dos que não o são; é também muito importante levar em conta que elementos absolutamente impalpáveis, tais como o direito e o prestígio, entram no inventário total das coisas trocadas" (pp. 154, 169, 171).

[III.2.5. O desequilíbrio funcional: mais-valia de código. Isso só funciona desarranjando-se]

É particularmente fraca e inadequada a ideia segundo a qual as sociedades primitivas são sociedades sem história, dominadas por arquétipos e sua repetição. Essa ideia não nasceu entre etnólogos, mas antes entre ideólogos presos a uma consciência trágica judaico-cristã a que eles queriam creditar a "invenção" da história. Se dermos o nome de história a uma realidade dinâmica e aberta das sociedades, em estado de desequilíbrio funcional ou de equilíbrio oscilante, instável e sempre compensado, comportando não só conflitos institucionalizados, mas também conflitos geradores de mudanças, revoltas, rupturas e cisões, então as sociedades primitivas estão plenamente na história, e muito afastadas da estabilidade ou mesmo da harmonia que se lhes quer atribuir em nome de uma primazia de um grupo unânime. A presença da história em toda máquina social aparece claramente nas discordâncias em que, como diz Lévi-Strauss, "se descobre a marca, que é impossível desconhecer, do acontecimento".[11] É verdade que há várias maneiras de interpretar tais discordâncias: idealmente, pelo desvio entre a instituição real e o seu modelo supostamente ideal; moralmente, invocando um laço estrutural da lei e da transgressão; fisicamente, como se se tratasse de um fenômeno de usura que faz com que a máquina social já não esteja apta a tratar seus materiais. Mas, ainda neste caso, parece que a interpretação correta deva ser, antes de tudo, atual e funcional: é *para* funcionar que uma máquina social deve *não funcionar bem*. Foi possível mostrar isto precisamente a propósito do sistema segmentar, sempre levado a se reconstituir sobre suas próprias ruínas; e é também o que acontece com a função política nesses sistemas, função que só se exerce efetivamente ao indicar sua própria impotência.[12] Os etnólogos não param de dizer que as regras de parentesco não são aplicadas nem aplicáveis aos casamentos reais: não por se tratarem de regras ideais, mas,

---

[11] Lévi-Strauss, *Anthropologie structurale*, Paris, Plon, 1958, p. 132.

[12] Jeanne Favret, "La Segmentarité au Maghreb", *L'Homme*, abril de 1966; Pierre Clastres, "Échange et pouvoir", *L'Homme*, janeiro de 1962.

ao contrário, porque elas determinam pontos críticos *[178]* em que o dispositivo só volta a funcionar com a condição de ser bloqueado, situando-se necessariamente numa relação negativa com o grupo. É aí que aparece a identidade da máquina social com a máquina desejante: o seu limite não é o desgaste, mas a falha, ela só funciona rangendo, desarranjando-se, arrebentando em pequenas explosões — os disfuncionamentos fazem parte do seu próprio funcionamento, e este não é o aspecto menos importante do sistema da crueldade. Nunca uma discordância ou um disfuncionamento anunciaram a morte de uma máquina social que, ao contrário, se alimenta habitualmente das contradições que provoca, das crises que suscita, das angústias que *engendra* e das operações infernais que a revigoram: o capitalismo aprendeu isso e deixou de duvidar de si, e até os socialistas deixavam de acreditar na possibilidade da sua morte natural por desgaste. As contradições nunca mataram ninguém. E quanto mais isso se desarranja, quanto mais isso esquizofreniza, melhor isso funciona, à americana.

[III.2.6. Máquina segmentária]
Mas já é deste ponto de vista, embora não da mesma maneira, que é preciso considerar o *socius* primitivo, a máquina territorial de declinar alianças e filiações. Esta máquina é a Segmentária, porque, através do seu duplo aparelho tribal e de linhagem, ela debita segmentos de comprimentos variáveis: unidades filiativas genealógicas de linhagens maiores, menores e mínimas, com sua hierarquia e seus chefes respectivos, primogênitos guardiães do estoque e organizadores de casamentos; unidades territoriais tribais de seções primárias, secundárias e terciárias, também com as suas dominâncias e suas alianças. "O ponto de separação entre as seções tribais torna-se o ponto de divergência da estrutura clânica das linhagens associadas a cada uma das seções; os clãs e suas linhagens não são grupos coerentes distintos, mas estão incorporados em comunidades locais no interior das quais funcionam estruturalmente."[13] Os dois sistemas se recortam, estando cada segmen-

[13] E. E. Evans-Pritchard, "Les Nouer du Soudan méridional", in *Systèmes politiques africains* (1962), tradução francesa, Paris, PUF, 1964, p. 248.

to associado aos fluxos e às cadeias, a estoques de fluxos e a fluxos de passagem, a extrações de fluxo e a desligamentos de *[179]* cadeias (alguns trabalhos de produção são feitos no quadro do sistema tribal e outros no quadro do sistema de linhagem). Entre a inalienabilidade de filiação e a mobilidade de aliança aparecem todos os tipos de penetrações que derivam da variabilidade e da relatividade dos segmentos. É que cada segmento só mede seu comprimento e só existe como tal por oposição a outros segmentos numa série de escalões ordenados uns em relação aos outros: a máquina segmentária trama competições, conflitos e rupturas através das variações de filiação e das flutuações de aliança. Todo o sistema evolui entre dois polos, o da fusão por oposição a outros grupos, e o da cisão por formação constante de novas linhagens que aspiram à independência, com capitalização de alianças e de filiação. De um a outro polo, todas as falhas, todos os fracassos se produzem no sistema que não para de renascer de suas próprias discordâncias. O que Jeanne Favret quer dizer quando mostra, com outros etnólogos, que "a persistência de uma organização segmentária exige, paradoxalmente, que seus mecanismos sejam suficientemente ineficazes para que o medo permaneça como motor do conjunto"? E de que medo se trata? Dir-se-ia que as formações sociais pressentem, com um pressentimento mortífero e melancólico, o que lhes vai acontecer, embora o que lhes acontece lhes advenha sempre de fora e se precipite na sua abertura. É talvez por esta razão que isso lhes advenha de fora; sufocam sua potencialidade interior à custa desses disfuncionamentos, que desde então são parte integrante do funcionamento do seu sistema.

[III.2.7. O grande medo dos fluxos descodificados. A morte que sobe de dentro, mas que vem de fora]

A máquina territorial segmentária esconjura a fusão pela cisão, e impede a concentração de poder mantendo os órgãos de chefia numa relação de impotência para com o grupo: como se os próprios selvagens pressentissem a escalada do Bárbaro imperial, que, no entanto, surgirá de fora e que sobrecodificará todos os seus códigos. Mas o maior perigo seria ainda uma dispersão, uma cisão tal que todas as possibilidades de código seriam suprimidas: fluxos descodificados a correrem sobre um *socius* cego e mudo, desterritorializado — é este o pesadelo que a máquina primitiva esconjura com todas as suas forças e com todas as suas articulações segmentárias. A máquina primitiva não ignora a troca, o comércio e a indústria, mas ela os esconjura, [180] localiza-os, quadricula-os, encaixa-os, mantém o mercador e o ferreiro numa posição subordinada, para que os fluxos de troca e de produção não venham quebrar os códigos em proveito de suas quantidades abstratas ou fictícias. E não é também isso, Édipo, o medo do incesto: medo de um fluxo descodificado? Se o capitalismo é a verdade universal, ele o é no sentido em que é o *negativo* de todas as formações sociais: ele é a coisa, o inominável, a descodificação generalizada dos fluxos que permite compreender *a contrario* o segredo de todas essas formações; antes codificar os fluxos, ou até mesmo sobrecodificá-los, do que deixar que algo escape à codificação. Não são as sociedades primitivas que estão fora da história, é o capitalismo que está no fim da história, é ele que resulta de uma longa história de contingências e de acidentes e que faz com que este fim advenha. Não podemos dizer que as formações anteriores não tenham previsto esta Coisa que só veio de fora à força de assomar de dentro e cuja escalada se tentou impedir. Donde a possibilidade de uma leitura retrospectiva de toda a história em função do capitalismo. Podemos procurar o signo de classes nas sociedades pré-capitalistas. Mas os etnólogos observam o quanto é difícil fazer a partilha dessas protoclasses e dessas castas organizadas pela máquina imperial e dos postos distribuídos pela máquina primitiva segmentária. Os critérios que distinguem classes, castas e postos não devem ser procurados na fixidez ou na permeabilidade, no fechamento ou na abertura relativas; estes critérios revelam-se sempre decepcionantes, eminentemente enganadores. É que os postos são inseparáveis da codificação territorial primitiva, como as castas são inseparáveis da sobrecodificação estatal imperial; ao passo que as classes são relativas ao processo de uma produção industrial e mercantil descodificada nas condições do capitalismo. Podemos, portanto, ler toda a história sob o signo das classes, mas observando as regras indicadas por Marx, e na medida em que as classes são o "negativo" das castas e dos postos. Isto porque o regime de descodificação não significa, seguramente, ausência de organização, mas a mais sombria organização, a mais dura contabilidade, a substituição dos códigos pela axiomática que os compreende, sempre *a contrario*. [181]

[III.3. Problema de Édipo]

[III.3.1. As disjunções inclusivas sobre o corpo pleno da terra]

O corpo pleno da terra comporta distinções: sofredor e perigoso, único, universal, assenta-se sobre a produção, sobre os agentes e as conexões de produção. Mas, também sobre ele, tudo se agarra e se inscreve, tudo é atraído por ele, miraculado. Ele é o elemento da síntese disjuntiva e da sua reprodução: força pura da filiação ou genealogia, *Numen*. O corpo pleno é o inengendrado, mas a filiação é a primeira característica de inscrição marcada sobre este corpo. E já sabemos o que é esta filiação intensiva, esta disjunção inclusiva na qual tudo se divide, mas em si mesmo, e na qual o mesmo ser está em toda parte, de todos os lados, em todos os níveis, *apenas com diferenças de intensidade*. O mesmo ser incluso percorre sobre o corpo pleno distâncias indivisíveis e passa por todas as singularidades, por todas as intensidades de uma síntese que desliza e se reproduz. De nada adianta lembrar que a filiação genealógica é social e não biológica; ela é necessariamente bio-social porque se inscreve sobre o ovo cósmico do corpo pleno da terra. Ela tem uma origem mítica, que é o Uno, ou melhor, o uno-dois primitivo. Será preciso dizer os gêmeos ou o gêmeo, que se divide e se une nele próprio, o *Nommo* ou os *Nommo*? A síntese disjuntiva distribui os ancestrais primordiais, mas cada um por si mesmo é um corpo pleno completo, macho e fêmea, aglutinando sobre si todos os objetos parciais, com variações tão somente intensivas que correspondem ao zigue-zague interno do ovo dogon. Cada um repete intensivamente por si toda a genealogia. E é o mesmo em toda parte nas duas extremidades da distância indivisível e de todos os lados, litania de gêmeos, filiação intensa. Marcel Griaule e Germaine Dieterlen esboçam, no início do *Renard pâle*,[NT] uma esplêndida teoria do signo: os signos de filiação, signos-guias e signos-mestres, signos do desejo inicialmente intensivos, que caem em espiral e atravessam uma série de explosões antes de ganhar uma extensão nas imagens, figuras e desenhos.

Se o corpo pleno se assenta sobre as conexões produtivas e as inscreve numa rede de disjunções intensivas e inclusivas, é preciso ainda que ele reencontre ou reanime as conexões laterais nessa própria rede e as atribua a si próprio como se ele fosse a causa. São estes os dois aspectos do corpo pleno: *[182]* superfície encantada de inscrição, lei fantástica ou movimento objetivo aparente; mas também agente mágico ou fetiche, quase-causa. Não lhe basta inscrever todas as coisas; ele deve fazer como se as produzisse. É preciso que as conexões reapareçam sob uma forma compatível com as disjunções inscritas, mesmo se elas, por sua vez, reagem sobre a forma destas disjunções. É esta a aliança como segunda característica da inscrição: a aliança impõe às conexões produtivas a forma extensiva de uma conjugação de pessoas, compatível com as disjunções da inscrição, mas, inversamente, reage sobre a inscrição, determinando-lhe um uso exclusivo e limitativo destas mesmas disjunções. Portanto, é forçoso que a aliança seja representada miticamente como sobrevindo a um certo momento nas linhas filiativas (embora, em outro sentido, já esteja aí desde sempre). Griaule conta como, entre os Dogons, algo se produz num certo momento, no nível do oitavo antepassado: um descarrilhamento de disjunções que param de ser inclusivas, que devêm exclusivas; daí um desmembramento do corpo pleno, uma anulação da gemelidade, uma separação dos sexos marcada pela circuncisão; mas também uma recomposição do corpo num novo modelo de conexão ou de conjugação, uma articulação dos corpos por si próprios e entre si, uma inscrição lateral com pedras de aliança articula-

---

[NT] [Marcel Griaule (1898-1956) e Germaine Dieterlen (1903-1999), autores de *Le Renard pâle, tomo I: Le Mythe cosmogonique; fasc. I: La Création du monde*, Paris, Institut d'Etnologie, 1965, coleção Travaux et Mémoires, LXXII.]

tórias, em suma, toda uma *arché* de aliança.[14] As alianças nunca derivam e nem se deduzem das filiações. Mas, posto este princípio, devemos distinguir dois pontos de vista: um, econômico e político, segundo o qual a aliança existiu sempre, combinando-se e declinando-se com linhagens filiativas extensas que não lhe preexistem num suposto sistema dado em extensão; o outro, mítico, que mostra como a extensão do sistema se forma e delimita a partir de linhagens filiativas intensas e primordiais, que perdem necessariamente seu uso inclusivo ou ilimitativo. É deste último ponto de vista que o sistema extenso é como que uma memória de alianças e de palavras, que implica um recalcamento ativo da memória intensa de filiação. Com efeito, se a genealogia e as filiações são objeto de uma memória sempre vigilante é porque já estão presas num sentido extensivo *[183]* que elas certamente não possuíam antes da determinação das alianças que este sentido lhes confere; enquanto filiações intensivas, elas são, ao contrário, objeto de uma memória particular, noturna e biocósmica, aquela que deve, precisamente, sofrer o recalcamento para que se instaure a nova memória extensa.

[III.3.2. Intensidades na extensão: o signo]
Podemos, então, compreender melhor por que o problema não consiste, de modo algum, em ir das filiações às alianças ou em concluir estas daquelas. O problema está em passar de uma ordem intensiva energética a um sistema extensivo, sistema que compreende, ao mesmo tempo, as alianças qualitativas e as filiações extensas. Que a energia primeira da ordem intensiva — o *Numen* — seja uma energia de filiação, isto em nada muda o caso, porque esta filiação intensa não é ainda extensa, não comporta ainda distinção alguma de pessoas nem mesmo de sexo, mas apenas variações pré--pessoais em intensidade, afetando uma mesma gemelidade ou bissexualidade tomada em graus diversos. Os signos desta ordem são, pois, fundamentalmente neutros ou ambíguos (conforme uma expressão de que Leibniz se servia para designar um signo que pode

[14] Marcel Griaule, *Dieu d'eau*, Paris, Fayard, 1948, especialmente pp. 46-52.

ser tanto + quanto −). Trata-se de saber como, a partir desta intensidade primeira, se passará a um sistema em extensão, no qual: 1º) as filiações serão filiações extensas sob a forma de linhagens, comportando distinções de pessoas e de denominações parentais; 2º) as alianças serão, ao mesmo tempo, relações qualitativas que as filiações extensas supõem e vice-versa; 3º) em suma, os signos intensos ambíguos deixarão de o ser e se tornarão positivos ou negativos. Vê-se isto claramente nas páginas em que Lévi-Strauss explica a proibição das formas simples de casamento entre primos paralelos e a sua recomendação aos primos cruzados: a cada casamento entre duas linhagens A e B corresponde um sinal (+) ou (−), conforme esta ligação resulte, para A ou para B, de uma aquisição ou de uma perda. A esse respeito, pouco importa que o regime de filiação seja patrilinear ou matrilinear. Em um regime patrilinear e patrilocal, por exemplo, "as mulheres parentes são mulheres perdidas, as mulheres aliadas são mulheres ganhas. Cada família derivada destes casamentos vem afetada com um signo, determinado pelo grupo inicial conforme a mãe das crianças seja uma filha ou nora... Muda-se de signo passando *[184]* do irmão à irmã, dado que o irmão adquire uma esposa, ao passo que a irmã está perdida para sua própria família". Mas, observa Lévi-Strauss, muda-se igualmente de signo *mudando de geração*: "Do ponto de vista do grupo inicial, conforme o pai tenha recebido uma esposa ou a mãe tenha sido transferida para fora, os filhos têm direito a uma mulher ou devem uma irmã. Sem dúvida, esta diferença não se traduz, na realidade, por uma condenação ao celibato de metade dos primos machos: mas, em todo caso, ela exprime a lei segundo a qual um homem só pode receber uma esposa do grupo do qual se pode exigir uma mulher, porque, na geração anterior, uma irmã ou uma filha foi perdida; ao passo que um irmão deve ao mundo exterior uma irmã (ou um pai, uma filha), porque, na geração superior uma mulher foi ganha... No que diz respeito ao casal pivô, formado por um homem *a* casado com uma mulher *b*, ele possui evidentemente os dois signos conforme seja encarado do ponto de vista de A ou de B, o que é também verdade em relação aos seus filhos. Basta agora encarar a geração dos primos para constatar que todos aqueles que estão na relação (+ +) ou (− −) são paralelos, ao passo que os que estão na relação (+ −) ou (− +) são cruzados".[15] Porém, pondo-se assim o problema, trata-se menos do exercício de uma combinatória lógica destinada a regrar um jogo de trocas, como queria Lévi-Strauss, do que da instauração de um sistema físico que se exprimirá naturalmente em termos de dívidas. Parece-nos muito importante que o próprio Lévi-Strauss invoque as coordenadas de um sistema físico, embora ele só veja nisso uma metáfora. No sistema físico em extensão, *algo passa* que é da ordem de um fluxo de energia (+ − ou − +), *algo não passa ou fica bloqueado* (+ + ou − −), algo bloqueia ou, ao contrário, faz passar. Algo ou alguém. E, nesse sistema em extensão, não há filiação primeira, nem primeira geração ou troca inicial, mas sempre e desde logo alianças, ao mesmo tempo que as filiações são extensas, exprimindo tanto o que deve ficar bloqueado na filiação quanto o que deve passar na aliança. [185]

O essencial não é que os signos mudem conforme os sexos e as gerações, mas que se passe do intensivo ao extensivo, isto é, de uma ordem de signos ambíguos a um regime de signos modificáveis mas determinados. É aí que o recurso ao mito é indispensável, não porque ele seja uma representação transposta ou mesmo invertida das relações reais em extensão, mas porque é só ele que determina, conforme o pensamento e a prática indígenas, as condições intensivas do sistema (inclusive do sistema da produção). Eis por que um texto de Marcel Griaule, que busca no mito um princípio de explicação do avunculado, parece-nos ser decisivo e escapar à acusação de idealismo feita habitualmente a este tipo de tentativa; o mesmo pode ser dito do recente artigo em que Adler e Cartry retomam a questão.[16] Estes autores têm razão ao observar que o átomo de parentesco de Lévi-Strauss (com suas quatro correlações irmão-irmã, marido-esposa, pai-filho, tio materno-filho de irmã) se apre-

---

[15] Lévi-Strauss, *Les Structures élémentaires de la parenté*, 2ª ed., Paris, Mondon, 1967, p. 152.

[16] Marcel Griaule, "Remarques sur l'oncle utérin au Soudan", *Cahiers Internationaux de Sociologie*, janeiro de 1954. Alfred Adler [1870-1937] e Michel Jean Rouch Cartry [1917-2004], "La Transgression et sa dérision", *L'Homme*, julho de 1971.

senta como um conjunto já pronto, do qual a mãe, como mãe, é estranhamente excluída, embora possa ser, conforme os casos, mais ou menos "parente", mais ou menos "aliada" em relação a seus filhos. Ora, é precisamente aí que se enraíza o mito, que não é expressivo, mas condicionante. Como relata Griaule, o Yurugu, penetrando no pedaço de placenta que roubou, é como o irmão da sua mãe à qual ele se une, e a este título: "Esse personagem, com efeito, mostrou-se no espaço trazendo uma parte da placenta alimentadora, isto é, uma parte da sua própria mãe. Considerava também que este órgão lhe pertencia particularmente e que fazia parte da sua própria pessoa, de tal modo que se identificava à sua genitora, neste caso a matriz do mundo, e se supunha colocado *no mesmo plano que ela, do ponto de vista das gerações*... Ele sente inconscientemente sua pertença simbólica à geração de sua mãe e seu desligamento da geração real da qual é membro... Sendo, segundo ele, *da mesma substância e geração que sua mãe*, assimila-se a um gêmeo macho da sua genitora, e a regra mítica da união dos dois membros acasalados emparelhados o propõe como esposo ideal. Ele deveria, então, *[186]* na qualidade de pseudoirmão da sua genitora, estar na situação do seu tio uterino, que é o esposo designado para esta mulher". Desde este nível, não há dúvida de que todos os personagens encontram-se em jogo: mãe, pai, filho, irmão da mãe, irmã do filho. Mas é evidente e marcante que não são pessoas: seus nomes não designam pessoas, mas variações intensivas de um "movimento em espiral vibratório", disjunções inclusivas, estados necessariamente gemelares e bissexuados pelos quais um sujeito passa sobre o ovo cósmico. É em intensidade que é preciso interpretar tudo. O ovo e a própria placenta são percorridos por uma energia vital inconsciente "suscetível de aumento e de diminuição". O pai não está de modo algum ausente. Mas o próprio *Amma*, pai e genitor, é uma alta parte intensiva, imanente à placenta, inseparável da gemelidade que o relaciona com a sua parte feminina. E se o filho yurugu leva, por sua vez, uma parte da placenta, é numa relação intensiva com uma outra parte que contém sua própria irmã ou gêmea. Mas, visando demasiado alto, a parte que ele leva o faz irmão de sua mãe — que substitui eminentemente a irmã, e à qual ele se une, substituindo *Amma*. Em suma, todo um mundo de signos ambíguos, de divisões inclusas e estados bissexuados. Sou o filho, e também o irmão da minha mãe, e o esposo de minha irmã, e o meu próprio pai. Tudo repousa sobre a placenta tornada terra, o inengendrado, corpo pleno de antiprodução ao qual se agarram os órgãos-objetos parciais dum *Nommo* sacrificado. É que a placenta, enquanto substância comum à mãe e à criança, parte comum dos seus corpos, faz com que estes corpos não sejam como uma causa e um efeito, mas produtos derivados dessa mesma substância em relação à qual o filho é gêmeo da sua mãe: é realmente este o eixo do mito dogon relatado por Griaule. Sim, fui minha mãe e fui meu filho. Raramente se terá visto o mito e a ciência dizerem a mesma coisa a uma tão grande distância: a narrativa dogon desenvolve um weismannismo mítico no qual o plasma germinativo forma uma linhagem imortal e contínua, que não depende dos corpos, mas da qual, ao contrário, dependem os corpos dos pais, assim como os dos filhos. Donde a distinção de duas linhagens, uma contínua e germinal, a outra somática e descontínua, que é a única que está submetida à sucessão das gerações. (Lysenko encontrava um tom naturalmente dogon para voltá-lo contra *[187]* Weismann e acusá-lo de fazer do filho o irmão genético ou germinal da mãe: "assim como Weismann, os morganistas-mendelianos partem tal da ideia de que os pais não são geneticamente os pais dos seus filhos; se se acredita em sua doutrina, pais e filhos são irmãos e irmãs...").[17]

Mas o filho não é somaticamente irmão e gêmeo de sua mãe. Por isso, ele não pode esposá-la (levando-se em conta que já explicamos o sentido deste "por isso"). Quem deveria casar-se com ela era o tio uterino, portanto. Assim, a primeira consequência é esta: o incesto com a irmã não é um substituto do incesto com a mãe, mas, ao contrário, é o modelo intensivo do incesto como manifestação da linhagem germinal. Em seguida, note-se que Hamlet não é uma extensão de Édipo, um Édipo em segundo grau; ao contrário, um Hamlet negativo ou invertido é primeiro em relação a

---

[17] *La Situation dans la science biologique*, edição francesa publicada pela Academia Lênin de Ciências Agrícolas da URSS, Moscou, 1949, p. 16.

Édipo. O tio não é censurado pelo sujeito por ter supostamente feito o que este desejaria fazer; censura-lhe por *não* ter feito o que ele, o filho, não podia fazer. E por que o tio não esposou a mãe do sujeito, sua própria irmã somática? Porque não *devia* fazê-lo, a não ser em nome de uma filiação germinal, marcada pelos signos ambíguos da gemelidade e da bissexualidade, de acordo com a qual também o filho *teria podido* fazê-lo e ser, ele próprio, este tio em relação intensa com a mãe-gêmea. Fecha-se o círculo vicioso da linhagem germinal (o *double bind* primitivo):^NT nem o tio pode esposar sua irmã, a mãe; nem o sujeito pode esposar sua própria irmã — a gêmea do Yurugu será entregue aos Nommo como aliada potencial. A ordem do soma degringola toda a escala intensiva. Mas, então, se o filho não pode esposar sua mãe, não é por ser somaticamente de uma outra geração. Contra Malinowski, Lévi-Strauss mostrou claramente que a mistura de gerações de modo algum é temida como tal, e que a proibição do incesto não se explicava assim.¹⁸ Há proibição porque a mistura de gerações no caso filho-mãe tem o mesmo efeito que a sua correspondência no caso tio-irmã, isto é, porque dá testemunho *[188]* de uma só e mesma filiação germinal intensiva que se trata de recalcar em ambos os casos. Em suma, um sistema somático em extensão só se constitui à medida que as filiações se tornem extensas correlativamente às alianças laterais que se instauram. É pela proibição do incesto com a irmã que se ata a aliança lateral, é pela proibição do incesto com a mãe que a filiação se torna extensa. Não há aí recalcamento algum do pai e forclusão alguma do nome do pai; a posição respectiva da mãe ou do pai como parente ou aliado, o caráter patrilinear ou matrilinear da filiação, o caráter patrilateral ou matrilateral do casamento, são elementos ativos do recalcamento, e não objetos sobre os quais ele incide. Nem sequer é a memória de filiação em geral que se encontra recalcada por uma memória de aliança. É a grande memória noturna da filiação germinal in-

---

NT [Sobre *double bind* como duplo vínculo, cf. as NT nas pp. *[94]*, *[99]* e *[131]*, e a nota 25 à p. *[98]*.]

¹⁸ Lévi-Strauss, *Les Structures élémentaires de la parenté*, pp. 556-60.

tensiva que é recalcada em proveito de uma memória somática extensiva, feita das filiações tornadas extensas (patrilineares *ou* matrilineares) e das alianças que elas implicam. Todo o mito dogon é uma versão patrilinear da oposição entre as duas genealogias, as duas filiações: em intensidade e em extensão, a ordem germinal intensa e o regime extensivo das gerações somáticas.

[III.3.3. O limite]
O sistema em extensão nasce das condições intensivas que o tornam possível, mas reage sobre elas, anula-as, recalca-as e só lhes deixa exprimir de maneira mítica. É ao mesmo tempo que os signos deixam de ser ambíguos e se determinam em relação às filiações extensas e às alianças laterais; as disjunções se tornam exclusivas, limitativas (o *ou então* substitui o "ou... ou" intenso); os nomes e denominações já não designam estados intensivos, mas pessoas discerníveis. A discernibilidade situa a irmã e a mãe como esposas proibidas. É que as pessoas, com os nomes que agora as designam, não preexistem às proibições que as constituem como tais. Mãe e irmã não preexistem à sua proibição como esposas. Robert Jaulin o diz muito bem: "O discurso mítico tem por tema a passagem da indiferença ao incesto à sua proibição: implícito ou explícito, este tema é subjacente a todos os mitos; ele é, portanto, uma propriedade formal desta linguagem".[19] *[189]* Portanto, deve-se concluir literalmente que o incesto não existe nem pode existir. Estamos sempre aquém do incesto, numa série de intensidades que ignora as pessoas discerníveis; ou, então, estamos além dele, numa extensão que reconhece as pessoas, que as constitui, mas que não as constitui sem torná-las impossíveis como parceiras sexuais. Só podemos cometer o incesto após uma série de substituições que sempre nos distanciam dele, isto é, que nos conectam com uma pessoa que só vale pela mãe ou pela irmã por não ser uma delas: aquela que é discernível como esposa possível. É este o sentido do casamento preferencial: o primeiro incesto permitido; mas não é por

---

[19] Robert Jaulin [1928-1996], *La Mort sara: l'ordre de la vie ou la pensée de la mort au Tchad*, Paris, Plon, 1967, p. 284.

acaso que ele raramente se efetua, como se estivesse ainda demasiado perto do impossível inexistente (por exemplo, o casamento preferencial dogon com a filha do tio, que vale pela tia que, por sua vez, vale pela mãe). Sem dúvida, o artigo de Griaule, em toda a etnologia, é o texto mais profundamente inspirado pela psicanálise. Porém, ele envolve conclusões que explodem Édipo, porque não se contenta em levantar o problema em extensão, supondo-o assim resolvido. São estas conclusões que Adler e Cartry souberam tirar: "Tem-se o costume de considerar as relações incestuosas no mito, seja como a expressão do desejo ou da nostalgia de um mundo em que tais relações seriam possíveis ou indiferentes, seja como a expressão de uma função estrutural de inversão da regra social, função destinada a fundar a proibição e sua transgressão... Num ou noutro caso, dá-se já como constituído o que é, precisamente, a emergência de uma ordem que o mito narra e explica. Em outras palavras, raciocina-se como se o mito pusesse em cena pessoas definidas como pai, mãe, filho e irmã, sem levar em conta que estes papéis parentais pertencem à ordem constituída pela proibição...: *o incesto não existe*".[20] O incesto é um puro limite. A condição para se dizer isto é evitar duas falsas crenças concernentes ao limite: *[190]* a que faz do limite uma matriz ou uma origem, como se a proibição provasse que a coisa era "inicialmente" desejada como tal; e a que faz do limite uma função estrutural, como se uma relação supostamente "fundamental" entre o desejo e a lei se exercesse na transgressão. Mais uma vez, é preciso lembrar que a lei nada prova sobre uma realidade original do desejo, porque ela desfigura essencialmente o desejado, e preciso lembrar que a transgressão nada prova sobre uma realidade funcional da lei, porque, longe de ser uma irrisão da lei, ela própria é irrisória em relação ao que a lei proíbe realmente (eis por que as revoluções nada têm

[20] Adler e Cartry, "La Transgression et sa dérision", *L'Homme*, julho de 1971. Jacques Derrida [1930-2004] escrevia, num comentário a Rousseau: "Antes da festa não havia incesto porque não havia proibição do incesto. Depois da festa, já não há incesto porque ele está proibido... A *própria* festa seria o *próprio* incesto se alguma coisa como tal — o *próprio* — pudesse ter lugar" (*De la grammatologie*, Paris, Minuit, 1967, pp. 372-7).

a ver com transgressões). Em suma, o limite não está num aquém e nem num além: ele é limite entre os dois, *riacho pouco profundo caluniado de incesto*, sempre já ou não ainda franqueado. Porque o incesto é como o movimento, ele é impossível. Ele não é impossível no sentido em que o real o seria, mas, ao contrário, no sentido em que o simbólico o é.

[III.3.4. O incesto. Em que sentido o incesto é impossível]

Mas o que quer dizer, o incesto é impossível? Não é possível fazer sexo com sua irmã ou com sua mãe? E como renunciar ao velho argumento, segundo o qual é preciso que isto seja possível, visto que é proibido? Mas o problema não está aí. A possibilidade do incesto exigiria *tanto as pessoas quanto os nomes*, filho, irmã, mãe, irmão, pai. Ora, no ato do incesto, podemos dispor de pessoas, mas elas perdem seu nome, já que esses nomes são inseparáveis da proibição que os interdita como parceiros; ou então os nomes subsistem, mas designam tão somente estados intensivos pré-pessoais, que bem poderiam "estender-se" a outras pessoas, como quando se chama mamãe à mulher legítima, ou irmã à esposa. É neste sentido que dizíamos que se está sempre aquém ou além. Nossas mães, nossas irmãs fundem-se entre nossos braços: seus nomes deslizam sobre suas pessoas como um selo demasiado molhado. É que nunca podemos fruir simultaneamente da pessoa e do nome — o que seria, porém, a condição do incesto. Admitamos que o incesto é um engodo, que ele é impossível. Mas, assim, o problema é somente adiado. Não é próprio do desejo desejar o impossível? Pelo menos neste caso, esta trivialidade nem mesmo é verdadeira. Lembremo-nos o quanto é ilegítimo concluir da proibição a natureza do que é proibido; porque a proibição procede desonrando o culpado, isto é, *[191]* induzindo uma imagem desfigurada e deslocada do que é realmente proibido ou desejado. É mesmo desta maneira que a repressão é prolongada por um recalcamento sem o qual ela não incidiria sobre o desejo. O que é desejado é o fluxo germinal ou germinativo intenso, no qual se buscaria em vão pessoas e mesmo funções discerníveis como pai, mãe, filho, irmã etc., pois esses nomes designam tão somente variações intensivas sobre o corpo pleno da terra determinado como germe.

Podemos sempre chamar incesto, ou indiferença ao incesto, a este regime de um só e mesmo ser ou fluxo que varia em intensidade segundo disjunções inclusivas. Mas, justamente, não se pode confundir o incesto tal como ele seria neste regime intensivo não-pessoal que o instituiria, com o incesto tal como é representado em extensão no estado que o proíbe e que o define como transgressão sobre as pessoas. Jung, portanto, tem razão em dizer que o complexo de Édipo significa algo de totalmente distinto de si próprio, que a mãe é também aí a terra e que o incesto é um renascimento infinito (seu erro é apenas acreditar que assim "superava" a sexualidade). O *complexo somático* remete ao *implexo germinal*. O incesto remete a um aquém que não pode ser representado como tal no complexo, pois o complexo é um elemento derivado do recalcamento deste aquém. O incesto tal como é proibido (forma das pessoas tornadas discerníveis) serve para recalcar o incesto tal como é desejado (o fundo da terra intensa). O fluxo germinal intensivo é o representante do desejo e é sobre ele que incide o recalcamento; a figura edipiana extensiva é o seu representado deslocado, o engodo ou a imagem falsificada que, suscitada pelo recalcamento, vem recobrir o desejo. Pouco importa que esta imagem seja "impossível": ela executa sua operação desde o momento em que o desejo aí se deixe apanhar como se fosse o próprio impossível. Veja, era isto que você queria! Todavia, é esta conclusão, que vai diretamente do recalcamento ao recalcado, e da proibição ao proibido, que já implica todo o paralogismo da repressão.

[III.3.5. As condições de codificação]
Mas por que o implexo ou o influxo germinal é recalcado, já que ele é, afinal, o representante territorial do desejo? É que... aquilo a que ele remete, a título de representante, é um fluxo que não seria codificável, que não se deixaria codificar — que é precisamente o terror do *socius* primitivo. Cadeia alguma *[192]* poderia desligar-se dele e nada ser extraído dele; nada, nele, passaria da filiação à descendência, mas a descendência seria perpetuamente assentada sobre a filiação no ato de reengendrar a si mesma; a cadeia significante não formaria código algum, só emitiria signos ambíguos e seria perpetuamente corroída pelo seu suporte energé-

tico; o que escorreria sobre o corpo pleno da terra seria tão desligado quanto os fluxos não codificados que deslizam sobre o deserto de um corpo sem órgãos. É que a questão é menos a da abundância ou da raridade, da fonte ou do esgotamento (mesmo esgotar é um fluxo), do que a do codificável e do não-codificável. O fluxo germinal é tal que dá no mesmo dizer que tudo passaria ou escorreria com ele, ou, ao contrário, que tudo seria bloqueado. Para que fluxos sejam codificáveis, é preciso que sua energia se deixe quantificar e qualificar — é preciso que extrações de fluxos se façam em relação com desligamentos de cadeia — é preciso que algo passe, mas também que algo seja bloqueado, e que algo bloqueie ou faça passar. Ora isto só é possível no sistema em extensão que torne as pessoas discerníveis, e que faça dos signos um uso determinado, que faça das sínteses disjuntivas um uso exclusivo, e das sínteses conectivas um uso conjugal. É bem este o sentido da proibição do incesto concebida como instauração de um sistema físico em extensão: devemos, em cada caso, buscar o que passa no fluxo de intensidade, o que não passa, o que faz passar ou impede de passar, segundo o caráter patrilateral ou matrilateral dos casamentos, segundo o caráter matrilinear ou patrilinear das linhagens, segundo o regime geral das filiações extensas e das alianças laterais. Voltemos ao casamento preferencial dogon tal como Griaule o analisa: o que está bloqueado é a relação com a tia como substituta da mãe, sob a forma de parente para brincar; o que passa é a relação com a filha da tia, como substituta da tia, como primeiro incesto possível ou permitido; o que bloqueia ou o que faz passar é o tio uterino. O que passa comporta — para compensar o que é bloqueado — uma verdadeira *mais-valia de código* que reverte em favor do tio quando ele faz passar, ao passo que ele sofre uma espécie de "menos-valia" quando bloqueia (é o caso dos roubos rituais feitos pelos sobrinhos na casa do tio mas também, como diz Griaule, "do aumento e frutificação" *[193]* dos bens do tio quando o mais velho dos sobrinhos vem morar com ele). O problema fundamental, qual seja, o de se saber a quem revertem as prestações matrimoniais em tal ou qual sistema, não pode ser resolvido independentemente da complexidade das linhas de passagem e das linhas de bloqueio — como se o que fora bloqueado ou proibido reaparecesse "nas núpcias como um fantasma", reclamando o que lhe é devido.[21] A respeito de um caso preciso, Löffler escreve: "Entre os Mru, o modelo patrilinear prevalece sobre a tradição matrilinear: a relação irmão-irmã, que é transmitida de pai para filho e de mãe para filha, pode ser indefinidamente transmitida pela relação pai-filho, mas não pela relação mãe-filha que termina com o casamento da filha. Uma filha casada transmite à sua própria filha uma nova relação, a saber, aquela que a une ao seu próprio irmão. Ao mesmo tempo, uma filha que se casa desliga-se não da linhagem do seu irmão, mas unicamente linhagem do irmão de sua mãe. A significação dos pagamentos ao irmão da mãe quando sua sobrinha se casa só pode ser assim compreendida: a jovem deixa o antigo grupo familiar de sua mãe. A sobrinha, por sua vez, também se torna mãe e ponto de partida de uma nova relação irmão-irmã, sobre a qual se funda uma nova aliança".[22] O que se prolonga, o que para, o que se desliga, e as diferentes relações segundo as quais se distribuem estas ações e paixões, tudo isto leva a compreender o mecanismo de formação da mais-valia de código enquanto peça indispensável a toda codificação de fluxos.

[III.3.6. Os elementos em profundidade da representação: representante recalcado, representação recalcante, representado deslocado]

Podemos assim esboçar as diversas instâncias da *representação territorial* no *socius* primitivo. Em primeiro lugar, o influxo germinal de intensidade condiciona toda a representação: ele é o *representante* do desejo. Mas se ele é dito representante, é porque vale pelos fluxos não codificáveis, não codificados ou descodificados. Neste sentido, ele implica à sua maneira o limite do *socius*, o limite e o negativo de todo *socius*. Assim, a repressão desse limite

---

[21] Lévi-Strauss, *Les Structures élémentaires de la parenté*, p. 356 (Lévi-Strauss analisa casos, aparentemente anormais ou paradoxais, de beneficiários de prestações matrimoniais).

[22] Lorenz G. Löffler, "L'Alliance asymétrique chez les Mru", *L'Homme*, julho de 1966, p. 80.

só é possível se o próprio representante *[194]* for recalcado. Este recalcamento determina o que passará ou não passará do influxo no sistema em extensão, o que ficará bloqueado ou estocado nas filiações extensas e o que, ao contrário, se moverá e escorrerá segundo as relações de aliança, de maneira que se efetue a codificação sistemática dos fluxos. Damos o nome de aliança a esta segunda instância, que é a própria *representação recalcante*, pois as filiações só se tornam extensas em função das alianças laterais que medem os segmentos variáveis. Donde a importância dessas "linhagens locais" que Leach identificou — e que, duas a duas, organizam as alianças e maquinam os casamentos. Quando lhes atribuíamos uma atividade perversa-normal, queríamos dizer que esses grupos locais eram os agentes do recalcamento, os grandes codificadores. Por toda parte em que homens se encontram e se reúnem para apanhar mulheres, negociá-las, reparti-las etc., é possível reconhecer o laço perverso de uma homossexualidade primária entre grupos locais, entre cunhados, co-maridos, parceiros de infância. Sublinhando o fato universal de que o casamento não é uma aliança entre um homem e uma mulher, mas "uma aliança entre duas famílias", "uma transação entre homens a propósito de mulheres", Georges Devereux tirava disso a correta conclusão de uma motivação homossexual de base e de grupo.[23] Através das mulheres, os homens estabelecem suas próprias conexões; através da disjunção homem-mulher, que é a cada instante o resultado da filiação, a aliança põe em conexão os homens de filiação diferente. A questão: por que uma homossexualidade feminina não resultou em grupos amazônicos capazes de negociar os homens? — talvez encontre sua resposta na afinidade das mulheres com o influxo germinal, portanto sua posição fechada no seio de filiações extensas (histeria de filiação, por oposição à paranoia de aliança). A homossexualidade masculina é, pois, a representação de aliança que recalca os signos ambíguos da filiação intensa bissexuada. Devereux, no entanto, parece-nos enganar-se duas vezes: primeiro, quando declara ter por muito tempo recuado em face desta tão grave descoberta, diz ele,

---

[23] Georges Devereux, "Considérations ethnopsychanalytiques sur la notion de parenté", *L'Homme*, julho de 1965.

de uma representação *[195]* homossexual (não passando isso de uma versão primitiva da fórmula segundo a qual "Todos os homens são pederastas", e, certamente, não o são mais do que quando maquinam casamentos). Por outro lado, e sobretudo, ele se engana quando quer fazer desta homossexualidade de aliança um produto do complexo de Édipo enquanto recalcado. A aliança nunca se deduz das linhas de filiação por intermédio do Édipo; ao contrário, ela articula essas linhas sob a ação de linhagens locais e da sua homossexualidade primária não edipiana. E se é verdade que existe uma homossexualidade edipiana ou filiativa, é preciso ver aí apenas uma reação secundária a essa homossexualidade de grupo, inicialmente não edipiana. Quanto ao Édipo em geral, ele não é o recalcado, ou seja, o representante do desejo, pois este está aquém e desconhece totalmente o papai-mamãe. E ele também não é a representação recalcante, pois esta está além e só torna discerníveis as pessoas ao submetê-las às regras homossexuais da aliança. O incesto é tão somente o efeito retroativo da representação recalcante *sobre* o representante recalcado: essa representação desfigura ou desloca o representante sobre o qual ela incide, sobre o qual ela projeta as categorias tornadas discerníveis e que ela própria instaurou; ela lhe aplica termos que não existiam antes que a aliança tivesse, precisamente, organizado o positivo e o negativo no sistema em extensão — ela o assenta sobre o que está bloqueado neste sistema. Édipo é certamente o limite, mas o limite deslocado que agora passa para o interior do *socius*. Édipo é a imagem enganosa à qual o desejo se deixa prender (É isso que você queria! Os fluxos descodificados, o incesto!). Começa então uma longa história, a da edipianização. Mas, precisamente, tudo começa na cabeça de Laios, o velho homossexual de grupo, o perverso que arma uma armadilha ao desejo. Porque o desejo é também isto, uma armadilha. A representação territorial comporta essas três instâncias: o *representante recalcado*, a *representação recalcante*, o *representante deslocado*.

[III.4. Psicanálise e etnologia]

[III.4.1. Continuação do problema de Édipo. Dois aspectos da esquizoanálise]
Estamos indo muito depressa, fazendo como se Édipo já estivesse instalado na máquina territorial selvagem. Todavia, como diz Nietzsche a respeito da má consciência, *[196]* não é nesse terreno que cresce uma tal planta. É que não estão dadas, evidentemente, as condições de Édipo como "complexo familiar", compreendido no quadro do familismo peculiar à psiquiatria e à psicanálise. As famílias selvagens formam uma práxis, uma política, uma estratégia de alianças e de filiações; formalmente, elas são os elementos motores da reprodução social; elas nada têm a ver com um microcosmo expressivo; o pai, a mãe, a irmã sempre funcionam aí como outra coisa além de pai, mãe ou irmã. E mais do que o pai, a mãe etc., há o aliado, que constitui a realidade concreta ativa e torna as relações entre as famílias coextensivas ao campo social. Nem sequer seria exato dizer que as determinações familiares se manifestam em todos os cantos deste campo e ficam ligadas a determinações propriamente sociais, visto que umas e outras são uma só e mesma peça da máquina territorial. Não sendo ainda a reprodução familiar um simples meio, ou uma matéria a serviço de uma reprodução social de outra natureza, não há possibilidade alguma de assentar esta sobre aquela, de estabelecer entre ambas relações bi-unívocas que dariam a um complexo familiar qualquer um valor expressivo e uma forma autônoma aparente. Ao contrário, é evidente que o indivíduo na família, mesmo ainda pequeno, investe diretamente um campo social, histórico, econômico e político, irredutível a qualquer estrutura mental como a qualquer constelação afetiva. Eis por que, quando consideramos casos patológicos e processos de cura nas sociedades primitivas, nos parece totalmente insuficiente compará-los com o processo psicanalítico, reportando-os a critérios tirados deste: por exemplo, reportando-os a um complexo familiar, ainda que diferente do nosso, ou a conteúdos culturais ainda que referidos a um inconsciente ético — como se vê nos paralelismos tentados entre a cura psicanalítica e a cura xamânica (Devereux, Lévi-Strauss). Definimos a

esquizoanálise por dois aspectos: a destruição das pseudoformas expressivas do inconsciente, a descoberta dos investimentos inconscientes do campo social pelo desejo. É deste ponto de vista que é preciso considerar muitas curas primitivas: elas são esquizoanálises em ato. *[197]*

[III.4.2. Um processo de cura na África]

Victor Turner dá um notável exemplo de uma dessas curas entre os Ndembu.[24] O exemplo é ainda mais surpreendente porque, aos nossos olhos pervertidos, tudo nos parece inicialmente edipiano. O doente K, afeminado, insuportável, vaidoso, que fracassa em todos os seus empreendimentos, vive à sombra do seu avô materno que lhe faz enérgicas censuras. Embora os Ndembu sejam matrilineares e devam habitar com seus parentes maternos, K passou um tempo excepcionalmente longo na matrilinhagem do seu pai, da qual era o favorito, e se casou com primas paternas. Mas, com a morte do seu pai, ele é expulso e retorna à aldeia materna. Sua casa, espremida entre dois setores, o das casas de membros do grupo paterno e o das casas da sua própria matrilinhagem, exprime bem sua situação ali. E como é que a adivinhação procede para indicar a causa do mal e a cura médica encarregada de tratá-la? A causa é dentária: os dois dentes incisivos superiores do antepassado caçador estão contidos num saco sagrado, mas podem escapar de lá para penetrar no corpo do doente. Todavia, para diagnosticar, para esconjurar os efeitos do incisivo, o adivinho e o médico fazem uma análise social do território e da sua vizinhança, das chefaturas e subchefaturas, das linhagens e dos seus segmentos, das alianças e das filiações: não param de pôr a descoberto o desejo nas suas relações com unidades políticas e econômicas — e é neste ponto, aliás, que as testemunhas procuram enganá-los. "A adivinhação devém uma forma de análise social no decurso da qual as lutas ocultas entre indivíduos e facções são postas a descoberto, de tal modo que possam ser tratadas pelos procedimentos rituais tradi-

---

[24] Victor W. Turner, "An Ndembu Doctor in Practice", in Ari Kiev (org.), *Magic, Faith and Healing: Studies in Primitive Psychiatry Today*, Nova York, The Free Press, 1964, pp. 230-64.

cionais..., o caráter vago das crenças místicas permite que sejam manipuladas em relação com um grande número de situações sociais". Parece que o incisivo patogênico é, principalmente, o do avô materno. Mas este foi um grande chefe; seu sucessor, o "chefe real", teve de renunciar com medo de ser enfeitiçado; e seu presumido herdeiro, inteligente e empreendedor, não tem o poder; o chefe atual não é o bom; o doente K, por sua vez, não soube assumir um papel mediador que o teria tornado um candidato a chefe. Tudo se complica *[198]* em razão das relações colonizadores-colonizados: os ingleses não reconheceram a chefatura; a aldeia, empobrecida, cai em decrepitude (os dois setores da aldeia derivam de uma fusão de dois grupos que haviam fugido dos ingleses; os mais velhos lamentam a decadência atual). O médico não organiza um sociodrama, mas uma verdadeira análise de grupo, centrada no doente. Dando-lhe poções, ligando cornos ao seu corpo para aspirar o incisivo, fazendo rufar os tambores, o médico procede a uma cerimônia entrecortada por paragens e recomeços, fluxos de todos os gêneros, fluxos de palavras e cortes: os membros da aldeia vêm falar, o doente fala, invoca-se a sombra, para-se; o médico explica, recomeça tudo, tambores, cantos, transes. Não se trata apenas de descobrir os investimentos pré-conscientes do campo social feitos por interesses, mas de descobrir, mais profundamente, seus investimentos inconscientes feitos pelo desejo, tal como eles passam pelos casamentos do doente, pela sua posição na aldeia, e por todas as posições de chefe vividas em intensidade no grupo.

[III.4.3. As condições de Édipo e a colonização. Édipo e o etnocídio]

Dizíamos que o ponto de partida parecia edipiano. Era somente o ponto de partida *para nós*, treinados para dizer Édipo sempre que nos falam de pai, mãe, avô. Na verdade, a análise ndembu nunca foi edipiana: estava diretamente ligada à organização e desorganização sociais; a própria sexualidade, através das mulheres e dos casamentos, era um investimento do desejo; os pais desempenhavam aí o papel de estímulo, e não o de organizador (ou desorganizador) de grupo, que era desempenhado pelo chefe e pelas suas figuras. Em vez de se assentar tudo sobre o nome do pai, ou do avô materno, este se abre a todos os nomes da história. Em vez de se projetar tudo sobre uma grotesca ruptura da castração, dissemina-se tudo pelos mil cortes-fluxos das chefaturas, das linhagens, das relações de colonização. O que se tem é todo o jogo das raças, dos clãs, das alianças e das filiações, toda essa deriva histórica e coletiva: é justamente o contrário da análise edipiana, uma vez que esta esmaga obstinadamente o conteúdo de um delírio, uma vez que o enfia à força no "vazio simbólico do pai". Ou antes, se é verdade que a análise nem mesmo começa por ser edipiana, exceto para nós, será que ela, entretanto, não virá a sê-lo em certa medida? E em que medida? Sim, em parte ela se tornará *[199]* isso sob o efeito da colonização. O colonizador, por exemplo, abole a chefatura ou a utiliza para seus próprios fins (assim como muitas outras coisas, a chefatura ainda é pouco). O colonizador diz: seu pai é apenas seu pai, nada mais, assim como seu avô materno, não há porque tomá-los por chefes... faça suas triangulações no seu canto e ponha sua casa entre as da linha paterna e as da linha materna... sua família é apenas sua família e nada mais, a reprodução social já não passa por aí, embora tenhamos justamente necessidade de sua família para fornecer um material que será submetido ao novo regime da reprodução... Então, sim, um quadro edipiano se esboça para os selvagens espoliados: Édipo de favela. Vimos, todavia, que os colonizados permaneciam como um exemplo típico de resistência a Édipo: com efeito, é aí que a estrutura edipiana não chega a se fechar, e que seus termos continuam colados, seja em luta ou em cumplicidade, aos agentes da reprodução social opressiva (o Branco, o missionário, o cobrador de impostos, o exportador de bens, o homem notável da aldeia tornado agente da administração, os velhos que maldizem o Branco, os jovens que entram numa luta política etc.). Mas as duas coisas são verdadeiras: o colonizado resiste à edipianização e a edipianização tende a fechar-se sobre ele. Em havendo edipianização, ela é o resultado da colonização, e é preciso juntá-la a todos os procedimentos que Jaulin soube descrever em *La Paix blanche*. "O estado de colonizado pode conduzir a uma tal redução da humanização do universo que toda a solução buscada será à medida do indivíduo ou da família restrita, com o que se terá, como consequência, uma anarquia ou desordem extremas no nível do coletivo: anarquia de que o indivíduo será sempre vítima, com exceção daqueles que detêm a chave de um tal sistema, neste caso os colonizadores, os quais, nesse mesmo tempo em que o colonizado reduzirá o universo, tenderão a estendê-lo".[25] Édipo é algo como a eutanásia *[200]* no etnocídio. Quanto mais a reprodução social escapa em natureza e extensão aos membros do grupo, mais ela se assenta sobre eles ou os assenta sobre uma reprodução familiar restrita e neurotizada da qual Édipo é o agente.

[III.4.4. Eles não sabem o que fazem, aqueles que edipianizam]

Então, como compreender, finalmente, os que dizem encontrar um Édipo indiano ou africano? Os primeiros reconhecem que *nada* encontram a respeito dos mecanismos e atitudes que constituem nosso Édipo (o Édipo supostamente nosso). Mas dizem que isso é irrelevante, já que a estrutura estaria aí presente, ainda que ela não tenha existência alguma "acessível à clínica"; ou dizem, então, que o problema, o ponto de partida, é realmente edipiano, embora os desenvolvimentos e as soluções sejam totalmente diferentes dos nossos (Parin, Ortigues). Dizem que é um Édipo que "nunca deixou de existir", conquanto ele nem mesmo tenha (fora da colonização) as condições necessárias para começar a existir. Se é verdade que o pensamento se avalia pelo grau de edipianização, então, sim, é o caso de dizer que os Brancos pensam demais. A

---

[25] Robert Jaulin, *La Paix blanche: introduction à l'ethnocide*, Paris, Seuil, 1970, p. 309. Jaulin analisa a situação dos índios a que os capuchinhos "persuadiram" a trocar sua casa coletiva por pequenas casas "pessoais" (pp. 391-400). Na casa coletiva, o recanto familiar e a intimidade pessoal estavam fundadas numa relação com o vizinho definido como *aliado*, de modo que as relações interfamiliares eram coextensivas ao campo social. Ao contrário disso, produz-se na nova situação "uma fermentação abusiva dos elementos do casal sobre si próprios" e sobre as crianças, de tal modo que a família restrita se fecha num microcosmo expressivo em que cada um reflete sua própria linhagem, ao mesmo tempo que o devir social e produtivo lhe escapa cada vez mais. É que Édipo não é somente um processo ideológico, mas o resultado de uma destruição do meio ambiente, do habitat etc.

competência, a honestidade e o talento desses autores, psicanalistas africanistas, estão fora de questão. Mas acontece com eles o que se passa entre nós com certos psicoterapeutas: dir-se-ia que não sabem o que fazem. Temos psicoterapeutas que acreditam sinceramente estarem fazendo obra progressista ao aplicarem novas maneiras de triangular a criança — atenção, eis um Édipo de estrutura, e não imaginário! O mesmo acontece na África com esses psicanalistas que manejam o jugo de um Édipo estrutural ou "problemático" a serviço de suas intenções progressistas. Lá ou aqui é a mesma coisa: Édipo é sempre a colonização continuada por outros meios, é a colônia interior, e veremos que, mesmo entre nós, europeus, ele é nossa formação colonial íntima. Como compreender as frases com que Marie-Cécile e Edmond Ortigues terminam seu livro? "A doença é considerada como signo de uma eleição, de uma atenção especial por parte das potências sobrenaturais, ou como signo de uma agressão de caráter *[201]* mágico: esta ideia não se deixa profanar facilmente. A psicoterapia analítica só pode intervir a partir do momento em que um pedido pode ser formulado pelo sujeito. Toda nossa pesquisa estava, pois, condicionada pela possibilidade de instaurar um campo psicanalítico. Quando um sujeito aderia plenamente às normas tradicionais e nada tinha a dizer em seu próprio nome, ele se deixava tratar pelos terapeutas tradicionais e pelo grupo familiar, ou pela medicina dos 'medicamentos'. Por vezes, o fato dele desejar falar dos tratamentos tradicionais correspondia a um começo de psicoterapia e vinha a ser para ele um meio de se situar pessoalmente na sua própria sociedade... Em outras ocasiões, o diálogo analítico podia desenrolar-se mais facilmente e, neste caso, o problema edipiano tendia a tomar sua dimensão diacrônica fazendo aparecer o conflito das gerações".[26] Por que pensar que as potências sobrenaturais e as agressões mágicas formam um mito pior do que o de Édipo? Por que não pensar o contrário, já que eles determinam o desejo a investimentos mais intensos e mais adequados tanto à organização quanto às desorganizações do campo social? Meyer Fortes mostrava, ao menos, o lugar de Jó ao lado de Édipo. E com que direito julgar

---

[26] Marie-Cécile e Edmond Ortigues, *Œdipe africain*, p. 307.

que o sujeito nada tem a dizer em seu próprio nome desde que adira às normas tradicionais? A cura ndembu não mostra o contrário? E Édipo não será também uma norma tradicional, a nossa? Como é que se pode dizer que Édipo nos faz falar em nosso próprio nome, quando, por outro lado, se acrescenta que a sua solução nos ensina a "incurável insuficiência de ser" e a universal castração? E que "pedido" é este que se invoca para justificar o Édipo? Claro que o sujeito pede e torna a pedir papai-mamãe: mas que sujeito, e em que estado? Será isto o meio de "se situar pessoalmente em sua própria sociedade"? E que sociedade? A sociedade neocolonizada que lhe inculcam, e que consegue afinal o que a colonização apenas esboçou, um efetivo assentamento das forças do desejo sobre Édipo, sobre um nome de pai, no grotesco triângulo?

Retornemos à célebre e inesgotável discussão entre os [202] culturalistas e os psicanalistas ortodoxos: Édipo é universal? Será ele o grande símbolo paternal católico, a reunião de todas as igrejas? A discussão começou entre Malinowski e Jones, continuou entre Abram Kardiner e Erich Fromm, de um lado, Géza Roheim, de outro.[NT] E ainda prossegue entre certos etnólogos e certos discípulos de Lacan (os que deram, não só uma interpretação edipianizante da doutrina de Lacan, mas uma extensão etnográfica a essa interpretação). Do lado dos que defendem a universalidade de Édipo, há dois polos: um, talvez já fora de moda, faz de Édipo uma constelação afetiva original e, no limite, um acontecimento real, cujos efeitos seriam transmitidos por hereditariedade filogenética. E o outro que faz de Édipo uma estrutura que, no limite, é preciso descobrir no fantasma, em relação com a prematuração ou a neotenia biológicas. Duas concepções muito diferentes do limite: uma o tem como matriz original, a outra, como função estrutural. Porém, nesses dois sentidos do universal somos levados a "interpretar", visto que a presença latente de Édipo só aparece através da sua ausência patente, compreendida como um efeito do recalcamento, ou melhor ainda, já que o invariante estrutural só é descoberto através de variações imaginárias, como testemunho, se preciso, de uma forclusão simbólica (o pai como lugar vazio). O uni-

[NT] [Erich Fromm (1900-1980); Géza Roheim (1881-1953).]

versal de Édipo recomeça a velha operação metafísica que consiste em interpretar a negação como uma privação, como uma falta: a falta simbólica do pai morto, ou o grande Significante. Interpretar é nossa maneira moderna de crer e de ser piedoso. Já Roheim propunha organizar os selvagens numa série de variáveis convergentes para o invariante estrutural neotênico.[27] Roheim é quem dizia, sem humor, que o complexo de Édipo não era achado se não fosse procurado; e que ele só seria procurado por aquele que tivesse se submetido à análise. E eis por que sua filha é muda, isto é: as tribos, filhas do etnólogo, não dizem o Édipo que, todavia, as faz falar. Roheim acrescentava ser ridículo acreditar que a teoria freudiana da censura dependia do regime da repressão no império de Francisco José. Ele parecia *[203]* não ver que Francisco José não era um corte histórico pertinente, mas que as civilizações orais, escritas, ou até "capitalistas", talvez o sejam, e que com elas varia a natureza da repressão, o sentido e o alcance do recalcamento.

[III.4.5. Sobre o que incide o recalcamento?]
Essa história do recalcamento é bem complicada. As coisas seriam mais simples se a libido ou o afeto fossem recalcados, no sentido mais amplo da palavra (suprimidos, inibidos, transformados), ao mesmo tempo que a representação pretensamente edipiana. Mas não é nada disso: a maior parte dos etnólogos observou muito bem o caráter sexual dos afetos nos símbolos públicos da sociedade primitiva; e este caráter permanece integralmente vivido pelos membros desta sociedade, embora eles não tenham sido psicanalisados, e apesar do deslocamento da representação. Como diz Leach, a propósito da relação sexo-cabeleira, "o deslocamento simbólico do falo é habitual, mas a origem fálica de modo algum é recalcada".[28] Será preciso dizer que os selvagens recalcam a representação e guardam intacto o afeto? E seria o contrário entre nós, na organização patriarcal, em que a representação permanece

---

[27] Géza Roheim, *Psychanalyse et anthropologie* (1950), tradução francesa, Paris, Gallimard, 1967, pp. 417-8.

[28] Edmond Ronald Leach, "Magical Hair", in *Myth and Cosmos*, Nova York, Natural History Press, 1967, p. 92.

clara, mas com afetos suprimidos, inibidos ou transformados? Entretanto não: a psicanálise nos diz que também nós recalcamos a representação. E tudo nos diz que muitas vezes nós também conservamos a plena sexualidade do afeto; sabemos perfeitamente de que se trata sem termos sido psicanalisados. Mas com que direito falar de uma representação edipiana sobre a qual incidiria o recalcamento? Será porque o incesto é proibido? Recaímos sempre nessa pálida razão: o incesto é desejado porque é proibido. A proibição do incesto implicaria uma representação edipiana do recalcamento e do retorno da qual ela nasceria. Ora, o contrário disso é evidente; não só a representação edipiana supõe a proibição do incesto, como nem mesmo podemos dizer que ela nasça dele ou dele resulte. Reich, pondo-se como partidário das teses de Malinowski, acrescenta uma observação profunda: o desejo só é edipiano precisamente porque as proibições incidem, não simplesmente sobre o incesto, mas "sobre as relações sexuais de [204] *qualquer outro tipo*", tapando as outras vias.[29] Em suma, a repressão do incesto não nasce de uma representação edipiana recalcada, nem provoca esse recalcamento. Eis o que se passa e que é totalmente diferente: o sistema geral repressão-recalcamento faz nascer uma imagem edipiana que é desfiguração do recalcado. Que esta imagem, por sua vez, termine por sofrer um recalcamento, que ela advenha no lugar do recalcado ou do efetivamente desejado, na precisa medida em que a repressão sexual incide sobre *algo que não* o incesto, tudo isto é uma longa história que é a da nossa sociedade. Porém, inicialmente, o recalcado não é a representação edipiana. O que é recalcado é a produção desejante. Recalcado é aquilo que, desta produção, não passa para a produção ou reprodução sociais, é o que aí introduziria desordem e revolução, os fluxos não codificados do desejo. Ao contrário, o que passa da produção desejante para a produção social forma um investimento sexual direto desta produção social, sem recalcamento algum do caráter sexual do simbolismo e dos afetos correspondentes, e, sobretudo, sem referência alguma a uma representação edipiana

[29] Wilhelm Reich, *Der Einbruch der Sexualmoral*, Berlim, Verlag für Sexualpolitk, 1932, p. 6.

que se suporia originalmente recalcada ou estruturalmente forcluída. O animal não é tão somente objeto de um investimento pré-consciente de interesse, mas de um investimento libidinal de desejo, que só secundariamente extrairá uma imagem de pai. O mesmo acontece com o investimento libidinal de alimento — sempre que se manifesta um medo de ter fome ou um prazer de não ter, medo e prazer que só secundariamente se relacionam a uma imagem de mãe.[30] Vimos, anteriormente, como a proibição do incesto remetia não a Édipo, mas aos fluxos não codificados constitutivos do desejo e ao seu representante, o fluxo pré-pessoal intenso. Quanto a Édipo, isto é ainda uma maneira de codificar o incodificável, de codificar o que se furta aos códigos, ou de deslocar o desejo e seu objeto, de pegá-los na armadilha.

[III.4.6. Culturalistas e universalistas: seus postulados comuns]

Culturalistas e etnólogos mostram bem que as instituições *[205]* são primeiras em relação aos afetos e às estruturas. Porque as estruturas não são mentais, mas estão nas coisas, nas formas de produção e de reprodução sociais. Mesmo um autor como Marcuse, pouco suspeito de complacência, reconhece que o ponto de partida do culturalismo era bom: introduzir o desejo na produção, atar o laço entre a "estrutura dos instintos e a estrutura econômica, indicando ao mesmo tempo as possibilidades de ultrapassar uma cultura patricentrista e exploradora".[31] Então, o que levou o culturalismo a tender para o pior? (E também aqui não há contradição entre ir bem no começo e piorar desde o começo...) Talvez seja esse o postulado comum ao relativismo e ao absolutismo edipianos, ou seja, a conservação obstinada de uma perspectiva familista que leva estragos a toda parte. Com efeito, se a instituição é

---

[30] Em seu estudo sobre as ilhas Marquesas, Abram Kardiner [1891--1981], mostrou bem o papel que uma ansiedade alimentar coletiva ou econômica desempenha, ansiedade que, mesmo do ponto de vista do inconsciente, não se deixa reduzir à relação familiar com a mãe: *The Individual and his Society*, Nova York, Columbia University Press, 1939, pp. 223 ss.

[31] Herbert Marcuse, *Eros et civilisation*, p. 209.

inicialmente compreendida como instituição familiar, pouco importa dizer que o complexo familiar varia com as instituições ou que, ao contrário, Édipo é um invariante nuclear em torno do qual giram as famílias e as instituições. Os culturalistas invocam outros triângulos, por exemplo, tio uterino-tia-sobrinho; mas os edipianistas logo mostram que se trata de variações imaginárias para um mesmo invariante estrutural, figuras diferentes para uma mesma triangulação simbólica, que não se confunde nem com as personagens que a efetuam, nem com as atitudes que relacionam estas personagens. Mas, inversamente, a invocação de um tal simbolismo transcendente não leva os estruturalistas a sair do mais estreito ponto de vista familiar. E é a mesma coisa com as discussões infindáveis sobre: é papai? é mamãe? (Vocês negligenciam a mãe! Não, você é que não vê o pai, ao lado, como lugar vazio!) O conflito entre culturalistas e psicanalistas ortodoxos reduz-se, frequentemente, a essas avaliações dos papéis da mãe e do pai, do pré-edipiano e do edipiano, sem que se saia por isso nem da família nem de Édipo, oscilando sempre entre os dois famosos polos, o polo materno pré-edipiano do imaginário e o polo paterno edipiano do estrutural, ambos tendo o mesmo eixo, falando a mesma linguagem de um social familiarizado, na qual um designa os dialetos *[206]* maternos habituais, e o outro, a forte lei da língua do pai. Já se mostrou a ambiguidade do que Kardiner chamava de "instituição primária". É que, em certos casos, pode tratar-se da maneira como o desejo investe o campo social desde a infância e sob os estímulos familiares vindos do adulto: todas as condições estariam dadas, então, para uma adequada compreensão (extrafamiliar) da libido. Porém, mais frequentemente trata-se apenas da organização familiar em si mesma, que se supõe ser inicialmente vivida pela criança como microcosmo e depois projetada no devir adulto e social.[32]

---

[32] Mikel Dufrenne [1910-1995], ao analisar os conceitos de Kardiner, formula as seguintes questões essenciais: será que a família é que é "primária" e que o político, o econômico e o social são apenas secundários? Do ponto de vista da libido, quem é primeiro, o investimento familiar ou o investimento social? E metodologicamente, dever-se-á ir da criança ao adulto ou do adulto à criança? (*La Personnalité de base*, Paris, PUF, 1953, pp. 287 ss.).

Deste ponto de vista, a discussão só pode ficar emperrada entre os defensores de uma interpretação cultural e os de uma interpretação simbólica ou estrutural desta mesma organização.

Acrescentemos um segundo postulado comum aos culturalistas e aos simbolistas. Todos admitem que, pelo menos na nossa sociedade, patriarcal e capitalista, o Édipo é uma certeza (ainda que sublinhem, como Fromm, os elementos de um novo matriarcado). Todos admitem ser nossa sociedade o ponto forte do Édipo: ponto a partir do qual encontraremos em toda parte uma estrutura edipiana ou então, ao contrário, faremos variar os termos e as relações nos complexos não edipianos, mas nem por isso menos "familiares". Eis por que toda a nossa crítica precedente incidiu sobre Édipo tal como ele é considerado como valendo e funcionando entre nós: não é no ponto mais fraco (os selvagens) que é preciso atacar Édipo, mas no ponto mais forte, ao nível do elo mais forte, mostrando que desfiguração da produção desejante, das sínteses do inconsciente, dos investimentos libidinais ele implica e opera *no nosso meio cultural e social*. Não que Édipo nada seja entre nós: não paramos de dizer o quanto ele é solicitado e o quanto se volta a solicitá-lo; e até uma tentativa tão profunda como a de Lacan para sacudir o jugo de Édipo foi interpretada como *[207]* um meio inesperado de fazê-lo pesar ainda mais, e de fechá-lo sobre o bebê e o esquizo. E, certamente, é não apenas legítimo, mas indispensável, que a explicação etnológica ou histórica não esteja em contradição com nossa organização atual ou que esta contenha, à sua maneira, os elementos de base da hipótese etnológica. É o que Marx dizia, lembrando as exigências de uma história universal; porém, acrescentava ele, com a condição de que a organização atual seja capaz de criticar a si própria. Ora, é precisamente a autocrítica de Édipo que não encontramos na nossa organização, da qual a psicanálise faz parte. É de certo modo legítimo interrogar todas as formações sociais a partir de Édipo, mas não porque ele seria uma verdade do inconsciente particularmente revelável entre nós, mas porque, ao contrário, ele é uma mistificação do inconsciente que só triunfou entre nós por ter montado suas peças e suas engrenagens através das formações anteriores. É neste sentido que ele é universal. É, pois, na sociedade capitalista, no seu nível mais forte, que a crítica de Édipo deve sempre retomar seu ponto de partida e reencontrar seu ponto de chegada.

[III.4.7. Em que sentido Édipo é universal: os cinco sentidos de limite, incluindo o de Édipo]

Édipo é um limite. Mas limite tem muitas acepções, pois pode estar no começo como acontecimento inaugural, tendo o papel de uma matriz; ou no meio, como função estrutural que assegure a mediação das personagens e o fundamento de suas relações; ou ainda no fim, como determinação escatológica. Ora, já vimos que é apenas nesta última acepção que Édipo é um limite. E também a produção desejante. Mas acontece que esta acepção, ela mesma, tem muitos e diversos sentidos. Em primeiro lugar, a produção desejante está no limite da produção social; os fluxos descodificados, no limite dos códigos e das territorialidades; o corpo sem órgãos, no limite do *socius*. Falaremos de *limite absoluto* toda vez que os esquizo-fluxos passem através do muro, embaralhem os códigos e desterritorializem o *socius*: o corpo sem órgãos é o *socius* desterritorializado, deserto onde escorrem os fluxos descodificados do desejo, fim de mundo, apocalipse. Em segundo lugar, entretanto, o *limite relativo* é tão só a formação social capitalista, porque ela maquina e faz correr fluxos efetivamente descodificados, mas substituindo os códigos por uma axiomática contábil ainda mais opressiva. De modo que o capitalismo, em conformidade *[208]* com o movimento pelo qual ele contraria sua própria tendência, não para de se aproximar do muro e, ao mesmo tempo, de afastá-lo. A esquizofrenia é o limite absoluto, mas o capitalismo é o limite relativo. Em terceiro lugar, não há formação social alguma que não pressinta ou preveja a forma real sob a qual ela corre o risco de que o limite lhe sobrevenha, forma que ela esconjura com todas as suas forças. Donde a obstinação com que as formações anteriores ao capitalismo enquadram o mercador e o técnico, impedindo que fluxos de dinheiro e fluxos de produção ganhem uma autonomia que destruiria seus códigos. É este o *limite real*. E quando tais sociedades se chocam com este limite real, limite reprimido de dentro, mas que lhe revém de fora, é com melancolia que elas veem nele o signo da sua morte próxima. Por exemplo, Bohannan descreve a economia dos Tiv, a qual codifica três tipos de fluxos: o de bens de consumo, o de bens de prestígio, e o de mulheres e crianças. Quando sobrevém o dinheiro, este só pode ser codificado como um bem de prestígio, mas os comerciantes utilizam-no para se apoderarem de setores de bens de consumo de que tradicionalmente se encarregavam as mulheres: assim, todos os códigos vacilam. Certamente, começar com dinheiro e findar com dinheiro, eis uma operação que não se pode exprimir em termos de código; vendo os caminhões que partem para exportação, "os Tiv mais velhos deploram esta situação e sabem o que se passa, mas não sabem onde situar a sua censura"[33] — dura realidade. Mas, em quarto lugar, este limite inibido no interior já estava projetado num começo primordial, numa matriz mítica como *limite imaginário*. Como imaginar este pesadelo, a invasão do *socius* pelos fluxos não codificados, que deslizam à maneira de uma lava? Uma vaga de merda irreprimível como no mito do Furbe, ou o influxo germinal intenso, o aquém do incesto, como no mito do Yurugu, que introduz a desordem no mundo, agindo como representante do desejo. Donde — e em quinto lugar, finalmente — a importância da tarefa que consiste em deslocar o limite: fazer com que o limite passe para o interior do *socius*, para o meio, entre um além de aliança e o aquém filiativo, entre uma representação de aliança e o representante [209] de filiação, assim como se esconjuram as temidas forças de um rio cavando-lhe um leito artificial ou desviando dele mil riachos pouco profundos. Édipo é este *limite deslocado*. Sim, Édipo é universal. Mas o erro é ter acreditado na seguinte alternativa: ou ele é um produto do sistema repressão-recalcamento, não sendo, pois, universal; ou então ele é universal e é posição de desejo. Na verdade, ele é universal por ser o deslocamento do limite que persegue assombra as sociedades, o representado deslocado que desfigura o que todas as sociedades temem absolutamente como o seu mais profundo negativo, a saber, os fluxos descodificados do desejo.

---

[33] Laura e Paul Bohannan, *The Tiv of Central Nigeria*, Londres, International African Institute, 1953.

Mas isto não quer dizer que este limite universal edipiano esteja "ocupado", estrategicamente ocupado em todas as formações sociais. Devemos dar todo seu sentido à observação de Kardiner, segundo a qual um hindu ou um esquimó podem sonhar com Édipo sem que estejam, por isso, sujeitos ao complexo, sem que "tenham o complexo".[34] Para que Édipo esteja ocupado são indispensáveis certas condições: é preciso que o campo de produção e de reprodução sociais se torne independente da reprodução familiar, isto é, da máquina territorial que declina alianças e filiações; em consonância com esta independência, é preciso que os destacáveis fragmentos de cadeia se convertam num objeto destacado transcendente, que esmaga sua plurivocidade; é preciso que o objeto destacado (falo) opere um tipo de dobragem, de aplicação ou assentamento, assentamento do campo social definido como conjunto de partida sobre o campo familiar, agora definido como conjunto de chegada, e instaure uma rede de relações bi-unívocas entre os dois. Para que Édipo seja ocupado, não basta que ele seja um limite ou um representado deslocado no sistema da representação; é preciso que ele *migre* para o seio deste sistema, e que ele venha ocupar o lugar de representante do desejo. Estas condições, inseparáveis dos paralogismos do inconsciente, são realizadas na formação capitalista — ainda que elas impliquem certos arcaísmos tomados às formações imperiais bárbaras, notadamente a posição do objeto transcendente. O estilo capitalista foi bem descrito por Lawrence: "a nossa ordem de coisas democrática, *[210]* industrial, estilo meu-amorzinho-querido-eu-quero-ver-mamãe". Ora, por um lado, é evidente que as formações primitivas não preenchem de modo algum estas condições. Isto ocorre precisamente porque a família, aberta às alianças, é coextensiva e adequada ao campo social histórico, porque ela anima a própria reprodução social, porque ela mobiliza ou faz passar os fragmentos destacáveis sem nunca convertê-los em objeto destacado — aqui não é possível assentamento algum, aplicação alguma que responda à fórmula

---

[34] Abram Kardiner, *The Individual and his Society*, Nova York, Columbia University Press, 1939, p. 248.

edipiana 3 + 1 (os 4 cantos do campo dobrados em 3, como uma toalha, mais o termo transcendente que opera a dobragem). "Falar, dançar, trocar e deixar correr, ou seja: urinar no seio da comunidade dos homens...", diz o próprio Parin para exprimir a fluidez dos fluxos e dos códigos primitivos.[35] Na sociedade primitiva fica-se sempre no 4 + n, no sistema dos antepassados e dos aliados. Longe de nós pretendermos aqui que Édipo nunca tenha deixado de existir, quando ele nem sequer chega a começar; para-se sempre muito antes do 3 + 1, e se há um Édipo primitivo é um neg-Édipo, no sentido de uma neg-entropia. Édipo é certamente o limite ou o representado deslocado, mas, precisamente, ele o é de maneira que cada membro do grupo está sempre aquém ou além, sem nunca ocupar a posição (foi o que Kardiner viu tão bem na fórmula que citamos). É a colonização que faz Édipo existir, mas um Édipo ressentido por ser aquilo que é, pura opressão, na medida em que supõe que estes selvagens estejam privados do controle da sua produção social, prontos para serem assentados sobre a única coisa que ainda lhes resta, a reprodução familiar que lhes é imposta, tão edipianizada quanto alcoólica ou doentia.

Por outro lado, o fato das condições serem efetuadas na sociedade capitalista não levará a crer que Édipo *[211]* deixe de ser o que é, simples representado deslocado que vem usurpar o lugar do representante do desejo, apanhando o inconsciente na armadilha dos seus paralogismos, esmagando toda a produção desejante, substituindo-a por um sistema de crenças. Édipo nunca é causa: Édipo depende de um investimento social prévio de um certo tipo,

---

[35] Paul Parin e colaboradores, *Les Blancs pensent trop* (1963), Paris, Payot, 1966, p. 432. Sobre a coextensividade dos casamentos ao campo social primitivo, cf. as observações de Jaulin em *La Paix blanche*, p. 256. "Os casamentos não são regidos pelas leis do parentesco; eles obedecem a uma dinâmica infinitamente mais complexa, menos cristalizada, cuja invenção utiliza a cada momento um grande número de coordenadas... Estes casamentos são muito mais uma especulação sobre o futuro do que sobre o passado, e tanto os casamentos como a sua especulação são do domínio do complexo, e não do elementar, e nunca do cristalizado. E de modo algum isto é algo que poderia ser explicado dizendo simplesmente que o homem só conhece leis para violá-las...", a besteira do conceito de transgressão.

capaz de se assentar sobre as determinações da família. Objetar-se-á que um tal princípio talvez valha para o adulto, não certamente para a criança. Mas Édipo começa justamente na cabeça do pai. E não é um começo absoluto: ele só se forma a partir dos investimentos que o pai efetua no campo social histórico. E, se passa ao filho, não é em virtude de uma hereditariedade familiar, mas de uma relação muito mais complexa que depende da comunicação dos inconscientes. De modo que, mesmo na criança, o que é investido através dos estímulos familiares é ainda o campo social e todo um sistema de cortes e de fluxos extrafamiliares. Que o pai seja primeiro em relação ao filho, é o que só se pode compreender analiticamente em função deste outro primado, o dos investimentos e contrainvestimentos sociais relativamente aos investimentos familiares: veremos isto mais tarde, no nível de uma análise dos delírios. Mas desde já pode-se notar que, se Édipo aparece como um efeito, é porque ele forma um conjunto de chegada (a família tornando-se microcosmo) sobre o qual se assenta a produção e a reprodução capitalistas, cujos órgãos e agentes já não passam por uma codificação dos fluxos de aliança e de filiação, mas por uma axiomática dos fluxos descodificados. A formação de soberania capitalista passa desde então a ter necessidade de uma formação colonial íntima que lhe corresponda, sobre a qual ela se aplique, e sem a qual ela não capturaria as produções do inconsciente.

[III.4.8. O uso ou o funcionalismo em etnologia]
Nestas condições, o que dizer da relação etnologia-psicanálise? Será preciso que nos contentemos com um paralelismo incerto em que ambas se olhem com perplexidade, opondo dois setores irredutíveis do simbolismo? Um setor social dos símbolos e um setor sexual que constituiria um tipo de universal privado, de universal-individual? (E entre os dois, haveria transversais, pois o simbolismo social pode devir matéria sexual, e a sexualidade, rito de agregação social.) Mas, assim posto, o problema é demasiado teórico. Na prática, o psicanalista tem com frequência a pretensão de dizer ao etnólogo *[212]* o que o símbolo quer dizer: ele quer dizer o falo, a castração, o Édipo. Mas o etnólogo pede outra coisa e pergunta sinceramente *para que lhe servem* as interpretações psi-

Psicanálise e etnologia 237

canalíticas. Então, a dualidade se desloca, já não está entre dois setores, mas entre dois gêneros de questões: "O que isso quer dizer?" e "Para que isso serve?". Não se trata de dirigir as perguntas apenas ao etnólogo: trata-se de perguntar para que isso serve e como isso funciona na própria formação que faz uso do símbolo.[36] Não se sabe com segurança para que serve saber o que uma coisa quer dizer. Por exemplo, pode ser que Édipo não sirva para coisa alguma, nem aos psicanalistas nem ao inconsciente. E para que serviria o falo, se é inseparável da castração que nos impossibilita o seu uso? Sem dúvida, diz-se que não se deve confundir o significado e o significante. Mas será que o significante — que não é senão esta mesma questão bloqueada — nos faz sair do "o que isso quer dizer"? Trata-se ainda do domínio da representação. Os verdadeiros mal-entendidos, os mal-entendidos práticos entre etnólogos (ou helenistas) e psicanalistas, não vêm de um desconhecimento ou de um reconhecimento do inconsciente, da sexualidade, da natureza fálica do simbolismo. Em princípio, todos poderiam estar de acordo sobre este ponto: tudo é sexual e sexuado de uma ponta à outra. Todo mundo sabe disso, a começar pelos usuários. Os mal-entendidos práticos vêm, sobretudo, da profunda diferença entre os dois gêneros de questão. Sem formulá-lo sempre claramente, os etnólogos e os helenistas pensam que um símbolo não se define pelo que ele quer dizer, mas pelo que faz e pelo que se faz dele. Isso quer sempre dizer falo, ou algo parecido, mas o que isso quer dizer não diz para que isso serve. Em suma, não há interpretação etnológica pela simples razão de que não há material etnográfico: há tão somente usos e funcionamentos. Sobre este ponto é possível que os etnólogos tenham muitas coisas a ensinar aos psicanalistas: sobre a desimportância do "o que isso quer dizer?". Quando os *[213]* helenistas se opõem ao Édipo freudiano, evitemos acreditar que eles estejam opondo outras interpretações à interpre-

---

[36] Roger Bastide desenvolveu sistematicamente a teoria dos dois setores simbólicos, *Sociologie et Psychanalyse*, Paris, PUF, 1950. Mas, partindo de um ponto de vista inicialmente análogo, E. R. Leach é levado a deslocar a dualidade, a fazê-la passar entre a questão do sentido e a do uso, modificando, assim, o alcance do problema: cf. "Magical Hair".

tação psicanalítica. Pode ser que os etnólogos e helenistas forcem os psicanalistas a fazer, finalmente, e por sua conta, uma descoberta similar: a de que também não há material inconsciente nem interpretação psicanalítica, mas apenas usos, usos analíticos das sínteses do inconsciente que não se deixam definir tanto pela consignação de um significante quanto pela determinação de significados. Como isso funciona? Eis a única questão. A esquizoanálise renuncia a toda interpretação, porque renuncia deliberadamente a descobrir um material inconsciente: o inconsciente não quer dizer nada. Em contrapartida, o inconsciente faz máquinas, que são as do desejo, e das quais a esquizoanálise descobre o uso e o funcionamento na imanência da relação delas com as máquinas sociais.[NT] O inconsciente nada diz, ele maquina. Não é expressivo ou representativo, mas produtivo. Um símbolo é unicamente uma máquina social que funciona como máquina desejante, uma máquina desejante que funciona na máquina social, um investimento da máquina social pelo desejo.

Foi dito e mostrado muitas vezes que uma instituição, como também um órgão, não se explicava pelo seu uso. Uma formação biológica e uma formação social não se formam da mesma maneira que funcionam. Assim, não há funcionalismo biológico, sociológico, linguístico etc., no nível dos grandes conjuntos especificados. Mas não acontece o mesmo com as máquinas desejantes como elementos moleculares: aí, o uso, o funcionamento, a produção e a formação são uma coisa só. E é esta síntese do desejo que explica, sob tais ou quais condições determinadas, os conjuntos molares *com* seu uso especificado num campo biológico, social ou linguístico. É que as grandes máquinas molares supõem ligações preestabelecidas que seu funcionamento não explica, já que decorre delas.

[NT] [No original: *"l'inconscient fait des machines, qui sont celles du désir, et dont la schizo-analyse découvre l'usage et le fonctionnement dans l'immanence aux machines sociales"*. Para evitar mal-entendidos a respeito desta frase, a tradução levou em conta a posição de princípio explicitada pelos autores logo no início da obra: "a produção como processo excede todas as categorias ideais e forma um ciclo ao qual o desejo se relaciona como princípio imanente" (pp. *[10]* e *[11]*).]

Só as máquinas desejantes produzem ligações segundo as quais elas próprias funcionam, e funcionam improvisando estas ligações, inventando-as, formando-as. Um funcionalismo molar, portanto, e um funcionalismo que não foi suficientemente longe, que não chegou às regiões onde o desejo maquina independentemente da natureza macroscópica daquilo que ele maquina: elementos *[214]* orgânicos, sociais, linguísticos etc., todos cozinhados ao mesmo tempo na mesma panela. O funcionalismo não deve conhecer outras unidades-multiplicidades que não sejam as próprias máquinas desejantes e as configurações que elas formam em todos os setores de um campo de produção (o "fato total"). Uma cadeia mágica reúne vegetais, pedaços de órgãos, um retalho de roupa, uma imagem de papai, fórmulas e palavras: e não se perguntará o que isso quer dizer, mas que máquina está assim montada, que fluxos e que cortes se relacionam com outros fluxos e cortes. Analisando o simbolismo da forquilha entre os Ndembu, Victor Turner mostra que os nomes que lhe são dados fazem parte de uma cadeia que mobiliza as espécies e propriedades das árvores de que ela foi tirada, assim como os nomes destas espécies e os procedimentos técnicos com os quais ela é tratada. A extração ocorre tanto sobre as cadeias significantes quanto sobre os fluxos materiais. O sentido exegético (o que se diz da coisa) é apenas um elemento entre outros, e é menos importante do que o uso operatório (o que se faz da coisa) ou do que o funcionamento posicional (a relação com outras coisas num mesmo complexo), graças aos quais o símbolo nunca está numa relação bi-unívoca com o que ele queria dizer, mas tem sempre uma multiplicidade de referentes, sendo "sempre multivocal e plurívoco".[37] Analisando o objeto mágico *buti* entre os Kukuia do Congo, Jean-Pierre Bonnafé mostra como ele é inseparável das sínteses práticas que o produzem, registram e consomem: a conexão parcial e não-específica que compõe os fragmentos do corpo do sujeito com os de um animal; a disjunção inclusiva que registra o objeto no corpo do sujeito e o transforma em homem-

---

[37] Victor W. Turner [1920-1983], "Themes in the Symbolism of Ndembu Hunting Ritual", in *Myth and Cosmos*, Nova York, Natural History Press, 1967, pp. 249-69.

-animal; a conjunção residual que submete o "resto" a uma longa viagem antes de ser enterrado ou imerso.[38] Se os etnólogos *[215]* reencontram hoje um vivo interesse pelo conceito hipotético de fetiche, isto ocorre, certamente, sob a influência da psicanálise. Mas dir-se-ia que a psicanálise lhes dá mais razões para duvidarem de sua noção do que para lhe prestarem atenção. É que a psicanálise nunca falou tanto em Falo-Édipo-e-Castração como o fez a propósito do fetiche. O etnólogo, ao contrário, tem o sentimento de que há um problema de poder político, de força econômica, de potência religiosa inseparável do fetiche, mesmo quando seu uso é individual e privado. Por exemplo, os ritos do corte e penteado do cabelo: será interessante remeter estes ritos à entidade falo como significando a "coisa separada", e reencontrar o pai em toda parte como o representante simbólico da separação? Não se permanecerá, assim, no nível do que isso quer dizer? O etnólogo acha-se diante de um fluxo de cabelo, dos cortes de um tal fluxo, do que passa de um estado a outro através do corte. Como diz Leach, os cabelos, como objeto parcial ou parte separável do corpo, não representam um falo agressor e separado: eles *são* uma coisa em si mesma, uma peça material num aparelho de agredir, numa máquina de separar.

---

[38] Jean-Pierre Bonnafé [1934-1996], "Objet magique, sorcellerie et fétichisme?", *Nouvelle Revue de Psychanalyse*, nº 2, 1970 ("Os Kukuya afirmam que a natureza do objeto tem pouca importância: o essencial é que ele atue"). Cf. também Alfred Adler, *L'Ethnologue et les fétiches*. O interesse deste número da *NRPs*, dedicado aos "objetos do fetichismo", está em nos permitir notar que há etnólogos propensos não a opor uma teoria a uma outra, mas a se interrogarem sobre o alcance de interpretações psicanalíticas em função de sua própria prática de etnólogos e das práticas sociais que estudam. Numa monografia, intitulada *Les Interprétations de Turner* (Faculdade de Nanterre), Éric Laurent soube formular com grande profundidade os problemas de método daí decorrentes: a necessidade de operar uma série de inversões, e de privilegiar o uso e não a exegese ou a justificação, a produtividade e não a expressividade, o estado atual do campo social e não os mitos cosmológicos, o ritual preciso e não os modelos estruturais, o "drama social", a táctica e a estratégia políticas e não os diagramas de parentesco.

[III.4.9. As máquinas desejantes não querem dizer nada. Molar e molecular]

Digamos uma vez mais: não se trata de saber se o fundo de um rito é sexual ou se é preciso levar em conta dimensões políticas, econômicas e religiosas que excederiam a sexualidade. Enquanto o problema for assim formulado, enquanto se impuser uma escolha entre a libido e o *numen*, o mal-entendido entre etnólogos e psicanalistas só se acentuará — assim como ele não para de crescer entre helenistas e psicanalistas a propósito de Édipo. Édipo, o déspota do pé aleijado, aí se tem, evidentemente, toda uma história política que põe frente a frente a máquina despótica e a máquina territorial primitiva (donde, ao mesmo tempo, a negação e persistência da autoctonia, bem assinaladas por Lévi-Strauss). Mas isto não é *[216]* suficiente para dessexualizar o drama, ao contrário. De fato, trata-se de saber como se concebe a sexualidade e o investimento libidinal. Será preciso relacioná-los a um acontecimento ou a um "ressentido" que, apesar de tudo, permaneça familiar e íntimo, o íntimo ressentido edipiano, mesmo quando o interpretemos estruturalmente, em nome do significante puro? Ou, então, deve-se abri-los às determinações de um campo social histórico em que o econômico, o político, o religioso são coisas investidas por si mesmas pela libido e não derivadas de um papai-mamãe? No primeiro caso, consideram-se os grandes conjuntos molares, as grandes máquinas sociais — o econômico, o político etc. — e procura-se saber *o que eles querem dizer* aplicando-os a um conjunto familiar abstrato que se supõe conter o segredo da libido: e com isto se permanece no quadro da representação. No segundo caso, ultrapassam-se os grandes conjuntos, inclusive a família, em direção aos elementos moleculares que formam as peças e engrenagens das máquinas desejantes. Procura-se o modo como estas máquinas desejantes *funcionam*, como elas investem e subdeterminam as máquinas sociais que elas constituem em grande escala. Atinge-se então as regiões de um inconsciente produtivo, molecular, micrológico ou microfísico, que nada quer dizer e nada representa. A sexualidade já não é considerada como uma energia específica que une pessoas derivadas dos grandes conjuntos, mas como a energia molecular que põe em conexão moléculas-objetos parciais (libido), que organiza disjunções inclusivas sobre a molécula gigante do corpo sem órgãos (*numen*) e distribui estados segundo domínios de presença ou zonas de intensidade (*voluptas*). É porque as máquinas desejantes são exatamente isto: a microfísica do inconsciente, os elementos do microinconsciente. Mas, enquanto tais, elas nunca existem independentemente dos conjuntos molares históricos, das formações sociais macroscópicas que elas constituem estatisticamente. É neste sentido que há tão somente o desejo e o social. Sob os investimentos conscientes das formações econômicas, políticas, religiosas etc., há investimentos sexuais inconscientes, microinvestimentos que dão testemunho da maneira pela qual o desejo está presente num campo social e da maneira pela qual ele associa a si este campo como o domínio estatisticamente determinado que lhe está ligado. As máquinas *[217]* desejantes funcionam nas máquinas sociais, como se mantivessem seu regime próprio no conjunto molar que elas formam, por outro lado, no nível dos grandes números. Um símbolo, um fetiche, são manifestações de máquina desejante. De modo algum a sexualidade é uma determinação molar representável num conjunto familiar, mas é, isto sim, a subdeterminação molecular que funciona nos conjuntos sociais e, secundariamente, familiares, que traçam o campo de presença e de produção do desejo: todo um inconsciente não-edipiano, que só produzirá Édipo como uma das suas formações estatísticas secundárias ("complexos"), como resultado de uma história que põe em jogo o devir das máquinas sociais e seu regime em comparação com o das máquinas desejantes.

[III.5. A REPRESENTAÇÃO TERRITORIAL]

[III.5.1. Os seus elementos na superfície]
Se a representação é sempre uma repressão-recalcamento da produção desejante, isto ocorre, todavia, de maneiras muito diversas, segundo a formação social considerada. O sistema da representação tem, em profundidade, três elementos: o representante recalcado, a representação recalcante e o representado deslocado. Mas as próprias instâncias que vêm efetuá-los são variáveis, há

migrações no sistema. Não temos razão alguma para acreditar na universalidade de um só e mesmo aparelho de recalcamento sociocultural. Pode-se falar de um maior ou menor coeficiente de afinidade entre as máquinas sociais e as máquinas desejantes, conforme seus respectivos regimes estejam mais ou menos próximos, conforme as máquinas desejantes tenham mais ou menos chance de fazer passar suas conexões e suas interações ao regime estatístico das máquinas sociais, conforme as máquinas desejantes operem menos ou mais um movimento de descolamento em relação às máquinas sociais, conforme os elementos mortíferos permaneçam presos no mecanismo do desejo, embutidos na máquina social, ou, ao contrário, se reúnam num instinto de morte estendido em toda a máquina social e esmagando o desejo. A respeito disso tudo, o fator principal é o tipo ou o gênero de inscrição social, seu alfabeto, seus caracteres: a inscrição sobre o *socius* é, com efeito, o agente de um recalcamento secundário ou "propriamente dito", que se encontra necessariamente em relação *[218]* com a inscrição desejante do corpo sem órgãos, e com o recalcamento primário que este já exerce no domínio do desejo; ora, esta relação é essencialmente variável. Há sempre recalcamento social, mas o aparelho de recalcamento varia, notadamente de acordo com quem desempenha o papel do representante sobre o qual ele incide. Neste sentido, pode ser que os códigos primitivos, no preciso momento em que se exercem com um máximo de vigilância e de extensão sobre os fluxos do desejo, encadeando-os num *sistema da crueldade*, guardem infinitamente mais afinidade com as máquinas desejantes do que com a axiomática capitalista que, no entanto, libera fluxos descodificados. É que o desejo ainda não está preso na armadilha, ainda não está introduzido num conjunto de impasses, e os fluxos nada perderam da sua plurivocidade, e o simples representado na representação não tomou ainda o lugar do representante. Para avaliar, em cada caso, a natureza do aparelho de recalcamento e seus efeitos sobre a produção desejante, é preciso, portanto, ter em conta não só elementos da representação, tal como se organizam em profundidade, mas também a maneira pela qual a própria representação se organiza na superfície, sobre a superfície de inscrição do *socius*.

[III.5.2. Dívida e troca]

A sociedade não se baseia na troca, o *socius* é inscritor: não trocar, mas marcar os corpos, que são da terra. Já vimos que o regime da dívida decorria diretamente das exigências desta inscrição selvagem. Porque a dívida é a unidade de aliança, e a aliança é a própria representação. É a aliança que codifica os fluxos do desejo e que, pela dívida, dá ao homem uma memória de palavras. É ela que recalca a grande memória filiativa intensa e muda, o influxo germinal como representante dos fluxos não codificados que submergiriam tudo. É a dívida que compõe as alianças com as filiações tornadas extensas, para formar e forjar um sistema em extensão (representação) sobre o recalcamento das intensidades noturnas. A aliança-dívida corresponde ao que Nietzsche descrevia como o trabalho pré-histórico da humanidade: servir-se da mais cruel mnemotecnia para impor na própria carne uma memória de palavras sobre a base do recalcamento da velha memória biocósmica. Eis por que é tão importante ver na dívida uma consequência direta da inscrição primitiva, em vez de fazer dela (como das próprias inscrições) um meio indireto da troca universal. Mauss tinha pelo menos deixado *[219]* aberta a questão: será que a dívida é primeira em relação à troca ou será tão somente um modo de troca, um meio a serviço da troca? Parece que Lévi-Strauss fechou esta questão com uma resposta categórica: a dívida é apenas uma superestrutura, uma forma consciente onde se converte em moeda a realidade social inconsciente da troca.[39] Não se trata de uma discussão teórica sobre os fundamentos; toda a concepção da prática social e os postulados veiculados por essa prática estão envol-

---

[39] Lévi-Strauss, "Introduction à l'oeuvre de Marcel Mauss", in Marcel Mauss [1872-1950], *Sociologie et Anthropologie*, Paris, PUF, pp. 38-9. E *Les Structures élémentaires de la parenté*, p. 209: "Explicar por que o sistema de troca generalizada ficou subjacente, e a que causas se deve o fato de que o sistema explícito seja formulado em termos muito diferentes". A partir deste princípio, Lévi-Strauss chega a uma concepção do inconsciente como forma vazia, indiferente às pulsões do desejo; para se saber como isto se deu, ver *Anthropologie structurale*, p. 224. É verdade que a série das *Mythologiques* elabora uma teoria dos códigos primitivos, das codificações de fluxos e de órgãos, que transborda por todos os lados uma tal concepção da troca.

vidos aqui, assim como todo o problema do inconsciente. Pois se a troca é o fundo das coisas, por que é absolutamente preciso que isso não tenha o ar de uma troca? Por que é preciso que seja um dom, ou um contradom, e não uma troca? E por que é preciso que o doador, para bem mostrar que não espera uma troca, ainda que diferida, esteja também na posição daquele que é roubado? É o roubo que impede o dom e o contradom de entrarem numa relação de troca. O desejo ignora a troca, *ele só conhece o roubo e o dom*, e por vezes um no outro sob o efeito de uma homossexualidade primária: é assim com a máquina amorosa antitroca que Joyce reencontrará em *Os exilados* e Klossowski em *Roberte*.[NT] "Tudo se passa como se, na ideologia dos Gurmanchéus, uma mulher só pudesse ser dada (e já vimos o *lityuatieli*) ou arrebatada, raptada, portanto, de certa maneira roubada (e vimos o *lipwotali*); toda união que poderia muito manifestamente aparecer como o resultado de uma troca direta entre duas linhagens ou segmentos de linhagens é nesta sociedade, senão proibida, pelo menos amplamente reprovada".[40] Perguntar-se-á: se o desejo ignora a troca, será que é porque a troca é o inconsciente do desejo? E isto ocorreria em virtude das exigências da troca generalizada? Mas com que direito declarar que os cortes de dívida são secundários em relação [220] a uma totalidade "mais real"? No entanto, a troca é conhecida, bem conhecida — mas como aquilo que deve ser esconjurado, embutido, severamente esquadriado, para que não se desenvolva valor algum correspondente como valor de troca que introduziria o pesadelo de uma economia mercantil. O mercado primitivo procede mais por troca direta do que por fixação de um equivalente que traria consigo uma descodificação dos fluxos e a derrocada do modo de inscrição no *socius*. Voltamos ao ponto de partida: que a troca seja inibida e esconjurada, isto de modo algum testemunha em prol de sua realidade primeira, mas, ao contrário, demonstra

---

[NT] [A peça de James Joyce (1882-1941), *Os exilados*, foi publicada em 1918; a obra de Pierre Klossowski (1905-2001), *Roberte ce soir*, em 1953.]

[40] Michel Jean Rouch Cartry [1917-1937], "Clans, lignages et groupements familiaux chez les Gourmantché", *L'Homme*, abril de 1966, p. 74.

que o essencial não é trocar, mas inscrever, marcar. E quando se faz da troca uma realidade inconsciente, é inútil invocar os direitos da estrutura e a necessária inadequação das atitudes e das ideologias em relação a esta estrutura, invocação que nada mais faz do que hipostasiar os princípios de uma psicologia baseada na troca para dar conta de instituições que, por outro lado, se reconhece não serem de troca. E, sobretudo, o que se faz do próprio inconsciente, senão reduzi-lo explicitamente a uma *forma vazia*, da qual o próprio desejo, expulso, está ausente? Uma tal forma pode definir um pré-consciente, mas não o inconsciente, seguramente. Porque se é verdade que o inconsciente não tem material ou conteúdo, não é certamente em proveito de uma forma vazia, mas porque é sempre e já máquina funcionante, máquina desejante e não estrutura anoréxica.

[III.5.3. Os cinco postulados da concepção da troca]
A diferença entre máquina e estrutura aparece nos postulados que animam implicitamente a concepção estrutural e de troca do *socius*, com os corretivos que é preciso introduzir nela para que a estrutura esteja apta a funcionar. Em primeiro lugar, é difícil evitar que nas estruturas de parentesco se proceda como se as alianças decorressem das linhas de filiação e das suas relações, embora as alianças laterais e os blocos de dívida condicionem as filiações extensas no sistema em extensão, e não o inverso. Em segundo lugar, tende-se a fazer deste sistema uma combinatória lógica em vez de tomá-lo por aquilo que ele é: sistema físico no qual se repartem intensidades, das quais umas se anulam e bloqueiam uma corrente enquanto outras fazem passar a corrente etc.: a objeção segundo a qual as qualidades desenvolvidas no sistema não são apenas objetos físicos, "mas também dignidades, cargos, privilégios", parece indicar um *[221]* desconhecimento do papel dos incomensuráveis e das desigualdades nas condições do sistema. Em terceiro lugar, precisamente, a concepção estrutural que se baseia na troca tem a tendência de postular um tipo de equilíbrio dos preços, de equivalência ou de igualdade primeiras nos princípios, pronta a explicar que as desigualdades se introduzem necessariamente nas consequências. Sobre isto, nada é mais significativo do

que a polêmica entre Lévi-Strauss e Leach, a respeito do casamento kachin; invocando um "conflito entre as condições igualitárias da troca generalizada e suas consequências aristocráticas", Lévi-Strauss faz como se Leach tivesse acreditado que o sistema estava em equilíbrio. Porém, o problema é bem outro: trata-se de saber se o desequilíbrio é patológico e de consequência, como crê Lévi-Strauss, ou se é funcional e de princípio, como Leach pensa.[41] A instabilidade é derivada em relação a um ideal de troca, ou já é dada nos pressupostos, compreendida na heterogeneidade dos termos que compõem as prestações e contraprestações? Quanto mais atenção é dedicada às transações econômicas e políticas que as alianças veiculam, à natureza das contraprestações que vêm compensar o desequilíbrio das prestações de mulheres, e, geralmente, à maneira original como é avaliado o conjunto das prestações numa sociedade particular, mais claramente aparece o caráter necessariamente aberto do sistema em extensão, assim como o mecanismo primitivo da mais-valia como mais-valia de código. Mas — e aqui está o quarto ponto — a concepção que se baseia na troca tem necessidade de postular um sistema fechado, estatisticamente fechado, e de trazer à estrutura o apoio de uma convicção psicológica ("a confiança de que o ciclo se fechará"). Não somente a abertura essencial dos blocos de dívidas em conformidade com as alianças laterais e as sucessivas gerações, mas sobretudo a relação entre as formações estatísticas e seus elementos moleculares se encontram então remetidas à simples realidade empírica como inadequada ao modelo estrutural.[42] Ora, em último lugar, tudo isto [222] depende de um postulado que tanto agravou a etnologia que se baseia na troca quanto determinou a economia política burguesa: a redução da reprodução social à esfera da circulação. Retém-

---

[41] Lévi-Strauss, *Les Structures élémentaires de la parenté*, pp. 306-8, e sobre a sua maneira de expor as teses de Leach, ver pp. 276 ss. Mas, sobre essa mesma tese, cf. Leach, *Critique de l'anthropologie* (1966), tradução francesa, Paris, PUF, 1968, pp. 152-4, 172-4.

[42] Lévi-Strauss, *Les Structures élémentaires*, pp. 222-3 (cf. a comparação estatística com os "ciclistas").

-se o movimento objetivo aparente tal como é descrito no *socius*, sem levar em conta a instância real que o inscreve, nem as forças econômicas e políticas com as quais ele é inscrito; não se vê que a aliança é a forma sob a qual o *socius* se apropria das conexões de trabalho no regime disjuntivo das suas inscrições. "Com efeito, do ponto de vista das relações de produção, a circulação das mulheres aparece como uma repartição da força de trabalho, mas, na representação ideológica que a sociedade tem da sua base econômica, este aspecto desaparece diante das relações de troca que, contudo, são simplesmente a forma que esta repartição toma na esfera da circulação: isolando o momento da circulação no processo de reprodução a etnologia ratifica esta representação" e dá toda sua extensão colonial à economia burguesa.[43] É neste sentido que o essencial nos pareceu ser não a troca e a circulação que dependem estreitamente das exigências da inscrição, mas a própria inscrição, com seus traços de fogo, seu alfabeto nos corpos e seus blocos de dívidas. A estrutura mole nunca funcionaria e nem faria circular sem o duro elemento maquínico que preside às inscrições.

[III.5.4. Voz, grafismo e olho: o teatro da crueldade]
As formações selvagens são orais, vocais, mas não por carecerem de um sistema gráfico: uma dança sobre a terra, um desenho na parede, uma marca no corpo, são um sistema gráfico, um geografismo, uma geografia. Estas formações são orais precisamente porque têm um sistema gráfico independente da voz, que não se orienta por ela e nem a ela se subordina, mas que lhe está conectado, coordenado "numa organização de certo modo radiante" e pluridimensional. (E é preciso dizer o contrário da escrita linear: as civilizações só deixam de ser orais quando perdem a independência e as dimensões próprias do sistema gráfico; é orientando-se [223] pela voz que o grafismo a suplanta e induz uma voz fictícia.) Leroi-Gourhan descreveu admiravelmente estes dois polos heterogêneos da inscrição selvagem ou da representação territorial: o par

---

[43] Emmanuel Terray, *Le Marxisme devant les sociétés primitives*, Paris, Maspero, 1969, p. 164.

voz-audição e mão-grafia.[44] Como funciona esta máquina? É certo que ela funciona: a voz é como uma voz de aliança, à qual, do lado da filiação extensa, se coordena uma grafia sem semelhança com essa voz. Sobre o corpo da jovem é colocada a cabaça da excisão. Fornecida pela linhagem do marido, é a cabaça que serve de condutor à voz de aliança; mas o grafismo deve ser traçado por um membro do clã da jovem. A articulação dos dois elementos se faz no próprio corpo, constituindo-se assim o signo, que não é semelhança ou imitação, nem efeito de significante, mas posição e produção de desejo: "Para que a transformação da jovem seja plenamente efetiva, é preciso que se opere um contato direto entre seu ventre, por um lado, e, por outro, a cabaça e os signos que nela estão inscritos. É preciso que a jovem se impregne fisicamente dos signos da procriação e os incorpore. A significação dos ideogramas nunca é ensinada às jovens durante a sua iniciação. O signo age pela sua inscrição no corpo... Aqui, a inscrição de uma marca no corpo não tem apenas valor de mensagem, mas é um instrumento de ação que age sobre o próprio corpo... Os signos comandam as coisas que eles significam, e o artesão dos signos, longe de ser um simples imitador, executa uma obra que lembra a obra divina".[45] Mas como explicar o papel desempenhado pela vista, que Leroi-Gourhan indica, tanto na contemplação do rosto que fala como na leitura do grafismo manual? Ou, mais precisamente: em virtude de quê será o olho capaz de apreender uma terrível equivalência entre a voz de aliança, que inflige e obriga, e o corpo afligido pelo signo que uma mão grava nele? Não será preciso acrescentar um terceiro lado aos outros dois, um terceiro elemento do signo: o olho-dor, além da voz-audição e da mão-grafia? Nos rituais de aflição, o paciente não fala, *[224]* mas recebe a palavra. Ele não age, é passivo sob a ação gráfica, recebe a marca do signo. E o que é a sua dor senão um prazer para o olho que olha, o olho coletivo ou divino que não está animado de ideia alguma de vingança, mas

[44] André Leroi-Gourhan [1911-1986], *Le Geste et la parole*, tomo I: *Technique et langage*, Paris, Albin Michel, 1964, pp. 270 ss. e 290 ss.

[45] Michel Cartry, "La Calebasse de l'excision en pays gourmantché", *Journal de la Société des Africanistes*, 1968, 2, pp. 223-5.

apenas apto para apreender a relação sutil entre o signo gravado no corpo e a voz que sai de um rosto — entre a marca e a máscara. Entre estes dois elementos do código, a dor é como que a mais-valia que o olho extrai, apreendendo o efeito da palavra ativa sobre o corpo, mas também a reação do corpo enquanto é agido. É precisamente a isto que se deve chamar sistema da dívida ou representação territorial: voz que fala ou salmodia, signo marcado em plena carne, olho que tira prazer da dor — são os três lados de um triângulo selvagem que forma um território de ressonância e de retenção, *teatro da crueldade* que implica a tríplice independência da voz articulada, da mão gráfica e do olho apreciador. É assim que a representação territorial se organiza na superfície, ainda muito próxima de uma máquina desejante olho-mão-voz. Triângulo mágico. Neste sistema tudo é ativo, agido ou reagido, a ação da voz de aliança, a paixão do corpo de filiação, a reação do olho apreciando a declinação dos dois. Escolher a pedra que fará do jovem Guayaki um homem, com *suficiente* sofrimento e dor, cortando-lhe ao longo das costas: "Ela deve ter um lado bem afiado" (diz Clastres num texto admirável), "mas não como a lasca de bambu que corta muito facilmente. Escolher a pedra adequada exige, pois, um *golpe de vista*. Todo o aparelho desta nova cerimônia se reduz a isto: um calhau... A pele lavrada, terra escarificada, uma só e mesma marca)".[46]

[III.5.5. Nietzsche]
O grande livro da etnologia moderna é menos o *L'Essai sur le don*, de Mauss, do que a *Genealogia da moral*, de Nietzsche. Pelo menos deveria sê-lo. Porque a *Genealogia*, na segunda dissertação, é, sem igual, a mais bem-sucedida tentativa de interpretar a economia primitiva em termos de dívida, na relação credor-devedor, eliminando toda consideração de troca ou de interesse "à inglesa". E se são eliminadas da psicologia, não é para colocá-las na estrutura. Nietzsche conta apenas com um material reduzido, *[225]*

[46] Pierre Clastres, *Chroniques des indiens Guayaki*, Paris, Plon, 1972. [NT: Edição brasileira: *Crônica dos índios Guayaki*, tradução de Tânia Stolze Lima e Janice Caiafa, São Paulo, Editora 34, 1995.]

o antigo direito germânico, um pouco de direito hindu. Mas ele não hesita, como Mauss, entre a troca e a dívida (como Bataille[NT] também não hesitará, levado pela sua inspiração nietzschiano). Nunca foi posto de maneira tão aguda o problema fundamental do *socius* primitivo — que é o da inscrição, do código, da marca. O homem deve constituir-se pelo recalcamento do influxo germinal intenso, grande memória biocósmica que faria passar o dilúvio sobre toda tentativa de coletividade. Mas, ao mesmo tempo, como fazer-lhe uma nova memória, uma memória coletiva que seja a das palavras e das alianças, que decline as alianças com as filiações extensas, que o dote de faculdades de ressonância e de retenção, de extração e desligamento, e que opere, assim, a codificação dos fluxos de desejo como condição do *socius*? A resposta é simples: é a dívida, são os blocos de dívida, blocos abertos, móveis e finitos, esse extraordinário composto da voz falante, do corpo marcado e do olho apreciador. Toda a estupidez e a arbitrariedade das leis, toda a dor das iniciações, todo o aparelho perverso da representação e da educação, os ferros em brasa e os procedimentos atrozes têm precisamente este sentido: *adestrar* o homem, marcá-lo em sua carne, torná-lo capaz de alianças, constituí-lo na relação credor--devedor que é por ambos os lados uma questão de memória (memória orientada para o futuro). Longe de ser uma aparência tomada pela troca, a dívida é o efeito imediato ou o meio direto da inscrição territorial e corporal. A dívida decorre diretamente da inscrição. Aqui também não se invocará vingança alguma nem ressentimento (não é nesta terra que eles se desenvolvem melhor do que Édipo). Que os inocentes suportem todas as marcas no seu corpo, isto é o que deriva da autonomia respectiva da voz e do grafismo, como também do olho autônomo que disto tira prazer. Não porque previamente se suspeite que cada um será um futuro mau devedor; muito pelo contrário. O mau devedor é que deve ser compreendido como se as marcas não o tivessem "marcado" suficientemente, como se ele fosse ou tivesse sido desmarcado. Ele nada mais fez do que ampliar para além dos limites permitidos a distância que separava a voz de aliança do corpo de filiação, e a um tal ponto que se

[NT] [Georges Bataille (1897-1962).]

tornou necessário restabelecer o equilíbrio por um acréscimo de dor. Nietzsche não o diz assim, mas o que importa? Pois é bem aí que ele encontra a terrível *[226]* equação da dívida, prejuízo causado = dor a suportar. Como explicar, pergunta ele, que a dor do criminoso possa servir de "equivalente" ao prejuízo que ele causou? Como se pode "ser pago" com sofrimento? É preciso invocar um olho que tire prazer disto (sem que isto tenha algo a ver com a vingança): é o que Nietzsche chama de olho avaliador, ou olho dos deuses amantes dos espetáculos cruéis, "já que o castigo tem ar de festa!". A dor faz parte de uma vida ativa e de um olhar complacente. A equação prejuízo = dor nada tem a ver com a troca, e mostra, neste caso-limite, que a própria dívida nada tem a ver com a troca. Acontece, simplesmente, que o olho tira da dor que ele contempla uma mais-valia de código que compensa a relação rompida entre a voz de aliança, a que o criminoso se furtou, e a marca que não penetrou suficientemente no seu corpo. O crime, ruptura de conexão fono-gráfica, é restabelecido pelo espetáculo do castigo: a justiça primitiva, a representação territorial *previu* tudo.

[III.5.6. A morte do sistema territorial]
Ela previu tudo, codificando a dor e a morte — salvo a maneira pela qual *sua própria* morte lhe chegaria de fora. "*Eles* chegam como o destino, sem causa, sem razão, sem consideração, sem pretexto, surgem com a rapidez do raio, demasiado terríveis, muito repentinos, muito convincentes, demasiadamente *outros* para serem sequer odiados. Sua obra consiste em criar instintivamente formas, cunhar marcas; são os artistas mais involuntários e inconscientes que existem: aí onde aparecem há em pouco tempo algo novo, uma engrenagem soberana que está viva, na qual cada parte, cada função está delimitada e determinada, na qual nada encontra lugar que não tenha previamente sua significação em relação ao conjunto. Eles, esses organizadores natos, não sabem o que é a culpa, a responsabilidade, a deferência; neles reina este espantoso egoísmo do artista de olhar de bronze, que se crê antecipadamente justificado por toda a eternidade na sua obra, como a mãe no seu filho. Adivinha-se que não foi neles que germinou a má consciência — mas, sem eles, esta planta horrível não teria cresci-

do; ela não existiria se, sob o choque dos seus golpes de martelo, da sua tirania de artistas, uma prodigiosa quantidade de liberdade não tivesse desaparecido do mundo, ou pelo menos desaparecido da vista de todos, constrangida a passar ao *[227]* estado latente".[47] É aqui que Nietzsche fala de corte, de ruptura, de salto. Mas quem são eles, esses *eles* que chegam como a fatalidade? ("uma horda qualquer de apresadoras bestas louras, uma raça de conquistadores e de senhores que, com sua organização guerreira duplicada pela força organizatória, deixa cair sem escrúpulos suas formidáveis garras sobre uma população talvez infinitamente superior em número, mas ainda inorgânica..."). Até os mais antigos mitos africanos nos falam desses homens louros. São eles os *fundadores de Estado*. Nietzsche chega a estabelecer outros cortes: da cidade grega, do cristianismo, do humanismo democrático e burguês, da sociedade industrial, do capitalismo e do socialismo. Mas é possível que, a títulos diversos, todos eles suponham este primeiro grande corte, embora também pretendam repeli-lo, excedê-lo. Espiritual ou temporal, tirânico ou democrático, capitalista ou socialista, é possível que *tenha havido somente um único Estado*, o cão-Estado que "fala por uivos e solta fumaça pelas ventas". E Nietzsche su-

---

[47] Nietzsche, *Généalogie de la morale*, II, 17. [NT: Para cotejo, leia-se a tradução de Paulo César de Souza: "Tais seres são imprevisíveis, eles vêm como o destino, sem motivo, razão, consideração, pretexto, eles surgem como o raio, de maneira demasiado terrível, repentina, persuasiva, demasiado 'outra', para serem sequer odiados. Sua obra consiste em instintivamente criar formas, imprimir formas, eles são os mais involuntários e inconscientes artistas — logo há algo novo onde eles aparecem, uma estrutura de domínio *que vive*, na qual as partes e as funções foram delimitadas e relacionadas entre si, na qual não encontra lugar o que não tenha antes recebido um 'sentido' em relação ao todo. Eles não sabem o que é culpa, responsabilidade, consideração, esses organizadores natos; eles são regidos por aquele tremendo egoísmo de artista, que tem o olhar de bronze, e já se crê eternamente justificado na 'obra', como a mãe no filho. *Neles* não nasceu a má consciência, isto é mais do que claro — mas *sem* eles ela não teria nascido, essa planta hedionda, ela não existiria se, sob o peso dos seus golpes de martelo, da sua violência de artistas, um enorme *quantum* de liberdade não tivesse sido eliminado do mundo, ou ao menos do campo da visão, e tornado como que latente". *Genealogia da moral: uma polêmica, op. cit.*, p. 75].

gere qual é o procedimento do novo *socius*: um terror sem precedentes em relação ao qual o antigo sistema da crueldade, as formas de adestramento e castigo primitivas nada são. Uma destruição combinada de todas as codificações primitivas ou, pior ainda, sua irrisória conservação, sua redução ao nível de peças secundárias da nova máquina e novo aparelho de recalcamento. O que era essencial na máquina de inscrição primitiva, os blocos de dívidas móveis, abertos e finitos, "parcelas do destino", tudo isto é capturado numa engrenagem imensa *que torna a dívida infinita* e forma uma única e mesma fatalidade esmagadora: "Será preciso, desde então, que a perspectiva de uma libertação desapareça de uma vez por todas na bruma pessimista, será preciso, desde então, que o olhar desesperado se desencoraje diante de uma impossibilidade de ferro...". A terra devém um asilo de alienados.

[III.6. A MÁQUINA DESPÓTICA BÁRBARA]

[III.6. Introdução]
A instauração da máquina despótica ou do *socius* bárbaro pode ser assim resumida: nova aliança e filiação *[228]* direta. O déspota recusa as alianças laterais e as filiações extensas da antiga comunidade. Ele impõe uma nova aliança e coloca-se em filiação direta com o deus: o povo deve segui-lo. Saltar para uma nova aliança, romper com a antiga filiação: isto se exprime numa máquina estranha, ou melhor, numa máquina do estranho que tem o deserto como lugar, máquina que impõe as mais duras e secas provas, o que dá testemunho tanto da resistência da antiga ordem como da autenticação da nova ordem. A máquina do estranho é, ao mesmo tempo, a grande máquina paranoica, pois que exprime a luta com o antigo sistema, e já a gloriosa máquina celibatária, pois que monta o triunfo da nova aliança. O déspota é o paranoico (e já não há inconveniente em mantermos semelhante proposição, dado que nos desembaraçamos do familismo próprio à concepção da paranoia na psicanálise e psiquiatria, e dado que vemos na paranoia um tipo de investimento de formação social). E novos grupos perversos propagam a invenção do déspota (e talvez eles a

tenham fabricado para ele), espalham sua glória e impõem o seu poder nas cidades que fundam ou que conquistam. Por onde quer que passe um déspota e o seu exército, tomam parte do seu cortejo doutores, padres, escribas, funcionários. Dir-se-ia que a antiga complementaridade deslizou para formar um novo *socius*: não mais o paranoico de mato e os perversos de aldeia ou de acampamento, mas o paranoico de deserto e os perversos de cidade.

[III.6.1. Nova aliança e filiação direta. O paranoico]
Em princípio, a formação bárbara despótica deve ser pensada em oposição à máquina territorial primitiva, sobre cujas ruínas se estabelece: nascimento de um império. Mas, na realidade, pode-se também apreender o movimento desta formação quando um império se separa de um império precedente; ou mesmo quando surge o sonho de um império espiritual ali onde os impérios temporais entram em decadência. Pode ser que o empreendimento seja antes de tudo militar e de conquista, pode ser que ele seja mormente religioso, caso em que a disciplina militar é convertida em ascetismo e coesão interna. Pode ser que o próprio paranoico seja uma criatura doce ou uma fera à solta. Mas encontramos sempre a figura deste paranoico e dos seus perversos, o conquistador e suas tropas de elite, o déspota e seus burocratas, o santo homem *[229]* e seus discípulos, o anacoreta e seus monges, o Cristo e seu São Paulo. Moisés foge da máquina egípcia e vai para o deserto, onde instala a sua nova máquina, a arca santa e o templo portátil, e dá ao seu povo uma organização religiosa-militar. Para resumir o empreendimento de João Baptista, é dito que "João ataca a base da doutrina central do judaísmo, a da aliança com Deus por meio de uma filiação que remonta a Abraão".[48] Aí está o essencial: falamos de formação bárbara imperial ou de máquina despótica toda vez que se encontram mobilizadas as categorias de nova aliança e de filiação direta. E dizemos isto seja qual for o contexto desta mobilização, esteja ou não em relação com os impérios precedentes, uma vez que através destas vicissitudes a formação imperial se define

[48] Jean Steinmann, *Saint Jean-Baptiste et la spiritualité du désert*, Paris, Seuil, 1959, p. 69.

sempre por um certo tipo de código e de inscrição que se opõe, de direito, às codificações primitivas territoriais. Pouco importa o número da aliança: nova aliança e filiação direta são categorias específicas que dão testemunho de um novo *socius*, irredutível às alianças laterais e às filiações extensas que a máquina primitiva declinava. O que define a paranoia é esta potência de projeção, esta força de voltar a partir do zero, de objetivar uma completa transformação: o sujeito salta para fora dos cruzamentos aliança-filiação, instala-se no limite, no horizonte, no deserto, sujeito de um saber desterritorializado que o liga diretamente a Deus e o conecta ao povo. Pela primeira vez foi tirado da vida e da terra algo que vai permitir julgar a vida e sobrevoar a terra, princípio de conhecimento paranoico. Todo o jogo relativo das alianças e das filiações é levado ao absoluto nesta nova aliança e nesta filiação direta.

[III.6.2. O corpo pleno do déspota]

Entretanto, para compreender a formação bárbara, não basta reportá-la a outras formações do mesmo gênero com a quais ela compete temporal ou espiritualmente segundo relações que embaralham o essencial; é preciso reportá-la à formação selvagem primitiva que ela suplanta de direito, e que continua a assombrá-la. É assim que Marx define a produção asiática: uma unidade superior do Estado instaura-se sobre a base de comunidades rurais primitivas que *[230]* conservam a propriedade do solo, ao passo que o Estado é o seu verdadeiro proprietário em conformidade com o movimento objetivo aparente que lhe atribui o sobreproduto, que lhe reporta as forças produtivas nos grandes trabalhos, e faz com que ele próprio apareça como a causa das condições coletivas da apropriação.[49] O corpo pleno como *socius* deixou de ser a terra e deveio o corpo do déspota, o próprio déspota ou o seu deus. As prescrições e proibições que o tornam quase sempre incapaz de agir fazem dele um corpo sem órgãos. Ele é a única quase-causa, a fonte e o estuário do movimento aparente. Em vez de desligamentos móveis da cadeia significante, um objeto destacado saltou

---

[49] Marx, *Principes d'une critique de l'économie politique* (1857), tradução francesa, Paris, Pléiade, II, p. 314.

para fora da cadeia; em vez de extrações de fluxos, há convergência de todos os fluxos para um grande rio que constitui o consumo do soberano: mudança radical de regime no fetiche ou no símbolo. E o que conta não é a pessoa do soberano, nem mesmo sua função, que pode ser limitada. É a máquina social que mudou profundamente: em vez da máquina territorial, há a "megamáquina" de Estado, pirâmide funcional que tem o déspota no cume como motor imóvel, que tem o aparelho burocrático como superfície lateral e órgão de transmissão, que tem os aldeões na base e como peças trabalhadoras. Os estoques são objeto de uma acumulação, os blocos de dívida devêm uma relação infinita sob forma de tributo. Toda mais-valia de código é objeto de apropriação. Esta conversão atravessa todas as sínteses, as de produção com a máquina hidráulica, a máquina mineira, a inscrição com a máquina contábil, a máquina de escrever, a máquina monumental, o consumo, enfim, com a manutenção do déspota, de sua corte e da casta burocrática. Longe de ver no Estado o princípio de uma territorialização que inscreve as pessoas segundo a sua residência, devemos ver no princípio de residência o efeito de um movimento de desterritorialização que divide a terra como um objeto e submete os homens à nova inscrição imperial, ao novo corpo pleno, ao novo *socius*.

[III.6.3. A produção asiática]

"Eles chegam como o destino... surgem com a rapidez do raio, demasiado terríveis, muito repentinos...".[NT] É que *[231]* a morte do sistema primitivo vem sempre de fora, e a história é a das contingências e dos encontros. Como nuvem que vem do deserto, os conquistadores aí estão: "Impossível compreender como penetraram", como atravessaram "planaltos tão altos e desérticos e planícies tão vastas e férteis... Todavia, eles aí estão e seu número parece crescer a cada manhã... Conversar com eles, impossível! Não sabem nossa língua".[50] Mas esta morte que vem de fora é também

---

[NT] [Nietzsche; ver p. *[226]*, início do subitem III.5.6.]

[50] Kafka, *La Muraille de Chine et autres récits* (1931) [tradução francesa de J. Carrive e A. Vialatte, Paris, Gallimard, 1950]. [NT: O texto de Kafka

a que ascendia de dentro: a irredutibilidade geral da aliança à filiação, a independência dos grupos de aliança, a maneira como serviam de elemento condutor às relações econômicas e políticas, o sistema primitivo das posições sociais, o mecanismo da mais-valia, tudo isto já esboçava formações despóticas e ordens de castas. E como distinguir o modo pelo qual a comunidade primitiva suspeita das suas próprias instituições de chefia, conjura ou estrangula a imagem do déspota possível que ela secretaria em seu seio, do modo como amarra o símbolo, tornado irrisório, de um antigo déspota que se impunha, há muito tempo, de fora? Nem sempre é fácil saber se se trata de uma comunidade primitiva que reprime uma tendência endógena, ou de uma que tenta reencontrar-se bem ou mal após uma terrível aventura exógena. O jogo das alianças é ambíguo: estaremos ainda aquém da nova aliança, ou já para além, e como que caídos num aquém residual e transformado? (Questão anexa: o que é a feudalidade?) Podemos somente assinalar o momento preciso da formação imperial como sendo o da nova aliança exógena, que não só substitui as antigas alianças, como o faz *numa relação com elas*. E esta nova aliança não é nem um tratado nem um contrato. Porque o que é suprimido não é o antigo regime das alianças laterais e das filiações extensas, mas tão somente o seu caráter determinante. Elas subsistem mais ou menos modificadas, mais ou menos arranjadas pelo grande paranoico, pois elas fornecem a matéria da mais-valia. É disto que advém o caráter específico da produção asiática: as comunidades rurais autóctones subsistem, continuam a produzir, a inscrever, a consumir; e o Estado só tem de ocupar-se com elas. *[232]* As engrenagens da máquina de linhagem territorial subsistem, mas são apenas peças trabalhadoras da máquina estatal. Os objetos, os órgãos, as pessoas e os grupos mantêm, pelo menos, uma parte da sua codificação intrínseca, mas estes fluxos codificados do antigo regime acham-se sobrecodificados pela unidade transcendente que se apropria da mais-

que dá título ao livro citado pelos autores foi traduzido em português como "Durante a construção da muralha da China", e recolhido em *Narrativas do espólio*, tradução e posfácio de Modesto Carone, São Paulo, Companhia das Letras, 2002, pp. 73-91).]

-valia. A antiga inscrição permanece, mas ladrilhada pela e na inscrição do Estado. Os blocos subsistem, mas transformados em tijolos empilhados e ajustados, cuja mobilidade é artificial. As alianças territoriais não são substituídas, mas apenas aliadas à nova aliança; as filiações territoriais não são substituídas, mas somente afiliadas à filiação direta. É como que um imenso direito do primogênito sobre toda filiação, um imenso direito à primeira noite sobre toda aliança. O estoque filiativo devém objeto de uma acumulação na outra filiação, a dívida de aliança devém uma relação infinita na outra aliança. É todo o sistema primitivo que se acha mobilizado, requisitado por uma potência superior, subjugado por forças novas exteriores, posto a serviço de outras metas; isto é tão verdadeiro que, como dizia Nietzsche, o que denominamos evolução de uma coisa é "uma sucessão constante de fenômenos de sujeição mais ou menos violentos, mais ou menos independentes, sem esquecer as resistências que se erguem sem cessar, as tentativas de metamorfose que se operam para se unirem à defesa e à reação, enfim, os felizes resultados das ações em sentido contrário".[NT]

[III.6.4. As mistificações do Estado]
Já foi frequentemente observado que o Estado começa (ou recomeça) em dois atos fundamentais: um, dito de territorialidade, começa por fixação de residência, o outro, dito de libertação, começa por abolição das pequenas dívidas. Mas o Estado procede por eufemismo. A pseudoterritorialidade é o produto de uma efetiva

---

[NT] [Nietzsche, *Genealogia da moral: uma polêmica*, tradução brasileira de Paulo César de Souza, *op. cit.*, II, 12: "Logo, o 'desenvolvimento' de uma coisa, um uso, um órgão, é tudo menos o seu *progressus* em direção a uma meta, menos ainda um *progressus* lógico e rápido, obtido com um dispêndio mínimo de forças — mas sim a sucessão de processos de subjugamento que nela ocorrem, mais ou menos profundos, mais ou menos interdependentes, juntamente com as resistências que a cada vez encontram, as metamorfoses tentadas com o fim de defesa e reação, e também os resultados de ações contrárias bem-sucedidas". É só por fidelidade ao texto francês utilizado pelos autores que mantenho os desencontros que se notam entre as duas versões. Obviamente, a tradução brasileira do texto nietzschiano é mais fiel ao texto original alemão.]

desterritorialização que substitui signos da terra por signos abstratos, e que faz da própria terra uma propriedade do Estado, ou dos seus mais ricos servidores e funcionários (*e deste ponto de vista não há grande mudança quando é o Estado que simplesmente garante a propriedade privada de uma classe dominante que dele se distingue*). A abolição das dívidas, quando se dá, é um meio de manter a repartição das terras e de impedir a entrada em cena de uma nova máquina territorial, eventualmente revolucionária e *[233]* capaz de impor ou de tratar em toda a sua amplitude o problema agrário. Em outros casos, em que se faz uma redistribuição, o ciclo dos créditos é mantido sob a nova forma instaurada pelo Estado — o dinheiro. Pois o dinheiro não começa, certamente, por servir ao comércio ou, pelo menos, não tem um modelo mercantil autônomo. A máquina despótica tem isto em comum com a máquina primitiva, reforçando-a: o horror aos fluxos descodificados, fluxos de produção, mas também fluxos mercantis de troca e de comércio que escapariam ao monopólio do Estado, ao seu esquadriamento, à sua rolha. Quando Etienne Balazs pergunta: por que o capitalismo não nasceu na China no século XIII, onde, todavia, pareciam dadas todas as condições científicas e técnicas?, a resposta está em que o Estado é que fechava as minas quando as reservas de metal eram julgadas suficientes, e era ele que detinha o monopólio ou o estreito controle do comércio (o comerciante como funcionário).[51] O papel do dinheiro no comércio depende menos do próprio comércio do que do seu controle pelo Estado. A relação do comércio com o dinheiro é sintética, não analítica. E, fundamentalmente, o dinheiro é indissociável não do comércio, mas do imposto que mantém o aparelho de Estado. A ligação despótica do dinheiro com o imposto permanece visível, mesmo que as classes dominan-

---

[51] Etienne Balazs [1905-1963], *La Bureaucratie céleste*, Paris, Gallimard, 1968, cap. XIII, "La Naissance du capitalisme en Chine" (especialmente o Estado e o dinheiro, e a impossibilidade que os mercadores têm de adquirir uma autonomia, pp. 229-300). A propósito das formações imperiais que dependem mais do controle do comércio do que de grandes trabalhos, por exemplo, na África negra, ver as observações de Maurice Godelier e de Suret-Canale, *Sur le mode de production asiatique*, Paris, Sociales, 1969, pp. 87-8, 120-2.

tes se distingam deste aparelho e se sirvam dele em proveito da propriedade privada. Apoiando-se nas pesquisas de Will, Michel Foucault mostra como em certas tiranias gregas o imposto sobre os aristocratas e a distribuição de dinheiro aos pobres são um meio de trazer o dinheiro de volta aos ricos, de alargar singularmente o regime das dívidas, de o tornar ainda mais forte, prevenindo e reprimindo toda reterritorialização que pudesse ocorrer através dos dados econômicos do problema agrário.[52] (Como se os gregos tivessem descoberto, à sua maneira, o que os americanos *[234]* reencontrarão com o *New Deal*: que os pesados impostos do Estado são propícios aos bons negócios.) Em suma, o dinheiro, a circulação do dinheiro, *é o meio de tornar a dívida infinita*. Eis o que os dois atos do Estado escondem: a residência ou territorialidade do Estado inaugura o grande movimento de desterritorialização que subordina todas as filiações primitivas à máquina despótica (problema agrário); a abolição das dívidas ou sua transformação contábil inaugura um interminável serviço de Estado interminável, que subordina a si todas as alianças primitivas (problema da dívida). O credor infinito, o crédito infinito substituiu os blocos de dívida móveis e finitos. Há sempre um monoteísmo no horizonte do despotismo: a dívida devém *dívida de existência*, dívida da existência dos próprios sujeitos. Vem o tempo em que o credor nada emprestou ainda, ao passo que o devedor não para de pagar, porque pagar é um dever, mas emprestar é uma faculdade: como na canção de Lewis Carroll, longa canção da dívida infinita:

> *Um homem, decerto, pode exigir o que lhe é devido,*
> *mas quando se trata de empréstimo,*
> *decerto ele pode escolher*
> *o tempo que melhor lhe convém.*[53]

---

[52] Michel Foucault, *La Volonté de savoir*, curso de 1971 no Colégio de França. [NT: Cf. "1970-1971 — A vontade de saber", in Michel Foucault, *Resumo dos Cursos do Collège de France* (1970-1982), tradução brasileira de Andréa Daher, Rio de Janeiro, Zahar, 1997, pp. 8-16.]

[53] Lewis Carroll, *Sylvie et Bruno*, cap. XI.

[III.6.5. A desterritorialização despótica e a dívida infinita. Os tijolos. Sobrecodificar os fluxos]

O Estado despótico, tal como aparece nas mais puras condições da produção dita asiática, tem dois aspectos correlativos: por um lado, ele substitui a máquina territorial, forma um novo corpo pleno desterritorializado; por outro, mantém as antigas territorialidades, integra-as como peças ou órgãos de produção na nova máquina. É de pronto que ele atinge sua perfeição, uma vez que funciona sobre a base das comunidades rurais dispersas, que operam como máquinas preexistentes autônomas ou semiautônomas do ponto de vista da produção; mas, deste mesmo ponto de vista, ele reage sobre elas produzindo as condições dos grandes trabalhos que excedem o poder das comunidades distintas. O que se produz sobre o corpo do déspota é uma síntese conectiva das antigas alianças com a nova aliança, uma síntese disjuntiva que faz com que as antigas filiações se difundam na *[235]* filiação direta, reunindo todos os sujeitos na nova máquina. O essencial do Estado, portanto, é a criação de uma segunda inscrição pela qual o novo corpo pleno, imóvel, monumental, imutável, se apropria de todas as forças e agentes de produção; mas esta inscrição de Estado deixa subsistir as velhas inscrições territoriais, como "tijolos" sobre a nova superfície. Daqui deriva, enfim, a maneira pela qual se opera a conjunção das duas partes, as partes respectivas que cabem à unidade superior proprietária e às comunidades possuidoras, à sobrecodificação e aos códigos intrínsecos, à mais-valia apropriada e ao usufruto utilizado, à máquina de Estado e às máquinas territoriais. Como na "Muralha da China", o Estado é a unidade superior transcendente que integra subconjuntos relativamente isolados que funcionam separadamente, aos quais ele consigna um desenvolvimento em tijolos e um trabalho de construção por fragmentos. Objetos parciais dispersos agarrados ao corpo sem órgãos. Ninguém soube mostrar como Kafka que a lei nada tinha a ver com uma totalidade natural harmoniosa, imanente, mas que agia como unidade formal eminente, e que *reinava enquanto tal sobre fragmentos e pedaços* (a muralha e a torre). Assim, o Estado não é primitivo, mas origem ou abstração; ele é a essência abstrata originária que não se confunde com o começo. "O Imperador é o único objeto de todos os nossos pensamentos. Não o Imperador reinante... Quero dizer, ele seria isto se nós o conhecêssemos, se tivéssemos a seu respeito pelo menos alguma informação! O povo não sabe qual é o Imperador que está reinando, e continua incerto quanto ao próprio nome da dinastia. Em nossas aldeias, Imperadores falecidos há muito tempo sobem ao trono e, como aquele que só vive na lenda, vêm a promulgar um decreto que o padre lê ao pé do altar." Quanto aos próprios subconjuntos, máquinas primitivas territoriais, eles são certamente o concreto, a base e o começo concretos, mas os seus segmentos entram aqui em relações que correspondem à essência, tomam precisamente essa forma de tijolos que assegura sua integração à unidade superior, e seu funcionamento distributivo está em conformidade com os desígnios coletivos desta mesma unidade (grandes trabalhos, extorsão da mais-valia, tributo, escravatura generalizada). Duas inscrições coexistem na formação imperial e se *[236]* conciliam, dado que uma é ajustada à outra, que, por sua vez e ao contrário, cimenta o conjunto e relaciona produtores e produtos (elas não precisam falar a mesma língua). A inscrição imperial recorta todas as alianças e filiações, prolonga-as, faz com que elas convirjam na filiação direta do déspota com o deus, na nova aliança do déspota com o povo. Todos os fluxos codificados da máquina primitiva são agora impelidos até uma embocadura onde a máquina despótica os sobrecodifica. A *sobrecodificação* é precisamente a operação que constitui a essência do Estado, que mede ao mesmo tempo sua continuidade e sua ruptura com as antigas formações: o horror dos fluxos do desejo que não seriam codificados, mas também a instauração de uma nova inscrição que sobrecodifica e que faz do desejo a coisa do soberano, ainda que como instinto de morte. As castas são inseparáveis da sobrecodificação, e implicam "classes" dominantes que não se manifestam ainda como classes, mas que se confundem com um aparelho de Estado. Quem pode tocar o corpo pleno do soberano? Eis um problema de casta. É a sobrecodificação que destitui a terra em proveito do corpo pleno desterritorializado e que, sobre este corpo pleno, torna infinito o movimento da dívida. Potência do pensamento de Nietzsche: marcar a importância de um tal momento que começa com os fundadores dos Estados, esses "artistas de olhar de bronze que forjam uma engrenagem assassina e impiedosa", que opõem a qualquer perspectiva de libertação uma impossibilidade de ferro. Não que esta infinitização, como diz Nietzsche possa ser exatamente compreendida como uma consequência do jogo dos antepassados, das genealogias profundas e das filiações extensas — mas antes quando estas são curto-circuitadas, raptadas pela nova aliança e pela filiação direta: é aí que o ancestral, o senhor dos blocos móveis e finitos, é destituído pelo deus, o organizador imóvel dos tijolos e do seu circuito infinito.

[III.7. A REPRESENTAÇÃO BÁRBARA OU IMPERIAL]

[III.7.1. Seus elementos. Incesto e sobrecodificação]

O incesto com a irmã e o incesto com a mãe são coisas muito diferentes. A irmã não é um substituto da mãe: uma pertence à categoria conectiva de aliança, a outra à categoria disjuntiva de filiação. Se a irmã é proibida, *[237]* isto ocorre porque as condições de codificação territorial exigem que a aliança não se confunda com a filiação; e se a mãe é proibida, isto ocorre porque essas condições exigem que a descendência na filiação não se assente sobre a ascendência. Eis por que o incesto do déspota é duplo, em virtude da nova aliança e da filiação direta. Ele começa por esposar *a* irmã. Mas este casamento endogâmico proibido é feito por ele como quem se acha fora da sua tribo, fora ou nos limites do território. É o que Pierre Gordon mostrou num estranho livro: a mesma regra que proscreve o incesto deve prescrevê-lo a alguns. A exogamia deve ligar-se à posição de homens fora da tribo, homens habilitados a fazer um casamento endogâmico e a servir, dado o caráter temível desse casamento, de iniciadores aos sujeitos exogâmicos dos dois sexos (o "deflorador sagrado", o "iniciador ritual", na montanha ou do outro lado da água).[54] Deserto, terra de noi-

---

[54] Pierre Gordon, *L'Initiation sexuelle et l'évolution religieuse*, Paris, PUF, 1946, p. 164: "O personagem sagrado... vivia não na pequena aldeia agrícola, mas nos bosques, como o Enkidu da epopeia caldaica, ou na mon-

vados. Todos os fluxos convergem para este homem, todas as alianças são recortadas por esta nova aliança que as sobrecodifica. O casamento endogâmico fora da tribo põe o herói em situação de sobrecodificar todos os casamentos exogâmicos na tribo. É claro que o incesto com *a* mãe tem um sentido muito diferente: trata-se agora da mãe da tribo, tal como existe na tribo, tal como o herói a encontra quando penetra na tribo ou a reencontra no seu regresso, depois do seu primeiro casamento. Ele recorta as filiações extensas com uma filiação direta. O herói, iniciado ou iniciante, torna-se rei. O segundo casamento desenvolve as consequências do primeiro, extrai os efeitos deste. O herói começa por casar com a irmã, depois casa com a mãe. Que os dois atos possam ser aglutinados, assimilados, em diversos graus não impede que haja aí duas sequências: a união com a princesa-irmã, a união com a mãe-rainha. O incesto é duplo. O herói está sempre a cavalo entre dois grupos: um, ao qual *[238]* ele vai para encontrar sua irmã, o outro, ao qual ele retorna para reencontrar sua mãe. Este duplo incesto não tem por meta produzir um fluxo, ainda que mágico, mas sobrecodificar todos os fluxos existentes e fazer com que nenhum código intrínseco, nenhum fluxo subjacente escape à sobrecodificação da máquina despótica; é também pela esterilidade que ele garante a fecundidade geral.[55] O casamento com a irmã é feito fora, é a prova do deserto, exprime o desvio espacial em relação à máquina primitiva; ele dá uma finalização às antigas alianças; funda uma nova aliança ao operar uma apropriação generalizada de todas as dívidas de aliança. O casamento com a mãe é o retorno à tribo; ele exprime o desvio temporal em relação à máquina primitiva (diferença de gerações); constitui a filiação direta que decorre

tanha, no recinto sagrado. Suas ocupações eram as de um pastor ou de um caçador, não de um cultivador. A obrigação de recorrer a ele para o casamento sagrado, que era o único que elevava a mulher, acarretava pois, *ipso fato*, uma *exogamia*. Nestas condições, só podiam ser *endogâmicas* as moças que pertenciam ao grupo do deflorador ritual".

[55] Luc de Heusch [1927], *Essais sur le symbolisme de l'inceste royal en Afrique*, Bruxelas, Université Libre de Bruxelles/Institut de Sociologie Solvay, 1958, pp. 72-4.

da nova aliança ao operar uma acumulação generalizada do estoque filiativo. Ambos são necessários à sobrecodificação, como os dois extremos de um laço no nó despótico.

[III.7.2. Elementos em profundidade e migração de Édipo: o incesto devém possível]

Paremos aqui: como é possível tal coisa? Como deveio "possível" o incesto e a propriedade manifesta ou a chancela do déspota? O que é essa irmã, o que é essa mãe — serão as do próprio déspota? Ou será que a questão se põe de outro modo? Pois ela diz respeito ao conjunto do sistema da representação quando deixa de ser territorial para devir imperial. Primeiramente, pressentimos que, na profundidade, os elementos da representação começaram a mexer-se: a migração celular começou, vai levar a célula edipiana de um lugar da representação para outro. Na formação imperial, *o incesto deixou de ser o representado deslocado do desejo para devir a própria representação recalcante*. Porque não há dúvida de que esta maneira do déspota fazer o incesto, de torná-lo possível, não consiste absolutamente em suspender o aparelho repressão-recalcamento; ao contrário, ela faz parte dele, mudando apenas suas peças, e ainda é sempre como representado deslocado que o incesto vem ocupar agora a posição da representação recalcante. Em suma, um ganho a mais, uma nova economia no aparelho recalcante repressivo, uma nova marca, uma nova [239] dureza. Era fácil, demasiado fácil, se bastasse tornar o incesto possível, efetuá-lo soberanamente, para que cessassem o exercício do recalcamento e o serviço da repressão. O incesto real bárbaro é somente o meio de sobrecodificar os fluxos do desejo, e não, certamente, de liberá-los. Ó Calígula, ó Heliogábalo, ó louca memória dos imperadores desaparecidos. Como o incesto nunca foi o desejo, mas somente seu representado deslocado tal como resulta do recalcamento, a repressão só tem a ganhar quando ele vem ao lugar da própria representação e se encarrega, a esse título, da função recalcante (é o que víamos já na psicose, na qual a intrusão do complexo na consciência, segundo o critério tradicional, não aliviava, certamente, o recalcamento do desejo). Com o novo lugar do incesto na formação imperial, falamos, portanto, somente de uma migração nos elementos na profundidade da *representação*, de modo que esta vai se tornar, em relação à *produção* desejante, mais estranha, mais impiedosa, mais definitiva ou mais "infinita". Mas esta migração nunca seria possível se não se produzisse, correlativamente, uma mudança considerável nos outros elementos da representação, os que funcionam na superfície do *socius* inscritor.

[III.7.3. Elementos na superfície, nova relação voz-grafismo]
O que muda singularmente na organização de superfície da representação é a relação da voz com o grafismo: os mais antigos autores viram bem que o déspota é que faz a escrita, que a formação imperial é que faz do grafismo uma escrita propriamente dita. Legislação, burocracia, contabilidade, cobrança de impostos, monopólio de Estado, justiça imperial, atividade dos funcionários, historiografia, tudo se escreve no cortejo do déspota. Voltemos ao paradoxo que emana das análises de Leroi-Gourhan: as sociedades primitivas são orais não por lhes faltar grafismo, mas, ao contrário, porque o grafismo é aí independente da voz, e marca nos corpos signos que respondem à voz, que reagem à voz, mas que são autônomos e não se ajustam a ela; em contrapartida, as civilizações bárbaras são escritas, não porque tenham perdido a voz, *mas* porque o sistema gráfico perdeu sua independência e suas dimensões próprias, ajustando-se pela voz, subordinando-se à voz, pronto para extrair dela um fluxo abstrato desterritorializado que ele retém e faz ressoar no código linear da escrita. Em suma, *[240]* o grafismo se põe a depender da voz num mesmo movimento em que induz uma voz muda das alturas ou do além que se põe a depender do grafismo. É à força de se subordinar à voz que a escrita a suplanta. Jacques Derrida tem razão quando diz que toda língua supõe uma escrita originária, se ele entende com isso a existência e a conexão de um grafismo qualquer (escrita em sentido amplo). Ele tem razão também quando diz que não se pode estabelecer cortes, na escrita em sentido estrito, entre os procedimentos pictográficos, ideogramáticos e fonéticos: há sempre e já ajustes à voz, ao mesmo tempo que uma substituição da voz (suplementaridade), e o "fonetismo nunca é todo poderoso, mas desde sempre já começou também a trabalhar o significante mudo". E

ele tem ainda razão ao ligar misteriosamente a escrita ao incesto. Porém, não vemos nisto motivo algum para concluir pela constância de um aparelho de recalcamento ao modo de uma máquina gráfica que procederia tanto por hieróglifos quanto por fonemas.[56] Com efeito, há certamente um corte que muda tudo no mundo da representação, entre essa escrita em sentido estrito e a escrita em sentido amplo, isto é, entre dois regimes de inscrição totalmente diferentes: grafismo que deixa a voz como dominante à força de ser independente dela justamente conectando-se a ela; e grafismo que domina ou suplanta a voz à força de depender dela por diversos procedimentos e de subordinar-se a ela. O signo primitivo territorial só vale por si próprio, é posição de desejo em conexão múltipla; não é signo de um signo ou desejo de um desejo, ele ignora a subordinação linear e sua reciprocidade: nem pictograma, nem ideograma, ele é ritmo e não forma, zigue-zague e não linha, artefato e não ideia, produção e não expressão. Tentemos resumir as diferenças entre estas duas formas de representação, a territorial e a imperial.

A representação territorial é, primeiramente, feita de dois elementos heterogêneos, voz e grafismo: um é como a representação da palavra constituída na aliança lateral; o outro é como a representação de coisa (de *corpo*) instaurada *[241]* na filiação extensa. Um age sobre o outro e este reage àquele, e cada um age com sua potência própria em conotação com a do outro para operar a grande tarefa do recalcamento germinal intenso. O que é recalcado, com efeito, é o corpo pleno como fundo da terra intensa, que deve dar lugar ao *socius* em extensão no qual passam ou não passam as intensidades em causa. É preciso que o corpo pleno da terra tome uma extensão no *socius* e como *socius*. Assim, o *socius* primitivo é coberto por uma rede na qual não se para de saltar das palavras às coisas, dos corpos aos nomes, segundo as exigências extensivas do sistema em comprimento e largura. O que chamamos regime de conotação é um regime em que a palavra como signo vocal designa alguma coisa, mas em que a coisa designada é tam-

---

[56] Jacques Derrida, *De la grammatologie*, Paris, Minuit, 1967; e *L'Écriture et la différence*, Paris, Seuil, 1967, "Freud et la scène de l'écriture".

bém signo, porque ela própria se escava graças a um grafismo conotado à voz. A heterogeneidade, a solução de continuidade, o desequilíbrio dos dois elementos, o vocal e o gráfico, tudo isso é recobrado por um terceiro elemento, o elemento visual — o olho do qual se diria que *vê a palavra* (ele a vê, não a lê) enquanto avalia a dor do grafismo. Jean-François Lyotard, em outro contexto, tentou descrever um tal sistema, em que a palavra só tem função designadora, mas não constitui por si só o signo; o que devém signo é, sobretudo, a coisa ou o corpo designado como tal por revelar uma face desconhecida definida sobre ele, traçada pelo grafismo que responde à palavra; o desvio entre os dois é preenchido pelo olho que "vê" a palavra sem a ler, na medida em que aprecia a dor emanada do grafismo em pleno corpo: o olho salta.[57] Regime de conotação, sistema da crueldade, foi o que nos pareceu ser o triângulo [242] mágico com os seus três lados, voz-audição, grafismo-corpo, olho-dor: onde a palavra é essencialmente designadora,

[57] Jean-François Lyotard [1924-1998] restaura os direitos tão negligenciados de uma teoria da designação pura. Mostra que há um desvio irredutível entre a palavra e a coisa na relação de designação que as conota. E é graças a esse desvio que a coisa designada devém um signo ao revelar uma face desconhecida como conteúdo ocultado (não são as palavras em si mesmas que são signos, mas elas transformam em signos as coisas ou os corpos que designam). Ao mesmo tempo, é a palavra designadora que devém *visível*, independentemente de toda escrita-leitura, ao revelar um estranho poder de ser vista (e não lida). Cf. *Discours, figure*, Paris, Klincksieck, 1971, pp. 41-82 — "as palavras não são signos, mas, desde que há palavras, o objeto designado devém signo: que um objeto devenha signo, isto quer dizer, precisamente, que ele encerra um conteúdo oculto em sua identidade manifesta, que ele reserva uma outra face a uma outra vista sobre ele,... que talvez nunca venha a efetivar-se", mas que, em compensação, se efetiva sobre a própria palavra. [NT: Deleuze foi um dos membros da banca examinadora da tese de Doutorado de Lyotard, que é o livro aqui referido. A respeito dele, Deleuze escreveu "Appréciation" (*La Quinzaine Littéraire*, n° 140, 1-15 de maio de 1972, p. 19, republicado como texto n° 27 em *L'Île déserte*). Cf. "Apreciação", tradução brasileira de Luiz B. L. Orlandi, in *A ilha deserta e outros textos, op. cit.*, pp. 275-6. A ideia de "figural", presente nesse livro de Lyotard, é retomada por Deleuze já na primeira página do seu livro sobre Francis Bacon, *Logique de la sensation*, Paris, Éditions de la Différence, 2 vols., 1984.]

mas onde o próprio grafismo faz um signo com a coisa designada, e onde o olho vai de um ao outro, extraindo e medindo a visibilidade de um pela dor do outro. Tudo é ativo, agido, reagindo no sistema, tudo está em uso e em função. De modo que, quando se considera o conjunto da representação territorial, o que impressiona é constatar a complexidade das redes com que ela cobre o *socius*: a cadeia dos signos territoriais não para de saltar de um elemento para outro, irradiando em todas as direções, expondo separações em toda parte em que há fluxos a extrair, incluindo disjunções, consumindo restos, extraindo mais-valias, conectando palavras, corpos e dores, fórmulas, coisas e afetos — conotando vozes, grafias, olhos, sempre num uso plurívoco: *uma maneira de saltar* que não se recolhe num querer-dizer, e menos ainda num significante. E se o incesto, deste ponto de vista, nos pareceu impossível, foi porque ele é tão somente um salto necessariamente malogrado, salto que vai das denominações às pessoas, dos nomes aos corpos: de um lado, o aquém recalcado das denominações que ainda não designam pessoas, mas apenas estados intensivos germinais; do outro, o além recalcante que só aplica denominações às pessoas, mas proibindo que elas respondam pelos nomes de irmã, mãe, pai... Entre os dois lados, o pouco profundo riacho *onde nada passa*, onde as denominações não grudam nas pessoas, onde as pessoas se subtraem à grafia e onde o olho nada mais tem para ver, nada mais tem para avaliar: o incesto, simples limite deslocado, nem recalcado nem recalcante, mas somente o representado deslocado do desejo. Desde este momento, parece, com efeito, que as duas dimensões da representação — sua organização de superfície com os elementos voz-grafia-olho e sua organização em profundidade com as instâncias representantes: do desejo-representação e recalcante-representado deslocado — têm um destino comum, como um sistema complexo de correspondências no seio de uma dada máquina social.

[III.7.4. O objeto transcendente das alturas. O significante como signo desterritorializado]

Ora, com a máquina despótica e a representação imperial tudo isto é perturbado num novo destino. Em primeiro lugar, o grafismo se alinha, assenta-se *[243]* sobre a voz e devém escrita. Ao mesmo tempo, ele induz a voz não mais como a da aliança, mas como a da *nova aliança*, voz fictícia do além que se exprime no fluxo de escrita como *filiação direta*. Estas duas categorias fundamentais despóticas são também o movimento do grafismo que se subordina à voz para, ao mesmo tempo, subordinar a voz a si, para suplantar a voz. Produz-se, desde então, um esmagamento do triângulo mágico: a voz já não canta, mas dita, edita; a grafia já não dança e para de animar os corpos, mas se escreve coagulada nas tábuas, nas pedras e nos livros; o olho se põe a ler (a escrita não acarreta, mas implica uma espécie de cegueira, uma perda de visão *e* de apreciação, e agora é o olho que sofre embora também adquira outras funções). Ou antes, não podemos dizer que o triângulo mágico esteja completamente esmagado: ele subsiste como base, como tijolo, no sentido em que o sistema territorial continua a funcionar no quadro da nova máquina. O triângulo deveio base para uma pirâmide cujas faces fazem convergir o vocal, o gráfico, o visual, em prol da eminente unidade do déspota. Se denominarmos plano de consistência o regime da representação numa máquina social, é evidente que esse plano de consistência mudou, que ele deveio o da subordinação, não mais o da conotação. Eis, então, em segundo lugar, o essencial: o assentamento da grafia sobre a voz fez saltar para fora da cadeia um objeto transcendente, voz muda de que toda a cadeia parece agora depender, e em relação à qual ela se lineariza. A subordinação do grafismo à voz induz uma voz fictícia das alturas que, inversamente, já não se exprime a não ser pelos signos de escrita que ela emite (revelação). Talvez seja esta a primeira montagem de operações formais que redundarão em Édipo (paralogismo da extrapolação): um assentamento ou um conjunto de relações bi-unívocas que conduz à exaustão de um objeto destacado e à linearização da cadeia que decorre deste objeto. Talvez comece aí a questão "o que isto quer dizer?", assim como os problemas de exegese começam a prevalecer sobre os do uso e da eficácia. O que ele quis dizer, o imperador, o deus? Em vez de segmentos de cadeia sempre destacáveis, há um objeto destacado do qual depende toda a cadeia; em vez de um grafismo *[244]* plurívoco, diretamente sobre o real, há uma bi-univocização que forma o transcendente do qual sai uma linearidade; em vez de signos não-significantes que compõem as redes de uma cadeia territorial, há um significante despótico do qual escorrem uniformemente todos os signos num fluxo desterritorializado de escrita. Chegou-se mesmo a ver os homens beberem este fluxo. Zempléni mostra como, em certas regiões do Senegal, o islã sobrepõe um plano de subordinação ao antigo plano de conotação dos valores animistas: "A palavra divina ou profética, escrita ou recitada, é o fundamento deste universo; a transparência da prece animista é substituída pela opacidade do rígido versículo árabe, o verbo cristaliza-se em fórmulas cuja potência é assegurada pela verdade da Revelação, e não por uma eficácia simbólica e encantatória... A ciência do marabuto[NT] remete com efeito a uma hierarquia de nomes, de versículos, de números e de seres correspondentes" — e, se for preciso, colocar-se-á o versículo numa garrafa cheia de água pura, *beber-se-á a água do versículo,* esfregar-se-á o corpo com ela e as mãos serão lavadas.[58] A escrita, primeiro fluxo desterritorializado, e bebível: ela escorre do significante despótico. Pois o que é o significante em primeira instância? O que ele é em relação aos signos territoriais não significantes, quando ele salta para fora das suas cadeias e impõe, sobrepõe, um plano de subordinação ao seu plano de conotação imanente? O significante é o signo que deveio signo do signo, é o signo despótico que substituiu o signo territorial, que atravessou o limiar de desterritorialização; *o significante é tão somente o próprio signo desterritorializado.* O signo que deveio *letra.* O desejo já não ousa desejar, deveio desejo do desejo, desejo do desejo do déspota. A boca já não fala, ela bebe a letra. O olho já não vê, ele lê. O corpo não mais se deixa gravar como a terra, mas se prosterna diante das gravuras do déspota, o além--terra, o novo corpo pleno.

[NT] [No original francês, *marabout*: marabuto (ou marabu, morabita, morabito), sacerdote muçulmano de vida ascética, venerado em vida e após a morte.]

[58] András Zempléni, *L'Interprétation et la thérapie tradicionelles du désordre mental chez les Wolof et les Lebou*, Paris, Université de Paris, 1968, II, pp. 380 e 506.

[III.7.5. O significante despótico e os significados do incesto]
Água alguma jamais conseguirá lavar o significante de sua origem imperial: o senhor-significante ou o "significante senhor". É inútil afogar o significante no sistema imanente da língua, servir-se dele para evacuar os problemas de sentido *[245]* e de significação, solvê-lo na coexistência de elementos fonemáticos em que o significado não é mais do que o resumo do valor diferencial respectivo destes elementos entre si; é inútil levar mais longe a comparação da linguagem com a troca e a moeda e submetê-la aos paradigmas de um capitalismo atuante — porque nunca se conseguirá impedir que o significante reintroduza sua transcendência, nem que deixe de testemunhar em prol de um déspota desaparecido que ainda funciona no imperialismo moderno. Seja à maneira suíça ou americana, a linguística atua à sombra do despotismo oriental. Não é somente Saussure que insiste em afirmar que o arbitrário da língua funda sua soberania e que uma servidão ou uma escravidão generalizada submeteria a "massa". Mas já foi possível mostrar como duas dimensões subsistem em Saussure: uma dimensão horizontal, em que o significado se reduz ao valor dos termos mínimos coexistentes nos quais o significante se decompõe; e a outra dimensão, vertical, em que o significado se eleva ao conceito correspondente à imagem acústica, isto é, à voz tomada no máximo da sua extensão que recompõe o significante (o "valor" tomado como contrapartida dos termos coexistentes, mas também o "conceito" tomado como contrapartida da imagem acústica). Em suma, o significante aparece duas vezes: uma na cadeia dos elementos em relação aos quais o significado é sempre um significante para outro significante; e a segunda vez no objeto destacado do qual depende o conjunto da cadeia e que distribui sobre ela os efeitos de significação. Não há código fonológico nem mesmo fonético operando sobre o significante entendido no primeiro sentido, sem uma sobrecodificação operada pelo próprio significante no segundo sentido. Não há campo linguístico sem relações bi-unívocas entre valores ideogramáticos e fonéticos, ou entre articulações de níveis diferentes, monemas e fonemas, que assegurem finalmente a independência e a linearidade dos signos desterritorializados; mas este campo permanece definido por uma transcendên-

cia, mesmo quando considerada como ausência ou lugar vazio, operando as dobragens, os assentamentos e subordinações necessárias, donde escorre por todo o sistema o fluxo material inarticulado que ela talha, opõe, seleciona e combina: o significante. É curioso, portanto, que se mostre tão bem a servidão da massa em relação aos elementos mínimos do *[246]* signo na imanência da língua, sem mostrar como a dominação se exerce através e na transcendência do significante.[59] Aqui, como em outros casos, afirma-se uma irredutível exterioridade da conquista. Com efeito, se a própria linguagem não supõe a conquista, as operações de assentamento que constituem a linguagem escrita supõem duas inscrições que não falam a mesma língua, duas linguagens: a dos senhores e a dos escravos. Nougayrol descreve uma situação como esta: "Para os Sumérios (um certo signo) é água; os Sumérios leem este signo *a*, que em sumério significa água. Chega um Akkadiano que pergunta ao seu senhor sumério: o que é este signo? O Sumério responde-lhe: é *a*. O Akkadiano toma este signo por *a*, e assim deixa de haver qualquer relação entre o signo e a água que, em akkadiano, se diz *mû*... Creio que a presença dos Akkadianos determinou a fonetização da escrita... e que o contato de dois povos é quase necessário para que se produza a centelha de uma nova escrita".[60] Não se pode mostrar de modo mais claro como uma operação de bi-univocização se organiza em torno de um significante despótico, de tal maneira que dele escorra uma cadeia fonética alfabética. A escrita alfabética não é feita para os analfabetos, mas pelos analfabetos. Ela passa pelos analfabetos, esses operários inconscientes.

---

[59] Bernard Pautrat quer estabelecer uma aproximação entre Nietzsche e Saussure a partir dos problemas de dominação e de servidão (*Versions du soleil: figures et système de Nietzsche*, Paris, Seuil, 1971, pp. 207 ss.). Ele observa muito bem que, diferentemente de Hegel, Nietzsche faz a relação do senhor e do escravo passar pela linguagem e não pelo trabalho. Mas quando chega à comparação com Saussure, ele retém a linguagem como um sistema a que a massa está sujeitada, e rejeita como ficção a ideia nietzschiana de uma linguagem dos senhores por intermédio da qual a sujeição se opera.

[60] Jean Nougayrol, in *L'Écriture et la psychologie des peuples*, Paris, Armand Colin, 1963, p. 90.

O significante implica uma linguagem que, com ele, sobrecodifica uma outra, ao passo que a outra é toda codificada em elementos fonéticos. E conquanto o inconsciente comporte efetivamente o regime tópico de uma dupla inscrição, ele não é estruturado como uma linguagem, mas como duas. O significante não parece cumprir sua promessa, a de nos dar acesso a uma compreensão moderna e funcional da língua. O imperialismo do significante não nos faz sair da *[247]* questão "o que isto quer dizer?"; ele se contenta em barrar de antemão a questão e tornar insuficientes todas as respostas, remetendo-as ao nível de um simples significado. Ele recusa a exegese em nome da recitação, pura textualidade, cientificidade superior. São como os jovens cães do palácio, sempre prontos a beberem a água do versículo, e que não param de gritar: o significante, vocês não chegaram ainda ao significante, vocês permanecem nos significados! Só o significante é que os faz gozar. Mas este significante-senhor continua a ser o que ele é no longínquo das eras, estoque transcendente que distribui a falta a todos os elementos da cadeia, algo de comum para uma comum ausência, instaurador de todos os cortes-fluxos num só e mesmo lugar de um só e mesmo corte: objeto destacado, falo-e-castração, barra que submete os sujeitos depressivos ao grande rei paranoico. O significante, terrível arcaísmo do déspota em que ainda se procura o túmulo vazio, o pai morto e o mistério do nome. E talvez seja isto que anima hoje a cólera de certos linguistas contra Lacan, assim como o entusiasmo dos adeptos: a força e a serenidade com que Lacan reconduz o significante à sua origem, à sua verdadeira origem, a idade despótica, e monta uma máquina infernal que solda o desejo à lei, porque refletindo bem, pensa ele, é certamente sob esta forma que o significante convém ao inconsciente e aí produz efeitos de significado.[61] O significante como representação recalcante,

---

[61] Cf. o excelente artigo de Elisabeth Roudinesco sobre Lacan, "L'Action d'une métaphore", onde analisa o duplo aspecto da cadeia significante analítica e do significante transcendente de que a cadeia depende. Neste sentido, ela mostra que a teoria de Lacan deve ser interpretada menos como uma concepção linguística do inconsciente do que como uma crítica da linguística em nome do inconsciente (*La Pensée*, n° 162, abril de 1972).

e o novo representado deslocado que ele induz, as famosas metáforas e metonímias — tudo isto constitui a máquina despótica sobrecodificante e desterritorializada.

O significante despótico tem por efeito sobrecodificar a cadeia territorial. O significado é precisamente o efeito do significante (não o que ele representa ou designa). O significado é a irmã dos confins e a mãe do interior. Irmã e mãe são os conceitos que correspondem à grande imagem acústica, à voz da nova aliança e da filiação *[248]* direta. O incesto é a própria operação de sobrecodificação nos dois extremos da cadeia em todo o território onde o déspota reina, dos confins ao centro: todas as dívidas de aliança convertidas na dívida infinita da nova aliança, todas as filiações extensas subsumidas pela filiação direta. Portanto, o incesto ou a trindade real é o conjunto da representação recalcante enquanto dá seguimento à sobrecodificação. O sistema da subordinação ou da significação substituiu o sistema da conotação. Na medida em que o grafismo é assentado sobre a voz (grafismo que outrora se inscrevia no próprio corpo), a representação do corpo subordina-se à representação da palavra: irmã e mãe são os significados da voz. Mas, na medida em que este assentamento induz uma voz fictícia das alturas, que agora só se exprime no fluxo linear, o próprio déspota é o significante da voz que, com seus dois significados, opera a sobrecodificação de toda a cadeia. Deixou de existir o que tornava o incesto impossível, a saber, que ora tínhamos as denominações (mãe, irmã), mas não as pessoas ou os corpos, ora tínhamos os corpos, mas não as denominações, que escapavam assim que infringíamos as proibições de que elas eram portadoras. O incesto deveio possível nas núpcias dos corpos de parentesco e das denominações parentais, na união do significante com seus significados. A questão não é de modo algum saber se o déspota se une à sua "verdadeira" irmã ou mãe. Porque, de qualquer maneira, sua verdadeira irmã é a irmã do deserto, assim como, de qualquer maneira, sua verdadeira mãe é a mãe da tribo. Desde que o incesto seja *possível*, pouco importa que ele seja simulado ou não, posto que, de qualquer maneira, algo distinto do incesto é ainda dissimulado através dele. E, conforme a complementaridade da simulação e da identificação, que encontramos anteriormente, se a

A representação bárbara ou imperial

identificação é a do objeto das alturas, a simulação é, sem dúvida, a escrita que lhe corresponde, o fluxo que escorre deste objeto, o fluxo gráfico que escorre da voz. A simulação não substitui a realidade, ela não vale por si, mas apropria-se da realidade na operação da sobrecodificação despótica; ela a produz sobre o novo corpo pleno que substitui a terra. Ela exprime a apropriação e a produção do real por uma quase-causa. No incesto, o significante é que faz amor com seus significados. Sistema *[249]* da simulação — é este o outro nome da significação e da subordinação. E o que é simulado, portanto produzido, através do próprio incesto simulado, portanto produzido — tanto mais real por ser simulado e *inversamente* — são como os estados extremos de uma intensidade reconstituída, recriada. Com sua irmã, o déspota simula um "estado zero do qual surgiria a potência fálica"; ele o simula como uma promessa "cuja presença oculta é preciso situar, no limite, no próprio interior do corpo". Com sua mãe, ele simula "uma sobrepotência em que os dois sexos estariam exteriorizados no máximo de suas características próprias": o beabá do falo como voz.[62] Portanto, trata-se sempre de outra coisa no incesto de realeza: bissexualidade, homossexualidade, castração, travestismo, como outros tantos gradientes e passagens no ciclo das intensidades. É que o significante despótico propõe-se reconstituir o que a máquina primitiva tinha recalcado, o corpo pleno da terra intensa, mas sobre novas bases ou novas condições dadas no corpo pleno desterritorializado do próprio déspota. É por isto que o incesto muda de sentido ou de lugar e devém a representação recalcante. Com efeito, através do incesto, trata-se do seguinte na sobrecodificação: que todos os órgãos de todos os sujeitos, que todos os olhos, todas as bocas, todos os pênis, todas as vaginas, todas as orelhas, todos os ânus se enganchem ao corpo pleno do déspota como ao rabo de pavão de uma cauda real, e aí tenham os seus representantes intensivos. O incesto real é inseparável da intensa multiplicação dos órgãos e da sua inscrição sobre o novo corpo pleno

---

[62] Guy Rosalato, *Essais sur le symbolique*, Paris, Gallimard, 1969, pp. 25-8.

(Sade[NT] viu muito bem este papel sempre real do incesto). O aparelho de repressão-recalcamento, a representação recalcante acha-se agora determinada em função de um perigo supremo que exprime o representante sobre o qual ela incide: basta que um só órgão escorra fora do corpo despótico, que se desenganche dele ou se lhe furte, para que o déspota veja erigir-se diante de si, contra si, o inimigo graças a quem a morte lhe chegará — um olho com olhar demasiado fixo, uma boca com um sorriso demasiado raro, cada órgão é um protesto possível. É ao mesmo tempo que César, parcialmente surdo e se queixando de um ouvido que já não ouve, sente pesar sobre si tanto o olhar de Cassius, então "magro e faminto", quanto o sorriso deste *[250]* "que parece sorrir do seu próprio sorriso". Longa história que conduzirá o corpo do déspota às latrinas da cidade, assassinado, desorganizado, desmembrado, enfraquecido. Já não era o ânus que separava o objeto das alturas e produzia a voz eminente? A transcendência do falo não dependia do ânus? Mas este se revela somente no fim, como a derradeira sobrevivência do déspota desaparecido, o abaixo de sua voz: o déspota é tão só este "cu de rato morto suspenso no teto do céu". Os órgãos começaram por se destacar do corpo despótico, órgãos do cidadão erigidos contra o tirano. Depois, devirão órgãos do homem privado, se privatizarão segundo o modelo e a memória do ânus destituído, colocados fora do campo social, obsessão de cheirar mal. Toda a história da codificação primitiva, da sobrecodificação despótica, da descodificação do homem privado consiste nestes movimentos de fluxo: o influxo germinal intenso, o sobrefluxo do incesto real, o refluxo do excremento que conduz o déspota morto às latrinas e conduz a todos nós ao "homem privado" de hoje — a história esboçada por Artaud na obra-prima que é o *Heliogabalo*. Toda a história do fluxo gráfico vai da onda de esperma ao berço do tirano, até à onda de merda no seu túmulo-esgoto — "toda a escrita é porcaria", toda escrita é esta simulação, esperma e excremento.

[NT] [Donatien Alphonse François de Sade, ou Marquês de Sade (1740--1814).]

[III.7.6. O terror, a lei]

Poder-se-ia acreditar que o sistema da representação imperial é, apesar de tudo, mais doce do que o da representação territorial. Os signos já não se inscrevem em plena carne, mas sobre pedras, pergaminhos, moedas, listas. Segundo a lei de Wittfogel[NT] da "rentabilidade administrativa decrescente", amplos setores são deixados semiautônomos enquanto não comprometem o poder do Estado. O olho já não tira uma mais-valia do espetáculo da dor, deixou de apreciar; dispõe-se mais a "prevenir" e vigiar, a impedir que uma mais-valia escape à sobrecodificação da máquina despótica. É que todos os órgãos e suas funções conhecem uma exaustão que os reporta e faz convergir sobre o corpo pleno do déspota. Na verdade, o regime não é mais doce; o sistema do terror substituiu o da crueldade. A antiga crueldade subsiste, notadamente nos setores autônomos ou quase autônomos; mas agora está enquadrada no *[251]* aparelho de Estado que ora a organiza, ora a tolera ou a limita, para fazê-la servir aos seus fins e submetê-la à unidade superior e sobreimposta de uma lei mais terrível. Com efeito, só tardiamente é que a lei se opõe ou parece opor-se ao despotismo (quando o próprio Estado se apresenta como um conciliador aparente entre classes que dele se distinguem, e deve em consequência remanejar a forma de sua soberania).[63] A lei não começa por ser aquilo em que se tornará ou pretenderá tornar-se mais tarde: uma garantia contra o despotismo, um princípio imanente que reúne as partes num todo, que faz deste todo o objeto de um conhecimento e de uma vontade gerais, em que as sanções decorrem tão só de juízos e aplicações sobre as partes rebeldes. A lei imperial bárbara

---

[NT] [Karl August Wittfogel (1896-1988), autor de *O despotismo oriental*, de 1957; cf. nota 66 a seguir.]

[63] Sobre a passagem de uma Justiça real fundada na palavra mágico-religiosa a uma Justiça da cidade fundada na palavra-diálogo, e sobre a mudança de "soberania" que corresponde a essa passagem, cf. Louis Gernet [1882-1962], "Droit et prédroit en Grèce ancienne", *L'Année sociologique* (1948-1949), Marcel Détienne [1935], *Les Maîtres de vérité dans la Grèce archaïque* [Paris, Maspero, 1967], Michel Foucault, *La Volonté de savoir* [Paris, Gallimard, 1976].

tem, sobretudo, duas características opostas a essas — características que são, precisamente, aquelas que Kafka desenvolveu tão fortemente: o traço paranoico-esquizoide da lei (metonímia), segundo o qual ela rege as partes não totalizáveis e não totalizadas, compartimentando-as, organizando-as como tijolos, medindo sua distância e proibindo sua comunicação, atuando assim como uma Unidade formidável, mas formal e vazia, eminente, distributiva e não coletiva; e o traço maníaco-depressivo (metáfora), segundo o qual a lei nada faz conhecer e não tem objeto cognoscível, em que o veredicto não preexiste à sanção, e o enunciado da lei não preexiste ao veredicto. A ordália apresenta estes dois traços em estado vivo. Como na máquina de *Na colônia penal*, é a sanção que escreve tanto o veredicto quanto a regra. Foi em vão que o corpo se libertou do grafismo que lhe era próprio no sistema de conotação; ele devém agora a pedra e o papel, a mesa e a moeda sobre os quais a nova escrita pode marcar suas figuras, seu fonetismo e seu alfabeto. Sobrecodificar, eis a essência da lei e a origem das novas dores do corpo. O castigo deixou de ser uma festa de que o olho tira uma mais-valia no triângulo mágico de aliança e de filiações. *O castigo devém uma vingança, [252]* vingança da voz, da mão e do olho agora reunidos no déspota, vingança da nova aliança, cujo caráter público em nada altera o *segredo*: "Farei vir contra vocês a espada vingadora da vingança de aliança...". É que a lei, digamos uma vez mais, antes de ser uma fingida garantia contra o despotismo, é a invenção do próprio déspota: *ela é a forma jurídica tomada pela dívida infinita*. Até junto aos últimos imperadores romanos, ver-se-á o jurista no cortejo do déspota, e ver-se-á a forma jurídica acompanhar a formação imperial, o legislador com o monstro, Gaio e Cômodo, Papiniano e Caracala, Ulpiano e Heliogábalo, "o delírio dos doze Césares e a idade de ouro do direito romano" (se necessário, tomar o partido do devedor contra o credor para consolidar a dívida infinita).

[III.7.7. A forma da dívida infinita: latência, vingança e ressentimento]

Vingança, e como uma vingança que se exerce antecipadamente, a lei bárbara imperial esmaga todo o jogo primitivo da ação, do agido e da reação. É preciso agora que a passividade devenha a virtude dos sujeitos enganchados no corpo despótico. Como diz Nietzsche, ao mostrar, precisamente, como o castigo devém uma vingança nas formações imperiais, é preciso "que uma prodigiosa quantidade de liberdade tenha desaparecido do mundo, ou pelo menos desaparecido *da vista de todos*, constrangida a passar ao estado *latente*, sob o choque dos seus golpes de martelo, de sua tirania de artistas...".[NT] Produz-se uma exaustão do instinto de morte, que para de ser codificado no jogo das ações e reações selvagens no qual o fatalismo ainda era algo de agido, para devir o sombrio agente da sobrecodificação, o objeto destacado que plana sobre cada um, como se a máquina social se tivesse descolado das máquinas desejantes: morte, desejo do desejo, desejo do desejo do déspota, latência inscrita no mais profundo no aparelho de Estado. Que não haja sobrevivente algum, contanto que nenhum órgão escorra desse aparelho ou deslize para fora do corpo despótico. É que há tão somente uma necessidade (um *fatum*):[NT] a do significante em suas relações com os significados — é este o regime do terror. Só mais tarde se conhecerá o que a lei deve supostamente significar, quando tiver evoluído e tomado a nova figura que parece opô-la ao despotismo. Mas, desde o início, ela exprime o imperialismo do significante que produz seus significados como efeitos tanto mais eficazes e necessários quanto mais se subtraem ao conhecimento, tudo devendo à sua causa *[253]* eminente. Acontece que os jovens cães ainda reclamam o retorno ao significante despótico, sem exegese nem interpretação, quando a lei quer, todavia, explicar o que ela significa, fazer valer uma independência do seu significado (contra o déspota, diz ela). É que os cães, segundo as observações de Kafka, preferem que o desejo espose estritamente a lei na pura exaustão do instinto de morte; eles o preferem, é verdade, sobretudo a ouvir hipócritas doutores explicar o que tudo isto quer dizer. Mas o desenvolvimento do significado democrático ou o enrolamento do significante despótico, tudo isto, entretanto,

[NT] [Nietzsche, *Genealogia da moral*, II, § 17.]

[NT] [Do latim *fatum*: destino, sina.]

faz parte da mesma questão, ora aberta ora bloqueada, da mesma abstração continuada, maquinaria de recalcamento que sempre nos afasta das máquinas desejantes. É que sempre houve um só Estado. Para que isso serve? Esfuma-se cada vez mais e desaparece na bruma do pessimismo, do niilismo... Nada, Nada! E, com efeito, há algo de comum ao regime da lei, tal como aparece sob a formação imperial e tal como ele evoluirá mais tarde: a indiferença à designação. É próprio da lei significar sem designar coisa alguma. A lei não designa algo ou alguém (a concepção democrática da lei fará disso um critério). A relação complexa de designação, tal como a vimos elaborar-se no sistema de conotação primitiva, que punha em jogo a voz, o grafismo e o olho, desaparece aqui na nova relação de subordinação bárbara. Como poderia subsistir a designação quando o signo deixou de ser posição de desejo para devir este signo imperial, universal castração que solda o desejo à lei? É o aniquilamento do antigo código, é a nova relação de significação, é a *necessidade* desta nova relação fundada na sobrecodificação, que remetem as designações ao *arbitrário* (ou, então, que as deixam subsistir nos tijolos mantidos do antigo sistema). Por que os linguistas não param de reencontrar as verdades da idade despótica? E, finalmente, é possível que este arbitrário das designações, como avesso de uma necessidade da significação, não venha a incidir somente sobre os súditos do déspota e nem mesmo sobre seus servidores, mas sobre o próprio déspota, sobre sua dinastia e seu nome ("O povo não sabe qual é o imperador que reina, e até mesmo o nome da dinastia lhe permanece incerto")? Isto significaria que o instinto de morte é ainda mais profundo no Estado do que se supunha, e que a latência *[254]* não atinge somente os súditos, mas também as mais elevadas engrenagens. A vingança devém a vingança dos sujeitos contra o déspota. No sistema de latência do terror, o que já não é ativo, agido ou reagido, "o que se tornou latente à força, apertado, recalcado, recolhido ao interior", é precisamente o que agora é *ressentido*: o eterno ressentimento dos súditos responde à eterna vingança dos déspotas. A inscrição é "ressentida" quando já não é agida nem reagida. Quando o signo desterritorializado se faz significante, uma formidável quantidade de reação passa ao estado latente; é toda a ressonância, toda a retenção que mudam de volume e de tempo ("o adiado"). Vingança e ressentimento, eis aí não certamente o começo da justiça, mas seu devir e seu destino na formação imperial tal como Nietzsche a analisa. E, segundo sua profecia, o próprio Estado é que seria esse cão que quereria morrer? Mas também aquele que renasce das suas cinzas? Porque é todo esse conjunto da nova aliança ou da dívida infinita — o imperialismo do significante, a necessidade metafórica ou metonímica dos significados, *com* o arbitrário das designações — que assegura a manutenção do sistema, e que faz com que um nome suceda ao nome, uma dinastia a outra, sem que mudem os significados nem se arrebente o muro do significante. Eis por que o regime da latência nos impérios africanos, chinês, egípcio etc., foi o das rebeliões e secessões constantes, e não o da revolução. Também aqui será preciso que a morte seja sentida de dentro, mas que venha de fora.

[III.7.8. Ainda não é Édipo]
Os fundadores de império fizeram passar tudo ao estado latente; inventaram a vingança e suscitaram o ressentimento, essa contravingança. Nietzsche, porém, diz também deles o que já dizia do sistema primitivo: não foi entre eles que essa planta horrível, a "má consciência" — entendamos Édipo —, se enraizou e começou a crescer. Simplesmente, deu-se mais um passo nesse sentido: eles tornaram possível Édipo, a má consciência, a interioridade...[64] O que Nietzsche quer dizer — ele que arrastava consigo César como significante despótico, e seus dois significados, sua irmã e sua mãe, e os sentia cada vez mais pesados ao aproximar-se da loucura? É verdade que Édipo *[255]* começou sua migração celular, ovular, na representação imperial: de representado deslocado do desejo, ele deveio a própria representação recalcante. O impossível deveio possível; o limite não ocupado está agora ocupado pelo déspota. Édipo recebeu seu nome, o déspota do pé aleijado, operando o duplo incesto por sobrecodificação, com sua irmã e sua mãe como as representações de corpos submetidos à representação verbal. E

[64] Nietzsche, *Généalogie de la morale*, II, § 17.

mais: Édipo está em vias de montar cada uma das operações que o tornarão possível: a extrapolação de um objeto destacado; o *double bind*^NT da sobrecodificação ou do incesto real; a bi-univocização, a aplicação e a linearização da cadeia entre senhores e escravos; a introdução da lei no desejo e do desejo sob a lei; a terrível latência com o seu após ou seu adiado. Todas as peças dos cinco paralogismos parecem, assim, preparadas.^NT Mas continuamos muito longe do Édipo psicanalítico, e os helenistas têm razão em não se deixarem levar pela história que a psicanálise insiste em lhes soprar ao ouvido. É de fato a história do desejo e sua história sexual (nem há outra). Mas todas as peças funcionam aqui como engrenagens do Estado. O desejo não atua certamente entre um filho, uma mãe e um pai. O desejo processa um investimento libidinal de uma máquina de Estado, máquina esta que sobrecodifica as máquinas territoriais e que, com uma aparafusada suplementar, recalca as máquinas desejantes. O incesto decorre deste investimento, e não o inverso; e, inicialmente, só põe em jogo o déspota, a irmã e a mãe: o incesto é a representação sobrecodificante e recalcante. O pai só intervém como representante da velha máquina territorial, mas a irmã é o representante da nova aliança, e a mãe o representante da filiação direta. Pai e filho ainda não nasceram. A sexualidade toda se passa entre máquinas, luta entre elas, sobreposição, ladrilhagem. Surpreendamo-nos uma vez mais com a narrativa reportada por Freud. Em *Moisés e o monoteísmo*, ele bem percebe que a latência é um caso de Estado. Mas, então, ela não deve suceder ao "complexo de Édipo", nem marcar o recalcamento do complexo ou mesmo sua supressão. Ela deve resultar da ação recalcante da representação incestuosa que de modo algum é ainda um complexo entendido como desejo recalcado, visto que, ao contrário, ela exerce sua ação de recalcamento sobre o próprio desejo. O complexo *[256]* de Édipo, tal como a psicanálise o no-

---

^NT [Sobre o termo *double bind*, ver referências a partir do subitem II.4.4, e as indicações da NT à p. *[94]*.]

^NT [A respeito dos cinco paralogismos, ver subitens II.3.2, II.4.4, II.5.9, II.7.2 e II.8.5.]

meia, nascerá da latência, após a latência, e significa o retorno do recalcado em condições que desfiguram, deslocam e mesmo descodificam o desejo. O complexo de Édipo só aparece após a latência; e quando Freud reconhece dois tempos separados por ela, é somente o segundo tempo que merece o nome do complexo, ao passo que o primeiro só exprime as peças e as engrenagens que funcionam de um ponto de vista totalmente diferente, em uma organização totalmente distinta. Aí está a mania da psicanálise com todos os seus paralogismos: apresentar como resolução ou tentativa de resolução do complexo o que é sua instauração definitiva ou sua instalação interior, e apresentar como complexo o que é ainda o seu contrário. Pois o que será preciso para que Édipo devenha *o* Édipo, o complexo de Édipo? Muitas coisas, na verdade — as mesmas que Nietzsche pressentiu parcialmente na evolução da dívida infinita.

Será preciso que a célula edipiana complete sua migração, que ela não se contente em passar do estado de representado deslocado ao estado de representação recalcante, mas que, de representação recalcante, ela devenha enfim o representante do próprio desejo. E que ela o devenha a título de representado deslocado. Será preciso que a dívida devenha não somente dívida infinita, mas que seja interiorizada e espiritualizada como dívida infinita (o cristianismo e o que se lhe segue). Será preciso que pai e filho se formem, isto é, que a tríade real "se masculinize", e isto como uma consequência direta da dívida infinita agora interiorizada.[65] Será preciso que Édipo-déspota seja substituído por Édipos-súditos, Édipos-submissos, Édipos-pais e Édipos-filhos. Será preciso que todas as

---

[65] Historiadores de religiões e psicanalistas conhecem bem esse problema da masculinização da tríade imperial, em função da relação pai-filho que é aí introduzida. Com razão, Nietzsche vê aí um momento essencial no desenvolvimento da dívida infinita: "Este alívio, que foi o golpe de gênio do cristianismo... um Deus que paga a si próprio, um Deus que consegue, sozinho, libertar o homem de algo que para o próprio homem se tinha tornado irremissível, um credor que se oferece em lugar do seu devedor por *amor* (quem acreditaria?) por amor ao seu devedor!" (*Genealogia da moral*, II, 21).

operações formais sejam retomadas num campo social descodificado e ressoem no elemento puro e privado da interioridade, da reprodução interior. Será *[257]* preciso que o aparelho repressão-recalcamento sofra uma completa reorganização. Será preciso, pois, que o desejo, tendo completado sua migração, conheça esta extrema miséria: ser voltado contra si próprio, a má consciência, a culpabilidade que o prende tanto ao campo social mais descodificado quanto à interioridade mais doentia, a armadilha do desejo, sua planta venenosa. Enquanto a história do desejo não conhece este fim, Édipo assombra todas as sociedades, como o pesadelo do que ainda não lhes aconteceu — sua hora ainda não chegou. (E será sempre esta a força de Lacan, ter salvo a psicanálise da edipianização furiosa a que ela ligava seu destino, ter procedido a esta salvação, ainda que à custa de uma regressão, mesmo que à custa de manter o inconsciente sob o peso do aparelho despótico, de reinterpretá-lo a partir deste aparelho, a lei e o significante, falo e castração sim, Édipo não! — a era despótica do inconsciente.)

[III.8. O Urstaat]

[III.8.1. Um só Estado?]
Cidade de Ur, ponto de partida de Abraão ou da nova aliança. O Estado não se formou progressivamente, mas surgiu de uma vez já todo armado, num golpe de mestre, *Urstaat*[NT] original, eter-

---

[NT] [Sem dúvida, é possível compor em alemão o termo *Urstaat*: basta ligar *Ur* (primitivo, original) e *Staat* (Estado). Sem perder o significado de um "Estado original", o texto, entretanto, emprega o segmento *Ur* como operador de junções ou dobraduras conceituais críticas. Neste caso, *Ur* está fisgando o "ponto de partida de Abrahão". É que Ur, na Antiguidade, não foi apenas uma das maiores e mais suntuosas cidades da Mesopotâmia, habitada por caldeus e localizada junto ao rio Eufrates, a cerca de 160 quilômetros de Babilônia. Foi também a cidade da qual Abraão, tido como ancestral de um povo eleito para um grande destino, foi instado a sair e a deslocar-se para outro lugar. Este outro lugar, a terra prometida, ter-lhe-ia sido indicado por um certo deus, que, então, não se apresentava como único, um deus dito Jeo-

no modelo de tudo o que o Estado quer ser e deseja. A produção dita asiática, com o Estado que a exprime ou que constitui o seu movimento objetivo, não é uma formação distinta; é a formação de base que está no horizonte de toda a história. De todas as partes nos chegam notícias da descoberta de máquinas imperiais que precederam as formas históricas tradicionais, e que se caracterizam pela propriedade de Estado, pela posse comunal ladrilhada e pela dependência coletiva. Cada forma mais "evoluída" é como um palimpsesto: ela recobre uma inscrição despótica, um manuscrito miceniano. Sob cada negro e cada judeu, um egípcio; um miceniano sob os gregos; um etrusco sob os romanos. E, todavia, quanto esquecimento cai sobre a origem, latência que atinge o próprio Estado e onde, por vezes, a escrita desaparece. É sob os golpes da propriedade privada, e depois com a produção mercantil, que o Estado conhece seu enfraquecimento. A terra entra na esfera da propriedade privada e na das mercadorias. *[258]* Aparecem *classes*, desde que os dominantes não mais se confundam com o aparelho do Estado, mas que sejam determinações distintas que se servem deste aparelho, agora transformado. Inicialmente adjacente à propriedade comunal, depois sua componente e condicionante, depois cada vez mais determinante, a propriedade privada traz consigo

---

vá, Iavé, Javé ou IHVH (este tetragrama divino). O importante é que Jeová, ao prometer que faria de Abraão um "grande povo", conforme a narrativa bíblica (*Gênese*, XII, 1-2), estaria firmando algo como uma primeira aliança com um dos povos da terra. Pois bem, graças à publicação das notas de trabalho escritas por Félix Guattari durante a composição de *O anti-Édipo*, já podemos saber que ele sugeriu a Gilles Deleuze o uso do termo *Urstaat*. Pela nota de 14/5/1970, vemos que ele, visivelmente feliz, escreve o seguinte a Deleuze: "estou lisonjeado por você ter conservado este termo '*Urstaat*'". E diz ainda: "você crê que nossos leitores — eventuais — descobrirão por si mesmos o jogo astucioso com Ur de Caldeia... a cidade de partida de Abraão?". Ele anota, em seguida, a passagem bíblica que lhe interessava: "'Sou Iahvé que te fez sair de Ur dos caldeus para te dar a posse deste país'". E indica *Gênese*, XV, 7. A nota termina assim: "A origem de toda terra prometida, das futuras Jerusalém reais e celestes! Talvez possamos insinuar uma astúcia, um gracejo". Cf. Félix Guattari, *Écrits pour L'Anti-Œdipe: textes agencés par Stéphane Nadaud*, Paris, Lignes & Manifeste, 2004, p. 117.]

uma interiorização da correlação credor-devedor nas relações entre classes antagônicas.[66] Mas como explicar ao mesmo tempo esta latência em que o Estado despótico entra, e esta potência com a qual ele se reforma sobre bases modificadas, para ricochetear ainda mais "mentiroso", mais "frio", mais "hipócrita" do que nunca? Que esquecimento, que retorno. Por um lado, a cidade antiga, a comunidade germânica, a feudalidade supõem os grandes impérios e só podem ser compreendidos em função do *Urstaat* que lhes serve de horizonte. Por outro lado, o problema destas formas é reconstituir o *Urstaat* tanto quanto possível, tendo em conta as exigências das suas novas e distintas determinações. Com efeito, que significam a propriedade privada, a riqueza, a mercadoria, as classes? *A falência dos códigos*. Significam o aparecimento, o surgimento de fluxos agora descodificados que escorrem sobre o *socius* e o atravessam de um lado a outro. O Estado já não pode se contentar em sobrecodificar elementos territoriais já codificados; ele deve inventar códigos específicos para fluxos cada vez mais desterritorializados: pôr o despotismo a serviço da nova relação de classes; integrar as relações de riqueza e de pobreza, de mercadoria e de trabalho; conciliar o dinheiro mercantil com o dinheiro fiscal; reinsuflar em toda parte o *Urstaat* no novo estado de coisas. Em toda parte, o modelo latente que já não mais se poderá igualar, mas que não se conseguirá deixar de imitar. Ressoa a advertência melancólica do egípcio aos gregos: "Vocês, gregos, nunca deixarão de ser crianças!".

[III.8.2. O Estado como categoria. Começo e origem]
Esta situação especial do Estado como categoria, esquecimento e retorno, deve ser explicada. É que o Estado despótico origi-

[66] Sobre o regime da propriedade privada já no próprio Estado despótico, ver Karl Wittfogel, *Le Despotisme oriental*, 1957 (tradução francesa, Paris, Minuit, pp. 140-9, 315-404). No Império chinês, ver Etienne Balazs, *La Bureaucratie céleste,* caps. VII-IX [ver nota 51, p. *[233]*]. Sobre as duas vias de passagem do Estado despótico para o feudalismo, conforme a produção mercantil se junte ou não à propriedade privada, ver Maurice Godelier, *Sur le mode de production asiatique*, pp. 90-2 [ver nota 1, p. *[164]*].

nário *[259]* não é um corte como os outros. De todas as instituições, é talvez a única a surgir completamente armada no cérebro daqueles que a instituem, "os artistas de olhar de bronze".^NT Eis por que, no marxismo, não se sabia muito bem o que fazer com essa instituição, uma vez que ela não entra nos famosos cinco períodos, comunismo primitivo, cidade antiga, feudalidade, capitalismo, socialismo.⁶⁷ *Ela não é uma formação entre as outras, nem a passagem de uma formação a outra.* Dir-se-ia que ela está em atraso em relação ao que corta e ao que recorta, como se desse testemunho de uma outra dimensão, idealidade cerebral que se acrescenta à evolução material das sociedades, ideia reguladora ou princípio de reflexão (terror) que organiza as partes e os fluxos num todo. O que o Estado despótico corta, sobrecorta ou sobrecodifica, é o que vem antes, a máquina territorial, que ele reduz ao estado de tijolos, de peças trabalhadoras submetidas desde então à ideia cerebral. Neste sentido, o Estado despótico é certamente a origem, mas a origem como abstração que deve compreender sua diferença em relação ao começo concreto. Sabemos que o mito exprime sempre uma passagem e um desvio. Mas o mito primitivo territorial do começo exprimia o desvio de uma energia propriamente intensa (o que Griaule chamava "a parte metafísica da mitologia", a espiral vibratória) em relação ao sistema social em extensão que ela condicionava, e o que passava de um lado a outro — aliança e filiação. Mas o mito imperial da origem exprime outra coisa: o desvio entre este começo e a própria origem, entre a extensão e a ideia, entre a gênese e a ordem e a potência (nova aliança), e o que torna a passar da segunda à primeira, o que é retoma-

---

NT [Nietzsche, *Genealogia da moral*, II, § 17.]

⁶⁷ Sobre a possibilidade ou não de conciliar a produção dita asiática com os cinco períodos, sobre as razões que levaram Engels a renunciar a esta categoria em *A origem da família*, sobre as resistências dos marxistas russos e chineses a esta categoria, ver *Sur le mode de production asiatique*. Lembremo-nos das injúrias e dos insultos dirigidos a Wittfogel por ter levantado esta simples questão: a categoria de Estado despótico oriental não terá sido recusada por razões que têm a ver com o seu estatuto paradigmático especial, enquanto horizonte de Estados socialistas modernos?

do pela segunda. Jean-Pierre Vernant mostra, assim, que os mitos imperiais não podem conceber uma lei de organização imanente ao universo: eles têm necessidade de estabelecer e de interiorizar essa diferença entre a origem *[260]* e os começos, entre o poder soberano e a gênese do mundo; "o mito se constitui nesta distância, faz dela o próprio objeto da sua narrativa, e traça através da sucessão das gerações divinas os avatares da soberania até o momento em que uma supremacia, então definitiva, põe fim à elaboração dramática da *dynasteia*".[68] Assim, no limite, já não se sabe verdadeiramente quem é primeiro, nem se a máquina territorial de linhagens não pressupõe uma máquina despótica da qual ela extrai os tijolos ou que ela, por sua vez, segmenta. E, de certa maneira, é preciso dizer o mesmo do que vem após o Estado originário, daquilo que este Estado recorta. Ele sobrecorta o que vem antes, mas recorta as formações posteriores. Também aí ele é como que a abstração que pertence a uma outra dimensão, sempre em atraso e marcado pela latência, mas que ressurge e retorna tanto melhor nas formas ulteriores que lhe dão uma existência concreta. Estado proteiforme, mas sempre houve apenas um só Estado. Donde as variações, todas as variantes da nova aliança — todavia sob a mesma categoria. Por exemplo, não só a feudalidade pressupõe um Estado despótico abstrato que ela segmenta segundo o regime da sua propriedade privada e o desenvolvimento da sua produção mercantil, como também estas, por sua vez e em contrapartida, induzem a existência concreta de um *Estado propriamente feudal*, em que o déspota retorna como monarca absoluto. Com efeito, é um duplo erro acreditar que o desenvolvimento da produção mercantil baste para explodir a feudalidade (pelo contrário, ela a reforça em muitos aspectos, dá-lhe novas condições de existência e de sobrevida) e acreditar que a feudalidade se oponha por si mesma ao Estado que, ao contrário, como Estado feudal, é capaz de impedir que a mercadoria introduza a descodificação de fluxos que

---

[68] Jean-Pierre Vernant [1914-2007], *Les Origines de la pensée grecque*, Paris, PUF, 1962, pp. 112-3. [NT: *dynasteia* (em vez de *dynesteia*, como aparece no texto), termo grego para "dinastia", "soberania", "dominação" etc.]

seria a *única* coisa ruinosa para tal sistema.[69] E a respeito de *[261]* exemplos mais recentes, devemos seguir Wittfogel quando mostra a que ponto Estados modernos capitalistas e socialistas participam do Estado despótico originário. Como não reconhecer nas democracias o déspota que devém mais hipócrita e mais frio, mais calculista, porque ele próprio deve contar e codificar as contas em vez de as sobrecodificar? De nada serve fazer a lista das diferenças, à maneira de historiadores conscienciosos: comunidades rurais ali, sociedades industriais aqui etc. As diferenças só seriam determinantes para tratar comparativamente os casos, se o Estado despótico fosse uma formação concreta entre outras. Porém, ele é a abstração, que certamente se realiza nas formações imperiais, mas que só se realiza nelas como abstração (unidade sobrecodificante eminente). Ele só toma sua existência imanente concreta nas formas ulteriores que o fazem retornar sob outras figuras e em outras condições. Horizonte comum do que vem antes e do que vem depois, ele só condiciona a história universal com a condição de estar, não fora dela, mas sempre ao lado, o monstro frio que representa a maneira como a história está na "cabeça", no "cérebro", o *Urstaat*.

[III.8.3. Evolução do Estado: devir-concreto e devir-imanente]

Marx reconhecia que havia realmente uma maneira pela qual a história ia do abstrato ao concreto: "as categorias simples exprimem relações nas quais o concreto insuficientemente desenvolvido tenha talvez se realizado, sem ter ainda estabelecido a relação mais

---

[69] Maurice Herbert Dobb [1900-1976] mostrou como o desenvolvimento do comércio, do mercado e da moeda teve efeitos muito diversos sobre a feudalidade, reforçando por vezes a servidão e o conjunto das estruturas feudais: *Études sur le développement du capitalisme* (tradução francesa, Paris, Maspero, pp. 48-82). François Hincker [1937-1998] elaborou o conceito de "feudalismo de Estado" para mostrar como a monarquia absoluta francesa, notadamente, mantinha as forças produtivas e a produção mercantil no quadro de uma feudalidade que só terminará no século XVIII (*Sur le féodalisme*, Paris, Sociales, 1971, pp. 61-6).

complexa que se exprime teoricamente na categoria mais concreta; ao passo que o concreto mais desenvolvido deixa subsistir esta mesma categoria como uma relação subordinada".[70] O Estado, inicialmente, era esta unidade abstrata que integrava subconjuntos que funcionavam separadamente; agora, está subordinado a um campo de forças cujos fluxos ele coordena e cujas relações autônomas de dominação e subordinação ele exprime. Ele não mais se contenta em sobrecodificar territorialidades mantidas e ladrilhadas; deve constituir, inventar códigos para os fluxos desterritorializados do dinheiro, da mercadoria e da propriedade privada. Já não forma por si mesmo uma ou mais classes dominantes; ele próprio é formado por essas classes *[262]* tornadas independentes e que o incumbem da prestação de serviços à potência delas e às suas contradições, às suas lutas e aos seus compromissos com as classes dominadas. O Estado já não é a lei transcendente que rege fragmentos; mal ou bem, ele deve desenhar um todo ao qual dá sua lei imanente. Já não é o puro significante que ordena seus significados, mas aparece agora atrás deles e depende do que ele próprio significa. Já não produz uma unidade sobrecodificante, mas ele próprio é produzido no campo de fluxos descodificados. Como máquina, o Estado já não determina um sistema social, mas é determinado pelo sistema social ao qual se incorpora no jogo de suas funções. Em suma, ele não deixa de ser artificial, mas devém concreto, "tende à concretização", ao mesmo tempo em que se subordina às forças dominantes. Foi possível mostrar a existência de uma evolução análoga no caso da máquina técnica, quando esta deixa de ser unidade abstrata ou sistema intelectual, que reina sobre subconjuntos separados, para devir relação subordinada a um campo de forças que se exerce como sistema físico concreto.[71] Mas esta tendência à concretização na máquina técnica ou social não será aqui, precisamente, o próprio movimento do desejo? Recaí-

---

[70] Marx, *Introduction générale à la critique de l'économie politique*, Paris, Pléiade, I, p. 256.

[71] Gilbert Simondon [1924-1989], *Du mode d'existence des objets techniques*, Paris, Aubier, 1969, pp. 25-49.

mos sempre no paradoxo monstruoso: o Estado é desejo que passa da cabeça do déspota ao coração dos súditos, e da lei intelectual a todo o sistema físico que dela se desprende ou se liberta. Desejo do Estado, a mais fantástica máquina de repressão é ainda desejo, sujeito que deseja e objeto de desejo. Desejo — é esta a operação que consiste sempre em reinsuflar o *Urstaat* original no novo estado de coisas, em torná-lo tanto quanto possível imanente ao novo sistema, interior a este. E, quanto ao resto, partir novamente de zero: fundar aí um império espiritual sob formas tais que o Estado já não possa funcionar como tal no sistema físico. Quando os cristãos se apoderaram do império, reapareceu esta dualidade complementar entre aqueles que queriam reconstruir o *Urstaat* tanto quanto possível com os elementos que eles encontravam na imanência do mundo objetivo romano, e aqueles outros, os puros, que queriam partir novamente para o deserto, recomeçar uma nova aliança, reencontrar a inspiração egípcia e Síria *[263]* de um *Urstaat* transcendente. Quão estranhas eram as máquinas que então surgiram sobre as colunas e nos troncos das árvores! Neste sentido, o cristianismo soube desenvolver todo um jogo de máquinas paranoicas e celibatárias, toda uma leva de paranoicos e perversos que, também eles, fazem parte do horizonte da nossa história e povoam nosso calendário.[72] São os dois aspectos de um devir

[72] A esse respeito, Jacques Lacarrière [1925-2005] assinalou muito bem as figuras e os momentos do ascetismo cristão no Egito, na Palestina e na Síria a partir do século III: *Les Hommes ivres de Dieu* (Paris, Arthaud, 1961). Primeiro, suaves paranoicos que se fixam nas proximidades de uma aldeia, e que depois partem para o deserto onde inventam espantosas máquinas ascéticas que exprimem a sua luta contra as antigas alianças e filiações (período Santo Antônio); em seguida, formam-se comunidades de discípulos, mosteiros onde uma das atividades principais é *escrever* a vida do santo fundador, máquinas celibatárias com disciplina militar em que o monge "reconstrói em torno de si, sob a forma de coerções ascéticas e coletivas, o universo agressivo das antigas perseguições" (período São Pacômio [de fins dos anos 200 até quase a metade dos anos 300]); finalmente, o retorno à cidade ou à aldeia, grupos armados de perversos que assumem a tarefa de lutar contra o paganismo moribundo (período Schnudi [da metade dos anos 300 até a metade dos anos 400]). De uma maneira geral, sobre a relação do mosteiro com a

do Estado: sua interiorização num campo de forças sociais cada vez mais descodificadas, formando um sistema físico; e sua espiritualização num campo supraterrestre cada vez mais sobrecodificante, formando um sistema metafísico. É ao mesmo tempo que a dívida infinita deve interiorizar-se e espiritualizar-se; aproxima-se a hora da má consciência, esta será também a hora do maior cinismo, "essa crueldade recolhida do animal-homem recalcado em sua vida interior, refugiando-se, temeroso, na sua individualidade; aprisionado no *Estado* para ser domesticado...".[NT]

[III.9. A MÁQUINA CAPITALISTA CIVILIZADA]

[III.9.1. O corpo pleno do capital-dinheiro]
O primeiro grande movimento de desterritorialização aparecia com a sobrecodificação do Estado despótico. Mas ele nada é ao lado do outro grande movimento, aquele que se fará por descodificação dos fluxos. Todavia, não basta haver fluxos descodificados para que o novo corte atravesse e transforme o *socius*, isto é, para que o capitalismo nasça. Fluxos descodificados são latentes no Estado despótico, marcam-no, *[264]* submergem o tirano, mas também o fazem retornar sob formas inesperadas — democratizam-no, oligarquizam-no, segmentarizam-no, monarquizam-no, mas sempre o interiorizam e o espiritualizam, mantendo no horizonte o *Urstaat* latente — de cuja perda não se consolam. Através de operações regulares ou excepcionais, cabe agora ao Estado re-

---

cidade, cf. Lewis Mumford, que fala da "elaboração de uma nova forma de estruturação urbana" em função dos mosteiros (*La Cité à travers l'histoire*, Paris, Seuil, pp. 315 ss. e 330 ss.).

[NT] [Cf. Nietzsche, *Genealogia da moral: uma polêmica* (1887), II, 22. Tradução brasileira de Paulo César de Souza, *op. cit.*, pp. 80-1: "[...] essa crueldade reprimida do bicho-homem interiorizado, acuado dentro de si mesmo, aprisionado no 'Estado' para fins de domesticação". Cf. também a nota ligada à expressão "crueldade reprimida", na qual o tradutor anota soluções em vários idiomas para traduzir *zurückgetretene Grausamkeit*.]

codificar bem ou mal o produto dos fluxos descodificados. Tomemos o exemplo de Roma: a descodificação dos fluxos fundiários por privatização da propriedade, a descodificação dos fluxos monetários por formação de grandes fortunas, a descodificação dos fluxos comerciais por desenvolvimento de uma produção mercantil, a descodificação dos produtores por expropriação e proletarização — está tudo aí, tudo está dado para produzir, não um capitalismo propriamente dito, mas um regime escravagista.[73] Ou, então, o exemplo da feudalidade: ainda aí, a propriedade privada, a produção mercantil, o afluxo monetário, a extensão do mercado, o desenvolvimento das cidades, o aparecimento da renda senhorial em dinheiro ou da locação contratual da mão de obra, nada disso produz uma economia capitalista, mas um reforço dos cargos e relações feudais, por vezes um retorno a períodos mais primitivos da feudalidade ou até mesmo o restabelecimento de um tipo de escravagismo. E é bem conhecido que a ação monopolista em favor das guildas e das companhias favorece, não o desenvolvimento de uma produção capitalista, mas a inserção da burguesia num feudalismo de cidade e de Estado, que consiste em refazer códigos para fluxos descodificados como tais e em manter o comerciante, segundo a fórmula de Marx, "nos próprios poros" do antigo corpo pleno da máquina social. Portanto, não é o capitalismo que traz consigo a dissolução do sistema feudal, mas antes o inverso: eis por que foi preciso haver um certo tempo entre os dois. A este respeito, há uma grande diferença entre a era despótica e a era capitalista. É que os fundadores do Estado chegam como o relâmpago: a máquina despótica é sincrônica, ao passo que o tempo da máquina capitalista é diacrônico; os capitalistas surgem sucessivamente numa série que funda um tipo de criatividade da história — estranho zoológico: tempo esquizoide do novo corte criativo. *[265]*

---

[73] Marx, *Réponse à Milkhailovski*, novembro de 1877, Paris, Pléiade, II, p. 1.555.

[III.9.2. Descodificação e conjunção de fluxos descodificados. O cinismo]

As dissoluções definem-se por uma simples descodificação de fluxos, sempre compensadas por sobrevivências ou transformações do Estado. Sente-se a morte assomar de dentro, sente-se o próprio desejo ser instinto de morte, latência, mas também passar para o lado destes fluxos que são, virtualmente, portadores de uma vida nova. Fluxos descodificados — quem dirá o nome deste novo desejo? Fluxo de propriedades que se vendem, fluxo de dinheiro que escorre, fluxo de produção e de meios de produção que se preparam na sombra, fluxo de trabalhadores que se desterritorializam: será preciso o encontro de todos estes fluxos descodificados, sua conjunção, a reação de uns sobre os outros, a contingência deste encontro, desta conjunção, desta reação que se produzem uma vez, para que o capitalismo nasça e que o antigo sistema encontre a morte que lhe vem de fora, ao mesmo tempo em que nasce a vida nova e em que o desejo recebe seu novo nome. Só há história universal da contingência. Retornemos a esta questão eminentemente contingente que os historiadores modernos sabem estabelecer: por que a Europa, por que não a China? A propósito da navegação em alto-mar, Braudel pergunta: por que não os navios chineses ou japoneses, ou até mesmo muçulmanos? Por que não Sindbad, o Marujo? Não é a técnica que falta, a máquina técnica. Não será antes o desejo que continua preso nas redes do Estado despótico, totalmente investido na máquina do déspota? "Então, o mérito do Ocidente, bloqueado em seu estreito cabo da Ásia, seria o de ter tido necessidade do mundo, necessidade de partir?".[74] Só há viagem esquizofrênica (mais tarde, o sentido americano das fronteiras: ultrapassar alguma coisa, franquear limites, passar fluxos, penetrar espaços não codificados). Sempre houve desejos descodificados, desejos de descodificação — a história está cheia deles. Mas acontece que os fluxos descodificados só formam um desejo — desejo que produz em vez de sonhar ou faltar, máquina ao mesmo tempo

---

[74] Fernand Braudel [1902-1985], *Civilisation matérielle et capitalisme*, I, Paris, Armand Colin, 1967, p. 313.

desejante, social e técnica — pelo seu encontro num lugar, pela sua conjunção num espaço, o que demanda certo tempo. Eis por que o capitalismo e seu corte não se definem simplesmente por fluxos descodificados, mas pela descodificação generalizada dos fluxos, pela nova desterritorialização *[266]* maciça e pela conjunção de fluxos desterritorializados. É a singularidade desta conjunção que fez a universalidade do capitalismo. Simplificando muito, podemos dizer que a máquina territorial selvagem partia de conexões de produção, e que a máquina despótica bárbara se fundava sobre as disjunções de inscrição a partir da unidade eminente. Mas a máquina capitalista, a civilizada, vai estabelecer-se, primeiramente, sobre a conjunção. Então, a conjunção já não designa somente restos que escapariam à codificação, nem apenas consumos-consumações,[NT] como nas festas primitivas, nem mesmo o "máximo de consumo" como no luxo do déspota e de seus agentes. Ao contrário disso, quando a conjunção passa para o primeiro nível na máquina social, parece que ela deixa de estar ligada ao gozo, assim como ao excesso de consumo de uma classe, parece que ela faz do próprio luxo um meio de investimento, e assenta todos os fluxos descodificados sobre a produção, num "produzir por produzir" que reencontra as conexões primitivas do trabalho, mas com a condição, com a única condição de conectá-las ao capital como ao novo corpo pleno desterritorializado, o verdadeiro consumidor de onde elas parecem emanar (como no pacto do diabo descrito por Marx, "o eunuco industrial": *então*, isto lhe cabe *se...*).[75]

No coração d'*O capital*, Marx mostra o encontro de dois elementos "principais": de um lado, o trabalhador desterritorializado, devindo trabalhador livre e nu, tendo para vender a sua força de trabalho; do outro, o dinheiro descodificado, devindo capital e capaz de comprá-la. Que estes dois elementos provenham da segmentarização do Estado despótico em feudalidade, e da decomposição do próprio sistema feudal e de seu Estado, não nos dá ainda a conjunção extrínseca destes dois fluxos, fluxo de produto-

---

[NT] [Ver NT, p. *[23]*.]

[75] Marx, *Économie et philosophie* (1844), Paris, Pléiade, II, p. 92.

res e fluxo de dinheiro. O encontro poderia não ter ocorrido; os trabalhadores livres e o capital-dinheiro continuariam existindo "virtualmente" cada qual do seu lado. É que um desses elementos depende de uma transformação das estruturas agrárias constitutivas do antigo corpo social, enquanto o outro depende de uma série totalmente distinta, a que passa pelo mercador e pelo usurário, tal como eles existem marginalmente nos poros desse antigo corpo.[76] *[267]* E mais: cada um destes elementos põe em jogo vários processos de descodificação e de desterritorialização com origens muito diferentes. No caso do trabalhador livre, temos a desterritorialização do solo por privatização; a descodificação dos instrumentos de produção por apropriação; a privação dos meios de consumo por dissolução da família e da corporação; por fim, a descodificação do trabalhador em proveito do próprio trabalho ou da máquina. No caso do capital, temos a desterritorialização da riqueza por abstração monetária; a descodificação dos fluxos de produção pelo capital mercantil; a descodificação dos Estados pelo capital financeiro e pelas dívidas públicas; a descodificação dos meios de produção pela formação do capital industrial etc. Vejamos ainda, mais detalhadamente, como os elementos se encontram, com conjunção de todos os seus processos. Já não é a idade da crueldade nem do terror, mas a idade do cinismo, que é acompanhado por uma estranha piedade (e ambos constituem o huma-

---

[76] Cf. o comentário de Balibar em Althusser e colaboradores, *Lire Le Capital* [tomo II], p. 288: "A unidade que a estrutura capitalista possui, uma vez constituída, não se encontra antes dela [...] [É preciso] que o *encontro* se tenha produzido, e tenha sido rigorosamente pensado, entre estes elementos, elementos que são identificados a partir do resultado de sua *conjunção*, e o campo histórico no seio do qual é preciso pensar sua história própria, campo histórico esse que, em seu conceito, nada tem a ver com este resultado, pois que este é definido pela estrutura de um outro modo de produção. Neste campo histórico (constituído pelo modo de produção anterior), os elementos dos quais se faz a genealogia só têm precisamente uma situação marginal, ou seja, não determinante". [NT: os grifos são de Deleuze e Guattari. Os parênteses na frase final são de Balibar, que, por sua vez, havia grifado outros termos: *em seu conceito*; *outro* modo de produção; *não determinante*.]

nismo: o cinismo é a imanência física do campo social, e a piedade é a manutenção de um *Urstaat* espiritualizado; o cinismo é o capital como meio de extorquir sobretrabalho, mas a piedade é este mesmo capital como capital-Deus de onde parecem emanar todas as forças de trabalho). Esta idade do cinismo é a da acumulação do capital, dado que este implica o tempo, precisamente para a conjunção de todos os fluxos descodificados e desterritorializados. Como Maurice Dobb mostrou, é preciso haver, num primeiro tempo, uma acumulação de títulos de propriedade, por exemplo da terra, numa conjuntura favorável, num momento em que esses bens custem pouco (desintegração do sistema feudal); e é preciso haver um segundo tempo, em que estes bens são vendidos num momento de alta de preços, e em condições que tornam particularmente interessante o investimento industrial ("revolução dos preços", reserva abundante de mão de obra, formação de um proletariado, acesso fácil a fontes de matérias-primas, condições favoráveis à *[268]* produção de instrumentos e máquinas).[77] Há todo tipo de fatores contingentes que favorecem essas conjunções. Quantos encontros foram necessários para a formação da coisa, a inominável! Mas o efeito da conjunção é certamente o controle cada vez mais profundo da produção pelo capital: a definição do capitalismo ou do seu corte, a conjunção de todos os fluxos descodificados e desterritorializados, não se definem nem pelo capital comercial nem pelo capital financeiro, que são tão somente fluxos entre outros, elementos entre outros, mas pelo capital industrial. Sem dúvida, o comerciante teve rapidamente uma ação sobre a produção, seja tornando-se um industrial em ofícios fundados no comércio, seja ao fazer dos artesãos seus próprios intermediários ou empregados (lutas contra as guildas e os monopólios). Mas o capitalismo só começa, a máquina capitalista só está montada, quando o capital se apropria diretamente da produção, e quando o capital financeiro e o capital mercantil nada mais são do que funções específicas correspondentes a uma divisão do trabalho no modo capitalista da produção em geral. Reencontramos, então, a

[77] Maurice Dobb, *Études sur le développement du capitalisme*, pp. 189--99.

produção de produções, a produção de registros, a produção de consumos — mas, precisamente, reencontramos isso tudo nesta conjunção de fluxos descodificados que faz do capital o novo corpo pleno social, ao passo que o capitalismo comercial e financeiro, nas suas formas primitivas, se instalava somente nos poros do antigo *socius*, cujo modo de produção anterior ele não modificava.

[III.9.3. Capital filiativo e capital de aliança]

Mesmo antes da máquina de produção capitalista estar montada, a mercadoria e a moeda operam uma descodificação dos fluxos por abstração. Mas isto não ocorre da mesma maneira. Primeiramente, a troca simples inscreve os produtos mercantis como os *quanta* particulares de uma unidade de trabalho abstrato. É o trabalho abstrato que, posto na relação de troca, forma a síntese disjuntiva do movimento aparente da mercadoria, pois ele se divide nos trabalhos qualificados aos quais corresponde tal ou qual *quantum* determinado. Porém, somente quando um "equivalente geral" aparece como moeda é que se chega ao reino da *quantitas*, quantidade que pode ter todos os tipos de valores particulares *[269]* ou valer para todos os tipos de *quanta*.[NT] Essa quantidade abstrata não deixa de ter um valor particular qualquer, embora só apareça ainda como uma relação de grandeza entre *quanta*. É neste sentido que a relação de troca une formalmente objetos parciais produzidos e mesmo inscritos independentemente dela. A inscrição comercial e monetária permanece sobrecodificada, e até reprimida pelas características e modos de inscrição anteriores de um *socius* considerado sob seu modo de produção específico, que não conhece e nem reconhece o trabalho abstrato. Como diz Marx, este é certamente o mais simples e o mais antigo nexo da atividade produtora, mas só aparece como tal e devém praticamente verdadeiro na máquina capitalista moderna.[78] Eis por que a inscrição comer-

---

[NT] [Os *quanta*: as quantidades; *quantum* determinado: determinada quantidade; reino da *quantitas*: reino da quantidade.]

[78] Marx, *Introduction générale à la critique de l'économie politique*, p. 259.

cial monetária não dispunha, antes, de um corpo próprio e se inseria tão só nos intervalos do corpo social preexistente. O comerciante não para de jogar com as territorialidades que se mantiveram, comprando onde é mais barato e vendendo onde é mais caro. Antes da máquina capitalista, o capital mercantil ou financeiro está somente numa relação de aliança com a produção não capitalista; ele entra nesta nova aliança que caracteriza os Estados pré-capitalistas (donde a aliança da burguesia mercantil e bancária com a feudalidade). Em suma, a máquina capitalista começa quando o capital deixa de ser um capital de aliança para devir filiativo. O capital devém um capital filiativo quando o dinheiro engendra dinheiro, ou o valor uma mais-valia, "valor progressivo, dinheiro sempre germinando, crescente e, como tal, capital... O valor se apresenta subitamente como uma substância motriz de si própria, e para a qual a mercadoria e a moeda são tão somente puras formas. Distingue em si o seu valor primitivo e a sua mais-valia, tal como Deus distingue na sua pessoa o pai e o filho, e que ambos fazem um só e são da mesma idade, porque é só quando há uma mais-valia de dez libras que as primeiras cem libras adiantadas se transformam em capital".[79] É somente nestas condições que o capital devém corpo pleno, o *[270]* novo *socius* ou a quase-causa que se apropria de todas as forças produtivas. Já não estamos no domínio do *quantum* ou da *quantitas*, mas no da relação diferencial enquanto conjunção, que define o campo social imanente próprio ao capitalismo e dá à abstração enquanto tal seu valor efetivamente concreto, sua tendência à concretização. A abstração não deixou de ser o que é, mas já não aparece na simples quantidade como uma relação variável entre termos independentes, pois agora é ela a detentora da independência, da qualidade dos termos e da quantidade das relações. O próprio abstrato estabelece a relação mais complexa, na qual ele se desenvolverá "como" algo de concreto. É a relação diferencial Dy/Dx em que Dy deriva da força de tra-

---

[79] Marx, *Le Capital*, I, 2 ["A transformação do dinheiro em capital"], cap. IV ["Como se converte o dinheiro em capital" — Parágrafo 1. "A fórmula geral do capital"], p. 701.

balho e constitui a flutuação do capital variável, e em que Dx deriva do próprio capital e constitui a flutuação do capital constante ("a noção de capital constante não exclui de maneira alguma uma mudança de valor das suas partes constitutivas"). É da fluxão dos fluxos descodificados, da sua conjunção, que decorre a forma filiativa do capital $x + dx$. O que a relação diferencial exprime é o fenômeno capitalista fundamental da *transformação da mais-valia de código em mais-valia de fluxo*. Que uma aparência matemática substitua aqui os antigos códigos, isto simplesmente significa que se assiste a uma falência dos códigos e das territorialidades subsistentes em proveito de uma máquina de outra espécie, que funciona de maneira totalmente distinta. Já não é a crueldade da vida, nem o terror de uma vida contra outra, mas um despotismo *post-mortem*, o déspota devindo ânus e vampiro: "O capital é trabalho morto que, de maneira semelhante ao vampiro, só se anima ao sugar o trabalho vivo, e sua vida é tanto mais alegre quanto mais trabalho vivo ele sorve". O capital industrial apresenta assim uma nova-nova filiação, constitutiva da máquina capitalista, em relação à qual o capital comercial e o capital financeiro vão agora tomar a forma de uma nova-nova aliança, assumindo funções específicas.

[III.9.4. Transformação da mais-valia de código em mais-valia de fluxo]

O célebre problema da baixa tendencial da taxa de lucro, isto é, da mais-valia em relação ao capital *[271]* total, só pode ser compreendido no conjunto do campo de imanência do capitalismo, e nas condições pelas quais a mais-valia de código é transformada em mais-valia de fluxo. Primeiramente parece (conforme as observações de Balibar) que essa tendência à baixa da taxa de lucro não tem fim, mas reproduz a si própria ao reproduzir os fatores que a contrariam. Mas por que ela não tem fim? Sem dúvida, pelas mesmas razões que fazem rir os capitalistas e seus economistas quando constatam que a mais-valia não é matematicamente determinável. Todavia, eles não têm do que se alegrar. Deveriam antes concluir o que teimam em esconder, a saber, que o dinheiro que entra no bolso do assalariado não é o mesmo que se inscreve no balanço de uma empresa. Num caso, impotentes signos monetários de valor de troca, um fluxo de meios de pagamento relativo aos bens de consumo e aos valores de uso, uma relação bi-unívoca entre a moeda e uma gama imposta de produtos ("a que eu tenho direito, o que me cabe, é meu..."); no outro caso, signos de potência do capital, fluxos de financiamento, um sistema de coeficientes diferenciais de produção que dá testemunho de uma força prospectiva ou de uma avaliação a longo prazo, não realizável *hic et nunc* [aqui e agora], e que funciona como uma axiomática de quantidades abstratas. Num caso, o dinheiro representa um corte-extração possível sobre um fluxo de consumo; no outro caso, uma possibilidade de corte-desligamento e de rearticulação de cadeias econômicas, no sentido em que há fluxos de produção que se apropriam das disjunções do capital. Já foi mostrada a importância que tem no sistema capitalista a dualidade bancária entre a formação de meios de pagamento e a estrutura de financiamento, entre a gestão da moeda e o financiamento da acumulação capitalista, entre a moeda de troca e a moeda de crédito.[80] Que o banco participe de ambos os lados, que se situe como dobradiça dos dois, financiamento e pagamento, isto somente mostra suas múltiplas interações. Assim, na moeda de crédito, que comporta todos os créditos comerciais ou bancários, *[272]* o crédito puramente comercial tem suas raízes na circulação simples, na qual se o dinheiro se desenvolve como meio de pagamento (a letra de câmbio a prazo fixo, que constitui uma forma monetária da dívida finita). Inversamente, o crédito bancário opera uma desmonetarização ou desmaterialização da moeda, baseia-se na circulação das letras de câmbio e não na circulação de dinheiro, atravessa um circuito particular em que ganha e depois perde o seu valor de instrumento de troca, e onde as condições do fluxo implicam as do refluxo, dando à dívida infinita a sua forma capitalista; mas, como regulador, o Estado assegura uma convertibilidade de princípio desta moeda de crédito, quer diretamente por conversão em ouro, quer indiretamente por um modo de centralização que comporta um fiador do crédito,

---

[80] Suzanne de Brunhoff [1929], *L'Offre de monnaie, critique d'un concept*, Paris, Maspero, 1971; e *La Monnaie chez Marx*, Paris, Sociales, 1967 (cf. a crítica às teses de Hilferding, pp. 16 ss.).

uma taxa de juros única, uma unidade dos mercados de capitais etc. Portanto, tem-se razão de falar de uma *dissimulação* profunda da dualidade das duas formas do dinheiro, pagamento e financiamento, estes dois aspectos da prática bancária. Mas esta dissimulação não depende de um desconhecimento; ela exprime o campo de imanência capitalista, o movimento objetivo aparente em que a forma inferior e subordinada é tão necessária quanto a outra (é necessário que o dinheiro jogue nos dois quadros), e onde integração alguma das classes dominadas poderia efetuar-se sem a sombra deste princípio de convertibilidade não aplicado, que basta, no entanto, para fazer com que o Desejo da criatura mais desfavorecida invista com todas as suas forças, independentemente de qualquer conhecimento ou desconhecimento econômicos, o campo social capitalista no seu conjunto. Fluxos — quem não deseja fluxos, e relações entre os fluxos, cortes de fluxos? — que o capitalismo soube fazer escorrer e cortar nessas condições de dinheiro desconhecidas antes dele. Se é verdade que o capitalismo, em sua essência ou modo de produção, é industrial, ele só funciona como capitalismo mercantil. Se é verdade que, em sua essência, ele é capital filiativo industrial, ele só funciona pela sua aliança com o capital comercial e financeiro. De certa maneira, é o banco que sustenta todo o sistema, e o investimento de desejo.[81] Uma das contribuições de Keynes[NT] foi *[273]* reintroduzir o desejo no problema da moeda. Isto é que é preciso submeter às exigências da análise marxista. Eis por que é uma pena que os economistas marxistas se limitem quase sempre a considerações sobre o modo de produção,

---

[81] Suzanne de Brunhoff, *L'Offre de monnaie*, p. 124: "A própria noção de massa monetária só tem sentido relativamente ao jogo de um sistema de crédito em que se combinam as diferentes moedas. Sem um tal sistema, teríamos apenas uma soma de meios de pagamento que nunca acederiam ao caráter social do equivalente geral e que só poderiam servir em circuitos privados locais. Não haveria uma circulação monetária geral. É somente no sistema centralizado que as moedas podem tornar-se homogêneas e aparecer como componentes de um conjunto articulado" (e, sobre a *dissimulação* objetiva no sistema, cf. pp. 110 e 114).

[NT] [John Maynard Keynes (1883-1946).]

e sobre a teoria da moeda como equivalente geral, tal como aparece na primeira seção de *O capital*, sem darem suficiente importância à prática bancária, às operações financeiras e à circulação específica da moeda de crédito (e seria este o sentido de um retorno a Marx, à teoria marxista da moeda).

[III.9.5. As duas formas do dinheiro, as duas inscrições. A baixa tendencial. O capitalismo e a desterritorialização]

Voltemos à dualidade do dinheiro, aos dois quadros, às duas inscrições, uma ligada ao salário, outra ao balanço da empresa. Medir as duas ordens de grandeza pela mesma unidade analítica é pura ficção, é uma vigarice cósmica, é como tentar medir as distâncias intergalácticas ou intra-atômicas com metros e centímetros. Não há medida alguma comum entre o valor das empresas e o da força de trabalho dos assalariados. Eis por que a baixa tendencial não tem fim. Um quociente de diferenciais é certamente calculável quando se trata do limite de variação dos fluxos de produção do ponto de vista de um rendimento pleno, mas não quando se trata do fluxo de produção e do fluxo de trabalho de que a mais-valia depende. Assim, a diferença não se anula na relação que a constitui como diferença de natureza; a "tendência" não tem fim, ela não tem um limite exterior que ela poderia atingir ou mesmo aproximar-se. A tendência só tem limite interno e ela não para de ultrapassá-lo, mas deslocando-o, isto é, reconstituindo-o, reencontrando-o como limite interno a ser novamente ultrapassado por deslocamento: então, a continuidade do processo capitalista engendra-se neste corte de corte sempre deslocado, isto é, nessa unidade da esquiza e *[274]* do fluxo. É já sob este aspecto que o campo de imanência social, tal como ele se expõe sob o recuo e a transformação do *Urstaat*, não para de alargar-se e ganha uma consistência totalmente particular que mostra como o capitalismo soube interpretar, por sua vez, o princípio geral segundo o qual as coisas só funcionam bem com a condição de desarranjar-se, sendo a crise "um meio imanente ao modo de produção capitalista". Se o capitalismo é o limite exterior de toda a sociedade, é porque ele, por sua vez, não tem limite exterior mas tão somente um limite interior que é o próprio capital, limite que ele não encontra, mas que reproduz, deslocando-o sempre.[82] Jean-Joseph Goux analisa exatamente o fenômeno matemático da curva sem tangente, e o sentido que ela é suscetível de tomar tanto em economia como em linguística: "Se o movimento não tende para limite algum, se o quociente das diferenciais não é calculável, o presente já não tem sentido... O quociente das diferenciais não se resolve, as diferenças já não se anulam em sua relação. Limite algum se opõe à fratura, à fratura desta fratura. A tendência não encontra fim, o móbil nunca atinge aquilo que o futuro imediato lhe reserva; é incessantemente retardado por acidentes, por desvios... Noção complexa de uma continuidade na fratura absoluta".[83] Na imanência alargada do sistema, o limite tende a reconstituir no seu deslocamento o que ele tendia a fazer baixar no seu lugar primitivo.

Ora, este movimento de deslocamento pertence essencialmente à desterritorialização do capitalismo. Como mostrou Samir Amin, o processo de desterritorialização vai aqui do centro à periferia, isto é, dos países desenvolvidos aos países subdesenvolvidos, que não constituem um mundo à parte, mas uma peça essencial da máquina capitalista mundial. [275] Ainda é preciso acrescentar que o próprio centro tem seus enclaves organizados de subdesenvolvimento, suas reservas e favelas como periferias interiores (Pierre Moussa definia os Estados Unidos como um fragmento do Terceiro Mundo que teve sucesso e manteve suas imensas zonas de subdesenvolvimento). E se é verdade que no centro se exerce, pelo menos parcialmente, uma tendência para a baixa ou para a igualização da taxa de lucro, que leva a economia para os setores mais progressivos e mais automatizados, tem-se também que um verdadeiro "desenvolvimento do subdesenvolvimento" na periferia assegura uma alta da taxa da mais-valia assim como uma exploração

---

[82] Marx, *Le Capital*, III, 3, conclusões: "A produção capitalista tende incessantemente a ultrapassar esses limites que lhe são imanentes, mas só o consegue empregando meios que, de novo e numa escala mais imponente, erigem à sua frente as mesmas barreiras. A verdadeira barreira da produção capitalista é o próprio capital" (Paris, Pléiade, II, p. 1.032).

[83] Jean-Joseph Goux, "Dérivable et indérivable", *Critique*, janeiro de 1970, pp. 48-9.

crescente do proletariado periférico em relação ao do centro. Pois seria um grande erro acreditar que as exportações da periferia provêm principalmente de setores tradicionais ou de territorialidades arcaicas: na verdade, elas provêm de indústrias e de plantações modernas geradoras de forte mais-valia, de modo que não são os países desenvolvidos que fornecem capitais aos países subdesenvolvidos, antes pelo contrário. Tanto é verdade que a acumulação primitiva não se produziu de uma vez para sempre na aurora do capitalismo, mas é permanente e não para de reproduzir-se. O capitalismo exporta capital filiativo. Ao mesmo tempo em que a desterritorialização capitalista se faz do centro para a periferia, a descodificação dos fluxos na periferia se faz por uma "desarticulação" que arruína setores tradicionais e leva ao desenvolvimento de circuitos econômicos voltados para fora, a uma hipertrofia específica do terciário, a uma extrema desigualdade na distribuição das produtividades e dos rendimentos.[84] Cada passagem de fluxo é uma desterritorialização, cada limite deslocado, uma descodificação. O capitalismo esquizofreniza cada vez mais na periferia. Pode-se dizer que, nem por isso, deixa de ser verdade que a baixa tendencial mantém, no centro, o seu sentido restrito, isto é, a diminuição relativa da mais-valia em relação ao capital total, assegurada pelo desenvolvimento da produção, da automação, do capital constante.

[III.9.6. Mais-valia humana e mais-valia maquínica]

Este problema foi recentemente reposto por Maurice Clavel, numa série de questões decisivas e voluntariamente incompetentes. Vale dizer, questões dirigidas aos economistas *[276]* marxistas por alguém que não compreende muito bem como se pode manter a mais-valia humana na base da produção capitalista, ao mesmo tempo em que se reconhece que as máquinas também "trabalham" ou produzem valor, que elas sempre trabalharam, e que trabalham cada vez mais em relação ao homem, que, assim, deixa de ser par-

---

[84] Samir Amin, *L'Accumulation à l'échelle mondiale*, Paris, Anthropos, 1970, pp. 373 ss.

te constitutiva do processo de produção para se tornar adjacente a esse processo.[85] Portanto, há uma mais-valia maquínica produzida pelo capital constante, que se desenvolve com a automação e com a produtividade, e que não se pode explicar pelos fatores que contrariam a baixa tendencial (intensidade crescente da exploração do trabalho humano, diminuição do preço dos elementos do capital constante etc.), porque eles é que, ao contrário, dependem dela. Com a mesma indispensável incompetência, parece-nos que estes problemas só podem ser encarados nas condições da transformação da mais-valia de código em mais-valia de fluxo. Porque, enquanto definirmos os regimes pré-capitalistas pela mais-valia de código e o capitalismo por uma descodificação generalizada que a converteria em mais-valia de fluxo, apresentamos as coisas de maneira simplista, como se o caso se resolvesse de uma vez por todas na aurora de um capitalismo que teria perdido todo o seu valor de código. Ora, não é isto que acontece. Por um lado, os códigos subsistem, ainda que como arcaísmos, mas desempenhando uma função perfeitamente atual e adaptada à situação no capital personificado (o capitalista, o trabalhador, o negociante, o banqueiro...). Mas, por outro lado, e mais profundamente, toda máquina técnica supõe fluxos de um tipo particular: *fluxos de código*, ao mesmo tempo interiores e exteriores à máquina, formando os elementos de uma tecnologia e mesmo de uma ciência. São esses fluxos de código que também se encontram encaixados, codificados ou sobrecodificados nas sociedades pré-capitalistas, de tal maneira que eles jamais ganham independência (o ferreiro, o astrônomo...). Mas a descodificação generalizada dos fluxos no capitalismo libertou, desterritorializou, descodificou os fluxos de código, exatamente como o fez com os outros — a tal ponto que a máquina automática *[277]* os interiorizou cada vez mais no seu corpo ou na sua estrutura como campo de forças, ao mesmo tempo que ela dependia de uma ciência e de uma tecnologia, de um trabalho dito cere-

---

[85] Maurice Clavel, *Qui est aliéné?*, pp. 110-24, 320-7 (cf. o grande capítulo de Marx, sobre a automação, in *Principes d'une critique de l'économie politique* (1857-58), Paris, Pléiade, II, pp. 297 ss.).

bral distinto do trabalho manual do operário (evolução do objeto técnico). Neste sentido, não foram as máquinas que fizeram o capitalismo, mas, ao contrário, o capitalismo é que faz as máquinas e não para de introduzir novos cortes graças aos quais ele revoluciona os seus modos técnicos de produção.

A esse respeito, é preciso ainda introduzir vários corretivos. É que esses cortes levam um certo tempo e têm uma grande amplitude. A máquina capitalista diacrônica nunca se deixa revolucionar por uma ou várias máquinas técnicas sincrônicas, nunca confere aos seus cientistas e técnicos uma independência desconhecida nos regimes precedentes. Sem dúvida, ela pode deixar certos pesquisadores, matemáticos por exemplo, "esquizofrenizar" no seu canto, e fazer passar fluxos de código socialmente descodificados que eles organizam em axiomáticas de pesquisa dita fundamental. Mas *a verdadeira axiomática* não está aí (os pesquisadores são deixados tranquilos até certo ponto, podem fazer sua própria axiomática; mas chega o momento das coisas sérias: por exemplo, a física indeterminista, com seus fluxos corpusculares, deve reconciliar-se com "o determinismo"). A verdadeira axiomática é a da própria máquina social, que substitui as antigas codificações, e que organiza todos os fluxos descodificados, inclusive os fluxos de código científico e técnico, em proveito do sistema capitalista e a serviço dos seus fins. Eis por que é frequentemente observado que a revolução industrial combinava uma elevada taxa de progresso técnico com a manutenção de uma grande quantidade de material "obsolescente", com uma grande desconfiança em relação às máquinas e às ciências. Uma inovação só é adotada a partir da taxa de lucro que o seu investimento dá graças à diminuição dos custos de produção; senão, o capitalista mantém o equipamento existente, pronto para investi-lo paralelamente num outro domínio.[86] Portanto, a mais-valia humana guarda uma importância decisiva, *[278]* mesmo no centro e nos setores altamente industrializados. O que de-

---

[86] Paul Baran [1910-1964] e Paul Marlor Sweezy [1910-2004], *Le Capitalisme monopoliste* (1966), tradução francesa, Paris, Maspero, 1968, pp. 96-8.

termina a diminuição dos custos e a elevação da taxa de lucro por meio da mais-valia maquínica não é a própria inovação, cujo valor não é mais mensurável do que o da mais-valia humana, e nem mesmo a rentabilidade da nova técnica encarada isoladamente, mas sim o seu efeito sobre a rentabilidade global da empresa nas suas relações com o mercado e com o capital comercial e financeiro. Isso tudo implica encontros e recortes diacrônicos, como é visível desde o século XIX, por exemplo, entre a máquina a vapor e as máquinas têxteis ou as técnicas de produção de ferro. Em geral, a introdução das inovações tende sempre a ser retardada para além do tempo cientificamente necessário, até o momento em que as previsões de mercado justificam sua exploração em grande escala. Também neste caso o capital de aliança exerce uma forte pressão seletiva sobre as inovações maquínicas no capital industrial. Em suma, onde os fluxos são descodificados, os fluxos particulares de código que tomaram uma forma tecnológica e científica são submetidos a uma axiomática propriamente social muito mais severa do que todas as axiomáticas científicas, mas também muito mais severa do que todos os antigos códigos ou sobrecodificações desaparecidas: a axiomática do mercado capitalista mundial. Em resumo: os fluxos de código que o regime capitalista "liberta" na ciência e na técnica engendram uma mais-valia maquínica que não depende diretamente da ciência nem da técnica, mas do capital, e que vem se juntar à mais-valia humana e corrigir a sua baixa relativa, de modo que a mais-valia maquínica e a mais-valia humana *constituem o conjunto da mais-valia de fluxo que caracteriza o sistema*. O conhecimento, a informação e a formação qualificada são partes do capital ("capital de conhecimento") tanto quanto o trabalho mais elementar do operário. E, assim como como encontrávamos na mais-valia humana, enquanto resultante dos fluxos descodificados, uma incomensurabilidade ou uma assimetria fundamental (sem limite exterior algum assinalável) entre o trabalho manual e o capital, ou antes, entre duas formas de dinheiro, também aqui não encontramos, na mais-valia maquínica que resulta dos fluxos de código científicos e técnicos, comensurabilidade ou limite exterior algum entre o trabalho científico ou técnico, ainda que altamente remunerado, e o lucro *[279]* do capital que se insere numa outra escrita. Sob este aspecto, o fluxo de conhecimento e o fluxo de trabalho encontram-se na mesma situação determinada pela descodificação ou desterritorialização capitalistas.

[III.9.7. A antiprodução]
Mas, se é verdade que a inovação só é aceita porque traz consigo um aumento do lucro graças à diminuição dos custos de produção, e por haver um volume de produção suficientemente elevado para justificá-la, o corolário que daí decorre é que o investimento na inovação nunca é suficiente para realizar ou absorver a mais-valia de fluxo produzida tanto de um lado como de outro.[87] Marx mostrou bem a importância deste problema: o círculo sempre ampliado do capitalismo, que reproduz seus limites imanentes numa escala cada vez maior, só se fecha quando a mais-valia é não somente produzida ou extorquida, mas absorvida, realizada.[88] Se o capitalista não se define pelo gozo não é porque sua meta seja somente a "produção pela produção" geradora de mais-valia, mas também a realização desta mais-valia: é que uma mais-valia de fluxo que não tenha sido realizada é como se não tivesse sido produzida, encarnando-se no desemprego e na estagnação. É fácil fazer um levantamento dos principais modos de absorção fora do consumo e do investimento: a publicidade, o governo civil, o militarismo e o imperialismo. A esse respeito, o papel do Estado na axiomática capitalista aparece claramente, visto que o que ele absorve não é tirado da mais-valia das empresas, mas acrescenta-se a ela, com o que a economia capitalista se aproxima do seu pleno rendimento dentro de determinados limites, e amplia por sua vez esses limites, sobretudo por meio de despesas militares que não fazem concorrência alguma à empresa privada, muito pelo contrário (só a guerra conseguiu levar a cabo aquilo em que o *New Deal* falhara). O papel de um complexo político-militar-econômico é importante tanto por garantir a extração da mais-valia hu-

---

[87] Sobre a concepção de amortização que esta proposição implica, cf. Paul Baran e Paul Sweezy, *Le Capitalisme monopoliste*, pp. 100-4.

[88] Marx, *Le Capital*, III, 3, conclusões, Paris, Pléiade, II, p. 1.026.

mana na periferia e nas zonas apropriadas do centro, quanto por engendrar uma enorme mais-valia maquínica ao mobilizar os recursos do capital de conhecimento e de informação, assim como por absorver, enfim, a maior *[280]* parte da mais-valia produzida. O Estado, sua polícia e seu exército formam um gigantesco empreendimento de antiprodução, mas no seio da própria produção, e condicionando-a. Encontramos aqui uma nova determinação do campo de imanência especificamente capitalista: não somente o jogo das relações e coeficientes diferenciais dos fluxos descodificados, não apenas a natureza dos limites que o capitalismo reproduz a uma escala sempre maior enquanto limites interiores, mas a presença da antiprodução na própria produção. O aparelho de antiprodução já não é uma instância transcendente que se opõe à produção, que a limite ou a freie; ao contrário, ele se insinua por toda a máquina produtora, liga-se estreitamente a ela para regrar sua produtividade e realizar a mais-valia (donde, por exemplo, a diferença entre a burocracia despótica e a burocracia capitalista). A efusão do aparelho de antiprodução caracteriza todo o sistema capitalista; a efusão capitalista é a da antiprodução na produção em todos os níveis do processo. Por um lado, só ela é capaz de realizar o fim supremo do capitalismo, que é o de produzir a falta nos grandes conjuntos, de introduzir a falta onde há sempre excesso, pela absorção que ela opera de recursos superabundantes. Por outro lado, só ela duplica o capital e o fluxo do conhecimento, com um capital e um fluxo equivalente de *imbecilidade* que também operam a absorção ou a realização, e que garantem a integração dos grupos e dos indivíduos ao sistema. Não só a falta no seio do excessivo, mas também a imbecilidade no conhecimento e na ciência: veremos, notadamente, como é no nível do Estado e do exército que se conjugam os setores mais progressivos do conhecimento científico ou tecnológico e os débeis arcaísmos encarregados de exercer funções atuais.

[III.9.8. Os diversos aspectos da imanência capitalista. Os fluxos]
Ganha todo seu sentido o duplo retrato que André Gorz traça do "trabalhador científico e técnico": ele é senhor de um fluxo

de conhecimento, de informação e de formação, mas, sendo tão bem absorvido no capital, coincide com ele o refluxo de uma imbecilidade organizada, axiomatizada, que faz com que à noite, ao retornar à casa, encontre suas pequenas máquinas desejantes ao executar pequenos trabalhos no televisor, ó desespero.[89] É claro que, *[281]* como cientista, ele não tem potência revolucionária alguma; é o primeiro agente integrado da integração, refúgio de má consciência, destruidor *forçado* de sua própria criatividade. Tomemos o exemplo ainda mais mais notável de uma "carreira" à americana, com bruscas mutações, tal como a imaginamos: Gregory Bateson começa por fugir do mundo civilizado tornando-se etnólogo, seguindo os códigos primitivos e os fluxos selvagens; volta-se depois para fluxos cada vez mais descodificados, os da esquizofrenia, de onde extrai uma interessante teoria psiquiátrica; depois, ele ainda vai em busca de um além, de um outro muro para atravessar, vira-se para os golfinhos, para a linguagem dos golfinhos, fluxos ainda mais estranhos e desterritorializados. Mas, no fim, o que há no fluxo de golfinho senão as pesquisas fundamentais do exército americano que levam de volta à preparação da guerra e à absorção da mais-valia? Em relação ao Estado capitalista, os Estados socialistas são crianças (e ainda crianças que ensinaram algumas coisas ao pai sobre o papel axiomatizante do Estado). Mas os Estados socialistas têm grande dificuldade em tapar as fugas inesperadas de fluxos, a não ser por violência direta. O que, por outro lado, se designa como potência de recuperação do sistema capitalista, é o fato de que sua axiomática é, por natureza, não mais flexível, porém mais ampla e mais englobante. Neste sistema, ninguém deixa de estar associado à atividade de antiprodução que percorre todo o sistema produtivo. "Os que acionam e abastecem o aparelho militar não são os únicos a serem comprometidos num empreendimento anti-humano. Os milhões de operários que produzem (o que cria uma procura de) bens e serviços inúteis estão igualmente implicados em graus diversos. Os vários ramos e setores da economia são tão interdependentes que quase todo o mundo se acha

---

[89] André Gorz, *Stratégie ouvrière et néocapitalisme*, Paris, Seuil, 1964, p. 57.

implicado, de uma maneira ou de outra, numa atividade anti-humana: o fazendeiro que fornece produtos alimentícios às tropas que lutam contra o povo vietnamita, os fabricantes dos complexos instrumentos necessários à criação de um novo modelo de automóvel, os fabricantes de papel, de tinta ou de televisores, cujos produtos são utilizados para controlar e envenenar os espíritos das pessoas, e assim por diante".[90] Assim, *[282]* enredam-se os três segmentos da reprodução capitalista sempre ampliada, que definem também os três aspectos da sua imanência: 1°) o que extrai a mais-valia humana a partir da relação diferencial entre fluxos descodificados de trabalho e de produção, e que se desloca do centro para a periferia, mantendo todavia no centro vastas zonas residuais; 2°) o que extrai a mais-valia maquínica a partir de uma axiomática dos fluxos de código científico e técnico, nos setores de "ponta" do centro; 3°) o que absorve ou realiza estas duas formas de mais-valia de fluxo, garantindo a emissão dos dois e injetando perpetuamente antiprodução no aparelho produtor. Esquizofreniza-se na periferia, mas não menos no centro e no meio.

A definição da mais-valia deve ser remanejada em função da mais-valia maquínica do capital constante, que se distingue da mais-valia humana do capital variável e do caráter não mensurável deste conjunto de mais-valia de fluxo. Ela não pode ser definida pela diferença entre o valor da força de trabalho e o valor criado pela força de trabalho, mas pela incomensurabilidade entre dois fluxos que são, todavia, imanentes um ao outro, pela disparidade entre dois aspectos da moeda que os exprimem, e pela ausência de limite exterior à sua relação, um medindo a verdadeira capacidade econômica, o outro medindo o poder de compra determinado como "rendimento". O primeiro é o imenso fluxo desterritorializado que constitui o corpo pleno do capital. Um economista, Bernard Schmitt, encontra estranhas palavras líricas para caracterizar este fluxo da dívida infinita: fluxo criador instantâneo que os bancos criam espontaneamente como numa dívida para com eles próprios, criação *ex nihilo* que, em vez de transmitir uma moeda prévia co-

---

[90] Paul Baran e Paul Sweezy, *Le Capitalisme monopoliste*, p. 303.

mo meio de pagamento, escava numa extremidade do corpo pleno uma moeda negativa (dívida inscrita no passivo dos bancos), e projeta na outra extremidade uma moeda positiva (crédito da economia produtiva nos bancos), "fluxo de poder mutante" *que não entra na renda e não é destinado às compras*, disponibilidade pura, não-posse e não-riqueza.[91] O outro *[283]* aspecto da moeda representa o refluxo, isto é, a relação que ela passa a ter com os bens desde que adquire um poder de compra pela sua distribuição aos trabalhadores ou fatores de produção, pela sua repartição em rendas, e que perde desde que estes são convertidos em bens reais (então tudo recomeça com uma nova produção, que nascerá inicialmente sob o primeiro aspecto...). Ora, a incomensurabilidade dos dois aspectos, do fluxo e do refluxo, mostra que por mais que os salários nominais englobem a totalidade da renda nacional, os assalariados deixam escapar uma grande quantidade de rendas captadas pelas empresas, e que formam por sua vez, por conjunção, um afluxo, um fluxo agora contínuo de *lucro* bruto, constituindo "em um só jato" uma quantidade indivisa que escorre sobre o corpo pleno, seja qual for a diversidade de suas destinações (juros, dividendos, salários de direção, compra de bens de produção etc.).[92] O observador incompetente tem a impressão de que todo este esquema econômico, toda esta história é profundamente esquizo. Vê-se bem o objetivo da teoria, que, no entanto, evita toda referência moral. Quem é roubado? Esta é a questão séria subentendida, e que faz eco à questão irônica de Clavel, "Quem é alienado?". Ora, ninguém é nem pode ser roubado (tal como Clavel dizia que já não se sabe quem é alienado nem quem aliena). Quem rouba? Seguramente não é o capitalista financeiro, como representante do grande fluxo criador instantâneo, que nem sequer é posse nem tem poder de compra. Quem é roubado? Seguramente, não é o trabalhador que nem sequer é comprado, visto que foi o refluxo ou a distribuição em salários que criou o poder de compra, em vez

---

[91] Bernard Schmitt [1929], *Monnaie, salaires et profits*, Paris, PUF, 1966, pp. 234-6.

[92] *Idem*, p. 292.

de supô-lo. Quem poderia roubar? Seguramente, não o capitalista industrial como representante do afluxo de lucro, já que "os lucros correm não no refluxo mas lado a lado, em desvio e não como sanção do fluxo criador de rendimentos". Quanta flexibilidade na axiomática do capitalismo, sempre pronto a ampliar seus próprios limites para acrescentar mais um axioma a um sistema já saturado. Querem um axioma para os assalariados, para a classe operária e para os sindicatos, mas então vejamos, e a partir de então o lucro escorrerá ao lado do salário, ambos lado a lado, refluxo e afluxo. Encontrar-se-á até um axioma para a linguagem dos [284] golfinhos. Marx alude frequentemente à idade de ouro do capitalismo, em que o capitalista não escondia seu próprio cinismo: pelo menos no início ele não podia ignorar o que fazia, extorquir a mais-valia. Mas este cinismo aumentou tanto que ele chega a declarar: não, ninguém é roubado. Porque tudo repousa na disparidade entre dois tipos de fluxos, como num abismo insondável onde se engendram lucro e mais-valia: o fluxo de potência econômica do capital mercantil e o fluxo que só por sarcasmo se chama "poder de compra", fluxo verdadeiramente *impotencializado* que representa a impotência absoluta do assalariado assim como a dependência relativa do capitalismo industrial. A verdadeira polícia do capitalismo é a moeda e o mercado.

De certa maneira, os economistas capitalistas não se enganam ao apresentar a economia como o que se "monetariza" perpetuamente, como se fosse sempre preciso insuflar de fora moeda viva de acordo com a oferta e a procura. Porque é bem assim que todo o sistema se mantém e funciona, e preenche perpetuamente sua própria imanência. É assim que ele é o objeto global de um investimento de desejo. Desejo do assalariado, desejo do capitalista, é sempre o mesmo desejo fundado *na relação diferencial dos fluxos sem limite exterior assinalável, e onde o capitalismo reproduz os seus próprios limites imanentes numa escala cada vez mais ampliada, cada vez mais englobante*. Portanto, é ao nível de uma teoria generalizada dos fluxos que se pode responder à seguinte questão: como se chega a desejar a potência, mas também a própria impotência? Como um campo social como este pôde ser investido pelo desejo? Acontece que desejo ultrapassa em muito o interesse dito objetivo quando se trata de fazer escorrer e cortar fluxos. Os marxistas lembram, sem dúvida, que a formação da moeda como relação específica no capitalismo depende do modo de produção que faz da economia uma economia monetária. Mas permanece o fato de que o movimento objetivo aparente do capital, que de modo algum é um desconhecimento ou uma ilusão da consciência, mostra que a essência produtiva do capitalismo só pode funcionar sob esta forma necessariamente mercantil ou monetária que a comanda, e cujos fluxos e relações entre fluxos contêm o segredo do investimento de desejo. É no nível dos fluxos, e dos fluxos monetários, não no nível da ideologia, que se faz a integração do desejo. Então, qual solução, qual via revolucionária? A psicanálise *[285]* ajuda pouco, considerando-se suas íntimas relações com o dinheiro, pois que registra, embora evite reconhecê-lo, todo um sistema de dependências econômico-monetárias no coração do *desejo* de cada sujeito que ela trata, constituindo-se, por sua vez, numa enorme empresa de absorção de mais-valia. Mas haverá alguma via revolucionária? — Retirar-se do mercado mundial, como Samir Amin aconselha aos países do Terceiro Mundo, numa curiosa renovação da "solução econômica" fascista? Ou ir no sentido contrário, isto é, ir ainda mais longe no movimento do mercado, da descodificação e da desterritorialização? Pois talvez os fluxos ainda não estejam suficientemente desterritorializados e suficientemente descodificados, do ponto de vista de uma teoria e de uma prática dos fluxos com alto teor esquizofrênico. Não retirar-se do processo, mas ir mais longe, "acelerar o processo", como dizia Nietzsche: na verdade, a esse respeito, nós ainda não vimos nada.

[III.10. A REPRESENTAÇÃO CAPITALISTA]

[III.10.1. Seus elementos. As figuras ou fluxos-esquizas]

A escrita nunca foi o forte do capitalismo. O capitalismo é profundamente analfabeto. A morte da escrita é como a morte de Deus ou do pai — algo acontecido há muito tempo, embora o acontecimento demore muito a chegar até nós, de modo que sobrevive em nós a lembrança de signos desaparecidos com os quais continuamos a escrever. E a razão disso é simples: a escrita implica um uso da linguagem na qual o grafismo se alinha à voz, mas também a sobrecodifica e induz uma voz fictícia das alturas que funciona como significante. O arbitrário do designado, a subordinação do significado, a transcendência do significante despótico e, por fim, a sua consequente decomposição em elementos mínimos num campo de imanência posto a descoberto pelo recuo do déspota, tudo isto marca a pertença da escrita à representação despótica imperial. E quando se anuncia a explosão da "Galáxia de Gutenberg", o que isto quer dizer, precisamente? É claro que o capitalismo se serviu muito e ainda se serve da escrita: não é só porque a escrita convém com a moeda como equivalente geral, mas também porque as funções específicas da moeda no capitalismo passaram pela escrita e pela impressão, e continuam em parte a passar por aí. *[286]* Porém, a escrita não deixa de desempenhar tipicamente o papel de um arcaísmo no capitalismo, sendo a imprensa-Gutenberg o elemento que dá ao arcaísmo uma *função atual*. Mas, de direito, o uso capitalista da linguagem é de outra natureza: realiza-se ou devém concreto no campo de imanência próprio do capitalismo enquanto tal quando aparecem os meios técnicos de expressão que, em vez de remeterem ainda de forma direta ou indireta à sobrecodificação despótica, correspondem à descodificação generalizada dos fluxos. Parece-nos ser este o sentido das análises de McLuhan: ter mostrado o que era uma linguagem dos fluxos descodificados, em oposição a um significante que estrangula e sobrecodifica os fluxos. Primeiramente, tudo serve para a linguagem não-significante: não há fluxo algum fônico, gráfico, gestual etc., que seja privilegiado nessa linguagem que permanece indiferente à sua substância ou ao seu suporte como *continuum* amorfo; o fluxo elétrico pode ser considerado como a realização de um tal fluxo qualquer enquanto tal. Mas uma substância é dita formada quando um fluxo entra em relação com outro fluxo, definindo-se então o primeiro como um conteúdo, e o segundo, como uma expressão.[93] Os fluxos desterritorializados de conteúdo e de ex-

---

[93] Marshall McLuhan [1911-1980], *Pour comprendre les média: les*

pressão estão num estado de conjunção ou de pressuposição recíproca, que constitui figuras como unidades últimas de um e de outro. De modo algum essas figuras são um significante, nem mesmo signos como elementos mínimos do significante; são não-signos, ou antes, signos não significantes; são pontos-signos com várias dimensões, cortes de fluxos, esquizas que formam imagens pela sua reunião num conjunto, mas que não conservam identidade alguma de um conjunto a outro. Portanto, as figuras, isto é, as esquizas ou cortes-fluxos, não são de modo algum "figurativas"; elas devêm isso apenas numa constelação particular que se desfaz em proveito de uma outra. Três milhões de pontos por *[287]* segundo transmitidos pela televisão, dos quais apenas alguns são retidos. A linguagem elétrica não passa pela voz e nem pela escrita; estas são também dispensadas tanto pela informática quanto por essa disciplina bem denominada fluídica, que funciona por jatos de gás; o computador é uma máquina de descodificação instantânea e generalizada. É neste sentido que Michel Serres define a correlação do corte e do fluxo nos signos das novas máquinas técnicas de linguagem, nas quais a produção é estreitamente determinada pela informação: "Consideremos um trevo rodoviário... Ele é um quase-ponto que, ao longo de uma certa dimensão no espaço da rede, analisa, por meio de múltiplas sobreposições, as linhas de fluxo de que é o receptor. Sobre ele pode-se ir de uma direção aferente qualquer para uma direção eferente qualquer, e em qualquer sentido, sem nunca encontrar alguma das outras direções... Se eu quiser, *nunca voltarei ao mesmo ponto*, embora seja o mesmo... Nó topológico onde tudo é conexo sem confusão, onde tudo conflui e se distribui... É que um nó é um ponto, se quisermos, mas com várias dimensões", nó que contém e faz passar os fluxos

prolongements technologiques de l'homme (1964), tradução francesa, Paris, Seuil, 1968, p. 24: "A luz elétrica é informação pura. Pode-se dizer que é um *medium* sem mensagem enquanto não for utilizada para soletrar uma marca ou uma publicidade verbais. Este fato característico de todos os media significa que o *conteúdo* de um meio, seja ele qual for, é sempre um outro meio. O conteúdo da escrita é a fala, assim como a palavra escrita é o conteúdo da imprensa, e a imprensa, o do telégrafo".

em vez de anulá-los.[94] Este esquadriamento da produção pela informação manifesta uma vez mais que a essência produtiva do capitalismo só funciona ou "fala" na linguagem dos signos que o capital mercantil ou a axiomática do mercado lhe impõem.

[III.10.2. Os dois sentidos do fluxo-esquiza: capitalismo e esquizofrenia]

Há grandes diferenças entre essa linguística dos fluxos e a linguística do significante. A linguística saussuriana, por exemplo, descobre de fato um campo de imanência constituído pelo "valor", isto é, pelo sistema de relações entre elementos últimos do significante; mas, além desse campo de imanência ainda supor a transcendência do significante, que o descobre ao menos pelo seu recuo, os elementos que povoam este campo têm por critério uma identidade mínima que devem às suas relações de oposição, e que eles conservam através das variações de todo o tipo que os afetam. Como unidades distintivas, os elementos do significante são regulados por "desvios codificados" que o significante, por sua vez, sobrecodifica. Disso resultam diversas consequências, mas sempre convergentes: a comparação da linguagem a um *[288]* jogo; a relação significado-significante, em que o significado encontra-se por natureza subordinado ao significante; as figuras definidas como efeitos do próprio significante; os elementos formais do significante determinados em relação a uma substância fônica, à qual a própria escrita confere um privilégio secreto. De todos estes pontos de vista e apesar de certas aparências, acreditamos que a linguística de Louis Hjelmslev se opõe profundamente ao empreendimento saussuriano e pós-saussuriano. Porque abandona toda referência privilegiada; porque descreve um campo puro de imanência algébrica que não se deixa sobrevoar por instância transcendente alguma, ainda que recuada; porque faz escorrer nesse campo os seus fluxos de forma e de substância, de conteúdo e de expressão; porque substitui a relação de subordinação significante-significado pela relação

---

[94] Michel Serres, "Le Messager", *Bulletin de la Société Française de Philosophie*, novembro de 1967.

de pressuposição recíproca expressão-conteúdo; porque a dupla articulação já não se faz entre dois níveis hierarquizados da língua, mas entre dois planos desterritorializados conversíveis, planos constituídos pela relação entre a forma do conteúdo e a forma da expressão; porque nesta relação atingem-se figuras que já não são efeitos do significante, mas esquizas, pontos-signos ou cortes de fluxo que perfuram o muro do significante, atravessam-no e vão para além dele; porque estes signos franquearam um novo limiar de desterritorialização; porque estas figuras perderam definitivamente as condições de identidade mínima que definiam os elementos do próprio significante; porque a ordem dos elementos é agora segunda em relação à axiomática dos fluxos e das figuras; porque o modelo da moeda, no ponto-signo ou figura-corte destituída de identidade, tendo tão somente uma identidade flutuante, tende a substituir o modelo do jogo. Em suma, a situação muito especial de Hjelmslev na linguística e as reações que suscita podem ser explicadas, parece-nos, pelo seguinte: é que ele tende a fazer uma teoria puramente imanente da linguagem, teoria que, além de quebrar o duplo jogo da dominação voz-grafismo, faz escorrer forma e substância, conteúdo e expressão segundo fluxos de desejo, e corta estes fluxos segundo pontos-signos ou figuras-esquizas.[95] Longe *[289]* de ser uma sobredeterminação do estruturalismo e do seu amor pelo significante, a linguística de Hjelmslev indica a sua destruição e constitui uma teoria descodificada das línguas de que se pode dizer, como homenagem ambígua, que é a única adaptada ao mesmo tempo à natureza dos fluxos capitalistas *e* esquizofrênicos: até agora é a única teoria moderna (e não arcaica) da linguagem.

[95] Nicolas Ruwet, por exemplo, censura Hjelmslev [1899-1965] por este ter elaborado uma teoria cujas aplicações se voltariam para o lado do *Jabberwocky* ou do *Finnegans Wake* (*Introduction à la grammaire générative*, Paris, Plon, 1967, p. 54; e sobre a indiferença à "ordem dos elementos", cf. p. 345). André Martinet insiste na perda das condições de identidade na teoria de Hjelmslev (*Au sujet des fondements de la théorie linguistique de Louis Hjelmslev* (1946), reedição, Paris, Paulet).

É de extrema importância o livro de Jean-François Lyotard recentemente publicado, pois temos nele a primeira crítica generalizada do significante. Com efeito, ele mostra em sua proposta mais geral que o significante encontra-se tão ultrapassado em direção ao exterior pelas imagens figurativas quanto, em direção ao interior, pelas puras figuras que as compõem, ou melhor, pelo "figural" que vem agitar totalmente os desvios codificados do significante, introduzir-se entre eles, trabalhar sob as condições de identidade dos seus elementos. Na linguagem e na própria escrita, ora as letras como cortes, como objetos parciais despedaçados, ora as palavras como fluxos indivisos, como blocos indecomponíveis ou corpos plenos de valor tônico, constituem signos a-significantes que se entregam à ordem do desejo, sopros e gritos. (Notadamente, as pesquisas formais da escrita manual ou impressa mudam de sentido, conforme os caracteres das letras e as qualidades das palavras estejam a serviço de um significante cujos efeitos eles exprimem segundo regras exegéticas ou, ao contrário, atravessam esse muro para fazer escorrer os fluxos, instaurar cortes que ultrapassam ou quebram as condições de identidade do signo, que fazem escorrer e eclodir livros "no livro", entrando em configurações múltiplas de que já são testemunhas os exercícios tipográficos de Mallarmé — sempre passar sob o significante, limar o muro: o que mostra ainda que a morte da escrita é infinita, enquanto sobe e vem de dentro). Do mesmo modo, nas artes plásticas, o figural puro formado pela linha ativa e pelo ponto multidimensional, assim como, por outro lado, as configurações múltiplas formadas pela linha passiva e pela superfície que ela engendra, de maneira a abrir, como em Paul Klee, esses "entre-mundos *[290]* que talvez sejam visíveis apenas às crianças, aos loucos e aos primitivos". E a respeito do sonho, Lyotard mostra em belas páginas que o que *trabalha* não é o significante mas sim, mais abaixo, o figural que faz surgir configurações de imagens que se servem de palavras, que as fazem escorrer e as cortam segundo fluxos e pontos que não são linguísticos e não dependem do significante, nem dos seus elementos regrados. Em toda parte, Lyotard inverte a ordem do significante e da figura. Não são as figuras que dependem do significante e dos seus efeitos, é a cadeia significante que depende de efeitos figurais, feita ela

A representação capitalista

própria de signos a-significantes, que esmagam tanto os significantes como os significados, que tratam as palavras como coisas, que fabricam novas unidades, que fazem com figuras não figurativas configurações de imagens que se fazem e se desfazem. E estas constelações são como fluxos que remetem ao corte dos pontos, como estes remetem à fluxão do que fazem escorrer ou gotejar: a única unidade sem identidade é a do fluxo-esquiza ou do corte-fluxo. O elemento do figural puro, a "figura-matriz", Lyotard o denomina desejo, que nos leva às portas da esquizofrenia como processo.[96] Mas de onde vem, então, ao leitor, a impressão de que Lyotard não cessa de paralisar o processo e de assentar as esquizas sobre as margens que ele há pouco abandonou, territórios codificados ou sobrecodificados, espaços e estruturas, aos quais elas apenas trazem "transgressões", perturbações e deformações apesar de tudo secundárias, em vez de formarem e de levarem mais longe tanto as máquinas desejantes que se opõem às estruturas, como as intensidades que se opõem aos espaços? É que, apesar da sua tentativa de ligar o desejo a um sim fundamental, Lyotard reintroduz a falta e a ausência no desejo, mantém o desejo sob a lei da castração, com o risco de restabelecer com ela todo o significante, e descobre a matriz da figura no fantasma, o simples fantasma que vem ocultar a produção desejante e todo o desejo como produção efetiva. Porém, ao menos por um instante, a hipoteca do significante foi levantada: esse enorme arcaísmo despótico que faz gemer e curvar muitos de nós, e de que outros se servem para instaurar um novo terrorismo, deslocando o discurso imperial de Lacan *[291]* para um discurso universitário de pura cientificidade, essa "cientificidade" sempre apta a realimentar nossas neuroses, para estrangular uma vez mais o processo, para sobrecodificar Édipo pela castração, encadeando-nos às funções estruturais atuais de um déspota arcaico desaparecido. Porque, certamente, nem o capitalismo, nem a revolução, nem a esquizofrenia passam pelas vias do significante, mesmo e sobretudo em suas violências extremas.

---

[96] Jean-François Lyotard, *Discours, figure*, Paris, Klincksieck, 1971, p. 326.

[III.10.3. Diferença entre um código e uma axiomática]
A civilização se define pela descodificação e pela desterritorialização dos fluxos na produção capitalista. Todos os processos são bons para assegurar esta descodificação universal: a privatização que incide sobre os bens, os meios de produção, mas também sobre os órgãos do próprio "homem privado"; a abstração das quantidades monetárias, mas também da quantidade de trabalho; a ilimitação da relação entre o capital e a força de trabalho, e também da relação entre os fluxos de financiamento e os fluxos de rendas ou meios de pagamento; a forma científica e técnica que os próprios fluxos de código tomam; a formação de configurações flutuantes a partir de linhas e de pontos sem identidade discernível. A história monetária recente, o papel do dólar, os capitais migrantes a curto prazo, a flutuação das moedas, os novos meios de financiamento e de crédito, os direitos especiais de saque, a nova forma das crises e das especulações, tudo isto baliza o caminho dos fluxos descodificados. Nossas sociedades apresentam um vivo gosto por todos os códigos, os códigos estrangeiros ou exóticos, mas é um gosto destrutivo e mortuário. Sem dúvida, descodificar quer dizer compreender um código e traduzi-lo; porém, mais do que isso, é destruí-lo enquanto código, atribuir-lhe uma função arcaica, folclórica ou residual, o que faz da psicanálise e da etnologia duas disciplinas apreciadas em nossas sociedades modernas. Entretanto, seria um grande erro identificar *os fluxos capitalistas e os fluxos esquizofrênicos*, sob o tema geral de uma descodificação dos fluxos de desejo. Certamente, há uma grande afinidade entre eles: o capitalismo faz passar em toda parte fluxos-esquizos que animam "nossas" artes e "nossas" ciências, assim como os coagula na produção dos "nossos" doentes, os esquizofrênicos. Já vimos que a relação da esquizofrenia com o capitalismo ultrapassava em muito os problemas de modo de vida, de meio ambiente, de ideologia etc., e que devia ser colocada no nível mais profundo de uma só e mesma economia, de um só e *[292]* mesmo processo de produção. Nossa sociedade produz esquizos como produz xampu Dop ou carros Renault, com a única diferença de que eles não são vendáveis. Mas, justamente, como explicar que a produção capitalista não para de deter o processo esquizofrênico, de transformar o su-

jeito em entidade clínica enclausurada, como se ela visse neste processo a imagem da sua própria morte vinda de dentro? Por que ela faz do esquizofrênico um doente, não apenas na palavra, mas na realidade? Por que ela interna seus loucos em vez de ver neles os seus próprios heróis, sua própria efetuação? E quando já não pode reconhecer a figura de uma simples doença, por que ela vigia com tanto cuidado seus artistas e até seus cientistas, como se eles se arriscassem a fazer escorrer fluxos perigosos para ela, carregados de potencialidades revolucionárias, enquanto não são recuperados ou absorvidos pelas leis de mercado? Por que ela forma uma gigantesca máquina de repressão-recalcamento frente ao que constitui, entretanto, sua própria realidade, os fluxos descodificados? É que o capitalismo, como vimos, é efetivamente o limite de toda sociedade, uma vez que opera a descodificação dos fluxos que as outras formações sociais codificavam e sobrecodificavam. Porém, ele é seu limite ou cortes *relativos*, porque substitui os códigos por uma axiomática extremamente rigorosa que mantém a energia dos fluxos num estado ligado sobre o corpo do capital como *socius* desterritorializado, mas que é também mais implacável do que qualquer outro *socius*. A esquizofrenia, ao contrário, é realmente o limite *absoluto*, que faz passar os fluxos em estado livre sobre um corpo sem órgãos dessocializado. Portanto, pode-se dizer que a esquizofrenia é o limite *exterior* do próprio capitalismo, ou o termo da sua mais profunda tendência, mas que o capitalismo só funciona com a condição de inibir essa tendência, ou de repelir e deslocar esse limite substituindo-o pelos seus próprios limites relativos *imanentes* que não para de reproduzir numa escala ampliada. O que ele descodifica com uma das mãos, axiomatiza com a outra. É desta maneira que é preciso reinterpretar a lei marxista da tendência contrariada, se bem que a esquizofrenia impregne todo o campo capitalista de ponta a ponta. Mas, para ele, trata-se de ligar suas cargas e suas energias numa axiomática mundial que opõe sempre novos limites interiores à potência revolucionária dos [293] fluxos descodificados. Num regime como este, é impossível distinguir, mesmo que em dois tempos, a descodificação e a axiomatização que vêm substituir os códigos desaparecidos. É ao mesmo tempo que os fluxos são descodificados *e* axiomatizados pelo capitalismo. A esquizofrenia não é, portanto, a identidade do capitalismo mas, ao contrário, sua diferença, seu desvio e sua morte. Os fluxos monetários são realidades perfeitamente esquizofrênicas, mas que só existem e funcionam na axiomática imanente que conjura e repele essa realidade. A linguagem de um banqueiro, de um general, de um industrial, de um médio ou alto funcionário, de um ministro, é uma linguagem perfeitamente esquizofrênica, mas que só funciona estatisticamente na axiomática uniformizadora de ligação que a coloca ao serviço da ordem capitalista.[97] (No nível superior da linguística como ciência, Hjelmslev só pôde operar uma vasta descodificação das línguas ao colocar em funcionamento, desde o início, uma máquina axiomática fundada sobre o número supostamente finito das figuras consideradas.) O que acontece então com a linguagem "verdadeiramente" esquizofrênica, com os fluxos "verdadeiramente" descodificados, desligados, que conseguem passar o muro ou o limite absoluto? A axiomática capitalista é tão rica, acrescenta-se um axioma a mais para os livros de um grande escritor cujas características contábeis de vocabulário e de estilo pode-se sempre estudar com uma máquina eletrônica, ou para o discurso dos loucos que se pode sempre ouvir no quadro de uma axiomática hospitalar, administrativa e psiquiátrica. Em suma, parece-nos que a noção de fluxo-esquiza, ou de corte-fluxo, define tanto o capitalismo quanto a esquizofrenia. Mas de modo algum é da mesma maneira e nem são as mesmas coisas, conforme as descodificações sejam retomadas ou não numa axiomática, conforme se fique nos grandes conjuntos que funcionam estatisticamente ou se atravesse a barreira que os separe de posições moleculares desligadas, conforme os fluxos de desejo atinjam este limite absoluto ou se contentem em deslocar um limite relativo imanente que se reconstitui mais adiante, conforme os processos [294] de desterritorialização se dupliquem ou não em reterri-

---

[97] Cf. a análise da linguagem funcional da "administração total" que Marcuse faz (nomeadamente nas siglas, nas configurações flutuantes formadas pelas letras-figuras): *L'Homme unidimensionnel* (1964), tradução francesa, Paris, Minuit, 1968, cap. IV.

torializações que os controlam, conforme o dinheiro queime ou flameje.

Por que não dizer apenas que o capitalismo substitui um código por outro, que ele efetua um novo tipo de codificação? Por duas razões: uma delas representa um tipo de impossibilidade moral; a outra, uma impossibilidade lógica. Nas formações pré-capitalistas encontram-se todas as crueldades e os terrores, fragmentos de cadeia significante são marcados pelo segredo, sociedades secretas ou grupos de iniciação — mas nunca há nada de inconfessável propriamente dito. É com a coisa, com o capitalismo, que o inconfessável começa: não há uma operação econômica ou financeira que, supostamente traduzida em termos de código, não revelasse seu caráter inconfessável, isto é, sua perversão intrínseca ou seu cinismo essencial (a era da má consciência é também a do puro cinismo). Mas, justamente, é impossível codificar tais operações: em primeiro lugar, um código determina a qualidade respectiva dos fluxos que passam pelo *socius* (por exemplo, os três circuitos de bens de consumo, de bens de prestígio, de mulheres e de crianças); o objeto próprio do código é, pois, estabelecer relações necessariamente indiretas entre estes fluxos qualificados e, como tais, incomensuráveis. Tais relações implicam, efetivamente, extrações quantitativas de fluxos de diferentes tipos, mas estas quantidades não entram nas equivalências que suporiam "algo" de ilimitado, formam somente compostos também qualitativos, essencialmente móveis e limitados, em que a diferença dos elementos compensa o desequilíbrio (como na relação do prestígio e do consumo no bloco da dívida finita). Todas estas características da relação de código, indireta, qualitativa e limitada, mostram suficientemente que um código nunca é econômico, e não pode sê-lo: ele exprime, ao contrário, o movimento objetivo aparente por meio do qual as forças econômicas ou as conexões produtivas são atribuídas, como se delas emanassem, a uma instância extraeconômica que serve de suporte e de agente de inscrição. É o que Althusser e Balibar mostram tão bem: como relações políticas e jurídicas são *determinadas a serem dominantes*, no caso da feudalidade, por exemplo, porque o sobretrabalho como forma da mais-valia *[295]* constitui um fluxo qualitativa e temporalmente distinto do fluxo do trabalho, devendo, portanto, entrar num composto também qualitativo que implica fatores não econômicos.[98] Ou, então, como as relações autóctones de aliança e de filiação são determinadas a serem dominantes nas chamadas sociedades primitivas, nas quais as forças e os fluxos econômicos se inscrevem sobre o corpo pleno da terra e se lhe atribuem. Em suma, só há código quando um corpo pleno como instância de antiprodução se assenta sobre a economia de que se apropria. Eis por que o signo de desejo, enquanto signo econômico que consiste em fazer escorrer e cortar os fluxos, é duplicado por um signo de potência necessariamente extraeconômica que, no entanto, tem suas causas e efeitos na economia (por exemplo, o signo de aliança em relação com a potência do credor). Ou então, o que é a mesma coisa, a mais-valia é aqui determinada como mais-valia de código. Portanto, a relação de código não é apenas indireta, qualitativa e limitada; é também, por isso mesmo, extraeconômica, e opera, enquanto tal, os acoplamentos entre fluxos qualificados. Assim sendo, ela implica um sistema de apreciação ou de avaliação coletivas, um conjunto de órgãos de percepção, ou melhor, de crença, como condição de existência e de sobrevida da sociedade considerada: verifica-se isto no investimento coletivo dos órgãos que faz com que os homens sejam diretamente codificados, ou no olho apreciador, tal como o analisamos no sistema primitivo. Observar-se-á que estes traços gerais que caracterizam um código se encontram, precisamente, naquilo que é hoje em dia denominado código genético; não porque dependeria de um efeito de significante, mas, ao contrário, a cadeia que ele constitui só é significante secundariamente, na medida em que põe em jogo acoplamentos entre fluxos qualificados, interações exclusivamente indiretas, compostos qualitativos essencialmente limitados, órgãos de percepção e fatores *extraquímicos* que selecionam e se apropriam das conexões celulares.

[98] Cf. Marx, *Le Capital*, III, 6, cap. 24, Paris, Pléiade, p. 1.400: "Nestas condições, são necessárias forças extraeconômicas, seja qual for sua natureza, para obrigá-los a efetuar trabalho por conta do proprietário fundiário em título".

Temos outras tantas razões para definir o capitalismo por uma [296] axiomática social que se opõe aos códigos em todos os aspectos. Em primeiro lugar, a moeda como equivalente geral representa uma quantidade abstrata indiferente à natureza qualificada dos fluxos. Mas a própria equivalência remete à posição de um ilimitado: na fórmula D-M-D [Dinheiro-Mercadoria-Dinheiro], "a circulação do dinheiro como capital tem seu fim em si mesma, porque é apenas devido a este movimento sempre renovado que o valor continua a fazer-se valer; o movimento do capital não tem, pois, limites".[99] Os estudos de Bohannan sobre os Tiv da Nigéria, ou de Salisbury sobre os Siane da Nova-Guiné, mostraram bem como a introdução da moeda como equivalente, que permite começar com dinheiro e findar com dinheiro, ou seja, nunca findar, basta para perturbar os circuitos de fluxos qualificados, para decompor os blocos finitos de dívida e para destruir a própria base dos códigos. Em segundo lugar, o dinheiro como quantidade abstrata ilimitada não é separável de um devir-concreto sem o qual ele não deviria capital nem se apropriaria da produção. Vimos que este devir-concreto aparecia na relação diferencial; porém, a relação diferencial não é, precisamente, uma relação indireta entre fluxos qualificados ou codificados, mas uma relação direta entre fluxos descodificados cuja qualidade respectiva não preexiste a ela. A qualidade dos fluxos resulta apenas da sua conjunção como fluxos descodificados; eles permaneceriam puramente virtuais fora desta conjunção; esta conjunção é também a disjunção da quantidade abstrata, pela qual esta devém algo de concreto. Dx e dy nada são independentemente da sua relação, que determina um como pura qualidade do fluxo de trabalho, e o outro como pura qualidade do fluxo de capital. Portanto, o percurso é inverso ao de um código, e exprime a transformação capitalista da mais-valia de código em mais-valia de fluxo. Donde a alteração fundamental no regime da potência. Porque, se um dos fluxos se acha subordinado e sujeitado ao outro, é precisamente porque eles não estão elevados à mesma potência (x e y^2, por exemplo) e porque a relação se es-

---

[99] Marx, *Le Capital*, I, 2, cap. 4, Paris, Pléiade, p. 698.

tabelece entre uma potência e uma grandeza dada. Foi o que verificamos ao fazer a análise do capital e do trabalho no nível da relação diferencial entre fluxo de financiamento e fluxo de *[297]* meios de pagamento ou de rendas; uma tal extensão significava apenas que não há essência industrial alguma do capital que não funcione como capital mercantil, financeiro e comercial, e em que o dinheiro não tome outras funções que não sejam apenas as da sua forma de equivalente. Mas, assim, os signos de potência deixam totalmente de ser o que eram do ponto de vista de um código: eles devêm coeficientes diretamente econômicos, em vez de duplicar os signos econômicos do desejo e de exprimir por sua conta fatores não econômicos determinados a serem dominantes. Que a potência do fluxo de financiamento seja totalmente distinta da do fluxo de meios de pagamento significa que a potência deveio diretamente econômica. E, quanto ao outro lado, o do trabalho pago, é evidente que já não há necessidade de um código para assegurar o sobretrabalho quando este se acha confundido qualitativamente e temporalmente com o próprio trabalho numa só e mesma grandeza simples (condição da mais-valia de fluxo).

O capital como *socius* ou corpo pleno se distingue, portanto, de qualquer outro, porque vale por si mesmo como uma instância diretamente econômica, e se assenta sobre a produção sem fazer intervir fatores extraeconômicos que se inscreveriam num código. Com o capitalismo, o corpo pleno devém verdadeiramente nu, assim como o próprio trabalhador acoplado a esse corpo pleno. É neste sentido que o aparelho de antiprodução deixa de ser transcendente, penetra toda a produção e lhe devém coextensivo. Em terceiro lugar, estas condições desenvolvidas da destruição de todo código no devir-concreto fazem com que a ausência de limite ganhe um novo sentido. Ela já não designa simplesmente a quantidade abstrata ilimitada, mas a ausência efetiva de limite ou de termo para a relação diferencial em que o abstrato devém algo de concreto. Do capitalismo, dizemos simultaneamente que ele tem e não tem limite exterior: ele tem um limite que é a esquizofrenia, isto é, a descodificação absoluta dos fluxos, mas ele só funciona repelindo e esconjurando este limite. E também tem e não tem limites interiores: ele os tem nas condições específicas da produção e da circulação capitalistas, isto é, no próprio capital, mas ele só funciona reproduzindo e alargando estes limites a uma escala sempre mais vasta. A potência do capitalismo é realmente esta: sua axiomática nunca está *[298]* saturada, é sempre capaz e acrescentar um novo axioma aos axiomas precedentes. O capitalismo define um campo de imanência e não para de preenchê-lo. Mas este campo desterritorializado encontra-se determinado por uma axiomática, contrariamente ao campo territorial determinado pelos códigos primitivos. As relações diferenciais tais como são preenchidas pela mais-valia, a ausência de limites exteriores tal como é "preenchida" pelo ampliação dos limites internos, a efusão de antiprodução na produção tal como é preenchida pela absorção de mais-valia, constituem os três aspectos da axiomática imanente do capitalismo. E em toda parte a monetarização vem preencher o abismo da imanência capitalista, introduzindo, como diz Schmitt, "uma deformação, uma convulsão, uma explosão, em suma, um movimento de extrema violência". Decorre disso, finalmente, uma quarta característica, que opõe a axiomática aos códigos. É que a axiomática não tem necessidade alguma de escrever em plena carne, de marcar os corpos e os órgãos, nem de fabricar nos homens uma memória. Contrariamente aos códigos, a axiomática encontra nos seus diferentes aspectos seus próprios órgãos de execução, de percepção, de memorização. A memória deveio uma coisa ruim. Sobretudo, não há mais necessidade de crença, e é tão só da boca para fora que o capitalista se aflige por não se acreditar mais em nada hoje em dia. "Porque é assim que vocês falam: somos inteiros, reais, sem crença nem superstição; é assim que vocês garganteiam sem nem ter garganta!" A linguagem já não significa algo em que se deva acreditar, mas indica o que vai ser feito e que os astutos ou os competentes sabem descodificar, compreender por meias palavras. E mais, apesar da abundância de carteiras de identidade, de fichas e de meios de controle, o capitalismo nem sequer tem necessidade de escrever nos livros para suprir as marcas desaparecidas dos corpos. Não passam de sobrevivências, arcaísmos com funções atuais. A pessoa deveio realmente "privada", na medida em que deriva das quantidades abstratas e devém concreta no devir-concreto destas mesmas quantidades. Estas é que são marcadas, não mais as próprias pessoas: *seu capital ou sua força de trabalho*, o resto não tem importância, você será sempre reencontrado nos limites ampliados do sistema, ainda que seja preciso fazer um axioma para você. Já não é necessário *[299]* investir coletivamente os órgãos, eles já estão suficientemente preenchidos pelas imagens flutuantes que não param de ser produzidas pelo capitalismo. Essas imagens, conforme observação de Henri Lefebvre, acarretam menos uma publicação do privado do que uma privatização do público: o mundo inteiro se passa em família, sem que se tenha de deixar sua televisão. Isto dá às pessoas privadas, como veremos, um papel muito particular no sistema: um papel de *aplicação*, e não mais de implicação num código. Aproxima-se a hora de Édipo.

[III.10.4. O Estado capitalista, sua relação com o *Urstaat*]

Se o capitalismo procede assim por uma axiomática, e não por código, nem por isso se deve acreditar que ele substitua o *socius*, a máquina social, por um conjunto de máquinas técnicas. A diferença de natureza entre os dois tipos de máquinas subsiste, ainda que ambas sejam máquinas propriamente ditas, sem metáfora. A originalidade do capitalismo está antes no fato de que, nele, a máquina social tem por peças as máquinas técnicas como capital constante enganchado no corpo pleno do *socius*, e não mais os homens, devindos adjacentes às máquinas técnicas (de modo que a inscrição já não mais incide, ou, pelo menos já não teria a necessidade de incidir diretamente sobre os homens em princípio). Mas, por si mesma, uma axiomática nunca é uma simples máquina técnica, ainda que automática ou cibernética. É o que Bourbaki[NT] diz muito bem a respeito das axiomáticas científicas: elas não formam um sistema Taylor nem um jogo mecânico de fórmulas isoladas, mas implicam "intuições" ligadas às ressonâncias e conjunções das estruturas, e que são apenas ajudadas pelas "potentes alavancas"

[NT] [Nicolas Bourbaki: um coletivo de matemáticos, franceses em sua maioria, adotou esse pseudônimo ao iniciar um movimento que buscava maior rigor e clareza no trato da matemática. Suas publicações tiveram início em 1935.]

da técnica. E isto é ainda mais verdadeiro em relação à axiomática social: a maneira pela qual ela preenche sua própria imanência, pela qual ela repele ou amplia seus limites, pela qual acrescenta mais axiomas, impedindo a saturação do sistema, a maneira pela qual ela só funciona bem por atrito, desarranjando-se, recuperando-se, e tudo isto implica órgãos sociais de decisão, de gestão, de reação, de inscrição, uma tecnocracia e uma burocracia que não se reduzem ao funcionamento de máquinas técnicas. Em suma, a conjunção dos fluxos descodificados, suas relações diferenciais e as suas múltiplas esquizas ou fraturas, exigem toda uma regulação cujo principal órgão é o Estado. O Estado capitalista é o regulador dos fluxos descodificados como tais, enquanto tomados na axiomática do capital. Neste sentido, ele completa *[300]* bem o devir-concreto que nos pareceu presidir à evolução do *Urstaat* despótico abstrato: de unidade transcendente, ele devém imanente ao campo de forças sociais, passa a seu serviço e serve de regulador aos fluxos descodificados e axiomatizados. Ele é de tal modo sua boa consumação, que, num outro sentido, só ele representa uma verdadeira ruptura, um corte com ele, contrariamente às outras formas que se estabeleciam sobre as ruínas do *Urstaat*. É que o *Urstaat* se definia pela sobrecodificação; e seus derivados, da cidade antiga ao Estado monárquico, já se encontravam em presença de fluxos descodificados ou em descodificação, que, sem dúvida, tornavam o Estado cada vez mais imanente e subordinado ao campo de forças efetivo; mas, precisamente porque as circunstâncias para a conjunção de fluxos ainda não estavam dadas, o Estado podia ater-se a salvar fragmentos de sobrecodificações e de códigos, inventar outros, impedindo com todas as suas forças que a conjunção se produzisse (e quanto ao resto, ressuscitar tanto quanto possível o *Urstaat*). O Estado capitalista está numa situação diferente: ele é produzido pela conjunção dos fluxos descodificados ou desterritorializados e, se ele leva ao mais alto ponto o devir-imanente, é na medida em que ele ratifica a falência generalizada dos códigos e sobrecodificações, em que ele todo evolui nessa nova axiomática da conjunção, de natureza até então desconhecida. Digamos uma vez mais que não é ele que inventa esta axiomática, porque ela se confunde com o próprio capital. Ao contrário, ele nasce dela, assegura-lhe tão somente a regulação, regula ou mesmo organiza as falhas como condições de funcionamento, vigia ou dirige os progressos da saturação e as correspondentes ampliações de limites. Nunca um Estado perdeu tanta potência para colocar-se com tanta força a serviço do signo de potência econômica. E, apesar do que se diz, o Estado capitalista desempenha este papel desde muito cedo, desde o início, desde sua gestação sob formas ainda meio feudais ou meio monárquicas: controle da mão de obra e dos salários, do ponto de vista do fluxo dos trabalhadores "livres"; outorga de monopólios, de condições favoráveis à acumulação, luta contra a superprodução, do ponto de vista do fluxo de produção industrial e mercantil. Nunca houve um capitalismo liberal: a ação contra os monopólios remete, em primeiro lugar, a um momento em que o capital comercial e financeiro faz ainda *[301]* aliança com o antigo sistema de produção, e em que o capitalismo industrial nascente só pode assegurar-se da produção e do mercado obtendo a abolição desses privilégios. Que não há nisso luta alguma contra o próprio princípio de um controle estatal, com a condição de que seja o Estado que lhe convém, é o que se vê claramente no mercantilismo, porque ele exprime as novas funções comerciais de um capital que passou a ter interesses diretos na produção. Em regra geral, os controles e regulações estatais só tendem a desaparecer ou se esfumam em caso de abundância de mão de obra e de repentina expansão dos mercados.[100] Ou seja, *quando o capitalismo funciona com um número muito pequeno de axiomas dentro de limites relativos suficientemente amplos*. Esta situação desapareceu há muito tempo, e é preciso considerar como fator decisivo dessa evolução a organização de uma classe operária potente que exige um nível de emprego estável e elevado, e que força o capitalismo a multiplicar seus axiomas ao mesmo tempo que ele devia reproduzir seus limites numa escala cada vez mais ampliada (axioma de deslocamento do centro para a periferia). O capitalismo só conseguiu digerir a Revolução Russa de 1917 acrescentando sem parar

---

[100] Sobre todos estes pontos, Maurice Dobb, *Études sur le développement du capitalisme*, pp. 34-6, 173-7, 212-24.

novos axiomas aos antigos: axioma para a classe operária, para os sindicatos etc. Ele está sempre pronto a acrescentar axiomas, e até outras coisas mais minúsculas, completamente irrisórias, é sua paixão própria que nada muda no essencial. O Estado é então determinado a desempenhar um papel cada vez mais importante na regulação dos fluxos axiomatizados, quer em relação à produção e à planificação, quer em relação à economia e à sua "monetarização", à mais-valia e à sua absorção (pelo próprio aparelho de Estado).

[III.10.5. A classe]
As funções reguladoras do Estado não implicam tipo algum de arbitragem de classes. Que o Estado esteja a serviço da chamada classe dominante é uma evidência prática, mas que não dá de imediato suas razões teóricas. Essas razões são simples: é que, do ponto de vista da axiomática capitalista, só há uma classe com vocação universalista, a burguesia. Plekhanov observa que a descoberta da luta de classes e do seu papel na história *[302]* se deve à escola francesa do século XIX, sob a influência de Saint-Simon; ora, os que exaltam a luta da classe burguesa contra a nobreza e a feudalidade são justamente os mesmos que, quando chegam ao proletariado, negam que possa haver uma diferença de classe entre o industrial ou o banqueiro e o operário, sustentando que há tão somente fusão num mesmo fluxo como entre o lucro e o salário.[101] Há nisso outra coisa além de cegueira ou denegação ideológicas. As classes são *o* negativo das castas e dos níveis hierárquicos; as classes são ordens, castas e níveis hierárquicos descodificados. Reler toda a história através da luta de classes é lê-la em função da burguesia como classe descodificante e descodificada. A burguesia é a *única* classe enquanto tal, na medida em que ela conduz a luta contra os códigos e se confunde com a descodificação generalizada dos fluxos. A este título, ela basta para preencher o campo de

---

[101] Georgi Valentinovitch Plekhanov [1857-1918], "Augustin Thierry et la conception matérialiste de l'histoire" (1895), in *Les Questions fondamentales du marxisme*, Paris, Sociales, 1947.

imanência do capitalismo. Com efeito, algo de novo se produz com a burguesia: o desaparecimento do gozo como fim, a nova concepção de conjunção segundo a qual o único fim é a riqueza abstrata e sua realização sob outras formas que não as do consumo. A escravidão generalizada do Estado despótico implicava pelo menos senhores, e um aparelho de antiprodução distinto da esfera da produção. Mas o campo de imanência burguês, tal como é definido pela conjunção dos fluxos descodificados, pela negação de toda transcendência ou limite exterior, pela efusão da antiprodução na própria produção, tudo isso instaura uma escravidão incomparável, uma sujeição sem precedente: já não há senhores; agora, só escravos comandam escravos; já não há necessidade de pôr carga no animal de fora, pois ele próprio se encarrega dela. Não que o homem seja o escravo da máquina técnica; mas, escravo da máquina social, o burguês dá o exemplo, absorve a mais-valia para fins que, em seu conjunto, nada têm a ver com seu gozo: mais escravo do que o último dos escravos, primeiro servidor desta máquina esfomeada, besta de reprodução do capital, interiorização da dívida infinita. Eu também sou escravo, são estas as novas palavras do senhor. "O capitalista só é respeitável como capital tornado [303] homem. Nesse papel, ele é, como o entesourador, dominado por sua paixão cega pela riqueza abstrata, pelo valor. Mas o que parece ser uma mania individual em um, é no outro o efeito do mecanismo social do qual ele é uma engrenagem".[102] Dir-se-á que não deixa de haver uma classe dominante e uma classe dominada, definidas pela mais-valia, que não deixa de haver a distinção entre o fluxo do capital e o fluxo do trabalho, entre o fluxo de financiamento e o fluxo de renda salarial. Mas só em parte isto é verdade, pois o capitalismo nasce da conjugação dos dois nas relações diferenciais, e os integra na reprodução sempre ampliada dos seus próprios limites. De modo que o burguês está no direito de dizer, não em termos de ideologia, mas na própria organização da sua axiomática: só há uma máquina, a do grande fluxo mutante descodificado, separado dos bens, e uma só classe de servidores,

---

[102] Marx, *Le Capital*, I, 7, cap. 24, Paris, Pléiade, p. 1.096.

a burguesia descodificante, aquela que descodifica as castas e os níveis hierárquicos e que tira da máquina um fluxo indiviso de renda, conversível em bens de consumo ou de produção, e no qual se fundam os salários e os lucros. Em suma, a oposição teórica não é entre duas classes, pois é a própria noção de classe, enquanto designa o "negativo" dos códigos, que implica que haja apenas uma. A oposição teórica é outra: ela ocorre entre os fluxos descodificados, tal como entram numa axiomática de classe sobre o corpo pleno do capital, e os fluxos descodificados que se libertam tanto desta axiomática quanto do significante despótico, fluxos que atravessam esse muro *e* o muro do muro, e se põem a correr sobre o corpo pleno sem órgãos. A oposição está entre a classe e os fora-da-classe; entre os servidores da máquina e os que a fazem ir pelos ares ou explodem as engrenagens; entre o regime da máquina social e o das máquinas desejantes; entre os limites interiores relativos e o limite exterior absoluto. Ou, se se quiser: entre os capitalistas e os esquizos, na sua intimidade fundamental no nível da descodificação e na sua hostilidade fundamental no nível da axiomática (donde a semelhança, no retrato que os socialistas do século XIX fazem do proletariado, entre este e um perfeito esquizo).

[III.10.6. A bipolaridade de classe]

Eis por que o problema de uma classe proletária pertence em primeiro lugar à práxis. Organizar uma bipolarização *[304]* do campo social, uma bipolaridade de classes, foi a tarefa do movimento socialista revolucionário. Claro que podemos conceber uma determinação teórica da classe proletária no nível da produção (aqueles de quem a mais-valia é extorquida), ou no nível do dinheiro (renda salarial). Mas tais determinações são demasiado estreitas ou demasiado largas; além disso, o ser objetivo que elas definem como *interesse de classe* permanece puramente virtual enquanto não se encarna numa consciência que certamente não o cria, mas que o atualiza num partido organizado, apto a se propor à conquista do aparelho de Estado. Se o movimento do capitalismo, no jogo de suas relações diferenciais, é esquivar-se a todo limite fixo determinável, é ultrapassar e deslocar seus limites interiores e fazer cortes de cortes, o movimento socialista parece necessariamente levado a fixar ou a consignar um limite que distingue o proletariado da burguesia, grande corte que vai animar uma luta não só econômica e financeira, mas também política. Ora, o significado dessa conquista de um aparelho de Estado é justamente o que foi e ainda é um problema. Um Estado supostamente socialista implica uma transformação da produção, das unidades de produção e do cálculo econômico. Mas esta transformação só pode ser feita a partir de um Estado já conquistado que se acha diante dos mesmos problemas axiomáticos de extração de um excedente ou de uma mais-valia, de acumulação, de absorção, de mercado e de cálculo monetário. Então, ou o proletariado o submete ao seu interesse objetivo, mas estas operações são feitas sob a dominação da sua vanguarda de consciência ou de partido, isto é, em proveito de uma burocracia ou de uma tecnocracia que valem pela burguesia como "grande ausente"; ou a burguesia conserva o controle do Estado, pronta a secretar sua própria tecno-burocracia e, sobretudo, a acrescentar alguns axiomas para o reconhecimento e a integração do proletariado como segunda classe. É exato dizer que a alternativa não está entre o mercado e a planificação, já que a planificação se introduz necessariamente no Estado capitalista, e já que o mercado subsiste no Estado socialista, ainda que como mercado monopolista de Estado. Justamente por isso tudo, como definir a verdadeira alternativa sem supor todos os problemas resolvidos? A imensa obra *[305]* de Lênin[NT] e da Revolução Russa foi a de forjar uma consciência de classe conforme ao ser ou ao interesse objetivo, e, por conseguinte, a de impor aos países capitalistas um reconhecimento da bipolaridade de classe. Mas este grande corte leninista não impediu a ressurreição de um capitalismo de Estado no próprio socialismo, como não impediu o capitalismo clássico de contorná-la, prosseguindo seu verdadeiro trabalho de toupeira, sempre cortes de cortes que lhe permitiam integrar na sua axiomática seções da classe reconhecida, rejeitando para mais longe, para a periferia ou para os enclaves, os elementos re-

---

[NT] [Vladimir Lênin (Vladimir Ilitch Ulianov, 1870-1924).]

volucionários não controlados (não controlados tanto pelo socialismo oficial quanto pelo capitalismo). Assim, a escolha só aparece entre a nova axiomática terrorista e rígida, logo saturada, do Estado socialista, e a velha axiomática cínica, tão perigosa quanto flexível e nunca saturada do Estado capitalista. Mas, na verdade, a questão mais direta não é saber se uma sociedade industrial pode dispensar os excedentes, a absorção do excedente, o Estado planificador e mercantil, ou mesmo um equivalente de burguesia: é evidente que não, mas, ao mesmo tempo, é também evidente que, nesses termos, a questão não está bem posta. E também não se trata de saber se a consciência de classe, encarnada num partido ou num Estado, trai ou não o interesse objetivo de classe, ao qual se atribuiria uma espécie de espontaneidade possível, esmagada pelas instâncias que pretendem representá-lo. A análise feita por Sartre na *Crítica da razão dialética* parece-nos profundamente justa, quando estabelece que não há espontaneidade de classe, mas somente de "grupo": donde a necessidade de distinguir os "grupos em fusão" e a classe que permanece "serial", representada pelo partido ou pelo Estado. E os dois não estão na mesma escala. É que o interesse de classe continua sendo da ordem dos grandes conjuntos molares; ele apenas define um pré-consciente coletivo, necessariamente representado numa consciência distinta, a respeito da qual nem sequer se pode perguntar, nesse nível, se trai ou não esse interesse, se aliena ou não, se deforma ou não. O verdadeiro inconsciente está, ao contrário, no desejo de grupo, que põe em jogo a ordem molecular das máquinas desejantes. É aí que está o problema, entre os desejos inconscientes de grupo e os interesses pré-conscientes de classe. É somente a partir *[306]* daí, como veremos, que se pode estabelecer as questões indiretamente decorrentes disso, as questões sobre o pré-consciente de classe e as formas representativas da consciência de classe, sobre a natureza dos interesses e o processo de sua realização. Reencontramos Reich, agora com suas inocentes exigências que reclamam os direitos de uma distinção prévia do desejo e do interesse: "A direção (não deve ter) tarefa mais urgente, além do conhecimento preciso do processo histórico objetivo, que a de compreender: *a)* que ideias e que desejos progressistas existem segundo as camadas, profissões, classes de idade e sexos; *b)* que desejos, angústias e ideias entravam o desenvolvimento do aspecto progressista — *fixações tradicionais*".[103] (A direção tem a tendência de responder sobretudo desta maneira: quando ouço a palavra desejo, saco meu revólver).

[III.10.7. Desejo e interesse]

É que o desejo nunca é enganado. O interesse pode ser enganado, desconhecido ou traído, mas não o desejo. Daí o grito de Reich: não, as massas não foram enganadas, elas desejaram o fascismo, e é isso que é preciso explicar... Acontece desejar-se contra seu interesse: o capitalismo se aproveita disso, mas também o socialismo, o partido e a direção do partido. Como explicar que o desejo se dedique a operações que não são desconhecimentos, mas investimentos inconscientes perfeitamente reacionários? E o que Reich quer dizer quando fala de "fixações tradicionais"? Elas também fazem parte do processo histórico, e nos conduzem às modernas funções do Estado. As sociedades modernas civilizadas definem-se por processos de descodificação e de desterritorialização. *Mas o que elas desterritorializam de um lado, elas reterritorializam do outro.* Essas neoterritorialidades são frequentemente artificiais, residuais, arcaicas; só que são arcaísmos com uma função perfeitamente atual, nossa maneira moderna de "ladrilhar", de esquadriar, de reintroduzir fragmentos de código, de ressuscitar antigos, de inventar pseudocódigos ou jargões. Neoarcaísmos, segundo a fórmula de Edgar Morin. Essas territorialidades modernas são extremamente complexas e variadas. Umas são sobretudo folclóricas, mas não deixam de representar forças sociais e eventualmente políticas (dos jogadores de bola[NT] *[307]* aos que destilam sua

---

[103] Reich, *Qu'est-ce que la conscience de classe?* (1934), tradução e edição francesas de Constantin Sinelnikoff, Nice, 1971, p. 18.

[NT] [No original, *joueurs de boule*. Nesse jogo, os jogadores devem fazer rolar as bolas de metal (menores que as nossas velhas conhecidas bolas de bocha feitas de madeira ou de plástico denso) para que fiquem o mais próximo possível de uma menor, o que é também exigido no jogo de bocha, no qual a menor tem o nome de bolim.]

bebida,[NT] passando pelos antigos combatentes). Outras são enclaves cujo arcaísmo tanto pode alimentar um fascismo moderno quanto desprender uma carga revolucionária (as minorias étnicas, o problema basco, os católicos irlandeses, as reservas indígenas). Algumas se formam como que espontaneamente, na própria corrente do movimento de desterritorialização (territorialidades de bairro, territorialidades dos grandes conjuntos, os "bandos"). Outras são organizadas ou favorecidas pelo Estado, mesmo que elas se voltem contra ele ou lhe criem sérios problemas (o regionalismo, o nacionalismo). Dentro do capitalismo, o Estado fascista foi, sem dúvida, a mais fantástica tentativa de reterritorialização econômica e política. Mas o Estado socialista também tem suas próprias minorias, suas próprias territorialidades, que voltam a se formar contra ele, ou que ele mesmo suscita e organiza (nacionalismo russo, territorialidade de partido: o proletariado só pode constituir-se como classe com apoio em neoterritorialidades artificiais; paralelamente, a burguesia reterritorializa-se às vezes sob as mais arcaicas formas). A famosa personalização do poder é como que uma territorialidade que vem duplicar a desterritorialização da máquina. Se é verdade que a função do Estado moderno é a regulação de fluxos descodificados, desterritorializados, um dos principais aspectos desta função consiste em reterritorializar, de modo a impedir que fluxos descodificados fujam por todos os cantos da axiomática social. Às vezes, tem-se a impressão de que os fluxos de capitais voltar-se-iam de bom grado à lua, se o Estado capitalista não estivesse lá para reconduzi-los à terra. Por exemplo: desterritorialização dos fluxos de financiamento, mas reterritorialização pelo poder de compra e meios de pagamento (papel dos bancos centrais). Ou, então, o movimento de desterritorialização que vai do centro para a periferia, mas acompanhado por uma reterritorialização periférica, por um tipo de autocentramento econômico e político da periferia, seja sob formas modernistas de um socialismo ou capitalismo de Estado, seja sob a forma arcaica de dés-

[NT] [No original, *bouilleurs de cru*. Referência a proprietários que, colhendo frutos em seu próprio domínio, os destilam para consumo pessoal.]

potas locais. No limite, é impossível distinguir a desterritorialização e a reterritorialização, que estão presas uma na outra ou são como o avesso e o direito de um mesmo processo.

[III.10.8. A desterritorialização e as reterritorializações capitalistas: sua relação e a lei da baixa tendencial]

Este aspecto essencial da regulação pelo Estado se explica ainda melhor quando vemos que ele está diretamente fundado na *[308]* axiomática econômica e social do capitalismo como tal. É a própria conjunção de fluxos desterritorializados que desenha neoterritorialidades arcaicas ou artificiais. Marx mostrou qual era, propriamente falando, o fundamento da economia política: a descoberta de uma essência subjetiva abstrata da riqueza, no trabalho ou na produção, assim como no desejo, diríamos também. ("Foi um imenso progresso quando Adam Smith rejeitou toda determinação da atividade criadora de riqueza e considerou tão somente o trabalho: nem o trabalho manufatureiro, nem o trabalho comercial, nem a agricultura, mas todas as atividades sem distinção... a universalidade abstrata da atividade criadora de riqueza").[104] Eis o que se diz em relação ao grande movimento de descodificação ou de desterritorialização: a natureza da riqueza não é mais procurada do lado do objeto, em condições exteriores, máquina territorial ou máquina despótica. Marx, porém, logo acrescenta que essa descoberta essencialmente "cínica" é corrigida por uma nova territorialização, como um novo fetichismo ou uma nova "hipocrisia". A produção como essência subjetiva abstrata só é descoberta nas formas da propriedade que a objetivam novamente, que a alienam ao reterritorializá-la. Não foram só os mercantilistas que, pressentindo a natureza subjetiva da riqueza, tinham-na determinado como uma atividade particular ainda ligada a uma máquina despótica "fazedora de dinheiro"; não foram só os fisiocratas que, levando ainda mais longe este pressentimento, ligaram

---

[104] Marx, *Introduction générale à la critique de l'économie politique*, tradução francesa, Paris, Pléiade, I, pp. 258 ss.; e *Économie et philosophie*, Paris, Pléiade, II, pp. 71-5. [NT: Adam Smith (1723-1790).]

a atividade subjetiva a uma máquina territorial ou reterritorializada sob forma de agricultura e de propriedade fundiária. Até mesmo Adam Smith só descobre a grande essência da riqueza, abstrata e subjetiva, industrial e desterritorializada, reterritorializando-a imediatamente na propriedade privada dos meios de produção. (E, a esse respeito, não se pode dizer que a chamada propriedade comum mude o sentido deste movimento.) E mais, se já não se trata de fazer a história da economia política, mas a história real da sociedade correspondente, compreender-se-á ainda melhor por que o capitalismo não para de reterritorializar o que ele *[309]* primeiramente desterritorializa. É em O *capital* que Marx analisa a verdadeira razão do duplo movimento: por um lado, o capitalismo só pode proceder desenvolvendo sem parar a essência subjetiva da riqueza abstrata, produzir por produzir, isto é, "a produção como um fim em si mesma, o desenvolvimento absoluto da produtividade social do trabalho"; mas, por outro lado, e ao mesmo tempo, ele só pode fazer isso no quadro do seu próprio objetivo limitado, enquanto modo de produção determinado, "produção para o capital", "valorização do capital existente".[105] Sob o primeiro aspecto, o capitalismo não para de ultrapassar seus próprios limites, desterritorializando sempre mais longe, "dilatando-se numa energia cosmopolita universal que subverte toda barreira e todo liame"; mas sob o segundo aspecto, estritamente complementar do primeiro, o capitalismo não para de ter limites e barreiras que lhe são interiores, imanentes, e que, precisamente por serem imanentes, só se deixam ultrapassar reproduzindo-se numa escala ampliada (sempre mais reterritorialização, local, mundial e planetária). Eis por que a lei da baixa tendencial, isto é, dos limites nunca atingidos porque sempre ultrapassados e sempre reproduzidos, nos pareceu ter como corolário, e mesmo como manifestação direta, a simultaneidade dos dois movimentos de desterritorialização e de reterritorialização.

---

[105] Marx, *Le Capital*, III, 3, conclusões, tradução francesa, Paris, Pléiade, II, pp. 1.031-2.

[III.10.9. Os dois polos da axiomática: o significante despótico e a figura esquizofrênica; paranoia e esquizofrenia]

Tira-se disso uma consequência importante. É que a axiomática social das sociedades modernas está contida entre dois polos, e não para de oscilar de um polo a outro. Tais sociedades, nascidas da descodificação e da desterritorialização, sobre as ruínas da máquina despótica, estão contidas entre o *Urstaat*, que bem gostariam de ressuscitar como unidade sobrecodificante e reterritorializante, e os fluxos desencadeados que as levam em direção a um limiar absoluto. Elas recodificam com toda a força, a golpes de ditadura mundial, de ditadores locais e de polícia toda-poderosa, enquanto descodificam ou deixam descodificar as quantidades fluentes de seus capitais e de suas populações. Elas estão contidas entre duas direções: arcaísmo e futurismo, neoarcaísmo e ex-futurismo, paranoia e esquizofrenia. *[310]* Elas vacilam entre dois polos: de um lado, o signo despótico paranoico, o signo-significante do déspota que elas tentam reanimar como unidade de código; de outro, o signo-figura do esquizo como unidade de fluxo descodificado, esquiza, ponto-signo ou corte-fluxo. Em um, elas estrangulam, mas escorrem ou se derramam pelo outro. Estão sempre atrasadas e adiantadas em relação a si mesmas.[106] Como conciliar a nostalgia e a necessidade do *Urstaat* com a exigência e a inevitabilidade da fluxão de fluxos? Como fazer para que a descodificação e a desterritorialização, constitutivas do sistema, não o façam fugir por um ou outro dos seus cantos, escapando à axiomática e enlouquecendo a máquina (um chinês no horizonte, um lança-mísseis cubano, um árabe que desvia aviões, um sequestrador de cônsul, um pantera negra, um Maio 68, ou ainda, hippies drogados, homossexuais em fúria etc.). Oscila-se entre as sobrecargas paranoicas

---

[106] Suzanne de Brunhoff, *La Monnaie chex Marx*, Paris, Sociales, 1967, p. 147: "É por isso que no capitalismo até o próprio crédito, constituído em sistema, reúne elementos compósitos *anticapitalistas* (a moeda, o comércio do dinheiro) e *pós-capitalistas* (porque o circuito do crédito é uma circulação superior...). Adaptado às necessidades do capitalismo, o crédito nunca é verdadeiramente contemporâneo do capital. O sistema de financiamento que nasceu do modo de produção capitalista é um bastardo".

reacionárias e as cargas subterrâneas, esquizofrênicas e revolucionárias. E mais, nem sequer sabemos bem como isso gira para um lado ou para o outro: os dois polos ambíguos do delírio, suas transformações, a maneira pela qual um arcaísmo ou um folclore, em tal ou qual circunstância, podem tomar subitamente um perigoso valor progressista. Como isso vira fascista ou revolucionário? Aí está o problema do delírio universal sobre o qual todo mundo se cala, primeiramente e sobretudo os psiquiatras (não têm ideia sobre isso; e por que a teriam?). O capitalismo e também o socialismo estão como que dilacerados entre o significante despótico, que adoram, e a figura esquizofrênica que os arrasta. Assim, temos o direito de manter duas conclusões precedentes que pareciam opor-se. Por um lado, o Estado moderno forma um verdadeiro corte para frente em relação ao Estado despótico, graças à efetuação de um devir-imanente, à sua generalizada descodificação de fluxos e à sua axiomática que vem substituir os códigos e as sobrecodificações. Mas, por outro lado, há *[311]* e houve sempre um só Estado, o *Urstaat*, a formação despótica asiática que, para trás, constitui o único corte para toda a história, uma vez que a própria axiomática social moderna só pode funcionar ressuscitanto-a como um dos polos entre os quais se exerce o seu próprio corte. Democracia, fascismo ou socialismo — qual deles não é assombrado pelo *Urstaat* como modelo inigualável? O chefe da polícia do ditador local Duvalier chamava-se Desyr.[NT]

[III.10.10. Recapitulação das três grandes máquinas sociais: territorial, despótica e capitalista (codificação, sobrecodificação, descodificação)]

Não são simplesmente os mesmos procedimentos que levam uma coisa a ser suscitada e a ressuscitar. Distinguimos três grandes

---

[NT] [Georges Lamazière, primeiro tradutor de *O anti-Édipo* no Brasil, anota o seguinte: "trocadilho com *désir*, desejo". É que Emmanuel Ambroise, dito Desyr, foi chefe da polícia secreta de Jean-Claude Duvalier, dito Baby Doc (nascido em 1951), ditador do Haiti entre 1971 e 1986, posição que herdou de seu pai, François Duvalier (1907-1971), dito Papa Doc.]

máquinas sociais, as correspondentes aos selvagens, aos bárbaros e aos civilizados. A primeira é a máquina territorial subjacente, que consiste em codificar os fluxos sobre o corpo pleno da terra. A segunda é a máquina imperial transcendente que consiste em sobrecodificar os fluxos sobre o corpo pleno do déspota e do seu aparelho, o *Urstaat*: ela opera o primeiro grande movimento de desterritorialização, mas porque acrescenta sua eminente unidade às comunidades territoriais que ela conserva, reunindo-as, sobrecodificando-as, apropriando-se do sobretrabalho. A terceira é a máquina moderna imanente, que consiste em descodificar os fluxos sobre o corpo pleno do capital-dinheiro: ela realizou a imanência, tornou concreto o abstrato, naturalizou o artificial, substituindo os códigos territoriais e a sobrecodificação despótica por uma axiomática dos fluxos descodificados e por uma regulação destes fluxos; ela opera o segundo grande movimento de desterritorialização, mas, desta vez, porque nada deixa subsistir dos códigos e sobrecódigos. Porém, o que ela não deixa subsistir, ela o reencontra por seus próprios meios originais; reterritorializa territorialidades perdidas, cria novos arcaísmos onde destruiu os antigos — e ambos se esposam. O historiador diz: não, o Estado moderno, com sua burocracia e tecnocracia, não se assemelha ao estado despótico antigo. Isto é evidente, pois, num caso, trata-se de reterritorializar fluxos descodificados, ao passo que, no outro caso, trata-se de sobrecodificar fluxos territoriais. O paradoxo está em que o capitalismo se serve do *Urstaat* para fazer operar suas reterritorializações. Mas, no fundo de sua imanência, e imperturbável, a axiomática moderna reproduz o *Urstaat* transcendente como seu limite devindo interior, ou como um dos seus polos, entre os quais ela é determinada a oscilar. *[312]* E, sob seu caráter imperturbável e cínico, grandes forças a trabalham, forças que formam o outro polo da axiomática, seus acidentes, suas falhas e suas possibilidades de saltar, de fazer passar o que ela descodifica para além do muro de suas regulações imanentes, bem como de suas ressurreições transcendentais. Cada tipo de máquina social produz um certo gênero de *representação*, cujos elementos se organizam na superfície do *socius*: o sistema da conotação-conexão na máquina territorial selvagem, que corresponde à codificação dos fluxos; o sistema da subordinação-disjunção na máquina despótica bárbara, correspondente à sobrecodificação; o sistema da coordenação-conjunção na máquina capitalista civilizada, correspondente à descodificação dos fluxos. Desterritorialização, axiomática e reterritorialização, são estes os três elementos de superfície da representação de desejo no *socius* moderno. Retornamos, assim, à seguinte questão: qual é, em cada caso, a relação entre a produção social e a produção desejante, uma vez dito que há sempre entre as duas identidade de natureza, mas também diferença de regime? É possível que a identidade de natureza atinja seu mais elevado ponto no regime da representação capitalista moderna porque ela aí se realiza "universalmente" na imanência e na fluxão dos fluxos descodificados? E ainda: será que a diferença de regime é aí a maior, e que esta representação exerce sobre o desejo uma operação de repressão-recalcamento mais forte do que qualquer outra, porque, em virtude da imanência e da descodificação, a antiprodução espalhou-se através de toda a produção, em vez de permanecer localizada no sistema, desprendendo um fantástico instinto de morte que agora impregna e esmaga o desejo? E o que é essa morte que sobe sempre de dentro, mas que deve chegar de fora — e que, no caso do capitalismo, sobe com tanto mais potência por não vermos ainda bem qual é esse fora que vai fazê-la chegar? Em suma, a teoria geral da sociedade é uma teoria generalizada dos fluxos; é em função desta que se deve estimar a relação entre a produção social e a produção desejante, as variações desta relação em cada caso, os seus limites no sistema capitalista. *[313]*

[III.11. ÉDIPO, FINALMENTE]

[III.11.1. A aplicação. Reprodução social e reprodução humana. As duas ordens de imagens]
Tanto na máquina territorial quanto na máquina despótica a reprodução social e econômica nunca é independente da reprodução humana, da forma social desta reprodução humana. Assim, a família é uma práxis aberta, uma estratégia coextensiva ao campo social; as relações de filiação e de aliança são determinantes, ou

melhor, "determinadas a serem dominantes". Com efeito, os produtores (ou não produtores) é que são imediatamente marcados, inscritos no *socius*, segundo a posição de sua família e sua posição na família. O processo da reprodução não é diretamente econômico, mas passa pelos fatores não econômicos do parentesco. Isto é verdade não apenas em relação à máquina territorial, e aos grupos locais que determinam o lugar de cada um na reprodução social econômica segundo sua posição do ponto de vista das alianças e filiações, mas também em relação à máquina despótica que duplica tais alianças e filiações por efeito das relações da nova aliança e da filiação direta (donde o papel da família do soberano na sobrecodificação despótica, e da "dinastia", sejam quais forem as mutações, as incertezas, que se inscrevem sempre na mesma categoria de nova aliança). A coisa é muito diferente no sistema capitalista.[107] A representação já não se reporta a um objeto distinto, mas à própria atividade produtora. Como corpo pleno, o *socius* deveio diretamente econômico enquanto capital-dinheiro; ele não tolera outro pressuposto. Os inscritos ou marcados já não são os produtores ou não produtores, mas as forças e meios de produção como quantidades abstratas que devêm efetivamente concretas ao serem postas em relação ou conjunção: força de trabalho ou capital, capital constante ou capital variável, capital de filiação ou de aliança... O capital é que tomou para si as relações de aliança e de filiação. Segue-se uma privatização da família, com o que ela para de dar *[314]* sua forma social à reprodução econômica: ela é como que desinvestida, posta fora de campo; para falar como Aristóteles, ela não é senão a forma da matéria ou do material humano que se encontra subordinada à forma social autônoma da reprodução econômica, e que vem ocupar o lugar que esta lhe consigna. Isto quer dizer que os elementos da produção e da antiprodução

---

[107] Cf. a análise diferencial dos modos de produção feita por Emmanuel Terray, *Le Marxisme devant les sociétés primitives*, pp. 140-55 (a razão pela qual, nas sociedades pré-capitalistas, "a reprodução da estrutura econômica e social depende em larga medida das condições nas quais se opera a reprodução física do grupo").

não se reproduzem como os próprios homens, mas encontram neles um simples material que a forma da reprodução econômica pré-organiza de um modo totalmente distinto da que ele tem como reprodução humana. É precisamente por ser privatizada, posta fora de campo, que a forma do material ou da reprodução humana engendra homens que é fácil supor como sendo todos iguais entre si; mas, no próprio campo, a forma da reprodução social econômica já tem pré-formada a forma do material para engendrar, aí onde é preciso, *o* capitalista como função derivada do capital, *o* trabalhador como função derivada da força de trabalho etc., de tal modo que a família acha-se de antemão recortada pela ordem das classes (e é bem neste sentido que a segregação é a única origem da igualdade...).[108]

Essa colocação da família fora de campo é também sua maior oportunidade social, porque é a condição sob a qual todo o campo social poderá *aplicar-se* à família. As pessoas individuais são, primeiramente, pessoas sociais, isto é, funções derivadas de quantidades abstratas; elas próprias devêm concretas ao serem postas em relação a essas quantidades, na axiomática dessas quantidades, em sua conjunção. São exatamente configurações ou imagens produzidas pelos pontos-signos, pelos cortes-fluxos, pelas puras "figuras" do capitalismo: o capitalista como capital personificado, isto é, como função derivada do fluxo de capital, o trabalhador como força de trabalho personificada, função derivada do fluxo de trabalho. O capitalismo, assim, preenche seu campo de imanência com imagens: mesmo a miséria, o desespero, a revolta e, por outro lado, a violência e a opressão do capital, devêm imagens de miséria, de desespero, de revolta, *[315]* de violência ou de opressão. Porém, a partir das figuras não figurativas ou dos cortes-fluxos que as produzem, estas próprias imagens só serão figurantes e reprodutivas ao informarem um material humano cuja forma especifica de reprodução recai fora do campo social que, todavia, a determi-

---

[108] Sobre a produção "do" capitalista etc., Marx, *Principes d'une critique de l'économie politique*, Paris, Pléiade, II, pp. 357-8; e *Le Capital*, I, 7, cap. 24, Paris, Pléiade, pp. 1.095-6.

na. Portanto, as pessoas privadas são imagens de segunda ordem, são imagens de imagens, isto é, *simulacros* que, assim, recebem a aptidão de representar a imagem de primeira ordem das pessoas sociais. No lugar da família, estas pessoas privadas são formalmente determinadas como pai, mãe, filho. Mas, em vez desta família ser uma estratégia que, a golpes de alianças e filiações, se abra sobre todo o campo social, lhe seja coextensivo e recorte suas coordenadas, ela não passa de uma simples tática, dir-se-ia, sobre a qual se fecha o campo social, à qual ele aplica suas exigências autônomas de reprodução, e que ele recorta com todas as suas dimensões. As alianças e as filiações já não passam pelos homens, mas pelo dinheiro; então, a família devém microcosmo apta para exprimir o que ela já não domina. De certa maneira, a situação não mudou, pois o que é investido através da família é sempre o campo social econômico, político e cultural, seus cortes e seus fluxos. As pessoas privadas são uma ilusão, imagens de imagens ou derivadas de derivadas. Mas, de uma outra maneira, tudo mudou, porque a família, em vez de constituir e desenvolver os fatores dominantes da reprodução social, se contenta em aplicar e envolver estes fatores em seu próprio modo de reprodução. Assim, pai, mãe e filho devêm simulacros das imagens do capital ("Senhor Capital, Senhora Terra" e seu filho, o Trabalhador...) de modo que estas imagens já não são reconhecidas no desejo, determinado a investir apenas seu simulacro. As determinações familiares devêm aplicação da axiomática social. A família devém o subconjunto ao qual se aplica o conjunto do campo social. Como *cada um* tem um pai e uma mãe a título privado, é um subconjunto distributivo que simula para cada um o conjunto coletivo das pessoas sociais, que fecha o domínio e emaranha suas imagens. Tudo se assenta sobre o triângulo pai-mãe-filho, que ressoa respondendo "papai-mamãe" a cada vez que as imagens do capital o estimulam. Em suma, Édipo *[316]* chega: ele nasce da aplicação, no sistema capitalista, das imagens sociais de primeira ordem às imagens familiares privadas de segunda ordem. Ele é o conjunto de chegada que responde a um conjunto de partida socialmente determinado. Ele é nossa formação colonial íntima que responde à forma de soberania social. Somos todos pequenas colônias, e é Édipo que nos coloniza. Quando a família deixa de ser uma unidade de produção e de reprodução, quando a conjunção reencontra nela o sentido de uma simples unidade de consumo, é pai-mãe que consumimos. No conjunto de partida há o patrão, o chefe, o padre, o tira, o fiscal da receita, o soldado, o trabalhador, todas as máquinas e territorialidades, todas as imagens sociais da nossa sociedade; mas, no conjunto de chegada, só há, no limite, papai, mamãe e eu: o signo despótico recolhido pelo papai, a territorialidade residual assumida pela mamãe, e o eu dividido, cortado, castrado. Esta operação de assentamento, de dobragem ou de aplicação é o que certamente leva Lacan a dizer, traindo voluntariamente o segredo da psicanálise como axiomática aplicada: aquilo que parece "desenrolar-se mais livremente no diálogo psicanalítico depende, de fato, de embasamento redutível a algumas articulações essenciais e formalizáveis".[109] Tudo está pré-formado, arranjado de antemão. O campo social em que cada um age e padece como agente coletivo de enunciação, agente de produção e de antiprodução, assenta-se sobre Édipo, no qual cada um acha-se agora preso no seu canto, cortado pela linha que o divide em sujeito de enunciado e sujeito de enunciação individuais. O sujeito do enunciado é a pessoa social, e o sujeito de enunciação é a pessoa privada. "Então" é seu pai, então é sua mãe, então é você: a conjunção familiar resulta das conjunções capitalistas, uma vez que estas se aplicam a pessoas privatizadas. Papai-mamãe-eu: tem-se certeza de encontrá-los em toda parte, pois que tudo foi aplicado neles. O reino das imagens é a nova maneira do capitalismo utilizar as esquizas e desviar os fluxos: imagens compósitas, imagens assentadas sobre imagens, de tal modo que, no fim da operação, o pequeno eu de cada um, reportado ao seu *[317]* pai-mãe, seja verdadeiramente o centro do mundo. Muito mais disfarçado do que o reino subterrâneo dos fetiches da terra ou do que o reino celeste dos ídolos do déspota, eis aí o advento da máquina edipiana-narcísica: "Chega de glifos e de hieroglifos... queremos a realidade objetiva, real, ... isto é, a ideia-Kodak... Para cada homem, cada mulher, o universo é tão somente o que cerca

---

[109] Lacan, *Lettres de l'école freudienne*, 7 de março de 1970, p. 42.

sua absoluta pequena imagem... Uma imagem! Um instantâneo-
-kodak num filme universal de instantâneos".[110] Cada um como
pequeno microcosmo triangulado, o eu narcísico confunde-se com
o sujeito edipiano.

[III.11.2. Édipo e os limites]
Édipo enfim..., trata-se, afinal, de uma operação muito simples, facilmente formalizável, com efeito. Ela empenha a história universal. Vimos em que sentido a esquizofrenia era o *limite absoluto* de toda sociedade, pois que ela faz passar fluxos descodificados e desterritorializados que, "no limite" de toda produção social, ela restitui à produção desejante. E vimos em que sentido o capitalismo é o *limite relativo* de toda sociedade, pois que ele axiomatiza os fluxos descodificados e reterritorializa os fluxos desterritorializados. Vimos também que o capitalismo encontra na esquizofrenia seu próprio *limite exterior*, que ele não para de repelir e esconjurar, enquanto ele próprio produz seus *limites imanentes* que ele desloca e amplia sem cessar. Mas, de uma outra maneira, o capitalismo tem ainda necessidade de um *limite interior* deslocado: precisamente, para neutralizar ou repelir o limite exterior absoluto, o limite esquizofrênico, ele tem necessidade de interiorizá-lo, mas agora restringindo-o, fazendo-o passar não mais entre a produção social e a produção desejante que dela se desprende, mas, no interior da produção social, entre a forma da reprodução social e a forma de uma reprodução familiar sobre a qual aquela é assentada, entre o conjunto social e o subconjunto privado ao qual aquele se aplica. Édipo é este limite deslocado ou interiorizado no qual o desejo se deixa prender. O triângulo edipiano é a territorialidade íntima e privada que corresponde a todos os esforços de

---

[110] D. H. Lawrence, "Art et moralité" (1925), tradução francesa, in *Eros et les chiens*, Paris, Bourgois, 1970, pp. 48-50. (Sobre a "realidade" do homem moderno como imagem compósita e sarapintada, cf. Nietzsche, *Zaratustra*, II, "Do país da civilização".) [NT: Optei por traduzir *bariolée* por "sarapintada" para acompanhar a tradução brasileira do texto nietzschiano feita por Mário da Silva em Nietzsche, *Assim falou Zaratustra*, Rio de Janeiro, Civilização Brasileira, 1998, "O país da cultura", pp. 150-2.]

reterritorialização social do capitalismo. Limite *[318]* deslocado, pois que é o representado deslocado do desejo: eis o que Édipo sempre foi para toda formação. Porém, nas formações primitivas, este limite permanece inocupado, já que os fluxos são codificados e dado que o jogo das alianças e das filiações mantém as famílias amplas, à escala das determinações do campo social, impedindo todo assentamento secundário destas sobre aquelas. Nas formações despóticas, o limite edipiano é ocupado, simbolicamente ocupado, mas não vivido ou habitado, pois que o incesto imperial opera uma sobrecodificação que sobrevoa por sua vez todo o campo social (representação recalcante): as operações formais de assentamento, de extrapolação etc., que pertencerão mais tarde a Édipo, já se esboçam, mas num espaço simbólico no qual se constitui o objeto das alturas. É somente na formação capitalista que o limite edipiano acha-se não só ocupado, mas habitado e vivido, no sentido em que as imagens sociais produzidas pelos fluxos descodificados se assentam efetivamente sobre as imagens familiares restritas, investidas pelo desejo. É neste ponto do imaginário que Édipo se constitui, ao mesmo tempo em que ele *completa sua migração* em profundidade nos elementos da representação: *o representado deslocado devém como tal o representante do desejo*. É claro, portanto, que este devir ou esta constituição não ocorrem sob as espécies imaginadas nas formações sociais anteriores, pois o Édipo imaginário é que resulta de um tal devir, e não o inverso. Não é por um fluxo de merda ou uma onda de incesto que Édipo chega, mas por fluxos descodificados do capital-dinheiro. As ondas de incesto e de merda derivam dele apenas secundariamente na medida em que elas arrastam consigo as pessoas privadas sobre as quais os fluxos de capital se assentam ou se aplicam (donde a gênese complexa, totalmente deformada na equação psicanalítica merda = dinheiro: de fato, trata-se de um sistema de encontros ou de conjunções, de derivados e de resultantes entre fluxos descodificados).

[III.11.3. Édipo e a recapitulação dos três estados]
Há no Édipo uma recapitulação dos três estados ou das três máquinas. Com efeito, ele se prepara na máquina territorial como

limite vazio inocupado. Ele se forma na máquina despótica como limite ocupado simbolicamente. Porém, ele só se preenche e se efetua ao devir o Édipo imaginário da máquina capitalista. A máquina despótica conservava *[319]* as territorialidades primitivas, e a máquina capitalista ressuscita o *Urstaat* como um dos polos de sua axiomática, faz do déspota uma das suas imagens. Eis por que Édipo junta tudo, tudo se reencontra em Édipo, que é certamente o resultado da história universal, mas no sentido singular em que se diz isso mesmo do capitalismo. Eis a série toda: *fetiches, ídolos, imagens e simulacros* — fetiches territoriais, ídolos ou símbolos despóticos, tudo é retomado pelas imagens do capitalismo que as impele e as reduz ao simulacro edipiano. O representante do grupo local com Laios, a territorialidade com Jocasta, o déspota com o próprio Édipo: "pintura pintalgada de tudo aquilo em que se acreditou".^NT Não surpreende que Freud tenha buscado em Sófocles a imagem central de Édipo-déspota, o mito que deveio tragédia, para fazê-la irradiar em duas direções opostas, a direção ritual primitiva de *Totem e tabu*, e a direção privada do homem moderno que sonha (Édipo pode ser um mito, uma tragédia, um sonho: ele exprime sempre o deslocamento do limite). Édipo nada seria se a posição simbólica de um objeto das alturas, na máquina despótica, não tornasse inicialmente possíveis as operações de dobragem e de assentamento que o constituirão no campo moderno: a *causa* da triangulação. Donde a extrema importância, mas também a indeterminação, a indecidibilidade da tese do mais profundo inovador em psicanálise, que faz passar o limite deslocado entre o simbólico e o imaginário, entre a castração simbólica e o Édipo imaginário. É que a castração na ordem do significante despótico, como lei do déspota ou efeito do objeto das alturas é, na verdade, a condição formal das imagens edipianas, que se desenrolarão pelo campo de imanência que o recuo do significante deixa a descoberto. Alcanço o desejo quando chego à castração...! Ora, o que pode

---

^NT [A frase é de Nietzsche e se encontra diferentemente transcrita no texto referido anteriormente na NT apensa à nota 110, p. *[317]*. Empreguei agora "pintalgada" (sinônimo de "sarapintada") para traduzir *bigarrée*.]

significar a equação desejo-castração, a não ser, com efeito, uma operação prodigiosa que consiste em recolocar o desejo sob a lei do déspota, em introduzir mais profundamente aí a falta e salvar-nos de Édipo por meio de uma fantástica regressão. Fantástica e genial regressão: era preciso fazer isso, "ninguém me tem ajudado", como diz Lacan, para sacudir o jugo de Édipo e levá-lo ao ponto de sua autocrítica. Mas é como aquela história dos resistentes que, querendo destruir um pilar, equilibraram tão bem as cargas de explosivo[NT] que o pilar saltou e recaiu em seu próprio *[320]* buraco. Do simbólico ao imaginário, da castração a Édipo, da idade despótica ao capitalismo há, inversamente, o progresso que faz com que o objeto das alturas, sobrevoante e sobrecodificante, se retire e dê lugar a um campo social de imanência onde os fluxos descodificados produzem imagens e as assentam. Daí os dois aspectos do significante: objeto transcendente barrado, preso num máximo que distribui a falta; e sistema imanente de relações entre elementos mínimos que vêm preencher o campo posto a descoberto (um pouco como se passa, segundo a tradição, do Ser de Parmênides aos átomos de Demócrito).

[III.11.4. Símbolo despótico e imagens capitalistas. A má consciência]

De um objeto transcendente cada vez mais espiritualizado a um campo de forças cada vez mais imanente, cada vez mais interiorizado: é esta a evolução da dívida infinita, através do catolicismo, e depois através da Reforma protestante. A extrema espiritualização do Estado despótico e a extrema interiorização do campo capitalista definem a má consciência. Esta não é o contrário do cinismo; ela é, nas pessoas privadas, o correlato do cinismo das pessoas sociais. Todos os procedimentos cínicos da má consciência, tal como Nietzsche, Lawrence e Miller os analisaram para definir o homem europeu da civilização — o reino das imagens e da hipnose, o torpor que elas propagam —, o ódio contra a vida, contra tudo o que é livre, que passa e que flui; a universal efusão do ins-

---

[NT] [Os autores escrevem *plastic* (explosivo), não *plastique* (plástico).]

tinto de morte —, a depressão, a culpabilidade utilizada como meio de contágio, o beijo do vampiro: você não tem vergonha de ser feliz? siga o meu exemplo, não o largarei até que você também me diga "é minha culpa", ó ignóbil contágio dos depressivos, a neurose como única doença, que consiste em tornar doentes os outros —, a estrutura permissiva: que eu possa enganar, roubar, degolar, matar! mas em nome da ordem social, e que papai-mamãe se orgulhem de mim —, a dupla direção dada ao ressentimento, volta contra si mesmo e projeção contra o outro: o pai morreu, a culpa é minha, quem é que o matou? a culpa é sua, foi o judeu, o árabe, o chinês, todos os recursos do racismo e da segregação —, o abjeto desejo de ser amado, o choramingo de não sê-lo o bastante, de não ser "compreendido", ao mesmo tempo em que há redução da sexualidade ao "pequeno segredo sujo", toda esta *psicologia do padre* —, todos estes [321] procedimentos encontram em Édipo sua terra nutritiva e seu alimento. E todos estes procedimentos servem à psicanálise e nela se desenvolvem: aparecendo ela como novo avatar do "ideal ascético". Cabe dizer mais uma vez que não é a psicanálise que inventa Édipo: ela somente lhe dá uma derradeira territorialidade, o divã, como uma última lei, o analista déspota e receptor de dinheiro. Porém, a mãe como simulacro de territorialidade, o pai como simulacro da lei despótica, e o eu cortado, clivado, castrado, são os produtos do capitalismo que monta esta operação que não tem equivalente nas outras formações sociais. Em qualquer outra parte, a posição familiar é somente um estímulo para o investimento do campo social pelo desejo: as imagens familiares só funcionam ao se abrirem às imagens sociais, às quais elas se acoplam ou se confrontam no curso de lutas e de compromissos; de modo que o que é investido através dos cortes e segmentos de famílias são os cortes econômicos, políticos, culturais do campo em que elas estão imersas (cf. a esquizoanálise Ndembu). O mesmo ocorre nas zonas periféricas do capitalismo, onde o esforço feito pelo colonizador para edipianizar o indígena, Édipo africano, acha-se contrariado pela dilaceração da família segundo as linhas de exploração e de opressão sociais. Mas é no centro mole do capitalismo, nas regiões burguesas temperadas, que a colônia devém íntima e privada, interior a cada um: então, o fluxo de investimento de desejo, que vai do estímulo familiar à organização (ou desorganização) social, é de certa maneira *recoberto por um refluxo* que assenta o investimento social sobre o investimento familiar como pseudo-organizador. A família deveio o lugar de retenção e de ressonância de todas as determinações sociais. Cabe ao investimento reacionário do campo capitalista aplicar todas as imagens sociais aos simulacros de uma família restrita, de tal maneira que, para onde quer que se olhe, só se encontra pai-mãe: esta podridão edipiana que se cola à nossa pele. Sim, desejei minha mãe e quis matar meu pai; um só sujeito de enunciação, Édipo, para todos os enunciados capitalistas e, entre os dois, o corte de assentamento, a castração.

[III.11.5. Adam Smith e Freud]

Marx dizia: o mérito de Lutero foi ter determinado [322] a essência da religião não mais do lado do objeto, mas como religiosidade interior; o mérito de Adam Smith e de Ricardo[NT] foi terem determinado a essência ou a natureza da riqueza não mais como natureza objetiva, mas como essência subjetiva abstrata e desterritorializada, *atividade de produção em geral*. Porém, como esta determinação se faz nas condições do capitalismo, eles objetivam de novo a essência, alienam-na e reterritorializam-na, mas agora sob a forma da propriedade privada dos meios de produção. Desta maneira, o capitalismo é, sem dúvida, o universal de toda sociedade, mas apenas na medida em que é capaz de levar até certo ponto sua própria crítica, isto é, a crítica dos procedimentos pelos quais ele reencadeia o que, nele, tendia a libertar-se ou a aparecer livremente.[111] É preciso dizer o mesmo de Freud: sua grandeza foi ter determinado a essência ou a natureza do desejo não mais em relação a objetos, fins e mesmo fontes (territórios), mas como essência subjetiva abstrata, libido ou sexualidade. Acontece que ele ainda reporta esta essência à família como derradeira territoriali-

[NT] [David Ricardo (1772-1823).]

[111] Marx, *Introduction générale à la critique de l'économie politique*, Paris, Pléiade, I, pp. 258-61.

dade do homem privado (donde a situação de Édipo: primeiramente marginal nos *Três ensaios*; depois, fechando-se cada vez mais sobre o desejo). Tudo se passa como se Freud se desculpasse pela sua profunda descoberta da sexualidade, dizendo-nos: pelo menos isto não sairá da família! O pequeno segredo sujo, em vez da imensidão entrevista. O assentamento familista, em vez da deriva do desejo. Os pequenos riachos recodificados no leito de mamãe, em vez dos grandes fluxos descodificados. A interioridade, em vez de uma nova relação com o fora. Através da psicanálise é sempre o discurso da má consciência e da culpabilidade que se alça e encontra seu alimento (o que se chama curar). E, pelo menos em dois pontos, Freud absolve a família real exterior de qualquer falta, para melhor interiorizá-las, a falta e a família, no menor membro, a criança. A maneira pela qual ele estabelece um recalcamento autônomo, independente da repressão; a maneira pela qual ele renuncia ao tema da sedução da criança pelo adulto, substituindo-o pelo fantasma individual, pondo os pais reais como inocentes ou *[323]* mesmo como vítimas,[112] pois é preciso que a família apareça sob duas formas: uma, em que ela é indubitavelmente culpada, mas apenas na maneira em que a criança a vive, intensamente, interiormente, e que se confunde com sua própria culpabilidade; a outra, em que ela permanece como instância de responsabilidade, diante da qual se é culpado, enquanto criança, e em relação à qual vem a ser responsável enquanto adulto (Édipo como doença *e* como saúde, a família como fator de alienação *e* como agente de desalienação, ainda que apenas pela maneira como é reconstituída na transferência). Foi o que Foucault mostrou em páginas tão belas: o familismo inerente à psicanálise destruiu menos a psiquiatria clássica do que a coroou. Depois do louco da terra e do louco do déspota, o louco da família; o que a psiquiatria do século XIX pretendera organizar no asilo — "a ficção imperativa da família", a razão-pai e o louco-menor, os pais são doentes tão só de sua pró-

---

[112] Erich Fromm, sobretudo na análise do pequeno Hans, mostrou bem a evolução cada vez mais nítida de Freud, tendendo a estabelecer a culpabilidade da criança e a absolver a autoridade parental: *La Crise de la psychanalyse*, tradução francesa, Paris, Anthropos, 1971, pp. 79-82, 126-32.

pria infância — tudo isto encontra seu acabamento fora do asilo, na psicanálise e no consultório do analista. Freud é o Lutero e o Adam Smith da psiquiatria. Ele mobiliza todos os recursos do mito, da tragédia e do sonho para reencadear o desejo, mas agora no interior: um teatro íntimo. Sim, Édipo é o universal do desejo, o produto da história universal, mas com uma condição que não é satisfeita por Freud: a de que Édipo seja capaz, pelo menos até certo ponto, de fazer sua autocrítica. A história universal não passa de uma teologia se ela não conquista as condições de sua contingência, de sua singularidade, de sua ironia e de sua própria crítica. E quais são essas condições, esse ponto de autocrítica? Descobrir sob o assentamento familiar a natureza dos investimentos sociais do inconsciente. Descobrir sob o fantasma individual a natureza dos fantasmas de grupo. Ou, o que dá no mesmo, levar o simulacro ao ponto em que ele deixa de ser imagem de imagem para encontrar as figuras abstratas, os fluxos-esquizas que ele recepta, ocultando-os. Substituir o sujeito privado da castração — clivado em sujeito de enunciação *[324]* e em sujeito de enunciado, e que apenas remete às duas ordens de imagens pessoais —, pelos agentes coletivos que por sua conta remetem a agenciamentos maquínicos. Reverter o teatro da representação, fazê-lo verter, correr na ordem da produção desejante: eis toda a tarefa da esquizoanálise.

Capítulo IV
INTRODUÇÃO À ESQUIZOANÁLISE
[325]

[IV.1. O CAMPO SOCIAL]

[IV.1.1. Pai e filho. Édipo, uma ideia de pai]
Quem vem primeiro, a galinha ou o ovo?[NT] E também: quem vem primeiro, pai e mãe ou o filho? A psicanálise faz como se fosse o filho (o pai só é doente de sua própria infância), mas, ao mesmo tempo, ela é forçada a postular uma preexistência parental (o filho só o é em relação a um pai e a uma mãe). É o que se vê muito bem na fixação original de um pai da horda. O próprio Édipo nada seria sem as identificações dos pais com os filhos; e não se pode esconder que tudo começa na cabeça do pai: é isso que você quer, matar-me, fazer sexo com sua mãe? Isto é, primeiramente, uma ideia de pai: Laio, pai de Édipo. É o pai que faz um alarido infernal e que brande a lei (a mãe é mais complacente: não é preciso fazer tanto caso, é um sonho, uma territorialidade). Lévi-Strauss diz muito bem: "O motivo inicial do mito de referência consiste num incesto com a mãe de que o herói se torna culpado. Todavia, essa culpabilidade parece existir sobretudo no espírito do pai, que deseja a morte de seu filho e se empenha para provocá-la. Afinal de contas, o pai, sozinho, faz papel de culpado: culpado de ter querido vingar-se. E ele é quem será morto. Este curioso desprendimento em face do incesto aparece em outros mitos".[1] *Primeira-*

[NT] [Em francês a pergunta está assim redigida: "*Qui est premier, de la poule ou de l'oeuf...?*". Portanto, o problema que está em pauta é o das conflitantes interpretações de uma coexistência e não apenas o aspecto cronológico e anedótico da expressão idiomática empregada.]

[1] Lévi-Strauss, *Le Cru et le cuit*, Paris, Plon, 1964, p. 56.

mente, antes de ser um sentimento infantil de neurótico, Édipo é uma ideia de paranoico adulto. Assim, a psicanálise se sai mal de uma regressão infinita: o pai teve que ser filho, mas só o foi em relação a um pai, que também foi filho em relação a um outro pai.

Como começa um delírio? É possível que o cinema seja capaz de apreender o movimento da loucura, *[326]* precisamente porque ele não é analítico nem regressivo, mas explora um campo global de coexistência. Um filme de Nicholas Ray[NT] representa supostamente a formação de um delírio com cortisona: um pai excessivamente cansado, professor de colégio, que faz horas extras numa estação de rádio táxi, é tratado por ter perturbações cardíacas. Ele começa a delirar sobre o sistema de educação *em geral*, a necessidade de restaurar uma *raça* pura, a salvação da *ordem* moral e social, passando depois à *religião*, à oportunidade de um retorno à Bíblia, Abraão. Mas o que foi que Abraão fez? Ora, o que ele fez foi justamente matar ou pretender matar seu filho, e talvez o único erro de Deus tenha sido deter seu braço. Mas o herói do filme, ele próprio, não tem um filho? Ora, ora. O que o filme mostra tão bem, para vergonha dos psiquiatras, é que todo delírio é, primeiramente, investimento de um campo social, econômico, político, cultural, racial e racista, pedagógico, religioso: o delirante aplica à sua família e ao seu filho um delírio que os excede por todos os lados. Joseph Gabel, ao apresentar um delírio paranoico com forte conteúdo político-erótico e de elevada reforma social, acha possível dizer que um caso como esse é raro, e que, aliás, suas origens não são reconstituíveis.[2] Todavia, é evidente que não há um único delírio que não possua eminentemente esse caráter, e que não seja originalmente econômico, político etc., antes de ser esmagado pelo torniquete psiquiátrico e psicanalítico. E não será Schreber que desmentirá isso (nem seu pai, inventor do *Pangymnasticon* e de

---

[NT] [Nicholas Ray (1911-1979). A respeito da "imagem-pulsão" em filmes de Ray, ver Gilles Deleuze, *Cinéma I. L'Image-mouvement*, Paris, Minuit, 1983, pp. 188-90; edição brasileira: *Cinema I. A imagem-movimento*, tradução de Stella Senra, São Paulo, Brasiliense, 1985, pp. 170-2.]

[2] Joseph Gabel [1912-2004], "Délire politique chez un paranoïde", *L'Évolution Psychiatrique*, n° 2, 1952.

um sistema geral pedagógico).^{NT} Então, tudo mudou: a regressão infinita forçava-nos a postular um primado do pai, mas um primado sempre relativo e hipotético que nos levava ao infinito, a não ser que saltássemos, afirmando um pai absolutamente primeiro; mas é claro que o ponto de vista da regressão é o fruto de uma abstração. Quando dizemos: o pai é anterior ao filho, esta proposição, em si mesma destituída de sentido, quer dizer concretamente o seguinte: os investimentos sociais são primeiros em relação aos investimentos familiares, que nascem tão somente da aplicação ou do assentamento daqueles. Dizer que o pai é primeiro em relação ao filho é, na verdade, dizer que o investimento do desejo é, *[327]* primeiramente, o de um campo social no qual o pai e o filho estão mergulhados, simultaneamente mergulhados. Retomemos o exemplo dos Marquesianos, analisado por Kardiner: ele distingue uma ansiedade alimentar adulta ligada a uma escassez endêmica e uma ansiedade alimentar infantil ligada a uma deficiência de cuidados maternais.[3] Além de não podermos derivar a primeira da segunda, não podemos nem mesmo considerar, como faz Kardiner, que o investimento social correspondente à primeira venha *depois* do investimento familiar infantil da segunda. Com efeito, o que é investido na segunda é já uma determinação do campo social, a saber, que há raridade de mulheres, o que explica que tanto os adultos quanto as crianças "desconfiam delas". Em suma, o que a criança investe através da experiência infantil, o seio materno e a estrutura familiar, é já um estado de cortes e de fluxos do campo social em seu conjunto, fluxo de mulheres e de alimentos, de registros e distribuições. Nunca o adulto é um após a criança, mas ambos visam na família as determinações do campo no qual ela e eles estão simultaneamente imersos.

[NT] [Daniel Gottlieb Moritz Schreber (1815-1907), médico e educador social, pai de Daniel Paul Schreber. O *Pangymnasticon* destinava-se à ginástica e à correção da postura corporal.]

[3] Abram Kardiner, *The Individual and his Society*, Nova York, Columbia University Press, 1939, pp. 223 ss. (E sobre os dois caminhos possíveis, da criança ao adulto ou do adulto à criança, ver os comentários de Mikel Dufrenne, *La Personnalité de base*, Paris, PUF, 1953, pp. 287-320.)

[IV.1.2. O inconsciente como ciclo]

Por isso, há necessidade de mantermos três conclusões: 1°) Do ponto de vista da regressão, que tem sentido tão somente *hipotético*, é o pai que é primeiro em relação ao filho. É o pai paranoico que edipianiza o filho. A culpabilidade é uma ideia projetada pelo pai antes de ser um sentimento interior experimentado pelo filho. O primeiro erro da psicanálise é o de fazer como se as coisas começassem com o filho. É isto que leva a psicanálise a desenvolver uma absurda teoria do fantasma, segundo a qual o pai, a mãe, suas ações e paixões reais, devem ser primeiramente compreendidos como "fantasmas" da criança (abandono freudiano do tema da sedução). — 2°) Se a regressão, tomada de maneira absoluta, se revela inadequada, é porque ela nos encerra na simples reprodução ou geração. E mais: com os corpos orgânicos e as pessoas organizadas, ela só atinge o objeto da reprodução. Só o ponto de vista do ciclo é *categórico e absoluto*, porque ele atinge a produção [328] como sujeito da reprodução, isto é, atinge o processo de autoprodução do inconsciente (unidade da história e da Natureza, do *Homo natura* e do *Homo historia*). Certamente, não é a sexualidade que está a serviço da geração, mas a geração progressiva ou regressiva é que está a serviço da sexualidade como movimento cíclico pelo qual o inconsciente, permanecendo sempre "sujeito", reproduz a si próprio. Portanto, já não é o caso de perguntar quem é primeiro, o pai ou o filho, porque uma questão como esta só cabe no quadro do familismo. O que é primeiro é o pai em relação ao filho, mas só porque o investimento social é primeiro em relação ao investimento familiar; é primeiro o investimento do campo social no qual estão imersos, ao mesmo tempo, o pai, o filho e a família enquanto subconjunto. O primado do campo social como termo do investimento de desejo define o ciclo e os estados pelos quais um sujeito passa. O segundo erro da psicanálise, no próprio momento em que ela acabava de separar a sexualidade da reprodução, foi ter permanecido presa a um familismo obstinado que a condenava a evoluir unicamente no movimento da regressão ou da progressão (mesmo a concepção psicanalítica da repetição continua prisioneira de um tal movimento). — 3°) Finalmente, mantemos o ponto de vista da comunidade, que é *disjuntivo*, ou dá conta das disjunções no ciclo. Não é somente a geração que é segunda em relação ao ciclo, mas também a transmissão é segunda em relação a uma informação ou comunicação. A revolução genética só se deu quando se descobriu que não há transmissão de fluxo propriamente dita, mas comunicação de um código ou de uma axiomática, de uma combinatória que informa os fluxos. Ocorre o mesmo no campo social: sua codificação ou sua axiomática definem nele, primeiramente, uma comunicação dos inconscientes. Esse fenômeno da comunicação, que Freud encontrou marginalmente em suas observações sobre o ocultismo, constitui de fato a norma, e relega para segundo plano os problemas de transmissão hereditária que agitavam a polêmica Freud-Jung.[4] *[329]* No campo social comum, a primeira coisa que o filho recalca, ou que tem de recalcar, ou que tenta recalcar é, aparentemente, o *inconsciente do pai e da mãe*. O fracasso desse recalcamento é que aparece como base das neuroses. Todavia, esta comunicação dos inconscientes não tem absolutamente a família como princípio, mas, isto sim, a comunidade do campo social enquanto objeto do investimento de desejo. Sob todos os aspectos, a família nunca é determinante, mas apenas determinada, primeiro como estímulo de partida, em seguida como conjunto de chegada, finalmente, como intermediário ou interceptação de comunicação.

[IV.1.3. Primado do investimento social: seus dois polos, paranoia e esquizofrenia]

Se o investimento familiar é apenas uma dependência ou uma aplicação dos investimentos inconscientes do campo social — e se isto é verdade tanto em relação à criança quanto em relação ao adulto; se é verdade que a criança, através da territorialidade-mamãe e da lei-papai, já visa as esquizas e os fluxos codificados ou axiomatizados do campo social —, devemos fazer com que a diferença essencial passe no seio desse domínio. O delírio é a matriz

[4] Foi também na perspectiva dos fenômenos marginais do ocultismo que o problema, aliás fundamental, da comunicação dos inconscientes foi levantado, primeiramente por Espinosa na 17ª carta a Pierre Balling, e depois por Frederic William Henry Myers [1843-1901], William James [1842--1910], Henri Bergson [1859-1941] etc.

em geral de todo investimento social inconsciente. Todo investimento inconsciente mobiliza um jogo delirante de desinvestimentos, de contrainvestimentos, de sobreinvestimentos. Mas, neste sentido, já vimos que há dois grandes tipos de investimento social, um segregativo e outro nomádico, que são como dois polos do delírio: um tipo ou polo paranoico fascistizante, que investe a formação de soberania central e a sobreinveste, fazendo dela a causa final eterna de todas as outras formas sociais da história, que contrainveste os enclaves ou a periferia e desinveste toda livre figura do desejo — sim, sou um de vocês, da classe ou da raça superior. E um tipo ou polo esquizo-revolucionário, que segue as *linhas de fuga* do desejo, que passa o muro e faz com que passem os fluxos, que monta suas máquinas e seus grupos em fusão nos enclaves ou na periferia, precedendo ao inverso do precedente: não sou um de vocês, sou eternamente da raça inferior, sou uma besta, um negro. As pessoas de bem dizem que não se deve fugir, que isso não é bom, que é ineficaz, e que é preciso trabalhar por reformas. Mas o revolucionário sabe que a fuga é revolucionária, *withdrawal, freaks*, com a condição de levar consigo a toalha, ou de fazer fugir um pedaço do sistema. É preciso passar o muro, mesmo fazendo-se negro à maneira de John Brown. George Jackson: *[330]* "pode ser que eu fuja, mas ao longo da minha fuga buscarei uma arma!".[NT] Sem dúvida, de um a outro desses polos do delírio, há surpreendentes oscilações do inconsciente: a maneira pela qual se desprende uma inesperada potência revolucionária, às vezes até mesmo no seio dos piores arcaísmos; inversamente, a maneira pela qual isso vira ou se mantém fascista, pela qual isso recai no arcaísmo. Limitemo-nos a alguns exemplos literários: o caso Céline, o grande delirante que evolui comunicando-se cada vez mais com a paranoia do pai. O caso Kerouac, o artista que recorre aos mais sóbrios meios, aquele que fez uma "fuga" revolucionária, que se reencontra em pleno sonho da grande América e, depois, na busca dos seus ancestrais bretões da raça superior. Não será este o destino da li-

---

[NT] [John Brown (1800-1859) foi um advogado abolicionista norte-americano; George Jackson (1941-1971) foi um militante negro, membro do Black Panther Party.]

teratura americana, o de ultrapassar limites e fronteiras, de fazer passar os fluxos desterritorializados do desejo, mas também de levá-los sempre a arrastar territorialidades fascistizantes, moralizantes, puritanas e familistas? Estas oscilações do inconsciente, estas passagens subterrâneas de um tipo a outro no investimento libidinal, frequentemente a coexistência dos dois, formam um dos objetos principais da esquizoanálise. Os dois polos unidos por Artaud na fórmula mágica: Heliogábalo-anarquista, "a imagem de todas as contradições humanas, e da contradição *no princípio*". Mas passagem alguma impede ou suprime a diferença de natureza entre os dois, nomadismo e segregação. Se podemos definir essa diferença como sendo aquela que separa paranoia e esquizofrenia, é porque, de um lado, já distinguimos o processo esquizofrênico ("a abertura") dos acidentes e recaídas que o entravam ou interrompem ("o desmoronamento") e, por outro lado, porque já colocamos tanto a paranoia quanto a esquizofrenia como independentes de toda pseudoetiologia familiar, fazendo-as incidir diretamente no campo social: os nomes da história e não o nome do pai. A natureza dos investimentos familiares é que, ao contrário, depende dos cortes e dos fluxos do campo social, tal como são investidos num ou noutro tipo, num ou noutro polo. E o filho não espera ser adulto para apreender sob pai-mãe os problemas econômicos, financeiros, sociais, culturais que atravessam uma família: sua pertença ou seu desejo de pertencer a uma "raça" superior ou inferior, o teor reacionário ou *[331]* revolucionário de um grupo familiar com o qual ele já prepara suas rupturas e suas conformidades. Qual uma sopa, qual uma acumulação, a família é agitada por contracorrentes, levada num ou noutro sentido, de tal maneira que o bacilo edipiano vinga ou não, impõe seu molde ou não consegue impô-lo conforme as direções de natureza totalmente distinta que a atravessam do exterior. Queremos dizer que Édipo nasce de uma aplicação ou de um assentamento sobre imagens personalizadas, que supõe um investimento social de tipo paranoico (razão pela qual, primeiramente, Freud descobriu o romance familiar e Édipo a propósito da paranoia). Édipo é uma dependência da paranoia. Em contrapartida, o investimento esquizofrênico comanda uma determinação totalmente distinta da família, ofegante, esquartejada conforme as dimensões de um campo social que não se fecha nem se assenta: família-matriz para objetos parciais despersonalizados, que mergulham e tornam a mergulhar nos fluxos torrenciais ou rarefeitos de um cosmo histórico, de um caos histórico. Fenda matricial contra a castração paranoica; e a linha de fuga contra a "linha azul".

> *Ó mãe*
> *adeus*
> *com um longo sapato preto*
> *adeus*
> *com o partido comunista e uma meia rota [...]*
> *com teu gordo ventre descaído*
> *como teu medo de Hitler*
> *com tua boca de piadas sem graça [...]*
> *com teu ventre de greves e chaminés de fábricas*
> *com teu queixo de Trotsky e de guerra da Espanha*
> *com tua voz a cantar para operários esgotados em putrefação [...]*
> *com teus olhos*
> *com teus olhos de Rússia*
> *com teus olhos de falta de dinheiro [...]*
> *com teus olhos de Índia famélica [...]*
> *com teus olhos de Tchecoslováquia atacada por robôs [...]*
> *com teus olhos levados pelos tiras numa ambulância*
> *com teus olhos amarrados sobre uma mesa de operação*
> *com teus olhos de pâncreas amputado [332]*
> *com teus olhos de abortos*
> *com teus olhos de eletrochoques*
> *com teus olhos de lobotomia*
> *com teus olhos de divorciada [...]*[5]

[IV.1.4. Molar e molecular]
Por que essas palavras, paranoia e esquizofrenia, como pássaros falantes e nomes de meninas? Por que os investimentos so-

---

[5] Allen Ginsberg, *Kaddish* (1961), tradução francesa, Paris, Bourgois, 1967, pp. 61-3.

ciais seguem essa linha de partilha que lhes dá um conteúdo propriamente delirante (delirar a história)? Em que consiste essa linha, como definir sobre ela a esquizofrenia e a paranoia? Supomos que tudo se passa sobre o corpo sem órgãos; mas este tem como que duas faces. Elias Canetti mostrou muito bem como o paranoico organiza massas e "matilhas". O paranoico combina-as, opõe-nas, manobra-as.[6] O paranoico maquina massas, é o artista dos grandes conjuntos molares, das formações estatísticas ou gregarismos, dos fenômenos de multidões organizadas. Ele investe tudo sob a espécie dos grandes números. No fim da batalha, o coronel Lawrence[NT] alinha os jovens cadáveres nus sobre o corpo pleno do deserto. O presidente Schreber aglutina sobre seu corpo milhares de homenzinhos. Dir-se-ia que, das duas direções da *física*, a direção molar que se volta para os grandes números e para os fenômenos de multidão, e a direção molecular, que, ao contrário, embrenha-se nas singularidades, nas suas interações e nas suas ligações à distância ou de ordens diferentes, o paranoico escolheu a primeira: ele faz macrofísica. Dir-se-ia que o esquizo, ao contrário, vai na outra

---

[6] Elias Canetti [1905-1994], *Masse et puissance* (1960), tradução francesa, Paris, Gallimard, 1966, p. 460: "Quatro tipos de massas atuam em seu espírito: seu exército, seu dinheiro, seus cadáveres e a corte à qual se vincula sua capital. Ele opera constantemente com elas; uma cresce às custas da outra... O que quer que ele empreenda, dá sempre um jeito de conservar uma dessas massas. Em caso algum ele renuncia a matar. Cadáveres amontoados diante do seu palácio são uma instituição permanente". [NT: Canetti está falando de Muhammad Tughlak, sultão de Delhi entre 1325 e 1351, "o mais puro caso de um detentor de poder paranoico". A passagem acima traduzida do francês aparece assim traduzida do alemão em *Massa e poder*, tradução brasileira de Sérgio Tellaroli, São Paulo, Companhia das Letras, 1995, pp. 433-4: "São várias as massas que atuam em seu espírito: seu exército, seu dinheiro, seus cadáveres e a corte à qual se vincula sua capital. Ele as manipula sem cessar; elas se ampliam às custas uma da outra [...] O que quer que faça, sabe preservar para si *uma* de suas massas. Não deixa de matar em circunstância alguma. O amontoado de cadáveres defronte ao palácio é uma instituição permanente".]

[NT] [Thomas Edward Lawrence (1888-1935), oficial inglês, conhecido como Lawrence da Arábia, autor do livro *Os sete pilares da sabedoria*.]

orientação, a da microfísica, a das moléculas que já não obedecem às leis estatísticas; ondas e corpúsculos, fluxos e objetos parciais que já não são tributários dos grandes números, linhas de fuga infinitesimais em vez de perspectivas de grandes conjuntos. Sem dúvida, seria um erro opor *[333]* estas duas dimensões como o coletivo e o individual. Por um lado, o microinconsciente não deixa de apresentar arranjos, conexões e interações, se bem que esses arranjos sejam de um tipo original; por outro lado, como ele só conhece objetos parciais e fluxos, ele não comporta a forma das pessoas individualizadas, que pertencem, ao contrário, às leis de distribuição estatística do inconsciente molar ou macroinconsciente. Freud era um darwinista, um neodarwinista, quando dizia que no inconsciente tudo era problema de população (assim como via um signo da psicose na consideração das multiplicidades).[7] Trata-se, sobretudo, da diferença entre dois tipos de coleções ou de populações: os grandes conjuntos e as micromultiplicidades. Em ambos os casos, o investimento é coletivo, é o de um campo coletivo; mesmo uma só partícula tem uma onda associada como fluxo que define o espaço coexistente de *suas* presenças. Todo investimento é coletivo, todo fantasma é de grupo e, neste sentido, posição de realidade. Mas os dois tipos de investimento distinguem-se radicalmente, conforme um incida sobre as estruturas molares que subordinam as moléculas a si, enquanto que o outro, ao contrário, incide sobre as multiplicidades moleculares que subordinam a si os fenômenos estruturais de multidão. Um é investimento de *grupo sujeitado*, tanto na forma de soberania quanto nas formações coloniais do conjunto gregário, que reprime e recalca o desejo das pessoas; o outro é investimento de *grupo sujeito* nas multiplicidades transversais portadoras do desejo como fenômeno molecular, isto é, objetos parciais e fluxos, por oposição aos conjuntos e às pessoas.

[7] No artigo sobre "O inconsciente", de 1915 [*Das Unbewusste*], Freud mostra que a psicose faz intervir pequenas multiplicidades, por oposição à neurose que tem necessidade de um objeto global: por exemplo, as multiplicidades de buracos (mas Freud só explica este fenômeno psicótico ao invocar o poder da representação verbal).

É verdade que os investimentos sociais se fazem sobre o próprio *socius*, enquanto corpo pleno, e que seus polos respectivos se reportam necessariamente ao caráter ou ao "mapa" desse *socius*, terra, déspota ou capital-dinheiro (em cada máquina social, os dois polos, paranoico e esquizofrênico *[334]* se repartem de maneira variável). Porém, o paranoico e o esquizofrênico propriamente ditos não operam sobre o *socius*, mas sobre o corpo sem órgãos em estado puro. Então, dir-se-ia que o paranoico, no sentido clínico da palavra, nos faz assistir ao nascimento imaginário do fenômeno de massa, e isto num nível ainda microscópico. O corpo sem órgãos é como o ovo cósmico, como *a molécula gigante*, onde se agitam vermes, bacilos, figuras liliputianas, animálculos e homúnculos, com sua organização e suas máquinas, minúsculos cordéis, cordames, dentes, unhas, alavancas e roldanas, catapultas: como em Schreber, os milhões de espermatozoides nos raios do céu, ou as almas que sobre seu corpo levam uma breve existência de pequenos homens. Como diz Artaud: esse mundo de micróbios que não passa de um nada coagulado. Portanto, as duas faces do corpo sem órgãos são as seguintes: aquela em que se organizam em escala microscópica o fenômeno de massa e o investimento paranoico correspondente; e aquela em que se agenciam em escala submicroscópica os fenômenos moleculares e seu investimento esquizofrênico. É sobre o corpo sem órgãos, enquanto dobradiça, fronteira entre o molar e o molecular, que ocorre a partilha paranoia-esquizofrenia. Então, será que teríamos de acreditar que os investimentos sociais são projeções segundas, como se um grande esquizonoico de duas faces, pai da horda primitiva, estivesse na base do *socius* em geral? Já vimos que não se trata disso. O *socius* não é uma projeção do corpo sem órgãos; este é que é, sobretudo, o limite do *socius*, sua tangente de desterritorialização, o último resíduo de um *socius* desterritorializado. O *socius*, isto é, a terra, o corpo do déspota, o capital-dinheiro são corpos plenos vestidos, como o corpo sem órgãos é um corpo pleno nu; mas este está no limite, no fim, não na origem. E, sem dúvida, o corpo sem órgãos assombra todas as formas de *socius*. Porém, mesmo neste sentido, se os investimentos sociais podem ser ditos paranoicos ou esquizofrênicos, é na medida em que eles têm a paranoia e a esquizofrenia como produtos últimos nas condições determinadas do capitalismo. Do ponto de vista de uma clínica universal, a paranoia e a esquizofrenia podem ser apresentadas como os dois bordos de amplitude de um pêndulo que oscila em torno da posição de um *socius* como corpo pleno *[335]* e, no limite, de um corpo sem órgãos do qual uma face está ocupada pelos conjuntos molares, enquanto a outra está povoada de elementos moleculares. Mas é também possível situar numa única linha a sequência dos diferentes *socius*, seu plano e seus grandes conjuntos; sobre cada um desses planos, uma dimensão paranoica, uma outra perversa, um tipo de posição familiar, e, em pontilhado, uma linha de fuga ou de abertura esquizoide. A grande linha chega ao corpo sem órgãos e aí, ou passa o muro e desemboca nos elementos moleculares onde ela devém na verdade o que já era desde o início, processo esquizofrênico, puro processo esquizofrênico de desterritorialização; ou então, ela emperra, salta, recai nas territorialidades mais miseráveis do mundo moderno, ordenando-se como simulacros dos planos precedentes, de modo a grudar-se no conjunto asilar da paranoia e da esquizofrenia como entidades clínicas, nos conjuntos ou sociedades artificiais instaurados pela perversão, no conjunto familiar das neuroses edipianas.

[336]

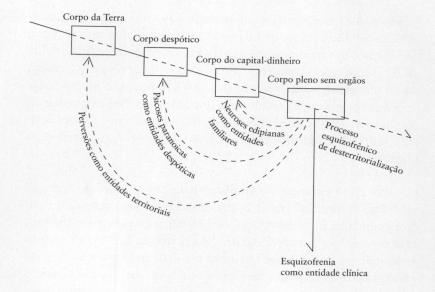

[IV.2. O INCONSCIENTE MOLECULAR]

[IV.2.1. Desejo e máquina]

O que significa essa distinção de duas regiões, uma molecular e outra molar, uma micropsíquica ou micrológica e outra estatística e gregária? Haverá aí algo mais do que uma metáfora reportando ao inconsciente uma distinção fundada na física, quando se opõem os fenômenos intra-atômicos aos fenômenos de multidão por acumulação estatística, obedecendo a leis de conjunto? Mas, na realidade, o inconsciente diz respeito à física; não é absolutamente por metáfora que o corpo sem órgãos e as suas intensidades são a própria matéria. E também não pretendemos ressuscitar a questão de uma psicologia individual e de uma psicologia coletiva, e a da anterioridade de uma ou de [337] outra; esta distinção, tal como é apresentada em *Psicologia de grupo e análise do ego*,[NT] permanece inteiramente presa a Édipo. No inconsciente há tão so-

---

[NT] [Ver referência ao texto de Freud na p. [95].]

mente populações, grupos e máquinas. Quando, num caso, estabelecemos um involuntário das máquinas sociais e técnicas, e, no outro caso, um inconsciente das máquinas desejantes, trata-se de uma relação necessária entre forças inextrincavelmente ligadas, sendo umas as forças elementares através das quais o inconsciente se produz, e outras as resultantes que reagem sobre as primeiras, conjuntos estatísticos através dos quais o inconsciente se representa, já sofrendo recalcamento e repressão de suas forças elementares produtivas.

[IV.2.2. Para além do vitalismo e do mecanicismo]
Mas como falar em máquinas nesta região microfísica ou micropsíquica, *aí onde há desejo*, isto é, não apenas funcionamento, mas formação e autoprodução? Uma máquina funciona segundo as ligações prévias de sua estrutura e a ordem da posição de suas peças, mas não se põe a funcionar por si mesma, como também não se forma nem se produz. É precisamente isto que anima a polêmica ordinária entre vitalismo e mecanicismo: a aptidão da máquina em dar conta dos funcionamentos do organismo, mas sua profunda inaptidão em dar conta de suas formações. O mecanismo abstrai das máquinas uma *unidade estrutural* por meio da qual ele explica o funcionamento do organismo. O vitalismo invoca uma *unidade individual e específica* do ser vivo, unidade que toda máquina supõe enquanto subordinada à persistência orgânica e prolongando no exterior as formações autônomas. Porém, de uma maneira ou de outra, observa-se que a máquina e o desejo permanecem, assim, numa relação extrínseca, seja porque o desejo aparece como um efeito determinado por um sistema de causas mecânicas, seja porque a própria máquina é tida como um sistema de meios em função dos fins do desejo. O liame entre os dois permanece secundário e indireto, tanto nos novos meios de que o desejo se apropria quanto nos desejos derivados que suscitam as máquinas. Um texto profundo de Samuel Butler, "O livro das máquinas", permite, entretanto, ultrapassar esses pontos de vista.[8] É verdade

---

[8] Samuel Butler [1835-1902], *Erewhon* (1872), caps. 24 e 25.

que esse texto, inicialmente, parece tão só opor as duas teses ordinárias: uma, *[338]* segundo a qual os organismos são no momento apenas máquinas mais perfeitas ("As próprias coisas que supomos puramente espirituais não passam de rupturas de equilíbrio numa série de alavancas, a começar pelas alavancas que são demasiado pequenas para serem percebidas ao microscópio"); a outra, segundo a qual as máquinas não passam de prolongamentos do organismo ("Os animais inferiores guardam seus membros neles próprios, no seu próprio corpo, ao passo que a maior parte dos membros do homem são livres e ficam alojados aqui ou ali em diferentes lugares do mundo"). É que há uma maneira butleriana de levar cada uma das teses a um ponto tão extremo que ela já não pode opor-se à outra, um ponto de indiferença ou de *dispersão*. Por um lado, Butler não se contenta em dizer que as máquinas prolongam o organismo, mas diz que elas são realmente membros e órgãos alojados sobre o corpo sem órgãos de uma sociedade, de que os homens se apropriam conforme sua potência e sua riqueza, e que a pobreza os priva como se fossem organismos mutilados. Por outro lado, ele não se contenta em dizer que os organismos são máquinas, mas que contêm uma tal abundância de partes que devem ser comparados a peças muito diferentes de máquinas distintas que remetem umas às outras e que maquinam umas sobre as outras. Aí está o essencial: Butler opera uma dupla passagem ao limite. *Ele rompe a tese vitalista ao pôr em questão a unidade específica ou pessoal do organismo, e rompe ainda mais a tese mecanicista ao pôr em questão a unidade estrutural da máquina.* Diz-se que as máquinas não se reproduzem, ou que só se reproduzem por intermédio do homem, mas "haverá alguém que possa pretender que o trevo vermelho não tem sistema de reprodução só porque o zangão, e somente o zangão, deve servir de intermediário para que ele possa reproduzir-se? O zangão faz parte do sistema reprodutor do trevo. Cada um de nós saiu de animálculos infinitamente pequenos cuja identidade era inteiramente distinta da nossa e que fazem parte do nosso próprio sistema reprodutor; então, por que não faríamos parte do sistema reprodutor das máquinas? O que nos engana *é considerarmos toda máquina complicada como um objeto único*. Na realidade, trata-se de uma cidade ou uma sociedade em que cada membro é procriado diretamente segundo sua espécie. *[339]* Vemos uma máquina como um todo, lhe damos um nome e a individualizamos; olhamos para nossos próprios membros e pensamos que sua combinação forma um indivíduo que saiu de um único centro de ação reprodutora. Mas esta conclusão é anticientífica, e o simples fato de que uma máquina a vapor nunca foi feita por uma outra ou por duas outras máquinas da sua própria espécie de modo algum nos autoriza dizer que as máquinas a vapor não têm sistema reprodutor. Na realidade, cada parte de qualquer máquina a vapor, seja qual for, é procriada pelos seus procriadores particulares e especiais, cuja função é procriar essa mesma parte, e apenas essa, ao passo que a combinação das partes num todo forma um outro departamento do sistema reprodutor mecânico". De passagem, Butler encontra o fenômeno da mais-valia de código, quando parte de uma máquina capta em seu próprio código um fragmento de código de uma outra máquina e, assim, se reproduz graças a uma parte de outra máquina: o trevo vermelho e o zangão; ou então a orquídea e a vespa macho que ela atrai, que ela intercepta, porque sua flor é portadora da imagem e do odor da vespa fêmea.

[IV.2.3. Os dois estados da máquina]

Neste ponto de dispersão das duas teses, é indiferente dizer que as máquinas são órgãos, ou que os órgãos são máquinas. As duas definições se equivalem: afirmar o homem como "animal vértebro-maquinado" ou como "parasita afídio das máquinas".[NT] O essencial não está propriamente na passagem ao infinito, à infinidade composta por peças de máquina ou à infinidade temporal dos animálculos, mas sobretudo no que aflora graças a essa passagem. Uma vez desfeita a unidade estrutural da máquina, uma vez deposta a unidade pessoal e específica do ser vivo, um liame direto aparece entre a máquina e o desejo, de modo que a máquina pas-

---

[NT] [Emprego "afídio" para traduzir o termo *aphidien*, menos no sentido latino de *aphis*, "pulgão", e mais no sentido originário grego de *apheidés, ês, és*, relativo ao "que não poupa, que destrói", de acordo com o dicionário Houaiss.]

sa ao coração do desejo: a máquina é desejante e o desejo é maquinado. Não é o desejo que está no sujeito, mas a máquina é que está no desejo — e o sujeito residual está do outro lado, ao lado da máquina, sobre todo o contorno, parasita das máquinas, acessório do desejo vértebro-maquinado. Em suma, a verdadeira diferença não está entre a máquina e o ser vivo, entre o vitalismo e o mecanicismo, mas entre dois estados da máquina que são também dois estados do ser vivo. A máquina tomada na sua unidade estrutural e o ser vivo tomado na sua unidade específica e mesmo pessoal *[340]* são fenômenos de massa ou conjuntos molares. É a este título que eles, de fora, remetem um ao outro. E mesmo se eles se distinguem e se opõem, é somente como dois sentidos numa mesma direção estatística. Porém, na outra direção mais profunda ou intrínseca das multiplicidades, há compenetração, comunicação direta entre os fenômenos moleculares e as singularidades do ser vivo, isto é, entre as pequenas máquinas dispersadas em toda máquina e as pequenas formações disseminadas em todo organismo: domínio de indiferença do microfísico e do biológico, que faz com que haja tanto seres vivos na máquina quanto máquinas no ser vivo. Por que falar de máquinas neste domínio, já que, propriamente falando, parece que não as temos aí (não como unidade estrutural e nem como ligações mecânicas pré-formadas)? "Mas há possibilidade de formação de tais máquinas, graças a relés indefinidamente sobrepostos, a ciclos de funcionamento engrenados uns nos outros que, uma vez montados, obedecerão às leis da termodinâmica, mas que, em sua montagem, não dependem dessas leis, visto que a sua cadeia de montagem começa num domínio em que, por definição, ainda não há leis estatísticas. *Neste nível, funcionamento e formação estão ainda confundidos, como na molécula*; e, a partir deste nível, abrem-se as duas vias divergentes que conduzirão, uma aos aglomerados mais ou menos regulares de indivíduos, outra aos aperfeiçoamentos da organização individual cujo esquema mais simples é a formação de um tubo."[9] Portanto,

---

[9] Raymond Ruyer [1902-1987], *La Genèse des formes vivantes*, Paris, Flammarion, 1958, pp. 80-1. Retomando certas teses de Bohr, de Schrödinger, de Jordan e de Lillie [Niels Henrick David Bohr (1885-1962), Erwin R.

a verdadeira diferença está entre as máquinas molares, *[341]* sejam elas sociais, técnicas ou orgânicas, e as máquinas desejantes, que são de ordem molecular. Eis o que são as máquinas desejantes: são máquinas formativas, em que até as próprias falhas são funcionais, e cujo funcionamento é indiscernível da formação; são máquinas cronógenas[NT] que se confundem com sua própria montagem, que operam por ligações não localizáveis e por localizações dispersas, fazendo intervir processos de temporalização, formações em fragmentos e peças destacadas, com mais-valia de código, e em que o próprio todo é produzido ao lado das partes, como uma parte à parte, ou, segundo Butler, "num outro departamento" que o assenta nas outras partes; são máquinas propriamente ditas, porque procedem por cortes e fluxos, ondas associadas e partículas, fluxos associativos e objetos parciais, induzindo sempre à distância conexões transversais, disjunções inclusivas, conjunções plurívocas, produzindo assim extrações, desligamentos e restos, com transferência de individualidade numa esquizogênese generalizada cujos elementos são os fluxos-esquizas.

K. A. Schrödinger (1887-1961), M. E. Camille Jordan (1838-1922) e Ralph Dougall Lillie (1896-1979)], Ruyer mostra que o ser vivo está diretamente ligado aos fenômenos individuais do átomo, para além dos efeitos de massa que se manifestam nos circuitos mecânicos internos do organismo como das atividades técnicas externas: "A física clássica só trata dos fenômenos de massa. A microfísica, ao contrário, conduz naturalmente à biologia. A partir dos fenômenos individuais do átomo pode-se ir, com efeito, em duas direções. Sua acumulação estatística conduz às leis da física ordinária. Porém, é suficiente que esses fenômenos individuais, conservando sua individualidade, se compliquem graças a interações sistemáticas no seio da molécula, depois na macromolécula, depois no vírus, depois do unicelular subordinando a si os fenômenos de massa, para que se chegue, então, ao organismo que, por maior que seja, permanece, neste sentido, microscópico" (p. 54). Estes temas são longamente desenvolvidos por Ruyer no seu livro *Néo-finalisme*, Paris, PUF, 1952.

[NT] [Adoto "cronógenas" para traduzir *chronogènes*, termo este já empregado por Henri L. C. Piéron (1881-1964) para conceituar "localizações cerebrais variáveis e flutuantes", mas sem a presunção de estabelecer uma ligação entre a conceituação das máquinas desejantes neste livro e a psicologia experimental de Piéron.]

[IV.2.4. O funcionalismo molecular]
Quando em seguida, ou melhor, por outro lado, as máquinas se encontram unificadas no plano estrutural das técnicas e das instituições que lhes dão uma existência visível como uma armadura de aço, quando os próprios seres vivos se encontram também estruturados pelas unidades estatísticas das suas pessoas, das suas espécies, variedades e meios, — quando uma máquina aparece como um objeto único, e um ser vivo como um único sujeito, — quando as conexões devêm globais e específicas, quando as disjunções devêm exclusivas e as conjunções devêm bi-unívocas, — o desejo não tem necessidade alguma de se projetar nessas formas tornadas opacas. Estas são imediatamente as manifestações molares, as determinações estatísticas do desejo e das *suas próprias* máquinas. São as mesmas máquinas (não há diferença de natureza): aqui como máquinas orgânicas, técnicas ou sociais apreendidas no *seu* fenômeno de massa a que se subordinam; lá como máquinas desejantes apreendidas nas suas singularidades submicroscópicas que subordinam a si os fenômenos de massa. Eis por que, desde o início, recusamos a ideia de que as máquinas desejantes sejam do domínio do sonho ou do imaginário, e só duplicassem as outras máquinas. Há tão somente desejo e meios, campos, formas de *[342]* agregação. Ou seja: as máquinas desejantes moleculares são, em si mesmas, investimentos das grandes máquinas molares ou das configurações que elas *formam sob as leis dos grandes números*, num ou no outro sentido da subordinação, num e no outro sentido da subordinação. Máquinas desejantes de um lado e, de outro, máquinas orgânicas, técnicas ou sociais: são as mesmas máquinas em condições determinadas. Por condições determinadas, entendemos essas formas estatísticas nas quais elas entram como outras tantas formas estáveis, unificando, estruturando e procedendo por grandes conjuntos pesados; as pressões seletivas que agrupam as peças retêm algumas delas e excluem outras, organizando as multidões. São, portanto, as mesmas máquinas, mas de modo algum são o mesmo regime, as mesmas relações de grandeza, os mesmos usos de sínteses. No nível submicroscópico das máquinas desejantes há tão somente funcionalismo, agenciamentos maquínicos, maquinaria do desejo (*engineering*); pois é somente

nesse nível que se confundem funcionamento e formação, uso e montagem, produto e produção. Todo funcionalismo molar é falso, pois as máquinas orgânicas ou sociais não se formam da maneira como funcionam, e as máquinas técnicas não são montadas tais como são usadas, mas implicam precisamente condições determinadas que separam sua própria produção do seu produto distinto. Só tem um sentido, e também um fim, uma intenção, aquilo que não se produz tal como funciona. Ao contrário, as máquinas desejantes nada representam, nada significam, nada querem dizer, e são exatamente o que se faz delas, aquilo que se faz com elas, o que elas fazem em si mesmas.

[IV.2.5. As sínteses]
Elas funcionam segundo regimes de síntese que não têm equivalente algum nos grandes conjuntos. Jacques Monod definiu a originalidade dessas sínteses, do ponto de vista de uma biologia molecular, ou de uma "cibernética microscópica" indiferente à oposição tradicional entre mecanicismo e vitalismo. Os traços fundamentais da síntese são aqui a natureza qualquer variável dos sinais químicos, a indiferença ao substrato, o caráter indireto das interações. Estas fórmulas são negativas só aparentemente e em relação às leis de conjunto, mas devem ser entendidas positivamente em termos de potência. "Entre o substrato de uma enzima *[343]* alostérica e os ligantes que ativam ou inibem sua atividade não existe relação alguma quimicamente necessária de estrutura ou de reatividade. Uma proteína alostérica deve ser considerada como um produto especializado de *engineering* molecular que permite que uma interação se estabeleça entre corpos desprovidos de afinidade química, e que, assim, submeta uma reação qualquer à intervenção de compostos quimicamente estranhos e indiferentes a essa reação. O princípio operatório das interações alostéricas (indiretas) autoriza, portanto, inteira liberdade na *escolha* das sujeições que, escapando a toda coerção química, poderão tanto melhor obedecer apenas a coerções fisiológicas em virtude das quais elas serão selecionadas de acordo com o acréscimo de coerência e de eficácia que elas conferem à célula ou ao organismo. É, em definitivo, a própria *gratuidade* destes sistemas que, abrindo à evolução mole-

cular um campo praticamente infinito de exploração e de experiências, lhes permitiu construir a imensa rede de interconexões cibernéticas."[10] Como, a partir deste domínio do acaso ou da inorganização real, se organizam grandes configurações que reproduzem necessariamente uma estrutura, sob a ação do DNA e dos seus segmentos, os genes operam verdadeiros sorteios, formam desvios como *linhas de seleção ou de evolução*; e é bem isto que nos mostram todas as etapas da passagem do molecular ao molar, tal como aparece nas máquinas orgânicas, mas também nas máquinas sociais com outras leis e outras figuras. Neste sentido, foi possível insistir na afirmação de um caráter comum a culturas humanas e a espécies de seres vivos, como "cadeias de Markov"[NT] (fenômenos aleatórios parcialmente dependentes). Porque, tanto no código genético como nos códigos sociais, aquilo a que se chama cadeia significante é mais um jargão do que uma linguagem, feito de elementos não significantes que só ganham um sentido ou um efeito de significação nos grandes conjuntos que eles formam por sorteio encadeado, dependência *[344]* parcial e sobreposição de percursos.[11] Não se trata de biologizar a história humana, nem de antropologizar a história natural, mas de mostrar a comum participação das máquinas sociais *e* das máquinas orgânicas nas máquinas desejantes. No fundo do homem, o Isso [*Ça*]: a célula esquizofrênica, as moléculas esquizo, suas cadeias e jargões. Há toda uma biologia da esquizofrenia; a própria biologia molecular é esquizofrê-

[10] Jacques Monod [1910-1976], *Le Hasard et la nécessité*, Paris, Seuil, 1970, p. 91 (e pp. 104-12: "Uma proteína globular já é, à escala molecular, uma verdadeira máquina por suas propriedades funcionais, mas não por sua estrutura fundamental, onde apenas se discerne o jogo de combinações cegas. Acaso captado, conservado, reproduzido pela maquinaria da invariância e assim convertido em ordem, regra, necessidade").

[NT] [Ver p. *[47]* e NT correspondente.]

[11] Sobre as cadeias markovianas e sua aplicação tanto às espécies vivas quanto às formações culturais, ver Raymond Ruyer, *op. cit.*, cap. VIII. Os fenômenos de mais-valia de código explicam-se bem nesta perspectiva dos "encadeamentos semifortuitos". Por diversas vezes, Ruyer aproxima-os da linguagem esquizofrênica.

nica (como a microfísica). Mas, inversamente, a esquizofrenia, a teoria da esquizofrenia é biológica, biocultural, pois considera as conexões maquínicas de ordem molecular, sua repartição em mapas de intensidade sobre a molécula gigante do corpo sem órgãos, e as acumulações estatísticas que formam e selecionam os grandes conjuntos.

Szondi dedicou-se a esta via molecular descobrindo um inconsciente gênico que ele opunha ao inconsciente individual de Freud, assim como ao inconsciente coletivo de Jung.[12] Frequentemente, ele dá a esse inconsciente gênico ou genealógico o nome de familiar; e o próprio Szondi, no estudo da esquizofrenia, emprega conjuntos familiares como unidades de medida. Mas o inconsciente gênico tem pouco de familiar, muito menos que o de Freud, porque o diagnóstico é feito reportando o desejo a fotografias de hermafroditas, de assassinos etc., em vez de assentá-lo, como de hábito, sobre imagens de papai-mamãe. Finalmente, um pouco de relação com o fora. Todo um alfabeto, toda uma axiomática com fotografias de loucos; é preciso testar "a necessidade de sentimento paterno" numa escala de retratos de assassinos, e é inútil dizer que isso permanece em Édipo, pois, na verdade, isso abre singularmente. Os genes hereditários de pulsões desempenham, pois, o papel de simples estímulos que entram em combinações variáveis segundo vetores que esquadriam todo um *[345]* campo social histórico — análise do destino. De fato, o inconsciente verdadeiramente molecular não pode ater-se aos genes como unidades de reprodução, porque estas são ainda expressivas e levam às formações molares. A biologia molecular nos ensina que é somente o DNA que se reproduz, não as proteínas. Estas são produzidas e, ao mesmo tempo, são unidades de produção, e constituem o inconsciente como ciclo ou a autoprodução do inconsciente, últimos elementos mo-

---

[12] L. Szondi, *Diagnostic expérimental des pulsions* (1947), tradução francesa, Paris, PUF, 1952. A obra de Szondi foi a primeira a estabelecer uma relação fundamental entre a psicanálise e a genética. Ver também a recente tentativa de André Green [1927] em função dos progressos da biologia molecular, "Répétition et instinct de mort", *Revue Française de Psychanalyse*, maio de 1970.

leculares no agenciamento das máquinas desejantes e das sínteses do desejo. Vimos que, *através* da reprodução e dos seus objetos (determinados familiarmente ou geneticamente), é sempre o inconsciente que se produz a si próprio num movimento cíclico órfão, ciclo de destino em que ele permanece sempre sujeito. É precisamente sobre este ponto que repousa a independência de direito da sexualidade em relação à geração. Ora, Szondi é tão sensível a esta orientação, segundo a qual é preciso ultrapassar o molar em direção ao molecular, que recusa toda interpretação estatística daquilo que é equivocadamente chamado seu "teste". E mais: ele requer uma ultrapassagem dos conteúdos em direção às *funções*. Porém, ele somente faz esta ultrapassagem, ele somente segue esta orientação indo dos conjuntos ou das classes em direção a "categorias", das quais ele estabelece uma lista sistematicamente fechada, e que ainda são tão somente formas expressivas da existência que um sujeito deve escolher e combinar livremente. Por isso, seu enfoque não acerta os elementos internos ou moleculares do desejo, a natureza das suas escolhas, combinações e agenciamentos maquínicos — e nem a verdadeira questão da esquizoanálise: que são, para você, suas máquinas desejantes pulsionais? em qual funcionamento, em quais sínteses elas entram, operam? que uso você faz delas em todas as transições do molecular ao molar e inversamente, e que constituem o ciclo em que o inconsciente, permanecendo sujeito, se produz a si próprio?

[IV.2.6. A libido, os grandes conjuntos e as micromultiplicidades]

Damos o nome de *libido* à energia própria das máquinas desejantes; e as transformações dessa energia (*Numen* e *Voluptas*) nunca são dessexualizações nem sublimações. Mas, justamente, é esta terminologia que parece extremamente arbitrária. Nenhuma das duas maneiras de considerar as máquinas desejantes nos permite ver bem o que elas têm a ver com uma energia propriamente sexual: *[346]* quer as reportemos à ordem molecular, que é a delas, quer as reportemos à ordem molar, na qual elas formam máquinas orgânicas ou sociais e investem meios orgânicos ou sociais. É difícil, com efeito, apresentar a energia sexual como diretamente cósmica e intra-atômica, e também como diretamente social e histórica. E é inútil redizer que o amor tem muito a ver com as proteínas e com a sociedade. Não será isso recomeçar uma vez mais a velha liquidação do freudismo, substituindo a libido por uma vaga energia cósmica capaz de todas as metamorfoses, ou por uma espécie de energia socializada capaz de todos os investimentos? Ou então a tentativa final de Reich concernente a uma "biogênese", que com certa razão é qualificada de esquizo-paranoica? Lembremos que Reich concluía pela existência de uma energia cósmica intra-atômica, o orgônio, gerador de um fluxo elétrico e portador de partículas submicroscópicas, os bions. Essa energia produzia diferenças de potencial ou intensidades repartidas sobre o corpo considerado do ponto de vista molecular, e se associava a uma mecânica dos fluidos nesse mesmo corpo considerado do ponto de vista molar. O que definia a libido como sexualidade era, pois, a associação dos dois funcionamentos, o mecânico e o elétrico, numa sequência com dois polos, o molar e o molecular (tensão mecânica, carga elétrica, descarga elétrica, distensão mecânica). Era assim que Reich pensava ultrapassar a alternativa entre mecanicismo e vitalismo, pois essas funções, a mecânica e a elétrica, existiam na matéria em geral, mas combinavam-se numa sequência particular no seio do ser vivo. E, sobretudo, ele mantinha a verdade psicanalítica de base, de cujo abandono podia acusar Freud: a independência da sexualidade em relação à reprodução, a subordinação da reprodução progressiva ou regressiva à sexualidade como ciclo.[13] Se se consi-

---

[13] O conjunto dos últimos estudos de Reich, biocósmicos ou biogenéticos, está resumido no fim de *La Fonction de l'orgasme*, cap. IX. O primado da sexualidade sobre a geração e a reprodução encontra-se então fundado no ciclo da sexualidade (tensão mecânica, carga elétrica etc.), que traz consigo uma divisão da célula: pp. 224-7. Mas é desde muito cedo na sua obra que Reich censura Freud por ter abandonado a posição sexual. *Não foram apenas os dissidentes de Freud que renunciaram a ela, mas o próprio Freud, de uma certa maneira*: uma primeira vez, quando introduz o instinto de morte e se põe a falar de Eros em vez de sexualidade (Reich, pp. 103-4); depois, quando faz da angústia a causa do recalcamento sexual e não mais seu resultado (Reich, pp. 113-4); e, mais geralmente, quando ele retorna a um primado tradicional da procriação sobre a sexualidade (Reich, p. 225: "A procriação

dera em detalhe a teoria final de *[347]* Reich, confessamos que seu caráter ao mesmo tempo esquizofrênico e paranoico não apresenta inconveniente algum para nós, muito pelo contrário. Confessamos que toda tentativa de aproximar a sexualidade de fenômenos cósmicos do tipo "tempestade elétrica", "bruma azulada e céu azul", o azul do orgono, "fogo-de-santelmo e manchas solares", fluidos e fluxos, matérias e partículas, nos parece afinal mais adequada do que a redução da sexualidade ao lamentável pequeno segredo familista. Acreditamos que Lawrence e Miller têm uma avaliação mais justa da sexualidade do que Freud, inclusive do ponto de vista da famosa cientificidade. Não é o neurótico deitado no divã que nos fala do amor, da sua potência e dos seus desesperos, mas o mudo passeio do esquizo, o percurso de Lenz nas montanhas e sob as estrelas, a imóvel viagem em intensidades sobre o corpo sem órgãos. Quanto ao conjunto da teoria reichiana, ela tem a incomparável vantagem de mostrar o duplo polo da libido, como formação molecular à escala submicroscópica e como investimento das formações molares à escala dos conjuntos orgânicos e sociais. Faltam apenas as confirmações do bom senso: por quê, e em quê, isso é a sexualidade?

[IV.2.7. Gigantismo e nanismo do desejo. O sexo não-humano: nem um nem dois sexos, mas *n* sexos]

Sobre o amor, o cinismo disse ou pretendeu dizer tudo: a saber, que se trata de uma copulação de máquinas orgânicas e sociais em grande escala (no fundo do amor os órgãos, no fundo do amor as determinações econômicas, o dinheiro). Porém, é próprio do cinismo buscar o escândalo onde ele não se encontra e passar por escandaloso, mas sem audácia. Antes o delírio do bom senso do

---

é uma função da sexualidade e não o inverso, como se tem pretendido. Freud já o tinha postulado em relação à psicossexualidade, ao separar as noções de sexual e de genital. Mas, por razões que jamais compreendi, ele colocou novamente a *genitalidade na puberdade a serviço da procriação*"). Reich pensa evidentemente nos textos schopenhaurianos e weismannianos de Freud, em que a sexualidade passa a depender da espécie e do germe: por exemplo, "Pour introduire le narcissisme", em *La Vie sexuelle*, Paris, PUF, pp. 85-6.

que sua banalidade. *[348]* Porque a primeira evidência é que o desejo não tem pessoas ou coisas como objeto, mas meios inteiros que ele percorre, vibrações e fluxos de qualquer natureza que ele esposa, introduzindo cortes, capturas, desejo sempre nômade e migrante, cuja característica é, primeiramente, o "gigantismo": ninguém mostrou isso melhor do que Charles Fourier. Em suma, tanto os meios sociais como os biológicos são objeto de investimentos do inconsciente, investimentos que são necessariamente desejantes ou libidinais em oposição aos investimentos pré-conscientes de necessidade e de interesse. Como energia sexual, a libido é diretamente investimento de massas, de grandes conjuntos e de campos orgânicos e sociais. Não se compreende bem sobre quais princípios a psicanálise apoia sua concepção do desejo, quando supõe que a libido deve dessexualizar-se e até sublimar-se para proceder a investimentos sociais que ela, inversamente, ressexualiza tão só no decurso de processos de regressão patológica.[14] Isso é compreensível se o postulado dessa concepção for ainda o familismo, dado que este sustenta que a sexualidade só opera em família, e que deve se transformar para investir conjuntos mais amplos. Na verdade a sexualidade está em toda parte: na maneira como um burocrata acaricia os seus dossiês, como um juiz distribui justiça, como um homem de negócios faz circular o dinheiro, como a burguesia enraba o proletariado etc. E não há necessidade de recorrer a metáforas, tal como a libido não recorre a metamorfoses. Hitler dava tesão nos fascistas. As bandeiras, as nações, os exércitos e os bancos dão tesão em muita gente. Uma máquina

---

[14] Freud, *Cinq psychanalyses*, "Le président Schreber", tradução francesa, Paris, PUF, p. 307: "As pessoas que não se libertaram inteiramente da fase do narcisismo, e que, por consequência, a ela estão presas por uma fixação capaz de agir a título de predisposição patogênica, estão expostas ao perigo de que uma vaga de libido particularmente potente que, por não encontrar outra saída para escoar, sexualize os seus instintos sociais e assim aniquile as sublimações adquiridas no curso da evolução psíquica. Tudo o que provoca uma corrente retrógada da libido (regressão) pode produzir este resultado. Os paranoicos procuram defender-se contra uma tal sexualização dos seus investimentos instintuais sociais".

revolucionária nada é enquanto não adquirir pelo menos tanta potência de corte e de fluxo quanto essas máquinas coercivas. Não é por extensão dessexualizante que a libido investe os grandes conjuntos; ao contrário, é *[349]* por restrição, bloqueio e assentamento que ela é determinada a recalcar seus fluxos para contê-los em células estreitas do tipo "casal", "família", "pessoas", "objetos". Sem dúvida, um tal bloqueio é necessariamente fundado: a libido só passa à consciência quando relacionada a tal ou qual corpo, a tal ou qual pessoa que ela toma como objeto. Mas nossa "escolha de objeto" remete, ela própria, a uma conjunção de fluxos de vida e de sociedade que esse corpo, que essa pessoa interceptam, recebem e emitem, sempre num campo biológico, social, histórico, no qual estamos igualmente mergulhados e com o qual comunicamos. As pessoas a que nossos amores são dedicados, inclusive as pessoas parentais, apenas intervêm como pontos de conexão, de disjunção, de conjunção de fluxos cujo teor libidinal de investimento propriamente inconsciente elas traduzem. Então, por mais fundado que esteja o bloqueio amoroso, ele muda singularmente de função conforme comprometa o desejo nos impasses edipianos do casal e da família, no serviço das máquinas repressivas ou, ao contrário, condense uma energia livre capaz de alimentar uma máquina revolucionária (e também a esse respeito Fourier disse tudo ao mostrar as duas direções opostas da "captação" ou da "mecanização" das paixões). Mas é sempre com mundos que fazemos amor. E o nosso amor dirige-se a esta propriedade libidinal que o ser amado tem de se fechar ou abrir a mundos mais vastos, massas e grandes conjuntos. Há sempre algo de estatístico e das leis do grande número em nossos amores. E não será assim que é preciso, primeiramente, entender a célebre fórmula de Marx: a relação do homem e da mulher é "a relação imediata, natural e necessária do homem com o homem"? Isto é, a relação entre os dois sexos (o homem com a mulher) não será somente a medida da relação de sexualidade em geral enquanto investe grandes conjuntos (o homem com o homem)? Isto permite entender o que se chamou de especificação da sexualidade nos sexos. E não seria preciso dizer também que o falo não é um sexo, mas toda a sexualidade, isto é, o signo do grande conjunto investido pela libido, donde derivam necessariamente ao mesmo tempo os dois sexos, tanto na sua separação (as duas séries homossexuais do homem com o homem, da mulher com a mulher) *[350]* como nas suas relações estatísticas no seio desse conjunto?

Mas uma coisa ainda mais misteriosa é dita por Marx: ele diz que a verdadeira diferença não está entre os dois sexos nos humanos, mas entre o sexo humano e o "sexo não humano".[15] Não se trata, evidentemente, dos bichos, da sexualidade animal, mas de algo totalmente distinto. Se a sexualidade é o investimento inconsciente de grandes conjuntos molares, é porque, sob sua outra face, ela é idêntica ao jogo dos elementos moleculares que constituem esses conjuntos em condições determinadas. O *nanismo* do desejo como correlato do seu gigantismo. A sexualidade é estritamente a mesma coisa que as máquinas desejantes enquanto presentes e atuantes nas máquinas sociais, no seu campo, na sua formação, no seu funcionamento. Sexo não humano são as máquinas desejantes, os elementos maquínicos moleculares, seus agenciamentos e suas sínteses, sem os quais não haveria nem sexo humano especificado nos grandes conjuntos, nem sexualidade humana capaz de investir esses conjuntos. Embora tão avaro e reticente quando se trata de sexualidade, Marx, com algumas frases, detona aquilo de que Freud e toda a psicanálise, ao contrário, permanecerão prisioneiros para sempre: *a representação antropomórfica do sexo*! O que denominamos representação antropomórfica é tanto a ideia de que há dois sexos como a ideia de que há só um. Sabe-se como o freudismo é atravessado por essa estranha ideia de que, afinal, só há um sexo, o masculino, em relação ao qual a mulher se define por uma falta e o sexo feminino por uma ausência. À primeira vista, poder-se-ia acreditar que uma tese como esta funda a onipresença de uma homossexualidade masculina. Porém, contrariamente, o que ela fundamenta é o conjunto estatístico dos amores intersexuais. Isto porque, se a mulher se define por uma falta em

---

[15] Marx, "Critique de la philosophie de l'État de Hegel", in *Oeuvres philosophiques*, IV, tradução francesa, Paris, Costes, pp. 182-4. Sobre este texto de Marx, ver o belo comentário de J.-F. Lyotard, *Discours, figure*, pp. 138-41.

relação ao homem, ao homem falta, por sua vez, o que falta à mulher, mas simplesmente de outra maneira: a ideia de um único sexo conduz necessariamente à ereção de um falo como objeto das [351] alturas, o que distribui a falta às duas faces não sobreponíveis e que leva a comunicação entre os dois sexos a depender de uma ausência comum, a *castração*. Psicanalistas ou psicanalizadas, as mulheres podem então regozijar-se por mostrarem o caminho ao homem, e por recuperarem a igualdade na diferença. Donde a irresistível comicidade das fórmulas segundo as quais se chega ao desejo pela castração. Por outro lado, também não é melhor, afinal, a ideia de que haveria realmente dois sexos. Neste caso, como faz Melanie Klein, tenta-se definir o sexo feminino por caracteres positivos, mesmo que terrificantes. Se não se escapou do antropomorfismo, escapou-se ao menos do falocentrismo. Acontece que, neste caso, longe de fundar a comunicação dos dois sexos, funda-se sobretudo sua separação em duas séries homossexuais ainda estatísticas. E de modo algum se escapa da castração, pois esta, em vez de ser o princípio do sexo concebido como sexo macho (o grande falo cortado, sobrevoante), devém, simplesmente, o resultado do sexo concebido como sexo feminino (o pequeno pênis absorvido, soterrado). Dizemos, portanto, que *a castração é o fundamento da representação antropomórfica e molar da sexualidade*. Ela é a crença universal que reúne e ao mesmo tempo dispersa os homens e as mulheres sob o jugo de uma mesma ilusão da consciência, e que os faz adorar esse jugo. Todo esforço para determinar a natureza não humana do sexo, por exemplo, o "grande Outro", conservando o mito da castração, fracassa de antemão. E o que quer dizer Lyotard no seu comentário, no entanto tão profundo, do texto de Marx, quando assinala a abertura do não humano como devendo ser "a entrada do sujeito no desejo pela castração"? Um grito de viva à castração para que o desejo seja forte? Que só se deseja fantasmas? Que ideia perversa, humana, demasiado humana. Que ideia vinda da má consciência e não do inconsciente. A representação molar antropomórfica culmina no que a fundamenta, a ideologia da falta. Ao contrário, o inconsciente molecular ignora a castração, porque nada falta aos objetos parciais que, enquanto tais, formam multiplicidades livres; porque os múltiplos cortes não pa-

O inconsciente molecular

ram de produzir fluxos, em vez de os recalcar num mesmo e único corte capaz de estancá-los; porque as sínteses constituem conexões locais e não-específicas, disjunções *[352]* inclusivas, conjunções nômades: uma transexualidade microscópica em toda parte, que faz com que a mulher contenha tantos homens quanto o homem, e o homem mulheres, capazes de entrar, uns com os outros, umas com as outras, em relações de produção de desejo que subvertem a ordem estatística dos sexos. Fazer amor não é fazer só um, nem mesmo dois, mas cem mil. Eis o que são as máquinas desejantes ou o sexo não humano: não um, nem mesmo dois, mas n sexos. A esquizoanálise é a análise variável dos n sexos num sujeito, para além da representação antropomórfica que a sociedade lhe impõe e que ele mesmo atribui à sua própria sexualidade. A fórmula esquizoanalítica da revolução desejante será primeiramente esta: a cada um, seus sexos.

[IV.3. Psicanálise e capitalismo]

[IV.3.1. A representação. Representação e produção]
A tese da esquizoanálise é simples: o desejo é máquina, síntese de máquinas, agenciamento maquínico — máquinas desejantes. O desejo é da ordem da *produção*; toda produção é ao mesmo tempo desejante e social. Portanto, censuramos a psicanálise por ter esmagado esta ordem da produção, por tê-la revertido à ordem da *representação*. Longe de ser a audácia da psicanálise, a ideia de representação inconsciente marca, desde o início, sua falência ou sua renúncia: um inconsciente que não mais produz, mas que se limita a *acreditar*. O inconsciente acredita no Édipo, ele crê na castração, na sua lei. Sem dúvida, o psicanalista foi o primeiro a dizer que a crença, a rigor, não é um ato do inconsciente; que é sempre o pré-consciente que crê. E não será mesmo preciso dizer que é o psicanalista que acredita, o psicanalista em nós? Será a crença um efeito sobre o material consciente, efeito que a representação inconsciente exerce à distância? Mas, inversamente, o que reduziu o inconsciente a esse estado de representação não terá sido, primeiramente, um sistema de crenças posto no lugar das produ-

ções? Na verdade, é ao mesmo tempo que a produção social encontra-se alienada em crenças supostamente autônomas e que a produção desejante encontra-se desviada para representações supostamente inconscientes. E vimos que é a mesma instância, *[353]* a família, que executa esta dupla operação, desnaturando, desfigurando e levando a um impasse a produção desejante social. Além disso, o liame da *representação-crença* com a família não é acidental; é da essência da representação ser representação familiar. Mas a produção não é suprimida por isso; ela continua a troar, a zumbir sob a instância representativa que a sufoca, mas que ela pode fazer ressoar, em compensação, até o limite da ruptura. Então, é preciso que a representação seja inflada com todo o poder do mito e da tragédia; é preciso que ela dê da família uma *apresentação mítica e trágica* (e que dê do mito e da tragédia uma apresentação familiar), para atingir efetivamente as zonas de produção. Entretanto, será que o mito e a tragédia não são também produções, formas de produção? Seguramente, não; eles são apenas reportados à produção social real, à produção desejante real. Senão, são formas ideológicas que tomaram o lugar das unidades de produção. Édipo, a castração etc., *quem acredita nisso?* Os gregos? Mas será que os gregos produziam como acreditavam? Será que os helenistas é que acreditam que os gregos produziam assim? Pelo menos os helenistas do século XIX, de quem Engels dizia: dir-se-ia que acreditam no mito, na tragédia. Será o inconsciente que se representa Édipo, a castração? ou será o psicanalista, o psicanalista em nós, que representa assim o inconsciente? Porque nunca como agora a observação de Engels ganhou tanto sentido: dir-se-ia que os psicanalistas acreditam no mito, na tragédia... (Continuam a acreditar nisso, ao passo que os helenistas já pararam com isso há muito tempo.)[NT]

Sempre o caso de Schreber: o pai de Schreber inventava e construía espantosas pequenas máquinas sádico-paranoicas para

---

[NT] [Ver Paul Veyne, *Les Grecs ont-ils cru à leurs mythes?*, Paris, Seuil, 1983. Edição brasileira: *Acreditavam os gregos em seus mitos?*, tradução de Horácio González e Milton Meira Nascimento, São Paulo, Brasiliense, 1984.]

coagir crianças a se manterem aprumadas; por exemplo: capacete com haste metálica e correias de couro.[16] Essas máquinas não desempenham papel algum *[354]* na análise freudiana. Talvez tivesse sido mais difícil esmagar todo o conteúdo social-político do delírio de Schreber se se levasse em conta essas máquinas desejantes do pai e sua evidente participação numa máquina social pedagógica em geral. Porque a questão é esta: é claro que o pai age sobre o inconsciente do filho — mas será que ele age como pai de família numa transmissão familiar expressiva, ou como agente de máquina numa informação ou comunicação maquínicas? As máquinas desejantes do presidente comunicam com as do seu pai; mas é precisamente por isso que elas são, desde a infância, investimento libidinal de um campo social. *O papel do pai é unicamente o de agente de produção e de antiprodução.* Freud, ao contrário, escolhe a primeira via: não é o pai que remete às máquinas, mas justamente o contrário; sendo assim, não há por que considerar as máquinas como máquinas desejantes e nem como máquinas sociais. Em compensação, o pai será inflado com todas as "potências do mito e da religião", e da filogênese, para que a pequena representação familiar tenha a aparência de ser coextensiva ao campo do delírio. O par de produção, máquinas desejantes e campo social, cede lugar a um par representativo de natureza totalmente distinta, família-mito. Retomemos isto: já viram uma criança brincar, viram como ela já povoa as máquinas sociais técnicas com suas máquinas desejantes, ó sexualidade! — e que pai e mãe, dos quais a criança tira, se for preciso, peças e engrenagens, estão em segundo plano, como agentes emissores, receptores ou de intercepção, agentes benevolentes de produção ou suspeitosos agentes de antiprodução?

[16] W. G. Nierderland foi quem descobriu e reproduziu as máquinas do pai de Schreber: cf., notadamente, "Schreber, Father and Son", *Psychoanalytic Quaterly*, 1959, tomo 28, pp. 151-69. Em livros da condessa de Ségur [Sophie Fiodorovna Rostopchine (1799-1874)], tais como *Comédies et proverbes* e *On ne prend pas les mouches avec du vinaigre*, podem ser encontradas informações sobre instrumentos de tortura pedagógica muito semelhantes àquelas máquinas, como "o cinto para boa postura", "com placa de ferro nas costas e haste de ferro para segurar o queixo".

[IV.3.2. Contra o mito e a tragédia]
Por que foi concedido este privilégio insensato à representação mítica e trágica? Por que ter instalado formas expressivas, e todo um *teatro*, onde havia campos, oficinas, fábricas, unidades de produção? O psicanalista monta seu circo no inconsciente estupefato, todo um Barnum[NT] nos campos e nas fábricas. É isso que Miller, e já Lawrence, têm a dizer contra a psicanálise (os vivos não são crentes, os videntes não acreditam no mito, na tragédia): "Remontando aos tempos heroicos da vida, vocês destroem os próprios princípios *[355]* do heroísmo, pois o herói, assim como não duvida de sua força, nunca olha para trás. Hamlet se julgava herói, sem dúvida alguma, e para cada Hamlet-nato a única via a seguir é a que Shakespeare lhe traçou. Mas seria preciso saber se somos Hamlet-natos. Você nasceu Hamlet? *Ou não foi sobretudo você que fez nascer Hamlet em você?* Mas a questão que me parece mais importante é esta: *por que retornar ao mito?* Esta quinquilharia ideológica de que o mundo se serviu para construir todo o seu edifício cultural está em vias de perder seu valor poético, seu caráter mítico, porque, *através de uma série de escritos que tratam da doença* e, por conseguinte, das possibilidades de sair dela, o terreno encontra-se desentulhado, podendo-se elevar novos edifícios (me é odienta esta ideia de novos edifícios, mas ela é apenas a consciência de um *processo*, e não o próprio processo). Por agora, meu processo, vale dizer, todas as linhas que escrevo no momento, consiste unicamente em limpar energicamente o útero, em submetê-lo de alguma maneira a uma *curetagem*. E isto me leva à ideia, não de um novo edifício, de novas superestruturas que significam cultura, portanto mentira, mas de um nascimento perpétuo, de uma regeneração *da vida*. Não há vida possível no mito.

[NT] [Phineas Taylor Barnum (1810-1891), famoso showman norte-americano, organizador de fabulosos espetáculos. O "Circo de Barnum" ganhou extrema notoriedade. Seu nome aparece, por exemplo, na lista dos créditos do polêmico e comovente filme *Freaks* (*Monstros*), de 1932, dirigido por Tod Browning e estrelado por atores portadores de extraordinárias variações físicas.]

Só o mito pode viver no mito. *Esta faculdade de dar nascimento ao mito nos vem da consciência, a consciência que se desenvolve sem cessar.* É por isso que, ao falar do *caráter esquizofrênico* da nossa época, eu dizia: enquanto o processo não terminar, é o ventre do mundo que será o terceiro olho. O que eu queria dizer com isso? Que deve sair um novo mundo deste mundo de ideias em que nos chafurdamos? Mas só na medida em que for concebido é que esse mundo pode aparecer. E, para conceber, é preciso primeiramente desejar. O desejo é instintivo e sagrado, e só pelo desejo é que operamos a imaculada concepção".[17] Miller diz tudo nestas páginas: leva Édipo (ou Hamlet) ao ponto de autocrítica, denuncia formas expressivas, o mito e a tragédia, como crenças ou ilusões da consciência, meras ideias, sublinha a necessidade de uma limpeza do inconsciente, deixa ver a esquizoanálise como *[356]* curetagem do inconsciente, a oposição da fenda matricial à linha de castração, a esplêndida afirmação de um inconsciente-órgão e produtor, a exaltação do processo como processo esquizofrênico de desterritorialização que deve produzir uma nova terra e, no limite, o funcionamento das máquinas desejantes contra a tragédia, contra "o funesto drama da personalidade", contra "a inevitável confusão da máscara e do ator". É evidente que Michael Fraenkel,[NT] o correspondente de Miller, não compreende, pois fala como um psicanalista ou como um helenista do século XIX: o mito, a tragédia, Édipo, Hamlet, são boas expressões, formas pregnantes; exprimem o verdadeiro e permanente drama do desejo e do conhecimento. Fraenkel recorre a todos os lugares-comuns, a Schopenhauer e ao Nietzsche de *O nascimento da tragédia*. Além de supor que Miller ignora tudo isto, não se pergunta por um momento sequer por que o próprio Nietzsche rompeu com *O nascimento da tragédia*, por que deixou de acreditar na representação trágica.

[17] Henry Miller, *Hamlet*, tradução francesa, pp. 156-9. [NT: Em 1935, Henry Miller e seu amigo Michael Fraenkel (1896-1957) iniciaram uma correspondência que foi inicialmente publicada pela editora Carrefour, fundada por Fraenkel em Paris, com o título de *Henry Miller's Hamlet Letters*, vol. I, 1935, e vol. II, 1941.]

[IV.3.3. A atitude ambígua da psicanálise em relação ao mito e à tragédia]

Michel Foucault mostrou com profundidade o alcance do corte que a produção introduziu ao irromper no mundo da representação. A produção pode ser a do trabalho ou a do desejo, pode ser social ou desejante; seja qual for, ela apela para forças que já não se deixam conter na representação, para fluxos e cortes que a perfuram e a atravessam por todos os lados: é "uma imensa camada de sombra" estendida sob a representação.[18] Essa falência ou dissipação do mundo clássico da representação é situada por Foucault no final do século XVIII e no século XIX. Parece, portanto, que a situação é muito mais complexa do que dizíamos; porque a psicanálise participa no mais alto grau dessa descoberta das unidades de produção, que submetem a si todas as representações possíveis em vez de se subordinar a elas. Assim como Ricardo funda a economia política ou social ao descobrir o trabalho quantitativo no princípio de todo valor *[357]* representável, Freud funda a economia desejante ao descobrir a libido quantitativa no princípio de toda representação dos objetos e fins do desejo. Freud descobre a natureza subjetiva ou a essência abstrata do desejo, assim como Ricardo descobre a natureza subjetiva ou a essência abstrata do trabalho para além de toda representação que os conectaria a objetos, a objetivos ou mesmo fontes em particular. Freud, portanto, foi o primeiro a destacar *o desejo tal qual*, assim como Ricardo destacou "o trabalho tal qual" e, por conseguinte, a esfera da produção que transborda efetivamente a representação. E, assim como o trabalho subjetivo abstrato, também o desejo subjetivo abstrato é inseparável de um movimento de desterritorialização, que descobre o jogo das máquinas e dos agentes sob todas as determinações particulares que ainda ligavam o desejo ou o trabalho a tal ou qual pessoa, a tal ou qual objeto no quadro da represen-

---

[18] Michel Foucault, *Les Mots et les choses*, Paris, Gallimard, 1966: pp. 221-4 (sobre a oposição entre o desejo, ou a produção desejante, e a representação); pp. 265-8 (sobre a oposição entre a produção social e a representação em Adam Smith e, sobretudo, em Ricardo).

tação. Máquinas e produção desejantes, aparelhos psíquicos e máquinas do desejo, máquinas desejantes e montagem de uma máquina analítica capaz de descodificá-las: o domínio das livres sínteses onde tudo é possível — as conexões parciais, as disjunções inclusas, as conjunções nômades, os fluxos e as cadeias plurívocas, os cortes transdutivos — e a relação das máquinas desejantes como formações do inconsciente com as formações molares que elas constituem estatisticamente nas multidões organizadas, o aparelho de repressão-recalcamento que decorre disso. É esta a constituição do campo analítico; e este campo sub-representativo continuará a sobreviver e a funcionar, mesmo através de Édipo, mesmo através do mito e da tragédia que, no entanto, marcam a reconciliação da psicanálise com a representação. Mas permanece um conflito que atravessa a psicanálise, aquele entre a representação familiar mítica e trágica e a produção desejante e social. É que o mito e a tragédia são sistemas de representações simbólicas que ainda referem o desejo a condições exteriores determinadas, assim como a códigos objetivos particulares — o corpo da terra, o corpo despótico — e que contrariam, assim, a descoberta da essência abstrata ou subjetiva. Neste sentido, foi possível observar que toda vez que Freud põe em primeiro plano a consideração relativa aos aparelhos psíquicos, às máquinas desejantes e sociais, aos mecanismos pulsionais e institucionais *[358]*, seu interesse pelo mito e pela tragédia tende a decrescer, ao mesmo tempo em que ele denuncia em Jung, depois em Otto Rank, a restauração de uma representação exterior da essência do desejo enquanto objetiva, alienada no mito ou na tragédia.[19]

---

[19] Didier Anzieu [1923-1999] distingue notadamente dois períodos: o de 1906-1920, que "constitui a grande época dos trabalhos mitológicos na história da psicanálise"; depois, um período de relativo descrédito, à medida que Freud se volta para os problemas da segunda tópica e das relações entre o desejo e as instituições, desinteressando-se cada vez mais de uma exploração sistemática dos mitos ("Freud et la mythologie", *Incidences de la Psychanalyse*, nº 1, 1970, pp. 126-9).

[IV.3.4. Em que sentido a psicanálise rompe com a representação e em que sentido ela a restaura]

Como explicar esta ambivalência tão complexa da psicanálise? Devemos distinguir várias coisas. Em primeiro lugar, a representação simbólica apreende bem a essência do desejo, mas referindo-o a grandes *objetidades* como a elementos particulares que lhe fixam objetos, fins e fontes. É assim que o mito reporta o desejo ao elemento da terra como corpo pleno e ao código territorial que distribui as interdições e prescrições; e é assim que a tragédia reporta o desejo ao corpo pleno do déspota e ao código imperial correspondente. Assim sendo, a compreensão das representações simbólicas pode consistir numa fenomenologia sistemática desses elementos e objetidades (à maneira dos velhos helenistas ou mesmo de Jung); ou então, pode consistir num estudo histórico que os reporta às suas condições sociais, objetivas e reais (à maneira dos helenistas recentes). Deste último ponto de vista, a representação implica uma certa decalagem e exprime menos um elemento estável do que a passagem condicionada de um elemento a outro: a representação mítica não exprime o elemento da terra, mas sobretudo as condições sob as quais este elemento se apaga diante do elemento despótico; e a representação trágica não exprime o elemento despótico propriamente dito, mas as condições sob as quais, por exemplo na Grécia do século V, este elemento se apaga em proveito da nova ordem da cidade.[20] Ora, é evidente que nenhum destes tratamentos do mito ou da tragédia convém à psicanálise. [359] O método psicanalítico é totalmente diverso: em vez de reportar a representação simbólica a objetidades determinadas e a condições sociais objetivas, reporta-a à essência subjetiva e universal do desejo como libido. Assim, a operação de *descodificação* não pode significar, na psicanálise, o que significa nas ciências do

---

[20] Sobre o mito como expressão de organização de um poder despótico que recalca a Terra, ver J.-P. Vernant, *Les Origines de la pensée grecque*, Paris, PUF, pp. 109-16; e sobre a tragédia como expressão de uma organização da cidade que, por sua vez, recalca o déspota deposto, ver Vernant, "Œdipe sans complexe", *Raison Présente*, agosto de 1967.

homem, a saber, descobrir o segredo de tal ou qual código, mas desfazer os códigos para atingir fluxos quantitativos e qualitativos de libido que atravessam o sonho, o fantasma, as formações patológicas, assim como o mito, a tragédia e as formações sociais. A interpretação psicanalítica não consiste em rivalizar com códigos, em juntar mais um código aos códigos conhecidos, mas em descodificar de maneira absoluta, em destacar algo de incodificável em virtude do seu polimorfismo e da sua polivocidade.[21] Parece, então, que o interesse da psicanálise pelo mito (ou pela tragédia) é um interesse essencialmente crítico, uma vez que a especificidade do mito objetivamente compreendido derrete-se quando exposta ao sol subjetivo da libido: é certamente o mundo da representação que desmorona, ou tende a desmoronar.

Em segundo lugar, devemos dizer que o liame da psicanálise com o capitalismo não é menos profundo do que o da economia política. Essa descoberta dos fluxos descodificados e desterritorializados que, na economia política e na produção social, se faz sob a forma do trabalho abstrato subjetivo, é a mesma que, na psicanálise e na produção desejante, se faz sob a forma de libido abstrata subjetiva. Como diz Marx, é no capitalismo que a essência devém subjetiva, *atividade de produção em geral*, e que o trabalho abstrato devém algo de real a partir do que é possível reinterpretar todas as formações sociais precedentes do ponto de vista de uma descodificação ou de um processo [360] de desterritorialização generalizados: "Assim, a mais simples abstração, aquela [do trabalho abstrato] a que a economia moderna dá prioridade, e que

---

[21] Portanto, não se dirá que a psicanálise acrescenta um código, dito psicológico, aos códigos sociais através dos quais os historiadores e mitólogos explicam os mitos. Freud já assinalava isto a propósito do sonho: não se trata de uma decifração segundo um código. A este respeito, ver os comentários de Jacques Derrida, *L'Écriture et la différence*, pp. 310 ss.: "Sem dúvida (a escrita do sonho) trabalha com uma massa de elementos codificados no decurso de uma história individual ou coletiva. Mas, nessas operações, no seu léxico e na sua sintaxe, há um resíduo puramente idiomático, que é irredutível e que deve suportar todo o peso da interpretação, na comunicação entre os inconscientes. O sonhador inventa a sua própria gramática".

exprime um fenômeno ancestral válido para todas as formas de sociedade, só aparece, todavia, como praticamente verdadeiro, nessa abstração, enquanto categoria da sociedade mais moderna". O mesmo se passa com o desejo abstraído como libido, como essência subjetiva. Não que se deva estabelecer um simples paralelismo entre a produção social capitalista e a produção desejante, ou então entre os fluxos de capital-dinheiro e os fluxos de merda do desejo. A relação é muito mais estreita: as máquinas desejantes não estão fora das máquinas sociais, de modo que a conjunção dos fluxos descodificados na máquina capitalista tende a libertar as livres figuras de uma libido subjetiva universal. Em suma, a descoberta de uma atividade de produção *em geral e sem distinção*, tal como aparece no capitalismo, é inseparavelmente a da economia política *e* da psicanálise, para além dos sistemas determinados de representação.

[IV.3.5. As exigências do capitalismo]

Isto não quer dizer, evidentemente, que o homem capitalista, ou no capitalismo, deseje trabalhar ou que trabalhe segundo o seu desejo. A identidade do desejo e do trabalho é, não um mito, mas sobretudo a utopia ativa por excelência que designa o limite a ser transposto pelo capitalismo na produção desejante. Mas por que a produção desejante, precisamente, está no limite sempre contrariado do capitalismo? Por que o capitalismo, ao mesmo tempo em que descobre a essência subjetiva do desejo e do trabalho — essência comum enquanto atividade de produção em geral —, não para de aliená-la de novo, e logo a seguir, numa máquina repressiva que cinde a essência e mantém separadas as partes — trabalho abstrato de um lado, desejo abstrato de outro: economia política *e* psicanálise, economia política *e* economia libidinal? É aí que podemos apreciar toda a extensão da pertença da psicanálise ao capitalismo. Com efeito, como vimos, o capitalismo tem realmente por limite os fluxos descodificados da produção desejante, os quais ele não para de repelir, ligando-os numa axiomática que toma o lugar dos códigos. O capitalismo é inseparável do movimento da desterritorialização, mas ele esconjura este movimento através de reterritorializações factícias e *[361]* artificiais. Ele se constrói sobre as ruínas das representações: a territorial e a despótica, a mítica e a trágica; porém, ele as restaura, pondo-as a seu serviço e sob outra forma, a título de imagens do capital. Marx resume tudo isto ao dizer que a essência subjetiva abstrata só é descoberta pelo capitalismo para ser novamente encadeada, alienada, é verdade que não mais como objetidade no elemento exterior e independente, mas no próprio elemento subjetivo da propriedade privada: "Outrora, o homem era exterior a si próprio e encontrava-se num estado de alienação real; agora, esse estado mudou em ato de alienação, de espoliação". Com efeito, é a forma da propriedade privada que condiciona a conjunção dos fluxos descodificados, isto é, sua axiomatização num sistema onde o fluxo dos meios de produção, como propriedade dos capitalistas, é reportado ao fluxo do trabalho dito livre, como "propriedade" dos trabalhadores (de modo que as restrições estatais sobre a matéria ou o conteúdo da propriedade privada não afetam de modo algum essa forma). É ainda a forma da propriedade privada que constitui o centro das reterritorializações factícias do capitalismo. Finalmente, é ela que produz as imagens que preenchem o campo de imanência do capitalismo, "o" capitalista, "o" trabalhador etc. Em outros termos, o capitalismo implica certamente a derrocada das grandes representações objetivas determinadas, é claro que em proveito da produção como essência interior universal, mas nem por isso ele sai do mundo da representação, operando tão somente uma vasta conversão desse mundo ao dar-lhe a forma nova de uma representação subjetiva infinita.[22]

Parece que nos distanciamos das preocupações da psicanálise; entretanto, nunca estivemos tão próximos delas. Com efeito, como vimos anteriormente, é na interioridade do seu movimento que o capitalismo exige e institui não só uma axiomática social, mas uma aplicação dessa axiomática à família privatizada. Nunca a repre-

---

[22] Foucault mostra que "as ciências humanas" encontraram seu princípio na produção e se constituíram sobre a falência da representação, mas que elas restauraram imediatamente um novo tipo de representação, a representação inconsciente (*Les Mots et les choses*, pp. 363-78).

sentação asseguraria sua própria conversão *[362]* sem esta aplicação que a escava, que a fende e a assenta sobre si própria. Então, o Trabalho subjetivo abstrato, tal como é representado na propriedade privada, tem por correlato o Desejo subjetivo abstrato, tal como é representado na família privatizada. A psicanálise encarrega-se deste segundo termo, assim como a economia política encarrega-se do primeiro. A psicanálise é a técnica de aplicação, da qual a economia política é a axiomática. Em suma, no movimento próprio do capitalismo, a psicanálise destaca o segundo polo, levando a representação subjetiva infinita a substituir as grandes representações objetivas determinadas. É preciso, com efeito, que o limite dos fluxos descodificados da produção desejante seja por duas vezes esconjurado, por duas vezes deslocado, uma vez pelo estabelecimento de limites imanentes que o capitalismo não para de reproduzir numa escala cada vez mais ampla, e outra vez pelo traçado de um limite interior que assenta essa reprodução social sobre a reprodução familiar restrita. Portanto, a ambiguidade da psicanálise em relação ao mito ou à tragédia explica-se assim: ela os desfaz como representações objetivas e descobre neles as figuras de uma libido subjetiva universal; mas os redescobre e os promove como representações subjetivas que elevam ao infinito os conteúdos míticos e trágicos. Trata o mito e a tragédia, mas os trata *como* os sonhos e os fantasmas do homem privado, *Homo familia* — e, com efeito, o sonho e o fantasma estão para o mito e a tragédia como a propriedade privada está para a propriedade comum. O que no mito e na tragédia opera como elemento objetivo é, pois, retomado e exaltado pela psicanálise, mas como dimensão inconsciente da representação subjetiva (o mito como *sonho* da humanidade). O que opera a título de elemento objetivo e público — a Terra, o Déspota — é agora retomado, mas como a expressão de uma reterritorialização subjetiva e privada: Édipo é o déspota deposto, banido, desterritorializado, mas que é reterritorializado no complexo de Édipo concebido como o papai-mamãe-eu do homem qualquer de hoje. A psicanálise e o complexo de Édipo reúnem todas as crenças, tudo aquilo em que a humanidade desde sempre acreditou, mas para levá-lo ao estado de uma *denegação* que conserva a crença sem nela acreditar (é apenas um sonho...: *[363]*

mesmo a mais severa piedade, hoje, não pede mais do que isso...). Donde a dupla impressão de que a psicanálise se opõe à mitologia não menos que aos mitólogos, mas que, ao mesmo tempo, leva o mito e a tragédia às dimensões do universal subjetivo: se o próprio Édipo é "sem complexo", o complexo de Édipo é sem Édipo, como o narcisismo é sem Narciso.[23] É esta a ambivalência que atravessa a psicanálise e que vai além do problema particular do mito e da tragédia: com uma das mãos, ela desfaz o sistema das representações objetivas (o mito, a tragédia) em proveito da essência subjetiva concebida como produção desejante; com a outra mão, ela reverte essa produção ao sistema de representações subjetivas (o sonho, o fantasma, de que o mito e a tragédia serão postos como desenvolvimentos ou projeções). Imagens, nada mais do que imagens. Finalmente, o que fica é um teatro íntimo e familiar, o teatro do homem privado, que já não é nem produção desejante nem representação objetiva. O inconsciente como cena. Todo um teatro posto no lugar da produção, e que a desfigura ainda mais do que a tragédia e o mito reduzidos aos seus únicos recursos antigos.

[IV.3.6. Representação mítica, trágica e psicanalítica. O teatro. Representação subjetiva e representação estrutural]

Mito, tragédia, sonho, fantasma — e o mito e a tragédia reinterpretados em função do sonho e do fantasma —, eis a série representativa com que a psicanálise substitui a linha de produção, produção social e desejante. Série de teatro em vez da série de produção. Mas, justamente, por que a representação devinda subjetiva toma esta forma teatral ("Há um liame misterioso entre a psicanálise e o teatro...")? Conhece-se a resposta eminentemente moderna de certos autores mais recentes: o teatro destaca a estrutura

---

[23] Didier Anzieu, "Freud et la mythologie", *Incidences de la Psychanalyse*, n° 1, 1970, pp. 124 e 128: "Freud não concede especificidade alguma ao mito. Este é um dos pontos que prejudicou mais gravemente as relações ulteriores entre psicanalistas e antropólogos. [...] Freud comete um verdadeiro achatamento de ideias. [...] O artigo 'Pour introduire le narcissisme', que marca uma etapa importante na revisão da teoria das pulsões, não contém alusão alguma ao mito de Narciso".

finita da representação subjetiva infinita. O que significa destacar é muito complexo, pois a estrutura só pode apresentar sua própria *[364]* ausência, ou representar algo não representado na representação: mas é, dizem, o privilégio do teatro pôr em cena essa causalidade metafórica e metonímica que marca ao mesmo tempo a presença e a ausência da estrutura nos seus efeitos. André Green, no próprio momento em que faz reservas a respeito da suficiência da estrutura, ele as faz apenas em nome de um teatro necessário à atualização desta, operando como revelador pelo qual ela se devém visível.[24] Octave Mannoni, na sua bela análise do fenômeno da crença, toma igualmente o modelo do teatro para mostrar como a denegação da crença implica de fato uma transformação da crença sob o efeito de uma estrutura que o teatro encarna ou encena.[25] Devemos compreender que a representação, quando deixa de ser objetiva, quando devém subjetiva infinita, isto é, imaginária, perde efetivamente toda consistência, a menos que remeta a uma estrutura que determina tanto o lugar e as funções do sujeito da representação, dos objetos representados como imagens, quanto as relações formais entre eles todos. Então, simbólico já não mais designa a relação da representação com uma objetidade como elemento, mas os elementos últimos da representação subjetiva, puros significantes, puros representantes não representados donde decorrem ao mesmo tempo os sujeitos, os objetos e suas relações. Assim, a estrutura designa o inconsciente da representação subjetiva. A série desta representação apresenta-se agora desta maneira: representação subjetiva infinita (imaginário) — representação teatral — representação estrutural. Ora, precisamente porque se supõe

[24] André Green analisa profundamente as relações representação-teatro-estrutura-inconsciente: *Un oeil en trop*, Paris, Minuit, 1969, prólogo (p. 43, notadamente, sobre "a representação do não-representado na representação"). Entretanto, a crítica que Green faz à estrutura não é conduzida em nome da produção, mas em nome da representação, e invoca a necessidade de fatores extraestruturais que devem revelar tão somente a estrutura, e revelá-la como edipiana.

[25] Octave Mannoni [1899-1989], *Clefs pour l'imaginaire, ou L'Autre scène*, Paris, Seuil, 1969, caps. I e VII.

que o teatro encene a estrutura latente e encarne seus elementos e relações, deduz-se que ele está apto a revelar a universalidade dessa estrutura, inclusive nas representações objetivas que ele recupera e reinterpreta em função *[365]* dos representantes ocultos, das suas migrações e relações variáveis. Reúnem-se, retomam-se todas as crenças em nome de uma estrutura do inconsciente: somos ainda piedosos. Por toda parte o grande jogo do significante simbólico que se encarna nos significados do imaginário — Édipo como metáfora universal.

Por que o teatro? Como é estranho esse inconsciente de teatro e de papelão! O teatro tomado como modelo da produção. Até em Althusser se assiste à seguinte operação: descoberta da produção social como "máquina" ou "maquinaria", irredutível ao mundo da representação objetiva (*Vorstellung*); mas, logo em seguida, redução da máquina à estrutura, identificação da produção com uma representação estrutural e teatral (*Darstellung*).[26] Ora, com a produção desejante passa-se o mesmo que com a produção social: toda vez que a produção, em vez de ser apreendida na sua originalidade, na sua realidade, é assim *assentada* sobre um espaço de representação, ela só pode valer pela sua própria ausência, e aparece como uma falta nesse espaço. Ao buscar a estrutura em psicanálise, Moustafa Safouan pôde apresentá-la como uma "contribuição para uma teoria da falta". É na estrutura que se faz a solda do desejo com o impossível, definindo-se a falta como castração. É da estrutura que se ergue o canto mais austero em favor da castração: sim, sim, é pela castração que entramos na ordem do desejo — uma vez que a produção desejante se espalha pelo espaço de uma representação que só a deixa subsistir como ausência e falta de si mesma. É que se impõe às máquinas desejantes uma *unidade estrutural* que as reúne num conjunto molar; é que os objetos parciais são reportados a uma totalidade que só pode aparecer como aquilo que lhes falta, e como o que, faltando-lhes, falta a si mesma (o grande Significante "simbolizável pela inerência de um — 1 ao conjunto de

---

[26] Louis Althusser, *Lire le Capital*, II, pp. 170-7 (sobre a estrutura como presença-ausência).

significantes"). Até onde se irá no desenvolvimento de uma falta da falta que atravessa a estrutura? A operação estrutural é isto: ela ajeita *[366]* a falta no conjunto molar. Então, o limite da produção desejante — o limite que separa os conjuntos molares e seus elementos moleculares, que separa as representações objetivas e as máquinas do desejo — está agora totalmente deslocado. Ele somente passa no próprio conjunto molar enquanto escavado pelo sulco da castração. As operações formais da estrutura são as da extrapolação, da aplicação, da bi-univocização que assentam o conjunto social de partida sobre um conjunto familiar de chegada, com o que a relação familiar de chegada devém "metafórica de todas as outras", impedindo os elementos produtivos moleculares de seguirem sua própria linha de fuga. Quando Green busca as razões que fundam a afinidade da psicanálise com a representação teatral e com a estrutura que esta torna visível, ele assinala duas particularmente surpreendentes: que o teatro eleva a relação familiar ao estado de relação estrutural metafórica universal, donde decorrem o jogo e o lugar imaginários das pessoas; e, inversamente, que o teatro expulsa para os bastidores o jogo e o funcionamento das máquinas, atrás de um limite que devém intransponível (exatamente como no fantasma: as máquinas estão aí, mas *atrás do muro*). Em suma, o limite deslocado já não passa entre a representação objetiva e a produção desejante, mas entre os dois polos da representação subjetiva: a representação imaginária infinita e a representação estrutural finita. Assim, é possível opor esses dois aspectos, as variações imaginárias que tendem para a noite do indeterminado ou do indiferenciado, e o invariante simbólico que traça a via das diferenciações: é a mesma coisa que se encontra de um lado e de outro, segundo uma regra de relação inversa, ou de *double bind*. Toda a produção é levada ao duplo impasse da representação subjetiva. Pode-se sempre remeter Édipo ao imaginário, mas ele é reencontrado mais forte e mais inteiro, mais faltante e triunfante justamente porque ele falta, é reencontrado inteiro na castração simbólica. E certamente a estrutura não nos propicia meio algum para escapar ao familismo; ao contrário, ela estrangula, ela dá à família um valor metafórico universal no próprio momento que esta perdeu seus valores literais e objetivos. A psicanálise confessa sua ambição: substituir a família *[367]* desfalecida, substituir o leito familiar em ruínas pelo divã psicanalítico, fazer com que a "situação analítica" seja *incestuosa em sua essência*, que seja prova e garantia de si mesma e que valha pela Realidade.[27] Afinal de contas, é disso mesmo que se trata, como mostra Octave Mannoni: como pode a crença persistir após o repúdio, como podemos continuar piedosos? Repudiamos e perdemos todas as nossas crenças que passavam pelas representações objetivas. A terra está morta, o deserto cresce: o velho pai está morto, o pai territorial, e também o filho, o Édipo déspota. Estamos sós com nossa má consciência e nosso tédio, com nossa vida em que nada acontece; nada mais do que imagens a girar na representação subjetiva infinita. Porém, reencontramos a força de acreditar nessas imagens, força que nos vem do fundo de uma estrutura que regula nossas relações com elas e nossas identificações como outros tantos efeitos de um significante simbólico. A "boa identificação". Somos todos Chéri-Bibi[NT] no teatro, gritando diante de Édipo: eis um tipo como eu, eis um tipo como eu! Tudo é retomado, o mito da terra, a tragédia do déspota, como sombras projetadas num teatro. As grandes territorialidades desmoronaram-se, mas a estrutura procede a todas as reterritorializações subjetivas e privadas. Que operação mais perversa é a psicanálise: culmina-se nela esse neoidealismo, esse culto restaurado da castração, essa ideologia da falta que *é a representação antropomórfica do sexo*! Na verdade, eles não sabem o que fazem, nem a que mecanismo de repressão eles servem, pois suas intenções são frequentemente progressistas. Mas ninguém hoje pode entrar no consultório de um analista sem saber pelo menos que tudo já está de antemão *representado*: Édipo

[27] Serge Leclaire, *Démasquer le réel*, Paris, Seuil, 1971, pp. 28-31.

[NT] [Chéri-Bibi é o herói do romance homônimo de Gaston Louis Alfred Leroux (1868-1927), publicado em folhetim em 1913, e em livro no ano seguinte. Os episódios mostram a trajetória de um condenado por crime que não cometeu; após uma cirurgia estética, ganha o semblante do verdadeiro assassino, Maxime du Touchais. Sob os traços deste é que Chéri-Bibi fica feliz ao casar-se com Cécily, a quem sempre amou. Acontece que o assassino, Maxime, foi justamente quem matou o irmão de Cécily.]

e a castração, o imaginário e o simbólico, a grande lição da insuficiência de ser ou da renúncia. A psicanálise como *gadget*, Édipo como reterritorialização, como replantio do homem moderno sobre o "rochedo" da castração.

Lacan traçara uma via totalmente distinta. Ao contrário de um esquilo analítico, ele não se contentava em girar na roda do [368] imaginário e do simbólico, do imaginário edipiano e da estrutura edipianizante, da identidade imaginária das pessoas e da unidade estrutural das máquinas, entrando a todo momento em choque com os impasses de uma representação molar que a família fecha sobre si própria. Para que serve passar do dual imaginário à relação a três (ou a quatro) simbólica, se esta é bi-univocizante, ao passo que aquela é bi-univocizada? Enquanto objetos parciais, as máquinas desejantes sofrem duas totalizações: uma, quando o *socius* lhes confere uma unidade estrutural sob um significante simbólico que age como ausência e falta num conjunto de partida; outra, quando a família lhes impõe uma unidade pessoal com significados imaginários que distribuem, que "vacuolizam"[NT] a falta num conjunto de chegada: são dois raptos de máquinas, pois, enquanto a estrutura lhes aplica sua articulação, os pais lhes põem seus dedos. Remontar das imagens à estrutura seria de pouco alcance, e não nos faria sair da representação *se a estrutura não tivesse um avesso*, que é como que a produção real do desejo. Este avesso é a "inorganização real" dos elementos moleculares: objetos parciais que entram em sínteses ou interações indiretas, pois eles não são parciais [*partiels*] no sentido de partes extensivas, mas são sobretudo "parciais" [*"partiaux"*][NT] como as intensidades sob as

---

[NT] [No original, *vacuolisent*, no sentido de transformar em "vacúolos", termo que designa, conforme o dicionário Houaiss, os pequenos espaços, ou vesículas, limitados por membrana, situados no citoplasma de uma célula viva e geralmente preenchidos com ar, água ou partículas de alimento.]

[NT] [Do ponto de vista do idioma, *partiel* caracteriza a particularidade de uma parte como parte de um todo. Porém, *partiaux* (derivado do latim *partiales* e que é um plural inusitado de *partial*) caracteriza idiomaticamente uma parcialidade facciosa, como quando se diz "juiz parcial". No texto, essa parcialidade não é a de uma escolha molar facciosa, mas a de uma modulação

quais uma matéria sempre preenche o espaço em graus diversos (o olho, a boca, o ânus como graus de matéria); puras multiplicidades positivas onde tudo é possível, sem exclusiva nem negação, sínteses operando sem plano, em que as conexões são transversais, as disjunções inclusas, as conjunções plurívocas, indiferentes ao seu suporte, pois esta matéria que lhes serve precisamente de suporte não está especificada sob unidade estrutural ou pessoal alguma, mas aparece como o corpo sem órgãos que preenche o espaço toda vez que uma intensidade o preenche; signos do desejo que compõem uma cadeia significante mas que em si mesmos não são significantes, que respondem, não às regras de um jogo de xadrez linguístico, mas às extrações de um jogo de loto, das quais sai ora uma palavra, ora um desenho, ora uma coisa ou um pedaço de coisa, só dependendo uns dos outros pela ordem das extrações ao acaso, só se mantendo em conjunto pela ausência de liame (ligações não localizáveis), e cujo único estatuto é o de serem elementos *[369]* dispersos de máquinas desejantes também dispersadas.[28]

intensiva. Ver o emprego dessa mesma dupla de termos em Deleuze, *Empirisme et subjectivité*, Paris, PUF, 1953, p. 26-7. Edição brasileira: *Empirismo e subjetividade*, tradução de Luiz B. L. Orlandi, São Paulo, Editora 34, 2001, p. 34 e NT correspondente.]

[28] Jacques Lacan, *Écrits*, pp. 657-9. Foi com profundidade que, nessa perspectiva, Serge Leclaire tentou definir o avesso da estrutura como "puro ser do desejo" ("La Réalité du désir", in *Sexualité humaine*, pp. 242-9). Ele vê aí uma multiplicidade de singularidades pré-pessoais, ou de elementos quaisquer que se definem precisamente pela ausência de liame. Mas esta ausência de liame, e de sentido, é positiva: "ela constitui a força específica de coerência deste conjunto". Evidentemente, é sempre possível restabelecer sentido e liame, inclusive intercalando fragmentos supostamente esquecidos: é mesmo esta a função do Édipo. Porém, "se a análise reencontra o liame entre dois elementos, isto é um signo de que eles não são os termos últimos, irredutíveis do inconsciente". Observemos que Leclaire utiliza aqui o critério exato da distinção real em Espinosa e Leibniz: os elementos últimos (atributos infinitos) são atribuíveis a Deus, porque não dependem uns dos outros e não suportam entre si relação alguma de oposição nem de contradição. É a ausência de todo e qualquer liame direto que garante sua comum pertença à substância divina. O mesmo pode ser dito dos objetos parciais e do corpo sem

É todo este avesso da estrutura que Lacan descobre, com o "a" como máquina, e o "A"[NT] como sexo não humano: esquizofrenizar o campo analítico, em vez de edipianizar o campo psicótico.

[IV.3.7. Estruturalismo, familismo e culto da falta]

Trata-se de saber como a estrutura *sai* disso [do seu avesso], segundo planos de consistência ou de estruturação, linhas de seleção que correspondem aos grandes conjuntos estatísticos ou formações molares, que determinam ligações e assentam a produção sobre a representação: é aí que as disjunções devêm exclusivas (e que as conexões e as conjunções devêm globais e bi-unívocas, respectivamente), ao mesmo tempo que o suporte se acha especificado sob uma unidade estrutural e que os próprios signos devêm significantes sob a ação de um símbolo despótico que os totaliza em nome de sua própria ausência ou de seu próprio recuo. Com efeito, eis por que isso ocorre: a produção de desejo só pode ser *representada* em função de um signo extrapolado que reúne todos os elementos dessa produção num conjunto do qual ele próprio não faz parte. É aí que a ausência de liame aparece necessariamente como uma ausência, e não mais como uma força positiva. É aí que o desejo é necessariamente reportado a um termo faltante, cuja própria essência é faltar. Os signos do desejo, não sendo significantes, só devêm significantes na representação em função de um significante da ausência ou da falta. A estrutura só se forma e aparece em função *[370]* do termo simbólico definido como falta. O grande Outro como sexo não humano dá lugar, na representação, a um significante do grande Outro como termo sempre faltante,

---

órgãos: o corpo sem órgãos é a própria substância, e os objetos parciais são seus atributos ou elementos últimos.

[NT] [Georges Lamazière, na primeira tradução brasileira de *O anti-Édipo* (Rio de Janeiro, Imago, 1976, p. 393), observa que esse "A" maiúsculo remete ao termo francês *Autre*, como se verá logo adiante na expressão "le grand Autre comme sexe non humain" ("o grande Outro como sexo não humano"). Com certa razão, os tradutores portugueses optaram por substituir "A" por "O". Cf. *O anti-Édipo*, tradução portuguesa de Joana M. Varela e Manuel M. Carrilho, Lisboa, Assírio & Alvim, s/d.]

sexo demasiado humano, falo da castração molar.[29] Mas é também aí que a trajetória de Lacan ganha toda sua complexidade; porque, certamente, ele não fecha o inconsciente numa estrutura edipiana. Ao contrário, ele mostra que Édipo é imaginário, nada mais do que uma imagem, um mito; e que essa ou essas imagens são produzidas por uma estrutura edipianizante; que essa estrutura só atua na medida em que reproduz o elemento da castração que, ele sim, não é imaginário mas simbólico. Eis os três grandes planos de estruturação, que correspondem aos conjuntos molares: Édipo como reterritorialização imaginária do homem privado, produzida nas condições estruturais do capitalismo, na medida em que este reproduz e ressuscita o arcaísmo do símbolo imperial ou do déspota desaparecido. Os três são ao mesmo tempo necessários, precisamente para levar Édipo ao ponto de sua autocrítica. Levar Édipo a esse ponto é a tarefa empreendida por Lacan. (Elisabeth Roudinesco, igualmente, notou bem que, em Lacan, a hipótese de um inconsciente-linguagem não fecha o inconsciente numa estrutura linguística, mas leva a linguística ao seu ponto de autocrítica, mostrando como a organização estrutural dos significantes depende ainda de um grande Significante despótico que age como arcaísmo.)[30] Que é o ponto de autocrítica? É aquele em que a estrutura, para além das imagens que a preenchem e do simbólico que a condiciona na representação, descobre seu avesso como um princípio positivo *[371]* de não-consistência que a dissolve: onde o desejo é

---

[29] Lacan, *Écrits*, p. 819 ("Na falta deste significante, todos os outros nada representariam"). Serge Leclaire mostra como a estrutura se organiza em torno de um termo faltante, ou antes, de um significante da falta: "É o significante eletivo da ausência de liame, o falo, que reencontramos no privilégio único de sua relação com a essência da falta, emblema da diferença por excelência, irredutível, a dos sexos... Se o homem pode falar, é porque num ponto do sistema da linguagem há uma garantia da irredutibilidade da falta: o significante fálico" (*La Réalité du désir*, p. 251). Como tudo isso é esquisito...

[30] Elisabeth Roudinesco, "L'Action d'une métaphore", *La Pensée*, n° 162, abril de 1972 (cf. nos *Écrits*, p. 821, o modo como Lacan eleva acima do "símbolo zero", tomado no seu sentido linguístico, a ideia de um "significante da falta deste símbolo").

revertido à ordem da produção, reportado aos seus elementos moleculares, onde nada falta a ele, porque ele se define como *ser objeto natural e sensível*, ao mesmo tempo em que o real se define como *ser objetivo do desejo*. Porque o inconsciente da esquizoanálise ignora as pessoas, os conjuntos e as leis; as imagens, as estruturas e os símbolos. Ele é órfão, assim como é anarquista e ateu. Ele é órfão, não no sentido de uma ausência designada pelo nome do pai, mas no sentido de que produz a si próprio onde quer que os nomes da história designem intensidades presentes ("o mar dos nomes próprios"). Ele não é figurativo, pois seu *figural* é abstrato, a figura-esquiza. Ele não é estrutural nem simbólico, pois sua realidade é a do Real em sua produção e mesmo em sua inorganização. Ele não é representativo, mas somente maquínico e produtivo.

[IV.3.8. A tarefa destrutiva da esquizoanálise, a faxina do inconsciente: atividade malévola]

Destruir, destruir: a tarefa da esquizoanálise passa pela destruição, por toda uma faxina, toda uma curetagem do inconsciente. Destruir Édipo, a ilusão do eu, o fantoche do superego, a culpabilidade, a lei, a castração. Não se trata de piedosas destruições como as que a psicanálise opera sob a benevolente neutralidade do analista. Porque estas são destruições à moda de Hegel, maneiras de conservar. Como não suscitaria o riso esta famosa neutralidade? E o que a psicanálise chama, ousa chamar, de desaparecimento ou dissolução do complexo de Édipo? Dizem-nos que Édipo é indispensável, fonte de toda diferenciação possível, e que ele nos salva da mãe terrível indiferenciada. Mas essa própria mãe terrível, essa esfinge, ainda faz parte de Édipo; sua indiferenciação é tão somente o avesso das diferenciações exclusivas que Édipo cria, e ela própria é criada por Édipo: este funciona necessariamente sob a forma deste duplo impasse. Dizem-nos que Édipo, por sua vez, deve ser ultrapassado e que ele o é pela castração, latência, dessexualização e sublimação. Mas o que é a castração senão Édipo ainda, elevado à enésima potência, devindo simbólico e muito mais virulento? E a latência, esta pura fábula, o que é senão o silêncio imposto às máquinas desejantes para que Édipo possa desenvolver-se, fortificar-se em nós, acumular seu esperma venenoso tempo o bastante para devir capaz de se propagar e se transmitir aos nossos filhos futuros? *[372]* E a eliminação da angústia de castração por sua vez, a dessexualização e a sublimação, o que são elas a não ser a divina aceitação, a resignação infinita da má consciência, que consiste para a mulher em "mudar seu desejo do pênis em desejo do homem e do filho", e para o homem em assumir atitude passiva e "inclinar-se diante de um substituto do pai"?[31] "Resolvemos" tanto melhor nosso Édipo quanto mais devimos um exemplo vivo, um cartaz, um teorema em ato, para fazer com que entrem aí nossos filhos: evoluímos em Édipo, estruturamo-nos em Édipo, sob o olhar neutro e benevolente do substituto, aprendemos a canção da castração, a-falta-de-ser-que-é-a-vida, "sim, é pela castração/ que chegamos/ ao Deseeeeejo...". O que denominamos desaparecimento de Édipo é Édipo devindo uma ideia. E nada há como a ideia para injetar o veneno. É preciso que Édipo devenha uma ideia para que, a cada vez, desabrochem seus braços e suas pernas, seus lábios e seu bigode: "Revivendo os mortos reminiscentes, seu eu devém uma espécie de teorema mineral que demonstra constantemente a futilidade da vida".[32] Fomos triangulados em Édipo e triangularemos nele. Da família ao casal, do casal à família. Na verdade, a neutralidade benevolente do analista é muito limitada: ela cessa desde que se pare de lhe responder papai-mamãe. Ela cessa desde que se introduza uma pequena máquina desejante no consultório do analista, um gravador, por exemplo; ela cessa desde que se faça passar um fluxo que não se deixa selar por Édipo, a marca do triângulo (dizem que você tem libido demasiado viscosa ou demasiado líquida, contraindicações para uma análise). Quando Fromm denuncia a existência de uma burocracia psicanalítica, ele ainda não vai suficientemente longe, porque não vê qual é o selo dessa burocracia e que não basta apelar ao pré-edipiano para escapar de Édipo: o pré-edipiano é como o pós-edipiano, ambos são ainda uma maneira de reconduzir a Édipo toda a produção desejante — a anedipiana. Quando Reich denuncia a

---

[31] Freud, *Analyse terminée et analyse interminable*, pp. 36-7.

[32] Henry Miller, *Hamlet*, p. 156.

maneira como a psicanálise se põe a serviço da repressão social, ele ainda não vai suficientemente longe, porque não vê *[373]* que o liame da psicanálise com o capitalismo não é apenas ideológico, mas infinitamente mais estreito, mais apertado; e que a psicanálise depende diretamente de um mecanismo econômico (donde suas relações com o dinheiro) pelo qual os fluxos descodificados do desejo, tal como são tomados pela axiomática do capitalismo, devem ser necessariamente assentados sobre um campo familiar onde se efetua a aplicação dessa axiomática: Édipo como última palavra do consumo capitalista, chupar papai-mamãe, deixar-se selar e triangular sobre o divã, "então é...". Assim como o aparelho burocrático ou militar, a psicanálise é um mecanismo de absorção da mais-valia; e isto não de fora, extrinsecamente, pois tanto a sua forma quanto sua finalidade são marcadas por essa função social. Não é o perverso e nem mesmo o autista que escapam à psicanálise, é toda a psicanálise que é uma gigantesca perversão, uma droga, um corte radical com a realidade, a começar pela realidade do desejo, um narcisismo, um autismo monstruosos: o autismo próprio e a perversão intrínseca da máquina do capital. No limite, a psicanálise não mais se confronta com realidade alguma, nem mais se abre a algum fora, mas ela própria devém a prova de realidade e a garantia de sua própria prova, a realidade como falta à qual se reconduz o fora e o dentro, a partida e a chegada: a psicanálise *index sui*, sem outra *referência* além de si mesma ou "a situação analítica".

[IV.3.9. Desterritorialização e reterritorialização: sua relação e o sonho. Os índices maquínicos]

A psicanálise diz corretamente que a representação inconsciente nunca pode ser apreendida independentemente das deformações, disfarces ou deslocamentos que ela sofre. Portanto, a representação inconsciente compreende essencialmente, em virtude de sua *lei*, um representado deslocado em relação a uma instância em perpétuo deslocamento. Porém, duas conclusões ilegítimas são tiradas daí: que se pode descobrir essa instância a partir do representado deslocado; e isto porque essa própria instância pertence à representação, a título de representante não representado, ou a título de falta "que sobressai do excesso de uma representação".

É que o deslocamento remete a movimentos muito diferentes: ora se trata do movimento pelo qual a produção desejante não para de transpor o limite, de se desterritorializar, de fazer *[374]* fugir seus fluxos, de passar o limiar da representação; ora, ao contrário, se trata do movimento pelo qual o próprio limite é deslocado e passa então para o interior da representação que opera as reterritorializações artificiais do desejo. Pois bem, a possibilidade de inferir o deslocante a partir do deslocado só ocorre no segundo sentido do movimento, pois é nele que a representação molar se organiza em torno de um representante que desloca o representado. Mas isso não é possível quando se trata do primeiro sentido, pois, nele, os elementos moleculares não param de passar através das malhas. Nesta perspectiva, vimos como a lei da representação desnaturava as forças produtivas do inconsciente, e como ela induzia na sua própria estrutura uma falsa imagem que apanhava o desejo em sua armadilha (impossibilidade de concluir a partir da proibição o que é realmente proibido). Sim, Édipo é certamente o representado deslocado; sim, a castração é certamente o representante, o deslocante, o significante — mas nada disso constitui um material inconsciente, nem concerne às produções do inconsciente. Tudo isso se encontra sobretudo no cruzamento de duas operações de captura: aquela pela qual a produção social repressiva se faz substituir por crenças; aquela pela qual a produção desejante recalcada é substituída por representações. Não é certamente a psicanálise que nos leva a acreditar: pede-se e torna-se a pedir Édipo e a castração, e esses pedidos vêm de alhures e de mais fundo. Mas a psicanálise achou o seguinte meio e preenche a seguinte função: fazer com que as crenças sobrevivam mesmo depois de repudiadas! fazer com que ainda acreditem aqueles que em nada mais acreditam,... refazer-lhes uma territorialidade privada, um *Urstaat* privado, um capital privado (o sonho como capital, dizia Freud...). É por isso que esquizoanálise deve, inversamente, empenhar-se com todas as suas forças nas destruições necessárias. Destruir crenças e representações, cenas de teatro. E para levar a cabo essa tarefa não há atividade malevolente que baste. Explodir Édipo e a castração, intervir brutalmente toda vez que um sujeito entoe o canto do mito ou os versos da tragédia, reconduzi-lo sempre à *fábrica*.

Como diz Charlus: "mas a gente está pouco ligando para sua velha avó, hein, seu canalhinha?!".[NT] Édipo e a castração nada mais são do que formações reacionais, resistências, bloqueios e couraças, cuja destruição não vem com suficiente rapidez. Reich *[375]* pressente um princípio fundamental da esquizoanálise quando diz que a destruição das resistências não deve esperar a descoberta do material.[33] Sim, mas é por uma razão ainda mais radical do que a pensada por ele: é que não há material inconsciente, de modo que a esquizoanálise nada tem para interpretar. Há tão somente resistências, e depois máquinas, máquinas desejantes. Édipo é uma resistência; se pudemos falar do caráter intrinsecamente perverso da psicanálise, é porque a perversão em geral é a reterritorialização artificial dos fluxos de desejo, cujas máquinas, ao contrário, são os índices de produção desterritorializada. A psicanálise reterritorializa sobre o divã, na representação de Édipo e da castração. A

[NT] [A frase do personagem de Proust em *À l'ombre des jeunes filles en fleurs* (1919), vol. II de *Em busca do tempo perdido*, é esta: "*Mais on s'en fiche bien de sa vieille grand'mère, hein? petite fripouille!*". A transcrição de Deleuze e Guattari é esta: "*mais on s'en fiche bien, de sa vieille grand-mère, hein, petite fripouille!*". Não é fácil estabelecer um acordo entre tradutores da frase. Na referida tradução brasileira de *O anti-Édipo*, lê-se: "mas a gente não liga a mínima para a sua velha avó, hein, pequeno crápula!". Na versão portuguesa, lê-se: "Estamo-nos bem nas tintas para a sua velha avó, hã, seu pulha!". Em *À sombra das moças em flor* (Rio de Janeiro, Ediouro, 1993, p. 302), Fernando Py traduz assim: "Afinal, você está se lixando para a velha avó, hem, malandrão?". Em *À sombra das raparigas em flor*, Porto Alegre, Globo, 2ª ed., 3ª impr., p. 272, Mário Quintana propõe: "Afinal, você está pouco ligando para a vovó, hem, seu malandrinho?".]

[33] Reich, *La Fonction de l'orgasme*, pp. 137-9; e *L'Analyse caractérielle*, tradução francesa, Paris, Payot. [NT: As informações editoriais estão incompletas no original: a obra *Die Funktion des Orgasmus* (*A função do orgasmo*) fora editada em francês em 1952, 1967 e 1970 (Paris, L'Arche); há tradução brasileira de Maria da Glória Novak (São Paulo, Brasiliense, 1995). Quanto à *Karakteranalyse* (*Análise caracterial*), de 1933, os autores consultaram a tradução francesa de Pierre Kamnitzer (Paris, Payot), que vem sendo editada desde antes de 1970 e cuja última edição é de 2006. Com o título *Análise do caráter*, há tradução brasileira de Mara Lizette Branco e Marina Manuela Pecegueiro (São Paulo, Martins Fontes, 2ª ed., 1995.]

esquizoanálise, ao contrário, deve destacar os fluxos desterritorializados do desejo nos elementos moleculares da produção desejante. Lembremo-nos da regra prática enunciada por Leclaire, seguindo Lacan, a regra do direito ao não-senso como à ausência de liame: não se terá atingido os termos últimos e irredutíveis do inconsciente enquanto se encontrar ou se restaurar um liame entre dois elementos... (Mas por que, a seguir, ver nessa extrema dispersão, nessas máquinas dispersadas em toda máquina, apenas uma pura "ficção" que deve dar lugar à Realidade definida como falta, deixando que Édipo ou a castração retornem a todo galope, ao mesmo tempo em que se assenta a ausência de liame num "significante" da ausência encarregado de representá-la, de ligá-la a si mesma e de nos remeter de um polo a outro do deslocamento? Recai-se no buraco molar ao se pretender desmascarar o real.)

O que complica tudo é que a produção desejante tem, sem dúvida, uma necessidade de ser induzida a partir da representação, de ser descoberta ao longo de suas linhas de fuga; mas isto deve ser feito de uma maneira totalmente distinta daquela em que a psicanálise acredita. Os fluxos descodificados do desejo formam a energia livre (libido) das máquinas desejantes. As máquinas desejantes se delineiam e despontam numa tangente de desterritorialização que atravessa os meios representativos e que ladeia o corpo sem órgãos. Partir, fugir, mas fazendo fugir. As *[376]* próprias máquinas desejantes são os fluxos-esquizas ou os cortes-fluxos que cortam e ao mesmo tempo escorrem sobre o corpo sem órgãos: não a grande ferida representada na castração, mas as miríades de pequenas conexões, disjunções, conjunções, pelas quais cada máquina produz um fluxo em relação a uma outra que o corta e que, por sua vez, corta um fluxo que uma outra produz. Mas como estes fluxos descodificados e desterritorializados da produção desejante deixariam de ser assentados sobre uma territorialidade representativa qualquer? como não formariam ainda uma outra territorialidade, mesmo que sobre o corpo sem órgãos como suporte indiferente de uma última representação? Mesmo aqueles que melhor sabem "partir", que fazem do partir algo tão natural como nascer e morrer, aqueles que mergulham em busca do sexo não humano, Lawrence, Miller, erigem ao longe, em alguma parte, uma territorialidade que forma ainda uma representação antropomórfica e fálica, o Oriente, o México ou o Peru. Mesmo o passeio ou a viagem do esquizo não operam grandes desterritorializações sem utilizar circuitos territoriais: a marcha titubeante de Molloy e de sua bicicleta conserva o quarto da mãe como alvo residual; as espirais vacilantes do Inominável guardam como centro incerto a torre familiar onde ele continua a circular, pisoteando os seus; a série infinita de parques justapostos e não localizados de Watt tem ainda uma referência à casa do senhor Knott, a única capaz de "empurrar a alma para fora", mas também de trazê-la de volta ao seu lugar.[NT] Somos todos cãezinhos, temos necessidade de circuitos e de sermos levados a passeio. Mesmo aqueles que melhor sabem desligar-se e desconectar-se entram em conexões de máquinas desejantes que voltam a formar pequenas terras. Mesmo os grandes desterritorializados de Gisela Pankow são levados a descobrir, sob as raízes da árvore fora da terra que atravessa seus corpos sem órgãos, a imagem de um castelo de família.[34] Distinguimos anteriormente dois polos do delírio: um como linha de fuga molecular esquizofrênica; outro como investimento molar paranoico. Mas é também *[377]* o polo perverso que se opõe ao polo esquizofrênico, como a reconstituição de territorialidades se opõe ao movimento de desterritorialização. E se a perversão em sentido estrito opera um certo tipo muito particular de reterritorialização no artifício,

[NT] [Com exceção do romance *Malone meurt* (publicado primeiramente em francês, Paris, Minuit, 1951; *Malone morre*, tradução brasileira de Paulo Leminski, São Paulo, Codex, 2004), os autores referem-se aí a personagens de dois outros romances da chamada trilogia francesa de Samuel Beckett: *Molloy* (Paris, Minuit, 1951; tradução brasileira de Ana Helena Souza, São Paulo, Globo, 2007) e *L'Innommable* (Paris, Minuit, 1953; *O Inominável*, tradução brasileira de Ana Helena Souza, São Paulo, Globo, 2009). Finalmente, há referência ao romance *Watt*, escrito antes da referida trilogia, publicado em inglês (Nova York, Olympia Press, 1953; tradução francesa, Paris, Minuit, 1968].

[34] Gisela Pankow, *L'Homme et sa psychose*, Paris, Aubier, 1969, pp. 68-72. E sobre o papel desempenhado pela casa, "La Dynamique de l'espace et le temps vécu", *Critique*, fevereiro de 1972.

a perversão em sentido amplo compreende todos os tipos de reterritorialização, não só as artificiais mas também as exóticas, as arcaicas, as residuais, as privadas etc.: neste sentido, perversão abrange Édipo e a psicanálise. Mesmo as máquinas esquizofrênicas de Raymond Roussel se convertem em máquinas perversas de um teatro que representa a África. Em suma, não há desterritorialização dos fluxos de desejo esquizofrênico que não seja acompanhada de reterritorializações globais ou locais, as quais sempre voltam a formar praias de representação. E mais: só se pode avaliar a força e a obstinação de uma desterritorialização através dos tipos de reterritorialização que a representam; uma é o avesso da outra. Nossos amores são complexos de desterritorialização e reterritorialização. O que amamos é sempre certo mulato, certa mulata. Nunca podemos apreender a desterritorialização em si mesma; apreendemos apenas seus índices em relação às representações territoriais. Por exemplo, o sonho: sim, o sonho é edipiano e não há por que espantar-se com isso, porque ele é uma reterritorialização perversa em relação à desterritorialização do sono e do pesadelo. Mas *por que retornar ao sonho* e fazer dele a via real do desejo e do inconsciente, sendo que ele é a manifestação de um superego, de um eu superpotente e superarcaizado (a *Urszene* do *Urstaat*)?[NT] Porém, no seio do próprio sonho, como no do fantasma ou no do delírio, há máquinas que funcionam como índices de desterritorialização. No sonho há sempre máquinas dotadas da estranha propriedade de passar de mão em mão, de fugir e de fazer escorrer, de arrastar e de serem arrastadas. O avião do coito parental, o automóvel do pai, a máquina de coser da avó, a bicicleta do irmãozinho, todos os objetos de voo e de roubo[NT]... a máquina é sempre infernal no sonho da família. Ela introduz cortes e fluxos que impedem o sonho de se fechar em sua própria cena e de se sistema-

---

[NT] [Assim como os autores ligaram *Urstaat* à ideia de um Estado original (ver NT à p. *[257]*), estão agora ligando *Urszene* à ideia de cena original, compondo *Ur*: original + *Szene*: cena.]

[NT] [Em francês, o verbo *voler*, como intransitivo, tem o sentido de "voar" e, como transitivo, o sentido de "perseguir" e, principalmente, de "roubar".]

tizar na sua representação. Ela faz valer um fator irredutível de não-senso, que se desenvolverá alhures e fora, *[378]* nas conjunções do real enquanto tal. Com sua obstinação edipiana, a psicanálise não dá conta suficiente do seguinte problema: é que há reterritorialização sobre as pessoas e os meios, mas também desterritorialização sobre as máquinas. É o pai de Schreber que age por intermédio das máquinas ou, ao contrário, são as máquinas que funcionam por intermédio do pai? *A psicanálise fixa-se nos representantes imaginários e estruturais de reterritorialização, ao passo que a esquizoanálise segue os índices maquínicos de desterritorialização.* Há sempre a oposição entre o neurótico no divã, como terra última e estéril, derradeira colônia esgotada, e o esquizo em passeio num circuito desterritorializado.

Transcrevemos a seguir o trecho de um artigo de Michel Cournot sobre Chaplin,[NT] que permite compreender bem o que é o riso esquizofrênico, a linha de fuga ou de abertura esquizofrênicas, e o processo como desterritorialização, com seus índices maquínicos: "No momento em que faz cair pela segunda vez a tábua na cabeça — gesto psicótico —, Charles Chaplin provoca o riso do espectador. Sim, mas de que riso se trata? E de que espectador? Por exemplo, a questão não é, nesse momento do filme, a de se saber se o espectador deve ver o acidente vir, ou ser surpreendido por ele. Tudo se passa como se o espectador já não estivesse neste momento na sua poltrona, como se ele já não estivesse em situação de observar as coisas. Um tipo de ginástica perceptiva o conduziu, aos poucos, não a se identificar com o personagem de *Tempos modernos*, mas a experimentar imediatamente a resistência dos acontecimentos que acompanham esse personagem, e a ter as mesmas surpresas, os mesmos pressentimentos, os mesmos hábitos que ele. É assim que a célebre *máquina de comer* que, em certo sentido, pela sua desmesura, é estranha ao filme (Chaplin a inventara 22 anos antes do filme), é apenas o exercício formal, absoluto, que prepara a conduta, também psicótica, do operário entalado na máquina, que só tem de fora a cabeça virada para baixo, e que faz

---

[NT] [Charles Spencer Chaplin (1889-1977).]

com que Chaplin lhe dê seu almoço, porque está na hora. Se o riso é uma reação que utiliza certos circuitos, pode-se dizer que Charles Chaplin, no desenrolar das sequências, *desloca* progressivamente as reações, fazendo-as recuar lentamente até o momento em que o espectador já não é senhor dos seus circuitos e tende *[379]* a utilizar espontaneamente um caminho mais curto, que não é praticável, que está barrado, ou então um caminho muito explicitamente anunciado como aquele que não leva a parte alguma. Depois de ter suprimido o espectador enquanto tal, Chaplin desnatura o riso, que devém outros tantos *curtos-circuitos de uma mecânica desconectada*. Falou-se às vezes do pessimismo de *Tempos modernos* e do otimismo da imagem final. Nenhum dos dois termos convém ao filme. Em *Tempos modernos,* Charles Chaplin desenha sobretudo, *numa escala muito pequena*, com um traço seco, a épura de várias manifestações opressivas. Fundamentais. O personagem principal, interpretado por Chaplin, não tem de ser passivo ou ativo, tolerante ou refratário, porque ele é a ponta do lápis que traça a épura, ele é o próprio traço. Eis por que a imagem final é desprovida de otimismo. Não dá para ver o que o otimismo teria a fazer como conclusão disto. Esse homem e essa mulher, vistos de costas, completamente negros, cujas sombras não são projetadas por sol algum, não avançam em direção a coisa alguma. Os postes sem fio que ladeiam a estrada, à esquerda, as árvores sem folhas que a ladeiam à direita, não se encontram no horizonte. Não há horizonte. As colinas peladas lá na frente formam apenas uma barreira que se confunde com o vazio que as domina. Que esse homem e essa mulher já não vivem, eis o que salta aos olhos. Mas também não é pessimista. O que tinha de acontecer aconteceu. Não se mataram. Não foram abatidos pela polícia. E não era preciso procurar o álibi de um acidente. Charles Chaplin não insistiu. Andou depressa, como de costume. Ele traçou a épura".[35]

Em sua tarefa destrutiva, a esquizoanálise deve proceder com a maior rapidez possível, mas também só pode proceder com uma grande paciência, uma grande prudência, desfazendo sucessiva-

---

[35] Michel Cournot, *Le Nouvel Observateur*, 1º de novembro de 1971.

mente as territorialidades e as reterritorializações representativas pelas quais um sujeito passa na sua história individual. Isto porque há várias camadas, vários planos de resistência vindos de dentro ou impostos de fora. A esquizofrenia como processo, a desterritorialização como processo, é inseparável das estases que a interrompem, ou então que a exasperam, ou que a fazem girar em roda, *[380]* e que a reterritorializam em neurose, em perversão, em psicose. Isto ocorre a tal ponto que o processo só pode se desembaraçar, perseverar em si mesmo e se efetuar, na medida em que for capaz de criar — o quê, então? — uma terra nova. É preciso, em cada caso, voltar a passar pelas velhas terras, estudar sua natureza, sua densidade, pesquisar como se agrupam em cada uma os índices maquínicos que permitem ultrapassá-la. Terras familiares edipianas da neurose, terras artificiais da perversão, terras asilares da psicose — como, a cada vez, reconquistar nelas o processo, retomar constantemente a viagem? *Em busca do tempo perdido* aparece-nos como um grande empreendimento de esquizoanálise: todos os planos são atravessados até sua linha de fuga molecular, abertura esquizofrênica; como no beijo em que o rosto de Albertine passa de um plano de consistência para outro, desfazendo-se finalmente numa nebulosa de moléculas. O leitor corre sempre o risco de ater-se em tal ou qual plano e dizer que aí, sim, é que Proust se explica. Mas o narrador-aranha não para de desfazer teias e planos, de retomar a viagem, de espiar os signos ou os índices que funcionam como máquinas e que o farão ir mais longe. Este movimento é o humor, o humor negro. E quanto às terras familiares e neuróticas de Édipo, aí onde se estabelecem as conexões globais e pessoais, oh não, o narrador não se instala nelas, não permanece aí, mas atravessa-as, profana-as, perfura-as e até liquida sua avó com uma máquina de amarrar os sapatos. E quanto às terras perversas da homossexualidade, onde se estabelecem as disjunções exclusivas das mulheres com as mulheres, dos homens com os homens, também elas explodem em função dos índices maquínicos que as minam. E as terras psicóticas, por sua vez, com suas conjunções fixas (Charlus é certamente louco, e talvez Albertine também fosse!), são atravessadas até o ponto em que o problema não mais se coloca, não se coloca mais assim. O narrador prossegue em seu próprio empenho até *a pátria desconhecida*, a *terra desconhecida* que, única, cria sua própria obra em andamento, a *busca do tempo perdido "in progress"*, que funciona como máquina desejante capaz de recolher e de tratar todos os índices. Vai a essas novas regiões onde as conexões são sempre parciais e não pessoais, onde as conjunções são nômades e plurívocas, e onde as disjunções são inclusas, onde a homossexualidade *[381]* e a heterossexualidade já não *podem* se distinguir: mundo das comunicações transversais, onde o sexo não humano, finalmente conquistado, se confunde com as flores, terra nova onde o desejo funciona segundo seus elementos e seus fluxos moleculares. Essa viagem não implica necessariamente grandes movimentos em extensão, ela se faz imóvel, num quarto ou num corpo sem órgãos, viagem intensiva que desfaz as terras em proveito da que ela cria.

[IV.3.10. A politização: alienação social e alienação mental. Artifício e processo, velhas terras e terra nova]

A paciente retomada do processo ou, ao contrário, sua interrupção, estão ambas tão estreitamente misturadas que só podem ser avaliadas uma em relação à outra. Como seria possível a viagem do esquizo independentemente de certos circuitos, como poderia ela dispensar uma terra? Porém, inversamente, como estar seguro de que esses circuitos não voltam a formar as terras demasiado conhecidas do asilo, do artifício ou da família? Voltamos sempre à mesma questão: do que sofre o esquizo, cujos sofrimentos são indizíveis? Será que ele sofre do próprio processo, ou então de suas interrupções, quando o neurotizam em família na terra de Édipo, quando se psicotiza em terra de asilo aquele que não se deixa edipianizar, quando se perverte em meio artificial aquele que escapa ao asilo e à família? Talvez haja tão somente uma doença, a neurose, a podridão edipiana pela qual se medem todas as interrupções patogênicas do processo. A maior parte das tentativas modernas — hospital diurno, noturno, clube de doentes, hospitalização em domicílio, instituição e até antipsiquiatria — continuam ameaçadas por um perigo, que Jean Oury soube analisar profundamente: como evitar que a instituição volte a formar uma estrutura asilar, ou que constitua sociedades artificiais perversas e re-

formistas, ou pseudofamílias residuais, maternais ou paternalistas? Não nos referimos às tentativas da psiquiatria dita comunitária, cujo objetivo confessado é triangular, edipianizar todo mundo, pessoas, animais e coisas, a tal ponto que se verá uma nova raça de doentes suplicar, por reação, que voltem a lhes dar um asilo, ou uma pequena terra beckettiana, uma lata de lixo para se catatonizarem num canto. Porém, num gênero menos abertamente repressivo, quem diz que a família é um bom lugar, um bom circuito para o esquizo desterritorializado? De qualquer modo, seria espantoso ouvir falar nas "potencialidades terapêuticas do meio familiar"...
[382] Então, e a cidade inteira, o bairro? Que unidade molar formará um circuito suficientemente nômade? Como impedir que a unidade escolhida, mesmo que seja uma instituição específica, não constitua uma perversa sociedade de tolerância, um grupo de ajuda mútua que oculte os verdadeiros problemas? Será a estrutura da instituição que a salvará? Mas como a estrutura romperá sua relação com a castração neurotizante, pervertizante, psicotizante? Como produzirá algo distinto de um grupo sujeitado? Como dará livre curso ao processo, se toda sua organização molar tem a função de ligar o processo molecular? E até a antipsiquiatria, particularmente sensível à abertura esquizofrênica e à viagem intensa, se esgota na proposta da imagem de um grupo sujeito que volta a se perverter logo em seguida, com antigos esquizos encarregados de guiar os mais recentes e encarregados, por revezamento, de pequenas capelas ou, melhor, de um convento ao modo do Ceilão.[NT]

Só uma efetiva politização da psiquiatria é que pode nos salvar desses impasses. Sem dúvida, com Laing e Cooper, a antipsiquiatria foi muito longe neste sentido. Parece-nos, entretanto, que eles ainda pensam esta politização mais em termos de estrutura e de acontecimento do que nos termos do próprio processo. Por outro lado, eles situam numa mesma linha a alienação social e a

---

[NT] [A referência ao Ceilão, atual Sri Lanka, implica alusão aos inúmeros monastérios que caracterizavam a paisagem dessa ilha. A expressão "convento ao modo do Ceilão" está impregnada de humor crítico aos grupos ou grupelhos que se fecham em "capelinhas".]

alienação mental, e tendem a identificá-las ao mostrar como a instância familiar prolonga uma na outra.[36] Todavia, a relação entre as duas alienações é sobretudo a de uma *disjunção inclusa*. É que a descodificação e a desterritorialização dos fluxos definem o próprio processo do capitalismo, isto é, sua essência, sua tendência e seu limite externo. Mas sabemos que o processo é constantemente interrompido, ou que a tendência é contrariada, ou que o limite deslocado, por reterritorializações e representações subjetivas que operam tanto no nível do capital como *[383]* sujeito (a axiomática) quanto no nível das pessoas que o efetuam (aplicação da axiomática). Ora, enquanto estabelecermos uma relação de exclusão entre a alienação mental e a alienação social, será inútil situá-las de um lado ou de outro. Mas a desterritorialização dos fluxos em geral confunde-se, efetivamente, com a alienação mental na medida em que *inclui* as reterritorializações que só a deixam subsistir como o estado de um fluxo particular, fluxo de loucura, assim definido porque ele é encarregado de representar tudo o que nos outros fluxos escapa às axiomáticas e às aplicações de reterritorialização. Inversamente, poder-se-á encontrar em todas as reterritorializações do capitalismo a forma da alienação social em ato, na medida em que elas impedem que os fluxos façam fugir o sistema, na medida em que elas mantêm o trabalho no quadro axiomático da propriedade e o desejo no quadro aplicado da família; mas, por sua vez, esta alienação social inclui a alienação mental representada ou reterritorializada em neurose, perversão, psicose (doenças mentais).

Portanto, uma verdadeira política da psiquiatria ou da antipsiquiatria consistiria em: 1°) desfazer todas as reterritorializações

---

[36] David G. Cooper, "Aliénation mentale et aliénation sociale", *Recherches*, dezembro de 1968, pp. 48-9: "Na maior parte do tempo, a alienação social recobre as diversas formas de alienação mental. Aqueles que são admitidos num hospital psiquiátrico, o são não tanto por estarem doentes, mas porque protestam de maneira mais ou menos adequada contra a ordem social. Assim, o sistema social em que estão presos reforça os malefícios produzidos pelo sistema familiar no qual cresceram. Essa autonomia que eles procuram afirmar em face de uma microssociedade atua como revelador de uma alienação maciça exercida pela sociedade inteira".

que transformam a loucura em doença mental; 2°) libertar, em todos os fluxos, o movimento esquizoide de sua desterritorialização, de tal maneira que esse caráter já não possa qualificar um resíduo particular como fluxo de loucura, e afete também os fluxos de trabalho e de desejo, de produção, de conhecimento e de criação na sua mais profunda tendência. A loucura não mais existiria como loucura, não porque teria se transformado em "doença mental", mas, ao contrário, porque receberia o concurso de todos os outros fluxos, inclusive o da ciência e o da arte — assinalando-se que ela só é chamada loucura e aparece como tal porque está privada desse concurso e se acha reduzida a ser a única a dar testemunho da desterritorialização como processo universal. É somente seu indevido privilégio, que está acima de suas forças, que a torna louca. É neste sentido que Foucault anunciava uma era em que a loucura desapareceria, não apenas porque seria vertida no espaço controlado das doenças mentais ("grandes aquários mornos"), mas, ao contrário, porque o limite exterior que ela designa seria transposto por outros fluxos que escapariam por todos os lados ao controle, *[384]* arrastando-nos com eles.[37] Devemos dizer, portanto, que nunca iremos suficientemente longe no sentido da desterritorialização: quase nada foi visto até agora deste processo irreversível. E quando viermos a considerar o que há de profundamente artificial nas reterritorializações perversas, assim como nas reterritorializações psicóticas hospitalares ou nas reterritorializações neuróticas familiares, gritaremos: mais perversão! mais artifício!, até que a terra devenha tão artificial que o movimento de desterritorialização crie necessariamente por si mesmo uma nova terra. A este respeito, a psicanálise é particularmente satisfatória: toda a sua cura perversa consiste em transformar a neurose familiar em neurose artificial (de transferência) e em erigir o divã, pequena ilha com seu

---

[37] Michel Foucault, "La Folie, l'absence d'oeuvre", *La Table Ronde*, maio de 1964 ("Tudo o que hoje experimentamos como *limite*, como estranheza ou como insuportável, juntar-se-á à serenidade do positivo..."). [NT: O texto de Foucault encontra-se reproduzido na íntegra em Michel Foucault, *Dits et écrits: 1954-1988*, Paris, Gallimard, 1994, vol. I (1954-1969), pp. 412-20].

comandante, o psicanalista, em territorialidade autônoma e de artifício último. Então, basta um pequeno esforço suplementar para que tudo balance e nos arraste, enfim, rumo a outras lonjuras. O peteleco da esquizoanálise, que relança o movimento, reata com a tendência e impulsiona os simulacros ao ponto em que deixam de ser imagens artificiais para devir índices da nova terra. É isto a efetuação do processo: não uma terra prometida e preexistente mas uma terra que se cria ao longo de sua tendência, de seu descolamento, de sua própria desterritorialização. Movimento do teatro da crueldade; já que este é o único teatro de produção, onde os fluxos transpõem o limiar de desterritorialização e produzem a terra nova (não uma esperança, mas uma simples "constatação", uma "épura", na qual aquele que foge faz fugir e traça a terra ao desterritorializar-se). É nesse ponto da fuga ativa que a máquina revolucionária, a máquina artística, a máquina científica, a máquina (esquizo)analítica devêm peças e pedaços umas das outras.

[IV.4. Primeira tarefa positiva da esquizoanálise]

[IV.4.1. A produção desejante e suas máquinas]
Mas a tarefa negativa ou destrutiva da esquizoanálise não é de maneira alguma separável de suas tarefas positivas (e todas [385] são necessariamente conduzidas ao mesmo tempo). A primeira tarefa positiva consiste em descobrir num sujeito a natureza, a formação ou o funcionamento de *suas* máquinas desejantes, independentemente de toda interpretação. O que são as suas máquinas desejantes? o que você faz entrar nelas? o que você faz sair delas? como isso funciona? quais são os seus sexos não humanos? O esquizoanalista é um mecânico, e a esquizoanálise é unicamente funcional. Em função disso, ela não pode ater-se a exames que, do ponto de vista do inconsciente, são ainda muito interpretativos: não pode ater-se ao exame das máquinas sociais, nas quais o sujeito está tomado como engrenagem ou como usuário; não pode ater-se ao exame das máquinas técnicas que estão em sua posse favorita, que ele, o sujeito, aperfeiçoa e até fabrica por bricolagem; nem pode ater-se ao exame do uso que o sujeito faz das máquinas

nos seus sonhos e fantasmas. Essas máquinas são ainda demasiado representativas e representam unidades grandes demais — mesmo as máquinas perversas do sádico ou do masoquista, ou as máquinas de influenciar do paranoico. Vimos, em geral, que as pseudoanálises do "objeto" são, na verdade, o grau mais baixo da atividade analítica, mesmo, e sobretudo, quando pretendem duplicar o objeto real com um objeto imaginário; e mais vale a chave dos sonhos do que uma psicanálise de mercado. Todavia, o exame detido de todas essas máquinas, sejam elas reais, simbólicas ou imaginárias, deve certamente intervir, mas de uma maneira totalmente determinada: considerando as máquinas como índices funcionais capazes de nos pôr na pista das máquinas desejantes, que lhes são mais ou menos próximas ou afins. Com efeito, as máquinas desejantes são alcançadas apenas a partir de um certo limiar de dispersão que não deixa que nelas subsista a identidade imaginária e nem a unidade estrutural (instâncias estas que são ainda da ordem da interpretação, isto é, da ordem do significado *ou* do significante). As máquinas desejantes têm como peças os objetos parciais; os objetos parciais definem a *working machine* ou as peças trabalhadoras, mas num tal estado de dispersão que uma peça não para de remeter a uma peça de uma máquina totalmente distinta, como o trevo vermelho e o zangão, a vespa e a orquídea, a buzina da bicicleta e o cu de rato morto. Mas não nos apressemos a introduzir um termo que seria como que um falo estruturando o conjunto e personificando as partes, unificando e totalizando. Por toda a parte há libido como energia de máquina, de modo que nem a buzina e nem o zangão têm o privilégio *[386]* de ser um falo: este intervém apenas na organização estrutural e nas relações pessoais que daí derivam, e em que cada um, tal como o operário convocado para a guerra, abandona suas máquinas e se põe a lutar por um troféu que é um grande ausente, havendo para todos uma mesma sanção, uma mesma ferida irrisória, a castração. Toda esta luta pelo falo, esta vontade de potência malcompreendida, representação antropomórfica do sexo, toda esta concepção da sexualidade é que horroriza Lawrence, precisamente porque ela é tão somente uma concepção, porque ela é uma ideia que a "razão" impõe ao inconsciente e introduz na esfera pulsional, totalmente alheia à formação dessa esfera. É aí que o desejo é apanhado numa armadilha, é especificado no sexo humano, no conjunto molar unificado e identificado. Mas as máquinas desejantes, ao contrário, vivem sob o regime de dispersão dos elementos moleculares. E não se compreende o que são os objetos parciais se eles forem tomados como partes de um todo, ainda que despedaçado, e não vistos como elementos moleculares. Como dizia Lawrence, a análise não tem de se ocupar com o que quer que seja que se assemelhe a um conceito ou a uma pessoa, "as relações por assim dizer humanas não estão em jogo".[38] Ela deve ocupar-se apenas (exceto na sua tarefa negativa) dos agenciamentos maquínicos apreendidos no elemento de sua dispersão molecular.

[IV.4.2. Estatuto dos objetos parciais]
Portanto, voltemos mais uma vez à regra que Serge Leclaire soube enunciar tão bem, apesar de ter visto aí apenas uma ficção em vez do real-desejo: as peças ou elementos de máquinas desejantes podem ser reconhecidos por sua mútua independência, pelo fato de que nada em uma peça deva depender ou dependa de algo na outra. Elas não devem ser determinações opostas de uma mesma entidade, nem diferenciações de um ser único, como o masculino e o feminino no sexo humano, mas coisas diferentes ou realmente distintas, "seres" distintos, como encontramos na dispersão do sexo não humano (o trevo e o zangão). Enquanto a esquizoanálise não chegar a esses *díspares*, ela não terá encontrado ainda os objetos parciais como elementos últimos do inconsciente. É neste sentido que Leclaire denominava "corpo erógeno" não *[387]* um organismo despedaçado, mas uma emissão de singularidades pré-individuais e pré-pessoais, uma pura multiplicidade dispersa e anárquica, sem unidade nem totalidade, cujos elementos são soldados, colados pela sua distinção real ou pela própria ausência de liame. Como as sequências esquizoides beckettianas: pedras, bolsos, boca; um sapato, um fornilho de cachimbo, um pequeno pa-

---

[38] D. H. Lawrence, "Psychanalyse et inconscient" (1920), in *Homme d'abord*, Paris, 10/18, 1968, pp. 255-6.

cote mole não determinado, uma tampa de campainha de bicicleta, uma metade de muleta... ("se topamos indefinidamente com o mesmo conjunto de puras singularidades, pode-se pensar que nos aproximamos da singularidade do desejo do sujeito").[39] É claro que se pode sempre instaurar ou restaurar um liame qualquer entre estes elementos: liames orgânicos entre os órgãos ou fragmentos de órgãos que eventualmente façam parte da multiplicidade; liames psicológicos e axiológicos — o bom, o mau — que remetem finalmente às pessoas e às cenas das quais estes elementos são tirados; liames estruturais entre as ideias ou os conceitos que lhes podem corresponder. Mas não é sob este aspecto que os objetos parciais são os elementos do inconsciente, e nem sequer podemos aceitar a imagem que deles propõe sua inventora, Melanie Klein. É que, como órgãos ou fragmentos de órgãos, eles de modo algum remetem a um organismo que funcionaria fantasmaticamente como unidade perdida ou totalidade por vir. Sua dispersão nada tem a ver com uma falta; ela constitui, isto sim, o seu modo de presença na multiplicidade que eles formam sem unificação nem totalização. Deposta toda estrutura, abolida toda memória, anulado todo organismo, desfeito todo liame, eles valem como objetos parciais brutos, peças trabalhadoras dispersas de uma máquina também dispersa. Em suma, *os objetos parciais são as funções moleculares do inconsciente*. Eis por que, quando há pouco insistíamos na diferença entre as máquinas desejantes e todas as figuras de máquinas molares, pensávamos certamente que umas estavam nas outras e não existiam sem elas, mas tínhamos de marcar a diferença de regime e de escala entre as duas espécies.

[IV.4.3. As sínteses passivas]
É verdade que se terá de perguntar, sobretudo, como essas condições de dispersão, de distinção real e de ausência de liame *[388]* permitem um regime maquínico qualquer — como os objetos parciais assim definidos podem formar máquinas e agencia-

---

[39] Serge Leclaire, *La Réalité du désir*, p. 245. E *Séminaire Vincennes*, 1969, pp. 31-4 (oposição entre o "corpo erógeno" e o organismo).

mentos de máquinas. A resposta está no caráter passivo das sínteses ou, o que dá no mesmo, no caráter indireto das interações consideradas. Se é verdade que todo objeto parcial emite um fluxo, este fluxo, por sua vez, está igualmente associado a um outro objeto parcial para o qual ele define um campo de presença potencial também múltiplo (uma multiplicidade de ânus para o fluxo de merda). A síntese de conexão dos objetos parciais é indireta, pois um deles, em cada ponto de sua presença no campo, sempre corta um fluxo que outro objeto parcial emite ou produz relativamente, sendo que também aquele está pronto para emitir um fluxo que outros cortarão. Os fluxos é que são como que dotados de duas cabeças, de modo que por eles opera-se toda conexão produtora tal como tentamos explicitar com a noção de fluxo-esquiza ou de corte-fluxo. Assim, as verdadeiras atividades do inconsciente, fazer escorrer e cortar, consistem na própria síntese passiva, porque é ela que assegura a coexistência e o deslocamento relativos das duas funções diferentes. Suponhamos agora que os respectivos fluxos associados a dois objetos parciais se recubram pelo menos parcialmente: a produção desses fluxos permanece distinta em relação aos objetos x e y que os emitem, mas não os campos de presença em relação aos objetos a e b que os povoam e os cortam, de modo que o parcial a e o parcial b devêm indiscerníveis sob este aspecto (assim a boca e o ânus, a boca-ânus do anoréxico). E eles não são indiscerníveis apenas na região mista, pois podemos sempre supor que, tendo trocado sua função nessa região, também não podem ser distinguidos por exclusão na região onde os fluxos já não se recobrem: encontramo-nos então diante de uma nova síntese passiva em que a e b estão numa relação paradoxal de disjunção inclusa. Finalmente, resta a possibilidade não de um recobrimento dos fluxos, mas de uma permutação dos objetos que os emitem: descobrem-se franjas de interferência na borda de cada campo de presença, franjas que testemunham o resto de um fluxo no outro e que formam sínteses conjuntivas residuais que guiam a passagem ou o devir sentido de um ao outro. Permutação de 2, 3, n órgãos; polígonos abstratos deformáveis que brincam com o triângulo edipiano figurativo e não param de desfazê-lo. Todas estas sínteses passivas *[389]* indiretas, por binaridade, recobrimento ou permutação, são uma única e mesma maquinaria do desejo. Mas quem dirá quais as máquinas desejantes de cada um, que análise será suficientemente minuciosa para isso? A máquina desejante de Mozart? "Estenda seu cu até sua boca, ... ah, meu cu queima como fogo, *o que isso pode querer dizer?* Talvez um excremento queira sair? Sim, sim, excremento, eu te conheço, eu te vejo e te sinto. O que é isso, será possível?..."[40]

[VI.4.4. Estatuto do corpo sem órgãos]
Essas sínteses implicam necessariamente a posição de um corpo sem órgãos. É que o corpo sem órgãos não é, de modo algum, o contrário dos órgãos-objetos parciais. Ele próprio é produzido na primeira síntese passiva de conexão, como aquilo que vai neutralizar, ou que vai, ao contrário, desencadear as duas atividades, as duas cabeças do desejo. Porque, como vimos, ele pode tanto ser produzido como o fluído amorfo da antiprodução quanto como suporte que se apropria da produção de fluxos. Ele pode tanto *repelir* os órgãos-objetos quanto *atraí-los*, apropriar-se deles. Porém, tanto na repulsão quanto na atração, ele não se opõe a eles; ele apenas assegura sua própria oposição, e a desses órgãos a um organismo. É ao organismo que o corpo sem órgãos e os órgãos-objetos se opõem conjuntamente. O corpo sem órgãos é, com efeito, produzido como um todo, mas como um todo ao lado das partes, todo que não as unifica nem as totaliza, um todo que se acrescenta a elas como uma nova parte realmente distinta. Quando ele repele os órgãos, como na montagem da máquina paranoica, ele marca o limite extremo da pura multiplicidade que eles próprios formam enquanto multiplicidade não orgânica e não organizada. E quando ele os atrai e se assenta sobre eles, no processo de uma máquina miraculante fetichista, também não os totaliza e nem os

---

[40] Carta de Wolfgang Amadeus Mozart [1756-1791], citada por Marcel Moré [1887-1969], *Le Dieu Mozart et le monde des oiseaux*, Paris, Gallimard, 1971, p. 124: "Ao chegar à maturidade, ele encontrou o meio de dissimular sua essência divina dedicando-se a brincadeiras escatológicas". Moré mostra bem como a máquina escatológica funciona por baixo da "gaiola" edipiana, e contra ela.

unifica à maneira de um organismo: os órgãos-objetos parciais se engancham nele e, sobre ele, entram em novas sínteses de disjunção inclusa e de conjunção nômade, de recobrimento e de permutação que continuam a repudiar o organismo e sua organização. É *[390]* certamente pelo corpo, é certamente pelos órgãos que o desejo passa, mas não pelo organismo. Eis por que os objetos parciais não são a expressão de um organismo despedaçado, estilhaçado, que suporia uma totalidade desfeita ou partes libertadas de um todo; e menos ainda se pode tomar o corpo sem órgãos como expressão de um organismo recolado ou "des-diferenciado" que se sobreporia às suas próprias partes. No fundo, os órgãos parciais e o corpo sem órgãos são uma só e a mesma coisa, uma só e mesma multiplicidade que deve ser pensada como tal pela esquizoanálise. *Os objetos parciais são as potências diretas do corpo sem órgãos, e o corpo sem órgãos é a matéria bruta dos objetos parciais.*[41] O corpo sem órgãos é a matéria que preenche sempre o espaço com este ou aquele grau de intensidade, e os objetos parciais são esses graus, essas partes intensivas que produzem o real no espaço a partir da matéria como intensidade = 0. O corpo sem órgãos é a substância imanente, no sentido mais espinosista da palavra; e os objetos parciais são como seus atributos últimos, que lhe pertencem justamente porque são realmente distintos e não podem, assim, excluir-se

---

[41] A esse respeito, Jean-Pierre Bonnafé, em seu artigo "Objet magique, sorcellerie et fétichisme" (*Nouvelle Revue de Psychanalyse*, nº 2, 1970), mostra bem a insuficiência de uma noção como a de corpo despedaçado: "Há despedaçamento do corpo, certamente, mas de modo algum com um sentimento de perda ou de degradação. Ao contrário, tanto para o detentor como para outrem, é por multiplicação que o corpo é fragmentado: os outros já não o tratam como uma pessoa simples, mas como um *homem-potência x + y + z* cuja vida cresceu desmesuradamente, dispersou-se ao unir-se a outras forças naturais..., pois sua existência já não repousa no centro de sua pessoa, mas está dissimulada em vários lugares longínquos e inexpugnáveis" (pp. 166-7). Bonnafé reconhece no objeto mágico a existência de três sínteses desejantes: a síntese conectiva, que compõe fragmentos da pessoa com fragmentos de animais ou de vegetais; a síntese disjuntiva inclusa, que registra o composto homem-animal; a síntese conjuntiva, que implica uma verdadeira migração do resto ou resíduo.

ou opor-se. Os objetos parciais e o corpo sem órgãos são os dois elementos materiais das máquinas desejantes esquizofrênicas: uns como peças trabalhadoras, o outro como motor imóvel; uns como micromoléculas, o outro como molécula gigante — e ambos estão juntos numa relação de continuidade nos dois extremos da cadeia molecular do desejo.

[IV.4.5. Cadeia significante e códigos]

A cadeia é como o aparelho de transmissão ou de reprodução da máquina desejante. Justamente por reunir *[391]* o corpo sem órgãos e os objetos parciais (mas sem uni-los, sem unificá-los), a cadeia confunde-se com a distribuição dos objetos parciais sobre o corpo sem órgãos e, ao mesmo tempo, com o assentamento deste sobre aqueles, donde decorre a apropriação. Sendo assim, a cadeia implica um outro tipo de síntese, distinto daquele dos fluxos: já não se trata das linhas de conexão que atravessam as peças produtivas da máquina, mas toda uma rede de disjunção na superfície de registro do corpo sem órgãos. Sem dúvida, pudemos apresentar as coisas numa ordem lógica em que a síntese disjuntiva de registro parecia suceder à síntese conectiva de produção, de tal modo que uma parte da energia de produção (libido) se convertia em energia de registro (*numen*). Porém, não há sucessão alguma do ponto de vista da própria máquina, pois esta assegura a coexistência estrita tanto das cadeias e dos fluxos como do corpo sem órgãos e dos objetos parciais; a conversão de uma parte da energia não se faz num dado momento, mas é uma condição prévia e constante do sistema. A cadeia é a rede das disjunções inclusas sobre o corpo sem órgãos, enquanto recortam as conexões produtivas; essa rede faz com que as conexões produtivas passem para o próprio corpo sem órgãos e, com isso, canaliza ou "codifica" os fluxos. Entretanto, a questão toda está em saber se podemos falar de um *código* no nível dessa cadeia molecular do desejo. Vimos que um código implica duas coisas — uma ou outra, ou ambas conjuntamente: de um lado, uma especificação do corpo pleno como territorialidade de suporte; de outro, a ereção de um significante despótico do qual depende toda a cadeia. A este respeito, é inútil a axiomática opor-se profundamente aos códigos, uma vez que trabalha sobre os fluxos descodificados, além dela própria poder proceder tão somente operando reterritorializações e ressuscitando a unidade significante. Portanto, as próprias noções de código e de axiomática parecem valer apenas para os conjuntos molares, aí onde a cadeia significante forma tal ou qual configuração determinada sobre um suporte também especificado em função de um significante separado. Estas condições não são preenchidas sem que se formem e apareçam exclusões na rede disjuntiva (ao mesmo tempo que as linhas conectivas tomam um sentido global e específico). Mas tudo se passa de outro modo com a cadeia propriamente molecular: enquanto o corpo sem órgãos funciona como suporte não específico *[392]* e não especificado que marca o limite molecular dos conjuntos molares, a cadeia tem apenas a função de desterritorializar os fluxos e fazê-los passar o muro do significante. Portanto, de desfazer os códigos. A função da cadeia já não é codificar os fluxos sobre um corpo pleno da terra, do déspota ou do capital, mas, ao contrário, descodificá-los sobre o corpo pleno sem órgãos. É uma cadeia de fuga, não mais de código. A cadeia significante deveio cadeia de descodificação e de desterritorialização, que deve e só pode ser apreendida como o avesso dos códigos e das territorialidades. Esta cadeia molecular é ainda significante porque é feita de signos do desejo; mas estes signos já não são de modo algum significantes, uma vez que estão sob o regime das disjunções inclusas nas quais *tudo é possível*. Estes signos são pontos de natureza qualquer, figuras maquínicas abstratas que atuam livremente no corpo sem órgãos e ainda não formam configuração estruturada alguma (ou melhor, já não formam). Como diz Monod, devemos conceber uma máquina que é máquina não por sua estrutura, mas por suas propriedades funcionais, "onde apenas se discerne o jogo de combinações cegas".[42] É justamente a ambiguidade daquilo que os biólogos chamam código genético que está apta a nos fazer compreender uma situação como esta: com efeito, se a cadeia correspondente forma efetivamente códigos ao enrolar-se em configurações molares exclusivas, ela desfaz os códigos ao desenrolar-se

[42] Jacques Monod, *Le Hasard et la nécessité*, p. 112.

segundo uma fibra molecular que inclui todas as figuras possíveis. Em Lacan, igualmente, a organização simbólica da estrutura, com suas exclusões derivadas da função do significante, tem como avesso a inorganização real do desejo. Dir-se-ia que o código genético remete a uma descodificação gênica: basta apreender as funções de descodificação e de desterritorialização na sua positividade própria, enquanto implicam um estado de cadeia particular, metaestável, distinto a um só tempo de toda axiomática e de todo código. A cadeia molecular é a forma sob a qual o inconsciente gênico, permanecendo sempre sujeito, reproduz a si próprio. E é essa, como vimos, a inspiração primeira da psicanálise: ela não acrescenta um código a todos aqueles já conhecidos. A cadeia significante do [393] inconsciente, *Numen*, não serve para descobrir nem para decifrar códigos do desejo, mas, ao contrário, para fazer passar fluxos de desejo absolutamente descodificados, Libido, e para encontrar no desejo aquilo que mistura todos os códigos e desfaz todas as terras. É verdade que Édipo reconduzirá a psicanálise à posição de um simples código, com a territorialidade familiar e o significante da castração. Pior ainda, a própria psicanálise tentará valer por uma axiomática: é a famosa reviravolta em que ela já não se reporta mais à cena familiar, mas somente à cena psicanalítica, supostamente capaz de garantir sua própria verdade, e à operação psicanalítica, supostamente capaz de garantir seu próprio êxito — o divã como terra axiomatizada, a axiomática da "cura" como castração *bem-sucedida*! Mas, recodificando ou axiomatizando assim os fluxos de desejo, a psicanálise faz da cadeia significante um uso molar que traz consigo um desconhecimento de todas as sínteses do inconsciente.

[IV.4.6. Corpo sem órgãos, morte e desejo]
O corpo sem órgãos é o modelo da morte. Como bem compreenderam os autores da literatura de terror, não é a morte que serve de modelo à catatonia; é a esquizofrenia catatônica que dá seu modelo à morte. Intensidade-zero. O modelo da morte aparece quando o corpo sem órgãos repele e depõe os órgãos — nem boca, nem língua, nem dentes... até à automutilação, até ao suicídio. Todavia, não há oposição real entre o corpo sem órgãos e os

órgãos enquanto objetos parciais; sua única oposição real é com o organismo molar que é seu inimigo comum. Na máquina desejante, vê-se o mesmo catatônico inspirado pelo motor imóvel que o força a depor seus órgãos, a imobilizá-los, a fazê-los calar, mas também, quando impelido pelas peças trabalhadoras, que funcionam então de maneira autônoma ou estereotipada, a reativá-los, a reinsuflá-los com movimentos locais. Trata-se de peças diferentes da máquina, diferentes e coexistentes, diferentes em sua própria coexistência. Sendo assim, é absurdo falar de um desejo de morte, que se oporia qualitativamente aos desejos de vida. A morte não é desejada, há somente a morte que deseja, enquanto corpo sem órgãos ou motor imóvel, e há também a vida que deseja, enquanto órgãos de trabalho. Não se trata de dois desejos, mas de duas peças, de duas espécies de peças da máquina desejante, na dispersão *[394]* da própria máquina. Todavia, o problema subsiste: como isso pode funcionar em conjunto? É que não se trata ainda de um funcionamento, mas somente da condição (não estrutural) de um funcionamento molecular. O funcionamento aparece quando o motor, sob as referidas condições, isto é, sem deixar de estar imóvel e sem formar um organismo, atrai os órgãos ao corpo sem órgãos e se apropria deles no movimento objetivo aparente. A repulsão é a condição do funcionamento da máquina, mas a atração é o próprio funcionamento. É fácil notar que o funcionamento depende da condição, uma vez que isso só marcha desarranjando-se. Vê-se, então, em que consistem essa marcha ou esse funcionamento: trata-se, no ciclo da máquina desejante, de traduzir constantemente, de converter constantemente o modelo da morte em algo totalmente distinto, que é a experiência da morte. Trata-se de converter a morte que medra de dentro (no corpo sem órgãos) em morte que chega de fora (sobre o corpo sem órgãos).

[IV.4.7. Esquizofrenizar a morte]

Mas parece que a obscuridade se acumula, pois o que é a experiência da morte e o que a distingue do modelo? Tratar-se-ia de um desejo de morte? Um ser para a morte? Ou então um investimento da morte, ainda que especulativo? Nada disso. A experiência da morte é a coisa mais ordinária do inconsciente, precisamente porque ela se faz na vida e para a vida, ela se faz em toda passagem ou todo devir, em toda intensidade como passagem e devir. É próprio de cada intensidade investir em si própria a intensidade-zero a partir da qual ela é produzida num momento como o que cresce ou diminui sob uma infinidade de graus (como dizia Klossowski, "um afluxo é necessário, mesmo que para significar a ausência de intensidade"). Neste sentido, tentamos mostrar como as relações de atração e de repulsão produziam tais estados, sensações, emoções, que implicam uma nova conversão energética e formam o terceiro tipo de síntese, as sínteses de conjunção. Dir-se-ia que o inconsciente como sujeito real disseminou por todo o contorno do seu ciclo um sujeito aparente, residual e nômade, que passa por todos os devires correspondentes às disjunções inclusas: última peça da máquina desejante, a peça adjacente. São esses devires e sentimentos intensos, são essas emoções intensivas *[395]* que alimentam delírios e alucinações. Mas, em si mesmas, elas estão o mais próximo da matéria cujo grau zero investem em si próprias. Elas são as portadoras da experiência inconsciente da morte, já que a morte é o que volta a ser sentido em todo sentimento, é *o que não para e não acaba de advir* em todo devir — no devir-outro sexo, no devir-deus, no devir-raça etc., formando as zonas de intensidade sobre o corpo sem órgãos. Toda intensidade é portadora, em sua própria vida, da experiência da morte, e a envolve. E, sem dúvida, toda intensidade se extingue ao final, todo devir devém ele próprio um devir-morte! Então a morte sobrévém efetivamente. Blanchot distingue bem este duplo caráter, estes dois aspectos irredutíveis da morte: um pelo qual o sujeito aparente não para de viver e de viajar como *Se [On]*, "não *se* para e não se acaba de morrer"; e o aspecto pelo qual esse mesmo sujeito, fixado como *Eu*, morre efetivamente, isto é, para finalmente de morrer, porque ele acaba por morrer na realidade de um derradeiro instante que assim o fixa como *Eu* desfazendo totalmente a intensidade, reconduzindo-a ao zero que ela envolve.[43] De um ao outro

---

[43] Sobre "a dupla morte", cf. Maurice Blanchot, *L'Espace littéraire*, Paris, Gallimard, 1955, pp. 104, 160. [NT: Traduz-se aqui *on* por "se" e *je*

desses aspectos não há aprofundamento personológico algum, mas algo totalmente distinto: há retorno da experiência da morte ao modelo da morte, no ciclo das máquinas desejantes. O ciclo está fechado. Para uma nova partida, já que o *Eu* é um outro? É preciso que a experiência da morte nos tenha dado, precisamente, uma suficiente ampliação da experiência para vivermos e sabermos que as máquinas desejantes não morrem. E que o sujeito, como peça adjacente, é sempre um "se" portador da experiência, não um Eu que recebe o modelo, pois o próprio modelo de modo algum é o Eu, mas o corpo sem órgãos. E *Eu* não se reúne ao modelo sem que o modelo, de novo, volte-se em direção à experiência. Ir sempre do modelo à experiência, e novamente partir, retornar do modelo à experiência, é isso, *esquizofrenizar a morte*, o exercício das máquinas desejantes (seu segredo, bem compreendido pelos autores da literatura de terror). É isto que as máquinas nos dizem, nos fazem viver, sentir, mais fundo do que o delírio e mais longe do que a alucinação: sim, o retorno à repulsão condicionará outras atrações, *[396]* outros funcionamentos, a movimentação de outras peças trabalhadoras sobre o corpo sem órgãos, a ativação de outras peças adjacentes no entorno que têm tanto direito de dizer *Se* quanto nós mesmos. "Que ele se arrebente em seu sobressalto pelas coisas inauditas e inomináveis: virão outros horríveis trabalhadores; começarão pelos horizontes onde o outro se abateu."[NT] O eterno retorno como experiência e circuito desterritorializado de todos os ciclos do desejo.

por "eu". Na edição brasileira de *O espaço literário* (tradução de Álvaro Cabral, Rio de Janeiro, Rocco, 1987), o item "o segredo da dupla morte" tem início na p. 153.]

[NT] [Trata-se de uma passagem da carta do poeta Arthur Rimbaud (1854- -1891) enviada a Paul Demeny em 15 de maio de 1871, conhecida como Segunda Carta do Vidente. No original: "*Qu'il crève dans son bondissement pour les choses inouïes et innommables: viendront d'autres horribles travailleurs; ils commenceront par les horizons où l'autre s'est affaissé*". Na mesma carta, consta a célebre formulação rimbaudiana: "*Je est un autre*", "Eu é um outro", que os autores citaram há pouco neste mesmo parágrafo.]

[IV.4.8. Estranho culto da morte na psicanálise: o pseudoinstinto]

Como é curiosa a aventura da psicanálise. Ela deveria ser um canto de vida, sob pena de nada valer. *Praticamente*, ela deveria nos ensinar a cantar a vida. E eis que dela emana o mais triste canto de morte, o mais desfalecido: *eiapopeia*.[NT] Desde o início, com seu obstinado dualismo das paixões, Freud não deixou de querer limitar a descoberta de uma essência subjetiva ou vital do desejo como libido. Mas quando o dualismo virou instinto de morte contra Eros, não se obteve simplesmente uma limitação, mas uma liquidação da libido. Reich não se enganou, ele foi talvez o único a sustentar que o produto da análise deveria ser um homem livre e alegre, portador de fluxos de vida, capaz de levá-los até o deserto e descodificá-los — mesmo que esta ideia tomasse necessariamente a aparência de uma ideia louca em face daquilo em que a análise se transformara. Ele mostrava que Freud tinha repudiado a posição sexual tanto quanto Jung e Adler: com efeito, a consignação do instinto de morte priva a sexualidade do seu papel motor, pelo menos num ponto essencial que é o da gênese da angústia, dado que esta devém causa autônoma do recalcamento sexual, em vez de resultado; com isto, a sexualidade como desejo deixa de animar uma crítica social da civilização; esta é que, ao contrário, acha-se santificada como a única instância capaz de se opor ao desejo de morte — e como? voltando em princípio a morte contra a morte, fazendo dela uma força de desejo, pondo-a a serviço de

---

[NT] [A expressão "*Eiapopeia* do céu" ("*Eiapopeia* von Himmel") consta do canto I, estrofe 7, do poema "Alemanha" (1844), de autoria do poeta romântico Heinrich Heine (1797-1856). Ela é transcrita por Freud em seu texto "O mal-estar na civilização" ("Das Unbehagen in der Kultur", 1930): "O significado da evolução da civilização deixa de ser obscuro: ele deve nos mostrar a luta entre o Eros e a morte, entre o instinto de vida e o instinto de destruição, tal como ela se desenrola na espécie humana. Essa luta é, sobretudo, o conteúdo essencial da vida. Eis por que é preciso definir essa evolução por esta breve fórmula: o combate da espécie humana pela vida. E é essa luta de gigantes que nossas amas querem apaziguar, clamando '*Eiapopeia* do céu'".]

uma pseudovida por meio de toda uma cultura do sentimento de culpabilidade. Não há por que recomeçar esta história, em que a psicanálise culmina numa teoria da cultura que retoma a velha tarefa do ideal ascético, Nirvana, caldo de cultura, julgar a vida, depreciar a vida, medi-la pela morte e só guardar da vida o que *[397]* a morte da morte nos deixar, sublime resignação. Como diz Reich, quando a psicanálise se pôs a falar de Eros, todo mundo suspirou aliviado, pois sabia-se o que isso queria dizer, e que a partir de então tudo se passaria numa vida mortificada, dado que Tânatos era agora o parceiro de Eros para o pior, mas também *para o melhor*.[44] A psicanálise devém a formação de um novo tipo de padres, animadores da má consciência: é dela que se está doente e é também por ela que se curará! Freud não escondia o que está verdadeiramente em questão com o instinto de morte: o que está em questão não é fato algum, mas somente um princípio, uma questão de princípio. O instinto de morte é puro silêncio, pura transcendência, não doável e não dado na experiência. Este ponto é bastante notável: é porque a morte, segundo Freud, não tem modelo e nem experiência, que ele próprio, Freud, faz dela um princípio transcendente.[45] Assim, os psicanalistas que recusaram o instinto de morte, fizeram isto pelas mesmas razões que aqueles que o aceitaram: uns diziam que não havia instinto de morte, *visto que* não havia modelo e nem experiência dele no inconsciente, enquanto outros diziam que havia um instinto de morte precisamente *porque* não havia modelo e nem experiência dele. Nós dizemos o contrário: não há instinto de morte porque há modelo e experiência da morte no inconsciente. Então, a morte é uma peça de máquina desejante, peça que deve ser julgada, avaliada no funciona-

---

[44] Reich, *La Fonction de l'orgasme*, p. 103. (Encontra-se em Paul Ricoeur [1913-2005] uma interpretação apropriada, inteiramente marcada por idealismo, da teoria da cultura em Freud e da sua evolução catastrófica em relação ao sentimento de culpabilidade: sobre a morte, e "a morte da morte", cf. *De l'interprétation*, Paris, Seuil, 1965, pp. 299-303.)

[45] Freud, *Inhibition, symptôme et angoisse* [*Hemmung, Symptom und Angst*, 1926], tradução francesa, Paris, PUF, 1965, p. 53.

mento da máquina e no sistema de suas conversões energéticas, e não como princípio abstrato.

Se Freud tem necessidade do instinto de morte como princípio, isto acontece em virtude do dualismo que reclama uma oposição qualitativa entre as pulsões (você não sairá do conflito): quando o dualismo das pulsões sexuais e das pulsões do eu tem um alcance apenas tópico, o dualismo qualitativo ou dinâmico passa entre Eros e Tânatos. Mas é o mesmo empreendimento que continua e se fortifica: eliminar o elemento *[398]* maquínico do desejo, as máquinas desejantes. Trata-se de eliminar a libido, uma vez que ela implica a possibilidade de conversões energéticas na máquina (Libido-*Numen-Voluptas*). Trata-se de impor a ideia de uma dualidade energética que torna impossíveis as transformações maquínicas e faz com que tudo deva passar por uma energia neutra, indiferente, aquela que emana de Édipo, energia capaz de se juntar a uma ou a outra das duas formas irredutíveis — neutralizar, mortificar a vida.[46] As dualidades tópica e dinâmica têm o objetivo de descartar o ponto de vista da *multiplicidade funcional*, o único econômico. (Szondi formulará bem o problema: por que dois tipos de pulsões qualificadas molares funcionando misteriosamente, isto é, edipianamente, em vez de *n* genes de pulsões, oito genes moleculares, por exemplo, funcionando maquinicamente?) Se buscarmos nesta direção a razão última pela qual Freud erige um instinto de morte transcendente como princípio, nós a encontraremos na própria prática. Com efeito, se o princípio nada tem a ver com os fatos, ele tem muito a ver com a concepção que se faz da prática e que se quer impor. Freud operou a descoberta mais profunda

---

[46] Sobre a impossibilidade de conversões qualitativas imediatas e a necessidade de passar por uma energia neutra, cf. Freud, "Le Moi et le ça" (1923), in *Essais de psychanalyse*, tradução francesa, Paris, Payot, 1951, pp. 210-5. Parece-nos que essa impossibilidade e essa necessidade é que já não se poderá compreender, se admitirmos, com Jean Laplanche [1924], que "a pulsão de morte não tem energia própria" (*Vie et mort en psychanalyse*, Paris, Flammarion, 1970, p. 211). Então, a pulsão de morte não poderia entrar num verdadeiro dualismo ou deveria confundir-se com a própria energia neutra, o que Freud não admite.

da essência subjetiva abstrata do desejo, a Libido. Mas como ele realienou essa essência, como a reinvestiu num sistema subjetivo de representação do eu, como ele a recodificou sobre a territorialidade residual de Édipo e sob o significante despótico da castração —, então ele só podia conceber a essência da vida sob uma forma voltada contra si própria, sob forma da própria morte. E esta neutralização, este voltar-se contra a vida, é ainda a última maneira pela qual uma libido depressiva e esgotada pode continuar a sobreviver, e sonhar que sobrevive: "O ideal ascético é um expediente da arte de conservar a vida. Sim, mesmo quando esse mestre destruidor, destruidor de si próprio, se fere, é ainda a ferida que o constrange *[399]* a viver".[47] É Édipo, terra pantanosa que exala um profundo cheiro de podridão e de morte, e é a castração, a piedosa ferida ascética, o significante, que faz desta morte um conservatório para a vida edipiana. Em si mesmo, o desejo não é desejo de amar, mas força de amar, virtude que dá e que produz, que maquina (pois, como poderia desejar a vida o que está na vida? quem quereria chamar desejo a isso?). Mas é preciso, em nome de uma horrível *ananke*,[NT] a *ananke* dos fracos e dos deprimidos, a *ananke* neurótica e contagiosa, que o desejo se volte contra si próprio, produza a sua sombra e o seu macaco, e encontre a estranha força artificial de vegetar no vazio, no seio da sua própria falta. À

---

[47] Nietzsche, *Généalogie de la morale,* II, § 13. [NT: Com razão, Georges Lamazière corrige a referência presente na edição francesa; embora a indicação do § 13 esteja correta, a dissertação é a III e não a II. A tradução das frases de Nietzsche está baseada na transcrição francesa apresentada pelos autores. Eis como Paulo César de Souza traduz as mesmas frases a partir do original alemão: "o ideal ascético é um artifício para a *preservação* da vida; sim, quando ele se fere, esse mestre da destruição, da autodestruição — é a própria ferida que em seguida o faz viver" (*Genealogia da moral: uma polêmica*, São Paulo, Companhia das Letras, 1999, III, § 13, pp. 110-1).]

[NT] [O termo grego *ananke* pode ser traduzido por "necessidade". Aristóteles apresenta vários significados em *Metafísica*. Ele submete a necessidade física à finalidade; mas encontra-se também a necessidade lógica num silogismo marcadamente válido (*Primeiros analíticos*, I, 24b). Ver F. E. Peters, *Termos filosóficos gregos: um léxico histórico* (1974), tradução portuguesa de Beatriz Rodrigues Barbosa, 2ª ed., Lisboa, Gulbenkian, 1983.]

espera de melhores dias? É preciso — mas quem fala assim? que abjeção? — que devenha desejo de ser amado e, pior ainda, desejo chorão de ter sido amado, desejo que renasce da sua própria frustração: não, papai-mamãe não me amou o suficiente. O desejo doente deita-se no divã, pântano artificial, pequena terra, mãezinha. "Olhe: você não pode andar, vacila, já não sabe usar suas pernas... e a única causa disso é seu desejo de ser amado, um desejo sentimental e chorão que tira toda a firmeza dos seus joelhos."[48] Porque, tal como há dois estômagos para o ruminante, deve haver dois abortos, duas castrações para o desejo doente: primeiro, em família, na cena familiar, com a agulha de fazer tricô; depois, numa clínica de luxo ascetizada, na cena psicanalítica, com artistas especialistas que sabem manejar o instinto de morte e "realizar com sucesso" a castração, a frustração. Será este na verdade o bom procedimento para melhores dias? E todas as destruições operadas pela esquizoanálise não valerão mais do que este conservatório psicanalítico, não farão parte de uma tarefa mais afirmativa? "Deite-se, pois, no sofá macio que o analista lhe oferece, e tente pensar em outra coisa. Se você se der conta de que o analista é um ser humano como você, com os aborrecimentos, defeitos, ambições, fraquezas e tudo mais, que ele não é depositário de uma sabedoria universal (= código), mas um vagabundo como você (desterritorializado), talvez você deixe [400] de vomitar suas águas de esgoto, por mais melodioso que isso ressoe em seus ouvidos; talvez você se erga sobre suas duas patas e se ponha a cantar com a voz com que Deus (*numen*) lhe presenteou. Confessar-se, fingir, queixar-se, lamentar-se, tudo isto custa sempre caro. Cantar é grátis. E não somente grátis — a gente enriquece os outros (em vez de infectá--los). O mundo dos fantasmas é aquele que nunca acabamos de conquistar. É um mundo do passado, não do futuro. Ir adiante agarrado ao passado é arrastar consigo os grilhões do condenado. Ninguém entre nós deixa de ser culpado de um crime: o enorme crime de não viver plenamente a vida".[49] Você não nasceu Édipo,

---

[48] D. H. Lawrence, *La Verge d'Aaron*, p. 99.

[49] Henry Miller, *Sexus*, pp. 450-2. Acrescentamos o que está entre pa-

fez com que Édipo crescesse em você; e acha que pode livrar-se dele pelo fantasma, pela castração, mas isto, por sua vez, é o que você fez crescer em Édipo, a saber, você mesmo, horrível círculo. Que vá à merda todo esse seu teatro mortífero, imaginário ou simbólico. Que pede a esquizoanálise? Nada além de um pouco de verdadeira *relação com o fora*, um pouco de realidade real. E reclamamos o direito a uma leveza e a uma incompetência radicais, o direito de entrar no consultório do analista e dizer que lá cheira mal. Cheira à grande morte e a euzinho.

O próprio Freud explicitou bem o liame entre sua "descoberta" do instinto de morte e a guerra de 1914 a 1918, que permanece como modelo da guerra capitalista. E, de um modo geral, o instinto de morte celebra as núpcias da psicanálise com o capitalismo; antes dele, era um noivado ainda hesitante. O que tentamos mostrar a propósito do capitalismo é como ele herdava o significante despótico de uma instância transcendente mortífera, mas fazendo-a difundir-se por toda a imanência do seu próprio sistema: o corpo pleno, que deveio o corpo do capital-dinheiro, suprime a distin-

---

rênteses. Ver em *Sexus* os exercícios de psicanálise cômica. [NT: Como traduzimos a partir da versão francesa, respeitando, portanto, as interferências dos autores, julgamos útil transcrever o texto em inglês, ao qual tivemos acesso graças à gentileza de Alexandre Henz e de Érika Alvarez Inforsato: "*Lie down, then, on the soft couch which the analyst provides, and try to think up something different... But if you realize that he is not a god but a human being like yourself, with worries, defects, ambitions, frailties, that he is not the repository of an all-encompassing wisdom but a wanderer, like yourself, along the path, perhaps you will cease pouring it out like a sewer, however melodious it may sound to your ears, and rise up on your own two legs and sing with your own God-given voice. To confess, to whine, to complain, to commiserate, always demands a toll. To sing it doesn't cost you a penny. Not only does it cost nothing — you actually enrich others... The phantasmal world is the world which has not been fully conquered over. It is the world of the past, never of the future. To move forward clinging to the past is like dragging a ball and chain... We are all guilty of crime, the great crime of not living life to the full*" (Henry Miller, *Sexus: The Rosy Crucifixion*, p. 183). Para estabelecer confrontos, o leitor pode consultar a tradução brasileira de Roberto Muggiati, *Sexus: a crucificação encarnada* (Porto Alegre, LPM, 10ª ed., 1975; impressão de 1983, pp. 343-4.]

ção entre a antiprodução e a produção; na reprodução imanente dos seus próprios e cada vez mais ampliados limites (axiomática), ele mistura em toda parte a antiprodução com as forças produtivas. Empreender a morte é uma das formas principais e específicas da *[401]* absorção de mais-valia no capitalismo. É esse mesmo curso que a psicanálise reencontra e refaz com o instinto de morte: este, em sua transcendente distinção relativamente à vida, é tão somente um puro silêncio, mas não deixa de difundir-se através de todas as combinações imanentes que ele forma com essa mesma vida. E a morte imanente, difusa, absorvida, é precisamente o estado que o significante toma no capitalismo, a casa vazia que é deslocada por toda parte para barrar as escapadas esquizofrênicas e garrotear as fugas. O único mito moderno é o dos zumbis — esquizos mortificados, bons para o trabalho, reconduzidos à razão. Neste sentido, o selvagem e o bárbaro, com suas maneiras de codificar a morte, são crianças em relação ao homem moderno e à sua axiomática (são necessários tantos desempregados, são necessários tantos mortos, a guerra da Argélia não mata mais do que os desastres de carro no fim de semana, a morte planificada em Bengala etc.). O homem moderno "delira muito mais. Seu delírio é uma central com treze telefones. Ele dá suas ordens ao mundo. Ele não gosta das senhoras. É também valente. Ele é efusivamente condecorado. No jogo do homem, o instinto de morte, o instinto silencioso está decididamente bem colocado, talvez ao lado do egoísmo. O seu lugar é o zero na roleta. O cassino ganha sempre. A morte também. A lei dos grandes números trabalha a seu favor".[50] Não podemos perder agora a oportunidade de retomar um problema que deixamos em suspenso. Considerando que o capitalismo trabalha sobre fluxos descodificados como tais, como é possível que ele esteja infinitamente mais longe da produção desejante do que os sistemas primitivos e até bárbaros que, todavia, codificam e sobrecodificam os fluxos? Considerando que a produção desejante é propriamente uma produção descodificada e desterritorializada, como explicar que o capitalismo, com sua axiomática, sua estatística, opere uma repressão infinitamente mais vasta da produção desejante do que

---

[50] L.-F. Céline, *L'Herne*, n° 3, p. 171.

Primeira tarefa positiva da esquizoanálise

os regimes precedentes, que, entretanto, não eram desprovidos de meios repressivos? Vimos que os conjuntos estatísticos molares de produção social tinham uma relação de afinidade variável com as formações moleculares de produção desejante. É *[402]* preciso explicar por que essa afinidade é menor no conjunto capitalista, justamente no momento em que ele descodifica e desterritorializa com todo seu vigor.

[IV.4.9. Problema das afinidades entre o molar e o molecular]
A resposta está no instinto de morte, dando-se o nome de instinto em geral às condições de vida histórica e socialmente determinadas pelas relações de produção e de antiprodução num sistema. Sabemos que a produção molar social e a produção molecular desejante devem ser julgadas ao mesmo tempo do ponto de vista de sua identidade de natureza e do ponto de vista de sua diferença de regime. Mas é possível que estes dois aspectos, a natureza e o regime, sejam de alguma maneira potenciais e que só se atualizem em razão inversa. Ou seja: aí onde os regimes estão mais próximos um do outro, a identidade de natureza está, ao contrário, em seu mínimo; e aí onde a identidade de natureza atinge o seu máximo, os regimes diferem maximamente. Se considerarmos os conjuntos primitivos ou bárbaros, veremos que a essência subjetiva do desejo como produção acha-se reportada a grandes objetidades, corpo territorial ou despótico, que agem como pressupostos naturais ou divinos que asseguram, portanto, a codificação ou a sobrecodificação dos fluxos do desejo, introduzindo-os em sistemas de representação também objetivos. Portanto, pode-se dizer que a identidade de natureza entre as duas produções está aí totalmente ocultada: tanto pela diferença entre o *socius* objetivo e o corpo pleno subjetivo da produção desejante, quanto pela diferença entre os códigos e sobrecodificações qualificadas da produção social e as cadeias de descodificação ou de desterritorialização da produção desejante, e por todo o aparelho repressivo representado nas proibições selvagens, pela lei bárbara e pelos direitos da antiprodução. Todavia, em vez de ser indicada e aprofundada, a diferença de regime é, ao contrário, reduzida ao mínimo, porque a produção desejante como limite absoluto permanece como um limite exte-

rior, ou então permanece desocupada como limite interiorizado e deslocado, de modo que as máquinas do desejo funcionam aquém do seu limite no quadro do *socius* e dos seus códigos. Eis por que os códigos primitivos, e até as sobrecodificações despóticas, dão testemunho de uma plurivocidade que os aproximam funcionalmente de uma cadeia de descodificação do desejo: as peças de máquinas desejantes funcionam nas próprias engrenagens da máquina social, os fluxos de desejo entram e saem pelos códigos que, [403] ao mesmo tempo, não param de informar o modelo e a experiência da morte elaborados na unidade do aparelho social-desejante. E há tanto menos instinto de morte quanto melhor codificados estão o modelo e a experiência num circuito que não para de enxertar as máquinas desejantes na máquina social e de implantar a máquina social nas máquinas desejantes. A morte vem tanto mais de fora quanto mais está codificada dentro. Isto é sobretudo verdadeiro em relação ao sistema da crueldade, em que a morte se inscreve tanto no mecanismo primitivo da mais-valia como no movimento dos blocos finitos de dívida. Porém, mesmo no sistema do terror despótico, em que a dívida devém infinita e em que a morte conhece uma exaustão que tende a fazer dela um instinto *latente*, não deixa de subsistir um modelo na lei sobrecodificante e uma experiência para os sujeitos sobrecodificados, ao mesmo tempo em que a antiprodução permanece separada como a parte do senhor.

Isso é muito diferente no capitalismo. Precisamente porque os fluxos do capital são fluxos descodificados e desterritorializados, — precisamente porque a essência subjetiva da produção se descobre no capitalismo, — precisamente porque o limite devém interior ao capitalismo, que não para de reproduzi-lo e também de ocupá-lo como limite interiorizado e deslocado —, é que deve aparecer por si mesma a identidade de natureza entre a produção social e a produção desejante. Mas, por sua vez, esta identidade de natureza, longe de favorecer uma afinidade de regime entre as duas produções, aumenta de maneira catastrófica a diferença de regime e monta um aparelho de repressão do qual nem a selvageria nem a barbárie podiam nos dar ideia. É que, tendo por fundo a derrocada das grandes objetidades, os fluxos descodificados e desterritorializados do capitalismo são, não retomados ou recuperados, mas imediatamente captados numa axiomática sem código que os reporta ao universo da representação subjetiva. Ora, a função deste universo é a de cindir a essência subjetiva (identidade de natureza) em duas funções: a do trabalho abstrato alienado na propriedade privada que reproduz os limites interiores cada vez mais ampliados, e a do desejo abstrato alienado na família privatizada que desloca limites interiorizados cada vez mais estreitos. É a dupla alienação trabalho-desejo que não para de aumentar e de aprofundar a diferença de regime no seio da identidade de natureza. *[404]* Ao mesmo tempo em que a morte é descodificada, ela perde sua relação com um modelo e uma experiência, e devém instinto, isto é, difunde-se no sistema imanente no qual cada ato de produção acha-se inextrincavelmente misturado com a instância de antiprodução como capital. Onde os códigos estão desfeitos, o instinto de morte se apodera do aparelho repressivo, e se põe a dirigir a circulação da libido. Axiomática mortuária. Pode-se acreditar então em desejos liberados, mas que, como cadáveres, se nutrem de imagens. Não se deseja a morte, mas o que se deseja está morto, já está morto: imagens. Tudo trabalha na morte, tudo deseja para a morte. Na verdade, o capitalismo nada tem para recuperar; ou melhor, suas potências de recuperação coexistem quase sempre com o que se há de recuperar, e até se lhe antecipam. (Quantos grupos revolucionários *enquanto tais* estão já prontos para uma recuperação que só se fará no futuro, e formam um aparelho para a absorção da mais-valia que ainda nem sequer está produzida: o que lhes dá precisamente uma posição revolucionária aparente.) Num mundo assim, um único desejo vivo bastaria para explodir o sistema, ou para fazê-lo fugir por um extremo onde tudo findaria por ir atrás e precipitar-se — questão de regime.

[IV.4.10. A tarefa mecânica da esquizoanálise]
Eis as máquinas desejantes com as suas três peças (as peças trabalhadoras, o motor imóvel, a peça adjacente), com suas três energias (Libido, *Numen*, *Voluptas*) e com suas três sínteses (as sínteses conectivas de objetos parciais e fluxos, as sínteses disjuntivas de singularidades e cadeias, as sínteses conjuntivas de intensidades e devires). O esquizoanalista não é um intérprete, e muito

menos um encenador; ele é um mecânico, um micromecânico. Não há escavações ou arqueologia no inconsciente, não há estátuas: apenas pedras para chupar, à Beckett, e outros elementos maquínicos de conjuntos desterritorializados. Em cada caso, trata-se de saber quais são as máquinas desejantes de alguém, como elas funcionam, com que sínteses, com que entusiasmos, com que falhas constitutivas, com que fluxos, com que cadeias, com que devires. Do mesmo modo, esta tarefa positiva não pode separar-se das destruições indispensáveis, da destruição dos conjuntos molares, estruturas e representações que impedem a máquina de funcionar. Não é fácil encontrar as moléculas, *[405]* mesmo que se trate da molécula gigante, os seus caminhos, suas zonas de presença e suas sínteses próprias, através dos grandes amontoados que preenchem o pré-consciente, e que delegam seus representantes ao próprio inconsciente, imobilizando as máquinas, fazendo-as calar, cativando-as, sabotando-as, sujeitando-as, retendo-as. *Não são as linhas de pressão do inconsciente que contam mas, ao contrário, suas linhas de fuga.* Não é o inconsciente que pressiona a consciência, mas a consciência que o pressiona e garroteia para impedi-lo de fugir. Quanto ao inconsciente, ele é como o contrário platônico: ele foge ou perece à aproximação de seu contrário. Desde o início, tentamos mostrar como as produções e formações do inconsciente são, não apenas repelidas por uma instância de recalcamento que faria compromisso com elas, mas verdadeiramente recobertas por antiformações que desnaturam o inconsciente em si mesmo e lhe impõem causações, compreensões e expressões que já nada têm a ver com seu funcionamento real: é o caso das *estátuas*, das imagens edipianas, das encenações fantasmáticas, da simbólica da castração, da difusão do instinto de morte, das reterritorializações perversas. De modo que nunca podemos, como se faz na interpretação, ler o recalcado através do e no recalcamento, pois este não para de induzir uma falsa imagem daquilo que recalca: usos ilegítimos e transcendentes de sínteses segundo os quais o inconsciente já não pode funcionar de acordo com suas próprias máquinas constituintes, mas somente "representar" o que um aparelho repressivo lhe dá para representar. É a própria forma da interpretação que se revela incapaz de atingir o inconsciente, porque ela própria suscita as ilusões inevitáveis (inclusive a estrutura e o significante) pelas quais a consciência, em conformidade com seu próprio querer, forma para si uma imagem do inconsciente — é que nós ainda somos piedosos, a psicanálise permanece na idade pré-crítica.

Sem dúvida, essas ilusões nunca pegariam se não se beneficiassem de uma coincidência e de um apoio no próprio inconsciente, que assegura esse "pegar". Já vimos que apoio é este: trata-se do recalcamento originário, tal como o corpo sem órgãos o exerce no momento da repulsão no seio da produção desejante molecular. *[406]* Sem esse recalcamento originário, jamais um recalcamento propriamente dito poderia representar as forças molares no inconsciente e esmagar a produção desejante. O recalcamento propriamente dito aproveita-se de uma ocasião sem a qual ele não poderia imiscuir-se na maquinaria do desejo.[51] Contrariamente à psicanálise, que também cai na própria armadilha em que ela fez o inconsciente cair, a esquizoanálise segue as linhas de fuga e os índices maquínicos até às máquinas desejantes. Se o essencial da tarefa destrutiva é desfazer a armadilha edipiana do recalcamento propriamente dito e todas as suas dependências, tarefa a ser cumprida a cada vez de uma maneira adaptada ao "caso", o essencial da primeira tarefa positiva é assegurar a conversão maquínica do recalcamento originário, e também aí de uma maneira variável e adaptada ao caso. Ou seja: trata-se de desfazer o bloqueio ou a coincidência sobre a qual repousa o recalcamento propriamente dito, transformar a oposição aparente da repulsão (corpo sem órgãos-máquinas objetos parciais) em condições de funcionamento real, assegurar esse funcionamento nas formas da atração e da produção de intensidades e, com isso, integrar as falhas no funcionamento atrativo, bem como envolver o grau zero nas intensidades produzidas, e fazer assim com que as máquinas desejantes voltem a funcionar. É este o ponto focal e delicado, que vale pela transferência na esquizoanálise (dispersar, esquizofrenizar a transferência perversa da psicanálise).

---

[51] Ver acima capítulo II, item 7. [NT: p. *[134]*, "Repressão e recalcamento".]

[IV.5. Segunda tarefa positiva da esquizoanálise]

[IV.5.1. A produção social e suas máquinas. Teoria dos dois polos. Primeira tese: todo investimento é molar e social]

Todavia, é preciso que a diferença de regime não nos faça esquecer a identidade de natureza. Há fundamentalmente dois polos; se devemos apresentá-los como a dualidade das formações molares e das formações moleculares, não podemos, porém, nos contentar em apresentá-los dessa maneira, pois não há formação molecular que não seja por si mesma investimento de formação molar. Não há máquinas desejantes que existam fora das máquinas sociais que elas formam em grande escala; e também não há máquinas sociais sem as desejantes que as povoam em pequena [407] escala. Assim, não há cadeia molecular que não intercepte e nem reproduza blocos inteiros de código ou de axiomática molares, nem blocos que não contenham ou não encerrem fragmentos de cadeia molecular. Uma sequência de desejo acha-se prolongada por uma série social, ou então uma máquina social tem peças de máquinas desejantes em suas engrenagens. As micromultiplicidades desejantes não são menos coletivas do que os grandes conjuntos sociais, pois são inseparáveis e constituem uma só e mesma produção. Deste ponto de vista, a dualidade dos polos passa menos entre o molar e o molecular do que no interior dos investimentos sociais molares, uma vez que, *de qualquer maneira*, as formações moleculares são investimentos como estes. É por isso que a nossa terminologia relativa aos dois polos variou forçosamente. Ora opúnhamos o molar e o molecular como linhas de integração (paranoicas, significantes e estruturadas) e linhas de fuga (esquizofrênicas, maquínicas e dispersadas); ou ainda como o traçado de reterritorializações perversas e o movimento das desterritorializações esquizofrênicas. Ora, ao contrário, opúnhamos o molar e o molecular como dois grandes tipos de investimentos igualmente sociais, um sedentário e bi-univocizante, de tendência reacionária ou fascista, o outro nomádico e plurívoco, de tendência revolucionária. Com efeito, nas declarações esquizoides "Sou eternamente de raça inferior", "Sou um animal, um negro", "Somos todos judeus alemães", o campo histórico-social é tão investido quanto na fórmula paranoica "Sou um de vocês, de casa, sou um ariano puro e de raça superior para todo o sempre". E de uma fórmula à outra todas as oscilações são possíveis do ponto de vista do investimento libidinal inconsciente. Como isso é possível? Como a fuga esquizofrênica, com a sua dispersão molecular, pode formar um investimento tão forte e determinado quanto o outro? E por que há dois tipos de investimento social correspondentes aos dois polos? É que há em toda parte o molar *e* o molecular: sua disjunção é uma relação de disjunção inclusa, que varia somente segundo os dois sentidos da subordinação, conforme os fenômenos moleculares se subordinem aos grandes conjuntos ou, ao contrário, os subordinem a si. Num dos polos, os grandes conjuntos, *[408]* as grandes formas de gregarismo não impedem a fuga que os arrasta, e só impõem o investimento paranoico como uma "fuga diante da fuga". Mas, no outro polo, a própria fuga esquizofrênica não consiste apenas em afastar-se do social, em viver à margem: ela faz fugir o social pela multiplicidade de buracos que o corroem e o perfuram, sempre ligados a ele, dispondo em toda parte as cargas moleculares que explodirão o que deve explodir, que farão tombar o que deve cair, que farão fugir o que deve fugir, assegurando em cada ponto a conversão da esquizofrenia, como processo, em força efetivamente revolucionária. Pois quem é o esquizo senão aquele que já não pode suportar "tudo isto", o dinheiro, a bolsa, as forças da morte, como dizia Nijinsky — valores, morais, pátrias, religiões e certezas privadas? Do esquizo ao revolucionário há somente toda a diferença que existe entre aquele que foge e aquele que sabe fazer fugir aquilo de que foge, rompendo um tubo imundo, fazendo passar um dilúvio, libertando um fluxo, recortando uma esquiza. O esquizo não é revolucionário, mas o processo esquizofrênico (de que o esquizo é só a interrupção, ou a continuação no vazio) é o potencial da revolução. Aos que dizem que fugir não é corajoso, responde-se: o que não é fuga *e investimento social ao mesmo tempo*? Só se pode escolher entre dois polos: a contrafuga paranoica que anima todos os investimentos conformistas, reacionários e fascistizantes e a fuga esquizofrênica convertível em investimento revolucionário. Desta fuga revolucionária, desta fuga que deve ser pensada e assumida como o mais positivo, Blanchot diz admiravelmente o seguinte: "Que é esta fuga? A palavra é mal escolhida para agradar. Entretanto, a coragem está em aceitar fugir em vez de viver quieta e hipocritamente em falsos refúgios. Os valores, as morais, as pátrias, as religiões e essas certezas privadas que nossa vaidade e a nossa complacência para conosco generosamente nos outorgam, são outras tantas moradas enganadoras que o mundo arranja para aqueles que pensam manter-se firmes e em repouso entre as coisas estáveis. Eles nada sabem dessa imensa ruína para a qual vão indo, ignorantes de si mesmos, no monótono burburinho dos seus passos cada vez mais rápidos que os levam impessoalmente num grande movimento imóvel. Fuga perante a fuga. [Seja um desses homens] que, *[409]* tendo tido a revelação da deriva misteriosa, já não suportam viver nessas falsas moradas. De início, ele tenta apoderar-se do movimento por sua própria conta. Pessoalmente, ele queria se afastar. Ele vive à margem... [Mas] talvez a queda seja isso, que ela já não possa ser um destino pessoal, mas a sorte de cada um em todos".[52] Nesse sentido, a primeira tese da esquizoanálise é esta: todo investimento é social, e de qualquer maneira incide sobre um campo social histórico.

[IV.5.2. Gregarismo, seleção e forma de gregarismo]
Lembremos os grandes traços de uma formação molar ou de uma forma de gregarismo. Estas operam uma unificação, uma totalização das forças moleculares por acumulação estatística regida pelas leis dos grandes números. Essa unidade pode ser tanto a unidade biológica de uma *species* como a unidade estrutural de um *socius*: um organismo, social ou vivo, acha-se composto como um todo, como um objeto global ou completo. É em relação a esta nova ordem que os objetos parciais de ordem molecular aparecem como uma falta, ao mesmo tempo em que se diz que o próprio todo falta aos objetos parciais. E é assim que o desejo será soldado à falta. Os mil cortes-fluxos que definem a dispersão positiva numa multiplicidade molecular são assentados sobre vacúolos de falta que operam esta soldadura num conjunto estatístico de ordem mo-

---

[52] Maurice Blanchot, *L'Amitié*, Paris, Gallimard, 1971, pp. 232-3.

lar. Neste sentido, Freud mostrou bem como se passava das multiplicidades psicóticas de dispersão, fundadas nos cortes ou esquizas, a grandes vacúolos determinados globalmente, do tipo neurose e castração: o neurótico tem necessidade de um objeto global em relação ao qual os objetos parciais podem ser determinados como falta, e inversamente.[53] Porém, mais geralmente, a transformação estatística da multiplicidade molecular em conjunto molar é que organiza a falta em grande escala. Uma tal organização cabe essencialmente ao organismo biológico ou social, *species* ou *socius*. Não há sociedade que não organize a falta no seu seio, fazendo-o pelos meios variáveis que lhe são próprios (esses meios não são os mesmos, *[410]* por exemplo, numa sociedade de tipo despótico ou numa sociedade capitalista em que a economia de mercado lhes dá um grau de perfeição até então desconhecido). Esta soldadura do desejo com a falta é precisamente o que dá ao desejo fins, objetivos, intenções coletivas ou pessoais — ao passo que o desejo, tomado na ordem real da sua produção, comporta-se como fenômeno molecular desprovido de objetivo e de intenção. Assim, não se deve acreditar que a acumulação estatística seja um resultado do acaso, um resultado casual. Ao contrário, essa acumulação é o fruto de uma seleção que se exerce sobre os elementos do acaso. Quando Nietzsche diz que a seleção se exerce mais frequentemente *em favor do grande número*, ele está lançando uma intuição fundamental que inspirará o pensamento moderno. Com efeito, ele não quer dizer que os grandes números ou os grandes conjuntos preexistam a uma pressão seletiva que extrairia linhas singulares deles; ao contrário disso, Nietzsche quer dizer que eles nascem dessa pressão seletiva, pressão que esmaga, elimina ou regulariza as singularidades. Não é a seleção que supõe um gregarismo primeiro, mas o gregarismo é que supõe a seleção, e que nasce desta. Como processo seletivo de marcação ou de inscrição, a "cultura" inventa os grandes números, em proveito dos quais ela se exerce. Eis por que

---

[53] Ver Freud, "L'Inconscient" (1915), in *Métapsychologie*, tradução francesa, Paris, Gallimard, pp. 152-4: os dois usos da meia — um, psicótico, que a trata como multiplicidade molecular de malhas, outro, neurótico, como objeto global e falta molar.

a estatística não é funcional, mas estrutural, e se aplica a cadeias de fenômenos que a seleção já colocou num estado de dependência parcial (cadeias de Markov). Isso é visível até no código genético. Em outros termos, os gregarismos nunca são quaisquer, mas remetem a formas qualificadas que os produzem por seleção criadora. A ordem não é: gregarismo → seleção, mas, ao contrário: multiplicidade molecular → formas de gregarismo que exercem a seleção → conjuntos molares ou gregários que decorrentes.

O que são essas formas qualificadas, essas "formações de soberania", como dizia Nietzsche, que desempenham o papel de objetidades totalizantes, unificantes, significantes, que fixam as organizações, as faltas e os objetivos? São os corpos plenos que determinam os diferentes modos do *socius*, verdadeiros conjuntos pesados da terra, do déspota, do capital. Corpos plenos ou matérias vestidas, que se distinguem do corpo pleno sem órgãos ou da matéria nua da produção desejante molecular. Se se pergunta de onde vêm essas formas de *potência*, [411] é evidente que elas não se explicam por objetivo algum, por fim algum, pois são elas que fixam os objetivos e os fins. A forma ou qualidade de tal ou qual *socius* — corpo da terra, corpo do déspota, corpo do capital-dinheiro — depende de um estado ou de um grau de desenvolvimento intensivo das forças produtivas, enquanto definidoras de um homem-natureza independente de todas as formações sociais, ou melhor, comum a todas elas (aquilo que os marxistas chamam de "os dados do trabalho útil"). A própria forma ou qualidade do *socius* é pois produzida, mas como o inengendrado, isto é, como o pressuposto natural ou divino da produção correspondente a este ou àquele grau, produção à qual a forma ou qualidade dá uma unidade estrutural e fins aparentes, sobre a qual ela se assenta e de cujas forças se apropria, determinando as seleções, as acumulações, as atrações, sem as quais estas não tomariam um caráter social. É precisamente neste sentido que dizemos que a produção social é a própria produção desejante *em condições determinadas*. Estas condições determinadas são, pois, as formas de gregarismo como *socius* ou corpo pleno, formas sob as quais as formações moleculares constituem conjuntos molares.

[IV.5.3. Segunda tese: distinguir nos investimentos sociais o investimento pré-consciente de classe ou de interesse e o investimento libidinal inconsciente de desejo ou de grupo]

Podemos, então, exprimir com mais exatidão a segunda tese da esquizoanálise: nos investimentos sociais, distinguiremos o investimento libidinal inconsciente de grupo ou de desejo, e o investimento pré-consciente de classe ou de interesse. Este último passa pelos grandes objetivos sociais, e diz respeito ao organismo e aos órgãos coletivos, inclusive a arrumação dos vacúolos de falta. Uma classe é definida por um regime de sínteses, por um estado de conexões globais, de disjunções exclusivas, de conjunções residuais que caracterizam o conjunto considerado. A pertença dos sujeitos a uma classe remete ao papel desempenhado na produção ou na antiprodução, ao lugar ocupado na inscrição, à parte que lhes cabe. O próprio interesse pré-consciente de classe remete, portanto, às extrações de fluxos, aos desligamentos de código, aos restos ou lucros subjetivos. Deste ponto de vista, é bem verdade que um conjunto comporta *praticamente* uma única classe, aquela que tem interesse num tal regime. A outra classe só pode se constituir por um contrainvestimento, que cria seu próprio interesse em função de novos objetivos sociais, de novos órgãos e meios, de um novo estado possível das sínteses sociais. *[412]* Daí a necessidade que esta outra classe tem de ser representada por um aparelho de partido que fixe esses objetivos e esses meios, e que opere no domínio do pré-consciente um corte revolucionário (por exemplo, o corte leninista). Portanto, neste domínio dos investimentos pré-conscientes de classe ou de interesse, é fácil distinguir o que é reacionário, ou reformista, do que é revolucionário. Porém, neste sentido, aqueles que têm interesse são sempre em menor número do que aqueles cujo interesse, de alguma forma, foi ou é representado:[NT] do ponto de vista da práxis, a classe é infinitamente menos numerosa ou menos ampla do que a classe tomada em sua determinação teórica.

[NT] [A expressão "foi ou é" tenta traduzir *est eu*, que é uma forma sobrecomposta (*surcomposée*) para marcar simultaneamente um estado resultante ou atividade anterior.]

Donde as contradições subsistentes no seio da classe dominante, isto é, da classe em sentido estrito. Isso é evidente no regime capitalista em que, por exemplo, a acumulação primitiva só ocorre em proveito de uma fração restrita do conjunto da classe dominante.[54] Mas isso é igualmente evidente em relação à revolução russa, considerando-se sua formação de um aparelho de partido.

Todavia, de modo algum esta situação basta para resolver o seguinte problema: por que muitos daqueles que têm ou deveriam ter um interesse objetivo revolucionário conservam um investimento pré-consciente de tipo reacionário? E por que ocorrem os raros casos em que alguns, cujo interesse é objetivamente reacionário, chegam a operar um investimento pré-consciente revolucionário? Será preciso invocar, neste caso, uma sede de justiça, uma posição ideológica justa, como se se invocasse uma visão boa e justa; e, no outro caso, será preciso invocar uma cegueira, fruto de um engano ou de uma mistificação ideológica? Frequentemente, os revolucionários esquecem ou não gostam de reconhecer que é por desejo que se quer e se faz a revolução, e não por dever. Aí como alhures, o conceito de ideologia é um conceito execrável, que oculta os verdadeiros problemas, sempre de natureza organizacional. Se Reich, no próprio momento em que levantava a questão mais profunda, "por que as massas desejaram o fascismo?", se contentou com uma resposta que invocava o ideológico, o subjetivo, o irracional, *[413]* o negativo e o inibido, foi porque permanecia preso a conceitos derivados que o fizeram executar mal a psiquiatria materialista com que sonhava, que o impediram de ver como o desejo faz parte da infraestrutura, e o encerraram na dualidade do objetivo e do subjetivo (e, assim, a psicanálise foi remetida à análise do subjetivo definido pela ideologia). Mas tudo é objetivo ou subjetivo — tanto faz. A distinção não está aí; a distinção a ser feita passa pela

---

[54] Maurice Dobb, *Études sur le développement du capitalisme*, p. 191: "Há razões pelas quais o pleno desenvolvimento do capitalismo industrial exige, não só uma transferência dos títulos de riqueza em proveito de uma classe burguesa, mas ainda uma concentração da propriedade da riqueza nas mãos de um grupo muito mais restrito".

própria infraestrutura econômica *e seus investimentos*. A economia libidinal não é menos objetiva do que a economia política, e a política não é menos subjetiva do que a libidinal, se bem que ambas correspondam a dois diferentes modos de investimentos da mesma realidade social. Há um investimento libidinal inconsciente de desejo que não coincide necessariamente com os investimentos pré-conscientes de interesse, e que explica como estes podem ser perturbados, pervertidos na "mais sombria organização", sob qualquer ideologia.

[IV.5.4. Natureza desse investimento libidinal do campo social]

O investimento libidinal não incide sobre o regime das sínteses sociais, mas sobre o grau de desenvolvimento das forças ou energias de que estas sínteses dependem. Ele não incide sobre as extrações, desligamentos e restos operados por estas sínteses, mas sobre a natureza dos fluxos e dos códigos que os condicionam. Ele não incide sobre os objetivos e os meios sociais, mas sobre o corpo pleno como *socius*, sobre a formação de soberania ou a forma de potência por si mesma, que é destituída de sentido e de objetivo, pois os sentidos e os objetivos decorrem dele, e não o inverso. Sem dúvida, os interesses nos predispõem a tal ou qual investimento libidinal, mas eles não se confundem com este. E mais: o investimento libidinal inconsciente é que nos determina a buscar mais de um lado do que de outro, a fixar nossos objetivos numa certa via, persuadidos de que é aí que teremos todas as nossas oportunidades — já que para lá o amor nos impele. As sínteses manifestas são apenas os gradímetros pré-conscientes de um grau de desenvolvimento; os interesses e os objetivos aparentes são apenas os expoentes pré-conscientes de um corpo pleno social. Como Klossowski diz no seu profundo comentário a Nietzsche, uma forma de potência, pela sua própria absurdidade, confunde-se com a violência que ela exerce, *[414]* mas só pode exercer essa violência se estabelecer para si objetivos e sentidos dos quais participem até mesmo os elementos mais sujeitados: "As formações soberanas não terão outro propósito que não o de mascarar a ausência de objetivo e de sentido da sua soberania com o fim orgânico da sua criação", convertendo assim o absurdo em espiritualidade.[55] Eis por que é em vão que se procura distinguir o que é racional do que é irracional numa sociedade. Certamente, o papel, o lugar, a parte que se tem numa sociedade, e que se herda em função das leis de reprodução social, impelem a libido a investir um certo *socius* enquanto corpo pleno, uma certa potência absurda de que participamos ou temos possibilidades de participar ao abrigo dos objetivos e dos interesses. Apesar disso, há um amor desinteressado pela máquina social, pela forma de potência e pelo grau de desenvolvimento por si mesmos. Isto se nota mesmo naquele que tem um interesse — e que os ama, além disso, com outro amor que não apenas o de seu interesse; e mesmo naquele que não tem interesse neles, e que substitui esse contrainteresse pela força de um estranho amor. Fluxos que escorrem sobre o corpo pleno poroso de um *socius* — eis o objeto do desejo, mais elevado que todos os objetivos. Isso nunca escorrerá o bastante, isso não cortará, isso nunca codificará o bastante — nem desta maneira! Como a máquina é bela! O oficial de *A colônia penal* mostra o que pode ser o investimento libidinal intenso de uma máquina que não é apenas técnica, mas social, através da qual o desejo deseja sua própria repressão. Vimos como a máquina capitalista constituía um sistema de imanência ladeado por um grande fluxo mutante, não possessivo e não possuído, escorrendo sobre o corpo pleno do capital e formando uma potência absurda. Cada um na sua classe e na sua pessoa recebe algo dessa potência ou é dela excluído, uma vez que o grande fluxo se converte em rendimentos, rendimentos de salários ou de empresas que definem objetivos e esferas de interesse, extrações, desligamentos, partes. Mas o investimento *[415]* do próprio fluxo e da sua axiomática, que certamente não exige conhecimento preciso algum de economia política, depende da libido inconsciente pressuposta pelos objetivos. Vemos os mais desfavorecidos, os mais excluídos,

---

[55] Pierre Klossowski, *Nietzsche et le cercle vicieux*, pp. 174-5. É essencial sob todos os aspectos o comentário de Klossowski sobre as formações de soberania segundo Nietzsche (*Herrschaftsgebilde*), sua potência absurda ou sem objetivo, e os objetivos e sentidos que elas inventam para si em função de um grau de desenvolvimento da energia.

investirem com paixão o sistema que os oprime, e onde *acham* sempre um interesse, pois é aí que o buscam e mensuram. O interesse vem sempre a seguir. A antiprodução difunde-se pelo sistema: a antiprodução será amada por si mesma, à maneira pela qual o desejo reprime a si próprio no grande conjunto capitalista. Reprimir o desejo, não só nos outros, mas também em si próprio, ser o tira dos outros e de si próprio, eis o que dá tesão, e isto não diz respeito à ideologia, mas à economia. O capitalismo recolhe e possui a potência do objetivo e do interesse (*o poder*) mas tem um amor desinteressado pela potência absurda e não possuída da máquina. Oh, certamente não é para si nem para seus filhos que o capitalista trabalha, mas para a imortalidade do sistema. Violência sem objetivo, alegria, pura alegria de se sentir uma engrenagem da máquina, atravessado pelos fluxos, cortado pelas esquizas. Colocar-se na posição em que se é assim atravessado, cortado, enrabado pelo *socius*, buscar o bom lugar onde, de acordo com os objetivos e os interesses que nos são consignados, sente-se passar algo que não tem interesse nem objetivo. Um tipo de arte pela arte na libido, um certo gosto pelo trabalho benfeito, cada um no seu lugar, o banqueiro, o tira, o soldado, o tecnocrata, o burocrata e, por que não, o operário, o sindicalista... O desejo embasbacado.

Ora, não só o investimento libidinal do campo social pode perturbar o investimento de interesse e forçar os mais desfavorecidos, os mais explorados, a buscarem seus objetivos numa máquina opressiva, como pode também forçar o que é reacionário ou revolucionário no investimento pré-consciente de interesse a não coincidir necessariamente com o que é no investimento libidinal inconsciente. Um investimento pré-consciente revolucionário incide sobre novos objetivos, novas sínteses sociais, um novo poder. Mas é possível que pelo menos uma parte da libido inconsciente continue a investir o antigo corpo, a antiga forma de potência, seus códigos e seus fluxos. A ocorrência disso é tanto mais fácil, e a contradição aí presente é tanto melhor mascarada, porque um estado de *[416]* forças não pode suplantar o antigo sem conservar ou ressuscitar o velho corpo pleno como territorialidade residual e subordinada (por exemplo, a maneira pela qual a máquina capitalista ressuscita o *Urstaat* despótico e a maneira pela qual a máquina socialista conserva um capitalismo monopolista de Estado e de mercado). Mas há algo mais grave: mesmo quando a libido esposa o novo corpo, a nova potência que corresponde aos objetivos e às sínteses efetivamente revolucionárias do ponto de vista do pré-consciente, não está assegurado que o próprio investimento libidinal inconsciente seja revolucionário. Isto ocorre, porque não são os mesmos cortes que passam no nível dos desejos inconscientes e no nível dos interesses pré-conscientes. O corte revolucionário pré-consciente é suficientemente definido pela promoção de um *socius* como corpo pleno portador de novos objetivos, como forma de potência ou formação de soberania que, sob novas condições, subordina a si a produção desejante. Porém, embora a libido inconsciente encarregue-se de investir esse *socius*, seu investimento não é necessariamente revolucionário no mesmo sentido que o investimento pré-consciente. Com efeito, o corte revolucionário inconsciente implica, por sua conta, o corpo sem órgãos como limite do *socius*, limite que a produção desejante, por sua vez, subordina a si sob a condição de uma potência revertida, de uma subordinação revertida. A revolução pré-consciente remete a um novo regime de produção social que cria, distribui e satisfaz novos objetivos e interesses; mas a revolução inconsciente não remete apenas ao *socius* que, como forma de potência, condiciona essa mudança; ela remete também, nesse *socius*, ao regime da produção desejante como potência revertida sobre o corpo sem órgãos. O estado dos fluxos e das esquizas não é o mesmo: num caso, o corte incide entre dois *socius*, sendo que o segundo *socius* é avaliado pela sua capacidade de introduzir os fluxos de desejo num novo código ou numa nova axiomática de interesse; no outro caso, o corte incide sobre o próprio *socius*, de modo que este é avaliado pela capacidade de fazer passar os fluxos de desejo segundo suas linhas de fuga positivas, e de recortá-los segundo cortes de cortes produtivos. O princípio mais geral da esquizoanálise é este: o desejo é sempre constitutivo de um campo social. De qualquer maneira, ele concerne à infraestrutura, não à ideologia: [417] o desejo está na produção como produção social, assim como a produção está no desejo como produção desejante. Mas estas fórmulas podem ser entendidas de duas maneiras, conforme o desejo se sujeite a um conjunto molar estruturado, que ele constitui sob tal forma de potência e de gregarismo, ou conforme sujeite o grande conjunto às multiplicidades funcionais que ele próprio forma em escala molecular, sendo que nos dois casos já não se trata de pessoas ou de indivíduos. Ora, por mais que o corte revolucionário pré-consciente apareça no primeiro nível e se defina pelas características de um novo conjunto, o corte inconsciente ou libidinal pertence ao segundo nível e se define pelo papel motor da produção desejante e pela posição das suas multiplicidades.[NT] Portanto, é concebível que um grupo possa ser revolucionário do ponto de vista do interesse de classe e dos seus investimentos pré-conscientes, mas não sê-lo do ponto de vista dos seus investimentos libidinais, e manter-se até mesmo fascista e policial. Interesses pré-conscientes realmente revolucionários não implicam necessariamente investimentos inconscientes de mesma natureza; nunca um aparelho de interesse vale por uma máquina de desejo.

[IV.5.5. Os dois grupos]

Quanto ao pré-consciente, um grupo revolucionário permanece como *grupo sujeitado*, ainda que conquiste o poder, do mesmo modo que esse próprio poder remete a uma forma de potência que continua a sujeitar e a esmagar a produção desejante. No momento em que é revolucionário pré-conscientemente, um tal grupo já apresenta todas as características inconscientes de um grupo sujeitado: a subordinação a um *socius* como suporte fixo que atribui a si as forças produtivas e delas extrai e absorve a mais-valia;

[NT] [Os autores escrevem: "*Or, si la coupure révolutionnaire préconsciente apparaît au premier niveau, et se définit par les caractéristiques d'un nouvel ensemble, l'inconscient ou la libidinale appartient au second niveau et se définit par le rôle moteur de la production désirante et la position de ses multiplicités*". A tradução dessa passagem impõe duas opções, pelos menos: 1) ler o termo *si* como conjunção (o que imporia traduzi-lo por "se") ou como advérbio (o que me permite traduzi-lo pela expressão "por mais que"); 2) ler "*l'inconscient ou la libidinale*" como relativos ao inconsciente ou à libido enquanto tais ou como relativos ao corte desejoso, o que justifica o emprego do feminino pelos autores, dado que *coupure* (corte) é feminino em francês. O importante é que as frases subsequentes justificam as escolhas feitas aqui.]

a difusão da antiprodução e dos elementos mortíferos no sistema que se sente e se quer cada vez mais imortal; os fenômenos de "superegotização", de narcisismo e de hierarquia de grupo, os mecanismos de repressão de desejo. Ao contrário, um *grupo sujeito* é aquele cujos investimentos libidinais são revolucionários; tal grupo faz o desejo penetrar no campo social, subordina o *socius* ou a forma de potência à produção desejante; produtor de desejo e desejo que produz, ele inventa formações sempre mortais que nele esconjuram a difusão de um instinto de morte; *[418]* às determinações simbólicas de sujeição, ele opõe coeficientes reais de transversalidade, sem hierarquia nem superego de grupo. Sem dúvida, o que complica tudo é que um mesmo homem pode participar dos dois tipos de grupos segundo relações diferentes (Saint-Just,[NT] Lênin). Há também complicação porque um mesmo grupo, em situações diversas, mas coexistentes, pode apresentar as duas características ao mesmo tempo. Um grupo revolucionário pode já ter reencontrado a forma de um grupo sujeitado, e, todavia, ser determinado, sob certas condições, a desempenhar ainda o papel de um grupo sujeito. É comum a passagem de um tipo de grupo a outro. Por ruptura, grupos sujeitos derivam de grupos sujeitados: eles fazem passar o desejo e o recortam sempre mais adiante, transpõem o limite, reportando as máquinas sociais às forças elementares do desejo que as formam.[56] Mas, inversamente, é também comum que eles voltem a se fechar, a se remodelar à imagem dos grupos sujeitados: restabelecendo limites interiores, voltando a dar forma a um grande corte, de modo que os fluxos não passarão,

---

[NT] [Louis Antoine Léon de Saint-Just (1767-1794). Durante a Revolução Francesa, a participação radical de Saint-Just, não se limitando a uma aliança com Robespierre, atinge um nível de complexidade revolucionária que certamente justifica uma de suas famosas frases: "não pertenço a facção alguma; combaterei todas elas".]

[56] Sobre o grupo e a ruptura ou esquiza, ver, em *Change*, n° 7, o artigo de Jean-Pierre Faye, "Éclats", p. 217: "O que conta, o que aos nossos olhos é eficaz, não é este ou aquele grupo, mas a dispersão ou a Diáspora que seus estilhaços produzem" (e, nas pp. 212-3, o caráter necessariamente plurívoco dos grupos-sujeitos e da sua escrita).

não franquearão, subordinando, assim, as máquinas desejantes ao conjunto repressivo que elas constituem em grande escala. Há uma velocidade de sujeição que se opõe aos coeficientes de transversalidade; e que revolução não tentou voltar-se contra seus grupos sujeitos, qualificados de anarquistas ou de irresponsáveis, e liquidá-los? Como esconjurar a inclinação funesta que faz com que um grupo passe dos seus investimentos libidinais revolucionários a investimentos revolucionários que são tão só pré-conscientes ou de interesse, e passe depois a investimentos pré-conscientes que são apenas reformistas? E ainda: onde situar tal ou qual grupo? Terá havido alguma vez investimentos inconscientes revolucionários? O grupo surrealista, com sua fantástica sujeição, seu narcisismo e seu superego? (Pode acontecer que um único homem funcione como fluxo-esquiza, como grupo sujeito, por ruptura com o grupo sujeitado de que se exclui ou é excluído: Artaud, o esquizo.) E o grupo psicanalítico *[419]*, onde situá-lo nessa complexidade dos investimentos sociais? Todas as vezes que perguntamos quando isso começou a desandar, é preciso recuar um bocado. Freud como superego de grupo, avô edipianizante, instaurando Édipo como limite interior, cercado de pequenos Narcisos de todos os tipos, e Reich, o marginal, traçando uma tangente de desterritorialização, fazendo passar fluxos de desejo, quebrando o limite, franqueando o muro. Mas não se trata só de literatura ou mesmo de psicanálise. Trata-se de política, embora, como veremos, não se trate de *programa*.

[IV.5.6. Papel da sexualidade, a "revolução social". Terceira tese: o investimento libidinal do campo social é primeiro em relação aos investimentos familiares]

A tarefa da esquizoanálise, portanto, é atingir os investimentos de desejo inconsciente do campo social, enquanto distintos dos investimentos pré-conscientes de interesse, sendo que aqueles podem não somente contrariar a estes, mas coexistir com estes em modos opostos. No conflito de gerações, é comum ouvir velhos censurarem jovens de maneira acentuadamente malévola, dizendo que estes fazem passar seus desejos (carro, crédito, empréstimo, relações moças-rapazes) antes do seu interesse (trabalho, poupança, bom casamento). Porém, naquilo que parece desejo bruto a outrem, há ainda complexos de desejo e de interesse, e uma mistura de formas precisamente reacionárias e vagamente revolucionárias tanto de um quanto do outro. A situação é totalmente emaranhada. Parece que a esquizoanálise pode dispor apenas de índices — os índices maquínicos — para desemaranhar os investimentos libidinais do campo social no nível dos grupos ou dos indivíduos. Ora, sob este aspecto, é a sexualidade que constitui os índices. Não que a capacidade revolucionária possa ser julgada pelos objetos, pelos objetivos e pelas fontes das pulsões sexuais que animam um indivíduo ou um grupo; é certo que as perversões, e até a emancipação sexual, não configuram privilégio algum enquanto a sexualidade ficar fechada no quadro do "pequeno segredo sujo". É inútil tornar público o segredo, exigir seu direito à publicidade, ou ainda desinfetá-lo, tratando-o científica e psicanaliticamente, porque nos arriscamos, sobretudo, a matar o desejo ou a inventar para ele formas de liberação mais sombrias do que a prisão mais repressiva — enquanto não se separar a sexualidade da categoria do segredo, ainda que público, ainda que desinfetado, isto é, enquanto não se separar a sexualidade da origem edipiana-narcísica que lhe é imposta como a *[420]* mentira sob a qual ela só pode se manter cínica, vergonhosa ou mortificada. É uma mentira pretender liberar a sexualidade, reclamar seus direitos sobre o objeto, o objetivo e a fonte e, ao mesmo tempo, manter os fluxos correspondentes nos limites de um código edipiano (conflito, repressão, solução, sublimação de Édipo...), continuando a impor-lhe uma forma ou motivação familista e masturbatória que, de antemão, torna vã qualquer perspectiva de liberação. Por exemplo, "frente homossexual" alguma é possível enquanto a homossexualidade for apreendida numa relação de disjunção exclusiva com a heterossexualidade, relação que refere as duas a um tronco edipiano e castrador comum, encarregado de assegurar apenas sua diferenciação em duas séries não comunicantes, em vez de fazer com que apareça sua inclusão recíproca e sua comunicação transversal nos fluxos descodificados do desejo (disjunções inclusas, conexões locais, conjunções nômades). Em suma, a repressão sexual, mais viva do que nunca, sobreviverá a todas as publicações, manifestações, emancipações, protestos a favor da liberdade dos objetos, das fontes e dos objetivos, enquanto a sexualidade for mantida, conscientemente ou não, nas coordenadas narcísicas, edipianas e castradoras que bastam para assegurar o triunfo dos mais rigorosos censores, os homens cinzentos de que falava Lawrence.

De maneira profunda, Lawrence mostra que a sexualidade, incluindo a castidade, é uma questão de fluxos, "uma infinidade de fluxos diferentes e até opostos". Tudo depende da maneira como esses fluxos, seja qual for o objeto, a fonte e o objetivo, são codificados e cortados segundo figuras constantes ou, ao contrário, tomados em cadeias de descodificação que os recortam segundo pontos móveis e não figurativos (os fluxos-esquizas). Lawrence critica a pobreza das imagens idênticas imutáveis, papéis figurativos que são outros tantos estrangulamentos dos fluxos de sexualidade: "noiva, amante, mulher, mãe" — poder-se-ia também dizer "homossexuais, heterossexuais" etc. — todos esses papéis são distribuídos pelo triângulo edipiano pai-mãe-eu, um eu representativo que se supõe definir-se em função das representações pai-mãe, por fixação, regressão, assunção, sublimação — e tudo isso sob que regra? A regra do grande Falo que ninguém possui, significante despótico que anima a luta mais miserável, *[421]* a ausência comum a todas as exclusões recíprocas em que os fluxos se exaurem, ressecados pela má consciência e pelo ressentimento. "Por exemplo, colocar a mulher num pedestal, ou, ao contrário, torná-la indigna de alguma consideração: fazer dela uma dona de casa *modelo*, uma mãe ou uma esposa *modelo*, são simplesmente meios para nos esquivarmos a qualquer contato com ela. *Uma mulher não figura alguma coisa, ela não é uma personalidade distinta e definida...* Uma mulher é uma estranha e doce vibração do ar, que avança, inconsciente e ignorada, em busca de uma vibração que lhe responda. Ou então é uma vibração penosa, discordante e desagradável ao ouvido, que avança ferindo todos os que se encontram ao seu alcance. *E o mesmo pode ser dito do homem*".[57] Não

---

[57] D. H. Lawrence, "Nous avons besoin les uns des autres" (1930), tradução francesa, in *Eros et les chiens*, Paris, Christian Bourgois, 1969, p. 285. E *Pornographie et obscénité*, 1929.

nos apressemos em zombar do panteísmo dos fluxos presente em textos como este: não é fácil desedipianizar até mesmo a natureza, até mesmo as paisagens, como Lawrence soube fazê-lo. A diferença fundamental entre a psicanálise e a esquizoanálise é a seguinte: é que a esquizoanálise atinge um inconsciente não figurativo e não simbólico, puro figural abstrato no sentido em que se fala em pintura abstrata, fluxos-esquizas ou real-desejo, apanhando-os abaixo das condições mínimas de identidade.

O que é que a psicanálise faz, e, antes, o que é que Freud faz, senão manter a sexualidade sob o jugo mortífero do pequeno segredo, ao mesmo tempo em que arranja um meio médico de torná-lo público, de fazer dele um segredo de Polichinelo, o Édipo analítico? Costumam nos dizer: vejamos, tudo isso é normal, todo mundo é assim, mas se continua a ter da sexualidade a mesma concepção humilhante e aviltante, a mesma concepção figurativa que *a dos censores*. Certamente, a psicanálise não fez sua revolução pictórica. Há uma tese muito apreciada por Freud: a libido só investe o campo social enquanto tal ao dessexualizar-se e sublimar-se. Se ele a aprecia tanto, é porque ele quer antes de tudo manter a sexualidade no estreito quadro de Narciso e de Édipo, do eu e da família. Assim sendo, todo investimento libidinal *[422]* sexual de dimensão social parece-lhe dar testemunho de um estado patogênico, "fixação" ao narcisismo, ou "regressão" ao Édipo e aos estados pré-edipianos, "fixações" e "regressões" pelas quais serão explicadas tanto a homossexualidade, como pulsão reforçada, quanto a paranoia, como meio de defesa.[58] Ao contrário, vimos que, através dos amores e da sexualidade, o que a libido investia era o próprio campo social nas suas determinações econômicas, políticas, históricas, raciais, culturais etc.: a libido não para de delirar a História, os continentes, os reinos, as raças, as culturas. Não que convenha colocar representações históricas no lugar de representações familiares do inconsciente freudiano ou mesmo de arquétipos de um inconsciente coletivo. Trata-se apenas de constatar que nossas escolhas amorosas estão no cruzamento de "vi-

---

[58] Freud, *Cinq psychanalyses*, p. 307.

brações", isto é, exprimem conexões, disjunções, conjunções de fluxos que atravessam uma sociedade, que nela entram e dela saem, ligando-a a outras sociedades, antigas ou contemporâneas, longínquas ou desaparecidas, mortas ou por vir, Áfricas e Orientes, sempre pelo fio subterrâneo da libido. Não figuras ou estátuas geo-históricas, ainda que nosso aprendizado se faça mais facilmente com elas, com livros, histórias, reproduções, do que com a nossa mamãe. Mas são fluxos e códigos de fluxos que nada figuram, que apenas *designam* zonas de intensidade libidinal sobre o corpo sem órgãos, e que se acham emitidos, captados, interceptados pelo ser que somos então determinados a amar, como um ponto-signo, um ponto singular em toda a rede do corpo intensivo que responde à História, que vibra com ela. A *Gradiva*, nunca Freud esteve tão longe...[NT] Em suma, nossos investimentos libidinais do campo social, reacionários ou revolucionários, são tão bem escondidos, tão inconscientes, tão recobertos pelos investimentos pré-conscientes que eles só aparecem em nossas escolhas sexuais amorosas. Um amor não é reacionário nem revolucionário, mas é o índice do caráter reacionário ou revolucionário dos investimentos sociais da libido. As relações sexuais desejantes do homem e da mulher (ou do homem e do homem, ou *[423]* da mulher e da mulher) são o índice de relações sociais entre os homens. Os amores e a sexualidade são os expoentes ou os gradímetros,[NT] desta vez inconscientes, dos investimentos libidinais do campo social. Todo ser amado ou desejado equivale a um agente coletivo de enunciação. Certamente, não é a libido, como acreditava Freud, que deve dessexualizar-se e sublimar-se para investir a sociedade e seus fluxos, mas,

---

[NT] [Referência ao texto de Freud, *Der Wahn und die Träume in W. Jensens Gradiva*, de 1907 (*Delírios e sonhos na* Gradiva *de W. Jensen*). O texto é relativo à obra de Wilhelm Jensen (1837-1911), *Gradiva: ein pompejanisches Phantasiestück* (1903), *Gradiva: uma fantasia pompeiana*, tradução brasileira de Angela Melim, Rio de Janeiro, Zahar, 1987.]

[NT] ["Gradímetros" visa traduzir *gradimètres*, termo com que os autores sugerem a ideia de apreciar, de avaliar os "amores e a sexualidade" como gradientes, isto é, como variações gradativas dos "investimentos libidinais do campo social".]

ao contrário, é o amor, o desejo e seus fluxos que manifestam o caráter imediatamente social da libido não sublimada e dos seus investimentos sexuais.

[IV.5.7. A teoria das "empregadas" em Freud, Édipo e o familismo universal. Miséria da psicanálise: 4, 3, 2, 1, 0]

Aos que buscam um tema para tese sobre psicanálise, não se deveria aconselhar vastas considerações sobre a epistemologia analítica, mas temas modestos e rigorosos como: a teoria das empregadas ou dos empregados domésticos no pensamento de Freud. Estão aí os verdadeiros índices. Com efeito, a propósito das empregadas, sempre presentes nos casos estudados por Freud, produz-se uma hesitação exemplar no pensamento freudiano, hesitação resolvida muito depressa em proveito daquilo que se tornaria um dogma da psicanálise. Philippe Girard, num texto inédito que nos parece de grande alcance, levanta o problema em vários níveis. Em primeiro lugar, Freud descobre "seu próprio" Édipo num contexto social complexo, que põe em jogo o meio-irmão mais velho do ramo familiar mais rico e a empregada ladra enquanto mulher pobre. Em segundo lugar, o romance familiar e a atividade fantasmática em geral serão apresentados por Freud como uma verdadeira deriva do campo social, em que os pais são substituídos por pessoas de um *nível mais elevado ou menos elevado* (filho de princesa criado por desregrados, ou filho de pobre recolhido por burgueses); Édipo já o fazia, quando dizia ter nascido pobre e de pais que eram criados domésticos. Em terceiro lugar, o homem dos ratos não só instala a sua neurose num campo social determinado de ponta a ponta como militar, não só a faz girar em torno de um suplício que deriva do Oriente, como também, nesse mesmo campo, ele, submetido a uma estranha comunicação inconsciente com o inconsciente do pai, a faz ir de um polo ao outro, um deles constituído pela *mulher rica*, o outro pela *mulher pobre*. Lacan foi o primeiro a sublinhar esses temas que bastam para pôr em questão todo o Édipo; e a mostrar a existência de um "complexo social" em que o sujeito tende ora a assumir seu próprio papel, mas ao preço de um *[424]* desdobramento do objeto sexual em mulher rica e mulher pobre, ora a assegurar a unidade do objeto, mas, desta vez, ao preço de um desdobramento da "sua própria função social", no outro extremo da cadeia. Em quarto lugar, o homem dos lobos manifesta um gosto decisivo pela mulher pobre, a camponesa que fica de quatro lavando roupa ou pela empregada que lava o chão.[59] Ora, o problema fundamental a respeito desses textos é o seguinte: em todos esses investimentos *sexuais-sociais* da libido e nessas escolhas de objetos, será preciso ver simples dependências de um Édipo familiar? Será preciso salvar Édipo a qualquer preço, interpretando esses investimentos e essas escolhas como defesas contra o incesto (como no romance familiar, ou na vontade que o próprio Édipo tinha de ser filho de pais pobres que o tornariam inocente)? Será preciso compreendê-los como compromissos e substitutos do incesto (de modo que, em o *Homem dos lobos*, a camponesa seria o substituta da irmã, já que ambas têm o mesmo nome, ou a pessoa trabalhando de quatro seria a substituta da mãe surpreendida no coito; e em o *Homem dos ratos*, a repetição disfarçada da situação dos pais, enriquecendo ou engravidando Édipo com um quarto termo "simbólico" encarregado de dar conta dos desdobramentos pelos quais a libido investe o campo social)? Freud escolheu firmemente esta direção, e o fez tanto mais firmemente porque, segundo sua própria confissão, quis ajustar contas com Jung e Adler. E, depois de ter constatado que, no caso do homem dos lobos, existe uma "tendência para rebaixar" a mulher como objeto de amor, ele conclui que se trata apenas de uma "racionalização", e que a "determinação real e profunda" nos levará como sempre à irmã, à mãe, consideradas como os únicos "móbeis puramente eróticos"! E, retomando a eterna canção de Édipo, a eterna canção de ninar, escreve: "A criança coloca-se acima das diferenças sociais que, para ela, não significam grande coisa, e classi-

---

[59] Sobre o primeiro ponto, ver Alfred Ernest Jones, *La Vie et l'oeuvre de Sigmund Freud*, tradução francesa, Paris, PUF, tomo 1, cap. I. Para o segundo ponto, ver Freud, *Le Roman familial des névrosés*, 1909. Para o terceiro, *L'Homme aux rats, passim*, e o texto de Lacan, *Le Mythe individuel du névrosé*, pp. 7-18 (e p. 25, sobre a necessidade de uma "crítica de todo o esquema do Édipo"). Para o quarto ponto, "L'Homme aux loups", *Cinq psychanalyses*, pp. 336, 396 e 398.

fica pessoas de *[425]* condição inferior na série dos pais quando essas pessoas a amam como a amam seus pais".[60]

Recaímos sempre na falsa alternativa a que Freud foi conduzido por Édipo, e depois confirmada na sua polêmica com Adler e Jung: ou vocês abandonam a posição sexual da libido, seja em proveito de uma vontade de potência individual e social, seja em proveito de um inconsciente coletivo pré-histórico — ou, diz ele, vocês reconhecem Édipo, fazem dele a morada sexual da libido, e fazem do papai-mamãe "o móbil puramente erótico". Édipo, pedra de toque do puro psicanalista, afia a faca sagrada da *castração bem-sucedida*. Entretanto, qual era a outra direção, aquela que Freud percebeu por um instante a propósito do romance familiar, antes que se fechasse o alçapão edipiano? É aquela que Philippe Girard reencontra, pelo menos hipoteticamente: não há família em que não sejam ajeitados vacúolos, em que não passem cortes extrafamiliares, pelos quais a libido se embrenhe para investir sexualmente o não-familiar, quer dizer, *a outra classe* determinada sob as espécies empíricas do "mais rico ou do mais pobre", e por vezes dos dois ao mesmo tempo. O grande Outro, indispensável à posição de desejo, não seria o Outro social, a diferença social apreendida e investida como não-família no seio da própria família? De modo algum a outra classe é apreendida pela libido como uma imagem magnificada ou miserabilizada da mãe, mas como o que é estranho, não-mãe, não-pai, não-família, *índice daquilo que há de não humano no sexo*, e sem o que a libido não montaria suas máquinas desejantes. A luta de classes passa pelo coração da experiência do desejo. Não é o romance familiar que é um derivado de Édipo; este é que é uma deriva do romance familiar e, por isso, do campo social. Não se trata de negar a importância do coito dos pais, nem da posição da mãe; porém, quando essa posição cria a semelhança entre a mãe e a mulher que lava o chão, ou um animal, o que é que autoriza Freud a dizer que o animal ou a empregada valem pela mãe, independentemente das diferenças sociais ou genéricas, em vez de concluir que a mãe também funciona como outra

---

[60] Freud, *Cinq psychanalyses*, p. 400 (e pp. 336-7, 397).

coisa além de mãe e suscita na libido do filho todo um *[426]* investimento social diferenciado, ao mesmo tempo que uma relação com o sexo não-humano? Com efeito, se a mãe trabalha ou não, se a mãe é de origem mais rica ou mais pobre do que o pai etc., isto são cortes e fluxos que atravessam a família, mas que a ultrapassam por todos os lados e não são familiares. Desde o início, perguntamos se a libido conhece pai-mãe, ou se ela faz os pais funcionarem como coisa totalmente distinta, agentes de produção em relação com outros agentes na produção social-desejante. Do ponto de vista do investimento libidinal, os pais não estão apenas abertos ao outro, mas eles próprios são recortados e desdobrados pelo outro que os des-familiariza segundo as leis da produção social e da produção desejante: a própria mãe funciona como mulher rica ou mulher pobre, empregada ou princesa, moça bonita ou mulher velha, animal ou virgem santa, e as duas ao mesmo tempo. Tudo passa pela máquina que explode as determinações propriamente familiares. O que a libido órfã investe é um campo de desejo social, um campo de produção e de antiprodução com seus cortes e seus fluxos, campo em que os pais são apreendidos em funções e papéis não parentais confrontados com outros papéis e outras funções. Quererá isto dizer que os pais, enquanto pais, não têm papel inconsciente? É evidente que têm, mas de duas maneiras bem determinadas, que os destituem de sua suposta autonomia. Conforme a distinção que os embriologistas fazem a propósito do ovo entre o estímulo e o organizador, os pais são *estímulos de valor qualquer* que desencadeiam a repartição dos gradientes ou zonas de intensidade sobre o corpo sem órgãos: é em relação a eles que, em cada caso, se situarão a riqueza e a pobreza, o mais rico e o mais pobre relativos, como formas empíricas da diferença social — de modo que eles próprios surgem de novo, no interior dessa diferença, repartidos por esta ou por aquela zona, mas numa espécie que não é a dos pais. E o organizador é o campo social do desejo que é o único que *designa* as zonas de intensidade, com os seres que as povoam, e determina seu investimento libidinal. Em segundo lugar, os pais como pais são termos de aplicação que exprimem o assentamento do campo social investido pela libido sobre um conjunto finito de chegada, onde a libido só encontra impasses e bloqueios

[427] conforme mecanismos de repressão-recalcamento que se exercem no campo: eis Édipo. Em cada um desses sentidos, a terceira tese da esquizoanálise estabelece o primado de fato e de direito dos investimentos libidinais do campo social sobre o investimento familiar, estímulo qualquer na partida, resultado extrínseco na chegada. A relação com o não-familiar é sempre primeira, sob a forma da sexualidade de campo na produção social, e do sexo não-humano na produção desejante (gigantismo e nanismo).

Tem-se frequentemente a impressão de que as famílias ouviram muito bem as lições da psicanálise, ainda que de longe ou de uma maneira difusa, como quem pega no ar: *elas brincam de Édipo*, sublime álibi. Mas, atrás disso, há uma situação econômica, a mãe reduzida ao trabalho doméstico, ou a um trabalho difícil e sem interesse fora de casa, o futuro que permanece incerto para os filhos, o pai já farto de alimentar toda essa gente — em suma, uma relação fundamental com o fora, em face da qual o psicanalista lava as mãos, demasiado atento a que seus clientes brinquem bem. Ora, é a situação econômica, é a relação com o fora que a libido investe e contrainveste como libido sexual. Sente-se tesão em meio a fluxos e seus cortes. Consideremos por um instante as motivações que levam alguém a deixar-se psicanalisar: trata-se de uma situação de dependência econômica devinda insuportável ao desejo, ou cheia de conflitos para o investimento de desejo. O psicanalista, que diz tantas coisas acerca da necessidade do dinheiro na cura, mantém-se soberbamente indiferente à questão: quem paga? Por exemplo, a análise revela os conflitos inconscientes de uma mulher com seu marido, mas é o marido que paga a análise da mulher. Não é esta a única vez que reencontramos a dualidade do dinheiro, como estrutura de financiamento externo e como meio de pagamento interno, com a "dissimulação" objetiva que ela comporta, essencial ao sistema capitalista. Mas é interessante encontrar esta essencial dissimulação, miniaturizada, pavoneando-se no consultório do analista. O analista fala do Édipo, da castração e do falo, da necessidade de assumir o sexo, como diz Freud, o sexo humano, e que a mulher renuncie ao seu desejo do pênis, e que o homem também renuncie ao seu protesto de macho. Dizemos que não há *[428]* mulher alguma, nem criança alguma, notadamente, que possa, enquanto tal, "assumir" sua situação numa sociedade capitalista, precisamente porque essa situação nada tem a ver com o falo e a castração, mas diz respeito estritamente a uma dependência econômica insuportável. E as mulheres e as crianças que conseguem "assumir", só o fazem por meio de rodeios e determinações totalmente distintas do seu ser-mulher ou do seu ser--criança. Isto nada tem a ver com o falo, mas tem muito a ver com o desejo, com a sexualidade como desejo. Porque o falo nunca foi o objeto e nem a causa do desejo, dado que ele é o próprio aparelho de castração, a máquina de meter a falta no desejo, de esgotar todos os fluxos, e de fazer de todos os cortes *do* fora e *do* real uma única e mesma ruptura *com* o fora, com o real. Para o gosto do analista, há sempre um fora demais penetrando em seu consultório. Até a cena familiar fechada lhe parece um fora ainda excessivo. Ele promove a cena analítica pura, Édipo e castração de consultório, que deve ser por si mesma sua própria realidade, sua própria prova e que, ao contrário do movimento, só se prova não andando e não findando. A psicanálise deveio uma droga embrutecedora, em que a mais estranha dependência pessoal permite que os clientes esqueçam, durante o tempo das sessões no divã, as dependências econômicas que os levaram lá (um pouco como a descodificação dos fluxos acarreta um reforço da servidão). Será que sabem o que andam fazendo, esses psicanalistas que edipianizam mulheres, crianças, negros, animais? Sonhamos entrar nos seus consultórios, abrir as janelas, e dizer: aqui cheira a mofo, há de haver um pouco de relação com o fora. Porque o desejo não sobrevive separado do fora, separado dos seus investimentos e contrainvestimentos econômicos e sociais. E se há um "móbil puramente erótico", para falar como Freud, não é certamente Édipo que o recolhe, nem o falo que o move, nem a castração que o transmite. O móbil erótico, puramente erótico, percorre os quatro cantos do campo social, em toda parte onde máquinas desejantes se aglutinam ou se dispersam em máquinas sociais, e onde escolhas de objeto amoroso se produzem no cruzamento, segundo linhas de fuga ou de integração. Será que Aarão[NT] partirá com sua

[NT] [Aarão, irmão e colaborador de Moisés; seu nome é destacado nas

flauta, que não é falo, mas máquina desejante e processo de desterritorialização? *[429]*

Suponhamos que nos concedam tudo isto: mas só o concedem como um *após*.^NT Só depois é que a libido investiria o campo social, e se "faria" social e metafísica. A posição freudiana de base, segundo a qual a libido deve dessexualizar-se para operar tais investimentos, poderia ser salva, mas ela começa por Édipo, eu, pai e mãe (os estágios pré-edipianos reportados estruturalmente ou escatologicamente à organização edipiana). Vimos que esta concepção do após implicava um contrassenso radical sobre a natureza dos fatores atuais. Com efeito: ou a libido está presa à produção desejante molecular, e então ela ignora tanto as pessoas como o eu, mesmo o eu quase indiferenciado do narcisismo, visto que seus investimentos já estão diferenciados, mas segundo o regime pré-pessoal dos objetos parciais, das singularidades, das intensidades, das engrenagens e peças de máquinas do desejo onde será inútil tentar reconhecer pai, mãe ou eu (já vimos quão contraditório era invocar os objetos parciais e fazer deles os representantes de personagens parentais ou os suportes de relações familiares). Ou então a libido investe pessoas e um eu, mas já está presa a uma produção social e a máquinas sociais que não os diferenciam apenas como seres familiares, mas como derivados do conjunto molar a que pertencem sob este outro regime. É bem verdade que o social e o metafísico ocorrem ao mesmo tempo, conforme os dois sentidos simultâneos de *processo*, processo histórico de produção social e processo metafísico de produção desejante. Mas eles não ocorrem após. Sempre o quadro de Lindner: nele, o garotão gordo já conectou uma máquina desejante a uma máquina social, curto-circuitando os pais que só podem intervir como agentes de produção e de antiprodução, tanto num caso como no outro. Há tão somente o social e o metafísico. Se algo sobrevém após, não são certamente os investimentos sociais e metafísicos da libido, as sínteses

referências que a Bíblia faz à partida dos hebreus do Egito. Ver, por exemplo, os livros *Êxodo* e *Levítico*.]

^NT [A respeito das implicações do termo "após" (*par après*), ver subitem II.8.5.]

Segunda tarefa positiva da esquizoanálise

do inconsciente; ao contrário, é sobretudo Édipo, o narcisismo e toda a série dos conceitos psicanalíticos. Os fatores de produção são sempre "atuais", e o são desde a mais tenra infância: atual não significa recente por oposição a infantil, mas em ato, *[430]* por oposição ao que é virtual e que advém sob certas condições. Édipo: virtual e reacional. Consideremos, com efeito, as condições sob as quais Édipo ocorre: um conjunto de partida, transfinito, constituído por todos os objetos, agentes e relações de produção social--desejante é assentado sobre um conjunto familiar finito como conjunto de chegada (comportando no mínimo três termos, que se pode e até se deve aumentar, mas não ao infinito). Uma tal *aplicação* supõe, com efeito, um quarto termo móvel, extrapolado, o falo abstrato simbólico, encarregado de efetuar a dobragem ou a correspondência; mas ela opera efetivamente sobre as três pessoas constitutivas do conjunto familiar mínimo, ou sobre seus substitutos — o pai, a mãe e o filho. Não se fica nisso, porque estes três termos tendem a reduzir-se a dois, seja na cena de castração em que o pai mata o filho, seja na cena do incesto em que o filho mata o pai, seja na cena da mãe terrível em que a mãe mata o filho ou o pai. Depois, passa-se de dois para um no narcisismo, que de maneira alguma precede Édipo, mas é seu produto. Eis por que falamos de uma máquina edipiana-narcísica, à saída da qual o eu encontra sua própria morte, como o termo zero de uma pura abolição, que desde o início assombrava o desejo edipianizado e que agora, no fim, se identifica como Thanatos. 4, 3, 2, 1, 0, Édipo é uma corrida para a morte.

[IV.5.8. Mesmo a antipsiquiatria...]
Desde o início do século XIX, o estudo das doenças mentais e da loucura permanece prisioneiro do postulado familista e seus correlatos, o postulado personológico e o postulado egoico.[NT] Seguindo Foucault, vimos como a psiquiatria do século XIX tinha concebido a família ao mesmo tempo como causa e juiz da doença, e o asilo fechado como uma família artificial encarregada de inte-

---

[NT] ["Personológico" traduz *personnologique*; "egoico" traduz *moïque*.]

riorizar a culpabilidade e de provocar o advento da responsabilidade, envolvendo a loucura não menos que sua cura numa relação pai-filho sempre presente. A esse respeito, longe de romper com a psiquiatria, a psicanálise transportou suas exigências para fora do asilo, e impôs inicialmente um certo uso "livre", interior, intensivo, fantasmático da família, que parecia particularmente convir ao que se isolava como neurose. Mas, por um lado, a resistência das psicoses, e, por outro, a necessidade de ter em mente uma etiologia social levou psiquiatras e psicanalistas *[431]* a redesdobrar em condições abertas a ordem de uma família extensa, sempre supostamente detentora do segredo da doença bem como da cura. Depois de se ter interiorizado a família em Édipo, exterioriza-se Édipo na ordem simbólica, na ordem institucional, na ordem comunitária, setorial etc. Há nisso uma constante de todas as tentativas modernas. E se esta tendência aparece mais ingenuamente na psiquiatria comunitária de adaptação — "retorno terapêutico à família", à identidade das pessoas e à integridade do eu, e tudo isso abençoado pela castração bem-sucedida numa santa forma triangular —, a mesma tendência, embora de maneiras mais ocultas, não deixa de estar presente em outras correntes. Não é por acaso que a ordem simbólica de Lacan foi desviada, utilizada para apoiar um Édipo de estrutura aplicável à psicose, e para estender as coordenadas familistas para fora do seu domínio real e mesmo imaginário. Não é por acaso que a análise institucional tem dificuldade de resguardar-se contra a reconstrução de famílias artificiais, nas quais a ordem simbólica, encarnada na instituição, volta a formar Édipos de grupo com todas as características letais dos grupos sujeitados. E mais ainda: a antipsiquiatria buscou nas famílias redesdobradas o segredo de uma causalidade ao mesmo tempo social e esquizógena. É talvez aí que a mistificação melhor aparece, porque, por alguns de seus aspectos, a antipsiquiatria era a mais apta para quebrar a referência familiar tradicional. Com efeito, o que se vê nos estudos familistas americanos, tais como são retomados e continuados pelos antipsiquiatras? Batizam-se como esquizógenas famílias absolutamente ordinárias, mecanismos familiares absolutamente ordinários, uma lógica familiar ordinária, ou seja, apenas neurotizante. Nas monografias familiares ditas esquizofrênicas, cada um reco-

Segunda tarefa positiva da esquizoanálise

nhece facilmente seu próprio papai, sua própria mamãe. Consideremos, por exemplo, "o duplo impasse" ou "dupla tomada" de Bateson:[NT] qual é o pai que não emite simultaneamente estas duas injunções contraditórias: "sejamos amigos, meu filho, sou o seu melhor amigo" e "atenção, meu filho, não me trate como colega seu"? Não se faz um esquizofrênico assim. Neste sentido, vimos que o duplo impasse de modo algum define um mecanismo esquizógeno específico, mas somente caracteriza Édipo no conjunto de sua extensão. Se há um verdadeiro impasse, uma verdadeira contradição, *[432]* é aquele em que o próprio pesquisador cai quando pretende assinalar mecanismos sociais esquizógenos e, ao mesmo tempo, descobri-los na ordem da família à qual escapam tanto a produção social como o processo esquizofrênico. Talvez esta contradição seja particularmente perceptível em Laing, porque ele é o antipsiquiatra mais revolucionário. Porém, no próprio momento em que rompe com a prática psiquiátrica, buscando consignar uma verdadeira gênese social da psicose e reclamando como condição da cura a necessidade de uma continuação da "viagem" enquanto processo e de uma dissolução do "ego normal", ele volta a cair nos piores postulados, o familista, o personológico e o egoico, de modo que os remédios invocados não passam de uma "confirmação sincera entre pais", um "reconhecimento de pessoas", uma descoberta do verdadeiro eu ou si mesmo à Martin Buber.[61] Além da hostilidade das autoridades tradicionais, talvez seja esta a razão do atual fracasso das tentativas da antipsiquiatria, da sua recuperação em proveito das formas adaptativas de psicoterapia familiar e de psiquiatria de setor, e do retiro do próprio Laing no Oriente. E não haverá também uma contradição análoga a essa, embora noutro plano, na tentativa de precipitar o ensino de Lacan, recolocando-o num eixo familiar e personológico — ao passo que Lacan situa a causa do desejo num "objeto" não humano, heterogêneo à pessoa, abaixo das condições de identidade mínima, escapando tanto às coordenadas intersubjetivas como ao mundo das significações?

[NT] [Sobre Bateson, ver p. *[94]*, NT correspondente e nota 20.]

[61] Ronald Laing, *Soi et les autres*, 1961 e 1969, tradução francesa, Paris, Gallimard, pp. 123-4 e 134.

Viva os Ndembu!, porque, segundo a detalhada descrição do etnólogo Turner, só o doutor ndembu soube tratar Édipo como uma aparência, um cenário, e ascender aos investimentos libidinais inconscientes do campo social. O familismo edipiano, mesmo e sobretudo sob suas mais modernas formas, torna impossível a descoberta daquilo que, no entanto, se pretende buscar hoje, a saber, a produção social esquizógena. Em primeiro lugar, por mais que se afirme que a família exprime contradições sociais mais profundas, [433] é conferido a ela um valor de microcosmo, é dado a ela o papel de um alternador necessário à transformação da alienação social em alienação mental; e mais: procede-se como se a libido não investisse diretamente as contradições sociais enquanto tais e como se ela, para despertar, tivesse necessidade de que as contradições fossem traduzidas segundo o código da família. E assim, substitui-se a produção social por uma causação ou expressão familiares, com o que se recorre novamente às categorias da psiquiatria idealista. De qualquer maneira, inocenta-se a sociedade: para acusá-la, restam apenas vagas considerações sobre o caráter doente da família, ou ainda, mais geralmente, sobre o modo de vida moderno. Portanto, passou-se longe do essencial: que a sociedade é esquizofrenizante no nível da sua infraestrutura, do seu modo de produção, dos seus mais precisos circuitos econômicos capitalistas; que a libido investe esse campo social, não sob uma forma em que este seria expresso e traduzido por uma família-microcosmo, mas sob a forma em que este faz passar na família seus cortes e seus fluxos não familiares, investidos como tais; que os investimentos familiares, portanto, são sempre um resultado de investimentos libidinais sociais-desejantes, os únicos primários; finalmente, que a alienação mental remete diretamente a estes investimentos e não é menos social do que a alienação social que, por sua vez, remete aos investimentos pré-conscientes de interesse.

Assim, não só não se comete falhas na correta avaliação da produção social em seu caráter patogênico, como também não se consegue avaliar corretamente, em segundo lugar, o processo esquizofrênico e sua relação com o esquizofrênico como doente. Porque a tentativa é neurotizar tudo. Sem dúvida, é assim que se entra em conformidade com a missão da família, que é a de produzir neuróticos pela sua edipianização, pelo seu sistema de impasses, pelo seu recalcamento delegado sem o qual a repressão social jamais encontraria sujeitos dóceis e resignados, nem chegaria a tapar as linhas de fuga dos fluxos. De modo algum devemos considerar que a psicanálise pretende curar a neurose, porque curar consiste, para ela, numa conversa infinita, numa resignação infinita, num acesso ao desejo pela castração!... e no estabelecimento de condições que deem ao sujeito a possibilidade de disseminar, de passar o mal a sua progenitura, em vez de morrer celibatário, impotente e masturbador. *[434]* E mais, novamente: talvez um dia se descubra que *unicamente incurável é a neurose* (donde a psicanálise interminável). Felicita-se quando se consegue transformar um esquizo em paranoico ou em neurótico. Talvez haja nisso muitos mal-entendidos, pois o esquizo é aquele que escapa a toda referência edipiana, familiar e personológica — nunca mais direi eu, nunca mais direi papai-mamãe — e ele mantém sua palavra. Ora, a questão é, primeiramente, saber se é disso que ele está doente, ou se isso é, ao contrário, o processo esquizofrênico, que não é uma doença e nem um "desmoronamento", mas uma "abertura", por mais angustiante e aventurosa que ela seja: transpor o muro ou o limite que nos separa da produção desejante, fazer passar os fluxos de desejo. A grandeza de Laing, a partir de certas intuições que permanecem ambíguas em Jaspers, foi ter sabido marcar o incrível alcance dessa viagem. De modo que não há esquizoanálise que não mescle às suas tarefas positivas a constante tarefa destrutiva de dissolver o eu dito normal. Lawrence, Miller, depois Laing souberam mostrar isso profundamente: nem o homem nem a mulher são, seguramente, personalidades bem definidas — mas vibrações, fluxos, esquizas e "entrelaçamentos".[NT] O eu remete a coordenadas personológicas das quais resulta, e as pessoas, por sua vez, remetem a coordenadas familiares — e veremos ao que o conjunto familiar remete, por sua vez, para produzir pessoas. A tarefa da esquizoanálise é desfazer incansavelmente os eus e seus pressupostos, é libertar as singularidades pré-pessoais que eles encerram e recalcam, é fazer correr os fluxos que eles seriam capazes de emi-

[NT] [O termos francês é *noeuds*: nós, laços, entrelaçamentos.]

tir, de receber ou de interceptar, de estabelecer as esquizas e os cortes cada vez mais longe e de maneira mais fina, bem abaixo das condições de identidade, de montar as máquinas desejantes que recortam cada um e o agrupam com outros. Pois cada um é um grupúsculo e deve viver assim, ou melhor, como a caixa de chá zen, quebrada e múltipla, que tem as fendas reparadas com argamassa de ouro, ou como a laje de igreja cuja fissura é sublinhada pela pintura ou pela cal (o contrário da castração, unificada, molarizada, ocultada, cicatrizada, improdutiva). A esquizoanálise tem este nome porque em todo o seu procedimento de cura ela esquizofreniza, em vez de neurotizar como a psicanálise. *[435]*

[IV.5.9. Do que está doente o esquizofrênico?]

Do que está doente o esquizofrênico, já que não é da esquizofrenia como processo? O que transforma a abertura em desmoronamento? Ao contrário, em vez de uma transformação da abertura, o que se tem é a parada forçada do processo, ou sua continuação no vazio, ou a maneira como ele é forçado a tomar-se por uma meta. Vimos, neste sentido, como a produção social produzia o esquizo doente: construído sobre fluxos descodificados que constituem sua tendência profunda ou seu limite absoluto, o capitalismo não para de contrariar essa tendência, de esconjurar esse limite, substituindo-o por limites relativos internos que ele pode reproduzir numa escala sempre maior, ou por uma axiomática dos fluxos que submete a tendência ao despotismo e à mais firme repressão. É neste sentido que a contradição se instala não só no nível dos fluxos que atravessam o campo social, mas também no nível dos seus investimentos libidinais que são partes constituintes do campo — entre a reconstrução paranoica do *Urstaat* despótico e as linhas de fuga esquizofrênicas positivas. Então, três eventualidades se delineiam: 1) Ou o processo é paralisado, o limite de produção desejante é deslocado, travestido, e passa agora ao subconjunto edipiano; então, o esquizo está efetivamente neurotizado e essa neurotização é que é sua doença, pois, de qualquer maneira, a neurotização precede a neurose que é o seu fruto. — 2) Ou então o esquizo resiste à neurotização, à edipianização. Nem a utilização dos recursos modernos, a cena analítica pura, o falo simbólico, a forclusão estrutural, o nome do pai, conseguem apanhá-lo (e, a respeito desses recursos modernos, que estranha utilização das descobertas de Lacan, ele que, ao contrário, foi o primeiro a esquizofrenizar o campo analítico...). Neste segundo caso, confrontado a uma neurotização a que resiste, mas que é o bastante para bloqueá-lo de todos os lados, o processo é levado a tomar a si próprio como fim: produz-se um psicótico, que só escapa ao recalcamento delegado propriamente dito para se refugiar no recalcamento originário, fechar sobre si o corpo sem órgãos e fazer calar as máquinas desejantes. Antes a catatonia do que a neurose, antes a catatonia do que Édipo e a castração — mas isto é ainda um efeito da neurotização, um contraefeito da única e mesma doença. — 3) Ou então, o terceiro caso: o processo se põe a girar no *[436]* vazio. Processo de desterritorialização, ele já não pode buscar e criar sua nova terra. Confrontado com a reterritorialização edipiana, terra arcaica, residual, ridiculamente restrita, ele formará terras ainda mais artificiais, que se ajeitam mal ou bem, salvo acidente, com a ordem estabelecida: o perverso. E, afinal, Édipo já era uma terra artificial, ó família! E a resistência a Édipo, o retorno ao corpo sem órgãos ainda eram uma terra artificial, ó asilo! De modo que tudo é perversão. Mas tudo é também psicose e paranoia, porque tudo é desencadeado pelo contrainvestimento do campo social que produz o psicótico. E tudo é neurose, ainda, já que é fruto da neurotização que se opõe ao processo. Por fim, tudo é processo, esquizofrenia como processo, visto que é por ela que tudo é medido: seu próprio percurso, suas paradas neuróticas, suas continuações perversas no vazio, suas finalizações psicóticas.

Já que nasce de uma aplicação de todo o campo social à figura familiar finita, Édipo implica, não um investimento qualquer desse campo pela libido, mas um investimento bem particular que torna essa aplicação possível e necessária. Eis por que Édipo nos pareceu uma ideia de paranoico antes de ser um sentimento de neurótico. Com efeito, o investimento paranoico consiste em subordinar a produção desejante molecular ao conjunto molar que ela forma sobre uma face do corpo pleno sem órgãos, sujeitando-a assim a uma forma de *socius* que exerce a função de corpo pleno em condições determinadas. O paranoico maquina massas, e não para de formar grandes conjuntos, de inventar aparelhos pesados para o enquadramento e a repressão de máquinas desejantes. Certamente, não lhe é difícil passar por racional, invocando objetivos e interesses coletivos, reformas a serem feitas, às vezes até a necessidade de fazer revoluções. Mas a loucura irrompe sob os investimentos reformistas ou sob os investimentos reacionários e fascistas, que só ganham um ar racional à luz do pré-consciente, e que animam o estranho discurso de uma organização da sociedade. Até sua linguagem é demente. Ouçam um ministro, um general, um chefe de empresa, um técnico. Ouçam o grande rumor paranoico sob o discurso da razão que fala pelos outros, em nome *[437]* dos mudos. É que, sob os objetivos e interesses pré-conscientes invocados, é erigido um investimento bem mais inconsciente, que se dirige ao corpo pleno enquanto tal, independentemente de qualquer objetivo, que se dirige a um grau de desenvolvimento enquanto tal, independentemente de qualquer razão: esse grau aí e não outro, nem mais um passo, esse *socius* aí e não outro, não perturbe. Um amor desinteressado pela máquina molar, um verdadeiro gozo, com o que isso comporta de ódio por aqueles que não se submetem a ela: é toda a libido que está em jogo. Do ponto de vista do investimento libidinal, nota-se bem que há pouca diferença entre um reformista, um fascista, às vezes até certos revolucionários, que só se distinguem de maneira pré-consciente, mas cujos investimentos inconscientes são do mesmo tipo, mesmo quando não esposam o mesmo corpo. Não podemos concordar com Maud Mannoni quando ela enxerga o primeiro ato histórico de antipsiquiatria no julgamento de 1902 pelo qual foram restauradas a liberdade e a responsabilidade do presidente Schreber, porém mantendo como reconhecidamente delirantes suas ideias.[62] Discordamos, pois é de se duvidar que o julgamento teria sido o mesmo se o presidente fosse esquizofrênico em vez de paranoico, se se tomasse por um negro ou um judeu em vez de se tomar por um ariano puro, se não tivesse mostrado tanta competência na administração dos seus bens, e se o seu delírio não fosse, para o *socius*, o teste-

---

[62] Maud Mannoni [1923-1998], *Le Psychiatre, son "fou" et la psychanalyse*, Paris, Seuil, 1970, cap. VII.

munho de um investimento libidinal já fascistizante. As máquinas sociais, tal como as máquinas de sujeição, suscitam amores incomparáveis, que não se explicam pelo interesse, pois os interesses, ao contrário, é que decorrem delas. No fundo da sociedade, o delírio, porque o delírio é o investimento do *socius* enquanto tal, para lá dos objetivos. E o amor do paranoico não aspira tão somente ao corpo do déspota, mas também ao corpo do capital-dinheiro, ou a um novo corpo revolucionário, a partir do momento em que ele é forma de potência e de gregarismo. Ser possuído por ele tanto quanto possuí-lo, maquinar os grupos sujeitados dos quais se é peças e engrenagens, introduzir a si próprio na máquina para, finalmente, conhecer o gozo dos mecanismos que esmagam o desejo.

Ora, Édipo tem o ar de uma coisa relativamente inocente, de uma determinação privada que se trata no consultório do analista. *[438]* Mas perguntamos precisamente que tipo de investimento social inconsciente é suposto por Édipo — pois não é a psicanálise que inventa Édipo; ela se contenta em viver dele, em desenvolvê-lo, em confirmá-lo, em dar-lhe uma forma médico-mercantil. Uma vez que o investimento paranoico sujeita a produção desejante a si, importa-lhe muito que o limite dessa produção seja deslocado, que passe para o interior do *socius*, como um limite entre dois conjuntos molares, o conjunto social de partida e o subconjunto familiar de chegada que supostamente lhe é correspondente, de tal maneira que o desejo seja apanhado na armadilha de um recalcamento familiar que vem duplicar a repressão social. O paranoico aplica seu delírio à família, e à sua própria família, mas é um delírio sobre as raças, os níveis, as classes, a história universal. Em suma, Édipo implica no próprio inconsciente todo um investimento reacionário e paranoico do campo social que age como fator edipianizante, e que tanto pode alimentar como contrariar os investimentos pré-conscientes. Do ponto de vista da esquizoanálise, a análise do Édipo consiste, portanto, em remontar dos sentimentos embaralhados do filho às ideias delirantes ou linhas de investimento dos pais, dos seus representantes interiorizados e dos seus substitutos: não para chegar ao conjunto de uma família, que é sempre e apenas um lugar de aplicação e de reprodução, mas às unidades sociais e políticas de investimento libidinal. De modo que toda a psicanálise familista, inclusive o psicanalista em primeiro lugar, é passível de uma esquizoanálise. A única maneira de passar o tempo no divã é para esquizoanalisar o psicanalista. Dizíamos que, em virtude da sua diferença de natureza em relação aos investimentos pré-conscientes de interesse, os investimentos inconscientes de desejo tinham a sexualidade como índice do seu próprio alcance social. Não que baste investir a mulher pobre, a empregada ou a puta para ter amores revolucionários. Não há amores revolucionários ou reacionários; isto quer dizer que os amores não se definem nem pelos seus objetos, nem pelas fontes e fins dos desejos ou das pulsões. Mas há *formas* de amor que são os índices do caráter reacionário ou revolucionário do investimento pela libido de um campo social, histórico ou geográfico, do qual os seres amados e *[439]* desejados recebem suas determinações. Édipo é uma dessas formas, índice de investimento reacionário. E as figuras bem definidas, os papéis bem identificados, as pessoas bem distintas, em suma, as imagens-modelo de que falava Lawrence, mãe, noiva, amante, esposa, santa e puta, princesa e empregada, mulher rica e mulher pobre, são dependências do Édipo, até nas suas inversões e substituições. É a própria forma dessas imagens, sua decupagem e o conjunto de suas relações possíveis que são o produto de um código ou de uma axiomática social a que a libido se dirige através delas. As pessoas são os simulacros derivados de um conjunto social cujo código é inconscientemente investido por si mesmo. Eis por que o amor e o desejo apresentam índices reacionários ou revolucionários; estes últimos surgem, ao contrário, como índices não figurativos, em que as pessoas são substituídas por fluxos descodificados de desejo, por linhas de vibração, e em que os cortes de imagens cedem lugar a esquizas que constituem pontos singulares, pontos-signos com várias dimensões que fazem passar os fluxos em vez de anulá-los. Amores não figurativos, índices de um investimento revolucionário do campo social, e que não são nem edipianos nem pré-edipianos, já que isto é a mesma coisa, mas inocentemente anedipianos, e que dão ao revolucionário o direito de dizer: "Não conheço Édipo". Desfazer a forma das pessoas e do eu, não em proveito de um indiferenciado pré-edipiano, mas em prol das linhas de singularidades anedipianas, das máquinas desejantes. Uma revolução sexual não diz respeito, certamente, nem a objetos, nem a metas, nem a fontes, mas somente à forma ou aos índices maquínicos.

[IV5.10. Quarta tese: os dois polos do investimento libidinal social]

A quarta e última tese da esquizoanálise é, pois, a distinção dos dois polos do investimento libidinal social, o polo paranoico, reacionário e fascista, e o polo esquizoide revolucionário. Voltamos a dizer que não vemos inconveniente algum em caracterizar investimentos sociais do inconsciente com termos herdados da psiquiatria, justamente porque tais termos deixam de ter uma conotação familiar que faria deles simples projeções, e porque se reconhece que o delírio tem um conteúdo social primário imediatamente adequado. Os dois polos se definem assim: *um*, pela sujeição da produção [440] e das máquinas desejantes aos grandes conjuntos gregários que elas constituem em grande escala sob tal forma de potência ou de soberania seletiva, o *outro*, pela subordinação inversa e pela subversão de potência; *um*, por estes conjuntos molares e estruturados, que esmagam as singularidades, selecionando-as e regularizando aquelas que eles retêm em códigos ou axiomáticas, o *outro*, pelas multiplicidades moleculares de singularidades que, ao contrário, tratam os grandes conjuntos como outros tantos materiais próprios para sua elaboração; *um*, por linhas de integração e territorialização que param os fluxos, que os estrangulam, que os fazem retroceder ou os recortam segundo os limites interiores ao sistema, de tal maneira que eles produzem as imagens que vêm preencher o campo de imanência próprio a esse sistema ou esse conjunto, o *outro*, por linhas de fuga que os fluxos descodificados e desterritorializados seguem, inventando os seus próprios cortes ou esquizas não figurativas que produzem novos fluxos, transpondo sempre o muro codificado ou o limite territorial que os separam da produção desejante; e, resumindo todas as determinações precedentes, *um* dos polos se define pelos grupos sujeitados, o *outro* pelos grupos sujeitos. É claro que nos deparamos ainda com uma série de problemas relativos a essas distinções. Em qual sentido o investimento esquizoide constitui, tanto quanto o outro, um investimento real do campo social histórico, e não uma simples utopia?^{NT} Em que sentido as linhas de fuga são coletivas, positivas e criativas? Qual relação os dois polos inconscientes têm um com o outro, e com os investimentos pré-conscientes de interesse?

Vimos que o investimento paranoico inconsciente incidia sobre o próprio *socius* enquanto corpo pleno sem órgãos, para além dos objetivos e interesses pré-conscientes que ele consigna e distribui. Acontece que um investimento como esse não suporta ser trazido à luz: é preciso sempre que ele se oculte sob objetivos ou interesses consignáveis e apresentados como gerais, conquanto eles só representem os da classe dominante ou da sua fração. Como é que uma formação de soberania, um conjunto gregário fixo e determinado suportariam ser investidos pela sua potência bruta, sua violência e sua absurdidade? Eles não sobreviveriam a isso. Mesmo o mais declarado fascismo fala a linguagem dos objetivos, do direito, da ordem e da razão. Mesmo o capitalismo mais demente *[441]* fala em nome da racionalidade econômica. E isso é forçoso, porque é na irracionalidade do corpo pleno que a ordem das razões está inextrincavelmente fixada, sob um código e/ou uma axiomática, que decidem a seu respeito. E mais, a exposição do investimento reacionário inconsciente, revelando-o como destituído de objetivo, bastaria para transformá-lo completamente, para fazê-lo passar para o outro polo da libido, ou seja, ao polo esquizorrevolucionário, já que ela não se faria sem subverter a potência, sem inverter a subordinação, *sem devolver a própria produção ao desejo*; porque só o desejo vive por ser sem objetivo. A produção desejante molecular reencontraria sua liberdade de, por sua vez, submeter o conjunto molar a uma forma de potência ou de soberania subvertida. Eis por que Klossowski, que foi quem mais longe levou a teoria dos dois polos de investimento, mas sempre na categoria de uma utopia ativa, pôde escrever: "Assim, toda formação soberana teria de prever o momento almejado de sua desintegração... Nenhuma formação de soberania, para que se cristalize,

---

^{NT} [A pergunta tem início com a expressão *En quel sens*; traduzi por "Em qual sentido" para evidenciar a alternativa literalmente presente nessa pergunta e não na seguinte.]

jamais suportará esta tomada de consciência: pois, desde que ela devenha consciente nos indivíduos que a compõem, estes a decompõem. Pelo desvio da ciência e da arte, o ser humano muitas vezes se insurgiu contra esta fixidez; e, não obstante essa capacidade, o impulso gregário na e pela ciência levava essa ruptura ao fracasso. No dia em que o ser humano souber comportar-se à maneira de *fenômenos desprovidos de intenção* — porque toda intenção no nível do ser humano obedece sempre à sua conservação, à sua duração —, nesse dia uma nova criatura pronunciará a integridade da existência... A ciência demonstra, pelos seus próprios procedimentos, que os *meios* que ela não para de elaborar só reproduzem, no exterior, um jogo de forças em si mesmas *sem objetivo nem fim*, cujas combinações obtêm tal ou qual resultado... Todavia, ciência alguma pôde ainda se desenvolver fora de um agrupamento social constituído. Para evitar que a ciência ponha em questão grupos sociais, estes se ocupam dela..., (integram-na) em diversas planificações industriais e sua autonomia parece propriamente inconcebível. Uma conspiração que conjugue a arte e a ciência supõe uma ruptura de todas as nossas instituições e uma subversão total dos meios de produção. Se alguma conspiração, segundo o voto de *[442]* Nietzsche, conjugasse a ciência e a arte para fins não menos suspeitos, ela seria desarticulada de antemão pela sociedade industrial por meio de uma espécie de *encenação* que delas dá essa sociedade, sob pena de sofrer efetivamente o que essa conspiração lhe reserva: o esfacelamento das estruturas institucionais que a recobrem numa pluralidade de esferas experimentais que revelariam, por fim, o rosto autêntico da modernidade — última fase da evolução das sociedades que Nietzsche previa. Nessa perspectiva, a arte e a ciência surgiriam, então, como essas formações soberanas que Nietzsche dizia serem o objeto da sua contrassociologia — a arte e a ciência estabelecendo-se como potências dominadoras, sobre as ruínas das instituições".[63]

[63] Pierre Klossowski, *Nietzsche et le cercle vicieux*, pp. 175, 202-3 e 213-4. (A oposição entre os conjuntos de gregarismo e as multiplicidades de singularidades é desenvolvida ao longo de todo o livro e depois em *La Monnaie vivante*.) [NT: As reticências, parênteses e vírgulas são aí de responsabi-

[IV.5.11. Arte e ciência]
Por que esta invocação da arte e da ciência num mundo em que os cientistas e os técnicos, e até mesmo os artistas, a própria ciência e a própria arte, estão fortemente ao serviço das soberanias estabelecidas (quanto mais não seja, pelas estruturas de financiamento)? É que a arte, assim que atinge sua própria grandeza, seu próprio gênio, cria cadeias de descodificação e de desterritorialização que instauram, que fazem funcionar máquinas desejantes. Tome-se o exemplo da escola veneziana de pintura: ao mesmo tempo que Veneza desenvolve o mais poderoso capitalismo mercantil até aos confins de um *Urstaat* que lhe deixa uma ampla autonomia, sua pintura flui, aparentemente, num código bizantino em que até as linhas e as cores se subordinam a um significante que determina sua hierarquia como uma ordem vertical. Mas, em meados do século XV, quando o capitalismo veneziano enfrenta os primeiros sinais de seu declínio, algo eclode nessa pintura: dir-se-ia que um novo mundo se abre, uma *outra* arte, em que as linhas se desterritorializam, em que as cores se descodificam, de modo que passam a remeter tão somente às relações que elas mantêm entre si e com as outras. Nasce uma organização horizontal ou transversal do quadro, com linhas de fuga ou de abertura. O corpo de Cristo é maquinado por todos os lados e de todas as maneiras, puxado de todos os lados, desempenhando o papel de corpo pleno sem órgãos, lugar de enganche para todas as máquinas *[443]* de desejo, lugar de exercícios sadomasoquistas onde ressalta a alegria do artista. Até Cristos-pederastas. Os órgãos são as potências diretas do corpo sem órgãos e emitem sobre ele fluxos que as mil feridas, como as flechas de São Sebastião, vêm cortar e recortar de modo a produzir outros fluxos. As pessoas e os órgãos deixam de ser codificados segundo investimentos coletivos hierarquizados; cada uma, cada um vale por si e faz o que lhe diz respeito: o menino Jesus olha para um lado enquanto a Virgem ouve de outro, Jesus vale por todas as crianças desejantes, a Virgem vale por todas as

lidade dos autores, pois eles extraíram os segmentos de momentos distintos do livro de Klossowski. Na tradução brasileira de *Nietzsche e o círculo vicioso*, *op. cit.* na p. *[27]*, esses momentos aparecem nas pp. 142, 166-7 e 170.]

mulheres desejantes, uma alegre atividade de profanação se estende sob esta privatização generalizada. Um Tintoretto[NT] pinta a criação do Mundo como uma corrida em distância, em que o próprio Deus, na última fila, comanda a partida, da direita para a esquerda. E de repente, surge um quadro de Lotto que também poderia ser do século XIX. Sem dúvida, essa descodificação dos fluxos de pintura, essas linhas de fuga esquizoides que formam no horizonte as máquinas desejantes são retomadas em pedaços do antigo código ou introduzidas em novos códigos e, primeiramente, numa axiomática propriamente pictural que estrangula as fugas, fecha o conjunto sobre as relações transversais entre linhas e cores, e o assenta sobre territorialidades arcaicas ou novas (por exemplo, a perspectiva). Tanto é verdade que só se pode apreender o movimento de desterritorialização como o avesso de territorialidades, ainda que residuais, artificiais ou factícias. Mas, pelo menos, algo surgiu, quebrando os códigos, desfazendo os significantes, passando sob as estruturas, fazendo passar os fluxos e operando os cortes no limite do desejo: uma abertura. Não basta dizer que o século XIX já está aí em pleno século XV porque, analogamente, poder-se-ia dizer o mesmo do século XIX e teria sido preciso dizê--lo também a respeito do código bizantino sob o qual já passavam estranhos fluxos libertados. Como vimos em relação ao pintor Joseph Turner,[NT] em relação aos seus quadros mais completos, por vezes denominados quadros "inacabados": desde que há gênio, há algo operando uma abertura, que já não é de escola alguma, de tempo algum — a arte como *processo* sem objetivo, mas que se efetua como tal.

Os códigos e seus significantes, as axiomáticas e suas estruturas, as figuras imaginárias que vêm preenchê-los, assim como as relações simbólicas que os *[444]* avaliam, constituem conjuntos molares propriamente estéticos caracterizados por objetivos, escolas e épocas que os reportam aos conjuntos sociais mais vastos que

---

[NT] [Tintoretto, *La creazione degli animali* (1550-53), que se encontra na Academia, em Veneza; ver link: www.italica.rai.it/argomenti/storia_arte/tintoretto/galleria/3.htm.]

[NT] [Ver subitem II.9.2.]

aí encontram uma aplicação, e que por toda parte submetem a arte a uma grande máquina de soberania castradora. É que, também para a arte, há um polo de investimento reacionário, uma sombria organização paranoica-edipiana-narcísica. E há um uso sujo da pintura em torno do pequeno segredo, mesmo na pintura abstrata em que a axiomática dispensa as figuras: uma pintura cuja essência secreta é escatológica, uma pintura edipianizante, mesmo quando rompe com a santa Trindade como imagem edipiana, uma pintura neurótica e neurotizante que faz do processo um objetivo, ou uma parada, uma interrupção, ou uma continuação no vazio. Essa pintura que hoje floresce, sob o usurpado nome de moderna, flor venenosa que levava um herói de Lawrence a dizer: "É como um tipo de frio assassinato... — E quem é assassinado? — São assassinadas todas as entranhas de misericórdia que se sente em si. — Talvez a besteira é que seja assassinada, besteira sentimental, caçoa o artista. — Você acha? Parece-me que esses tubos e essas vibrações de lata ondulada são mais tolos que tudo, e por demais sentimentais. A meu ver, eles mostram excessiva autocompaixão e muita vacuidade nervosa". Os cortes produtivos projetados sobre o grande corte improdutivo da castração, a captura do devir dos fluxos em forma de fluxo de lata ondulada, as aberturas tapadas por todos os lados. E talvez esteja nisso, como vimos, o valor mercantil da arte e da literatura: *uma forma de expressão* paranoica que já nem sequer tem necessidade de "significar" seus investimentos libidinais reacionários, uma vez que estes lhes servem, ao contrário, de significante: *uma forma de conteúdo* edipiana que já nem sequer tem necessidade de figurar Édipo, pois a "estrutura" lhe basta. Porém, no outro polo, esquizorrevolucionário, o valor da arte é tão somente determinado pelos fluxos descodificados e desterritorializados que ela faz passar sob um significante reduzido ao silêncio, abaixo das condições de identidade dos parâmetros, através de uma estrutura reduzida à impotência; escrita com suportes indiferentes, pneumáticos, eletrônicos ou gasosos, e que parece tanto mais difícil e intelectual aos intelectuais quanto mais acessível é aos débeis, *[445]* aos analfabetos, aos esquizos, escrita que esposa tudo o que corre e tudo o que recorta, entranhas de misericórdia que ignoram sentido e objetivo (a experiência Artaud, a experiência Burroughs).^NT É aqui que a arte chega à sua modernidade autêntica, que consiste unicamente em libertar o que já estava presente na arte de todos os tempos, mas que se encontrava oculto sob objetivos e objetos ainda que estéticos, sob as recodificações ou as axiomáticas: o puro processo que se efetua e não para de se efetuar enquanto se processa, a arte como "experimentação".[64]

E diremos o mesmo em relação à ciência: os fluxos descodificados de conhecimento estão primeiramente ligados em axiomáticas propriamente científicas, mas estas exprimem uma hesitação bipolar. Um dos polos é a grande axiomática social que retém da ciência o que deve ser retido em função das necessidades do mercado e das zonas de inovação técnica, o grande conjunto social que faz dos subconjuntos científicos outras tantas aplicações que lhe são próprias e que lhe correspondem; em suma, é o conjunto dos procedimentos que não se contentam em trazer os cientistas de volta à "razão", mas previne todo desvio de sua parte, impõe-lhes objetivos, e faz da ciência e dos cientistas uma instância perfeitamente sujeitada à formação de soberania (por exemplo, a maneira como o indeterminismo foi tolerado até certo ponto, depois ordenado a reconciliar-se com o determinismo). Mas o outro polo é o polo esquizoide, na vizinhança do qual os fluxos de conhecimento esquizofrenizam, e fogem não só através da axiomática social, mas passam através das suas próprias axiomáticas, engendrando signos cada vez mais desterritorializados, figuras-esquizas que já não são figurativas nem estruturadas, e que reproduzem ou produzem um jogo de fenômenos sem objetivo nem fim: a ciência como experi-

---

[NT] [William Seward Burroughs (1914-1997).]

[64] Ver toda a obra de John Cage [1912-1992] e o seu livro *Silence* (Middletown, Wesleyan University Press, 1961): "A palavra *experimental* pode convir, desde que a tomemos para designar não um ato destinado a ser julgado em termos de sucesso ou fracasso, mas simplesmente um ato cujo resultado é desconhecido" (p. 13). E sobre as noções ativas ou práticas de *descodificação*, de *desestruturação* e a obra como *processo*, remetemos aos excelentes comentários de Daniel Charles sobre Cage, "Musique et anarchie", *Bulletin de la Société Française de Philosophie*, julho de 1971 (note-se a violenta cólera que se apodera de alguns dos participantes na discussão, reagindo à ideia de que já não existe um código...).

mentação, no sentido definido anteriormente. Neste domínio, como em outros, não haverá um conflito *[446]* propriamente libidinal entre um elemento paranoico-edipianizante da ciência e um elemento esquizorrevolucionário? Precisamente o conflito que leva Lacan a dizer que existe um drama específico do cientista ("J. R. Mayer, Cantor, não farei aqui uma lista desses dramas que por vezes vão até à loucura..., e que, neste caso, não se poderia incluir no Édipo, a não ser para pô-lo em causa": pois, com efeito, Édipo não intervém aqui como figura familiar nem sequer como estrutura mental, mas sob as espécies de uma axiomática como fator edipianizante, de que resulta um Édipo especificamente científico).[65] E, ao canto de Lautréamont, que se eleva em torno do polo paranoico-edipiano-narcísico, *Ó matemáticas severas [...] Aritmética! álgebra! geometria! trindade grandiosa! triângulo luminoso!*,[NT] um outro canto se opõe: ó matemáticas esquizofrênicas, incontroláveis e loucas máquinas desejantes!...

[IV.5.12. A tarefa da esquizoanálise em relação aos movimentos revolucionários]

Na formação de soberania capitalista (corpo pleno do capital-dinheiro como *socius*) a grande axiomática social tem substituído os códigos territoriais e as sobrecodificações despóticas que caracterizam as formações precedentes; assim se formou um conjunto gregário, molar, cujo poder de sujeição não tem igual. Vimos sobre que bases funciona esse conjunto: todo um campo de imanência que se reproduz numa escala cada vez maior, que não para de multiplicar seus axiomas à medida das suas necessidades, que se enche de imagens e de imagens de imagens, através das quais o desejo é determinado a desejar a sua própria repressão (*imperialismo*) — uma descodificação e uma desterritorialização sem precedentes,

---

[65] Lacan, *Écrits*, p. 870. [NT: Julius Robert von Mayer (1814-1878); Georg Ferdinand Ludwig Cantor (1845-1918).]

[NT] [Conde de Lautréamont, pseudônimo de Isidore-Lucien Ducasse (1846-1870), jovem autor de *Les Chants de Maldoror*, que se tornam públicos, na íntegra, somente em 1874. Ver *Oeuvres complètes*, Paris, Lib. José Corti, 1963. O trecho citado encontra-se no canto II, estrofe 10.]

que instauram uma conjugação como sistema de relações diferenciais entre os fluxos descodificados e desterritorializados, de tal maneira que a inscrição e a repressão sociais já não têm necessidade de incidir diretamente sobre os corpos e as pessoas, mas, ao contrário, os precedem (*axiomática*, regulação e aplicação) — uma mais-valia determinada como mais-valia de fluxo, cuja extorsão não ocorre por simples diferença aritmética entre duas quantidades homogêneas e de mesmo código, mas precisamente por relações diferenciais entre grandezas heterogêneas que não são de mesma potência: fluxo de capital e fluxo de trabalho como mais-valia humana na *[447]* essência industrial do capitalismo, fluxo de financiamento e fluxo de pagamento ou de rendas na inscrição monetária do capitalismo, fluxo de mercado e fluxo de inovação como mais-valia maquínica no funcionamento comercial e bancário do capitalismo (*mais-valia* como primeiro aspecto da imanência) — uma classe dominante tanto mais impiedosa quanto menos põe a máquina a seu serviço, pois é a serva da máquina capitalista: classe única, neste sentido, que se contenta em tirar rendimentos que, por enormes que sejam, têm apenas uma diferença aritmética em relação às rendas-salários dos trabalhadores, ao passo que ela funciona mais profundamente como criadora, reguladora e guardiã do grande fluxo não apropriado, não possuído, incomensurável relativamente aos salários e aos lucros, que marca a cada instante os limites interiores do capitalismo, seu deslocamento perpétuo e sua reprodução numa escala ampliada (*jogo dos limites interiores* como segundo aspecto do campo de imanência capitalista, definido pela relação circular "grande fluxo de financiamento-refluxo das rendas salariais-afluxo do lucro bruto") — e difusão da antiprodução na produção, como realização ou absorção da mais-valia, de tal maneira que o aparelho militar, burocrático e policial se acha fundado na própria economia, que produz diretamente investimentos libidinais da repressão de desejo (*antiprodução* como terceiro aspecto da imanência, exprimindo a dupla natureza do capitalismo, produzir por produzir, mas nas condições do capital). Não há um só desses aspectos, nem a mínima operação, nem o menor mecanismo industrial ou financeiro que deixe de manifestar a demência da máquina capitalista e o caráter patológico de sua racionalidade (não falsa racionalidade, mas verdadeira racionalidade *desse* patológico, *dessa* demência, "porque a máquina funciona, estejam certos disso"). Ela não corre o risco de devir louca, pois já é louca de uma ponta a outra desde o início, e é disto que sai sua racionalidade. O humor negro de Marx, a fonte do *Capital*, é sua fascinação por uma tal máquina: como isso pôde montar-se, sobre que fundo de descodificação e de desterritorialização, como isso funciona, cada vez mais descodificada, cada vez mais desterritorializada, como isso funciona tão solidamente através da axiomática, através da conjugação de *[448]* fluxos, como isso produz a terrível classe única dos homens cinzentos que mantêm a máquina, como isso não corre o risco de morrer sozinho, mas, antes, o que faz é nos levar a morrer, suscitando até o fim investimentos de desejo que nem sequer passam por uma ideologia enganadora e subjetiva e que nos fazem gritar até o fim *Viva o capital na sua realidade, na sua dissimulação objetiva!* Nunca houve, a não ser na ideologia, capitalismo humano, liberal, paternal etc. O capital define-se por uma crueldade sem igual quando comparada com o sistema primitivo da crueldade, define-se por um terror sem igual quando comparado com regime despótico do terror. Os aumentos de salário, a melhoria do nível de vida são realidades, mas realidades que decorrem de tal ou qual axioma suplementar que o capitalismo é sempre capaz de acrescentar à sua axiomática em função de uma ampliação dos seus limites (façamos o *New Deal*, defendamos e reconheçamos sindicatos mais fortes, promovamos a participação, a classe única, venhamos a dar um passo em direção à Rússia que faz o mesmo em nossa direção etc.). Mas, na realidade ampliada que condiciona essas ilhotas, a exploração não para de endurecer, a falta é arranjada da maneira mais hábil, as soluções finais do tipo "problema judeu" são preparadas muito minuciosamente, o Terceiro Mundo[NT] é organizado como parte integrante do capitalismo. A reprodução dos limites interiores do

[NT] [A expressão "Terceiro Mundo" entrou em circulação na década de 1950, para designar os países, geralmente do hemisfério sul, não incluídos no conjunto dos países capitalistas economicamente desenvolvidos e nem no conjunto dos países ditos socialistas.]

capitalismo numa escala cada vez mais ampliada tem várias consequências: permitir no centro os aumentos e melhorias de nível, deslocar do centro para a periferia as formas mais duras de exploração, mas também multiplicar no próprio centro os enclaves de sobre-exploração, suportar facilmente as formações ditas socialistas (não é o socialismo à maneira dos *kibutz* que incomoda o Estado sionista e nem é o socialismo russo que incomoda o capitalismo mundial). Não é por metáfora que se constata isso: as fábricas são prisões, elas não se assemelham a prisões, elas o são.

Tudo está demente no sistema: é que a máquina capitalista se nutre de fluxos descodificados e desterritorializados; ela os descodifica e os desterritorializa ainda mais, mas fazendo-os passar para um aparelho axiomático que os conjuga e que, nos pontos de conjugações, produz pseudocódigos e reterritorializações artificiais. É [449] neste sentido que a axiomática capitalista não pode deixar de sempre suscitar novas territorialidades e ressuscitar novos *Urstaat* despóticos. O grande fluxo mutante do capital é pura desterritorialização, mas opera igualmente uma reterritorialização quando se converte em refluxo de meios de pagamento. O Terceiro Mundo é desterritorializado em relação ao centro do capitalismo, mas pertence ao capitalismo, do qual é uma pura territorialidade periférica. Os investimentos pré-conscientes de classe e de interesse pululam. Em primeiro lugar, os que têm interesse no capitalismo são os capitalistas. Anotamos uma tão banal constatação por uma razão: é que eles *só* têm interesse no capitalismo *por causa* do abocanhamento dos lucros que tiram disso, e que, por enormes que sejam, não definem o capitalismo. E, em relação ao que define o capitalismo, ao que condiciona o lucro, eles têm um investimento de desejo de natureza totalmente distinta, libidinal-inconsciente, que não se explica simplesmente pelos lucros condicionados, mas que, ao contrário, explica que um pequeno capitalista, sem grandes lucros nem esperanças, mantenha integralmente o conjunto dos seus investimentos: a libido para o grande fluxo não convertível enquanto tal, não apropriado como tal, "não posse e não riqueza" — como diz Bernard Schmitt que, entre os economistas modernos, tem para nós a incomparável vantagem de dar uma interpretação delirante de um sistema econômico exatamente delirante (pelo menos, ele vai até o fim). Em suma, uma libido verdadeiramente inconsciente, um amor desinteressado: esta máquina é formidável. Desta maneira, e sempre a partir da constatação tautológica feita há pouco, compreende-se que homens, cujos investimentos pré-conscientes de interesse não vão ou não deveriam ir no sentido do capitalismo, mantenham um investimento libidinal inconsciente conforme ao capitalismo, ou que não o ameace. Seja, num primeiro caso, porque acantonam, localizam seu interesse pré-consciente no aumento de salário e na melhoria do nível de vida; sabendo-se que há potentes organizações que os representam e que devêm más assim que se põe em questão a natureza das metas ("Vê-se bem que vocês não são operários, que não fazem ideia alguma do que são lutas reais, ataquemos os lucros para uma melhor gestão do sistema, votem por uma Paris limpa, seja bem-vindo, senhor Brejnev").NT E, com efeito, como alguém não encontraria [450] seu interesse no buraco que ele próprio cavou no seio do sistema capitalista? Seja, num segundo caso, porque há, verdadeiramente, investimento de interesse novo, de novas metas, que supõem um corpo distinto do capital-dinheiro, caso de explorados tomando consciência do seu interesse pré-consciente, que é verdadeiramente revolucionário, grande corte *do ponto de vista do pré-consciente*. Mas não basta que a libido invista um novo corpo social correspondente a essas novas metas para que que ela opere, no nível do inconsciente, um corte revolucionário que teria o mesmo modo que o do pré-consciente. É precisamente isto, os dois níveis não têm o mesmo modo. O novo *socius* investido como corpo pleno pela libido pode muito bem funcionar como uma territorialidade autônoma, mas presa e encravada na máquina capitalista e localizável no campo do seu mercado. Porque o grande fluxo do capital mutante repele seus limites, acrescenta novos axiomas, mantém o desejo no quadro móvel dos seus limites ampliados. Pode haver

NT [A respeito da autoria dessa passagem posta entre aspas, agradeço ao prof. David Lapoujade pelo seguinte esclarecimento: "as aspas não remetem a uma citação real; trata-se de um modelo de citação, *de uma citação fictícia*, s*tandard*, inventada segundo as palavras de ordem da época". Leonid Brejnev (1906-1982) foi o chefe de Estado soviético de 1964 até sua morte.]

um corte revolucionário pré-consciente sem corte revolucionário libidinal e inconsciente real. Ou melhor, a ordem das coisas é a seguinte: primeiramente, há corte revolucionário libidinal real que, a seguir, desliza para um simples corte revolucionário de metas e de interesses e que, finalmente, volta a formar uma reterritorialidade apenas específica, um corpo específico sobre o corpo pleno do capital. Os grupos sujeitados não param de derivar de grupos sujeitos revolucionários. Mais um axioma. Não é mais complicado do que a pintura abstrata. Tudo começa com Marx, prossegue com Lênin, e acaba no "seja bem-vindo, senhor Brejnev". Serão ainda revolucionários a falarem com um revolucionário, ou uma aldeia que exige a vinda de um novo prefeito? E se perguntamos quando isso começou a ir mal, até onde é preciso recuar, até Lênin, até Marx? Tanto são os investimentos diversos e opostos que podem coexistir em complexos que não os de Édipo, mas que dizem respeito ao campo social histórico, aos seus conflitos e suas contradições pré-conscientes e inconscientes, e de que se pode apenas dizer que se assentam sobre Édipo, Marx-pai, Lênin-pai, Brejnev-pai. Cada vez menos gente acredita nisso, mas isto não tem importância, já que o capitalismo é como a religião cristã, *[451]* vive precisamente da falta de crença, não tem necessidade dela — pintura matizada de tudo aquilo em que já se acreditou.

Mas eis que o inverso é também verdadeiro: o capitalismo não para de fugir por todas as pontas. Suas produções, sua arte, sua ciência formam fluxos descodificados e desterritorializados que não operam somente por submissão à axiomática correspondente, mas que fazem passar algumas das suas correntes através das malhas da axiomática, por baixo das recodificações e reterritorializações. Por sua vez, grupos sujeitos derivam por ruptura de grupos sujeitados. O capitalismo não para de estrangular os fluxos, de cortá-los e de adiar o corte, mas estes não param de se difundir e de se cortar a si próprios segundo esquizas que se voltam contra o capitalismo, e nele se entalham. Sempre apto a ampliar seus limites interiores, o capitalismo continua ameaçado por um limite exterior que pode tanto mais advir a ele e fendê-lo por dentro quanto mais se ampliam os limites interiores. Eis por que as linhas de fuga são singularmente criadoras e positivas: elas constituem um investimento do campo social tão completo e total quanto o investimento contrário. O investimento paranoico e o investimento esquizoide são como que dois polos opostos do investimento libidinal inconsciente: um deles subordina a produção desejante à formação de soberania e ao conjunto gregário que daí decorre; o outro efetua a subordinação inversa, subverte a potência e submete o conjunto gregário às multiplicidades moleculares das produções de desejo. E se é verdade que o delírio é coextensivo ao campo social, vê-se que os dois polos coexistem em todo delírio, e que fragmentos de investimento esquizoide revolucionário coincidem com blocos de investimento paranoico reacionário. A oscilação entre os dois polos é mesmo constitutiva do delírio. Todavia, parece que a oscilação não é igual e que o polo esquizoide é sobretudo potencial em relação ao polo paranoico atual (como contar com a arte e com a ciência a não ser como potencialidades, visto que sua própria atualidade é facilmente controlada pelas formações de soberania?). É que os dois polos de investimento libidinal inconsciente não têm, com os investimentos pré-conscientes de interesse, a mesma relação e nem a mesma forma de relação. *[452]* Por um lado, com efeito, o investimento de interesse oculta fundamentalmente o investimento paranoico de desejo, e o reforça tanto quanto o oculta: ele recobre seu caráter irracional com uma ordem existente de interesses, de causas e de meios, de metas e de razões; ou então, ele próprio suscita e cria esses interesses que racionalizam o investimento paranoico; ou, ainda muito mais, um investimento pré-consciente efetivamente revolucionário mantém integralmente um investimento paranoico no nível da libido, enquanto o novo *socius* continua a submeter a si toda a produção de desejo em nome de interesses superiores da revolução e de encadeamentos inevitáveis da causalidade. No outro caso, ao contrário, é preciso que o interesse pré-consciente descubra a necessidade de um investimento de outra espécie, e que ele opere um tipo de ruptura de causalidade como um questionamento de metas e de interesses. É que o problema não é o mesmo: não basta construir um novo *socius* como corpo pleno, pois se trata de passar à outra face desse corpo pleno social, a face em que se exercem e se inscrevem as formações moleculares de desejo que devem sujeitar a si o novo conjunto molar. É somente aí que se atinge o corte e o investimento revolucionário inconsciente da libido. Ora, isto só pode ser feito às expensas e em proveito de uma ruptura de causalidade. O desejo é um exílio, o desejo é um deserto que atravessa o corpo sem órgãos, e nos faz passar de uma das suas faces à outra. Ele nunca é um exílio individual, ele nunca é um deserto pessoal, mas um exílio e um deserto coletivos. É muito evidente que a sorte da revolução está unicamente ligada ao interesse das massas exploradas e dominadas. Mas o problema está na natureza desse liame: como liame causal determinado ou como ligação de um outro tipo. Trata-se de saber como se realiza um potencial revolucionário em sua própria relação com as massas exploradas ou com os "elos mais frágeis" de um dado sistema. Aquelas ou estes agirão em seu devido lugar, na ordem das causas e das metas que promovem um novo *socius* ou, ao contrário, serão o lugar e o agente de uma irrupção súbita e inesperada, irrupção de desejo que rompe com as causas e as metas e que leva o *socius* a voltar-se sobre sua outra face? Nos grupos sujeitados, o desejo se define ainda por uma ordem de causas e *[453]* de metas, e ele próprio tece todo um sistema de relações macroscópicas que determinam os grandes conjuntos sob uma formação de soberania. Os grupos sujeitos, ao contrário, têm como única causa uma ruptura de causalidade, uma linha de fuga revolucionária; e embora se possa e se deva assinalar nas séries causais os fatores objetivos que tornaram possível tal ruptura, como os elos mais frágeis, só o que é da ordem do desejo e de sua irrupção dá conta da realidade que ela toma em tal momento, em tal lugar.[66] Vê-se bem como tudo pode coexistir e se misturar: no "corte leninista", quando o grupo bolchevique, ou pelo menos uma parte desse grupo, se dá conta da possibilidade imediata de uma revolução proletária que não seguiria a prevista ordem causal das relações de forças, mas que precipitaria singularmente as coisas, entranhando-se por uma brecha (a fuga ou o "derrotismo revolucionário"); na verdade, tudo coexiste: investimentos pré-conscientes ainda hesi-

---

[66] Sobre a análise dos grupos-sujeitos, as suas relações com o desejo e a causalidade, ver Jean-Paul Sartre, *Critique de la raison dialectique*, Paris, Gallimard, 1960.

tantes em alguns que não acreditam nesta possibilidade, investimentos pré-conscientes revolucionários nos que "veem" a possibilidade de um novo *socius*, mas que o mantêm numa ordem de causalidade molar que já faz do partido uma nova forma de soberania, e, por fim, investimentos revolucionários inconscientes que operam uma verdadeira ruptura de causalidade na ordem do desejo. E nos mesmos homens podem coexistir num dado momento os mais diversos tipos de investimentos; os dois tipos de grupos podem interpenetrar-se. É que os dois grupos são como o determinismo e a liberdade em Kant: têm, efetivamente, o mesmo "objeto" e produção social é sempre a produção desejante, e inversamente, mas não têm a mesma lei e nem o mesmo regime. A atualização de uma potencialidade revolucionária explica-se menos pelo estado de causalidade pré-consciente, no qual, todavia, ela está compreendida, do que pela efetividade de um corte libidinal num momento preciso, esquiza cuja única causa é o desejo, isto é, a ruptura de causalidade que força a reescrever a história no próprio real e produz esse momento estranhamente *[454]* plurívoco em que tudo é possível. Seguramente, a esquiza foi preparada por um trabalho subterrâneo de causas, de metas e de interesses; seguramente, há o risco de que essa ordem das causas se feche, oblitere a brecha em nome do novo *socius* e dos seus interesses. Seguramente, depois se pode sempre dizer que a história nunca deixou de ser regida pelas mesmas leis de conjunto e de grandes números. Acontece, porém, que a esquiza só adveio à existência por um desejo que, sem meta e sem causa, a traçava e a esposava. Embora impossível sem a ordem das causas, a esquiza só devém real por algo que é de uma outra ordem: o Desejo, o desejo-deserto, o investimento de desejo revolucionário. E é seguramente isto que mina o capitalismo: de onde virá a revolução, e sob que forma, *nas* massas exploradas, ela virá? É como a morte: onde, quando? Um fluxo descodificado, desterritorializado, que corre demasiado longe, que corta fino demais e que escapa à axiomática do capitalismo. E o quê, no horizonte? um Castro,[NT] um árabe, um Black Panther, um chinês? Um Maio de 68, um maoísta do interior plantado como

[NT] [Fidel Alejandro Castro Ruz (1926).]

um anacoreta numa chaminé de fábrica? Acrescentar sempre um axioma para tapar a brecha precedente, os coronéis fascistas começam a ler Mao, nunca mais nos deixaremos apanhar, Castro deveio impossível, mesmo em relação a si próprio, isolam-se os vacúolos, formam-se guetos, pede-se ajuda aos sindicatos, inventam-se as formas mais sinistras da "dissuasão", reforça-se a repressão de interesse — mas de onde virá a nova irrupção de desejo?[67]

[IV.5.13. Relação da esquizoanálise com a política e com a psicanálise][NT]

Aqueles que nos leram até aqui teriam talvez muitas censuras a nos fazer: acreditar em demasia nas puras potencialidades da arte e até da ciência; negar ou minimizar o papel das classes e da luta de classes; militar por um irracionalismo do desejo; identificar o revolucionário com o esquizo; cair em todas estas conhecidas armadilhas, demasiado conhecidas. Isto seria uma má leitura — e não sabemos o que é pior: se uma má leitura ou se leitura alguma. Seguramente, há outras censuras bem mais graves, nas quais não pensamos. Mas, em relação às precedentes, dizemos, em primeiro lugar, que a arte e a ciência têm uma potencialidade revolucionária e nada mais, e que *[455]* esta potencialidade aparece tanto mais quanto menos se pergunta pelo que elas querem dizer do ponto de vista de significados, ou de um significante, forçosamente reservados aos especialistas; mas elas fazem passar pelo *socius* fluxos cada vez mais descodificados e desterritorializados, fluxos sensíveis a todo mundo, que forçam a axiomática social a complicar-se cada vez mais, a saturar-se ainda mais, a tal ponto que o artista e o cientista podem ser determinados a se juntarem a uma situação objetiva revolucionária como reação às planificações autoritárias de um Estado essencialmente incompetente e sobretudo castrador (pois o Estado impõe um Édipo propriamente artístico, um Édipo propriamente científico). Em segundo lugar, de modo algum minimizamos

---

[67] André Glucksmann analisou a natureza desta axiomática especial e contrarrevolucionária em "Le Discours de la guerre", *L'Herne*, 1967.

[NT] [O título deste subitem não consta no "Índice das matérias" do original francês. Ele foi retirado de uma pergunta presente na p. *[456]*.]

a importância dos investimentos pré-conscientes de classe e de interesse que se fundam na própria infraestrutura; porém, a importância que atribuímos a eles é tanto maior quanto mais eles sejam, na infraestrutura, o índice de investimentos libidinais de outra natureza, que podem conciliar-se ou estar em contrariedade com eles. Isto é tão somente uma maneira de levantar a questão: "como a revolução pode ser traída?", sabendo-se que as traições não esperam, mas estão presentes desde o início (permanência de investimentos paranoicos inconscientes nos grupos revolucionários). E se invocamos o desejo como instância revolucionária, é porque acreditamos que a sociedade capitalista pode suportar muitas manifestações de interesse, mas nenhuma manifestação de desejo, que seria suficiente para explodir suas estruturas de base, mesmo no nível da escola maternal. Acreditamos no desejo como no irracional de toda racionalidade, e não porque ele seja falta, sede ou aspiração, mas porque é produção de desejo e desejo que produz, real-desejo ou real em si mesmo. Finalmente, de modo algum pensamos que o revolucionário seja esquizofrênico, ou o inverso. Ao contrário, não paramos de distinguir o esquizofrênico como entidade e a esquizofrenia como processo; ora, aquele só pode definir-se em relação às paradas, às continuações no vazio ou às ilusões finalistas que a repressão impõe ao próprio processo. Eis por que falamos apenas num polo esquizoide no investimento libidinal do campo social, para evitar tanto quanto possível a confusão do processo esquizofrênico com a produção de um esquizofrênico. O processo esquizofrênico (polo esquizoide) *[456]* é revolucionário, precisamente no mesmo sentido em que o procedimento paranoico é reacionário e fascista; e, desembaraçadas de todo familismo, não são essas categorias psiquiátricas que devem nos levar a compreender as determinações econômico-políticas, mas exatamente o contrário.

Além disso, e sobretudo, não procuramos esquivar-nos a nada quando dissemos que a esquizoanálise, *enquanto tal*, não tem estritamente programa político algum a propor. Se ela tivesse algum, seria ao mesmo tempo grotesco e inquietante. Ela não se toma por um partido, nem sequer por um grupo, e não pretende falar em nome das massas. Não cabe elaborar um programa político no quadro da esquizoanálise. Esta não é algo que pretenda falar em nome de quem quer que seja, nem mesmo e sobretudo não em nome da psicanálise: apenas impressões, a impressão que a coisa vai mal na psicanálise, e que isso vai mal desde o início. Somos ainda demasiado competentes, e gostaríamos de falar em nome de uma incompetência absoluta. Alguém nos perguntou se já tínhamos visto um esquizofrênico; não e não, nunca vimos. Se alguém acha que isso vai bem na psicanálise, não é para ele que falamos e para ele retiramos tudo o que dissemos. Então, qual é a relação da esquizoanálise com a política, de um lado, e com a psicanálise, de outro? Tudo gira em torno das máquinas desejantes e da produção de desejo. A esquizoanálise enquanto tal não estabelece o problema da natureza do *socius* que deve sair da revolução; de modo algum ela pretende valer pela própria revolução. Dado um *socius*, ela somente pergunta pelo lugar que ele reserva à produção desejante, que papel motor o desejo tem nele, sob que formas nele se faz a conciliação do regime da produção desejante e do regime da produção social, uma vez que, de toda maneira, é a mesma produção, mas sob dois regimes diferentes; ela pergunta, portanto, se nesse *socius* como corpo pleno há possibilidade de passar de uma face a uma outra, ou seja, da face em que se organizam os conjuntos molares de produção social a esta outra face não menos coletiva em que se formam as multiplicidades moleculares de produção desejante; pergunta se um tal *socius* pode, e até que ponto, suportar a subversão de potência que faz com que a produção desejante *[457]* sujeite a si a produção social sem contudo destruí-la, visto que é a mesma produção sob diferença de regime; pergunta se há, e como, formação de grupos sujeitos etc. E se nos responderem que nos amparamos nos famosos direitos à preguiça, ou à improdutividade, ou à produção de sonhos e de fantasmas, ficamos muito contentes uma vez mais, porque nunca deixamos de dizer o contrário, ou seja, que a produção desejante produz real, e que o desejo tem muito pouco a ver com o fantasma e com o sonho. Ao contrário de Reich, a esquizoanálise não faz distinção alguma de natureza entre a economia política e a economia libidinal. Ela somente pergunta pelos índices maquínicos, sociais e técnicos que, num *socius*, abrem-se às máquinas desejantes, que entram nas peças, engrenagens e motores destas tanto quanto elas fazem com que estas entrem em suas próprias peças, engrenagens e motores. Cada um sabe que um esquizo é uma máquina; todos os esquizos o dizem, e não apenas o pequeno Joey. A questão é saber se os esquizofrênicos são as máquinas vivas de um trabalho morto, que assim se opõem às máquinas mortas de um trabalho vivo, tal como é organizado no capitalismo. Ou se, ao contrário, as máquinas desejantes, técnicas e sociais, se esposam num processo de produção esquizofrênica que, se assim for, deixa de produzir esquizofrênicos. Consideremos o que Maud Mannoni escreve em sua *Carta aos ministros*: "Um destes adolescentes dado como inapto para os estudos tem seguido com muito bom aproveitamento o terceiro ano, desde que se dedique à mecânica. A mecânica apaixona-o. O garagista foi quem melhor o soube tratar. Se lhe tirarmos a mecânica, voltará a ser esquizofrênico". Ao escrever isto, sua intenção não foi promover a ergoterapia, nem as virtudes da adaptação social. A carta marca o ponto em que a máquina social, a máquina técnica e a máquina desejante se esposam estreitamente e levam seus regimes a se comunicar. Ela pergunta se esta sociedade é capaz disso, e o que ela vale se não for capaz disso. É precisamente este o sentido das máquinas sociais, técnicas, científicas, artísticas, quando são revolucionárias: formar máquinas desejantes de que já são o índice nos seus regimes próprios, ao mesmo tempo que as máquinas desejantes as formam no regime que é o seu e como posição de desejo. *[458]*

Qual é, afinal, a oposição da esquizoanálise à psicanálise, no conjunto das suas tarefas negativas e positivas? Não paramos de opor dois tipos de inconsciente ou duas interpretações do inconsciente: uma, esquizoanalítica, a outra, psicanalítica; uma, esquizofrênica, a outra, neurótico-edipiana; uma, abstrata e não figurativa, a outra, imaginária; além disso, consideramos uma realmente concreta, e a outra simbólica; uma, maquínica, e a outra, estrutural; uma molecular, micropsíquica e micrológica, a outra molar e estatística; uma material, a outra ideológica; uma produtiva, e a outra expressiva. Vimos como a tarefa negativa da esquizoanálise devia ser violenta, brutal: desfamiliarizar, desedipianizar, descastrar, desfalicizar, destruir teatro, sonho e fantasma, descodificar, desterritorializar — uma espantosa curetagem, uma atividade maldosa. Mas trata-se de fazer tudo ao mesmo tempo, pois é ao mesmo tempo que o processo se liberta, processo da produção desejante seguindo suas linhas de fuga moleculares que já definem a tarefa mecânica do esquizoanalista. E as linhas de fuga são ainda plenos investimentos molares ou sociais que atingem o campo social inteiro: de modo que a tarefa da esquizoanálise é, finalmente, descobrir em cada caso a natureza dos investimentos libidinais do campo social, seus conflitos possíveis interiores, suas relações com os investimentos pré-conscientes do mesmo campo, seus possíveis conflitos com estes, em suma, o jogo todo das máquinas desejantes e da repressão de desejo. Efetuar o processo, e não estancá-lo, não fazê-lo girar no vazio, não lhe dar uma meta. Nunca se irá suficientemente longe na desterritorialização, na descodificação dos fluxos, pois a nova terra ("Na verdade a terra devirá um dia um lugar de cura")[NT] não está nas reterritorializações neuróticas ou perversas que estancam o processo ou que lhe fixam metas, não está nem atrás nem adiante; ela coincide com a efetuação do processo da produção desejante, esse processo que já se acha sempre efetuado enquanto procede, e tanto quanto procede. Resta-nos, portanto, ver como procedem efetivamente, simultaneamente, essas diversas tarefas da esquizoanálise.

[NT] [Traduzo a frase de Nietzsche: "*Wahrlich, eine Stätte der Genesung soll noch die Erde werden!*" — presente em *Also sprach Zarathustra* (1884), Sämtliche Werke, 1980, vol. 4, parte I ("Discursos de Zaratustra"), 22º discurso ("Da virtude que dá"), § 2, p. 101 — a partir da versão francesa adotada por Deleuze e Guattari: "*En vérité, la terre deviendra un jour un lieu de guérison*". Exceto a ausência do ponto de exclamação, essa versão escolhida pelos autores coincide com aquela presente na antiga tradução francesa feita por Henri Albert (1868-1921): *Ainsi parlait Zarathoustra*, Bruxelas, Sociéte du Mercure de France (1898), 8ª ed., 1903, p. 108: "*En vérité, [...] guérison!*". Embora pequenas (mas não certamente insignificantes), há também variações em traduções brasileiras. Por exemplo: "Em verdade, um lugar de cura ainda deverá tornar-se a terra!" (tradução de Mário da Silva em Nietzsche, *Assim falou Zaratustra, op. cit.*, p. 105 (ver NT apensa à nota 110 dos autores, p. *[317]*). Ou então: "Em verdade, um lugar de convalescença há de tornar-se ainda a terra!" (tradução de Rubens Rodrigues Torres Filho, em *Nietzsche*, coleção Os Pensadores, São Paulo, Abril Cultural, 1978, p. 234).]

Apêndice
BALANÇO-PROGRAMA
PARA MÁQUINAS DESEJANTES[NT]
[463]

1. *Diferenças relativas entre as máquinas desejantes e os gadgets; e os fantasmas ou sistemas projetivos imaginários; e as ferramentas ou sistemas projetivos reais; e as máquinas perversas que, no entanto, nos põem no caminho das máquinas desejantes*

As máquinas desejantes nada têm a ver com os *gadgets*,[NT] nem com pequenas invenções do tipo concurso Lépine,[NT] nem com fantasmas. Ou melhor, elas têm a ver, mas em sentido inverso, porque os *gadgets*, as descobertas e os fantasmas são resíduos de máquinas desejantes submetidas a leis específicas do mercado exterior do capitalismo ou do mercado interior da psicanálise (cabe ao "contrato" psicanalítico reduzir os estados vividos do paciente, traduzi-los em fantasmas). As máquinas desejantes não se deixam reduzir à adaptação de máquinas reais ou de fragmentos de máquinas reais com funcionamento simbólico, nem ao sonho de má-

---

[NT] [Na edição francesa, as páginas *[459-61]* apresentam um "Índice de nomes próprios". Ampliado, este aparece agora como "Índice onomástico" situado no final deste volume e abarcando a totalidade do livro. O presente apêndice, "Bilan-programme pour machines désirantes", foi publicado pela primeira vez na revista *Minuit* (n° 2, Paris, jan. 1973, pp. 1-25) e incorporado ao livro a partir de sua 2ª edição (*"nouvelle édition augmentée"*).]

[NT] [*Gadgets*: termo inglês que designa pequeno objeto ou aparelho engenhoso que constitui uma novidade.]

[NT] [*Concours Lépine*: o Concurso Lépine foi criado em 1901 por Louis Jean-Baptiste Lépine (1846-1933) para recompensar pequenos fabricantes que inventavam joguetes ou quinquilharias. Diz-se que mais tarde o concurso buscou recompensar também inventores originais.]

quinas fantásticas com funcionamento imaginário. Num caso como noutro, assiste-se à conversão de um elemento de produção num mecanismo de consumo individual (os fantasmas como consumo psíquico ou amamentação psicanalítica). Sem dúvida, a psicanálise está à vontade com os *gadgets* e com os fantasmas, podendo desenvolver aí todas as suas obsessões edipianas castradoras. Mas isso nada nos diz de importante sobre a máquina e sua relação com o desejo.

A imaginação artística e literária concebe numerosas máquinas absurdas: seja por indeterminação do [464] motor ou da fonte de energia, seja pela impossibilidade física da organização das peças trabalhadoras, seja pela impossibilidade lógica do mecanismo de transmissão. Por exemplo, o *Dancer/Danger* de Man Ray,[NT] subtitulado "a impossibilidade", apresenta dois graus de absurdidade: nem os grupos de rodas dentadas e nem a grande roda de transmissão podem funcionar. Supondo que esta máquina represente o rodopio do dançarino espanhol, podemos dizer: ela traduz mecanicamente, por absurdo, a impossibilidade de uma máquina efetuar por si um tal movimento (o dançarino não é uma máquina). Mas podemos também dizer: deve haver aí um dançarino como peça de máquina; esta peça de máquina só pode ser um dançarino; eis a máquina de que o dançarino é uma peça. Já não se trata de confrontar o homem e a máquina para avaliar as correspondências, os prolongamentos, as substituições possíveis ou impossíveis entre ambos, mas de levá-los a comunicar entre si para mostrar como o homem *compõe peça com* a máquina, ou compõe peça com outra coisa para constituir uma máquina. A outra coisa pode ser uma ferramenta, ou mesmo um animal, ou outros homens. Portanto, não é por metáfora que falamos de máquina: o homem *compõe máquina* desde que esse caráter seja comunicado por recorrência ao conjunto de que ele faz parte em condições bem determinadas. O conjunto homem-cavalo-arco forma uma máquina guerreira nômade nas condições da estepe. Os homens formam uma máquina de trabalho nas condições burocráticas dos grandes impérios. O

[NT] [Man Ray, pseudônimo de Emmanuel Rudnitzky (1890-1976). *Dancer/Danger*: em francês, "Dançar/Perigo"; em inglês, "Dançarino/Perigo".]

Man Ray, *Dancer/Danger* (*L'Impossibilité*), 1920, *assemblage*, 61 × 35 cm.

soldado de infantaria grego compõe máquina com suas armas nas condições da falange. O dançarino compõe máquina com a pista nas condições perigosas do amor e da morte... Não foi de um emprego metafórico da palavra máquina que partimos, mas de uma hipótese (confusa) sobre a origem: a maneira como elementos quaisquer são determinados a compor máquinas *por recorrência e comunicação*; a existência de um "*phylum* maquínico".[NT] A ergonomia[NT] aproxima-se deste ponto de vista quando levanta o problema geral, não mais em termos de adaptação ou de substituição — adaptação do homem à máquina e da máquina ao homem —, mas em termos de comunicação recorrente[NT] *[465]* em sistemas homens-máquinas. É verdade que no próprio momento em que acredita ater-se, assim, a uma abordagem puramente tecnológica, ela levanta problemas de poder, de opressão, de revolução e de desejo, com um vigor involuntário infinitamente maior do que nas abordagens adaptativas.

Há um esquema clássico inspirado pela ferramenta: a ferramenta como prolongamento e projeção do ser vivo, operação pela qual o homem se desprende progressivamente, evolução da ferramenta à máquina, subversão pela qual a máquina se torna cada vez mais independente do homem... Mas este esquema tem muitos inconvenientes. Ele não nos propicia meio algum para apreendermos a realidade das máquinas desejantes e sua presença em todo este percurso. É um esquema biológico e evolutivo que determina

---

[NT] [Embora o termo *phylum* leve a pensar em procedimentos empregados em classificações biológicas relacionadas à evolução, é preciso mantê-lo como indicador de conexões maquínicas irredutíveis a uma perspectiva evolucionista.]

[NT] [Ergonomia: disciplina que procura entender interações entre seres humanos e outros elementos de um sistema. Sua finalidade é ligar bem-estar humano e desempenho geral de um sistema.]

[NT] [Entre as pp. *[464]* e *[465]*, o original francês intercala duas páginas não numeradas; na primeira aparece a imagem da referida obra de Man Ray *Dancer/Danger* (*L'Impossibilité*), aqui reproduzida na p. 509; na segunda, dois desenhos de Rube Goldberg (1883-1970): "*You Sap, Mail That Letter*" e "*Simple Reducing Machine*", aqui reproduzidos na p. 525.]

a máquina como algo que sobrevém a tal momento numa linhagem mecânica que começa com a ferramenta. É humanista e abstrato, isola as forças produtivas das condições sociais do seu exercício, invoca uma dimensão homem-natureza comum a todas as formas sociais a que são atribuídas, assim, relações de evolução. É imaginário, fantasmático, solipsista, mesmo quando se aplica a ferramentas reais, a máquinas reais, porque se baseia totalmente na hipótese da projeção (por exemplo, Géza Roheim, que adota este esquema, mostra bem a analogia entre a projeção física das ferramentas e a projeção psíquica dos fantasmas).[1] Nós acreditamos, ao contrário, que é preciso estabelecer *desde o início* a diferença de natureza entre a ferramenta e a máquina: uma como agente de contato, a outra como fator de comunicação; uma como projetiva e a outra como recorrente; uma reportando-se ao possível e ao impossível, a outra à probabilidade de um menos-provável; uma operando por síntese funcional de um todo, a outra por distinção real num conjunto. Compor peça com qualquer coisa é muito diferente de prolongar-se ou projetar-se, ou de fazer-se substituir (caso em que não há comunicação). Pierre Auger mostra que há máquina desde que haja comunicação de duas porções *[466]* do mundo exterior realmente distintas num sistema possível embora menos provável.[2] Uma mesma coisa pode ser ferramenta ou máquina, conforme o "*phylum* maquínico" se apodere dela ou não, passe ou não por ela: as armas dos hoplitas existem como ferramentas desde uma alta antiguidade, mas devêm peças de uma máquina *com* os homens que as manejam, nas condições da falange e da cidade grega. Quando se reporta a ferramenta ao homem, em conformidade com o esquema tradicional, elimina-se toda possibilidade de compreender como o homem *e* a ferramenta *devêm ou já são* peças distintas da máquina em relação a uma instância efetivamente maquinizante. Acreditamos também que há sempre máquinas que precedem as ferramentas, que há sempre *phylums* que

[1] Géza Roheim, *Psychanalyse et anthropologie*, tradução francesa, Paris, Gallimard, s/d, pp. 190-2.

[2] Pierre Auger, *L'Homme microscopique*, Paris, Flammarion, s/d, p. 138.

determinam num dado momento que ferramentas, que homens, entram como peças de máquina no sistema social considerado.

As máquinas desejantes não são nem projeções imaginárias em forma de fantasmas, nem projeções reais em forma de ferramentas. Todo o sistema de projeções deriva das máquinas, e não o inverso. Então, definiremos a máquina desejante por uma espécie de introjeção, por uma certa utilização perversa da máquina? Tomemos o exemplo secreto da Rede: quando ligamos para um número de telefone errado, e a operadora responde com a mensagem gravada "este número não existe...", podemos ouvir a sobreposição de um conjunto de vozes formigantes, chamando-se ou respondendo-se entre si, entrecruzando-se, perdendo-se, passando acima, abaixo, no interior do aparelho automático de resposta, mensagens muito curtas, enunciadas segundo códigos rápidos e monótonos. Há o Tigre, e até se diz que há um Édipo na rede; rapazes telefonam a moças, rapazes telefonam a rapazes. Reconhece-se facilmente a própria forma das sociedades perversas artificiais, ou sociedade de Desconhecidos: um processo de reterritorialização liga-se a um *movimento de desterritorialização assegurado pela máquina* (os grupos privados de radioamadores ou de operadores de rádios livres apresentam a mesma estrutura perversa). É certo que as *[467]* instituições públicas não veem inconveniente algum nesses benefícios secundários de uma utilização privada da máquina, nesses fenômenos de margem ou de interferência. Porém, ao mesmo tempo, há algo mais do que uma simples subjetividade perversa, mesmo que de grupo. Por mais que o telefone normal seja uma máquina de comunicação, funciona como uma ferramenta, porque serve para projetar ou prolongar vozes que como tais não fazem parte da máquina. Mas aqui a comunicação atinge um grau superior, dado que as vozes compõem uma peça com a máquina, devêm peças da máquina, distribuídas e ventiladas aleatoriamente pelo aparelho automático de resposta. O menos provável se constrói sobre um fundo de entropia do conjunto das vozes que se anulam. É deste ponto de vista que não há somente utilização ou adaptação perversa de uma máquina social técnica, mas sobreposição de uma verdadeira máquina desejante objetiva, construção de uma máquina desejante no seio da máquina social técnica. Pode acontecer que as máquinas desejantes nasçam assim nas margens artificiais de uma sociedade, se bem que elas se desenvolvam de maneira totalmente distinta e não se assemelhem às formas do seu nascimento.

Comentando este fenômeno da Rede telefônica, Jean Nadal escreve: "Creio que é a máquina desejante mais bem-sucedida e a mais completa que conheço. Ela contém tudo: nela o desejo funciona livremente, sobre o fator erótico da voz como objeto parcial, no acaso e na multiplicidade, e liga-se a um fluxo que se irradia pelo conjunto de um campo social de comunicação, através da expansão ilimitada de um delírio ou de uma deriva".[NT] O comentador não tem razão alguma: há máquinas desejantes melhores e mais completas. Mas, em geral, as máquinas perversas têm a vantagem de nos apresentar uma oscilação constante entre uma adaptação subjetiva, um desvio de uma máquina social técnica e a instauração objetiva de uma máquina desejante — mais um esforço, se querem ser republicanos... Num dos mais belos textos escritos sobre o masoquismo, Michel de M'Uzan mostra como as máquinas perversas do masoquista, que são máquinas propriamente ditas, *[468]* não se deixam compreender em termos de fantasma ou de imaginação, assim como não se explicam a partir de Édipo ou da castração por via de projeção: não há fantasma, diz ele, mas, o que é totalmente diferente, *programação* "essencialmente estruturada fora da problemática edipiana" (finalmente um pouco de ar puro em psicanálise, um pouco de compreensão para com os perversos).[3]

2. *Máquina desejante e aparelho edipiano: a recorrência contra a repressão-regressão*

As máquinas desejantes constituem a vida não-edipiana do inconsciente. Édipo, *gadget* ou fantasma. Francis Picabia,[NT] por

---

[NT] [Não há referência bibliográfica.]

[3] Michel de M'Uzan, *La Sexualité perverse*, Paris, Payot, s/d, pp. 34-7.

[NT] [Francis-Marie Martinez Picabia (1879-1953).]

oposição, chamava à máquina "filha nascida sem mãe". Buster Keaton apresentava a sua máquina-casa, na qual todas as peças estão numa só, como uma casa sem mãe: tudo ali se faz por máquinas desejantes, a refeição dos celibatários (*L'Epouvantail*, 1920).^NT Será o caso de compreender que a máquina só tem um pai, e que nasce de um cérebro viril, toda armada como a deusa grega Atenas? É preciso muito boa vontade para julgar, como René Girard, que o paternalismo basta para nos fazer sair de Édipo, e que a "rivalidade mimética" é verdadeiramente *o outro* do complexo. A psicanálise sempre fez isso: esmigalhar Édipo, ou multiplicá-lo, ou então dividi-lo, opô-lo a si mesmo, ou sublimá-lo, desmesurá-lo, elevá-lo ao significante. Descobrir o pré-edipiano, o pós-edipiano, o Édipo simbólico, que não nos deixam sair da família, tal o esquilo que não sai de sua roda. Dizem-nos: mas vejamos, Édipo nada tem a ver com papai-mamãe, é o significante, é o nome, é a cultura, é a finitude, é a falta-de-ser que é a vida, é a castração, é a violência em pessoa... Rimos à beça. Isso apenas dá continuidade à velha tarefa de cortar todas as conexões do desejo para melhor assentá-lo sobre sublimes papais-mamães imaginários, simbólicos, linguísticos, ontológicos, epistemológicos. Na verdade, não dissemos nem um quarto, nem um centésimo, do que seria preciso dizer contra [469] a psicanálise, contra seu ressentimento frente ao desejo, contra sua tirania e sua burocracia.

O que define precisamente as máquinas desejantes é o seu poder de conexão ao infinito, em todos os sentidos e em todas as direções. É mesmo por isso que elas são máquinas que atravessam e dominam várias estruturas ao mesmo tempo. É que a máquina tem duas características ou potências: a potência do contínuo, o *phylum* maquínico, em que tal peça se conecta com uma outra, o cilindro e o pistão na máquina a vapor, ou mesmo, segundo uma linhagem germinal mais longínqua, a roda na locomotiva; mas também a potência de ruptura de direção, a mutação tal que cada máquina é corte absoluto em relação à que ela substitui, como o motor a gás em relação à máquina a vapor. Duas potências que

---

^NT [*L'Epouvantail* (O espantalho) é o título francês do curta-metragem *The Scarecrow*, realizado em 1920 por Buster Keaton (1895-1966).]

compõem apenas uma, pois a própria máquina é corte-fluxo, sendo o corte sempre adjacente à continuidade de um fluxo que ela separa dos outros, dando-lhe um código, fazendo-o arrastar tais ou quais elementos.[4] Ademais, não é em proveito de um pai cerebral que a máquina é sem mãe, mas em proveito de um *corpo pleno* coletivo, a instância maquinizante sobre a qual a máquina instala suas conexões e exerce seus cortes.

Os pintores maquínicos insistiram no seguinte: não pintavam máquinas como substitutos de naturezas-mortas ou de nus; nem a máquina é objeto representado, nem o seu desenho é representação. Trata-se de introduzir um elemento de máquina, de maneira que ele se componha como peça com outra coisa sobre o corpo pleno da tela, mesmo que seja com o próprio quadro, para que seja precisamente o conjunto do quadro que funcione como máquina desejante. A máquina induzida é sempre distinta da que parece representada: veremos que a máquina procede por um "desengate" deste tipo, assegurando assim a desterritorialização propriamente maquínica. Valor indutivo da máquina, ou melhor, transdutivo, que define a recorrência, e que se opõe à representação-projeção: *a recorrência maquínica [470] contra a projeção edipiana*; este é o lugar de uma luta, de uma disjunção, como se vê no *Aeroplap(l)a* ou em *Automoma*, ou ainda em *Machine à connaître en forme mère* [Máquina para conhecer em forma de mãe], de Victor Brauner.[5] Em Francis Picabia, a épura compõe uma peça com a inscrição heteróclita, de modo que ela deve funcionar com *este* código, com *este* programa, induzindo uma máquina que não se lhe assemelha. Com Marcel Duchamp, o elemento real de máquina é diretamente introduzido e passa a valer por si só ou pela sua sombra, ou por um mecanismo aleatório que, então, induz as representações subsistentes a mudarem de função e de estatuto: *Tu m'*. A máquina se distingue de toda representação (embora se possa sem-

---

[4] Sobre a continuidade e a descontinuidade maquínicas, ver André Leroi-Gourhan, *Milieu et techniques*, Paris, Albin Michel, s/d, pp. 366 ss.

[5] Géza Roheim ainda mostra bem o liame Édipo-projeção-representação. [NT: O pintor Victor Brauner (1903-1966).]

pre representá-la, copiá-la, de uma maneira que, aliás, não oferece interesse algum); distingue-se de toda representação porque ela é Abstração pura, não figurativa e não projetiva. Léger[NT] mostrou que a máquina não representava coisa alguma, muito menos a si própria, porque, em si, ela era produção de estados intensivos organizados: nem forma nem extensão, nem representação nem projeção, mas intensidades puras e recorrentes. Ora acontece que a descoberta do abstrato conduz, como em Picabia, aos elementos maquínicos, ora acontece o caminho contrário, como para muitos futuristas. Pensemos na velha distinção feita por filósofos entre estados representativos e estados afetivos que nada representam: a máquina é o Estado afetivo, e é falso dizer que as máquinas modernas têm uma percepção, uma memória; as próprias máquinas só têm estados afetivos.

Quando opomos as máquinas desejantes a Édipo, não queremos dizer que o inconsciente seja mecânico (as máquinas dizem respeito sobretudo ao metamecânico), e nem que Édipo nada seja. Ligam-se a Édipo muitas forças, muita gente e muitos interesses estão aí em jogo: em primeiro lugar, sem Édipo não haveria narcisismo. Édipo ainda impulsionará muitas queixas e lamúrias. Animará pesquisas cada vez mais irreais. E continuará a alimentar sonhos e fantasmas. Édipo é um vetor: 4, 3, 2, 1, 0... Quatro é o famoso quarto termo simbólico; três é a triangulação; dois são as [471] imagens duais; um é o narcisismo; zero a pulsão de morte. *Édipo é a entropia da máquina desejante*, sua tendência à abolição externa. É a imagem ou a representação introduzida na máquina, o clichê que para as conexões, exaure os fluxos, que põe a morte no desejo e substitui os cortes por uma espécie de emplastro — é a Interruptora (os psicanalistas como sabotadores do desejo). Devemos substituir a distinção entre conteúdo manifesto e conteúdo latente, a distinção entre recalcante e recalcado, pelos dois polos do inconsciente: a máquina esquizo-desejante e o aparelho paranoico edipiano, os conectores do desejo e os repressores. Sim, vocês sempre encontrarão tantos Édipos quantos quiserem para colocar nas máquinas e fazê-las calar (o que acontece forçosamente,

[NT] [Fernand Léger (1881-1955).]

pois Édipo é, ao mesmo tempo, o recalcante e o recalcado, ou seja, a imagem-clichê que para o desejo e que se encarrega dele, que o representa parado. Uma imagem só se pode *ver*... É o compromisso, mas o compromisso deforma ambas as partes, a saber, a natureza do repressor reacionário e a natureza do desejo revolucionário. No compromisso, ambas as partes passaram para um mesmo lado, em oposição ao desejo que fica do outro lado, fora do compromisso).

Em dois livros sobre Jules Verne, Marcel Moré descobriu sucessivamente dois temas, que ele apresentava simplesmente como distintos: o problema edipiano, que Jules Verne vivia quer como pai quer como filho, e o problema da máquina como destruição de Édipo e substituto da mulher.[6] Mas o problema da máquina desejante, no seu caráter essencialmente erótico, de modo algum é saber se alguma vez uma máquina poderá dar "a ilusão perfeita da mulher". Ao contrário, o problema é este: em que máquina colocar a mulher, em que máquina a mulher se põe para devir objeto não-edipiano do desejo, isto é, sexo não-humano? Em todas as máquinas desejantes, a sexualidade não consiste num par imaginário mulher-máquina como substituto de Édipo, mas no par máquina-desejo como produção *[472]* real de uma filha nascida sem mãe, de uma mulher não-edipiana (que não seria edipiana nem para si mesma nem para os outros). Atribuir ao romance em geral uma fonte edipiana — nada indica que as pessoas se cansem de um exercício narcísico tão divertido, psicocrítico, de Bastardos, encontro de Crianças abandonadas. É preciso dizer que os maiores autores favorecem este equívoco, precisamente porque Édipo é a falsa moeda da literatura ou, o que dá no mesmo, seu verdadeiro valor mercantil. Mas, no próprio momento em que parecem emaranhados em Édipo, eterno gemido-mamãe, eterna discussão-papai, eles estão de fato lançados num empreendimento órfão totalmente distinto, montando uma máquina desejante infernal, pondo o desejo em relação com um mundo libidinal de conexões e de

---

[6] Marcel Moré, *Le Très curieux Jules Verne* e *Nouvelles explorations de Jules Verne*, Paris, Gallimard, 1960 e 1963, respectivamente. [NT: Jules Gabriel Verne (1828-1905).]

cortes, de fluxos e de esquizas que constituem o elemento não-humano do sexo, e em que cada coisa compõe uma peça com o "motor desejo", com uma "engrenagem lúbrica", atravessando, misturando e agitando estruturas e ordens, mineral, vegetal, animal, infantil, social, desfazendo a cada vez as figuras derrisórias de Édipo, levando sempre mais longe um processo de desterritorialização. É que nem mesmo a infância é edipiana; aliás, de modo algum ela o é, nem tem possibilidade de sê-lo. O que é edipiano é a abjeta lembrança de infância, a tela. Finalmente, a melhor maneira de um autor manifestar a inanidade e a vacuidade do Édipo aparece quando ele consegue injetar em sua obra verdadeiros blocos recorrentes de infância que rearmam as máquinas desejantes, em oposição às velhas fotografias, às lembranças-telas que saturam a máquina e fazem da criança um fantasma regressivo para uso de velhinhos.

Vê-se bem isso com Kafka, exemplo privilegiado, terra edipiana por excelência: mesmo aí, e sobretudo aí, o polo edipiano que Kafka agita e brande sob o nariz do leitor, é a máscara de um empreendimento mais subterrâneo, a instauração não-humana de uma máquina literária totalmente nova, que é, propriamente falando, uma máquina de fazer cartas e de desedipianizar o amor demasiado humano, e que liga o desejo ao pressentimento de uma máquina burocrática e tecnocrática perversa, de uma máquina já fascista, em que os nomes da família perdem sua consistência para *[473]* desembocarem no império austríaco salpicado pela máquina-castelo, na situação dos judeus sem identidade, na Rússia, na América, na China, em continentes situados muito além das pessoas e dos nomes do familismo. Pode-se dizer o mesmo a propósito de Proust: os dois grandes edipianos, Proust e Kafka, são edipianos para rir, e os que levam Édipo a sério podem sempre enxertar neles os seus romances ou os seus comentários tristes de morrer. Pois adivinhem o que eles perdem: perdem o cômico do sobre-humano, o riso esquizo que sacode Proust ou Kafka por detrás da careta edipiana — o devir-aranha ou o devir-coleóptero.[NT]

[NT] [Se, por acaso, o leitor de *A metamorfose*, de Franz Kafka, estiver pensando em "baratas", leve apenas em conta que elas não são da espécie dos

Num texto recente, Roger Dadoun desenvolve o princípio dos dois polos do sonho: sonho-programa, sonho-máquina ou maquinaria, sonho-fábrica, em que o essencial é a produção desejante, o funcionamento maquínico, o estabelecimento de conexões, os pontos de fuga ou de desterritorialização da libido que se precipita no elemento molecular não-humano, a passagem de fluxo, a injeção de intensidades — e depois o polo edipiano, o sonho-teatro, o sonho-tela, que é tão somente objeto de interpretação molar, e em que a narrativa do sonho é mais importante do que o próprio sonho, as imagens visuais e verbais mais importantes do que as sequências informais ou materiais.[7] Dadoun mostra como Freud, em *A interpretação dos sonhos* [que é de 1900], renuncia a uma direção que era ainda possível no momento do *Esboço de uma psicologia científica* [que é de 1895],[NT] o que o leva a comprometer a psicanálise com impasses que ela erigirá como condições de seu exercício. Encontramos já em Ghérasim Luca e em Dolfi Trost, autores estranhamente desconhecidos, uma concepção antiedipiana do sonho que nos parece belíssima. Trost censura Freud por ter negligenciado o conteúdo manifesto do sonho em proveito de uma uniformidade de Édipo, por ter perdido o sonho como máquina de comunicação com o mundo exterior, por ter soldado o sonho mais à lembrança do que ao delírio, por ter montado uma teoria do compromisso que tira ao sonho e também ao sintoma o seu alcance revolucionário *[474]* imanente. Ele denuncia a ação dos repressores ou regressores como representantes

coleópteros (que inclui os besouros, por exemplo), mas dos ortópteros, que também inclui os chamados grilos, gafanhotos etc.]

[7] Roger Dadoun, "Les Ombilics du rêve", *Nouvelle Revue de Psychanalyse: L'Espace du rêve*, nº 5 (e sobre o sonho-programa, ver Sarane Alexandrian, "Le Rêve dans le surréalisme", *idem*).

[NT] [Em francês, *A interpretação dos sonhos* é dita *La Science des rêves* (Paris, PUF, 1950), tradução francesa de *Die Traumdeutung* (1900). Já o segundo título, *Esquisse d'une psychologie scientifique*, encontra-se reproduzido em *La Naissance de la psychanalyse: lettres à Wilhelm Flies, notes et plans* (Paris, PUF, 1956, pp. 307-96) e é a tradução francesa de *Entwurf einer Psychologie* (1895).]

dos "elementos sociais reacionários" que se introduzem no sonho em proveito das associações vindas do pré-consciente e das lembranças-telas vindas da vida diurna. Ora, nem essas lembranças e nem essas associações pertencem ao sonho; e é por isso mesmo que o sonho é forçado a tratá-las simbolicamente. Não duvidemos, Édipo existe, as associações são sempre edipianas, mas isto é assim precisamente porque o mecanismo de que dependem é o mesmo que o de Édipo. Assim, para reencontrar o pensamento do sonho, que está unido ao pensamento diurno, sendo que cada um deles sofre a ação de repressores distintos, é necessário, precisamente, quebrar as associações. Para tanto, Trost propõe uma espécie de *cut-up* à maneira de Burroughs, que consiste em pôr um fragmento de sonho em relação com uma passagem *qualquer* de um manual de patologia sexual. É um corte que reanima o sonho e o intensifica, em vez de interpretá-lo, que fornece novas conexões ao *phylum* maquínico do sonho: nada se arrisca, visto que, em virtude da nossa perversão polimorfa, a passagem *aleatoriamente escolhida* sempre comporá uma máquina com o fragmento de sonho. Sem dúvida, as associações voltam a se formar, fecham-se entre as duas peças, mas terá sido preciso aproveitar o momento da dissociação, por mais breve que tenha sido, para fazer emergir o desejo no seu caráter não biográfico e não memorial, além ou aquém das suas predeterminações edipianas. É precisamente esta a direção que Trost ou Luca indicam em textos esplêndidos: desprender um inconsciente de revolução, dirigido a um ser, mulher e homem não-edipianos, o ser "livremente mecânico", "projeção de um grupo humano a ser descoberto", cujo mistério é o de um funcionamento e não de uma interpretação, "intensidade totalmente laica do desejo" (nunca foi tão bem denunciado o caráter autoritário e devoto da psicanálise).[8] O objetivo supremo do M. L. F.[NT]

[8] Dolfi Trost [1916-1966], *Vision dans le cristal* (Éd. de L'Oubli), *Visible et invisible* (Arcanes), *Librement mécanique* (Minotaure). Ghérasim Luca [1913-1994], *Le Vampire passif* (Éd. de L'Oubli). [NT: Em conjunto, Luca e Trost redigiram em 1945, em francês, o manifesto *Dialectique de la dialectique*, dirigido ao movimento surrealista internacional.]

[NT] [*Mouvement de Libération des Femmes*, movimento pela ampliação

não será, neste sentido, a construção maquínica e revolucionária da mulher *[475]* não-edipiana, em vez da exaltação desordenada da maternagem e da castração?

Retornemos à necessidade de quebrar as associações: a dissociação não somente como caráter da esquizofrenia, mas também como princípio da esquizoanálise. Aquilo que é o maior obstáculo à psicanálise, a impossibilidade de estabelecer associações, é, ao contrário, a condição da esquizoanálise — ou seja, o signo de que chegamos finalmente a elementos que entram num conjunto funcional do inconsciente como máquina desejante. Não causa surpresa o fato de que o chamado método de livre associação nos remeta constantemente a Édipo; esse método é feito para isso. É que, longe de dar testemunho de uma espontaneidade, ele supõe uma aplicação, um assentamento que leva um conjunto qualquer de partida a corresponder a um conjunto artificial ou memorial de chegada, determinado de antemão e simbolicamente como edipiano. Na verdade, nada teremos feito enquanto não atingirmos elementos que não são associáveis, ou enquanto não tivermos apreendido os elementos sob uma forma em que já não são associáveis. Serge Leclaire dá um passo decisivo quando apresenta um problema que, diz ele, "tudo nos leva a não considerar frontalmente... trata-se, em suma, de conceber um sistema cujos elementos estão ligados entre si precisamente pela ausência de todo liame, e entendo por isso todo liame natural, lógico ou significativo", "um conjunto de puras singularidades".[9] Contudo, preocupado em permanecer nos estreitos limites da psicanálise, ele refaz em sentido inverso o passo que acabava de dar: apresenta o conjunto desligado como uma ficção, as suas manifestações como epifanias, que devem ser inscritas num novo conjunto reestruturado, quanto mais não seja pela unidade do falo como *significante* da ausência. No en-

e aprimoramento do papel das mulheres na sociedade em múltiplos sentidos. Na França, o M. L. F. ganhou força com os acontecimentos de Maio de 1968.]

[9] Serge Leclaire, "La Réalité du désir", in *Sexualité humaine*, Paris, Aubier.

tanto, estava precisamente aí a emergência da máquina desejante, aquilo pelo que ela se distingue tanto das ligações psíquicas do aparelho edipiano quanto das ligações mecânicas ou estruturais das máquinas sociais e técnicas: um conjunto de peças realmente distintas que funcionam em conjunto *[476] enquanto realmente distintas* (ligadas pela ausência de liame). Noções como essas, que tanto se aproximam de máquinas desejantes, não são propiciadas por objetos surrealistas, pelas epifanias teatrais ou pelos *gadgets* edipianos, que só funcionam reintroduzindo associações — com efeito, o surrealismo foi um vasto empreendimento de edipianização dos movimentos precedentes. Mas os reencontraremos, sobretudo, em certas máquinas dadaístas, nos desenhos de Rube Goldberg ou, atualmente, nas máquinas de Jean Tinguely. Como obter um conjunto funcional quebrando todas as associações? (Que significa "ligado pela ausência de liame"?)

A arte da distinção real em Tinguely é obtida por um tipo de desengate como procedimento da recorrência. Uma máquina põe em jogo várias estruturas simultâneas que ela atravessa; a primeira estrutura comporta pelo menos um elemento que não é funcional em relação a ela, mas que o é somente na segunda. Este jogo, que Tinguely apresenta como essencialmente alegre, é que assegura o processo de desterritorialização da máquina, e a posição do mecânico como parte mais desterritorializada. A avó, ao pedalar um carro sob o olho maravilhado da criança — criança não--edipiana, cujo olho faz também parte da máquina — não provoca o avanço do veículo, mas aciona a segunda estrutura que serra madeira. Outros procedimentos de recorrência podem intervir ou acrescentar-se, como o envolvimento das partes numa multiplicidade (é o caso da máquina-cidade, cidade em que todas as casas estão numa casa, ou a máquina-casa de Buster Keaton, em que todas as peças estão numa peça). Ou, ainda, a recorrência pode ser realizada numa série que põe a máquina em relação essencial com as perdas e os resíduos, seja porque destrói sistematicamente o seu próprio objeto, como os *Rotozaza* de Jean Tinguely, seja porque ela própria capta as intensidades ou energias perdidas, como no projeto de *Transformador* de Marcel Duchamp, seja porque ela própria se compõe de perdas, como a *Junk Art* de Richard Stankiewicz ou o *Merz* e a máquina-casa de Kurt Schwitters, seja, enfim, porque ela sabota ou destrói a si própria, dado que "sua construção e o começo de sua destruição *[477]* são indiscerníveis": em todos estes casos (aos quais seria preciso acrescentar a droga como máquina desejante, a máquina *junkie*) aparece uma pulsão de morte propriamente maquínica que se opõe à morte regressiva edipiana, à eutanásia psicanalítica. E, na verdade, todas estas máquinas desejantes são profundamente desedipianizantes.[NT]

Ou ainda, são relações aleatórias que asseguram esta ligação sem liame dos elementos realmente distintos enquanto tais, ou das suas estruturas autônomas, segundo um vetor que vai da desordem mecânica ao menos provável, e que será denominado "vetor louco". Ressaltemos aqui a importância das teorias de Pierre Vendryes, que permitem definir as máquinas desejantes pela presença dessas relações aleatórias na própria máquina, e como que produzindo movimentos brownianos do tipo passeio ou paquera.[10] E é precisamente pela efetuação de relações aleatórias que os desenhos de Rube Goldberg asseguram, por sua vez, a funcionalidade dos elementos realmente distintos, com a mesma alegria do riso-esquizo em Tinguely: trata-se de substituir um circuito memorial simples, ou um circuito social, por um conjunto que funciona como máquina desejante sobre vetor louco (no primeiro exemplo, *Keep You From Forgetting To Mail Your Wife's Letter* [Para não esquecer de postar a carta de sua esposa], a máquina desejante atravessa e programa as três estruturas automatizadas do esporte, da jardinagem e da gaiola do pássaro; no segundo exemplo,

---

[NT] [Rube Goldberg (1883-1970); Jean Tinguely (1925-1991); Richard Stankiewicz (1923-1983); Kurt Schwitters (1887-1948).]

[10] Sobre o aleatório, o "vetor louco" e suas aplicações políticas, ver os livros de Pierre Vendryes, *Vie et probabilité* (Paris, Albin Michel, s/d), *La Probabilité en histoire* (*idem*) e *Déterminisme et autonomie* (Paris, Armand Colin, s/d). Sobre uma "máquina de paquera", de tipo browniana, Guy Hocquenghem [1946-1988], *Le Désir homosexuel*, Paris, Éd. Universitaires, s/d. [NT: Em física, o termo "browniano", relativo ao botânico escocês Robert Brown (1773-1858), diz respeito a movimentos aleatórios de partículas microscópicas em suspensão num meio líquido ou gasoso.]

Simple Reducing Machine [Máquina redutora simples], o esforço do barqueiro do Volga, a descompressão do ventre do milionário que se prepara para jantar, a queda do boxeador no ringue e o salto do coelho são programados pelo disco, dado que este define o menos provável ou a simultaneidade dos pontos de partida e de chegada).^{NT}

Todas essas máquinas são máquinas reais. Guy Hocquenghem tem razão em dizer: "Ali onde age o desejo, já não há lugar para o imaginário" nem para o simbólico. Todas essas máquinas já estão aí, não paramos de *[478]* de produzi-las, de fabricá-las, de fazê-las funcionar, porque elas são desejo, desejo tal como ele é — embora precisemos de artistas para assegurar sua apresentação autônoma. As máquinas desejantes não estão na nossa cabeça, na nossa imaginação, elas estão *nas próprias máquinas sociais e técnicas*. Nossa relação com as máquinas não é uma relação de invenção nem de imitação, não somos pais cerebrais e nem filhos disciplinados da máquina. É uma relação de povoamento: nós povoamos as máquinas sociais técnicas de máquinas desejantes, e não podemos fazer de outra maneira. É ao mesmo tempo que devemos dizer o seguinte: as máquinas sociais técnicas são tão somente conglomerados de máquinas desejantes em condições molares historicamente determinadas; as máquinas desejantes são máquinas sociais e técnicas restituídas às suas condições moleculares determinantes. *Merz* de Kurt Schwitters é a última sílaba de *Komerz*. É inútil interrogarmo-nos sobre a utilidade ou a não-utilidade, sobre a possibilidade ou impossibilidade das máquinas desejantes. A impossibilidade (e ainda que raramente), a inutilidade (e ainda que raramente), só aparecem na apresentação artística autônoma. Vo-

---

^{NT} [Ao comentarem esta imagem, os autores sugerem que tudo é programado pelo disco. Porém, há outra leitura possível: a ação se iniciaria com o milionário gordo que, estufado de tanto comer, expande o ventre; os botões de sua camisa saltam e acionam o gongo, que levanta o boxeador, que pisa no colchão, que sopra o coelho, cuja corrida aciona o disco, cuja canção anima o barqueiro do Volga, que puxa a mesa, afastando-a, assim, do gordo e impedindo-o de continuar a comer. Daí o humor dessa máquina desejante, em que a expressão *reducing machine* (máquina de redução, máquina redutora) também pode ser entendida como "máquina de emagrecimento".]

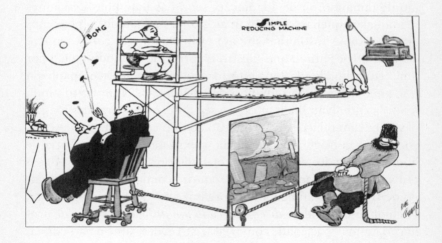

Cartoons de Rube Goldberg. Acima: *Keep You From Forgetting To Mail Your Wife's Letter* [Para não esquecer de postar a carta de sua esposa], com a seguinte legenda no original: "Ao passar pela sapataria, gancho (A) acerta bota suspensa (B), que chuta bola (C) pelas traves do gol (D). Bola cai na cesta (E) e barbante (F) puxa regador (G) fazendo com que a água encharque as abas do paletó (H). À medida que paletó encolhe, cordão (I) abre porta (J) da gaiola, permitindo que pássaro (K) avance no poleiro (L) e pegue minhoca (M), que está presa a barbante (N). Isso desenrola cortina (O), em que está escrito: 'POSTE A CARTA, SEU TONTO'".

Abaixo, *Simple Reducing Machine* [Máquina redutora simples].

cês veem que elas são possíveis, pois existem, de qualquer maneira estão aí, e nós funcionamos com elas. São eminentemente úteis, pois constituem nos dois sentidos a relação entre a máquina e o homem, a *comunicação* dos dois. No próprio momento em que vocês dizem que "ela é impossível", vocês não veem que a tornam possível, e que mesmo vocês são uma dessas peças, justamente a peça que lhes parecia faltar para que ela já funcionasse, o *Dancer/ Danger*. Vocês discutem sobre a possibilidade ou a utilidade, mas vocês já estão na máquina, fazem parte dela, puseram-lhe o dedo, o olho, o ânus ou o fígado (versão atual de "vocês já estão metidos nisso...")[NT].

Poder-se-ia crer que a diferença entre as máquinas sociais técnicas e as máquinas desejantes fosse, primeiramente, uma questão de tamanho ou de adaptação, sendo as máquinas desejantes máquinas pequenas, ou máquinas grandes adaptadas a pequenos grupos. Não é absolutamente um problema de *gadget*. A tendência tecnológica atual, que substitui o primado termodinâmico por um certo primado *[479]* da informação, é de direito acompanhada por uma redução do tamanho das máquinas. Num texto ainda muito alegre, Ivan Illich mostra o seguinte: que as grandes máquinas implicam relações de produção de tipo capitalista ou despótico, trazem consigo a dependência, a exploração, a impotência de homens reduzidos ao estado de consumidores ou de servos. *A propriedade coletiva dos meios de produção* em nada muda este estado de coisas e só alimenta uma organização despótica estalinista. Illich opõe-lhe ainda *o direito de cada um utilizar os meios de produção*, numa "sociedade convivial", isto é, desejante e não-edipiana. Isto quer dizer o seguinte: a mais extensiva utilização das máquinas pelo maior número possível de pessoas, a multiplicação de

---

[NT] [A expressão anotada pelos autores ("*Vous êtes embarqués...*") aparece numa passagem do pensamento 233 da edição Brunschvicg da obra de Blaise Pascal (1623-1662), *Pensées* (1670), Paris, Garnier, s/d, p. 136: "*Oui; mais il faut parier. Cela n'est pas volontaire: vous êtes embarqué*". Na tradução de Sérgio Millet, lemos: "Sim: mas é preciso apostar. Não é coisa que dependa da vontade, já estamos metidos nisso" (Pascal, *Pensamentos*, São Paulo, Difusão Europeia do Livro, 2ª ed., 1961, p. 110).]

pequenas máquinas e a adaptação das grandes máquinas a pequenas unidades, a venda exclusiva de elementos maquínicos que devem ser congregados pelos próprios usuários-produtores e por quem as utiliza, a destruição da especialização do saber e do monopólio profissional. É evidente que coisas tão diferentes como o monopólio ou a especialização da maior parte dos conhecimentos médicos, a complicação do motor de automóvel, o gigantismo das máquinas, não correspondem a necessidade tecnológica alguma, mas somente a imperativos econômicos e políticos que se propõem concentrar potência ou controle nas mãos de uma classe dominante. Ressaltar a radical inutilidade maquínica dos automóveis nas cidades, seu caráter arcaico apesar dos *gadgets* da sua apresentação, e a modernidade possível da bicicleta, tanto nas nossas cidades como na guerra do Vietnã, nada disso é sonhar com um retorno à natureza. E nem é mesmo em nome de máquinas relativamente simples e pequenas que se deve fazer a "revolução convivial" desejante, mas em nome da própria inovação maquínica, que as sociedades capitalistas ou comunistas reprimem com toda a força, em função do poder econômico e político.[11]

Um dos maiores artistas de máquinas desejantes, *[480]* Buster Keaton, soube situar o problema de uma adaptação de máquina de massa para fins individuais, de par ou de pequeno grupo, em *Marinheiro por descuido*, em que os dois heróis "devem enfrentar um equipamento doméstico utilizado geralmente por centenas de pessoas (a despensa do navio é uma floresta de alavancas, de roldanas e de fios)".[12] É verdade que os temas da redução ou da adaptação das máquinas não são suficientes por si mesmos, e valem por outra coisa, como o mostra a reivindicação de todos se servirem delas e controlá-las. Porque a verdadeira diferença entre as máqui-

---

[11] Ivan Illich [1926-2002], "Re-tooling Society", *Nouvel Observateur*, 11 de setembro de 1972 (sobre o grande e o pequeno na máquina, cf. Gilbert Simondon, *Du mode d'existence des objets techniques*, Paris, Aubier, s/d, pp. 132-3).

[12] David Robinson, "Buster Keaton", *Revue du Cinéma*, dezembro de 1969 (esse volume contém um estudo sobre as máquinas de Keaton).

nas sociais técnicas e as máquinas desejantes não está, evidentemente, no tamanho, nem sequer nos fins, mas no regime que decide sobre o tamanho e os fins. *São as mesmas máquinas, mas não é o mesmo regime.* Não que seja preciso opor ao regime atual, que dobra a tecnologia em prol de uma economia e de uma política de opressão, um regime em que a tecnologia, supostamente, estaria liberta e seria libertadora. A tecnologia supõe máquinas sociais e máquinas desejantes, umas dentro das outras, e não tem por si mesma poder algum para decidir qual será a instância maquínica, se o desejo ou a opressão do desejo. Toda vez que a tecnologia pretende agir por si própria, ela toma uma coloração fascista, como na tecnoestrutura, porque implica investimentos não só econômicos e políticos, mas igualmente libidinais, totalmente voltados para a opressão do desejo. A distinção dos dois regimes, como o do antidesejo e o do desejo, não se reduz à distinção da coletividade e do indivíduo, mas a dois tipos de organização de massa, em que o indivíduo e o coletivo não entram na mesma relação. Há entre eles a mesma diferença que entre o macrofísico e o microfísico — considerando que a instância microfísica não é o elétron-máquina mas o desejo maquinizante molecular, assim como a instância macrofísica não é o objeto técnico molar, mas a estrutura social molarizante antidesejante, antiprodutora, que condiciona atualmente o uso, o controle [481] e a posse dos objetos técnicos. No atual regime das nossas sociedades, a máquina desejante só é suportada como perversa, isto é, à margem do uso sério das máquinas, e como inconfessável benefício secundário dos usuários, dos produtores ou antiprodutores (gozo sexual que um juiz tem ao julgar, que um burocrata tem ao acariciar os seus dossiês...). Mas o regime da máquina desejante não é uma perversão generalizada; é sobretudo o contrário disso: é uma esquizofrenia geral e produtora, devinda finalmente feliz. Porque, da máquina desejante, é preciso dizer o que diz Jean Tinguely: *a truly joyous machine, by joyous I mean free.*[NT]

[NT] ["Uma máquina verdadeiramente alegre, e por alegre eu quero dizer livre". Agradeço a colaboração de Plínio Dentzien para a tradução desta frase.]

3. *Máquina e corpo pleno: os investimentos da máquina*

Nada é mais obscuro, desde que nos interessemos pelos detalhes, do que as teses de Marx sobre as forças produtivas e as relações de produção. Grosso modo, compreende-se o seguinte: desde as ferramentas às máquinas, os meios humanos de produção implicam relações sociais de produção, que, todavia, lhes são exteriores e das quais eles são apenas o índice. Mas o que significa "índice"? Por que projetar uma linha evolutiva abstrata que supostamente representa a relação isolada do homem e da Natureza, linha que apreende a máquina a partir da ferramenta, e a ferramenta em função do organismo e das suas necessidades? Com isso, as relações sociais aparecem forçosamente como exteriores à ferramenta ou à máquina, e lhes impõem de fora um outro esquema biológico, quebrando a linha evolutiva segundo organizações sociais heterogêneas[13] (é notadamente este jogo entre forças produtivas e relações de produção que explica a estranha ideia de que a burguesia foi revolucionária num dado momento). Parece-nos, ao contrário, que a máquina deve ser imediatamente pensada em relação a um corpo social, e não em relação a um organismo biológico humano. Se assim é, não podemos considerar a máquina como um novo segmento que sucede ao da ferramenta numa linha que encontraria seu ponto de partida no homem *[482]* abstrato. É que o homem e a ferramenta *já são* peças de máquina sobre o corpo pleno de uma certa sociedade. A máquina é, primeiramente, uma máquina social constituída por um corpo pleno como instância maquinizante, e pelos homens *e* ferramentas que são maquinados na medida em que estão distribuídos sobre esse corpo. Há, por exemplo, um corpo pleno da estepe que maquina homem-cavalo--arco, há um corpo pleno da cidade grega que maquina homens e armas, há um corpo pleno da fábrica que maquina os homens e as máquinas... Das duas definições de fábrica dadas por Ure, e citadas por Marx, a primeira reporta as máquinas aos homens que as vi-

[13] Sobre este outro esquema biológico fundado nos tipos de organização, cf. posfácio à segunda edição de *Le Capital*, tradução francesa, Paris, Pléiade, I, pp. 557-8.

giam, a segunda reporta as máquinas *e* os homens, "órgãos mecânicos *e* intelectuais", à fábrica como corpo pleno que os maquina. Ora, é a segunda definição que é literal e concreta.[NT]

Não é por metáfora e nem por extensão que os lugares, os equipamentos coletivos, os meios de comunicação, os corpos sociais, são considerados como máquinas ou peças de máquinas. Ao contrário, é por restrição e por derivação que a máquina vai designar tão somente uma realidade técnica, mas justamente nas condições de um corpo pleno muito particular, o corpo do Capital-dinheiro, uma vez que ele dá à ferramenta a forma do capital fixo, isto é, distribui as ferramentas sobre um representante mecânico autônomo, e dá ao homem a forma do capital variável, ou seja, distribui os homens sobre um representante abstrato do trabalho em geral. Encaixe de corpos plenos pertencentes a uma mesma série: a do capital, a da fábrica, a do mecanismo... (Ou então, no caso da cidade grega, a da falange, a do escudo com dois punhos.) Não se trata de perguntar como a máquina técnica sucede às simples ferramentas, mas como a máquina social (e qual máquina social), em vez de se contentar em maquinar homens e ferramentas, torna ao mesmo tempo possível e necessária a emergência de máquinas técnicas. (Certamente, há máquinas técnicas anteriores ao capitalismo, mas o *phylum* maquínico não passa por elas, mesmo porque, em essência, era suficiente maquinar homens e ferramentas. Da mesma maneira, em toda formação social há ferramentas que não são maquinadas, porque *[483]* o *phylum* não passa por elas, embora elas sejam ou possam vir a ser maquinadas em outras formações: por exemplo, as armas dos hoplitas).

Assim compreendida, a máquina é definida como máquina desejante: o conjunto de um corpo pleno que maquina, e homens e ferramentas maquinados nele. Várias consequências decorrem disso, que indicaremos apenas a título de programa.

Em primeiro lugar, as máquinas desejantes são certamente as mesmas que as máquinas sociais e técnicas; mas o são como o

---

[NT] [A respeito desta segunda definição dada por Andrew Ure (1778-1858), ver Karl Marx, *O capital*, livro I, quarta seção, cap. XIII ("Maquinaria e grande indústria"), item 4 ("A fábrica").]

inconsciente destas: com efeito, elas manifestam e mobilizam os investimentos libidinais (investimentos de desejo) que "correspondem" aos investimentos conscientes ou pré-conscientes (investimentos de interesse) da economia, da política e da técnica de um campo social determinado. Corresponder não significa de modo algum se assemelhar: trata-se de uma outra distribuição, de um outro "mapa", que já não concerne aos interesses constituídos numa sociedade, nem à repartição do possível e do impossível, das coerções e das liberdades, tudo o que constitui as *razões* de uma sociedade. Mas, sob estas razões, há as formas insólitas de um desejo que investe os fluxos como tais e seus cortes, que não para de reproduzir os fatores aleatórios, as figuras menos prováveis e os encontros entre séries independentes na base dessa sociedade, e que desprendem um amor "por si mesmo", amor do capital por si mesmo, amor da burocracia por si mesma, amor da repressão por si mesma, todos os tipos de coisas estranhas como "O que, no fundo, um capitalista deseja?" e "Como é possível que homens desejem a repressão não só para os outros, mas para si mesmos?" etc.

Em segundo lugar, compreende-se melhor que as máquinas desejantes sejam como que o limite inferior das máquinas sociais técnicas se considerarmos que o corpo pleno de uma sociedade, a instância maquinizante, nunca é dado como tal, mas deve ser sempre inferido a partir dos termos e das relações postas em jogo nessa sociedade. O corpo pleno do capital como corpo germinante, Dinheiro que produz Dinheiro, nunca é dado por si mesmo. Ele implica uma passagem ao limite, passagem em que os termos *[484]* são reduzidos às suas formas simples, tomadas absolutamente, e em que as relações são substituídas "positivamente" por uma ausência de liame. Por exemplo, no caso da máquina desejante capitalista, temos o encontro entre o capital e a força de trabalho, o capital como riqueza desterritorializada e a força de trabalho como trabalhador desterritorializado, temos duas séries independentes ou formas simples, cujo encontro aleatório não para de ser reproduzido no capitalismo. Como pode ser positiva a ausência de liame? Reencontramos a pergunta de Leclaire ao enunciar o paradoxo do desejo: como elementos podem ser ligados precisamente pela ausência de liame? De uma certa maneira, pode-se dizer que o *cartesianismo*, com Espinosa ou Leibniz, não deixou de responder a esta questão. É a teoria da distinção real, que implica uma lógica específica. É porque são realmente distintos e inteiramente independentes um do outro que elementos últimos ou formas simples pertencem ao mesmo ser ou à mesma substância. É exatamente neste sentido que um corpo pleno substancial de modo algum funciona como um organismo. E a máquina desejante não é outra coisa: ela é uma multiplicidade de elementos distintos ou de formas simples, e que estão *ligados sobre* o corpo pleno de uma sociedade, precisamente enquanto estão "sobre" esse corpo ou enquanto são realmente distintos. A máquina desejante como passagem ao limite: inferência do corpo pleno, desprendimento das formas simples, consignação das ausências de liame: o método de *O capital* de Marx vai nesta direção, mas os pressupostos dialéticos impedem-no de atingir o desejo como partícipe da infraestrutura.

Em terceiro lugar, as relações de produção que ficam no exterior da máquina técnica são, ao contrário, interiores à máquina desejante. Não como relações, é verdade, mas como peças de máquinas, nas quais umas são elementos de produção e outras são elementos de antiprodução.[14] J.-J. Lebel cita imagens *[485]* do filme de Genet que formam uma máquina desejante da prisão: há dois detidos em celas contíguas; um deles sopra fumaça na boca do outro por um canudinho de palha que passa por um pequeno buraco da parede, enquanto um guarda se masturba olhando isso.[NT] O guarda é ao mesmo tempo elemento de antiprodução e peça *voyeuse* da máquina: o desejo passa por todas as peças. Quer dizer que as máquinas desejantes não estão pacificadas: há nelas dominações e servidões, elementos mortíferos, peças sádicas e peças masoquistas justapostas. Na máquina desejante, precisamente, essas

---

[14] "Cada ruptura produzida pela intrusão de um fenômeno de máquina se juntará ao que será denominado sistema de antiprodução, modo representativo específico da estrutura... A antiprodução será, entre outras coisas, o que foi posto sob o registro das relações de produção" [NT: Sem referência bibliográfica].

[NT] [Trata-se do filme *Un chant d'amour*, realizado em 1950 por Jean Genet (1910-1986).]

peças ou elementos tomam suas dimensões propriamente sexuais, como todos os outros. Isto não quer dizer que a sexualidade disponha, como pretendia a psicanálise, de um código edipiano que viria duplicar as formações sociais, ou mesmo presidir sua gênese e sua organização mentais (dinheiro e analidade, fascismo e sadismo etc.). Não há simbolismo sexual; e a sexualidade não designa uma outra "economia", uma outra "política", mas, sim, o inconsciente libidinal da economia política como tal. A libido, energia da máquina desejante, investe como sexual toda diferença social, de classe, de raça etc., seja para garantir no inconsciente o muro da diferença sexual, seja, ao contrário, para explodir esse muro, aboli-lo, no sexo não-humano. Na sua própria violência, a máquina desejante põe à prova todo o campo social por meio do desejo, prova que tanto pode levar ao triunfo do desejo como à opressão do desejo. A prova consiste nisto: dada uma máquina desejante, como ela faz de uma relação de produção ou de uma diferença social uma de suas peças, e qual é a posição dessa peça? O ventre do milionário no desenho de Goldberg, o guarda que se masturba na imagem de Genet? O patrão sequestrado não será uma peça de máquina desejante-fábrica, uma maneira de responder à prova?

Em quarto lugar, se a sexualidade como energia do inconsciente é o investimento do campo social pelas máquinas desejantes, então a atitude frente às máquinas em geral de modo algum exprime uma simples ideologia, mas a posição do desejo na própria infraestrutura, *[486]* as mutações do desejo em função de cortes e de fluxos que atravessam esse campo. Eis por que o tema da máquina tem um conteúdo tão fortemente, tão abertamente sexual. Por volta da guerra de 1914-18, defrontaram-se as quatro grandes atitudes em torno da máquina: a grande exaltação molar do futurismo italiano, que confia na máquina para desenvolver as forças produtivas nacionais e produzir um homem novo nacional, sem pôr em causa as relações de produção; a do futurismo e do construtivismo russos, que pensam a máquina em função de novas relações de produção definidas pela sua apropriação coletiva (a máquina-torno de Tatlin ou a de Moholy-Nagy,[NT] exprimindo a famosa orga-

---

[NT] [Vladimir Tatlin (1885-1953); László Moholy-Nagy (1895-1946).]

nização de partido como centralismo democrático, modelo espiralado com ápice, correia de transmissão, base; as relações de produção continuam a ser exteriores à máquina que funciona como "índice"); a maquinaria molecular dadaísta, que, por sua vez, opera uma subversão como revolução de desejo, porque submete as relações de produção à prova das peças da máquina desejante, e desprende desta um alegre movimento de desterritorialização para além de todas as territorialidades de nação e de partido; finalmente, um antimaquinismo humanista, que quer salvar o desejo imaginário ou simbólico, voltá-lo contra a máquina, correndo o risco de assentá-lo sobre um aparelho edipiano (o surrealismo contra o dadaísmo, ou então, Chaplin, contra o dadaísta Buster Keaton).[15]

Precisamente porque não se trata de ideologia, mas de uma maquinação que põe em jogo todo um inconsciente de período e de grupo, o liame dessas atitudes com o campo social e político é complexo, embora não seja indeterminado. O futurismo italiano enuncia bem as condições e as formas de organização de uma máquina desejante fascista, com todos os equívocos de uma "esquerda" nacionalista e guerreira. Os futuristas russos tentam infiltrar seus elementos anarquistas numa máquina *[487]* de partido que os esmaga. A política não é o forte dos dadaístas. O humanismo opera um desinvestimento das máquinas desejantes, que nem por isso param de funcionar nele. Mas em torno destas atitudes foi levantado o problema do próprio desejo, da posição de desejo, isto é, da relação de imanência respectiva entre as máquinas desejantes e as máquinas sociais técnicas, entre esses dois polos extremos em que o desejo investe formações paranoicas fascistas ou, ao contrário, fluxos revolucionários esquizoides. O paradoxo do desejo está em que é sempre preciso levar a cabo uma análise tão longa, toda uma análise do inconsciente, para desembaraçar os polos e abrir as provas revolucionárias de grupo para máquinas desejantes.

---

[15] Sobre o papel das máquinas no futurismo e no dadaísmo, ver Noëmi Blumenkranz-Onimus, *L'Esthétique de la machine* (Société d'Esthétique), e "La Spirale" (*Revue d'Esthétique*, nº 3, 1971).

ÍNDICE ONOMÁSTICO

As páginas indicadas são as que constam entre colchetes ao longo do texto; elas correspondem, portanto, à paginação da edição francesa original. Esta edição procurou estabelecer um índice onomástico mais completo da obra, incluindo o "Apêndice" e as notas de rodapé, não limitado, portanto, ao "Índice de nomes próprios" anotado nas pp. *[459-61]* do original. A letra *n*, seguida de um número à sua direita, assinala nota presente na página referida à esquerda; as letras *nt* indicam nota do tradutor.

Abrahams, Jean-Jacques, *65n4*
Adler, Alfred, *153, 185, 185n16, 189, 189n20, 214n38, 395, 424-5*
Alexandrian, Sarane, *473n7*
Althusser, Louis, *17n11, 266n76, 294, 365, 365n26*
Amin, Samir, *274, 275n84, 285*
Anzieu, Didier, *358n19, 363n23*
Arman (Armand Fernandez), *39, 39nt*
Artaud, Antonin, *9n2, 14, 15n9, 21, 26n18, 57n40, 101nt, 102, 102n28, 145n50, 148, 157n59, 159-60, 168, 250, 330, 334, 418, 445*
Auger, Pierre, *465, 466n2*
Bachofen, Johann Jakob, *127, 127nt*
Balazs, Etienne, *233, 233n51, 258n66*
Balibar, Etienne, *17n11, 266n76, 266nt, 271, 294*

Balling, Pierre, *328n4*
Balzac, Honoré de, *51, 51nt, 158*
Baran, Paul, *277n86, 279n87, 281n90*
Barnum, Phineas Taylor, *354, 354nt*
Bastide, Roger, *212n36*
Bataille, Georges, *10n3, 10nt, 225, 225nt*
Bateson, Gregory, *94, 94n20, 281, 431, 431nt*
Beckett, Samuel, *8-9, 19, 19n12, 20, 27, 27nt, 30, 91, 100, 376, 376nt, 381, 387, 404*
Bergson, Henri, *114, 328n4*
Berthe, Louis, *173, 173n7*
Besançon, Alain, *94n19*
Besse, Jacques, *104, 104n30, 148n53, 148nt*
Bettelheim, Bruno, *45, 45n32, 154, 155n58*
Binswanger, Ludwig, *30, 30nt*
Bion, Wilfred Ruprecht, *25n17*

Blanchot, Maurice, *50, 50n36, 395, 395n43, 408, 409n52*
Bleuler, Eugen, *30, 30nt*
Blumenkranz-Onimus, Noëmi, *486n15*
Bohannan, Laura e Paul, *208, 208n33, 296*
Bohr, Niels Henrick David, *340n9*
Bonnafé, Jean-Pierre, *214, 214n38, 390n41*
Boons, Marie-Claire, *97n23*
Bourbaki, Nicolas, *299, 299nt*
Bradbury, Ray, *55, 55n39*
Braudel, Fernand, *265, 265n74*
Brauner, Victor, *470, 470nt*
Brejnev, Leonid, *449, 449nt, 450*
Breton, André, *159, 159nt*
Brohm, Jean-Marie, *139n49*
Brown, John, *329, 329nt*
Brown, Robert, *477, 477n10, 477nt*
Brunhoff, Suzanne de, *271n80, 272n81, 310n106*
Buber, Martin, *432*
Büchner, Georg, *7, 7n1*
Burckhardt, Jacob, *27nt, 102n29*
Burroughs, William Seward, *445, 445nt, 474*
Butler, Samuel, *337-8, 338n8, 339, 341*
Cage, John, *445n64*
Canetti, Elias, *332, 332n6, 332nt*
Cantor, Georg Ferdinand Ludwig, *119, 119nt, 446, 446nt*
Capgras, Joseph, *145, 146n51*
Carrette, Jeremy, *145, 146n51*
Carroll, Lewis, *160, 160nt, 234, 234n53*
Carrouges, Michel, *24, 24n16*
Cartry, Michel Jean Rouch, *185, 185n16, 189, 189n20, 219n40, 223n45*
Castro, Fidel, *454, 454nt*
Céline (Louis-Ferdinand Destouches), *118, 118nt, 135, 330, 401n50*
César (César Baldaccini), *39*
Chaplin, Charles, *378, 378nt, 379, 486*
Charles, Daniel, *445n64*
Châtelet, François, *68n5*
Clastres, Pierre, *173-4, 174n9, 177n12, 224, 224n46, 224nt*
Clavel, Maurice, *35n25, 275, 276n85, 283*
Clérambault, Gaëtan Gatian de, *29, 29n20*
Cooper, David G., *113, 113n36, 382, 382n36*
Cournot, Michel, *378, 379n35*
Dadoun, Roger, *473, 473n7*
Dalí, Salvador, *39, 39nt*
D'Arc, Joana, *101, 103, 121, 121nt*
Darien, Georges, *118, 118nt*
Demeny, Paul, *396nt*
Devereux, Georges, *41n29, 194, 194n23, 196*
Derrida, Jacques, *189n20, 240, 240n56, 359n21*
Détienne, Marcel, *251n63*
Dieterlen, Germaine, *181, 181nt*
Duchamp, Marcel, *24, 24n16, 470, 476*
Dufrenne, Mikel, *206n32, 327n3*
Engels, Friedrich, *29nt, 127, 127n41, 128, 158, 170, 259n67, 353*
Espinosa, Benedicto, *35-6, 37nt, 328n4, 369n28, 484*
Evans-Pritchard, E. E., *178n13*
Ey, Henry, *174*
Fanon, Frantz, *114-5, 115n37*
Favret, Jeanne, *177n12, 179*
Faye, Jean-Pierre, *418n56*
Fédida, Pierre, *94n20*

Feuerbach, Ludwig Andreas, *29, 29nt, 30*
Fortes, Meyer, *166, 166n3, 171, 201*
Foucault, Michel, *58, 59n41, 110, 111n34, 111nt, 157n59, 233, 233n52, 233nt, 251n63, 323, 356, 356n18, 361n22, 383, 384n37, 384nt, 430*
Fourier, Charles, *75, 75n9, 348, 349*
Fraenkel, Michael, *356, 356nt*
Frazer, James George, *135, 135nt*
Freud, Sigmund, *19-20, 20n13, 21, 24, 30, 36, 54-5, 60, 61nt, 62, 62n1, 63-5, 65n3, 66, 66nt, 67, 67nt, 68-9, 69nt, 70, 70n6, 71, 72n8, 74-8, 86, 88, 90, 95, 95n21, 96-7, 97n23, 98n25, 99-101, 107, 109, 111, 111n34, 115, 119, 122, 126, 129nt, 135, 135n46, 135n47, 135nt, 136-7, 139, 140n49, 140nt, 141, 144-6, 146n51, 152n56, 153, 202, 213, 240n56, 255-6, 316n109, 319, 321-3, 323n112, 327-8, 331, 333, 333n7, 337nt, 344, 346, 346n13, 347, 348n14, 350, 354, 357-8, 358n19, 359n21, 363n23, 372n31, 374, 396, 396nt, 397, 397n44, 397n45, 398, 398n46, 400, 409, 409n53, 419, 421-2, 422n58, 423, 423nt, 424, 424n59, 425, 425n60, 427-9, 473*
Friedan, Betty, *72n8*
Fromm, Erich, *202, 202nt, 206, 323n112, 372*
Gabel, Joseph, *326, 326n2*
Gantheret, François, *139n49*
Garçon, Maurice, *105n32*
Gentis, Roger, *105n31*
Genet, Jean, *485, 485nt*

Gernet, Louis, *251n63*
Gie, Robert, *23, 24n15, 24nt*
Ginsberg, Allen, *158, 158nt, 332n5*
Girard, Philippe, *423, 425*
Girard, René, *468*
Glucksmann, André, *454n67*
Gobard, Henri, *131, 131nt*
Godelier, Maurice, *164n1, 233n51, 258n66*
Goethe, Johann Wolfgang von, *64, 140, 159, 159nt*
Goldberg, Rube, *464nt, 476-7, 477nt, 485*
Gombrowicz, Witold, *116, 116n38*
Gordon, Pierre, *237, 237n54*
Gorz, André, *280, 280n89*
Goux, Jean-Joseph, *274, 274n83*
Granel, Gérard, *10n4*
Green, André, *71n7, 78, 78n10, 87n15, 344n12, 364, 364n24, 366*
Griaule, Marcel, *181, 181nt, 182, 182n14, 185, 185n16, 186, 189, 192, 259*
Groddeck, Georg Walter, *64, 64nt*
Hardy, Thomas, *158, 158nt*
Heine, Heinrich, *396nt*
Heusch, Luc de, *84n12, 173n7, 238n55*
Hincker, François, *260n69*
Hjelmslev, Louis, *288, 288n95, 289, 293*
Hochmann, Jacques, *111, 112, 112n35, 129n43*
Hocquenghem, Guy, *477, 477n10*
Hölderlin, Friedrich, *28, 159, 159nt*
Illich, Ivan, *479, 479n11*
Jackson, George, *329, 330nt*
Jackson, John Hughlings, *48, 48nt*
James, William, *328n4*
Jankélévitch, Vladimir, *39n28*

Jarry, Alfred, *24, 24n16*
Jaspers, Karl Theodor, *32, 32nt, 41n29, 156, 162, 434*
Jaulin, Robert, *44, 44n30, 188, 188n19, 199, 199n25, 210n35*
Jayet, Aimable, *90, 90n17, 90nt*
Jensen, Wilhelm, *422, 422nt*
Jordan, M. E. Camille, *340n9*
Jones, Alfred Ernest, *140, 140nt, 202, 424n59*
Joyce, James, *51, 219, 219nt*
Jung, Carl Gustav, *54, 54nt, 55, 67-8, 136, 152-3, 153n57, 191, 328, 344, 358, 396, 424-5*
Kafka, Franz, *24, 24n16, 231n50, 231nt, 235, 251, 253, 472-3, 473nt*
Kant, Immanuel, *19, 26, 32, 32n21, 32nt, 85, 85n13, 89-90, 453*
Kardiner, Abram, *37n27, 202, 204n30, 206, 206n32, 209, 209n34, 210, 327, 327n3*
Keaton, Buster, *468, 468nt, 476, 480, 480n12, 486*
Kerouac, Jack, *158, 158nt, 330*
Keynes, John Maynard, *272, 272nt*
Klee, Paul, *289*
Klein, Melanie, *44, 44n31, 51-4, 54n38, 71, 86, 351, 387*
Klossowski, Pierre, *27, 27n19, 27nt, 28nt, 29nt, 74, 75, 75n9, 89nt, 92, 92nt, 104, 106nt, 219, 219nt, 394, 413, 414n55, 441, 442n63, 442nt*
Kraepelin, Emil, *30, 30nt, 31*
Lacan, Jacques, *34n23, 34nt, 46, 46n33, 46nt, 49, 49n35, 61, 61nt, 62, 62n1, 86, 96, 98, 99n26, 99, 107, 110, 119, 119n39, 123, 146, 146n52, 202, 206, 247, 247n61, 257, 290, 316, 316n109, 319, 367, 369, 369n28, 370, 370n29, 370n30,*
375, 392, 423, 424n59, 431-2, 435, 446, 446n65
Lacarrière, Jacques, *263n72*
Laing, Ronald David, *100, 100n27, 113, 147, 156, 157n59, 161, 382, 432, 432n61, 434*
Laplanche, Jean, *61nt, 62, 63n2, 152n55, 398n46*
Laurent, Éric, *214n38*
Lautréamont (Isidore Ducasse), *446, 446nt*
Lawrence, D. H., *11, 11n5, 58, 137, 137n48, 158, 158nt, 219, 317n110, 320, 347, 354, 376, 386, 386n38, 399n48, 420-1, 421n57, 434, 439, 444*
Lawrence, Thomas Edward (Lawrence da Arábia), *332, 332nt*
Leach, Edmund Ronald, *171-2, 172n6, 173, 173n8, 176, 176n10, 177, 194, 203, 203n28, 212, 212n36, 215, 221, 221n41*
Lebel, Jean-Jacques, *484*
Leclaire, Serge, *34n23, 89n16, 367n27, 369n28, 370n29, 375, 386-7, 387n39, 475, 475n9, 484*
Lefebvre, Henri, *299*
Léger, Fernand, *470, 470nt*
Lênin, Vladimir Ilitch Ulianov, *305, 305nt, 418, 450*
Lenz, Jakob Michael Reinhold, *7, 7n1, 7nt, 8, 100, 159, 159nt, 347*
Lépine, Louis Jean-Baptiste, *463, 463nt*
Leroi-Gourhan, André, *223, 223n44, 239, 469n4*
Leroux, Gaston, *367, 367nt*
Lévi-Strauss, Claude, *13, 13n8, 173n7, 176n10, 177, 177n11, 183-4, 184n15, 185, 187, 187n18, 193n21, 196, 215, 219,*

219n39, 221, 221n41, 221n42, 325, 325n1
Lillie, Ralph Dougall, 340n9
Lindner, Richard, 13, 55, 55nt, 429
Löffler, Lorenz G., 173n8, 193, 193n22
Lorrain, Claude (Claude Gellée), 157
Lotto, Lorenzo, 443
Lowry, Malcolm, 130, 130n44, 158, 158nt
Luca, Ghérasim, 473, 474, 474n8
Lutero, Martinho, 121, 121nt, 122, 321, 323
Lyotard, Jean-François, 241, 241n57, 241nt, 289, 290, 290n96, 350n15, 351
Lysenko, Trofim D., 186
Macherey, Pierre, 17n11
Malinowski, Bronislaw Kasper, 61, 61nt, 187, 202-3
Mallarmé, Stéphane (Étienne Mallarmé), 126, 126nt, 289
Mannoni, Maud, 107, 108n33, 113, 437, 437n62, 457
Mannoni, Octave, 364, 364n25, 367
Marcuse, Herbert, 37n27, 133, 139n49, 141, 205, 205n31, 293n97
Markov, Andrei Andreievich, 47, 47nt, 343, 343nt, 344n11, 410
Martinet, André, 288n95
Marx, Karl, 9, 10n4, 16-7, 17n11, 23, 29, 29nt, 31, 34, 35n25, 36, 38, 42, 66, 68, 68n5, 75, 96, 128, 128n42, 141, 163-4, 164n1, 172, 180, 207, 222n43, 229, 230n49, 259, 259n67, 261, 261n70, 264, 264n73, 266, 266n75, 269, 269n78, 269n79, 271n80, 273, 274n82, 276, 276n85, 279, 279n88, 284, 292,

295n98, 296n99, 302n101, 303n102, 308, 308n104, 309, 309n105, 310n106, 313n107, 314n108, 321, 322n111, 349, 350, 350n15, 351, 359, 361, 411, 447, 450, 481-2, 482nt, 484
Mauss, Marcel, 176, 218, 219n39, 224, 225
Mayer, Julius Robert von, 446, 446nt
McLuhan, Marshall, 286, 286n93
Mendel, Gérard, 96, 96nt, 126, 126n40, 129
Michaux, Henri, 12, 13n7
Miller, Henry, 11, 11n6, 35n24, 134n45, 158, 158nt, 320, 347, 354-5, 355n17, 355nt, 356, 372n32, 376, 400n49, 400nt, 434
Mitscherlich, Alexander, 96, 96n22
Moholy-Nagy, László, 486, 486nt
Monakow, Constantin von, 48, 48n34
Monod, Jacques, 342, 343n10, 392, 392n42
Moré, Marcel, 389n40, 471, 471n6
Morgenthaler, Walter, 22n14
Morin, Edgar, 306
Mourgue, Raoul, 48, 48n34
Mozart, Wolfgang Amadeus, 389, 389n40
Mumford, Lewis, 165, 165n2, 263n72
M'Uzan, Michel de, 467, 468n3
Myers, Frederic William Henry, 328n4
Nadal, Jean, 467
Nerval, Gérard de, 150, 150nt
Nierderland, William G., 353n16
Nietzsche, Friedrich, 27, 27n19, 28, 74, 75n9, 102, 102n29, 106nt, 126, 127nt, 128, 128n42, 132,

144, 169, 169nt, 170n5, 195, 218, 224-7, 227n47, 230nt, 232, 232nt, 236, 246n59, 252, 252nt, 254, 254n64, 256, 256n65, 259nt, 263nt, 285, 317n110, 319nt, 320, 356, 399n47, 410, 413, 414n55, 442, 442n63, 442nt, 462nt

Nijinsky, Vaslav, 92, 92n18, 93, 100, 408

Nougayrol, Jean, 246, 246n60

Ortigues, Edmond, 86n14, 98n24, 168n4, 200, 201n26

Ortigues, Marie-Cécile, 86n14, 168n4, 200, 201n26

Oury, Jean, 73, 73nt, 90n17, 113, 381

Pankow, Gisela, 154, 155n58, 376, 376n34

Parin, Paul, 168n4, 200, 210, 210n35

Pascal, Blaise, 478nt

Pautrat, Bernard, 246n59

Picabia, Francis, 468, 468nt, 470

Piéron, Henri L. C., 341nt

Pinel, Philippe, 110, 110nt, 111n34

Plekhanov, Georgi Valentinovitch, 301-2, 302n101

Poe, Edgar Allan, 24, 46nt

Pohier, Jacques M., 129

Pontalis, Jean-Bertrand, 61nt, 62, 63n2, 152n55

Poussin, Nicolas, 157

Proust, Marcel, 51, 51nt, 80-2, 83n11, 117, 374nt, 380, 473

Rank, Otto, 152n56, 358

Ravel, Maurice, 39, 39n28, 39nt

Ray, Man (Emanuel Rudzitsky), 464, 464nt

Ray, Nicholas, 326, 326nt

Reuleaux, Franz, 165, 165nt

Reich, Wilhelm, 36-7, 37n26, 37n27, 104, 105n31, 133-4,

139, 139n49, 140-1, 151, 151n54, 203, 204n29, 306, 306n103, 346, 346n13, 347, 372, 374, 375n33, 396-7, 397n44, 412, 419, 457

Ricardo, David, 322, 322nt, 356, 356n18, 357

Ricoeur, Paul, 397n44

Rimbaud, Arthur, 102, 102nt, 396, 396nt

Robinson, David, 480n12

Roheim, Géza, 202, 202n27, 202nt, 465, 465n1, 470n5

Rolland, Romain, 95, 95nt

Rosalato, Guy, 249n62

Rosset, Clément, 33, 33n22

Roudinesco, Elisabeth, 247n61, 370, 370n30

Roussel, Raymond, 24, 24n16, 377

Rush, Joseph Harold, 52n37

Russell, Bertrand, 94, 94nt, 95

Ruwet, Nicolas, 288n95

Ruyer, Raymond, 340n9, 344n11

Sade, Donatien Alphonse François de (Marquês de Sade), 75n9, 249, 249nt

Safouan, Moustafa, 365

Saint-Just, Louis Antoine Léon de, 418, 418nt

Salisbury, Richard, 296

Sartre, Jean-Paul, 35n25, 305, 453n66

Saussure, Ferdinand de, 245, 246n59

Serres, Michel, 287, 287n94

Shakespeare, William, 140, 355

Schiller, Johann C. Friedrich von, 159, 159nt

Schmitt, Bernard, 282, 282n91, 298, 449

Schreber, Daniel Paul, 7, 7nt, 14, 18-20, 21, 21nt, 22-4, 26, 66,

66nt, 67, 91, 106, 125, 326, 326nt, 332, 334, 348n14, 353, 353n16, 354, 378, 437
Schreber, Daniel Gottlieb Moritz, 326, 326nt, 353, 353n16, 378
Schrödinger, Erwin, 340n9
Schwitters, Kurt, 476, 477nt, 478
Ségur, Condessa de (Sophie Fiodorovna Rostopchine), 353n16
Simondon, Gilbert, 262n71, 479n11
Smith, Adam, 308, 308n104, 321-3, 356n18
Sófocles, 140, 319
Stankiewicz, Richard, 476, 477nt
Steinmann, Jean, 229n48
Stéphane, André (pseudônimo de Bela Grunberger e Janine Chasseguet-Smirgel), 96, 96nt, 129
Suret-Canale, Jean, 233n51
Sweezy, Paul Marlor, 277n86, 279n87, 281n90
Szondi, Leopold (Lipót Szondi), 101, 101nt, 344, 344n12, 345, 398
Tatlin, Vladimir, 486, 486nt
Tausk, Victor, 15, 15n10
Terray, Emmanuel, 222n43, 313n107
Tinguely, Jean, 476-7, 477nt, 481
Tintoretto (Jacopo Comin), 443, 443nt
Trost, Dolfi, 473-4, 474n8, 474nt
Tsé-Tung, Mao, 454
Tuke, William, 110, 110nt, 111n34
Turner, Joseph Mallord William, 157, 157nt, 443, 443nt
Turner, Victor W., 197, 197n24, 214, 214n37, 214n38, 432
Ure, Andrew, 482, 482nt

Vallès, Jules, 118, 118nt
Van Gogh, Vincent, 9n2, 41n29, 160, 160nt, 162n60
Vendryes, Pierre, 477, 477n10
Vernant, Jean-Pierre, 259, 260n68, 358n20
Verne, Jules, 471, 471n6, 471nt
Villiers de l'Isle-Adam, J. M. M. P. Auguste de, 24, 24n16
Wahl, Jean-André, 167, 167nt
Wedekind, Frank, 64, 64nt
Weismann, August, 186-7
Whitehead, Alfred North, 94nt
Will, Édouard, 233
Wittfogel, Karl August, 250, 250nt, 258n66, 259n67, 261
Wölfli, Adolf, 22, 22n14
Zempléni, András, 244, 244n58

Índice onomástico

ÍNDICE DAS MATÉRIAS

Capítulo I: As máquinas desejantes *[7-59]*

[I.1. A PRODUÇÃO DESEJANTE *(7-15)*]
    [I.1.1. Passeio do esquizo *(7-9)*]
    [I.1.2. Natureza e indústria. O processo *(9-11)*]
    [I.1.3. Máquina desejante, objetos parciais e fluxo: e... e... *(11-12)*]
    [I.1.4. A primeira síntese: síntese conectiva ou produção de produção *(12-13)*]
    [I.1.5. Produção do corpo sem órgãos *(13-15)*]

[I.2. O CORPO SEM ÓRGÃOS *(15-22)*]
    [I.2.1. A antiprodução. Repulsão e máquina paranoica *(15-16)*]
    [I.2.2. Produção desejante e produção social: como a antiprodução se apropria das forças produtivas *(16-17)*]
    [I.2.3. Apropriação ou atração, e máquina miraculante *(17-18)*]
    [I.2.4. A segunda síntese: síntese disjuntiva ou produção de registro. Ou... ou... *(18-19)*]
    [I.2.5. Genealogia esquizofrênica *(19-22)*]

[I.3. O SUJEITO E O GOZO *(22-29)*]
    [I.3.1. A terceira síntese: síntese conjuntiva ou produção de consumo. — Então é... *(22-23)*]
    [I.3.2. Máquina celibatária. — Então era isso! *(23-25)*]
    [I.3.3. Matéria, ovo e intensidades: eu sinto *(25-27)*]
    [I.3.4. Os nomes da história *(27-29)*]

[I.4. PSIQUIATRIA MATERIALISTA *(29-43)*]
    [I.4.1. O inconsciente e a categoria de produção. Teatro ou fábrica? O processo como processo de produção *(29-32)*]
    [I.4.2. Concepção idealista do desejo como falta (o fantasma) *(32-33)*]
    [I.4.3. O real e a produção desejante: sínteses passivas *(34-36)*]

[I.4.4. Uma única e mesma produção, social e desejante *(36-37)*]
[I.4.5. Realidade do fantasma de grupo *(37-38)*]
[I.4.6. As diferenças de regime entre a produção desejante e a produção social *(38-39)*]
[I.4.7. O *socius* e o corpo sem órgãos *(39-41)*]
[I.4.8. O capitalismo, e a esquizofrenia como limite (a tendência contrariada) *(41-42)*]
[I.4.9. Neurose, psicose e perversão *(42-43)*]

[I.5. As máquinas *(43-50)*]
    [I.5.1. As máquinas desejantes são máquinas, sem metáfora *(43-44)*]
    [I.5.2. Primeiro modo de corte: fluxo e extração *(45)*]
    [I.5.3. Segundo modo: cadeia ou código, e desligamento *(46-48)*]
    [I.5.4. Terceiro modo: sujeito e resíduo *(48-50)*]

[I.6. O todo e as partes *(50-59)*]
    [I.6.1. Estatuto das multiplicidades *(50-52)*]
    [I.6.2. Os objetos parciais *(52-53)*]
    [I.6.3. Crítica de Édipo, a mistificação edipiana *(53-56)*]
    [I.6.4. A criança já... O inconsciente-órfão *(56-57)*]
    [I.6.5. O que vai mal na psicanálise? *(57-59)*]

Capítulo II: Psicanálise e familismo: a santa família *[60-162]*

[II.1. O imperialismo de Édipo *(60-66)*]
    [II.1.1. Seus modos *(60-61)*]
    [II.1.2. A reviravolta edipiana na psicanálise *(61-63)*]
    [II.1.3. Produção desejante e representação *(63-64)*]
    [II.1.4. O abandono das máquinas desejantes *(64-66)*]

[II.2. Três textos de Freud *(66-80)*]
    [II.2.1. A edipianização. Esmagamento do delírio do presidente Schreber *(66-67)*]
    [II.2.2. Em quê a psicanálise ainda é piedosa *(67-70)*]
    [II.2.3. A ideologia da falta: a castração *(70-72)*]
    [II.2.4. Todos os fantasmas são fantasmas de grupo *(72-77)*]
    [II.2.5. A libido como fluxo *(77-78)*]
    [II.2.6. A rebelião dos fluxos *(78-80)*]

[II.3. A síntese conectiva de produção *(80-89)*]
    [II.3.1. Seus dois usos: global e específico, parcial e não-específico. Família e casal, filiação e aliança: a triangulação *(80-86)*]
    [II.3.2. Causa da triangulação. Primeiro paralogismo da psicanálise: a extrapolação *(86-87)*]
    [II.3.3. Uso transcendente e uso imanente *(87-89)*]

[II.4. A síntese disjuntiva de registro *(89-100)*]
    [II.4.1. Seus dois usos: exclusivo e limitativo; inclusivo e ilimitativo *(89-91)*]
    [II.4.2. As disjunções inclusivas: a genealogia *(92-93)*]
    [II.4.3. As diferenciações exclusivas e o indiferenciado *(93-94)*]
    [II.4.4. Segundo paralogismo da psicanálise: o *double bind* edipiano. Édipo ganha todos os lances *(94-97)*]
    [II.4.5. Será que a fronteira passa entre o simbólico e o imaginário? *(97-100)*]

[II.5. A síntese conjuntiva de consumo *(100-126)*]
    [II.5.1. Seus dois usos, segregativo e bi-unívoco, nomádico e plurívoco. O corpo sem órgãos e as intensidades. Viagens, passagens: eu devenho *(100-101)*]
    [II.5.2. Todo delírio é social, histórico, político. As raças *(101-102)*]
    [II.5.3. O que quer dizer identificar *(102-106)*]
    [II.5.4. Como a psicanálise suprime os conteúdos sociopolíticos *(106-110)*]
    [II.5.5. Um familismo impenitente *(110-114)*]
    [II.5.6. Família e campo social *(114-116)*]
    [II.5.7. Produção desejante e investimento da produção social *(116-117)*]
    [II.5.8. Desde a infância *(118-120)*]
    [II.5.9. Terceiro paralogismo da psicanálise: Édipo como "aplicação" bi-unívoca *(120-121)*]
    [II.5.10. Vergonha da psicanálise em história *(121-123)*]
    [II.5.11. Desejo e infraestrutura *(124)*]
    [II.5.12. Segregação e nomadismo *(124-126)*]

[II.6. Recapitulação das três sínteses *(126-134)*]
    [II.6.1. A coleção de tolices sobre Édipo *(126-127)*]
    [II.6.2. Édipo e a "crença" *(127-129)*]
    [II.6.3. O sentido é o uso *(129-130)*]
    [II.6.4. Critérios imanentes da produção desejante *(130-132)*]
    [II.6.5. O desejo ignora a lei, a falta e o significante *(132-133)*]
    [II.6.6. "Você já nasceu Hamlet...?" *(133-134)*]

[II.7. Repressão e recalcamento *(134-145)*]
    [II.7.1. A lei *(134-135)*]
    [II.7.2. Quarto paralogismo da psicanálise: o deslocamento ou a desfiguração do recalcado *(135-137)*]
    [II.7.3. O desejo é revolucionário *(137-140)*]
    [II.7.4. O agente delegado do recalcamento *(140-144)*]
    [II.7.5. Não é a psicanálise que inventa Édipo *(144-145)*]

[II.8. Neurose e psicose *(145-155)*]
    [II.8.1. A realidade *(145-146)*]
    [II.8.2. A razão inversa *(146-149)*]
    [II.8.3. Édipo "indecidível": a ressonância *(149-150)*]
    [II.8.4. O que quer dizer fator atual *(150-153)*]
    [II.8.5. Quinto paralogismo da psicanálise: o após *(153-154)*]
    [II.8.6. Atualidade da produção desejante *(154-155)*]

[II.9. O processo *(155-162)*]
    [II.9.1. Partir *(155-157)*]
    [II.9.2. O pintor Turner *(157-158)*]
    [II.9.3. Literatura e as interrupções do processo: neurose, psicose e perversão *(158-160)*]
    [II.9.4. Movimento da desterritorialização e territorialidades *(161-162)*]

Capítulo III: Selvagens, bárbaros, civilizados *[163-324]*

[III.1. *Socius inscritor (163-170)*]
    [III.1.1. O registro. Em que sentido o capitalismo é universal *(163-164)*]
    [III.1.2. A máquina social *(164-166)*]

[III.1.3. O problema do *socius*: codificar os fluxos. Não trocar, mas marcar, ser marcado *(166-167)*]

[III.1.4. Investimento e desinvestimento de órgãos *(167-168)*]

[III.1.5. A crueldade: dar ao homem uma memória *(169-170)*]

[III.2. A MÁQUINA TERRITORIAL PRIMITIVA *(170-180)*]

    [III.2.1. O corpo pleno da terra *(170-171)*]

    [III.2.2. Filiação e aliança: sua irredutibilidade *(171-173)*]

    [III.2.3. O perverso da aldeia e os grupos locais *(173-175)*]

    [III.2.4. Estoque de filiação e blocos da dívida de aliança *(175-177)*]

    [III.2.5. O desequilíbrio funcional: mais-valia de código. Isso só funciona desarranjando-se *(177-178)*]

    [III.2.6. Máquina segmentária *(178-179)*]

    [III.2.7. O grande medo dos fluxos descodificados. A morte que sobe de dentro, mas que vem de fora *(179-180)*]

[III.3. PROBLEMA DE ÉDIPO *(181-195)*]

    [III.3.1. As disjunções inclusivas sobre o corpo pleno da terra *(181-183)*]

    [III.3.2. Intensidades na extensão: o signo *(183-188)*]

    [III.3.3. O limite *(188-190)*]

    [III.3.4. O incesto. Em que sentido o incesto é impossível *(190-191)*]

    [III.3.5. As condições de codificação *(191-193)*]

    [III.3.6. Os elementos em profundidade da representação: representante recalcado, representação recalcante, representado deslocado *(193-195)*]

[III.4. PSICANÁLISE E ETNOLOGIA *(195-217)*]

    [III.4.1. Continuação do problema de Édipo. Dois aspectos da esquizoanálise *(195-196)*]

    [III.4.2. Um processo de cura na África *(197-198)*]

    [III.4.3. As condições de Édipo e a colonização. Édipo e o etnocídio *(198-200)*]

    [III.4.4. Eles não sabem o que fazem, aqueles que edipianizam *(200-203)*]

    [III.4.5. Sobre o que incide o recalcamento? *(203-204)*]

    [III.4.6. Culturalistas e universalistas: seus postulados comuns *(204-207)*]

[III.4.7. Em que sentido Édipo é universal: os cinco sentidos de limite, incluindo o de Édipo *(207-211)*]
[III.4.8. O uso ou o funcionalismo em etnologia *(211-215)*]
[III.4.9. As máquinas desejantes não querem dizer nada. Molar e molecular *(215-217)*]

[III.5. A REPRESENTAÇÃO TERRITORIAL *(217-227)*]
    [III.5.1. Os seus elementos na superfície *(217-218)*]
    [III.5.2. Dívida e troca *(218-220)*]
    [III.5.3. Os cinco postulados da concepção da troca *(220-222)*]
    [III.5.4. Voz, grafismo e olho: o teatro da crueldade *(222-224)*]
    [III.5.5. Nietzsche *(224-226)*]
    [III.5.6. A morte do sistema territorial *(226-227)*]

[III.6. A MÁQUINA DESPÓTICA BÁRBARA *(227-236)*]
    [III.6. Introdução *(227-228)*]
    [III.6.1. Nova aliança e filiação direta. O paranoico *(228-229)*]
    [III.6.2. O corpo pleno do déspota *(229-230)*]
    [III.6.3. A produção asiática *(230-232)*]
    [III.6.4. As mistificações do Estado *(232-234)*]
    [III.6.5. A desterritorialização despótica e a dívida infinita. Os tijolos. Sobrecodificar os fluxos *(234-236)*]

[III.7. A REPRESENTAÇÃO BÁRBARA OU IMPERIAL *(236-257)*]
    [III.7.1. Seus elementos. Incesto e sobrecodificação *(236-238)*]
    [III.7.2. Elementos em profundidade e migração de Édipo: o incesto devém possível *(238-239)*]
    [III.7.3. Elementos na superfície, nova relação voz-grafismo *(239-242)*]
    [III.7.4. O objeto transcendente das alturas. O significante como signo desterritorializado *(242-244)*]
    [III.7.5. O significante despótico e os significados do incesto *(244-250)*]
    [III.7.6. O terror, a lei *(250-252)*]
    [III.7.7. A forma da dívida infinita: latência, vingança e ressentimento *(252-254)*]
    [III.7.8. Ainda não é Édipo *(254-257)*]

[III.8. O Urstaat *(257-263)*]
    [III.8.1. Um só Estado? *(257-258)*]
    [III.8.2. O Estado como categoria. Começo e origem *(258-261)*]
    [III.8.3. Evolução do Estado: devir-concreto e devir-imanente *(261-263)*]

[III.9. A máquina capitalista civilizada *(263-285)*]
    [III.9.1. O corpo pleno do capital-dinheiro *(263-264)*]
    [III.9.2. Descodificação e conjunção de fluxos descodificados. O cinismo *(265-268)*]
    [III.9.3. Capital filiativo e capital de aliança *(268-270)*]
    [III.9.4. Transformação da mais-valia de código em mais-valia de fluxo *(270-273)*]
    [III.9.5. As duas formas do dinheiro, as duas inscrições. A baixa tendencial. O capitalismo e a desterritorialização *(273-275)*]
    [III.9.6. Mais-valia humana e mais-valia maquínica *(275-279)*]
    [III.9.7. A antiprodução *(279-280)*]
    [III.9.8. Os diversos aspectos da imanência capitalista. Os fluxos *(280-285)*]

[III.10. A representação capitalista *(285-312)*]
    [III.10.1. Seus elementos. As figuras ou fluxos-esquizas *(285-287)*]
    [III.10.2. Os dois sentidos do fluxo-esquiza: capitalismo e esquizofrenia *(287-291)*]
    [III.10.3. Diferença entre um código e uma axiomática *(291-299)*]
    [III.10.4. O Estado capitalista, sua relação com o *Urstaat* *(299-301)*]
    [III.10.5. A classe *(301-303)*]
    [III.10.6. A bipolaridade de classe *(303-306)*]
    [III.10.7. Desejo e interesse *(306-307)*]
    [III.10.8. A desterritorialização e as reterritorializações capitalistas: sua relação e a lei da baixa tendencial *(307-309)*]
    [III.10.9. Os dois polos da axiomática: o significante despótico e a figura esquizofrênica; paranoia e esquizofrenia *(309-311)*]
    [III.10.10. Recapitulação das três grandes máquinas sociais: territorial, despótica e capitalista (codificação, sobrecodificação, descodificação) *(311-312)*]

[III.11. ÉDIPO, FINALMENTE *(313-324)*]
    [III.11.1. A aplicação. Reprodução social e reprodução humana.
        As duas ordens de imagens *(313-317)*]
    [III.11.2. Édipo e os limites *(317-318)*]
    [III.11.3. Édipo e a recapitulação dos três estados *(318-320)*]
    [III.11.4. Símbolo despótico e imagens capitalistas. A má consciência
        (320-321)]
    [III.11.5. Adam Smith e Freud *(321-324)*]

Capítulo IV: Introdução à esquizoanálise *[325-458]*

[IV.1. O CAMPO SOCIAL *(325-458)*]
    [IV.1.1. Pai e filho. Édipo, uma ideia de pai *(325-327)*]
    [IV.1.2. O inconsciente como ciclo *(327-329)*]
    [IV.1.3. Primado do investimento social: seus dois polos, paranoia
        e esquizofrenia *(329-332)*]
    [IV.1.4. Molar e molecular *(332-335)*]

[IV.2. O INCONSCIENTE MOLECULAR *(336-352)*]
    [IV.2.1. Desejo e máquina *(336-337)*]
    [IV.2.2. Para além do vitalismo e do mecanicismo *(337-339)*]
    [IV.2.3. Os dois estados da máquina *(339-341)*]
    [IV.2.4. O funcionalismo molecular *(341-342)*]
    [IV.2.5. As sínteses *(342-345)*]
    [IV.2.6. A libido, os grandes conjuntos e as micromultiplicidades
        (345-347)]
    [IV.2.7. Gigantismo e nanismo do desejo. O sexo não-humano:
        nem um nem dois sexos, mas *n* sexos *(347-352)*]

[IV.3. PSICANÁLISE E CAPITALISMO *(352-384)*]
    [IV.3.1. A representação. Representação e produção *(352-354)*]
    [IV.3.2. Contra o mito e a tragédia *(354-356)*]
    [IV.3.3. A atitude ambígua da psicanálise em relação ao mito e
        à tragédia *(356-358)*]
    [IV.3.4. Em que sentido a psicanálise rompe com a representação
        e em que sentido ela a restaura *(358-360)*]
    [IV.3.5. As exigências do capitalismo *(360-363)*]

[IV.3.6. Representação mítica, trágica e psicanalítica. O teatro. Representação subjetiva e representação estrutural *(363-369)*]
[IV.3.7. Estruturalismo, familismo e culto da falta *(369-371)*]
[IV.3.8. A tarefa destrutiva da esquizoanálise, a faxina do inconsciente: atividade malévola *(371-373)*]
[IV.3.9. Desterritorialização e reterritorialização: sua relação e o sonho. Os índices maquínicos *(373-381)*]
[IV.3.10. A politização: alienação social e alienação mental. Artifício e processo, velhas terras e terra nova *(381-384)*]

[IV.4. Primeira tarefa positiva da esquizoanálise *(384-406)*]
    [IV.4.1. A produção desejante e suas máquinas *(384-386)*]
    [IV.4.2. Estatuto dos objetos parciais *(386-387)*]
    [IV.4.3. As sínteses passivas *(387-389)*]
    [IV.4.4. Estatuto do corpo sem órgãos *(389-390)*]
    [IV.4.5. Cadeia significante e códigos *(390-393)*]
    [IV.4.6. Corpo sem órgãos, morte e desejo *(393-394)*]
    [IV.4.7. Esquizofrenizar a morte *(394-396)*]
    [IV.4.8. Estranho culto da morte na psicanálise: o pseudoinstinto *(396-402)*]
    [IV.4.9. Problema das afinidades entre o molar e o molecular *(402-404)*]
    [IV.4.10. A tarefa mecânica da esquizoanálise *(404-406)*]

[IV.5. Segunda tarefa positiva da esquizoanálise *(406-458)*]
    [IV.5.1. A produção social e suas máquinas. Teoria dos dois polos. Primeira tese: todo investimento é molar e social *(406-409)*]
    [IV.5.2. Gregarismo, seleção e forma de gregarismo *(409-411)*]
    [IV.5.3. Segunda tese: distinguir nos investimentos sociais o investimento pré-consciente de classe ou de interesse e o investimento libidinal inconsciente de desejo ou de grupo *(411-413)*]
    [IV.5.4. Natureza desse investimento libidinal do campo social *(413-417)*]
    [IV.5.5. Os dois grupos *(417-419)*]
    [IV.5.6. Papel da sexualidade, a "revolução social". Terceira tese: o investimento libidinal do campo social é primeiro em relação aos investimentos familiares *(419-423)*]

[IV.5.7. A teoria das "empregadas" em Freud, Édipo e o familismo universal. Miséria da psicanálise: 4, 3, 2, 1, 0 *(423-430)*]
[IV.5.8. Mesmo a antipsiquiatria... *(430-434)*]
[IV.5.9. Do que está doente o esquizofrênico? *(435-439)*]
[IV.5.10. Quarta tese: os dois polos do investimento libidinal social *(439-442)*]
[IV.5.11. Arte e ciência *(442-446)*]
[IV.5.12. A tarefa da esquizoanálise em relação aos movimentos revolucionários *(446-454)*]
[IV.5.13. Relação da esquizoanálise com a política e com a psicanálise *(454-458)*]

Apêndice: Balanço-programa para máquinas desejantes
[463-487]
   1. Diferenças relativas entre as máquinas desejantes e os *gadgets*; e os fantasmas ou sistemas projetivos imaginários; e as ferramentas ou sistemas projetivos reais; e as máquinas perversas que, no entanto, nos põem no caminho das máquinas desejantes *[463-468]*
   2. Máquina desejante e aparelho edipiano: a recorrência contra a repressão-regressão *[468-481]*
   3. Máquina e corpo pleno: os investimentos da máquina *[481-487]*

BIBLIOGRAFIA DE DELEUZE E GUATTARI

OBRAS CONJUNTAS DE GILLES DELEUZE E FÉLIX GUATTARI

L'Anti-Œdipe: capitalisme et schizophrénie 1. Paris: Minuit, 1972 [ed. bras.: *O anti-Édipo: capitalismo e esquizofrenia 1*, trad. Georges Lamazière. Rio de Janeiro: Imago, 1976; ed. port.: trad. Joana M. Varela e Manuel M. Carrilho, Lisboa: Assírio & Alvim, s.d.; nova ed. bras.: trad. Luiz B. L. Orlandi, São Paulo: Editora 34, 2010].

Kafka: pour une littérature mineure. Paris: Minuit, 1975 [ed. bras.: *Kafka: por uma literatura menor*, trad. Júlio Castañon Guimarães, Rio de Janeiro: Imago, 1977; nova ed. bras.: trad. Cíntia Vieira da Silva, Belo Horizonte: Autêntica, 2014].

Rhizome. Paris: Minuit, 1976 (incorporado em *Mille plateaux*).

Mille plateaux: capitalisme et schizophrénie 2. Paris: Minuit, 1980 [ed. bras. em cinco volumes: *Mil platôs: capitalismo e esquizofrenia 2 — Mil platôs*: vol. 1, incluindo: "Prefácio à edição italiana", 1988; "Introdução: Rizoma"; "1914: um só ou vários lobos?" e "10.000 a.C.: a geologia da moral (quem a terra pensa que é?)", trad. Aurélio Guerra Neto e Célia Pinto Costa, Rio de Janeiro: Editora 34, 1995 — *Mil platôs*: vol. 2, incluindo: "20 de novembro de 1923: postulados da linguística" e "587 a.C.-70 d.C.: sobre alguns regimes de signos", trad. Ana Lúcia de Oliveira e Lúcia Cláudia Leão, Rio de Janeiro: Editora 34, 1995 — *Mil platôs*, vol. 3, incluindo: "28 de novembro de 1947: como criar para si um Corpo sem Órgãos?"; "Ano zero: rostidade"; "1874: três novelas ou 'O que se passou?'" e "Micropolítica e segmentaridade", trad. Aurélio Guerra Neto, Ana Lúcia de Oliveira, Lúcia Cláudia Leão e Suely Rolnik, São Paulo: Editora 34, 1996 — *Mil platôs*, vol. 4, incluindo: "1730: devir-intenso, devir-animal, devir-imperceptível..." e "1837: acerca do ritornelo", trad. Suely Rolnik, São Paulo: Editora 34, 1997 — *Mil platôs*, vol. 5, incluindo: "1227: tratado de nomadologia: a máquina de guerra"; "7.000 a.C.: aparelho de captura"; "1440: o liso e o estriado" e "Conclusão: Regras concretas e máquinas abstratas", trad. Peter Pál Pelbart e Janice Caiafa, São Paulo: Editora 34, 1997].

Qu'est-ce que la philosophie?. Paris: Minuit, 1991 [ed. bras.: *O que é a filosofia?*, trad. Bento Prado Jr. e Alberto Alonso Muñoz, Rio de Janeiro: Editora 34, 1992].

OBRAS DE GILLES DELEUZE

David Hume, sa vie, son oeuvre, avec un exposé de sa philosophie (com André Cresson). Paris: PUF, 1952.

Empirisme et subjectivité: essai sur la nature humaine selon Hume. Paris: PUF, 1953 [ed. bras.: *Empirismo e subjetividade: ensaio sobre a natureza humana segundo Hume*, trad. Luiz B. L. Orlandi, São Paulo: Editora 34, 2001].

Instincts et institutions: textes et documents philosophiques (organização, prefácio e apresentações de Gilles Deleuze). Paris: Hachette, 1953 [ed. bras.: "Instintos e instituições", trad. Fernando J. Ribeiro, em Carlos H. Escobar (org.), *Dossier Deleuze*, Rio de Janeiro: Hólon, 1991].

Nietzsche et la philosophie. Paris: PUF, 1962 [ed. bras.: *Nietzsche e a filosofia*, trad. Ruth Joffily Dias e Edmundo Fernandes Dias, Rio de Janeiro: Editora Rio, 1976; nova ed. bras.: trad. Mariana de Toledo Barbosa e Ovídio de Abreu Filho, São Paulo: n-1 edições, 2018].

La Philosophie critique de Kant. Paris: PUF, 1963 [ed. bras.: *Para ler Kant*, trad. Sônia Pinto Guimarães, Rio de Janeiro: Francisco Alves, 1976; nova ed. bras.: *A filosofia crítica de Kant*, trad. Fernando Scheibe, Belo Horizonte: Autêntica, 2018].

Proust et les signes. Paris: PUF, 1964; 4ª ed. atualizada, 1976 [ed. bras.: *Proust e os signos*, trad. da 4ª ed. fr. Antonio Piquet e Roberto Machado, Rio de Janeiro: Forense Universitária, 1987; nova ed. bras.: trad. Roberto Machado, São Paulo: Editora 34, 2022].

Nietzsche. Paris: PUF, 1965 [ed. port.: *Nietzsche*, trad. Alberto Campos, Lisboa: Edições 70, 1981].

Le Bergsonisme. Paris: PUF, 1966 [ed. bras.: *Bergsonismo*, trad. Luiz B. L. Orlandi, São Paulo: Editora 34, 1999 (incluindo os textos "A concepção da diferença em Bergson", 1956, trad. Lia Guarino e Fernando Fagundes Ribeiro, e "Bergson", 1956, trad. Lia Guarino)].

Présentation de Sacher-Masoch. Paris: Minuit, 1967 [ed. bras.: *Apresentação de Sacher-Masoch*, trad. Jorge Bastos, Rio de Janeiro: Taurus, 1983; nova ed. bras.: *Sacher-Masoch: o frio e o cruel*, Rio de Janeiro: Zahar, 2009].

Différence et répétition. Paris: PUF, 1968 [ed. bras.: *Diferença e repetição*, trad. Luiz B. L. Orlandi e Roberto Machado, Rio de Janeiro: Graal, 1988; 2ª ed., 2006; 3ª ed., Rio de Janeiro: Paz e Terra, 2018].

Spinoza et le problème de l'expression. Paris: Minuit, 1968 [ed. bras.: *Espinosa e o problema da expressão*, trad. GT Deleuze — 12, coord. Luiz B. L. Orlandi, São Paulo: Editora 34, 2017].

Logique du sens. Paris: Minuit, 1969 [ed. bras.: *Lógica do sentido*, trad. Luiz Roberto Salinas Fortes, São Paulo: Perspectiva, 1982].

Spinoza. Paris: PUF, 1970 [ed. port.: *Espinoza e os signos*, trad. Abílio Ferreira, Porto: Rés-Editora, s.d.].

Dialogues (com Claire Parnet). Paris: Flammarion, 1977; nova edição, 1996, contendo, em anexo, o texto de Gilles Deleuze "L'Actuel et le virtuel" [ed. bras.: *Diálogos*, trad. Eloisa Araújo Ribeiro, São Paulo: Escuta, 1998; nova ed. bras.: trad. Eduardo Maurício da Silva Bonfim, São Paulo: Lumme, 2017; ed. bras. de "L'Actuel et le virtuel": "O atual e o virtual", trad. Heloisa B. S. Rocha, em Éric Alliez, *Deleuze: filosofia virtual*, São Paulo: Editora 34, 1996].

Superpositions (com Carmelo Bene). Paris: Minuit, 1979.

Spinoza: philosophie pratique. Paris: Minuit, 1981 [ed. bras.: *Espinosa: filosofia prática*, trad. Daniel Lins e Fabien Pascal Lins, São Paulo: Escuta, 2002].

Francis Bacon: logique de la sensation, vols. 1 e 2. Paris: Éd. de la Différence, 1981, 2ª ed. aumentada, 1984 [ed. bras.: *Francis Bacon: lógica da sensação* (vol. 1), trad. Aurélio Guerra Neto, Bruno Lara Resende, Ovídio de Abreu, Paulo Germano de Albuquerque e Tiago Seixas Themudo, coord. Roberto Machado, Rio de Janeiro: Zahar, 2007].

Cinéma 1 — L'Image-mouvement. Paris: Minuit, 1983 [ed. bras.: *Cinema 1 — A imagem-movimento*, trad. Stella Senra, São Paulo: Brasiliense, 1985; 2ª ed. revista, São Paulo: Editora 34, 2018].

Cinéma 2 — L'Image-temps. Paris: Minuit, 1985 [ed. bras.: *Cinema 2 — A imagem-tempo*, trad. Eloisa Araújo Ribeiro, São Paulo: Brasiliense, 1990; 2ª ed. revista, São Paulo: Editora 34, 2018].

Foucault. Paris: Minuit, 1986 [ed. port.: *Foucault*, trad. José Carlos Rodrigues, Lisboa: Vega, 1987; ed. bras.: trad. Claudia Sant'Anna Martins, São Paulo: Brasiliense, 1988].

Le Pli: Leibniz et le baroque. Paris: Minuit, 1988 [ed. bras.: *A dobra: Leibniz e o barroco*, trad. Luiz B. L. Orlandi, Campinas: Papirus, 1991; 2ª ed. revista, 2000].

Périclès et Verdi: la philosophie de François Châtelet. Paris: Minuit, 1988 [ed. bras.: *Péricles e Verdi: a filosofia de François Châtelet*, trad. Hortência S. Lencastre, Rio de Janeiro: Pazulin, 1999].

Pourparlers (1972-1990). Paris: Minuit, 1990 [ed. bras.: *Conversações (1972--1990)*, trad. Peter Pál Pelbart, Rio de Janeiro: Editora 34, 1992].

L'Épuisé, em seguida a *Quad, Trio du Fantôme, ... que nuages..., Nacht und Träume* (de Samuel Beckett). Paris: Minuit, 1992 [ed. bras.: *Sobre o teatro: O esgotado e Um manifesto de menos*, trad. Fátima Saadi, Ovídio de Abreu e Roberto Machado, intr. Roberto Machado, Rio de Janeiro: Zahar, 2010].

Critique et clinique. Paris: Minuit, 1993 [ed. bras.: *Crítica e clínica*, trad. Peter Pál Pelbart, São Paulo: Editora 34, 1997].

L'Abécédaire de Gilles Deleuze, entrevista a Claire Parnet realizada por P. A. Boutang em 1988 e transmitida em série televisiva a partir de novembro de 1995 pela TV-ART, Paris: Vídeo Edition Montparnasse, 1996. Ver também em www.youtube.com: "El abecedario de Gilles Deleuze", com legendas em espanhol.

L'Île déserte et autres textes (textes et entretiens 1953-1974) (org. David Lapoujade). Paris: Minuit, 2002 [ed. bras.: *A ilha deserta e outros textos (textos e entrevistas 1953-1974)*, trad. Cíntia Vieira da Silva (textos 7, 24, 36), Christian Pierre Kasper (textos 33, 37, 39), Daniel Lins (texto 38), Fabien Pascal Lins (textos 17, 29, 31), Francisca Maria Cabrera (textos 10, 11, 32), Guido de Almeida (texto 22), Hélio Rebello Cardoso Júnior (textos 3, 6, 8, 9, 21), Hilton F. Japiassú (texto 23), Lia de Oliveira Guarino (texto 4), Lia de Oliveira Guarino e Fernando Fagundes Ribeiro (texto 5), Luiz B. L. Orlandi (apresentação e textos 1, 2, 12, 14, 15, 19, 20, 27, 28, 35), Milton Nascimento (texto 34), Peter Pál Pelbart (texto 16), Roberto Machado (texto 26), Rogério da Costa Santos (texto 30), Tiago Seixas Themudo (textos 13, 25), Tomaz Tadeu e Sandra Corazza (texto 18), coord. Luiz B. L. Orlandi, São Paulo: Iluminuras, 2006].

Deux régimes de fous (textes et entretiens 1975-1995) (org. David Lapoujade). Paris: Minuit, 2003 [ed. bras.: *Dois regimes de loucos: textos e entrevistas (1975-1995)*, trad. Guilherme Ivo, rev. técnica Luiz B. L. Orlandi, São Paulo: Editora 34, 2016].

Lettres et autres textes (org. David Lapoujade). Paris: Minuit, 2015 [ed. bras.: *Cartas e outros textos*, trad. Luiz B. L. Orlandi, São Paulo: n-1 edições, 2018].

OBRAS DE FÉLIX GUATTARI

Psychanalyse et transversalité: essais d'analyse institutionnelle (prefácio de Gilles Deleuze). Paris: Maspero, 1972; nova ed., Paris: La Découverte, 2003 [ed. bras.: *Psicanálise e transversalidade: ensaios de análise institucional*, trad. Maria Stela Gonçalves e Adail Ubirajara Sobral, Aparecida, SP: Ideias e Letras, 2004].

La Révolution moléculaire. Fontenay-sous-Bois: Recherches, 1977; 2ª ed., Paris: UGE, 1980 [ed. bras.: *Revolução molecular: pulsações políticas do desejo*, org., trad. e comentários Suely Rolnik, São Paulo: Brasiliense, 1981; 2ª ed., 1985; nova ed. bras.: *A revolução molecular*, trad. Larissa Drigo Agostinho, São Paulo: Ubu, 2024].

L'Inconscient machinique: essais de schizo-analyse. Fontenay-sous-Bois: Recherches, 1979 [ed. bras.: *O inconsciente maquínico: ensaios de esquizoanálise*, trad. Constança Marcondes César e Lucy Moreira César, Campinas: Papirus, 1988].

Félix Guattari entrevista Lula. São Paulo: Brasiliense, 1982.

Les Nouveaux espaces de liberté (com Antonio Negri). Paris: Dominique Bedoux, 1985 [ed. bras.: *As verdades nômades: por novos espaços de liberdade*, trad. Mario Marino e Jefferson Viel, São Paulo: Politeia/Autonomia Literária, 2017].

Pratique de l'institutionnel et politique (entrevistas; com Jean Oury e François Tosquelles). Paris: Matrice, 1985.

Micropolítica: cartografias do desejo (com Suely Rolnik). Petrópolis: Vozes, 1985 [ed. francesa: *Micropolitiques*, Paris: Les Empêcheurs de Penser en Rond, 2007].

Les Années d'hiver: 1980-1985. Paris: Bernard Barrault, 1986.

Cartographies schizoanalytiques. Paris: Galilée, 1989.

Les Trois écologies. Paris: Galilée, 1989 [ed. bras.: *As três ecologias*, trad. Maria Cristina F. Bittencourt, Campinas: Papirus, 1990].

Chaosmose. Paris: Galilée, 1992 [ed. bras.: *Caosmose: um novo paradigma estético*, trad. Ana Lúcia de Oliveira e Lúcia Cláudia Leão, Rio de Janeiro: Editora 34, 1992].

Ritournelle(s). Paris: Éditions de la Pince à Linge, 1999 (ed. ilustrada); nova ed., *Ritournelles*, Tours: Éditions Lume, 2007 [ed. bras.: *Ritornelos*, trad. Hortência Lencastre, São Paulo: n-1 edições, 2011].

La Philosophie est essentielle à l'existence humaine (entrevista com Antoine Spire). La Tour-d'Aigues: L'Aube, 2002.

Écrits pour L'Anti-Œdipe (org. Stéphane Nadaud). Paris: Éditions Lignes/Manifeste, 2004.

65 rêves de Franz Kafka (prefácio de Stéphane Nadaud). Paris: Éditions Lignes, 2007 [ed. bras.: *Máquina Kafka*, seleção e notas de Stéphane Nadaud, trad. e prefácio de Peter Pál Pelbart, posfácio de Akseli Virtanen, São Paulo: n-1 edições, 2011].

SOBRE OS AUTORES

Gilles Deleuze nasceu em 18 de janeiro de 1925, em Paris, numa família de classe média. Perdeu seu único irmão, mais velho do que ele, durante a luta contra a ocupação nazista. Gilles apaixonou-se por literatura, mas descobriu a filosofia nas aulas do professor Vial, no Liceu Carnot, em 1943, o que o levou à Sorbonne no ano seguinte, onde obteve o Diploma de Estudos Superiores em 1947 com um estudo sobre David Hume (publicado em 1953 como *Empirismo e subjetividade*). Entre 1948 e 1957 lecionou no Liceu de Amiens, no de Orléans e no Louis-Le-Grand, em Paris. Já casado com a tradutora Fanny Grandjouan em 1956, com quem teve dois filhos, trabalhou como assistente em História da Filosofia na Sorbonne entre 1957 e 1960. Foi pesquisador do CNRS até 1964, ano em que passou a lecionar na Faculdade de Lyon, lá permanecendo até 1969. Além de Jean-Paul Sartre, teve como professores Ferdinand Alquié, Georges Canguilhem, Maurice de Gandillac, Jean Hyppolite e Jean Wahl. Manteve-se amigo dos escritores Michel Tournier, Michel Butor, Jean-Pierre Faye, além dos irmãos Jacques e Claude Lanzmann e de Olivier Revault d'Allonnes, Jean-Pierre Bamberger e François Châtelet. Em 1962 teve seu primeiro encontro com Michel Foucault, a quem muito admirava e com quem estabeleceu trocas teóricas e colaboração política. A partir de 1969, por força dos desdobramentos de Maio de 1968, firmou sua sólida e produtiva relação com Félix Guattari, de que resultaram livros fundamentais como *O anti-Édipo* (1972), *Mil platôs* (1980) ou *O que é a filosofia?* (1991). De 1969 até sua aposentadoria em 1987 deu aulas na Universidade de Vincennes (hoje Paris VIII), um dos centros do ideário de Maio de 68. Em 1995, quando o corpo já doente não pôde sustentar a vitalidade de seus encontros, o filósofo decide conceber a própria morte: seu suicídio ocorre em Paris em 4 de novembro desse ano. O conjunto de sua obra — em que se destacam ainda os livros *Diferença e repetição* (1968), *Lógica do sentido* (1969), *Cinema 1 — A imagem-movimento* (1983), *Cinema 2 — A imagem-tempo* (1985), *Crítica e clínica* (1993), entre outros — deixa ver, para além da pluralidade de conexões que teceu entre a filosofia e seu "fora", a impressionante capacidade de trabalho do autor, bem como sua disposição para a escrita conjunta, e até para a coescrita, como é o caso dos livros assinados com Guattari.

Pierre-Félix Guattari nasceu em 30 de abril de 1930 em Villeneuve-les--Sablons, Oise, vila próxima a Paris, e faleceu em 29 de agosto de 1992 na clínica de psicoterapia institucional de La Borde, na qual ele próprio trabalhou durante toda a vida, na companhia do irmão Fernand e de Jean Oury, co-fundador. Seguiu durante muito tempo os seminários de seu analista, Jacques Lacan, porém no convívio com Gilles Deleuze, com quem se encontrou em 1969, e no processo de escrita de suas obras em parceria, afastou-se do lacanismo. Militante de esquerda, Félix Guattari, como *filósofo da práxis*, tinha horror aos dogmatismos. Participou dos movimentos de Maio de 1968, na França, e promoveu rádios livres nos anos 70; batalhou por causas de minorias em várias partes do mundo (junto aos palestinos em 1976, a operários italianos em 1977, e em movimentos pela redemocratização brasileira a partir de 1979, entre outras). Como declarou em 1983, considerava necessário envolver-se com "processos de singularização" e ao mesmo tempo acautelar--se "contra toda sobrecodificação das intensidades estéticas e dos agenciamentos de desejo, sejam quais forem as proposições políticas e os partidos aos quais se adere, mesmo que sejam bem intencionados". Guattari esteve na origem do CERFI (Centre d'Études, de Recherches et Formation Institutionelles), coletivo de pesquisadores em Ciências Humanas, fundado na França, extremamente ativo entre 1967 e 1987, e possui também uma extensa obra individual. Além de sua parceria com Gilles Deleuze, escreveu obras em colaboração com outros autores, como Antonio Negri (*Les Nouveaux espaces de liberté*, 1985) ou, no Brasil, Suely Rolnik (*Micropolítica: cartografias do desejo*, 1986). Em seus envolvimentos teóricos e práticos, o psicanalista e filósofo procurou sempre "liberar o campo do possível", sobretudo através de experimentações micropolíticas que buscam criar aberturas no funcionamento dos coletivos e levar as relações de amizade para além de suas fixações identitárias.

SOBRE O TRADUTOR

Luiz B. L. Orlandi nasceu em Jurupema, antiga Jurema, interior do estado de São Paulo, em 1936. Graduou-se em Pedagogia pela Faculdade de Filosofia, Ciências e Letras de Araraquara no ano de 1964, cursando em seguida Pós-Graduação em Filosofia na Universidade de São Paulo. Em 1968 tornou-se professor do Departamento de Filosofia da Universidade Estadual de Campinas e, graças a uma bolsa de estudos da FAPESP, transferiu-se para a França, onde obteve os certificados de Estudos Superiores em Linguística Francesa (1969) e Estilística Literária do Francês (1970) pela Universidade de Besançon, a mesma na qual licenciou-se em Letras e defendeu sua dissertação de mestrado sobre a poética de Tzvetan Todorov, redigida em Paris enquanto seguia os cursos do linguista Oswald Ducrot na École Pratique des Hautes Études.

De volta ao Brasil, tornou-se doutor em Filosofia pela Unicamp, em 1974, com um estudo sobre o problema da linguagem na obra de Maurice Merleau-Ponty, mais tarde publicado em livro (*A voz do intervalo*, Ática, 1980). Foi diretor do Instituto de Filosofia e Ciências Humanas da Unicamp (1984-89) e chefe do Departamento de Filosofia (1990-92), sendo atualmente professor titular desse departamento e também professor do Núcleo de Estudos da Subjetividade da Pontifícia Universidade Católica de São Paulo. É autor também de *Falares de malquerença* (Unicamp, 1983), *A diferença* (organização, Unicamp, 2005) e *Arrastões na imanência* (Phi, 2018).

A partir da década de 80 passa a se dedicar regularmente à tradução, atividade que mantém em paralelo com as de professor e ensaísta. Da obra de Gilles Deleuze — da qual é um dos grandes intérpretes no Brasil — traduziu *Diferença e repetição* (com Roberto Machado, Graal, 1988), *A dobra: Leibniz e o barroco* (Papirus, 1991), *Bergsonismo* (Editora 34, 1999), *Empirismo e subjetividade* (Editora 34, 2001) e *Cartas e outros textos* (n-1 edições, 2018), além de *A ilha deserta e outros textos* (Iluminuras, 2006) e *Espinosa e o problema da expressão* (Editora 34, 2017), como coordenador da tradução coletiva. Traduziu ainda *O anti-Édipo*, de Gilles Deleuze e Félix Guattari (Editora 34, 2010), e *Deleuze: uma filosofia do acontecimento*, de François Zourabichvili (Editora 34, 2016).

Este livro foi composto em Sabon, pela Bracher & Malta, com CTP da New Print e impressão da Graphium em papel Pólen Natural 70 g/m² da Cia. Suzano de Papel e Celulose para a Editora 34, em outubro de 2024.